KB274708

Fundamental C++

프로그래밍 원리

Fundamental

C++

프로그래밍
원리

초판 인쇄일 2015년 1월 10일
초판 발행일 2015년 1월 20일

지은이 김화수
발행인 박정모
등록번호 제9–295호
발행처 도서출판 혜지원
주소 (413–120) 경기도 파주시 회동길 445–4 (문발동 638)
전화 031)955–9222~5 **팩스** 031)955–9220
홈페이지 www.hyejiwon.co.kr

기획 · 진행 엄진영
디자인 김희연
영업마케팅 김남권, 황대일, 서지영
ISBN 978–89–8379–843–5
정가 28,000원

Copyright © 2015 by 김화수 All rights reserved.

No Part of this book may be reproduced or transmitted in any form, by any means without the prior written permission on the publisher.

이 책은 저작권법에 의해 보호를 받는 저작물이므로 어떠한 형태의 무단 전재나 복제도 금합니다.
본문 중에 인용한 제품명은 각 개발사의 등록상표이며, 특허법과 저작권법 등에 의해 보호를 받고 있습니다.

이 도서의 국립중앙도서관 출판시도서목록(CIP)은 서지정보유통지원시스템 홈페이지(http://seoji.nl.go.kr)와 국가자료공동목록시스템 (http://www.nl.go.kr/kolisnet)에서 이용하실 수 있습니다.(CIP제어번호 : 2014038302)

Fundamental
C++

프로그래밍
원리

기 초 부 터 고 급 까 지

김화수 지음

혜지원

머리말

올해로 C++ 프로그래밍을 시작한지 15년이 되어간다. 15년이면 강산이 한 번 변하고도 남을 시간이듯이, 필자에게도 많은 변화가 있었던 것 같다. 처음 C++를 배울 때 참조 타입 인수를 이해하지 못해서 어쩔 줄 모르던 기억이 떠오른다. 그로부터 프로그래밍 대가들이 남겨놓은 책과 코드를 통해서 지식과 깨달음을 얻을 수 있었고, 실력을 향상시킬 수 있었다.

실력이 늘어가면서 느끼는 점이 있는데, 실력이 늘면 늘수록 나는 잘 알고 이해하고 있지만 남들은 잘 모르는 지식이나 기술이 점점 많아진다는 것과 내가 궁금해하거나 자세히 알고 싶은 것들은 책이나 검색 자료에서 점점 더 찾기 어려워진다는 것이다.

필자가 프로그래밍 대가들이 썼던 책을 통해서 큰 도움을 받았듯이, 필자도 그동안 쌓아 놓은 지식과 기술을 남들에게 쉽게 전달할 수 있는 책을 써보고 싶다는 생각이 늘 있었다. 생각만 하였지 실천으로 옮기기는 어려운 일이었기에 먼저 블로그를 통해서 짧은 글이나마나 몇 개씩 쓰고 있었다. 블로그의 내용이 충분히 채워지고 반응도 좋다면 그때서야 용기를 내서 책을 한번 써볼 생각이었다. 그러던 중 출판사로부터 책을 출판하자는 제의를 받게 되었고, 우여곡절 끝에 이렇게 책이 나올 수 있게 되었다. 예상보다 무척 빨리 필자의 책이 나오게 된 셈이다.

필자는 프로그래밍이나 그 이외의 어떤 것이라도 공부할 때 가능하면 암기보다는 이해를 하려고 노력을 한다. 너무 식상한 얘기일지도 모르지만, 필자는 기억력이 그리 좋지 못해서 쉽게 잊어버리기 때문에 더 잘 기억하기 위해서 이해를 하려고 노력하는 것이다.

이 책의 C++ 프로그래밍에 관한 내용도 단순 문법이나 사용법 혹은 정형화된 패턴을 소개하는 것이 아니라 어떤 구조와 원리에 의해서 C++ 프로그래밍이 이루어지는지가 주가

된다. 따라서 기존 문법 위주의 책에서 단 한 줄이면 설명이 끝나는 내용이라도 필요한 경우 몇 페이지에 걸쳐서 기술되도록 하였다. 그만큼 이 책이 C++의 기본을 충실히 반영할 수 있도록 많은 신경을 썼다.

C++ 프로그래밍의 내용을 전반적으로 최대한 쉽게 설명하려고 노력하였으나, 내용 자체가 생소하거나 복잡한 부분이 있으므로 빠르고 쉽게 읽기에 어려운 부분도 있을 것이다. 그러나 천천히 생각하면서 정독한다면 기존에는 알 수 없었던 지식과 깨달음을 얻을 수 있으리라고 생각한다. 또한 그런 지식과 깨달음은 C++ 프로그래밍을 비롯하여 다른 언어로 프로그래밍을 하는 데 있어서도 많은 도움이 될 것이라고 생각한다.

C++ 프로그래밍의 내용은 객체 지향 프로그래밍의 가장 기초적인 토대이기 때문이다.

책을 쓰기 시작해서 마칠 때까지 대략 1년 정도 시간이 흘렀다. 물론 그 전에 관련 내용들을 많이 정리해놓아서 내용 자체를 쓰는데 큰 어려움은 없었으나, 집필 자체의 어려움으로 인하여 포기하고 싶은 적도 몇 번 있었다. 그때마다 혜지원 출판사의 엄진영 본부장님께서 많은 조언과 격려를 해주셔서 어려움을 극복하는데 많은 도움이 되었다. 그러고 보니 필자의 블로그를 보고 출판을 제의하신 분도 본부장님이다. 다시 한 번 이 책의 출판에 많은 도움을 주신 엄진영 본부장님에게 감사의 마음을 전하고 싶다.

책의 내용 중에는 필자의 궁금함을 해결하면서 얻게 된 지식이 많이 나온다. 필자에게 늘 궁금함을 일으키도록 많은 질문을 던져준 개발자 동료들과 더불어서 현재 필자가 소속되어 있는 NAVER 클라우드 개발랩 데스크탑 팀원들에게도 감사의 말을 전하고 싶다.

책을 쓸 수 있는 시간은 퇴근 이후와 주말의 일부였다. 필자에게는 8살 아들과 5살 딸이 있는데, 분명 그 시간은 아이들과 함께 해야 할 시간이었다고 생각한다. 신경을 쓰지 못한 만큼 아내가 나의 몫을 대신하였다. 그런 점에서 아내와 아이들에게 미안함과 함께 깊은 고마움을 전하고 싶다.

마지막으로 부족할지도 모르는 필자의 책을 읽어주시는 모든분에게 진심으로 감사의 말씀을 드리고 싶다.

책 소개

C++ 프로그래밍을 자동차에 비유해보자! 대부분의 사람들은 자동차의 운전 방법만을 배운다. 마찬가지로 수많은 C++ 개발자들은 C++의 문법과 사용 방법을 주로 익히고 배운다.

자동차의 목적이 먼 거리의 이동이라는 점에서 운전 방법을 숙지하는 것으로도 충분할 수 있겠지만, 어떤 경우에는 부족할 수도 있다. 가령 카 레이서가 되겠다면 운전 방법 이외에도 자동차의 구조에 대해서도 깊이 있는 지식을 가져야만 한다. 꼭 카 레이서뿐 아니라 효율적이고 안전한 운전을 하기 위해서라면 그리고 응급 상황이 발생하였을 때 적절한 조치를 취하기 위해서라면 자동차의 구조와 원리에 대해서 자세히 알면 알 수록 도움이 된다.

이 책은 C++ 프로그래밍의 문법과 사용 방법보다는 C++ 그 자체에 초점을 두었다. 즉, C++ 프로그래밍이 어떤 구조와 원리에 의해서 이루어지는지를 집중적으로 설명하는데 주안점을 두었다. 따라서 일부 내용 중에는 C++ 코드가 어셈블리로 어떻게 변환되고, 어떤 동작 원리에 의해서 돌아가는지를 심층적으로 살펴보는 부분도 있다. 그렇다고 그것이 전부인 것은 아니다. 근본 원리를 이해했으면 그것을 응용할 때 빛을 발휘되게 된다. 이 책에서는 기본 원리가 어떤 식으로 응용되어서 C++ 프로그래밍의 수많은 표준과 기법으로 탄생하는지를 살펴볼 수 있다.

이 책에는 기존의 책들이나 검색에서 쉽게 접할 수 없는 내용들이 다수 나오게 된다. 가령 단순히 원칙처럼 외우고 넘어갔던 new ~ delete, new[] ~ delete[]를 반드시 짝 맞추어야 하는 이유라던가, 생성자와 소멸자에서는 왜 가상함수가 제대로 동작하지 않는지를 알 수 있게 된다. 그 외에도 const 멤버 함수에서 왜 const가 반드시 필요할 수 밖에 없는지, 또한 STL의 function은 람다를 어떤 방식을 통해서 전역적으로 저장할 수 있는지도 다루게 된다.

C++는 C 언어에 클래스를 추가하면서 탄생한 언어이다. 따라서 이 책은 클래스와 더불어서 클래스로 인하여 추가된 개념들을 중점적으로 살펴보게 된다. 가령 클래스의 다중 상속 및 가상 상속의 구조를 정확히 파악함으로써 클래스간 타입 변환 및 포인터 변화에 대해서 자세히 알아보게 되며, 가상함수의 구조 및 호출 메커니즘도 자세히 살펴본다.

또한 기존의 책들이 함수 포인터를 단순히 C 언어 기준으로만 기술하였던 것에 비해서 이 책에서는 멤버 함수 포인터를 깊이 있게 다룬다. 멤버 함수 포인터의 구조와 크기가 경우에 따라서 어떻게 달라지는지 확인할 수 있으며, 비가상 멤버 함수와 가상 함수의 포인터가 서로 다른 방식의 메커니즘으로 호출되는 것도 알 수 있게 된다.

이 책이 C++를 중점적으로 다루지만 C++의 근본은 바로 C 언어이듯이, C 언어의 기본 개념도 깊이 있게 다룬다. 타입의 정확한 의미와 더불어서 선언과 정의에 대해서 살펴보며, 메모리를 기준으로 포인터와 배열의 구조와 함께 차이점에 대해서도 심도 있게 다룬다.

이 책을 통해서 C++ 프로그래밍의 기본을 튼튼히 한다면 고급 프로그래밍을 하는데 많은 도움이 될 것이다.

차 례

01

~

타입 (Type)

디지털(Digital)은 Digit에서 파생된 단어인데, Digit은 '손가락'이란 의미도 있지만 주로 손가락으로 숫자를 세기 때문에 '숫자'라는 의미도 가지고 있다. 결국 디지털에선 숫자가 중심 개념이 되는데, 숫자를 통해서 정보를 처리하기 때문이다. 컴퓨터는 숫자를 이용하여 정보를 처리하는 대표적인 디지털 기기이다.

1.1. 디지털화

컴퓨터(디지털 기기)가 개발되면서 많은 정보를 컴퓨터로 처리하기 시작했다. 컴퓨터는 오직 0과 1만을 구분할 수 있다. 컴퓨터가 처리하는 최소 단위인 비트(bit)는 0과 1 두 가지 상태를 나타낼 수 있기 때문에 N 비트는 2의 N승 개수만큼 상태를 나타낼 수 있다. 즉, 1바이트(8비트)는 2의 8승인 256가지 상태를 나타낼 수 있다.

디지털화란 처리하고자 하는 사물과 정보를 컴퓨터가 인식할 수 있는 비트 집합으로 대응시키는 것을 의미한다. 컴퓨터는 비트 집합을 입력으로 받아들여 처리한 후 새로운 비트 집합을 출력하게 된다. 출력으로 나온 비트 집합은 역으로 사물이나 정보로 환원되게 된다.

가령 계산을 한다고 가정해보자! 계산기를 비롯한 컴퓨터가 개발되기 전에는 종이와 연필 혹은 주판을 이용하여 계산을 하였지만 지금은 교육을 위한 용도를 제외하고는 모두 계산기나 컴퓨터로 계산을 한다.

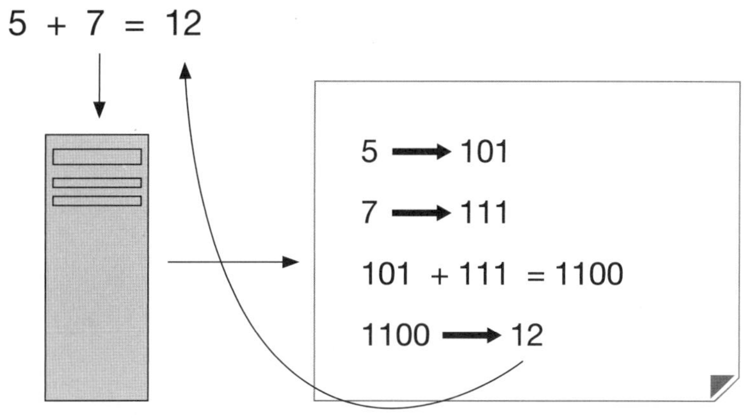

▲ 그림 1-1 디지털 처리

위의 그림에서 5 + 7을 계산한다고 생각해보자! 이 식을 정보로 표현하면 (5, 7, +) 세 개의 요소로 표현될 수 있다. 그러나 컴퓨터는 (5, 7, +) 이것들이 무엇인지 전혀 알지 못한다. 컴퓨터는 오직 비트로 표현되는 상태들만을 처리할 수 있기 때문이다. 따라서 (5, 7, +) 각각의 요소를 컴퓨터가 이해할 수 있는 비트 상태(Bits state)로 변경해주어야만 한다. 미리 정해진 약속에 의해서 5는 101로, 7은 111로 변환된다. 더하기인 '+' 또한 0과 1로 이루어진 약속된 조합으로 변경된다. 즉, (5, 7, +) 세 요소가 모두 0과 1로 표현될 수 있는 비트 상태로 변환된다. 세 요소인 비트 상태는 컴퓨터에 입력되어 이미 구현된 전자회로에 의해서 새로운 비트 상태인 1100을 도출해낸다. 1100이란 비트 상태는 인간이 이해할 수 있는 개념인 숫자로서 12를 나타내게 된다.

➤ 1.1.1. 디지털 대상

컴퓨터는 비트 상태를 처리할 수 있기 때문에 비트 상태로 표현할 수 있는 모든 대상이 컴퓨터로 처리될 수 있다. 결국 컴퓨터에게 일을 시키기 위해서는 가장 먼저 처리할 대상을 컴퓨터가 이해할 수 있는 비트 상태로 표현하는 것부터 시작해야 한다.

이 세상의 모든 대상이 비트 상태로 표현될 수 있는 것은 아니다. 비트 상태로 표현하기 위해서는 처리할 대상을 각각의 명확한 상태로 구분할 수 있어야만 하기 때문이다. 수라는 개념은 비트 상태로 나타내기에 알맞은 것 같다. 1, 2, 3, …이라는 값 자체를 각각의 상태에 대응시키면 그만이기 때문이다. 그러나 모든 수를 비트 상태로 표현할 수 있는 것은 아니다. 가령 1/3이라는 무한 소수의 경우 비트 상태로 완벽하게 표현할 수가 없다. 대신 극히 적은 오차를 가지고 비슷한 값을 표현할 뿐이다. 오차를 가지고 비슷하게 표현할 수조차 없는 경우도 있다. 아주 작거나 너무 큰 수의 경우 비트 상태가 표현할 수 있는 범위를 넘어서기 때문이다. 결국 수의 경우 비트 상태를 통해서 대응될 수 있는 수만 디지털화될 수 있다.

수와 더불어서 문자도 디지털화할 수 있다. 많은 우여곡절이 있었지만 전세계 문자와 기호들에 각각의 번호(상태)를 부여하여 완벽하게 디지털화할 수 있게 되었다. 시청각 정보 또한 디지털 대상이 된다. 시각 정보의 경우 최소의 요소인 색 정보를 비트 상태로 나눌 수 있다. 빛의 3원색인 RGB를 각각 256 단계로 나누면 3 바이트만으로 모든 색을 대응시킬 수 있기 때문이다. 색 정보를 표현할 수 있으므로 그림, 사진, 동영상은 쉽게 디지털로 표현될 수 있다. 그림이나 사진, 동영상은 결국 픽셀(Pixel)이란 점으로 구성되고 각각이 색을 가지고 있기 때문이다. 즉, 색을 가진 픽셀 정보를 적절히 잘 구성하면 시각 정보를 모두 컴퓨터로 처리할 수 있다.

청각 정보인 소리는 시각 정보보다 디지털화하기가 좀 더 복잡하다. 소리의 근원은 공기의 떨림인데 이 떨림은 주파수, 진폭, 음색으로 표현될 수 있고, 이런 것들을 각각 비트 상태로 대응시켜야 하기 때문이다. 수많은 방식이 개발되어 있고, 앞으로도 더 정확한 소리를 표현하기 위한 디지털 대응 방식이 개발될 것이다.

시청각 정보는 디지털화될 수 있기 때문에 종합 정보인 영화가 컴퓨터에 파일로 저장되거나 네트워크를 통해서 스트림으로 전송될 수 있는 것이다. 물론 처리된 디지털 정보는 다시 시청각 정보로 환원되게 되며 그 역할을 맡고 있는 대표적인 기기가 모니터와 스피커가 된다.

최근에는 후각 정보까지 디지털화하려는 시도도 이어지고 있다. 현재까지 명확하게 정해진 것은 없으나 필자 생각으로는 향기, 냄새가 화학물질의 공기 중 농도라는 것으로 표현될 수 있으므로 화학물질의 분자식과 농도를 각각 비트 상태로 표현한다면 컴퓨터가 처리할 수 있을 것이다. 물론 컴퓨터가 처리한 정보를 다시 향기나 냄새로 환원할 수 있는 기기가 개발되어야 하는데 당분간은 그런 기기가 개발되어 대중화되기는 어렵지 않을까 생각된다.

이 세상 모든 것을 디지털화하려는 시도가 이루어지고 있으나 쉬운 것만은 아니다. 명확하게 상태를 나눌 수 없는 것은 디지털화하는 것이 불가능하기 때문이다. 과연 사람의 마음 상태를 디지털화할 수 있을까? 동양 철학에서는 '희로애락'이나 '사단칠정'이라고 마음 상태를 구분하기도 하지만 마음의 실체를 과학적으로 명확하게 분석하기 전까지는 디지털화가 불가능할 것이라고 생각된다.

C/C++를 비롯한 프로그래밍에서는 비트 상태로 표현될 수 있는 것 중에서도 매우 제한적인 대상을 주로 처리한다. 대표적으로 숫자와 문자이다. 물론 색상이나 소리도 처리하기는 하지만 숫자와 문자 처리가 양적으로 압도적으로 많다고 할 수 있다. 숫자와 문자 처리를 위해서는 각각의 숫자와 문자가 비트 상태로 대응되는 규칙이 필요하다. 대응되는 규칙을 마련하기 위해서는 신경 써야만 할 것들이 많이 있다. 일단 정확히 어떤 대상을 나타낼지를 정해야 한다. 가령 숫자 중에서도 정수나 부동소수점, 양수와 음수 그리고 범위 등을 지정해야만 한다. 대상이 명확하게 정해지면 각각의 상태를 표현하기 위하여 몇 비트가 필요한지 결정하고, 각각의 대상이 나타내는 의미를 비트 상태에 어떻게 대응시킬지도 결정해야만 한다. 그뿐 아니라 비트 상태로 표현된 대상이 어떤 식으로 처리되는지도 명확하게 기술해야만 한다.

이런 종합적인 규칙과 처리 방식 등을 바로 타입(Type)이라고 한다. 프로그래밍 언어에서 특히 C/C++의 경우 기본적인 타입들을 제공하여 숫자와 문자들을 쉽게 처리할 수 있도록 하고 있다. 숫자를 다루기 위한 타입은 int, short, long, __int64, float, double 등 다양하게 있다. 문자를 위해서는 char와 wchar_t 타입 등을 제공한다. 기본적인 타입을 응용하여 새로운 타입을 만들어낼 수도 있다. 가령 문자열의 경우 문자들의 모임이기 때문에 문자들을 담을 수 있는 문자열 전용 파생 타입을 제공하기도 한다.

이번 장은 프로그래밍에서 다루는 타입에 대해서 자세히 알아볼 것이다. 특히 C/C++에서 자주 다루는 타입을 중심으로 설명할 것이다. 타입은 쉽게 넘어갈 수 있을 정도로 특별히 어려운 내용이 없을 수도 있지만 결국 컴퓨터가 처리하는 원천 데이터는 모두 타입을 가지고 있으므로 타입에 대해서 정확히 이해한다면 수준 높은 프로그래밍을 하는데 도움이 될 수 있다.

1.2. 정수 타입

고등학교 수학 과정을 배웠다면 인간이 다루는 수의 범위가 복소수까지 확장된 것을 알
수 있다. 초기 인간은 자연수를 다루었고, 0을 도입함과 동시에 음수를 다루면서 수의 범
위를 정수까지 넓히게 되었다. 이처럼 가장 기본이 되는 자연수나 정수를 위해서 C/C++
는 적당한 타입을 제공하고 있다. 정수형은 크게 두 가지로 나눌 수 있는데 0을 포함한 자
연수와 음수까지 표현되는 정수로 나눌 수 있다.

➜ 1.2.1. 부호 없는 정수(unsinged type)

0, 1, 2, 3, …과 같이 0을 포함한 자연수를 부호 없는 정수(unsinged type)라고 한다. 부
호가 필요하지 않기 때문에 unsigned로 표시된다. 부호 없는 정수의 타입으로는 unsinged
short, unsigned int, unsigned long, unsigned __int64 등이 있는데 숫자와 비트 상태가 대
응되는 규칙은 모든 타입이 일정하지만 각 타입이 표현할 수 있는 최대 숫자의 크기는 다
르다. 여기서는 숫자와 비트 상태가 대응되는 규칙을 설명하기 위하여 간단하게 4 비트만
을 사용할 것이다. 4 비트는 2의 4승으로 16가지 상태를 나타낼 수 있으며 숫자를 대응시
킨다면 0 ~ 15까지의 수를 대응시킬 수 있다.

F	1111
E	1110
D	1101
C	1100
B	1011
A	1010
9	1001
8	1000
7	0111
6	0110
5	0101
4	0100
3	0011
2	0010
1	0001
0	0000

◀ 그림 1-2 unsigned type - 4비트 표현

위의 그림은 부호 없는 정수 0 ~ 15가 4 비트의 비트 상태로 어떻게 대응되는지를 보여준다. 가장 중요한 점이라면 모든 비트가 0인 상태는 숫자 0과 대응된다는 사실이다. 2진법의 표현을 그대로 따르면서 숫자와 비트 상태가 일대일로 대응하게 되어 있다.

그림으로는 4비트만을 사용하였지만, 타입에 따라서 크기가 달라진다. unsigned short의 경우 2바이트(16비트), unsigned int의 경우 4바이트(32비트), unsigned __int64의 경우 8 바이트(64비트)를 사용해서 숫자를 대응시킨다. 당연히 많은 비트를 사용할 경우 더 많은 숫자를 대응시킬 수 있다.

➜ 1.2.2. 부호 있는 정수(singed type)

부호 없는 정수까지는 사실 무척 쉬웠다. 초등학교에서도 이진법을 배우기 때문이다. 그런데 초등학교에서 음수를 이진법으로 표현하는 것을 배우지는 않은 것 같다. 하지만 그리 어렵지는 않을 것 같다. 가령 −3을 2진법으로 표현한다면 −11로 나타내면 그만이기

때문이다. 그런데 컴퓨터에서 음수를 표현하려면 까다로운 면이 있다. −11처럼 앞에 '−' (minus)와 같은 부호를 따로 표현해야만 하기 때문이다. 그래서 부호(+, −)를 나타내기 위하여 1 비트를 사용하기로 하였다. 이것을 부호 비트라고 한다. 가장 큰 문제가 있었는데 부호 비트와 숫자 비트를 어떻게 조화시키느냐가 관건이었다.

처음에는 가장 왼쪽 끝의 비트를 부호 비트로 사용하기로 하였다. 즉, 4 비트로 정수를 표현하면 다음과 같다.

7	0111
6	0110
5	0101
4	0100
3	0011
2	0010
1	0001
0	0000
-0	1000
-1	1001
-2	1010
-3	1011
-4	1100
-5	1101
-6	1110
-7	1111

◀ 그림 1–3 초기 signed type − 4 비트 표현

가장 왼쪽 비트를 부호 비트로 사용할 경우 −7 ~ 7까지를 대응할 수 있었다. 괜찮은 방식 같아 보이지만 단점도 있었다. 바로 0이 (+0, −0)과 같이 두 가지 상태와 대응된다는 것이었다(물론 이것을 큰 장점이라고 지지하는 학자도 있긴 했는데 필자도 그 근거가 무엇이었는지는 잘 기억이 나지 않는다). 더 큰 단점도 있는데 바로 누산기(Accumulator)를 설계하기가 어렵다는 것이었다. 누산기란 덧셈, 뺄셈과 같은 사칙연산을 처리하는 가산회로와 레지스터로 이루어진 CPU의 부분인데 음수를 대상으로 더하기를 처리하기 위

해서는 상당히 복잡한 논리회로를 구현해야만 했다. 가령 4 + (−3)을 처리할 경우 (0100, 1011)을 입력 받아서 0001을 도출해내는 논리회로를 작성해야만 하는 것이다(막상 실제 논리회로를 설계하려니 머리가 아파진다).

이와 같은 단점으로 인하여 맨 왼쪽 비트를 단순히 부호 비트로 사용하는 대응법은 채택될 수 없었고 대신 새로운 방식이 도입되었는데 그것이 바로 2의 보수법(2's complement)이다.

➜ 1.2.3. 2의 보수법 (2's complement)

'2의 보수'란 말에서 '1의 보수'도 있을 것이라고 생각할 수 있는데 당연히 1의 보수도 있다. 먼저 1의 보수라는 것은 어떤 2진수에서 각 비트를 반전시킨 것을 나타낸다. 즉, 4비트로 표현되는 3이라는 숫자는 0011이 되는데 이것의 1의 보수는 1100이 된다.

그렇다면 2의 보수란 무엇인가? 바로 1의 보수에 1을 더한 것을 의미한다. 따라서 3이란 숫자의 2의 보수는 0011 => 1100 + 1 => 1101이 된다. 여기서 2의 보수를 어디다 써먹는 것인지 잘 이해가 안될 수도 있는데 바로 2의 보수를 부호가 반대인 수로 사용한다는 것이 핵심이다. 즉, 3의 2의 보수인 1101을 −3으로 대응시키는 것이 2의 보수법인 것이다. 당연히 반대도 성립한다. 1101이 −3이므로 −3의 2의 보수는 1101 => 0010 + 1 => 0011이 되어서 부호가 반대인 3이 된다.

필자는 2의 보수법을 배우고도 끊임없이 잊어버리기를 반복했다. 그래서 어떤 음수를 비트 상태로 변경할 때마다 애를 먹곤 했다. 여러분들도 한 번 생각해보자! 4 비트로 표현되는 정수에서 가장 작은 정수는 어떻게 비트 상태로 표현될까? −1은 어떤 비트 상태가 될까? 쉽게 대답할 수 있다면 기본기가 아주 탄탄한 독자라고 할 수 있다. 그러나 한참을 생각해야 되거나 모르겠다면 지금부터 2의 보수법을 완벽하게 익혀보도록 하자! C/C++ 프로그래밍을 자유자재로 다루기 위해서는 나중에 비트 단위로 조작을 해야만 하는데, 2의 보수법은 필수이기 때문이다.

"2의 보수는 각 비트를 반전시킨 후에 1을 더한 것이다."

아주 간단한 원칙이지만 의외로 잘 잊어버린다. 막상 생각이 잘 안 날수도 있다. 2의 보수법을 영구적으로 기억할 수 있는 가장 확실한 방법은 숫자 대응 방법 자체를 이해하는 것이다.

필자가 국민학생(지금의 초등학생) 시절에는 8 비트 컴퓨터가 유행했는데 게임을 하기 위해서는 게임이 담겨있는 카세트 테이프를 데이터 레코더라는 기기에 넣어서 한참을 로딩시켜야만 했다. 짧은 건 몇 분만 로딩하면 되었지만 대형 게임인 경우 몇 십분 정도 로딩하던 기억이 난다. 데이터 레코드에는 어느 정도 테이프를 읽었는지를 표시해주는 장치가 있었는데 모양이 마치 여행용 가방의 비밀번호를 입력하는 잠금 장치와 비슷했다. 숫자 세 개로 표시되는데 처음에는 000부터 시작하여 999까지 진행된 뒤에 다시 000으로 돌아가는 방식이었다. 자동차 총 주행거리 표시도 같은 방식인데 설마 999,999Km를 넘어서는 자동차는 없겠지만 만일 있다면 최대치를 넘어서는 순간 다시 000,000Km로 돌아갈 것이다. 갑자기 이 얘기를 꺼낸 이유는 바로 2의 보수법이 이와 같은 방식과 그대로 일치하기 때문이다.

	...
	1001
	1000
7	0111
6	0110
5	0101
4	0100
3	0011
2	0010
1	0001
0	0000
-1	1111
-2	1110
-3	1101
-4	1100
-5	1011
-6	1010
-7	1001
-8	1000
	0111
	0110
	...

2의 보수법 범위

◀ **그림 1-4 2의 보수법 – 4 비트 표현**

4 비트로 표현되는 2진수는 0000에서 시작하여 1111로 진행한 뒤에 다시 0000으로 돌아가게 된다. 2의 보수법은 0000을 0으로 대응시키고, 순서대로 다음 숫자인 0001을 1로 대응시킨다. 반대로 0000의 이전 숫자인 1111은 −1로 대응시키는 방식이다. 따라서 2의 보수법으로 표현된 대응표를 살펴보게 되면 0과 −1이 가장 중심에 위치하게 됨을 알 수 있다. 따라서 4 비트로 표현되는 2의 보수법은 −8 ~ 7까지를 나타낼 수 있는 것이다. 또한 음수의 경우 가장 왼쪽 비트가 1이 되므로 자연스럽게 부호 비트 역할을 하게 된다.

2의 보수법 대응을 이해한다면 앞에서 질문한 것을 쉽게 대답할 수 있을 것이다. 가장 작은 수를 2진수로 표현하는 방법은 맨 왼쪽 비트가 1이고 나머지는 모두 0인 것이고, −1을 표현하는 방법은 모든 비트가 1이기만 하면 된다.

그렇다면 2의 보수법의 장점은 무엇일까? 당연히 0이 하나만 나타나는 것도 있을 수 있지만 가장 큰 장점은 누산기 설계가 상당히 쉬워진다는 것이다. 이전 방식은 양수와 음수의 덧셈의 경우 복잡한 논리회로를 필요로 했지만 2의 보수법을 사용할 경우 양수 음수에 상관없이 간단한 덧셈 회로만으로도 처리할 수 있기 때문이다.

4 + (−3)을 2의 보수법으로 계산하면 단순히 덧셈 회로에 의해서 0100 + 1101 = (1)0001이 될 것이고, 왼쪽의 넘치는 비트를 버린다면 0001이 되어서 1이 나오게 된다.

이와 같은 이유로 2의 보수법은 부호 있는 정수를 비트 상태로 대응시키는 표준 방식이 되었으며 이것은 모든 프로그래밍 언어의 부호 있는 정수 타입 표현 방식으로 사용되기에 이른 것이다.

➡ 1.2.4. 타입별 최솟값, 최댓값

이제 부호 없는 정수와 부호 있는 정수의 비트 상태 대응 방식을 이용해서 각 타입의 최댓값과 최솟값을 구하는 것을 살펴보자!

[소스 1-1] 타입별 최솟값과 최댓값

```cpp
void main()
{
    int i = 1;
    i = (i << 31);
    cout << i << endl; .        // (1) signed int 최솟값


    i = ~i;
    cout << i << endl;          // (2) singed int  최댓값


    unsigned ui = 0;
    cout << ui << endl;         // (3) unsigned int 최솟값
```

```cpp
    ui = -1;
    cout << ui << endl;              // (4) unsigned int 최댓값

}
```

프로그래밍을 할 경우 비교의 기준 값으로 최솟값이나 최댓값을 설정하는 경우가 많이 있다. 물론 각 타입별로 최솟값과 최댓값을 나타내는 매크로 상수가 있긴 하지만 컴파일러 의존성이 있으므로 코드 호환성에 약간의 문제가 있을 수 있다. 이럴 경우는 직접 타입별로 최솟값, 최댓값을 설정할 수 있어야 한다.

먼저 부호 있는 정수의 최소, 최댓값을 설정해보자! 4 바이트 int 타입의 경우 최솟값은 맨 왼쪽 부호 비트만 1로 설정하면 된다. 따라서 1을 설정한 뒤에 비트 이동 연산자를 이용하여 31자리 왼쪽으로 이동시키면 쉽게 최솟값을 구할 수 있다.

최댓값은 최솟값을 비트 반전만 하면 되므로 비트 반전 연산자(~)를 이용하여 구할 수 있다. 부호 없는 정수의 최소, 최댓값은 무척 간단하다. 부호가 없기 때문에 최솟값은 단지 0일뿐이고, 최댓값은 모든 비트가 1로 채워진 것이기 때문에 −1만 대입해주면 된다.

➜ 1.2.5. 비트 이동 연산자(Shift Operator)

비트 이동 연산자는 비트 상태를 변화시킬 수 있는 연산자이다. C/C++에서는 《<, 》라는 연산자를 통해서 원하는 만큼 비트들을 이동시킬 수 있다. 간단한 개념이긴 하지만 주의해야 할 점이 몇 가지 있다.

[소스 1-2] 비트 이동 연산자(Shift Operator)

```cpp
void main()
{
    char c = 1;

    c = c << 7;          // (1)
```

```cpp
    cout << (int)c << endl;

    c = c >> 7;          // (2)
    cout << (int)c << endl;
}
```

먼저 char라는 타입부터 살펴보자! char는 문자를 나타내는 타입이다. 그러나 문자뿐 아니라 숫자도 나타내는데, 바로 1 바이트 크기의 부호 있는 정수를 나타내는 타입이기도 하다. 즉, −128 ~ 127까지의 256개의 정수를 표현할 수 있다.

먼저 char 타입 변수 c에 1을 대입한다. 2진수로 표현한다면 [0000,0001]이 될 것이다. 소스코드 (1)에서는 7만큼 왼쪽으로 비트 이동을 시킨다. 따라서 c는 이제 [1000,0000]이 될 것이다. 부호 있는 정수이기 때문에 이 값을 출력하면 −128이 나오게 된다.

이제 소스 코드의 (2)를 살펴보자! 현재 c는 −128 즉, [1000,0000] 상태이다. 여기서 7만큼 오른쪽으로 비트 이동을 시킬 경우 비트 상태는 어떻게 될까? 다시 처음처럼 [0000,0001]이 될 것이라고 예상할 수도 있지만 사실 그렇지 않다. 정답은 [1111,1111]이 된다. 숫자로 출력하면 −1이 될 것이다.

왜 이런 현상이 발생하는 것일까? 바로 비트 이동 연산자의 부호 유지 정책 때문이다. 비트 이동 연산자는 왼쪽으로 한 번 이동할 경우 원래 값에 2를 곱하고 오른쪽으로 한 번 이동할 경우 원래 값을 2로 나눈다. −128을 7번 오른쪽으로 비트 이동시킨다고 해서 그 값이 1이 된다면 부호가 유지되지 않을 것이다. 따라서 부호를 유지하기 위하여 왼쪽 이동과 오른쪽 이동의 경우 다른 규칙이 적용된다. 규칙을 정리해보자!

(1) << N : 비트 상태를 N만큼 왼쪽으로 이동시킨다. 가장 왼쪽의 넘치는 N개의 비트들은 버리고, 오른쪽에 새로 생기는 N개의 비트들은 모두 0으로 채운다.

(2) >> N : 비트 상태를 N만큼 오른쪽으로 이동시킨다. 가장 오른쪽의 넘치는 N개의 비트들은 버리고 왼쪽에 새로 생기는 N개의 비트들은 부호 비트가 존재할 경우 부호 비트로 채우고, 부호 비트가 존재하지 않을 경우 0으로 채운다.

왼쪽 비트 이동은 이해하기가 쉽지만 오른쪽 비트 이동은 조금 복잡할 수 있다. 하지만 어려울 것은 없다. 오른쪽 이동으로 인해서 왼쪽에 새로 생기는 N개의 비트들에 한해서 부호 비트가 존재하는 타입(즉, 부호 있는 정수)이라면 해당 부호 비트에 채워진 값(0 or 1)을 그대로 채우라는 것이고 부호 비트가 없는 타입(즉, 부호 없는 정수)이라면 0으로 채우라는 것이다.

[소스 1-3] 오른쪽 비트 이동

```cpp
void main()
{
    ///////////////////////////////
    char c;                        // signed type
    c = 0x02;                      // [0000,0010]        2
    c = c >> 1;                    // [0000,0001]        1
    cout << (int)c << endl;


    c = 0x82;                      // [1000,0010]        -126
    c = c >> 1;                    // [1100,0001]        -63
    cout << (int)c << endl;


    ///////////////////////////////
    unsigned char uc;              // unsigned type
    uc = 0x02;                     // [0000,0010]        2
    uc = uc >> 1;                  // [0000,0001]        1
    cout << (int)uc << endl;


    uc = 0x82;                     // [1000,0010]        130
    uc = uc >> 1;                  // [0100,0001]        65
    cout << (int)uc << endl;
}
```

위의 예제는 오른쪽 비트 이동 연산자(>>)에 대한 여러 가지 경우를 보여준다. 각각 부호 있는 정수와 부호 없는 정수로 나누었고 각각에 대해서 다시 맨 왼쪽의 비트가 0과 1

인 경우로 나누었다. 즉, 4가지 경우에 대하여 오른쪽으로 1만큼 비트 이동을 시키는 것이다. 옆의 주석에는 처음 비트 상태를 보여주며, 1만큼 오른쪽 비트 이동을 한 후의 비트 상태도 보여준다. 각각의 경우를 자세히 살펴보면 알 수 있듯이, 부호가 있는 `char`의 경우 부호 비트에 들어있는 값(0 or 1)이 그대로 가장 왼쪽에 채워지고, 부호가 없는 unsigned char의 경우 가장 왼쪽에는 무조건 0이 채워짐을 확인할 수 있다.

비트 이동 연산에서 주의해야 할 점은 오른쪽 비트 이동일 경우 부호가 있고 없고의 차이에 따라서 동작이 달라진다는 것이다. 참고로 비트 이동 연산은 정수 타입에 대해서만 유효하다. 무슨 의미인가 하면 정수가 아닌 부동소수점을 나타내는 타입인 float, double 객체에는 비트 이동 연산을 사용할 수 없다는 것이다. 만일 비트 이동 연산을 사용할 경우 컴파일 에러가 발생하게 된다.

추가적으로 자바(Java)의 경우 오른쪽 비트 연산자로 >>>를 지원한다. 이것은 오른쪽으로 비트 이동을 한 후에 왼쪽에 새로 생기는 비트에 대해서 무조건 0을 채우는 것이다. >>> 연산자는 C/C++에서는 아직 지원하지 않는다.

➡ 1.2.6. 컴파일러 상수 한계

[소스 1-4] 상수 한계

```
void main()
{
    int max1 = 18446744073709551615;          // 상수 최댓값
    int max2 = 18446744073709551616;          // Compile Error
    int min1 = -18446744073709551615;         // 상수 최솟값
    int min2 = -18446744073709551616;         // Compile Error
}
```

예제 코드를 살펴보자! 굉장히 큰 수와 작은 수를 대입하는 것을 볼 수 있다. 컴파일러는 소스 코드에 쓰여진 상수를 분석해서 실제 int 객체 max1과 min1에 들어갈 비트 상태를 결정해서 어셈블리 코드로 작성한다. 그러나 컴파일러가 어떤 숫자라도 분석할 수 있는

것은 아니다. 상수에는 한계가 있기 때문이다. 예제에서 사용된 숫자가 바로 현재 컴파일러가 분석할 수 있는 정수형의 최소, 최댓값을 나타낸다.

어떻게 저런 상수가 도출된 것일까? 8 바이트 부호 없는 정수형인 unsigned __int64 혹은 unsigned long long 타입의 최댓값이 바로 18446744073709551615이기 때문이다. 반대로 최솟값은 단순히 최댓값에 −1을 곱한 값이 된다. 만일 상수 한계를 넘어가는 숫자를 상수로서 사용하게 될 경우 컴파일 에러가 발생하게 된다.

(참고로 __int64는 VC++에서는 8 바이트 부호 있는 정수 타입인데, long long 타입과 일치한다.)

➜ 1.2.7. 데이터 모델

타입은 정보를 비트 상태로 대응시키는 법과 더불어서 크기 또한 나타낸다. char는 1 바이트이고, short는 2 바이트를 차지하듯이 타입은 각각 정의된 크기를 가지게 된다. 그런데 타입에 따른 크기가 항상 일정하지만은 않다는 데 문제가 있다. 타입에 따른 크기는 플랫폼에 종속적이기 때문이다. 즉, 어떤 타입의 경우 윈도우에서는 4 바이트인데 리눅스에서는 8 바이트가 되기도 한다. 이런 차이가 나는 이유는 각 플랫폼별로 데이터 모델이 다르기 때문이다. 데이터 모델이란 각 타입에 따른 크기가 어떻게 결정되는지를 나타내는 것이다.

	char	short	int	long	long long	pointer
ILP32	8	16	32	32	64	32
ILP64	8	16	64	64	64	64
LP64	8	16	32	64	64	64
LLP64	8	16	32	32	64	64

▲ 그림 1-5 데이터 모델

위의 그림은 여러 가지 데이터 모델에 따른 각 타입의 크기를 보여준다. 데이터 모델의 이름에서 바로 타입의 크기를 알 수 있는데, ILP32의 경우 int, long, pointer가 32비트라는 것이고, LP64의 경우 long, pointer가 64비트, LLP64는 long long, pointer가 64비트라는 의미이다. 위에서 알 수 있듯이 어떤 데이터 모델이든지 char, short, long long은 그 크기가 (8, 16, 64)로 일정하다. 모델에 따라서 달라지는 것은 int, long, pointer이므로 해당 타입을 사용하는 코드를 작성할 경우에는 이종 플랫폼간 호환성을 위하여 주의를 기울여야만 한다.

x86 32비트 시스템에서는 윈도우, 리눅스 모두 ILP32 모델을 사용하였다. 따라서 서로 호환하는데 큰 문제가 없었다. 그러나 x64 64비트 시스템에 이르러서는 차이가 발생하게 되었다. 윈도우의 경우 LLP64를 채택하였고, 리눅스는 LP64를 채택하였기 때문이다. 따라서 x64 프로그래밍을 위해서는 두 플랫폼의 차이를 잘 이해해야만 한다.

LLP64와 LP64의 가장 큰 차이점은 바로 long 타입의 크기이다. LLP64에서는 여전히 32비트이지만, LP64에서는 64비트이기 때문이다. 따라서 필자의 생각으로는 호환성 있는 프로그래밍을 위해서는 가능하면 long 타입은 사용하지 않는 것이 좋을 것 같다.

참고로 int 타입의 크기는 플랫폼의 기본 데이터 크기를 따른다고 잘못 알고 있는 사람들이 있다. 즉, x64와 같은 64비트 시스템에서는 int의 크기도 64비트가 된다고 믿는 것이다. 물론 ILP64 모델을 따르는 시스템이라면 맞을 수도 있겠지만, 전혀 그렇지 않다는 사실을 반드시 기억해야만 한다. 즉, int 크기는 x64 시스템의 윈도우, 리눅스에서 여전히 4 바이트며, 8 바이트 정수 타입을 사용하기 위해서는 long long 타입을 사용해야 한다(VC++에서는 __int64를 long long으로 정의하였다).

➜ 1.2.8. long long format control

VC++의 __int64를 비롯하여 long long과 같은 64비트 정수 타입을 사용할 경우 주의할 점이 있다. 바로 printf와 같은 출력 함수의 format control이다. 기존에는 숫자를 출력할 경우 %d를 사용하곤 했다. 하지만 이것의 의미는 4 바이트의 값을 찍으라는 의미이다. 따라서 long long 타입에 %d를 사용하면 원하는 결과를 얻을 수 없다.

```
void main()
{
  long long ll = 1;                          // 최댓값설정
  ll = (ll << 63);
  ll = ~ll;

  printf("(A) %d \r\n", ll);                 // (A)
  printf("(B) %lld \r\n", ll);               // (B)
  printf("(C) %I64d \r\n", ll);              // (C)
}
```

예제의 출력 결과는 다음과 같다.

(A)   -1

(B)   9223372036854775807

(C)   9223372036854775807

long long은 64비트 부호 있는 정수 타입이다. VC++이나 GCC에서 사용 가능하다. 특히 VC++에서는 __int64를 대신 사용해도 된다. 중요한 것은 long long 타입을 위한 format control이 다르다는 것이다. 기존의 %d를 사용할 경우 32비트로 취급되어서 −1이 출력되게 된다. 따라서 %lld 혹은 %I64d를 사용해야만 한다. 참고로 %I64d는 VC++에서만 사용 가능하다. GCC에서 사용할 경우 −1이 출력된다.

1.3. 부동소수점 타입

보통 개발자들은 부동소수점이 1보다 작은 소수를 표현하기 위하여 도입된 개념이라는 인식을 많이 가지고 있다. 아마도 이름에 '소수점'이란 말이 들어있기 때문일 것이다. 분명 그런 목적도 있긴 하지만 본래 목적의 일부만을 나타낼 뿐이다. 부동소수점은 아주 작은 수와 아주 큰 수 양쪽을 아우르는 실수를 표현하기 위하여 도입된 것이다.

➡ 1.3.1 고정소수점과 부동소수점

부동소수점이란 실수를 표현할 때 소수점의 위치를 고정하지 않는 것을 말한다. 왜 소수점을 고정하지 않는 것일까? 반대의 경우인 고정소수점을 살펴보면 알 수 있다. 가령 123.456의 경우 고정소수점에서는 정수 부분 123과 소수 부분 456을 나누어서 표현해야만 한다. 결국 한정된 비트에 정수와 소수 부분을 분할하여 배치할 경우 고정소수점이 나타낼 수 있는 범위가 무척 한정되게 된다. 그에 비해서 부동소수점에서는 123.456을 123456이라는 유효숫자와 3이라는 소수점 위치를 통해서 고정소수점보다 훨씬 넓은 범위의 수를 표현할 수 있는 장점이 있다. 그래서 프로그래밍에서 실수를 표현할 때는 부동소수점을 주로 사용하게 된다.

사실 계산기만 봐도 왜 부동소수점을 사용하는지를 알 수 있다. 계산기가 표현할 수 한계(칸)를 넘어설 경우 E(e)가 나오면서 지수 표기법이 나오는 것을 확인할 수 있다. 여기서 E(e)가 바로 부동소수점, 즉 소수점의 위치를 표시하겠다는 의미이다.

➡ 1.3.2. 부동소수점과 2진법

앞에서 살펴보았듯이 정수는 '2의 보수법'을 통해서 2진법으로 표현된다. 그렇다면 1이하의 소수는 어떻게 2진법으로 표현하는 것일까? 사실 소수점 이하를 2진법으로 표현하는 것은 그리 어렵지 않다. 부동소수점을 이해하기 위해서는 실수를 2진법으로 표현하는 방법부터 확실히 알고 있어야만 한다.

10진법으로 표현되는 −9.6875를 2진법으로 나타내보자! 먼저 부호, 정수, 소수로 나누어서 생각하면 된다. 부호는 음수이고, 정수 9는 2진수로 1001이 되는 것을 쉽게 알 수 있다. 소수 부분이 문제인데, 초등학교에서 배운 방식의 반대로 생각하면 된다. 정수 부분을 2진수로 변환할 때는 2로 나누어서 나머지를 구했는데, 소수 부분의 경우 2를 곱해서 정수 부분을 취하면 된다. 0.6875를 2진수로 변환하는 절차는 다음과 같다.

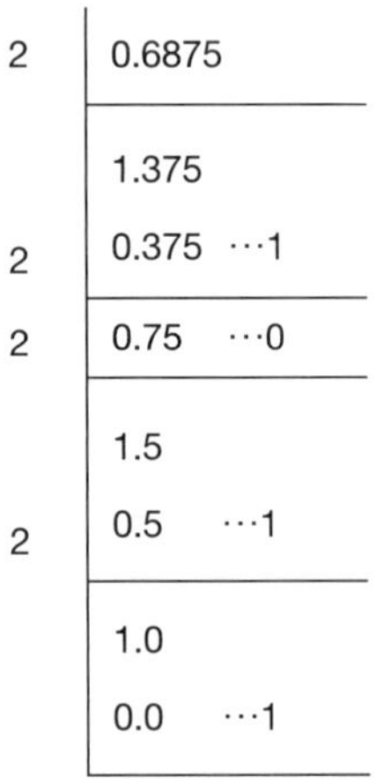

<pre>
2 │ 0.6875
  ├─────────
  │ 1.375
2 │ 0.375 ⋯1
2 │ 0.75   ⋯0
  ├─────────
  │ 1.5
2 │ 0.5   ⋯1
  ├─────────
  │ 1.0
  │ 0.0   ⋯1
</pre>

◀ 그림 1−6 소수 부분 2진법 변환

그림과 같이 소수 부분에 2를 곱해나간다. 만일 2를 곱한 결과가 1을 넘을 경우 1을 빼준다. 각 단계에서 정수 부분(1 or 0)을 2진수로 얻어낸다. 위의 경우 최종 결과가 0.0이 나와서 멈추었지만, 보통 대부분의 실수는 무한히 순환하면서 반복된다. 즉, 적당한 개수의 유효숫자만을 취하게 된다. 결국 −9.6875를 2진법으로 표현하면 $-1001.1011_{(2)}$ 이 됨을 알 수 있다.

➡ 1.3.3 부동소수점 구조

실제로 앞에서 예로 들었던 −9.6875를 부동소수점 타입으로 변환하면서 부동소수점의 구조를 파악해보자! −9.6875는 2진법으로 $-1001.1011_{(2)}$으로 표현된다. $-1001.1011_{(2)}$을 어떻게 저장할 수 있을까? 부동소수점으로 저장하기 위하여 정규화 과정을 거치는데, 바로 지수를 이용하여 실수를 표현하는 것이다.

$-1001.1011_{(2)}$은 정규화할 경우 $-1.0011011 * 2^3$이 된다. 정규화란 정수부를 1로 맞추어 놓고, 적절하게 소수점 위치를 조정하는 것을 말한다. 여기서 지수부는 2^3으로 보통 승수인 3을 얘기한다. 이제 간단하게 실수를 부동소수점으로 표현할 수 있게 되었다. 정규화를 거친 후에 부호와 소수부의 유효숫자들 그리고 지수부만 있으면 되기 때문이다. 특히 정규화를 거친 후 소수부의 유효숫자들을 특별히 '가수부'라고 부른다.

$-9.6875 \rightarrow -1001.1011_{(2)} \rightarrow -1.0011011 * 2^3 \rightarrow$ [부호부 음수, 지수부 3, 가수부 0011011]

일반적으로 C/C++, Java에서는 부동소수점으로 float(32Bit), double(64Bit) 타입을 제공한다. 부동소수점 형식은 정해진 비트(32Bit or 64Bit)를 적절히 분배하여 부호부, 지수부, 가수부를 할당하는 일종의 규칙이자 약속이다. 일반적으로 가장 많이 사용되는 표준은 IEEE754이며, 이 책은 IEEE754를 기준으로 설명할 것이다.
float에 비해서 double이 비트수가 2배 많으므로 정밀도가 좋으며 표현 범위도 훨씬 넓다. 따라서 가능하다면 double을 사용해야 한다. 그러나 여기서는 부동소수점의 구조를 알아보는 것이 목적이므로 편의상 float을 기준으로 설명할 것이다.

float   : [부호부 1Bit | 지수부 8Bit | 가수부 23Bit] = 총 32Bit

double   : [부호부 1Bit | 지수부 11Bit | 가수부 52Bit] = 총 64Bit

지금부터는 float을 기준으로 설명한다. 부호부는 정말 간단하다. 양수면 0, 음수면 1이다. 지수부를 설명하기 전에 가수부부터 설명하자! 이미 변환된 가수부를 왼쪽부터 그대로 채우면 된다. 물론 나머지 부분은 모두 0이다. 가장 이해하기 어려운 부분이 바로 지수부이다. 보통 float에서 사용되는 지수는 $2^{-127} \sim 2^{128}$이다. −127부터 128까지 사용해서 아주 작은 수부터 아주 큰 수까지 다양하게 표현할 수 있다. 부동소수점의 목적은 1보다 작은 소수를 표현하는 것도 있지만, 아주 큰 수를 표현하는 것도 있다는 사실을 명심해야 한다. 즉, 지수부 8비트로 −127 ∼ 128까지 256단계를 나타내야 한다. −127 ∼ 128이라는 정수를 표현하기 위하여 간단히 2의 보수법을 사용할 수도 있겠지만 그렇지는 않다. 지수부 8비트가 모두 0으로 채워진 [0000,0000]이 −127을 나타내고, 1 증가한 [0000,0001]은 −126을 나타내며, 이렇게 반복하여 모두 1로 채워진 [1111,1111]은 128을 나타내게 된다. 이런 방식을 바이어스 표현법이라고 하는데, 왜 이런 구조를 택했는지 궁금할 것이다. 바로 순수한 0을 표시하기 위해서이다. 일반적으로 모든 변수를 기본값으로 설정하는 방법은 변수가 차지하는 메모리 비트를 모두 0으로 설정하는 것이다. 만일 float의 모든 비트를 0으로 채운다고 가정해보자! 지수부를 일반적인 정수 표현 방식인 2의 보수법으로 표시할 경우 지수부는 0이 되므로 지수는 $2^0 = 1$이 될 것이다. 즉, 모든 비트가 0으로 채워진 float이 나타내는 실제 값은 $1.00000...00000 * 2^0 = 1$이 된다. 결국 부동소수점에서 지수부를 2의 보수법으로 표현할 경우 모든 비트를 0으로 채울 경우 기본값이 1이 되는 문제가 발생하는 것이다. 그러나 바이어스 표현법을 사용하게 될 경우 모든 비트가 0인 경우 순수하게 0을 표시하게 된다. 이 부분은 의문이 들 수도 있는데, 이후에 자세히 설명할 것이다.

이제 실제로 −9.6875를 float으로 나타내보자! [부호부 음수, 지수부 3, 가수부 0011011]로 정규화를 하고, 지수부는 3이므로 −127을 1번째 기준으로 삼을 경우 130번째가 될 것이다. 즉, 130을 2진수로 표현하면 [1000,0010]이 된다. 이제 이것을 그대로 비트 배열로 옮겨보자!

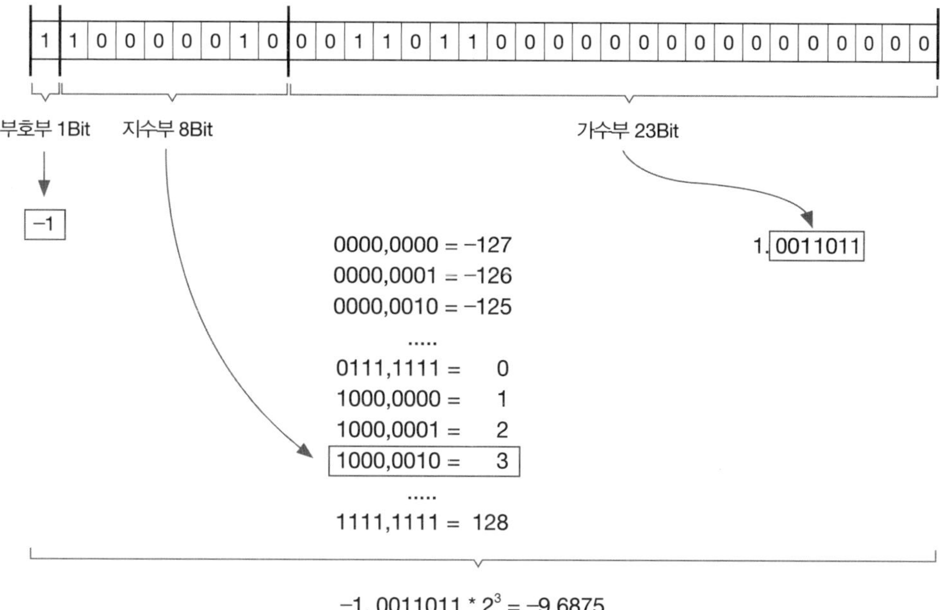

$$-1.\,0011011 * 2^3 = -9.6875$$

▲ 그림 1-7 -9.6875의 float 구조

이것을 실제로 확인해보자! C/C++은 2진수를 직접 표현하지 못하며, 16진수 표현방식으로 비트 배열을 표현할 수 있다. 4비트씩 16진수 하나로 변경하면 [0xC11B,0000]으로 표현된다.

[소스 1-6] float 확인

```cpp
void  main()
{
    unsigned int  ui = 0xC11B0000;

    float  f;
    memcpy(&f, &ui, 4);
    cout << f << endl;
}
```

소스 코드를 실행할 경우 정확하게 −9.6875가 출력되는 것을 확인할 수 있다. 여기까지는 실수를 부동소수점으로 표현하는 방법을 살펴보았다. 그러나 중요한 부분은 지금부터 시작된다. 위에서 제시되었던 모든 비트가 0으로 채워진 경우에 대하여 살펴보자!

지금까지 살펴본 float의 구조를 적용하면 모든 비트가 0으로 채워진 경우는 부호부가 양수이며, 지수는 −127, 유효숫자는 1.0000…0000으로 표현될 수 있을 것이다. 즉, 2^{-127}가 될 것이며, 이것은 $(1 / 2^{127})$이라는 아주 작은 수를 표현하게 된다. 분명 아주 작은 수이긴 하지만 0은 아니다. 만일 이 값을 0으로 지정해버리게 된다면 $(1 / 2^{127})$보다 작은 양수를 표현할 수 없게 된다. 그리하여 IEEE754는 2^{-127}보다 더 작은 수를 표현할 수 있도록 특별한 규정을 두었는데, 바로 지수부가 모두 0으로 채워진 경우에는 유효숫자의 정수부가 1이 되는 것이 아니라 0이 되도록 하였으며, 그에 맞추어 지수를 −127이 아닌 −126으로 고정한 것이다. 즉, 지수부가 모두 0인 경우는 −127이 아닌 −126을 나타내게 된다(만일 지수부가 모두 0인 경우를 −127로 하고, 유효숫자의 정수부를 0으로 할 경우 2^{-127}을 표현할 방법이 없어진다. 따라서 지수부가 실제로 표현할 수 있는 지수의 범위는 −126 ~ 128 이 된다).

이런 규정을 적용하게 되면 float은 더욱 작은 수를 표현할 수 있게 된다. 가령 지수부는 모두 0으로 채워지고, 가수부의 마지막 비트만 1인 경우를 살펴보자!

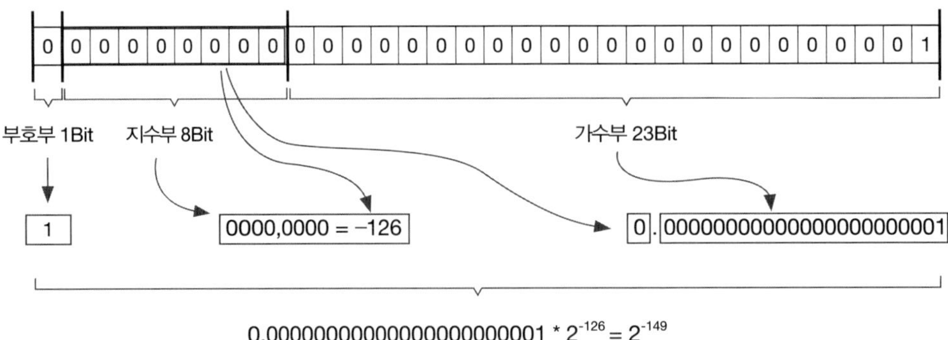

▲ 그림 1−8 float의 양의 최소값

그림에서 확인할 수 있듯이 2^{-149}, 즉 $(1 / 2^{149})$라는 훨씬 작은 수를 표현할 수 있게 된다. 실제로 이 값은 float이 표현할 수 있는 가장 작은 양의 실수가 되는 것이다. 만일 가수부가 모두 0으로 채워진 경우에는 순수하게 0을 나타낼 수도 있다. float의 구조는 그대로 double에도 적용될 수 있다. double은 지수부가 11비트이고, 가수부가 52비트이므로 이론적으로 2^{-1074}, 즉 $(1 / 2^{1074})$라는 상상도 할 수 없이 작은 값을 표현할 수 있는 것이다. 즉, 오차를 충분히 줄일 수 있어서 정밀도가 급격히 상승하게 된다. 그러나 여기서 착각하기 쉬운 점이 있는데, 모든 실수를 최소 양자 값(float: 2^{-149} 혹은 double:2^{-1074}) 정도의 오차를 가지고 표현할 수 있는 것은 아니라는 것이다.

➤ 1.3.4 부동소수점 표현 한계

부동소수점의 구조에서 알 수 있듯이, float이나 double의 경우 가수부의 크기는 일정하다. 따라서 지수가 충분히 클 경우에는 소수점 이하를 표현할 수 없게 된다. 무슨 의미인지 살펴보자!

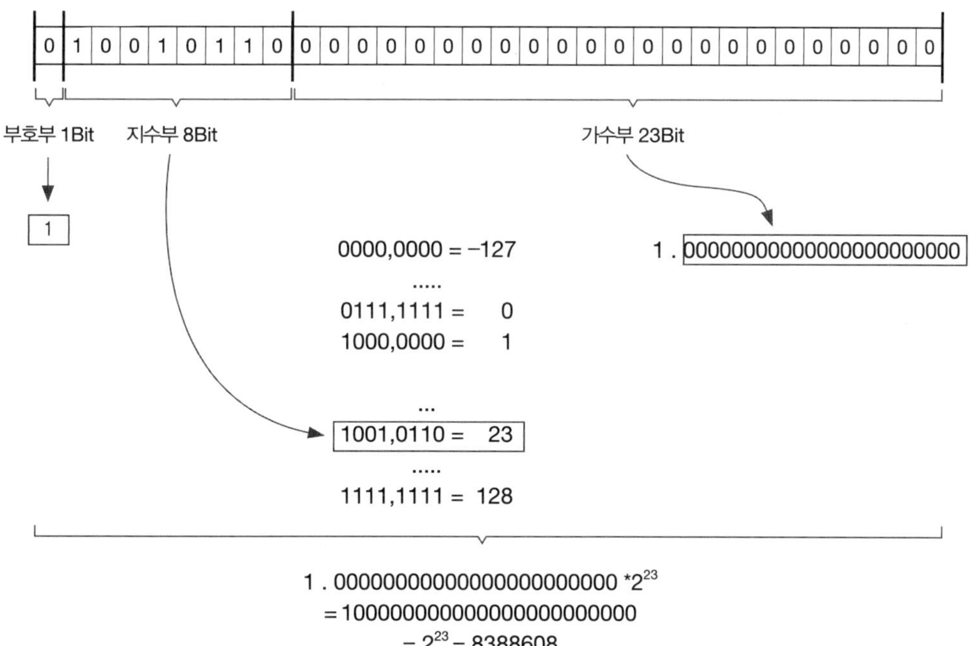

▲ 그림 1-9 float의 소수 표현 한계

그림을 살펴보자! 만일 지수부의 지수가 23을 나타낸다고 가정해보자! 가수부가 어떤 비트로 채워져 있건 상관없이 소수점이 오른쪽으로 23자리 이동하게 되므로 더 이상 소수점 이하 부분이 남아있지 않게 된다. 이것이 무슨 의미인가 하면 지수부의 지수가 23이상일 경우에는 더 이상 float은 소수점 이하를 표현할 수 없다는 의미이다. 즉, 정수만을 표현하게 된다. 실제로 그림에서 가수부가 모두 0일 경우를 계산할 경우 float이 나타내는 값은 10진수로 8,388,608이 된다. 즉, float으로 8,388,608이상을 나타낼 때는 더 이상 소수점 이하를 표현할 수 없다.

[소스 1-7] float의 소수 표현 한계

```
void  main()
{
  float  f[10];
  f[0] = 8388608.0;
  f[1] = 8388608.1;
  f[2] = 8388608.2;
  f[3] = 8388608.3;
  f[4] = 8388608.4;
  f[5] = 8388608.5;
  f[6] = 8388608.6;
  f[7] = 8388608.7;
  f[8] = 8388608.8;
  f[9] = 8388608.9;

  cout.precision(32);                    // (1)
  for(int  i = 0; i < 10; i++)
  {
    cout << f[i] << endl;
  }
}
```

실제로 확인해보자. float 배열 f를 마련하여 8388608.0 ~ 8388608.9까지 10개의 수를 대입하고, 출력해보자. (1)은 전체 숫자를 표현해주는 옵션이다. 옵션을 주지 않을 경우 지수 표기법(E) 형식으로 출력되어 확인이 어렵다. 출력 결과는 다음과 같다.

```
8388608                     // (1)
8388608
8388608
8388608
8388608
8388608
8388609                     // (2)
8388609
8388609
8388609
```

float은 8388608 이상에서 소수 부분을 표현할 수 없기 때문에, 소수가 입력될 경우 가장 근사한 정수 값을 선택하게 된다. 그래서 (1), (2)에서 확인할 수 있듯이 8388608.0 ~ 8388608.5까지 여섯 개는 8388608이 되고, 8388608.6 ~ 8388608.9까지 네 개는 8388609가 되는 것이다. 이런 과정에서 부동소수점은 오차를 가질 수밖에 없다.

이런 방식을 계속해서 적용해본다면 재미있는 사실을 알게 된다. 바로 숫자가 커지면 커질 수록 표현할 수 있는 수의 오차도 급격히 증가한다는 사실이다. 지수가 23이상일 때는 더 이상 소수점 이하를 표현할 수 없고, 오직 정수만을 표현할 수 있었다. 마찬가지로 지수가 24이상일 때는 짝수 정수만을 표현하게 된다. 즉, 홀수 정수는 표현할 수 없게 된다. 지수가 25이상일 때는 오직 4의 배수만을 표현할 수 있다. 혹시라도 잘 이해가 안 갈 경우를 위하여 다시 한번 테스트를 해보자.

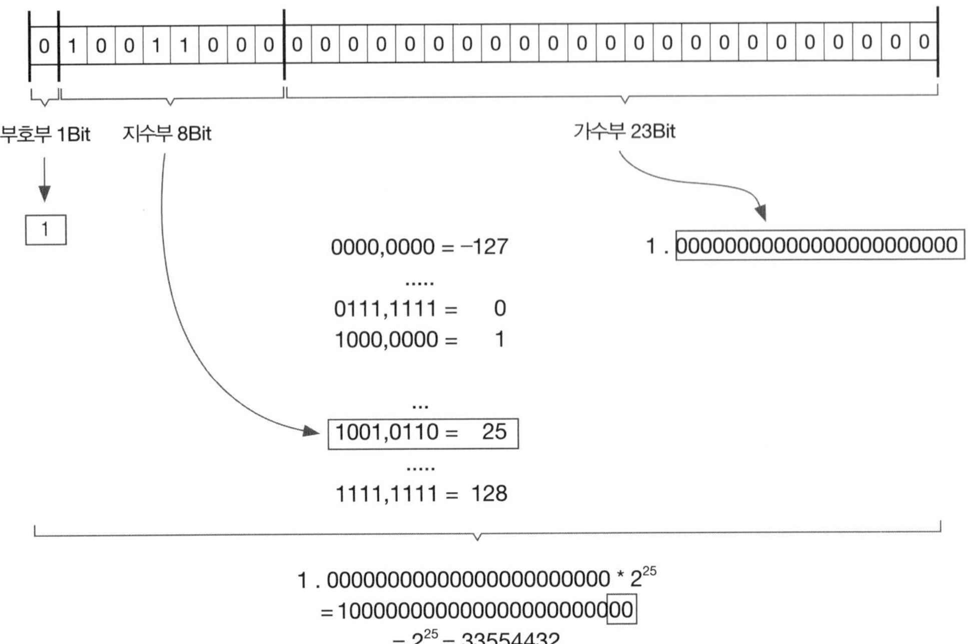

$$1 . 00000000000000000000000 * 2^{25}$$
$$= 10000000000000000000000000$$
$$= 2^{25} = 33554432$$

▲ 그림 1-10 float - 4의 배수만 표현

지수가 25인 경우를 따져보자. 가수부가 23비트이므로 지수가 25이상일 경우 소수점을
오른쪽으로 이동할 경우 마지막에 무조건 0이 두 개 이상 붙게 된다. 2진수에서 마지막
이 00으로 끝날 경우 4의 배수가 된다. 따라서 33,554,432 이상의 수를 float으로 표현할
경우 오직 4의 배수만을 나타낼 수 있다. 즉, 33,554,432 다음으로 나타낼 수 있는 수는
33,554,436이 된다. 아래는 확인용 소스 코드와 출력 결과이다.

[소스 1-8] float -4의 배수만 표현

```
void  main()
{
    float  f[10];
    f[0] = 33554432;
    f[1] = 33554433;
    f[2] = 33554434;
    f[3] = 33554435;
    f[4] = 33554436;
```

```
    f[5] = 33554437;
    f[6] = 33554438;
    f[7] = 33554439;
    f[8] = 33554440;
    f[9] = 33554441;

    cout.precision(32);              // (1)
    for(int i = 0; i < 10; i++)
    {
        cout << f[i] << endl;
    }

}
```

출력 결과는 다음과 같다.

```
33554432                          // (1)
33554432
33554432
33554436                          // (2)
33554436
33554436
33554440                          // (3)
33554440
33554440
33554440
```

지수가 커지면 커질수록 오차 또한 급격하게 커진다. float의 경우 지수를 128까지 표현할 수 있기 때문에, 표현 가능한 이웃된 숫자 사이의 격차는 2의 제곱씩 커지게 된다.

즉, 2^{-149}, 2^{-148}, ... , 1, 2, 4, 8, ... , 2^{105}

왜 부동소수점은 이런 형식을 사용하는 것일까? 바로 인간이 그와 유사한 방식으로 수를 세기 때문이다. 나이를 따져보자! 갓 태어난 아기의 나이를 따질 때는 태어난 지 며칠 지났다고 표현한다. 서너 살까지는 몇 개월 지났다고 얘기한다. 그러나 어느 정도 나이가 차면 년 단위로 얘기를 하지, 몇 일 지났다고 얘기하지는 않는다. 나이의 대상이 사람이 아닐 경우는 더욱 극명하게 드러난다. 암석의 경우 최소 십 만년 ~ 백 만년 단위로 얘기하지 정확히 몇 년 지났다고 얘기하지 않는다. 우주의 나이를 얘기할 때는 기본 단위가 수 억년이다. 필자가 알기로는 우주의 나이는 150억 년에서 200억 년 사이에서 말해지는 것 같다.

➜ 1.3.5 부동소수점 사용시 주의점

간단하게 정리하자! 우주 나이를 계산할 때 정확하게 빅뱅 이후 몇 년 따지는 것이 무의미하듯이, 부동소수점 타입을 이용하여 큰 수를 대상으로 정밀 계산을 하는 것은 무척 위험한 일이다. 따라서 정수 단위로 큰 수를 정확하게 다루어야 한다면 64비트 정수 타입인 long long(= __int64)을 사용해야 한다.

[소스 1–9] float, long long 비교

```
void  main()
{
   float  f = 33554432 + 3;
   cout << f << endl;              // (1) 33554436 출력

   long long  ll = 33554432 + 3;
   cout << ll << endl;            // (2) 33554435 출력
}
```

소스의 출력 결과에서 확인할 수 있듯이 정수로 정확한 계산을 수행하고자 할 경우 반드시 정수 타입을 사용해야만 한다.

```c
void  main()
{
  printf("%.3f\r\n", 0.3255);              // (1) 0.326
  printf("%.3f\r\n", 0.4255);              // (2) 0.425
  printf("%.3f\r\n", 0.42550001);          // (3) 0.426
}
```

부동소수점은 반올림에서도 문제가 발생할 수 있다. [%.3f]는 소수점 아래 네 자리에서 반올림을 하여 소수점 아래 세 자리까지 출력하는 format이다. (2)를 보면 알 수 있듯이 제대로 반올림이 되지 않을 수도 있다. 왜냐하면 0.4255가 실제로 부동소수점으로 표현될 경우 0.425499999……이기 때문이다. 따라서 반올림을 정확하게 수행하고자 한다면 (3)과 같이 반올림 경계를 넘을 만큼 작은 값을 더해줄 필요도 있다.

이외에도 부동소수점의 구조적 한계로 인하여 계산상 많은 문제가 발생할 수 있다. 계산상 오차를 줄이기 위해서는 float보다는 정밀도가 훨씬 큰 double을 사용해야만 한다. 물론 double을 사용한다고 해서 문제가 완전히 사라지는 것은 아니겠으나 오차를 무시할 수 있는 수준으로 줄일 수 있을 것이다. 만일 더욱 정밀한 계산을 해야만 한다면 계산 전용 라이브러리를 사용해야만 한다. 더 많은 연산 능력과 시간을 요구하겠지만, 단순히 부동소수점 타입만을 사용할 때보다 훨씬 안전하게 계산을 수행할 수 있다.

➔ 1.3.6 무한 & NaN

지금까지의 내용을 살펴보면 부동소수점은 아주 작은 수와 아주 큰 수를 표현하기 위하여 설계되었음을 알 수 있다. 그런데 이것이 전부인 것은 아니다. IEEE754 부동소수점은 좀 더 특별한 것을 표현할 수 있도록 추가적인 규정을 마련하였다. 바로 무한(Infinity)과

NaN(Not a Number)이다. 무한이야 개념적으로 알고 있을 것이고, NaN은 DB 작업을 할 때 많이 보게 되는 [미정의 결과 | 값이 없는 상태]를 나타낸다.

무한과 NaN을 어떻게 표현할까? 지수부의 모든 비트가 1로 채워져 있는 경우가 그렇다. 위에서 float의 지수부는 8비트이므로, 표현 가능한 지수의 범위는 −126 ~ 128이라고 하였으나, 모든 비트가 1로 채워진 상태인 128이 무한과 NaN에 대하여 예약되어 있으므로 실제 지수의 범위는 −126 ~ 127이 된다. 무한과 NaN은 가수부에 의해서 나누어진다. 가수부의 모든 비트가 0으로 채워져 있는 경우가 바로 무한을 나타내며, 가수부 비트 중 하나라도 1이 있을 경우는 NaN을 나타내게 된다. 무한은 양의 무한과 음의 무한으로 나누어진다. 무한의 부호를 결정하는 것은 역시 부호비트이다. 그러나 NaN의 경우 크기를 가지는 수가 아니기 때문에 양의 NaN, 음의 NaN이라고 특별히 구분하지는 않는다.

실제로 float을 이용하여 양의 무한을 표현해보자! 부호 비트는 0으로 하고, 지수부를 나타내는 8비트는 모두 1로 채운다. 무한의 핵심은 가수부 23비트가 모두 0이라는 것이다. 따라서 양의 무한은 아래와 같이 표현될 수 있다.

[0111,1111,1000,0000,0000,0000,0000,0000] =〉 0x7F80,0000

[소스 1-11] float 의 양의 무한 표현

```cpp
void  main()
{
    unsigned int  ui = 0x7F800000;

    float  f;
    memcpy(&f, &ui, 4);              // (1) f is infinity.
    cout << f << endl;

    float  f2 = f + f;              // (2) f2 is infinity.
    cout << f2 << endl;
}
```

위 소스의 출력 결과는 다음과 같다.

```
1.#INF                        // (1) f
1.#INF                        // (2) f2
```

INF는 Infinity를 나타낸다. 즉 무한을 나타낸다(출력 형식은 컴파일러에 따라 달라질 수 있는데, 위의 결과는 VC++를 기준으로 한 것이며, GCC의 경우 inf로 출력된다. 음의 무한일 경우는 1 앞에 마이너스 부호– 가 붙게 된다). 주의 깊게 보아야 할 점은 (2)와 같다. 무한끼리 더해도 역시 무한일 뿐이다. 따라서 f2의 경우도 무한으로 표현될 뿐이다.

이번에는 float으로 NaN을 표현해보자! NaN을 가장 간단히 표현할 수 있는 방법은 모든 비트를 모두 1로 채우는 것이다. 따라서 0xFFFF,FFFF은 NaN을 나타내기에 충분하다.

[소스 1–12] floatw의 NaN 표현

```cpp
void  main()
{
  unsigned int  ui = 0xFFFFFFFF;

  float  f;
  memcpy(&f, &ui, 4);          // (1) f is NaN
  cout << f << endl;

  float  f2 = f + f;           // (2) f2 is NaN
  cout << f2 << endl;
}
```

위 소스의 출력 결과는 다음과 같다.

```
-1.#QNAN                      // (1) f
-1.#QNAN                      // (2) f2
```

결과에서 알 수 있듯이 QNAN은 NaN을 의미한다(NaN은 QNaN과 SNaN으로 나누어 지는데 이 책의 범위를 넘어서므로 자세한 설명은 생략하겠다). 앞에 마이너스가 붙은 것은 부호 비트가 1로 설정되어 있기 때문이다. NaN끼리 더해도 그 결과는 NaN이 됨을 확인할 수 있다. 역시 출력형식은 컴파일러에 따라 달라질 수 있는데, GCC의 경우 -nan으로 나타난다.

부동소수점에 대해서 꽤 자세히 알아보았다. 이번 절을 간단히 정리한다면 다음과 같다. 부동소수점은 아주 작은 수와 아주 큰 수, 그리고 무한과 NaN을 표현하기 위하여 도입된 타입이다. 표현의 한계로 인하여 오차는 값이 커질수록 기하급수적으로 증가한다. 이 사실을 기억하면서 정수 계산은 정수 타입에 맡기고, 정밀 계산을 위해서라면 계산 전용 라이브러리를 이용해야만 한다. 부동소수점을 사용해야만 한다면 정밀도가 높을수록 좋기 때문에 double을 써야 한다.

1.4. 문자 타입

컴퓨터 처리 대상의 대부분을 차지하는 것이 숫자 다음으로 문자가 될 것은 너무나도 당연한 일이다. 당연히 문자를 처리하기 위하여 문자 전용 타입을 만들었는데 바로 char이다. 그러나 c/c++설계자들이 세상의 문자가 알파벳만 존재한다고 생각한 것인지, 아니면 알파벳만 다루기 위해서 char를 만든 것인지는 모르겠으나 어찌되었건 char는 철저하게 알파벳 기준으로 만들어진 타입이다.
char는 ASCII 인코딩을 사용하여 문자를 비트 상태와 대응시킨다. 알파벳 대소문자와 숫자, 특수문자, 제어문자 등으로 이루어져 있다. 다 합친 문자의 개수가 128개라서 7비트만 사용한다. 즉, 맨 왼쪽 비트는 0으로 설정되어있는 것이다.

➥ 1.4.1. 유니코드

이 세상 문자가 어디 알파벳만 있겠는가? 한글과 한자뿐 아니라 일본, 베트남 등 자국에서만 사용하는 문자도 수두룩하게 있다. 그뿐 아니라 한글이나 한자를 모두 표현하기 위해서 1 바이트는 턱없이 부족한 크기였다. 그래서 각각의 문자를 표현하기 위하여 char를 변형하여 사용하기 시작했는데, 맨 왼쪽 비트가 1일 경우 char 2개를 묶어서 한 문자로 표현하는 방법을 사용한 것이다. 이 방법은 기본 ASCII도 유지하면서 각각의 문자를 표현할 수 있어서 널리 퍼지게 되었다. 그러나 문제가 없는 것은 아니었다. char 2개를 한 문자와 연결시키는 대응 방법을 코드페이지라고 부르는데, 각 문화권에 따라서 코드페이지가 개별적으로 존재할 수밖에 없다. 따라서 같은 비트 상태를 가진 char 두 개가 코드페이지에 따라서 각기 다른 글자로 해석되는 문제가 있다. 이것은 언어별 호환성에 상당한 제약을 주는 것이었고, 호환성 있는 프로그램을 제작하는데도 어려움을 안겨주었다. 그리하여 이 세상 모든 문자를 단일 코드로 통합하려는 움직임이 나타나게 되었으며, 그로 인해서 유니코드라는 체계가 탄생하게 되었다.

유니코드는 이 세상 모든 문자들에게 코드를 부여한 것이다. 그 코드라는 것은 순수하게 번호를 의미하며, 몇 바이트 크기의 비트 상태를 어떻게 설정해야 한다는 대응법과는 전혀 상관이 없다. 단지 각각의 문자들에게 중복되지 않는 유일한 번호를 부여한 것 뿐이다. 유니코드에 대해서 궁금한 독자는 유니코드 사이트에 들어가서 각각의 문자에 부여된 코드를 확인할 수 있다. 우리 한글이 상당히 많은 코드를 부여 받았는데, 한글의 자모가 조합되어 나타날 수 있는 가지 수가 상당히 많기 때문이다.

유니코드는 각 문자에 유일하게 번호를 부여한 것이라고 했다. 그렇다면 실제 컴퓨터의 타입으로는 어떻게 대응시키는 것일까? 그런 대응 방식을 바로 UTF(Unicode Transformation Format)-N이라고 한다. 보통 많이들 들어본 UTF-8, UTF-16, UTF-32가 있다.

➡ 1.4.2. UTF(Unicode Transformation Format) – N

UTF-N의 정확한 의미는 N 비트의 배수로 한 문자를 표현한다는 것이다. 가령 UTF-8의 경우 8비트로 한 문자를 나타낼 수도 있으나, 경우에 따라서 16비트로 한 문자를 나타내고, 부족하면 24비트로 한 문자를 나타내겠다는 것이다. 따라서 UTF-8에서 알파벳은 ASCII와 동일하게 1바이트만으로 표시되며 한글의 경우 한 글자가 3바이트를 차지하게 된다.

마찬가지로 UTF-16의 경우 16비트의 배수로 한 문자를 나타내겠다는 것이다. 따라서 알파벳이나 한글 모두 한 글자가 2바이트를 차지하지만 2바이트로 대응할 수 없는 문자의 경우 4바이트로 표시하겠다는 것을 의미한다. 그러나 대부분의 문자는 2바이트로 표현 가능하므로 극히 일부 고어나 옛 문자 등이 4바이트로 대응된다.

마지막으로 UTF-32인데 32비트로 한 문자를 나타내겠다는 것으로 모든 문자에 대해서 4바이트를 차지한다. 너무 큰 용량을 차지하기 때문에 많이 사용되고 있지는 않다.

UTF-8과 UTF-16은 문화권에 따라서 선호도가 달라진다. 알파벳을 사용하는 쪽에서는 UTF-8을 선호하는 경향이 있다. 왜냐하면 ASCII와 그대로 호환되기 때문이고, 알파벳은 1바이트만을 차지하기 때문에 절약도 되기 때문이다. 우리나라의 경우 한글은 UTF-8에서 3바이트를 차지하므로 UTF-16에 비해서는 효율이 좋지 못한 편이다. 그 뿐 아니라 UTF-8은 글자의 수를 셀 경우 각 글자마다 바이트 크기가 다르기 때문에 많은 연산을 요구하게 된다. 그에 비해서 UTF-16은 글자 하나가 2바이트이므로 공간도 절약되고, 글자 수를 셀 경우에도 고속으로 처리할 수 있는 장점이 있긴 하다. 그러나 이것은 한글을 많이 사용할 경우에 한정된 것이지, 실제로 프로그래밍에서 알파벳을 위주로 작업할 경우 UTF-8이 선호될 수도 있다.

C++는 UTF-16이나 UTF-32를 지원하는 데이터 타입을 제공한다. 바로 wchar_t이다. 아쉽긴 하지만 wchar_t는 컴파일러에 따라서 UTF-16이나 UTF-32에 대응된다. VC++의 경우 wchar_t는 2바이트며 UTF-16을 지원한다(엄밀하게 따진다면 UCS-2를 지원하는데, UTF-16이 UCS-2를 그대로 포함하는 확장이다). 그에 비해서 GCC의 경우 wchar_t는 4바이트로 UTF-32를 지원한다. 무척 아쉬운 일이지만 플랫폼간 문자 타입을 통일하지는 못한 것이다.

Wide Character를 표현하기 위해서는 L 매크로를 사용할 수 있다. 'A'는 char 타입이지만,

L'A'는 wchar_t 타입이다. 또한 "ABC"는 char 배열이지만 L"ABC"는 wchar_t의 배열이다.

➜ 1.4.3. 은(는) 처리

"여왕은 우아했고, 공주는 아름다웠다."

위의 문장에서 여왕과 공주를 바꾼다면 어떻게 될까?

"공주은 우아했고, 여왕는 아름다웠다."

확실히 어색함을 느낄 수 있을 것이다. 우리말은 앞의 단어에 따라서 조사가 달라질 수 있다. 따라서 우리말 템플릿을 제작하는 것은 꽤 어려운 일이다. 가끔은 [은(는)]과 같이 가능한 조사를 한 번에 써넣는 것으로 쉽게 해결하기도 하지만 별로 마음에 드는 구현은 아닐 것이다.

유니코드를 이용하면 완벽하지는 못하지만 어느 정도까지는 조사를 구분할 수 있는 기능을 쉽게 개발할 수 있다. 먼저, 여왕과 공주의 차이를 살펴보자! 받침이 있는 글자로 끝날 경우는 '은'이 어울리고, 받침이 없는 글자로 끝날 경우는 '는'이 어울린다. 실제로 받침이 있는 글자로 끝날 경우 어울리는 조사로는 [은, 을, 으로] 등이 있으며, 받침이 없는 글자로 끝날 경우 어울리는 조사로는 [는, 를, 로]가 된다. 즉, 받침이 있는지 여부만 확인해도 어느 정도 적절한 조사를 선택할 수 있다는 의미이다. 물론 예외적인 단어도 있긴 하다. '서울'이란 단어는 '서울으로' 보단 '서울로'가 더 어울린다. 전문적인 것까지는 아니더라도 기본적인 것만 처리해도 고급 기능이 될 수 있다.

이와 같은 기능을 개발하기 위하여 알아야 할 지식이 몇 가지 있다. 먼저 유니코드에서 한글이 차지하는 코드 영역이다. 유니코드에서는 한글의 자음, 모음, 완성형 글자가 모여있는데, 당연히 처리 대상은 완성형일 것이다. 완성형 한글의 코드 범위는 0xAC00 ~ 0xD7A3이 된다.

다음 그림은 유니코드 한글 부분을 보여준다. 유니코드 한글은 너무 많기 때문에 극히 일부분인 완성형 글자인 '가', '개'로 시작하는 한글을 보여준다. 유니코드 표의 위쪽(AC0 ~ AC3)과 왼쪽(0~F) 코드가 조합되어서 한 글자의 코드를 나타낸다. 가령 '감'을 나타내는 유니코드는 위쪽의 AC1과 왼쪽의 0이 만나서 [0xAC10]이 된다.

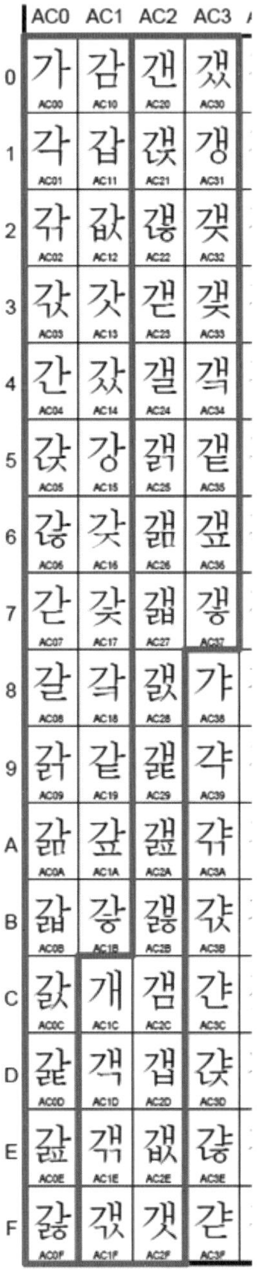

	AC0	AC1	AC2	AC3
0	가 (AC00)	감 (AC10)	갠 (AC20)	갰 (AC30)
1	각 (AC01)	갑 (AC11)	갡 (AC21)	갱 (AC31)
2	갂 (AC02)	값 (AC12)	갢 (AC22)	갲 (AC32)
3	갃 (AC03)	갓 (AC13)	갣 (AC23)	갳 (AC33)
4	간 (AC04)	갔 (AC14)	갤 (AC24)	갴 (AC34)
5	갅 (AC05)	강 (AC15)	갥 (AC25)	갵 (AC35)
6	갆 (AC06)	갖 (AC16)	갦 (AC26)	갶 (AC36)
7	갇 (AC07)	갗 (AC17)	갧 (AC27)	갷 (AC37)
8	갈 (AC08)	갘 (AC18)	갨 (AC28)	갸 (AC38)
9	갉 (AC09)	같 (AC19)	갩 (AC29)	갹 (AC39)
A	갊 (AC0A)	갚 (AC1A)	갪 (AC2A)	갺 (AC3A)
B	갋 (AC0B)	갛 (AC1B)	갫 (AC2B)	갻 (AC3B)
C	갌 (AC0C)	개 (AC1C)	갬 (AC2C)	갼 (AC3C)
D	갍 (AC0D)	객 (AC1D)	갭 (AC2D)	갽 (AC3D)
E	갎 (AC0E)	갞 (AC1E)	갮 (AC2E)	갾 (AC3E)
F	갏 (AC0F)	갟 (AC1F)	갯 (AC2F)	갿 (AC3F)

◀ 그림 1-11 유니코드 - 한글 가, 개

다시 돌아와서 '은(는)' 처리를 위해서는 유니코드 한글 범위의 글자 중에서 받침이 있는 것과 없는 것을 구분해야만 한다. 그것 또한 무척 쉬운 일이다. 유니코드는 한글 완성형을 기록할 때 순차적으로 받침을 넣으면서 번호를 부여했기 때문에 28자마다 받침이 없는 글자가 나타나게 된다. [가 각 ...갚 갛]과 같이 28자가 나타나고 그다음에 [개 객 ... 갞 갷]이 이어지는 방식이다. 즉, 28자를 주기로 코드를 검사한다면 받침 있는 글자인지 아닌지를 알 수 있는 것이다. 여기서 '가'의 코드는 0xAC00이고, '개'의 코드는 0xAC1C로써 정확히 28만큼 차이가 난다.

[소스 1-13] 은(는) 처리

```
BOOL HasFinalConsonant(wchar_t Letter)
{
   if(Letter >= 0xAC00 && Letter <= 0xD7A3)      // (1) 한글 완성형 확인
   {
      if((Letter - 0xAC00) % 28 == 0)            // (2) 받침 없는 글자 확인
      {
         return TRUE;
      }
   }

   return FALSE;
}


void main()
{
   if(HasFinalConsonant(L'왕'))
   {
      cout << "왕 - 받침 없음" << endl;
   }

   if(HasFinalConsonant(L'주'))
   {
      cout << "주 - 받침 없음" << endl;
   }
}
```

예제를 테스트해보면 [주 - 받침 없음]만 잘 출력되는 것을 확인할 수 있다.

1.5. 문자열

문자열은 문자들이 모인 것이다. 따라서 특별히 문자열을 위한 타입이란 것을 C/C++
가 기본적으로 제공하지는 않는다. 기본적으로 문자열은 문자들이 나열된 것으로 보아서
문자 배열로 표현할 수 있다. 또한 NULL 종료 문자열(NULL Terminated String)이라고
해서 문자열 끝에 NULL을 넣어서 어디까지가 문자열인지를 판별할 수 있도록 하였다.
NULL 종료 문자열의 단점이라면 문자열을 파악하기 위하여 NULL을 찾아야 한다는 것
이다. 그런 단점으로 인해서 약간 구조를 개선하여 문자열 맨 앞에 총 바이트 수를 넣는
방식도 있는데 보통 BSTR이 그런 방식을 사용한다. BSTR은 베이직이나 파스칼에서 사
용되며, 윈도우의 COM에서도 사용되는 문자열 표현 방식이다.
C/C++에서 문자열을 주로 표현하는 방식은 NULL 종료 문자열이기에 여기에서는
BSTR에 대해서는 더 이상 설명을 하지는 않을 것이다.

문자열을 문자 배열을 통해서 다루는 것은 어려운 점이 있다. 배열의 특성으로 인해서 문
자열을 수정하는 것은 무척 힘든 작업이다. 따라서 문자열을 쉽게 다룰 수 있는 자료구조
가 제공되기도 하는데, C++ 표준 라이브러리에서 string 클래스를 제공하며 VC++ 경우
에는 CString 클래스를 제공한다. string이나 CString의 사용 방법은 상당히 직관적이므로
도움말이나 예제 등을 조금만 살펴봐도 쉽게 사용할 수 있을 것이다. 또한 문자열 클래스
는 뒤에서도 조금씩 설명될 것이므로 여기서는 특이하거나 주의할 점에 대해서만 설명을
진행할 것이다.

➤ 1.5.1. 문자열 클래스의 길이

문자열을 나타내는 문자 배열에서 문자열의 길이를 구하기 위해서 사용하는 함수는 strlen

이다. 이 함수는 문자열 시작부터 NULL을 찾을 때까지 검색을 진행한다. 문제가 있다면 같은 문자열에 대해서도 strlen을 100번 수행하면 100번 모두 검색을 진행한다는 것이다. 만일 문자열 안에 길이 정보가 추가되어 있다면 단 한 번만 문자열 길이를 구하고, 그 뒤에 추가적인 요청에 대해서는 길이 정보만 반환하면 될 것이다.

문자 배열에서는 당연히 이런 구조를 만들 수 없지만, 문자열 클래스라면 충분히 가능하다. 왜냐하면 문자열 클래스의 목적이 문자열의 정보를 관리하는 것이기 때문이다. 실제로 string과 CString에서는 자체적으로 길이 정보를 보관하고 있다.

[소스 1-14] 문자열 길이

```cpp
void main()
{
    ///////////////////////////////////////////
    CString str1 = "ABCDEFG";
    cout << str1 << str1.GetLength() << endl;

    char* p1 = str1.GetBuffer();          // (1) 문자 배열을 얻는다.
    p1[3] = '\0';                         // (2) 문자 배열을 수정한다.
    cout << str1 << str1.GetLength() << endl;

    ///////////////////////////////////////////
    string str2 = "ABCDEFG";
    cout << str2.c_str() << str2.size() << endl;

    char* p2 = (char*)str2.c_str();       // (1) 문자 배열을 얻는다.
    p2[3] = '\0';                         // (2) 문자 배열을 수정한다.
    cout << str2.c_str() << str2.size() << endl;
}
```

예제는 문자열 클래스에서 길이를 어떻게 처리하는지를 보여준다. 클래스 멤버로 길이를 관리하기 때문에 성능면에서는 뛰어나긴 하지만 잘못 사용할 경우 버그를 양산할 수도 있다. 문자열 클래스도 결국 문자열을 NULL 종료 문자열 방식으로 저장하고 있다. 실제 문자열이 저장되는 장소는 힙 영역인데 자동으로 메모리를 할당 및 재할당 할 수 있기 때문에 단순한 문자 배열에 비해서 훨씬 쉽게 문자열 수정을 할 수 있다.

CString과 string에서 문자열이 저장된 위치를 반환하는 멤버 함수는 GetBuffer와 c_str이다. 이것을 통해서 실제 문자열에 접근할 수 있으며, 원한다면 수정을 할 수도 있다. 소스 코드의 (2)에서는 강제로 문자 배열의 네 번째 문자를 NULL로 설정해버렸다. 따라서 NULL 종료 문자열의 방식에 따라서 문자열은 단지 "ABC"가 될 것이다. 그러나 이런 수정 작업이 내부의 길이 정보에 영향을 주는 것은 아니다. 따라서 문자열과 길이를 출력할 경우 올바르지 못한 결과를 얻게 되는 것이다.

예제는 일반적으로 잘 사용하지 않는 방식을 사용하고 있는데, 강조하고 싶은 바는 문자열 클래스를 사용할 경우에는 가능하면 클래스가 제공하는 인터페이스만을 사용해서 문자열을 다루라는 것이다. 만일 예제와 같이 직접 문자열 메모리에 접근하여 어떤 처리를 할 경우에는 어떤 문제가 발생할지 알 수 없기 때문이다.

➜ 1.5.2. string의 대소문자 변경

필자는 문자열을 다루어야 할 때 가능하다면 string보다는 CString을 애용한다. 왜냐하면 CString이 훨씬 잘 만들어졌으며 안정성도 뛰어나기 때문이다. 물론 충분히 이의를 제기할 독자도 많을 수 있겠으나 필자가 둘 다 사용해보면서 CString에 더욱 편안함과 안정성을 느낀 개인적인 경험이 많아서일지도 모르겠다. 이번에는 실제로 string을 사용하는 환경에서 발생한 문제를 설명하면서 string 사용시 주의를 기울여야 한다는 것을 설명하고자 한다.

CString의 경우 대소문자를 변경하는 함수가 제공된다. 바로 MakeLower, MakeUpper이다. 단 한 번만 호출하면 완벽하게 대소문자 변환이 완료된다. 그런데 string은 이와 같은 기능을 수행하는 멤버 함수를 제공하지 않는다. 그러나 string에 대해서 대소문자 변경을 못하는 것은 아니다. 인터넷만 찾아봐도 string의 대소문자를 변경하는 자체 함수들이 제시되어 있다. 대략 다음과 같은 코드를 이용하여 대소문자를 변경하는 것을 확인할 수 있다.

```
transform(str.begin(), str.end(), str.begin(), tolower);
```

여기서 str이 string 객체이고, tolower는 대문자를 소문자로 바꿔주는 알고리즘이다. 즉, C++ 표준 라이브러리에서는 string에 대소문자 변환 기능을 부여하는 대신 알고리즘을 사용하도록 권고하는 것이다. 물론 나쁘지 않은 설계 방식이다. 그러나 대소문자 변경이 그리 간단하지 않다는데 문제가 있다.

[소스 1-15] string 대소문자 변환

```cpp
#include <algorithm>
void main()
{
    string str = "ABC가나다몽DEF";
    transform(str.begin(), str.end(), str.begin(), tolower);
    cout << str.c_str() << endl;
}
```

과연 어떤 결과가 나올까? 소문자로 변경하는 것이기 때문에 [abc가나다몽def]이 나올 것 같지만 그렇지 않다는데 문제가 있다. 실제로는 [abc가나다뮐def]이 출력된다. 즉, '몽'자가 '뮐'으로 변환된 것이다.

왜 이런 현상이 발생하는 것일까? 원인은 tolower 및 toupper에 있다. 이 알고리즘은 컨테이너의 요소를 하나씩 받아서 처리한다. 즉, 각각 요소를 입력 받아서 대소문자 변환이 필요하면 처리하는 식이다. 그런데 string 컨테이너의 한 요소는 한 글자가 아니라 char 객체 하나라는데 문제가 있다. 알파벳은 아무 문제가 없지만 한글을 비롯한 수많은 문자들은 한 글자로 2바이트를 사용하기 때문이다(UTF-8의 경우 한글 하나가 3바이트를 차지하기도 한다. 일단 여기서는 일반적인 MBCS인 EUC-KR을 사용한다고 가정하자!).

'몽'은 2바이트로 표현되며, 각각 10진수로 표현하면 146과 68이 된다. 68은 char로 따진다면 알파벳 대문자 'D'를 나타낸다. 따라서 tolower는 146에 대해서는 변환을 수행하지 않고, 'D'를 나타내는 68에 대해서는 'd'를 나타내는 100으로 바꾸는 것이다. 그리하여 변환된 2바이트 146과 100이 합쳐져서 '묀'으로 표현되는 것이다.

그 동안 위와 같은 string의 대소문자 변환 코드가 널리 사용될 수 있었던 이유는 우리가 주로 사용하는 한글의 경우 2바이트 각각의 코드가 ASCII와 겹치지 않기 때문이었다. 그러나 거의 사용되지 않는 '몽', '묀'과 같은 생소한 한글들은 2바이트 중 하나가 ASCII와 중복되므로 문제가 발생할 수 있는 것이다. 그렇다면 string에서 제대로 된 대소문자 변환을 하기 위해서는 어떻게 해야 할까?

제일 좋은 방법은 wstring을 사용하면 된다. wstring의 컨테이너 한 요소는 wchar_t이므로 STL 알고리즘인 tolower, toupper가 제대로 동작한다. 만일 string을 사용할 수밖에 없다면 변환 함수를 따로 만들어 주어야 한다. 아래는 필자가 간단히 만들어본 소문자 변환 함수이다.

[소스 1-16] EUC-KR을 위한 string 소문자 변환 함수

```cpp
void ToLower(std::string& str)
{
  BOOL bStartExtension = FALSE;

  std::string::iterator it = str.begin();
  while(it != str.end())
  {
    // (1) 0과 양수만 처리하기 위하여 unsigned char를 사용
    unsigned char c = *it;

    if(bStartExtension)
    {
      bStartExtension = FALSE;
```

```cpp
        }
        else
        {
            // (2) 128 아래는 알파벳 및 기본문자이다.
            if(c < 128 && !bStartExtension)
            {
                *it = tolower(c);
            }
            else
            {
                bStartExtension = TRUE;
            }
        }

        it++;
    }
}

void main()
{
    using namespace std;

    string str = "ABC가나다뭉DEF";
    ToLower(str);
    cout << str.c_str() << endl;
}
```

함수 ToLower를 만들었다. 소스 코드의 (1)에서는 unsigned char로 string의 컨테이너 요소를 받는다. 그러면 0 이상인 수에 대해서 처리하기가 쉽다. (2)를 보면 문자코드가 128 아래일 경우에 대해서는 기존 소문자 변환 함수인 tolower를 호출하는 것을 볼 수 있다. 보통 MBCS에서 한 글자는 1바이트 혹은 2바이트로 표시되는데, 이것을 구분하는 기준이 바로 128이기 때문이다. 만일 첫 번째 바이트가 128 아래일 경우 ASCII이며, 128 이상이 될 경우 다음 바이트까지 합친 2바이트가 확장 문자가 되는 것이다. bStartExtension이라 는 플래그를 사용하였는데, 확장 문자에 대해서는 소문자 변환을 할 필요가 없기 때문이다.

참고적으로 CString의 경우 대소문자 변환에 아무 문제가 없는데, 내부에서 위와 같은 처리를 수행하고 있기 때문이다. 추가적으로 위의 코드는 확장 문자에 대해서는 대소문자 변환을 수행하지 않지만 특정 문화권의 문자에서는 대소문자 변환이 필요할 수도 있다. 즉, ToLower는 알파벳과 한글만을 사용하는 문자열에서만 제대로 동작할 수 있다.

➡ 1.5.3 문자열 타입 변환

앞에서 문자열은 특별한 타입이 없다고 하였다. 그렇다면 문자열은 어떻게 인자로 넘길 수 있을까? 문자열을 인자로 받는 함수는 인자의 타입을 어떻게 정해야 하는지 생각해보자! 보통 문자열을 큰따옴표(" ")로 감싸서 표현한다. 문자열은 상수로서 메모리 어딘가에 위치하고 있다. 결국 메모리의 어딘가에 위치하는 문자열을 인자로 넘길 방법은 메모리의 주소인 포인터밖에 없다. 즉, 문자열을 인자로 받을 경우 인자의 타입으로는 포인터가 어울린다.

[소스 1-17] 문자열 인자 타입 우선 순위

```cpp
void Func(const char* str)                    // (1)
{
    cout << "const char*" << endl;
}

void Func(char* str)                          // (2)
{
    cout << "char*" << endl;
}

void Func(void* str)                          // (3)
{
    cout << "void*" << endl;
}
```

```cpp
void Func(string str)                              // (4)
{
    cout << "string" << endl;
}


void main()
{
    Func("Hello World!");
}
```

예제의 main에서 Func를 호출할 경우 어떤 Func가 선택될까? 정답은 바로 소스 코드 중 (1)의 Func이다. 컴파일러는 문자열 상수에 가장 어울리는 타입으로 const char*를 선택한다. 그렇다면 만일 (1)의 Func를 제거하고 다시 Func를 호출한다면 새롭게 선택되는 Func는 어느 것일까? 바로 (2)의 Func이다. 컴파일러는 문자열 상수에 대하여 const char*가 없을 경우 가장 유사한 char*를 선택한다.

만일 (1), (2)의 Func를 모두 제거한 후에 다시 Func를 호출하면 어떤 것이 호출될까? 즉, 인자의 타입으로 void*와 string 중에 어떤 것을 선택하는 것이 합리적인지 따져보자는 것이다. 어차피 문자열 상수는 주소로서 전달되므로 void*가 맞을 것 같기도 하지만, 실질적으로는 문자열이기 때문에 문자열 클래스인 string이 더 어울릴 것 같기도 하다. 즉, 선택하기가 애매한 점이 있다.

실제로 애매해서 그런지 모르겠으나 위의 경우에는 특별한 정답이 없다. 정답이 없다는 의미는 자기 멋대로 선택되는 것이 아니라 컴파일러에 따라서 달라진다는 것이다. VC++의 경우 void*가 선택되지만, GCC의 경우 string이 선택되기 때문이다. 결국 이런 문제로 인하여 플랫폼간 호환 코드를 작성할 때는 주의를 기울여야만 한다.

일단은 기억하자! 문자열 상수의 타입 변환의 우선 순위를 정리하면 가장 먼저 const char*이고 그 다음이 char*이다.

1.6. 날짜 시간

프로그래밍에서 많이 다루는 것 중에 하나가 바로 날짜와 시간이다. 날짜와 시간에 관련
된 다양한 라이브러리가 존재하지만 가장 기본적으로 사용할 수 있는 자료구조인 struct
tm에 대해서 알아볼 것이고, tm을 조작할 수 있는 함수들도 간단히 살펴볼 것이다.

➤ 1.6.1. struct tm

[소스 1–18] struct tm

```
struct tm
{
    int tm_sec;      /* seconds after the minute - [0,59] */
    int tm_min;      /* minutes after the hour - [0,59] */
    int tm_hour;     /* hours since midnight - [0,23] */
    int tm_mday;     /* day of the month - [1,31] */
    int tm_mon;      /* months since January - [0,11] */
    int tm_year;     /* years since 1900 */
    int tm_wday;     /* days since Sunday - [0,6] */
    int tm_yday;     /* days since January 1 - [0,365] */
    int tm_isdst;    /* daylight savings time flag */
}
```

struct tm은 날짜와 시간을 표현하기에 적당한 구조체이다. 주의할 점이라고 한다면 년도
를 나타내는 tm_year가 1900을 기준으로 한다는 의미이다. 즉, tm_year가 100일 경우 서
기 2000년을 의미하는 것이다. 또한 tm_mon도 주의해야 한다. 0부터 시작하기 때문에
tm_mon이 0일 경우 1월을 의미한다. 그 외에 tm_isdst라는 생소한 멤버도 볼 수 있는데
이것은 일광절약시간(Daylight Saving Time)을 나타내는 플래그이다.

우리나라는 현재 일광절약시간제를 시행하지 않고 있지만 미국을 비롯한 유럽에서는 일
광절약시간제를 시행하고 있다. 즉, 국제적으로 사용되는 프로그램을 작성하기 위해서는

tm_isdst도 잘 알아두어야만 한다.


```
void main()
{
    time_t ct;
    time(&ct);                          // (1) 현재 시간 얻기
    tm* pT = localtime(&ct);            // (2) tm 설정
}
```

예제는 tm 구조체에 현재 날짜와 시간을 설정하는 방법을 보여준다. 기본적으로 time_t 객체 ct와 함수 time을 통해서 현재 시간을 알아낸 뒤에, 함수 localtime을 통해서 tm 구조체에 현재 날짜와 시간을 설정할 수 있다.

참고로 time 함수는 1970년 1월 1일부터 현재까지 경과한 시간을 초 단위로 반환하는데 하루를 86,400초라고 계산해서 값을 돌려준다. 물론 하루는 86,400초이긴 하지만 절대적인 것은 아니다. 윤초라는 개념이 있어서 몇 년에 한번씩 특정일에 1초씩 더하는 작업을 하기 때문이다. 그러나 윤초 개념까지 포힘하기 위해서는 time 함수가 복잡해질 뿐 아니라 윤초를 적용한 이력까지 고려해야 하므로 일반적으로는 윤초를 제외한 채로 계산을 수행한다.

1.6.2. mktime

struct tm이 날짜나 시간을 멤버로 가진다는 것 이외에는 특별한 이점이 없는 것 같다. 그러나 tm이 mktime이라는 함수와 같이 사용될 때는 위력을 발휘하게 된다. 가령 현재 이 책의 문구가 쓰여지는 시점은 2014년 8월 17일이다. 만일 50일 뒤에 책이 출판된다면 그 날은 언제일까? 만일 이와 같이 날짜를 계산하는 프로그램을 작성한다면 무척 골치 아플 수 있지만, tm을 mktime을 사용하면 쉽게 처리할 수 있다.

```cpp
void main()
{
    time_t ct;
    time(&ct);                          // (1) 현재 시간 얻기
    tm* pT = localtime(&ct);            // (2) tm 설정

    pT->tm_mday += 50;                  // (3) 현재 날짜로부터 50일 뒤
    mktime(pT);                         // (4) pT 갱신
    cout << pT->tm_year + 1900 << "년" << endl;
    cout << pT->tm_mon + 1 << "월" << endl;
    cout << pT->tm_mday << "일" << endl;
}
```

예제의 (3)처럼 tm_mday에 50일 더할 경우 pT는 50일 뒤의 날짜와 시간을 나타내게 된다. 물론 tm의 정의에서 tm_mday는 1~31까지의 범위이기 때문에 현재가 17일일 경우 67을 나타내므로 유효하지 않은 값이 될 것이다. 그러나 mktime을 수행할 경우 알아서 pT가 유효하게 변하게 된다. 즉, 적절하게 유효한 날짜 시간으로 멤버 값이 갱신된다는 의미이다. 날짜뿐 아니라 월, 년, 시, 분, 초등을 더하거나 빼서 앞 뒤의 날짜와 시간을 정확하게 알아낼 수 있다.

1.7. 참조 타입

참조 타입은 C++에 도입된 개념이다. 참조 타입을 사용할 경우 포인터를 사용하지 않고 도 같은 효과를 낼 수가 있다. 분명 마법처럼 느껴지는 일이지만, 사실 참조 타입 역시 포인터를 사용하는 것에 불과할 뿐이다. 여기서는 참조 타입의 실체를 확인해볼 것이다.

➧ 1.7.1. 참조 타입의 실체

[소스 1-21] 참조 타입 1

```
void main()
{
    int a = 1;
    int& ra = a;              // (1) Reference
    ra = 2;
    cout << a << endl;

    int* pa = &a;             // (2) Pointer
    *pa = 3;
    cout << a << endl;
}
```

예제를 살펴보면 참조 변수 ra나 포인터 pa를 통해서 변수 a의 값을 변경할 수 있음을 확인할 수 있다. C 언어에서는 오직 (2)와 같이 포인터만을 사용할 수밖에 없었다. 그러나 C++에서는 (1)과 같이 참조 타입을 사용하여 포인터와 같은 효과를 발휘할 수 있는 것이다. 보통 위의 코드를 이해할 때 ra가 단지 변수 a의 별칭 정도라고 이해하고 넘어가는 경우가 많다. 즉, 컴파일러가 a와 ra를 같은 객체의 다른 이름 정도로 취급하는 것으로 착각할 수 있는 것이다. 그러나 실제로 ra를 위하여 메모리에 공간이 마련된다. ra는 일종의 포인터로 동작하며 초기화할 경우 주소(&) 연산자가 생략되고, 직접 사용할 경우에는 간접(*) 연산자가 생략되는 것이다. 즉, (1)과 (2)는 완전히 같은 방식으로 동작한다.

```
void main()
{
    const int& ra = 1;              // (1)
    int* pa = (int*)&ra;            // (2)
    *pa = 2;
    cout << ra << endl;
}
```

예제는 참조 타입이 포인터로 동작하는 것을 확실하게 보여준다. ra를 살펴보자! 참조 타입임에도 상수 1로 초기화된다. 앞에 const 지정자가 있기에 가능한 일이지만, 근본적으로 상수로 초기화가 가능한 이유는 ra를 위한 메모리 공간이 확보되기 때문이다.

일반적으로 참조 타입 객체가 초기화되는 과정은 포인터 영역이 마련되고, 초기화되는 변수의 주소가 포인터 영역에 써지게 된다. 그러나 const 지정자가 있을 경우에는 포인터 영역 뿐 아니라 int 객체의 임시 영역이 마련되어 상수가 대입되고, 해당 임시 영역의 주소가 포인터 영역에 써지게 된다.

[소스 1-23] 참조 타입 3

```
void main()
{
    /*
    push  ebp
    mov   ebp,esp
    sub   esp,10h                           // (1)
    */

    int a = 1;
    int& ra = a;
    /*
```

```asm
    mov     dword ptr [ebp-0Ch],1        // (2) a
    lea     eax,[ebp-0Ch]
    mov     dword ptr [ebp-10h],eax      // (3) ra
    */

    const int& rc = 2;
    /*
    mov     dword ptr [ebp-4],2          // (4) Temp
    lea     ecx,[ebp-4]
    mov     dword ptr [ebp-8],ecx        // (5) rc
    */
}
```

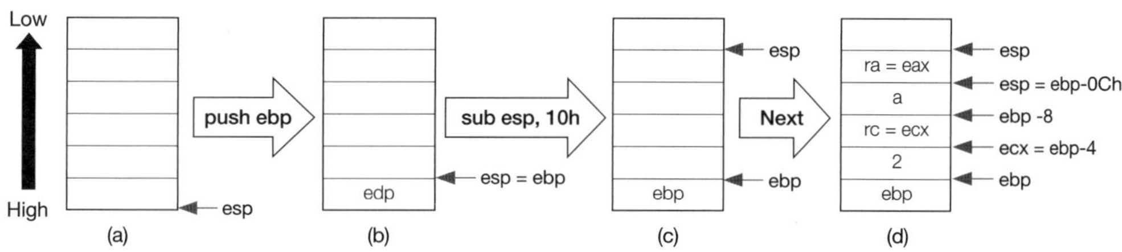

▲ 그림 1-12 참조 타입의 스택 구조

실제로 컴파일러가 작성하는 어셈블리와 스택 구조를 통해서 참조 타입 객체가 어떻게
처리되는지 확인해보자! 어셈블리는 주석으로 원래 코드 밑에 기록하였다. 코드의 실행
환경은 32비트 x86을 기준으로 하였다.

먼저 (1)을 살펴보자! sub esp, 10h라는 의미는 스택에 16바이트의 영역을 확보하라는 의
미이다. 왜 16바이트일까? 지역 변수 a와 ra, rc 그리고 임시 공간인 Temp까지 총 4개의 4
바이트 영역이 필요하기 때문이다. 이것만 봐도 참조 타입을 위한 메모리 영역이 확보된
다는 것을 알 수 있다.

(2)에서 ebp-0Ch가 바로 변수 a의 위치를 나타낸다. 그리고 (3)에서 ebp-10h에 변수 a의

주소를 기록하는 것을 볼 수 있다. 즉, ebp-10h라는 위치가 바로 참조 변수 ra를 위한 공간임을 알 수 있다. (4)에서는 const 참조 타입의 동작을 확인할 수 있다. ebp-4는 임시로 마련된 영역이다. 여기에 2를 대입한 뒤에 (5)에서 ebp-8이 나타내는 참조 변수 rc 영역에 임시 영역의 주소를 대입하는 것을 확인할 수 있다.

➦ 1.7.2. 우측 값 참조(RValue Reference)

참조 타입이 결국 포인터임을 알 수 있었다. 즉, 메모리를 차지하는 영역의 주소를 받는 것이라고 할 수 있다. 주소를 받으면 실제 해당 메모리 영역에 접근할 수 있다. 그런데 C++0x에는 새롭게 우측 값 참조라는 개념이 추가되었다.

우측 값(RValue)이 있으니 당연히 좌측 값(LValue)도 있을 것이다. 먼저 개념부터 파악해 보자! C++의 모든 식은 lvalue 또는 rvalue인데 식이 끝났을 때도 지속되는 객체를 lvalue라고 하며 유지되지 않는 임시 값을 rvalue라고 한다. 간단하게 예를 든다면 int a = 1; 이라는 식이 있을 경우 a는 lvalue이고 1은 rvalue라는 것이다. 더 쉽게 얘기한다면 모든 변수는 lvalue이다.

기존에 참조 타입은 바로 lvalue의 참조를 의미했다. 즉, 변수의 주소를 취하는 것이었다. 그런데 C++0x에서 임시 값인 rvalue의 참조도 타입으로 쓸 수 있도록 추가된 것이다. 개념만 나와서 이해가 잘 되지 않을 수 있으니 직접 예제를 살펴보자!

[소스 1-24] RValue Reference

```cpp
int GetValue()
{
    int a = 1;
    return a;
}

int& GetReference()
{
    int a = 2;
```

```cpp
        return a;
    }

    void Func(int& arg)                     // (A)
    {
        cout << "LValue" << endl;
    }

    void Func(int&& arg)                    // (B)
    {
        cout << "RValue" << endl;
    }

    void main()
    {
        Func(1);                            // (1) RValue Reference

        int a = 1;
        Func(a);                            // (2) LValue Reference

        Func(GetValue());                   // (3) RValue Reference
        Func(GetReference());               // (4) LValue Reference
    }
```

예제의 (A)에서 Func의 인자 타입이 바로 보통의 참조 타입인 좌측 값 참조이며 (B)에서
Func의 인자 타입이 바로 새롭게 추가된 우측 값 참조이다. 우측 값 참조는 주소(&) 연산
자 두 개를 붙여서 사용한다. (1), (3)과 같이 우측 값을 인자로 넘길 경우 인자의 타입이
우측 값 참조인 (B)의 Func가 호출된다. 반면 (2), (4)와 같이 좌측 값이 인자로 넘어갈 경
우에는 (A)의 Func가 실행된다.

우측 값 참조 역시 실제로는 포인터가 사용된다. 메모리사용의 임시 영역이 마련되어 그
곳에 값이 복사된 뒤에 임시 영역의 주소가 넘어간다. 왜 갑자기 우측 값 참조라는 개념
이 도입되었는지 무척 궁금할 것이다. 필자도 처음에는 무슨 용도인지 감이 잘 오지 않았

는데, 가장 큰 목적은 임시 값인 우측 값에서 필요한 것은 재활용하여 효율을 높이겠다는
것이다. 우측 값 참조는 주로 클래스의 복사 생성자와 복사 대입 연산자에 사용되어서 메
모리 사용 효율을 높이는데 사용된다. 일단은 우측 값 참조라는 것이 추가되었다는 사실
만 알아두고 이후 [클래스]장에서 다시 한 번 우측 값 참조에 대해서 알아볼 것이다.

정리하면 참조 타입은 포인터를 쓰기 쉽게 포장한 것에 지나지 않는다. 처음으로 어셈블
리까지 제시하면서 참조 타입의 실체에 대해서 설명을 하였는데, 앞으로도 참조 타입이
많이 등장하기 때문이다. 처음에 어느 정도 개념을 파악하고 있다면 나중에 좀 더 어려운
내용을 이해하는데 도움이 될 수 있기 때문이다.

예제에 나온 어셈블리를 자세히 설명하지는 않았는데 아직은 그런 단계는 아니라고 판단
했다. 뒤로 갈수록 어셈블리가 많이 등장할텐데 반드시 이해해야 하는 부분에 대해서는
자세하게 설명할 것이기 때문에 큰 걱정은 할 필요가 없다.

1.8. typedef

typedef는 이미 알려진 타입을 새로운 이름으로 정의할 때 사용되는 키워드이다. 결국
typedef를 통해서 새로운 타입을 재정의할 수 있다. 모양새는 마치 전처리 지시문과 비슷
해서 혼동을 주기도 하지만 전처리 지시문이 아니기에 앞에 #이 붙지 않으며, 문장 끝에
는 세미콜론(;)이 붙는다.

➤ 1.8.1. 유효 범위

typedef에도 유효 범위가 존재한다. 전역적으로 정의했을 경우 모든 곳에서 새롭게 정의
된 타입을 사용할 수 있지만 함수 안에서 정의했을 경우 새롭게 정의된 타입은 오직 함수
안에서만 사용할 수 있다.

```
void main()
{
    typedef int NEW_TYPE_INT;

    NEW_TYPE_INT i = 1;          // (1) OK
}

void Func()
{
    NEW_TYPE_INT a = 2;          // (2) Compile Error
}
```

typedef에 의해서 NEW_TYPE_INT는 4바이트 부호 있는 정수 타입으로 정의되었다. int가 나타내는 타입에 NEW_TYPE_INT라는 이름을 붙인 것이라고 할 수 있다.

새롭게 정의된 타입인 NEW_TYPE_INT는 main 함수 안에서 정의되었으므로 오직 main 함수 안에서만 유효하다. 따라서 함수 Func 안에서는 사용될 수 없다. 만일 함수 Func 안에서도 사용하기 위해서는 typedef 정의를 함수 바깥쪽에 해야 한다.

➜ 1.8.2. 정의 방법

많은 개발자들이 의외로 typedef 정의 방법을 잘 모르는 것 같다. 정말 쉽다고 생각할 수 있는데 typedef 정의 방법은 나름 까다로운 면이 있다.

기본 타입을 새롭게 정의하는 경우는 무척 쉽다. typedef 옆에 기본 타입을 써주고 새롭게 정의할 타입 이름을 붙여주면 그만이기 때문이다.

int 객체 3개가 모인 배열 타입을 ARRAY_INT_THREE이라는 이름으로 정의해보자!

```
typedef int[3] ARRAY_INT_THREE;
```

과연 올바르게 한 것일까? 아쉽게도 컴파일 에러가 발생할 것이다. 제대로 된 정의는 다음과 같다.

```
typedef int ARRAY_INT_THREE[3];
```

위의 정의 방법이 잘 이해되지 않는다면 typedef의 정확한 사용법을 모르고 있는 것이다. 혹시라도 잘 모를 경우 지금부터 제대로 이해하도록 하자! typedef는 굉장히 많이 사용되기 때문이다.

〈typedef 정의 방법〉

(1) 원하는 타입을 선언한다.

(2) 선언문 앞에 **typedef**를 붙인다.

(3) 선언문의 객체 이름을 정의하고자 하는 타입 이름으로 변경한다.

굉장히 간단한 과정이므로 쉽게 이해할 수 있을 것이다. 실제로 몇몇 예제에 적용해보자! 위에서 제시한 int 객체 3개가 모인 배열 타입을 정의해보자!

(1) 먼저, int 객체 3개가 모인 배열을 선언한다. 즉, 다음과 같다.

```
int arr[3];
```

(2) 선언문 앞에 **typedef**를 붙여준다.

```
typedef int arr[3];
```

(3) 선언문의 객체 이름인 **arr**을 정의하고자 하는 타입 이름 **ARRAY_INT_THREE**로 변경한다.

```
typedef int ARRAY_INT_THREE[3];
```

정말 간단함을 느낄 수 있을 것이다. 처음에 제시되었던 NEW_TYPE_INT도 사실 위의 과정을 그대로 따른 것뿐이다.

(1) 먼저, int 객체를 선언한다.

```
int a;
```

(2) 선언문 앞에 **typedef**를 붙여준다.

```
typedef int a;
```

(3) 선언문의 객체 이름인 a를 정의하고자 하는 타입 이름 NEW_TYPE_INT로 변경한다.

```
typedef int NEW_TYPE_INT;
```

마지막으로 typedef를 사용해서 함수 포인터 타입까지도 정의할 수 있다. 가령 int 타입 인자를 두 개 받고, 반환 타입이 double인 함수의 포인터 타입은 다음과 같이 정의될 수 있다.

[소스 1-26] 함수 포인터 타입 정의

```
typedef double (*PFUNCTYPE)(int arg1, int arg2);          // (1)

double Divide(int a, int b)
{
    return (double)a / b;
}

void main()
{
    PFUNCTYPE f = &Divide;
    cout << f(1, 2) << endl;
}
```

예제는 함수 Divide와 같은 함수 포인터 타입을 PFUNCTYPE으로 정의한다. 역시 같은
과정을 거쳐서 정의될 수 있다.

(1) 먼저, Divide와 같은 타입의 함수 포인터를 선언한다.

```
double (*func)(int arg1, int arg2);
```

(2) 선언문 앞에 typedef를 붙여준다.

```
typedef double (*func)(int arg1, int arg2);
```

(3) 선언문의 객체 이름인 func를 정의하고자 하는 타입 이름 PFUNCTYPE으로 변경한다.

```
typedef double (*PFUNCTYPE)(int arg1, int arg2);
```

여기서 (1)의 함수 포인터를 선언하는 것이 낯설 수 있는데, 함수를 선언한 뒤에 함수 이
름을 괄호로 감싸고 이름 앞에 간접(*) 연산자를 붙여주면 함수 포인터가 된다.

1.9. auto

➡ 1.9.1. 자동 변수 auto

auto 키워드는 자동 변수의 의미를 나타냈다. 자동 변수는 단순히 지역 변수를 의미한다.
즉, 함수 안에서만 사용될 수 있는 것이다. 또한 auto라는 키워드는 생략해도 무방했다.
그래서 전부 생략해서 사용했기에 auto라는 키워드가 오래 전부터 존재하였으나 생소한
것이 되어버렸다.

[소스 1-27] 자동 변수 auto

```
void main()
{
    auto int a = 1;
}
```

무척 생소할 수 있지만 예제처럼 auto가 사용될 수 있었다. 물론 최신 컴파일러에서는 컴파일 에러가 발생하지만 VS2005 정도만 하더라도 아무 문제가 없던 코드이다. 없어도 상관없는 키워드는 결국 사라지게 된다. 그렇게 auto는 사라져갔지만 최신 C++에서 auto는 새로운 의미로 부활하게 되었다. auto가 새로운 의미를 가지게 된 것은 C++0x이고 실제로 새로운 auto가 지원되는 컴파일러 버전은 VC++의 경우 VS2010부터이다.

➧ 1.9.2. C++ 0x auto

auto는 컴파일 타임에 자동으로 적절한 타입으로 변경되는 키워드이다. 즉, 다음과 같다.

[소스 1-28] auto의 변환

```
void main()
{
  auto a = 1;                // (1) int a = 1;
  cout << a << endl;
}
```

컴파일러는 컴파일 타임에 (1)의 auto를 int로 변환한다. int로 변환할 수 있는 근거는 변수 a가 1로 초기화되는데 1은 바로 int 타입으로 간주할 수 있기 때문이다.

[소스 1-29] auto 추론 실패

```
void main()
{
  auto a;                    // (1) Compile Error
  a = 1;
}
```

auto는 컴파일 타임에 적절한 타입을 추론해서 해당 타입으로 변경되어야 한다. 그러나 이번 예제에서 auto는 타입 추론을 할 수 없다. 분명 다음 줄에는 a에 1이 대입되기 때문에 a가 int 타입이라고 추론할 수 있지만 아직까지 컴파일러가 그 정도 수준까지 추론을 하지는 못하기 때문이다. 컴파일러가 좀 더 발전한다면 충분히 성공할 수도 있을 것이라고 생각한다. 따라서 현재까지는 auto가 타입을 추론하기 위해서는 선언 즉시 초기화가 이루어져야만 하며, 초기화가 존재하지 않을 경우 타입 추론에 실패하여 컴파일 에러가 발생한다.

[소스 1-30] auto 추론

```cpp
double Func(int a, int b)
{
    return (double)a / b;
}

auto g_r = Func(1, 2);          // (1) double g_r = Func(1, 2)

void main()
{
    auto r = Func(2, 3);        // (2) double r = Func(2, 3)
    cout << r << endl;
    cout << g_r << endl;
}
```

auto는 초기화를 동반한 선언이 있을 경우 해당 초기화식을 통하여 타입을 추론할 수 있다. 예제에서는 초기화식으로 함수 Func가 사용되는데, Func의 반환 타입이 double이므로 auto는 double로 변환될 수 있다.

auto는 초기화식 없이 선언될 경우 타입을 추론할 수 없다. 따라서 초기화식이 존재하지 않는 경우인 멤버 변수와 함수의 인자에는 사용될 수 없다.

참고로 auto는 오직 비 참조 타입으로만 추론된다는 것을 기억해야만 한다.

[소스 1-31] auto 비 참조 타입 추론

```
int& GetRef(int& arg)
{
    return arg;
}


void main()
{
    int a = 1;
    auto b1 = GetRef(a);        // (1) auto -> int
    auto& b2 = GetRef(a);       // (2) auto& -> int&

    b1++;
    b2++;
}
```

예제 코드에서 확인할 수 있듯이, (1)에서 auto가 int&로 추론되는 것은 아니다. 만일 auto를 이용해서 참조 타입을 사용하고 싶다면 (2)의 auto&와 같은 표기를 사용하면 된다.

➥ 1.9.3. auto 사용

auto는 컴파일 타임에 자동으로 타입이 추론되기 때문에 잘만 사용하면 무척 편하다. 특히 타입의 이름이 무척 길 경우 타이핑을 줄여주는 효과를 주기도 한다.

```cpp
void main()
{
  vector<int> v;
  v.assign(10, 0);

  for(int i = 0; i < 10; i++)
  {
    v[i] = i;
  }

  int Sum = 0;
  auto it = v.begin();          // (1) vector<int>::iterator it = v.begin();
  while(it != v.end())
  {
    Sum += *it;
    it++;
  }

  cout << Sum << endl;
}
```

보통 auto는 STL 컨테이너와 함께 자주 쓰이는데, STL 컨테이너의 반복자 타입의 이름이 생각보다 타이핑 하기에는 조금 길어지기 때문이다. 만일 auto가 없었더라면 반복자 it을 정의하기 위하여 반복자 타입인 vector⟨int⟩::iterator를 모두 써줘야만 한다. 사실 이 정도만 해도 굉장히 짧은 타입인데, 더 긴 타입의 경우 auto를 사용하지 않을 경우 코드가 어지럽게 보이는 경우도 적지 않다. 예제에서는 v.begin( )의 반환 타입을 통해서 타입 추론이 가능하였고, 그로 인해서 auto가 추론된 타입으로 변환될 수 있었다.

위의 예제에서는 auto가 타이핑을 줄여주는 역할을 수행했지만, 사실 typedef를 이용한다면 긴 타입도 짧은 이름으로 새롭게 정의할 수 있기 때문에 꼭 auto만으로 타이핑을 줄일 수 있는 것은 아니다. 그럼에도 auto를 사용하면 typedef를 할 수고조차 덜어주기 때문에 편리하게 사용할 수 있다. 또한 auto는 typedef를 사용하지 못하는 타입에 대해서도 자동으로 추론을 할 수 있는 능력이 있기 때문에 람다 타입을 받는데도 사용될 수 있다. 이 부분은 [함수]장의 람다 부분에서 자세히 다룰 것이다.

1.10. 정리

프로그래밍 학습의 첫 시작은 보통 타입부터 시작하는 경우가 많다. 결국 프로그래밍의 목적은 데이터를 처리하는 것이며, 데이터에는 보통 타입이 존재하기 때문이다. 타입에 대한 정확한 이해는 바로 프로그래밍의 기초를 튼튼하게 만들어 준다.

C/C++에서 가장 많이 다루는 타입인 정수, 부동소수점에 대하여 살펴보았다. 정수 타입에서는 2의 보수법과 더불어서 비트 이동 연산에 대해서 자세히 살펴보았다. 비트 이동 연산을 확실하게 이해한다면 나중에 많은 도움이 될 것이다. 의외로 C/C++ 프로그래밍에서는 비트 이동 연산을 많이 사용하기 때문이다. 부동소수점의 경우 정확한 구조까지 알 필요는 없다. 정말 중요한 것은 부동소수점은 구조로 인해서 오차가 발생하며 근사값만을 표현할 수밖에 없다는 것이다. 이런 것을 잘 이해하고 있다면 정밀한 계산을 요구하는 프로그래밍을 잘 할 수 있을 것이다.

문자와 문자열에 대해서도 살펴보았는데, 특히 유니코드는 무척 중요하다고 할 수 있다. VC++도 기본은 유니코드 문자열을 사용할 정도로 유니코드가 대세가 되고 있기 때문이다. 그 외에 typedef와 auto에 대해서 살펴보았다. 잘 알고 있다면 프로그래밍을 효율적으로 할 수 있도록 도움을 주는 것이라고 생각한다.

선언과 정의

프로그래밍 과정을 단순화시켜 본다면 객체(변수)를 만들고 객체에 값을 읽거나 쓰는 과정으로 축약될 수 있다. 그런 의미에서 본다면 프로그래밍의 대상은 객체일 수도 있다는 생각이 든다. 결국 객체를 만들어야만 하고, 해당 객체를 읽고 쓰겠다고 알려야만 한다. 그래서 프로그래밍에 있어서 선언과 정의는 무척 중요한 개념 중의 하나이다.

2.1. 선언과 정의의 구분

선언과 정의는 분명히 다르긴 하지만 구분되지 않고 사용되는 경우도 많이 있다. 이유는 선언과 정의가 명확히 구분되지 않는 경우도 있으며, 대상(객체 등)에 따라서 선언과 정의의 의미가 달라지는 경우도 있기 때문이다. 엄밀하게 구분되지 않고 뒤섞여 사용되는 용어로 인하여 설명에 혼란의 여지도 발생할 수 있으며 제대로 된 내용 전달이 불가능해지는 경우도 발생할 수 있다. 따라서 여기서는 엄밀한 구분을 통하여 앞으로 전개되는 C++의 내용 및 설명이 정확하게 전달될 수 있도록 하는 것을 목표로 한다.

2.1.1. 정의

편의를 위해서 정의부터 설명을 시작하자! 정의란 개념은 일반적으로 어떤 대상을 명확하게 규정하는 것을 의미한다. 그런데 C++에서 말하는 정의를 이해하기 위해서는 조금은 구체적인 의미를 알고 있어야만 한다. C++에서 말하는 정의란 바로 객체를 실제로 만들겠다는 것을 의미한다.

객체를 만들겠다는 것은 무슨 의미일까? 바로 메모리를 할당하겠다는 것이다. 해당 객체를 위한 메모리 영역을 확보하는 것이 바로 정의이다.

[소스 2-1] 정의

```
class CTest
{
};

int g_Val;               // (1)
int g_Arr[2];            // (2)
CTest g_T;               // (3)

void main()
```

```cpp
{
  int v;                    // (4)
  int arr[2];               // (5)
  CTest t;                  // (6)
}

int Add(int a, int b)       // (7)
{
  return a + b;
}
```

예제를 통해서 수많은 정의를 살펴보자! (1), (2), (3)은 전역 객체를 정의하는 구문이다. 프로그램 시작시에 전역 객체는 데이터 영역의 메모리 공간을 차지하게 된다. (4), (5), (6)은 지역 객체를 정의하는 구문이다. 지역 객체란 함수 인자를 포함하여 함수 안에서 정의된 객체를 말한다. 지역 객체는 스택의 메모리 공간을 차지한다.

(7)은 함수 Add의 정의를 나타낸다. 간단하게 함수의 본체가 있을 경우 함수가 정의되었다고 한다. 컴파일러는 함수 본체를 어셈블리로 변경하고, 변경된 어셈블리는 코드 영역에 저장된다. 따라서 함수도 일반 객체처럼 메모리의 공간을 차지하게 된다.

결국 정의란 어떤 대상이 실제로 존재할 수 있도록 자리(메모리 영역)를 만들어주는 작업이라고 생각할 수 있다. 그러나 정의가 이것만 있는 것은 아니다. 클래스의 경우 정의 개념이 조금 달라진다.

[소스 2-2] 클래스 정의

```cpp
class CTest                 // (1)
{
public:
  int m_Value;              // (2)

  int MFunc(int arg)        // (3)
```

```
    {
        return arg;
    }
};
```

예제는 클래스 CTest의 정의를 보여준다. 클래스 정의란 실제로 이 클래스가 어떻게 구성되어 있는지를 나타내는 설계도라고 할 수 있다. 물론 해당 설계도 또한 어딘가에는 저장되어야 할 것이고, 그곳은 바로 메모리이다. 메모리 영역을 차지한다는 점에서 기존의 정의에 부합될 수 있다. 그러나 기존 변수들과의 정의와는 큰 차이가 있는데, 바로 메모리 영역의 성격이 전혀 다르다 데 있다. 기존 변수들이 차지하는 메모리 영역은 프로세스가 사용하는 가상 메모리를 나타내지만, 클래스의 설계도가 저장되는 메모리 영역은 프로세스와는 상관 없는 컴파일러가 사용하는 메모리인 것이다. 즉, 클래스 설계가 저장되는 메모리는 실제 프로그램이 사용하는 메모리와는 전혀 관련이 없다.

클래스 정의에는 클래스의 멤버 객체가 선언되거나 멤버 함수가 선언 및 정의될 수 있다. (2)의 경우 클래스 멤버 m_Value가 선언되었음을 보여주고, (3)의 경우 클래스 멤버함수 MFunc가 선언 및 정의되었음을 보여준다. 클래스 멤버 객체가 선언된다는 의미는 클래스 객체가 생성되어 객체에 대한 메모리가 할당될 경우 할당된 영역의 특정 부분이 멤버 객체에게 할당된다는 것을 나타낸다. 멤버 함수의 경우 선언될 경우 해당 함수가 멤버 함수임을 알리게 되고, 정의될 때는 프로세스가 시작될 경우 함수의 본체가 코드 영역의 메모리를 차지하게 됨을 나타낸다.

결국 간단히 정의에 대해서 정리를 한다면 어떤 대상이 존재할 수 있도록 메모리를 할당하는 과정이 바로 정의이며 일반적인 객체와 함수들의 경우 정의에 의해서 할당되는 메모리는 가상 메모리이지만, 클래스의 경우는 정의에 의해서 할당되는 메모리는 컴파일러가 사용하는 메모리이다.

어떤 객체를 사용하기 위하여 정의를 하였다. 즉, 특정 메모리 영역을 차지하는 객체가 생성된 것이다. 그런데 생성된 객체의 존재를 모를 경우 객체에 접근할 수조차 없을 것이다. 선언이란 바로 어떤 객체가 존재하고 있음을 알리는 역할을 한다.

간단한 예를 들어보자! 도로공사에서는 고속도로 특정 구간에서 졸음 운전에 의한 사고가 많이 발생해서 해당 구간에 운전자가 쉬어갈 수 있는 휴게소를 만들기로 하였다. 새로운 휴게소를 만들기 위하여 부지를 확보하고, 건물을 짓는 것을 객체를 정의하는 것에 비유할 수 있다. 휴게소는 지어졌지만 휴게소가 존재한다는 것은 도로공사 직원들이나 알 수 있을 뿐, 아직 일반 운전자들은 알 수가 없다. 즉, 휴게소가 있어도 사용할 수가 없는 것이다. 그래서 도로공사에서는 고속도로 곳곳에 새로운 휴게소의 표지판을 세워서 운전자들이 알 수 있도록 하였다. 이렇게 표지판을 세워서 휴게소의 존재 유무를 알리는 것을 객체의 선언에 비유할 수 있다.

[소스 2-3] 선언

```
class CTest              // (1)
{
};

int g_Val;               // (2)
intg_Arr[2];             // (3)
CTest g_T;               // (4)

void main()
{
  int v;                 // (5)
  int arr[2];            // (6)
  CTest t;               // (7)
}

int Add(int a, int b)    // (8)
{
```

```
    return a + b;
}
```

이제 본격적으로 선언을 확인해보자! 예제에서 나온 (1)~(8)은 모두 선언을 나타낸다. (1)은 클래스 CTest를 선언한다. 클래스를 선언한다는 것은 이런 클래스가 존재하고 있으니 타입으로 사용해도 된다는 것을 나타낸다. 즉, 이후부터 CTest를 타입으로 사용할 수 있다. (2)~(4)는 전역 객체 g_Val, g_Arr[2], g_T를 선언한다. 이런 타입의 객체가 존재하고 있으므로 사용할 수 있다는 것을 알려준다. 따라서 선언 이후부터 해당 객체에 대해서 읽고 쓰는 것을 할 수 있다. (5)~(7)은 지역 객체 v, arr[2], t를 선언한다. 마찬가지로 해당 객체가 사용 가능함을 알려주는 역할을 한다. (8)은 함수 Add를 선언한다. Add란 함수가 있으니 이후부터 호출할 수 있음을 나타낸다.

여기서 이상함을 느끼는 독자들이 있을 것이다. 도대체 정의와 선언이 뭐가 다른지 알 수 없기 때문이다. 그러나 헷갈릴 필요가 없다. 정의는 곧 선언을 포함하기 때문이다. 어떤 객체를 정의하는 순간 해당 객체는 알려지므로 선언을 따로 해줄 필요가 없다. 그렇다면 선언이란 것이 불필요한 것이 아닐까 생각될 수도 있을 것이다. 정의만 있으면 충분할 것 같기 때문이다. 그러나 선언이 꼭 필요한 경우가 있다.

[소스 2-4] 선언과 정의

```
//////////////////////////////////////////////////
// A.cpp
int g_Val;
int Func()
{
    return 1;
}

//////////////////////////////////////////////////
// Main.cpp
void main()
```

```cpp
{
    g_Val = Func();            // (1) Compile Error
}
```

예제는 두 소스(cpp) 파일을 보여준다. A.cpp에서는 전역 변수 g_Val과 전역 함수 Func가 정의되어있다. 그리고 Main.cpp에서는 g_Val과 Func를 사용하려고 하지만 컴파일 에러가 발생한다. 왜 컴파일 에러가 발생하는 것일까? Main.cpp에서는 g_Val과 Func가 무엇인지 전혀 알 수 없기 때문이다. 이유는 다음과 같다.

A.cpp에서 g_Val과 Func가 정의되었으므로 선언도 동시에 되는데, 문제는 선언이 적용되는 범위가 오직 A.cpp에만 해당된다는 것이다. 따라서 Main.cpp 입장에서는 g_Val과 Func를 알고 싶어도 알 수 없는 것이다. 이것은 마치 고속도로 휴게소를 새로 만들어서 근처를 지나가는 운전자는 자연히 휴게소가 있다는 것을 알게 되지만, 멀리 떨어져있는 곳의 운전자들은 전혀 알 수 없는 것과 같다. 이럴 때는 Main.cpp도 g_Val과 Func가 무엇인지 알 수 있도록 해주어야 하는데, 이럴 때 바로 선언만 해주는 것이 필요하다. 즉, 휴게소에서 멀리 떨어진 곳에는 휴게소가 있음을 알리는 표지판을 새로 만드는 것이다.

[소스 2-5] 순수 선언

```cpp
///////////////////////////////////////////////////
// A.cpp
int g_Val;
int Func()
{
    return 1;
}


///////////////////////////////////////////////////
// Main.cpp
extern int g_Val;            // (1)
```

```cpp
int Func();                // (2)
void main()
{
   g_Val = Func();         // (3) OK
}
```

문제를 해결하기 위하여 추가된 부분은 코드 (1), (2)이다. 바로 g_Val과 Func에 대한 선언을 Main.cpp에 추가해준 것이다.

(1)의 경우 extern이라는 키워드를 사용하는데, 이런 식으로 사용하여 정의가 아닌 순수한 선언만을 할 수 있다. extern 키워드에 대해서는 잠시 후에 좀 더 자세히 살펴보겠다. (2)의 경우 함수 형식만 나와있고, 본체는 존재하지 않는다. 이런 방식으로 함수를 순수하게 선언만 할 수 있는 것이다.

여기서 궁금증이 생길 수도 있는데, 어차피 정의가 선언을 포함하므로 Main.cpp에서도 g_Val과 Func를 정의해주면 문제가 해결되지 않을까 생각할 수 있다. 이럴 경우 중복 정의 문제가 발생하는데, 링크 단계에서 에러처리를 하게 된다. 중복 정의를 허용하지 않는 이유는 다음과 같다. 만일 서로 다른 소스(cpp) 파일에 이름은 같지만 타입이 다른 객체가 정의될 경우 어떤 것을 선택해야만 할지 알 수 없기 때문이다. 함수도 마찬가지이다. 이름도 같고 반환 타입과 인자 타입도 일치하지만 본체가 다른 함수가 중복으로 정의될 경우 어떤 함수가 선택되어야만 할까? 결국 혼란을 피하기 위하여 중복 정의는 허용되지 않는다.

간략하게 정리하면 다음과 같다. 어떤 소스(cpp) 파일에서 정의를 할 경우 해당 소스 파일에 대해서는 선언까지 자동으로 이루어진다. 그러나 다른 소스(cpp) 파일에서 이미 정의된 객체를 사용하고자 할 경우에는 순수하게 선언만 해주어야만 한다. 만일 정의를 중복으로 하게 될 경우 링크 에러가 발생하게 된다.

➡ 2.1.3. extern & static

선언과 정의에서 많이 사용되는 키워드가 바로 extern과 static이다. 이번 파트를 통해서 extern과 static의 개념을 확실히 파악해보자.

extern은 '외부의'라는 뜻을, static은 '정적인, 고정된'이란 뜻을 나타낸다. 서로 상관없이 느껴질 수도 있지만 반대되는 개념으로 사용될 수 있다. static이란 영역 내부에 고정된 어떤 것을 나타내서 특정 범위에서만 사용할 수 있는 것을 나타내고, extern은 영역 외부에 존재하기 때문에 영역 내/외부 모두에서 사용할 수 있음을 나타낸다.

extern과 static 이외에 local이란 개념도 있는데, local은 말 그대로 '지역'이라는 의미로서 지역 객체를 나타낼 때 사용되며, 지역 객체란 함수 안에서 정의되어 함수 안에서만 사용될 수 있는 객체를 의미한다.

그에 비해서 extern 및 static 객체는 local의 반대되는 속성을 가지기에 모두 전역 객체의 특성을 가지지만 static 객체는 사용 범위가 한정된다는 측면에서 정적 객체로 표현한다.

결국 객체는 local과 비 local로 나누어질 수 있으며, local은 지역 객체이고, 비 local의 경우 모든 범위에서 사용될 수 있는 전역 객체와 한정된 사용 범위를 가지는 정적 객체로 나누어짐을 알 수 있다.

[소스 2-6] extern & static

```
//////////////////////////////////////////////////
// A.cpp
extern int g_Val = 0;      // (1)
static int s_Val = 0;      // (2)


//////////////////////////////////////////////////
// Main.cpp
extern int g_Val;          // (3)
extern int s_Val;          // (4)

void main()
{
```

```cpp
    g_Val = 1;        // (5) OK
    s_Val = 2;        // (6) Link Error
}
```

이번 예제는 주의를 기울여야 한다. 먼저 소스 코드에서 (1), (2)를 살펴보자! extern 변수 g_Val과 static 변수 s_Val이 정의되어 있다. 즉, 전역 변수 g_Val과 정적 변수 s_Val을 정의한 것이다.

(1)에서 extern이 붙은 것을 보고 정의가 아닌 선언이라고 생각할 수도 있는데 extern은 선언만을 할 때도 사용될 수 있지만 애초의 목적은 static과 대비되는 전역 변수를 정의하기 위한 키워드이다. 따라서 정의에도 충분히 사용될 수 있긴 하지만 코드의 간결함을 위하여 보통 extern을 생략할 수 있도록 허용하고 있을 뿐이다. 즉, (1)은 엄연히 전역 변수 g_Val을 정의하는 것이다. (2)는 정적 변수 s_Val을 정의한다. 정적 변수이기 때문에 특정 영역에서만 사용될 수 있음을 알 수 있는데, 특정 영역이란 바로 s_Val이 정의된 A.cpp를 의미한다. 즉, s_Val은 오직 A.cpp 내부에서만 사용될 수 있으며 다른 소스(cpp) 파일에서는 사용될 수 없다.

이제 extern과 static의 차이를 확인해 볼 차례이다. (3), (4)와 같이 Main.cpp에서는 A.cpp에서 이미 정의된 g_Val와 s_Val을 사용하기 위하여 extern을 사용하여 선언을 하고 있다. 그러나 (6)에서 s_Val을 찾을 수 없다며 링크 에러가 발생한다. 왜 링크 에러가 발생하는 것일까? (2)에서 static을 통해서 s_Val을 정의했기 때문이다. static이 지정되어 정의된 변수는 오직 정의된 소스(cpp) 파일에서만 사용할 수 있도록 더 이상 다른 소스(cpp) 파일에 의해서는 링크되지 못하기 때문이다.

결국 (1), (2)에서 extern과 static의 의미를 재확인할 필요가 있다. extern의 의미는 정의에 사용될 경우 다른 소스(cpp) 파일에서도 사용 가능하도록 링크를 허용하는 것이고, static의 경우 다른 소스(cpp) 파일에서는 사용할 수 없도록 링크를 허용하지 않는다.

마지막으로 (1)과 (3)을 확인해보자! 어느 것이 정의이고, 어느 것이 선언인지 애매할 것

이다. 사실 extern이 정의와 선언 모두 사용될 수 있긴 하지만 구분이 불가능 한 것만은
아니다. 예제를 통해서 extern이 선언과 정의에 어떻게 사용되는지 확인해보자!

[소스 2-7] extern – 선언과 정의

```
int g_Val;                    // (1) A.cpp - 정의
extern int g_Val;             // (1) B.cpp -  선언

int g_Val;                    // (2) A.cpp - 중복 정의
int g_Val;                    // (2) B.cpp - 중복 정의

extern int g_Val = 1;         // (3) A.cpp -  정의
extern int g_Val;             // (3) B.cpp - 선언

extern int g_Val = 1;         // (4) A.cpp - 중복 정의
extern int g_Val = 2;         // (4) B.cpp -  중복 정의

extern int g_Val;             // (5) A.cpp - 선언
extern int g_Val;             // (5) B.cpp - 선언
```

예제는 A.cpp와 B.cpp에서 g_Val이 정의 혹은 선언으로 사용되는 경우를 보여준다. (1),
(2)에서 볼 수 있듯이 extern이 정의로 사용될 경우는 extern이 생략될 수 있다. 반대로
extern이 선언으로 사용될 경우는 절대로 extern은 생략할 수 없다. 따라서 (1)의 경우 정
의와 선언이 명확히 구분될 수 있다. 그러나 (2)에서는 모두 extern이 생략되었으므로 중
복 정의가 되어서 링크 에러가 발생할 것이다.

(3), (4)도 extern이 정의에 사용될 경우의 특성을 보여준다. extern이 정의로 사용될 경우
에는 객체의 초기화가 이루어질 수 있다. 반대로 extern이 선언으로 사용될 경우에는 절
대로 초기화가 이루어질 수 없다. 따라서 extern과 함께 초기화가 이루어지는 경우는 정
의라고 할 수 있다. 따라서 (3)의 경우 정의와 선언이 명확히 구분되지만 (4)의 경우 둘 다
초기화가 이루어지므로 모두 정의이고, 따라서 중복 정의로 링크 에러가 발생하게 된다.

마지막으로 (5)는 모두 선언만 있는 경우이다. extern이 사용되면서 정의가 되기 위해서는 반드시 초기화가 있어야만 한다. 따라서 extern이 사용되면서 초기화가 이루어지지 않을 경우는 순수한 선언을 나타낸다.

이런 것까지 알아야만 한다는 점에서 괴로울 수도 있지만 다행스럽게도 관례적으로 정의를 할 경우에는 보통 extern 키워드를 사용하지 않는다. 그래서 일반적으로 선언을 할 때만 extern을 사용하는 것이다. 그래서 그런지 extern이 오직 선언만을 위한 키워드로 잘못 알고 있는 경우도 있지만 그렇지는 않다는 것을 알아둘 필요도 있다.

➡ 2.1.4. 클래스 선언과 정의

클래스라는 것은 일종의 설계도로서 다른 객체와는 완전히 성격이 다른 것을 나타낸다. 일반적으로 객체(변수, 배열)나 함수가 가상 메모리 영역을 차지하는 것에 비하여 클래스는 오직 개념적인 구조로서만 존재할 뿐이다. 즉, 클래스는 메모리 영역과는 전혀 상관이 없다. 그로 인해서 클래스의 선언과 정의는 일반적인 선언과 정의와는 완전히 다른 성질을 나타내게 된다. 그로 인해서 가끔 무시무시한 버그를 양산하기도 하는데 클래스의 선언과 정의에 대한 성질을 잘 이해해서 그런 불상사를 당하는 일이 없도록 하자!

[소스 2–8] 클래스 선언과 정의

```
//////////////////////////////////////////////////
// A.cpp
int g_Val;                  // (1) 변수 정의
class CTest                 // (2) 클래스 정의
{
public:
    int m_Val;
};


//////////////////////////////////////////////////
// Main.cpp
extern int g_Val;           // (3) 변수 선언
```

```cpp
class CTest;                    // (4) 클래스 선언

void main()
{
  g_Val = 1;                    // (5) OK

  CTest t;                      // (6) Compile Error
  t.m_Val = 1;                  // (7) Compile Error
}
```

예제는 일반 변수의 선언과 정의, 클래스의 선언과 정의가 어떻게 다른지를 보여주기 위
한 코드이다. A.cpp에서 (1), (2)와 같이 변수 g_Val과 클래스 CTest를 정의하였다. 그리
고 Main.cpp에서는 변수 g_Val과 클래스 CTest를 사용하기 위하여 (3), (4)와 같이 변수와
클래스를 선언하였다. 그러나 (6), (7)에서 컴파일 에러가 발생한다. 그에 비해서 (5)에서
는 아무 문제가 없다. 분명 일반 변수와 클래스 사이에는 커다란 차이가 있는 것 같다. 이
해할 수 없는 현상일 수도 있긴 하지만, 컴파일러 입장에서는 분명히 에러를 발생시킬 수
밖에 없는 문제이다. 이제부터 그 이유를 살펴볼 것이다.

먼저 (5)를 살펴보자! g_Val이란 변수에 1을 대입한다. 선언을 통해서 g_Val이 int 전역 변
수라는 것을 알고 있다. 따라서 컴파일러는 g_Val이 4Byte의 메모리 영역을 차지하고 있
음을 알 수 있다. 따라서 어셈블리로 특정 기준 주소에서 4Byte 영역을 1로 채우는 코드
를 작성하면 된다. 그리고 링크 단계에서는 특정 기준 주소를 실제 g_Val이 위치하는 주
소로 변경하면 될 것이다.

그러나 (6)의 경우는 문제가 달라진다. CTest 객체 t를 생성해야만 하는데 CTest의 크기를
알 수 없는 것이다. 물론 클래스 CTest가 선언되어 있긴 하지만 그것은 CTest가 클래스라
는 것만을 알려줄 뿐이지, CTest가 어떤 크기를 가지고 어떤 멤버로 이루어져 있는지는
전혀 알려주지 못하기 때문이다. A.cpp에 CTest의 정의가 있기 때문에 컴파일러가 충분
히 CTest의 크기를 알 수 있지 않냐고 생각할 수 있지만, CTest의 정의는 오직 A.cpp에서
만 알려지게 된다. 컴파일러는 오직 소스파일(cpp) 단위로만 독립적으로 컴파일을 하기

때문이다. 따라서 컴파일러는 여지없이 에러를 발생시키는 것이다.

그렇다면 어떻게 해야만 할까? 컴파일러에게 필요한 것은 CTest가 클래스라는 선언이 아니라 CTest의 설계도인 정의이다. 결국 Main.cpp에 클래스 CTest를 정의해주면 문제가 사라지게 된다.

결국 클래스 객체를 정의하기 위해서는 클래스 정의가 필요할 수밖에 없으며 클래스의 정의는 각 소스(cpp) 파일마다 정의되어야만 하는 것이다. 따라서 클래스의 정의는 다른 일반 객체나 함수의 정의와는 다르게 중복을 허용할 수밖에 없다.

클래스의 정의가 내용이 많을 경우 클래스를 사용하는 소스(cpp) 파일마다 클래스의 정의를 똑같이 붙여 넣는 것은 분명히 비효율적인 방법이다. 그래서 클래스의 정의는 보통 헤더(h) 파일에 작성하고, 소스(cpp) 파일에서는 헤더 파일을 포함(include)하는 방식을 주로 사용한다. 그래서 클래스의 정의는 오직 헤더 파일에만 작성해야 된다고 아는 경우도 많은데, 필요할 경우 직접 소스 파일에도 작성할 수 있다.

클래스의 정의가 중복될 수 있음으로 해서 아주 가끔씩 문제가 발생하기도 하는데 바로 중복되는 정의가 서로 다른 경우이다. 이럴 경우 이해할 수 없는 버그가 발생하기도 한다.

[소스 2-9] 클래스 중복 정의

```
//////////////////////////////////////////////////////
// A.cpp
class CTest                        // (A)
{
public:
  CTest(int a, int b)
  {
    m_ValA = a;
    m_ValB = b;
  }

  int m_ValB;                      // (A-1) *
```

```cpp
    int m_ValA;                    // (A-2) *
};

extern CTest g_Test;               // (4)

int GetValA()
{
    return g_Test.m_ValA;          // (5)
}


/////////////////////////////////////////////////////////
// Main.cpp
class CTest                        // (B)
{
public:
    CTest(int a, int b)
    {
        m_ValA = a;
        m_ValB = b;
    }

    int m_ValA;                    // (B-1)
    int m_ValB;                    // (B-2)
}

CTest g_Test(1, 2);                // (1)

int GetValA();                     // (2)

void main()
{
    cout << GetValA();             // (3)
}
```

A.cpp와 Main.cpp에는 클래스 CTest가 중복으로 정의되어있다. CTest의 정의가 일치하면 좋겠지만 소스 코드에서 (A-1), (A-2)와 (B-1), (B-2)와 같이 멤버 변수 m_ValA,

m_ValB의 순서가 서로 다름을 확인할 수 있다. 이렇게 정의가 다른 상황에서 Main.cpp
의 main이 실행될 경우 어떤 결과가 나오는지 확인해보자!

먼저 (1)에 의해서 Main.cpp의 CTest 생성자가 호출되면서 m_ValA = 1, m_ValB = 2가
될 것이다. 그리고 (3)의 GetValA( )가 호출될 경우 GetValA 함수는 A.cpp에 정의되어 있
으므로 (5)가 실행된다. 전역 변수 g_Test의 멤버 m_ValA를 반환하기 때문에 1이 출력될
것 같지만 실제 결과는 2가 출력된다. 이 상황을 이해할 수 있을까? 그림을 통해서 이해
의 실마리를 찾아보자!

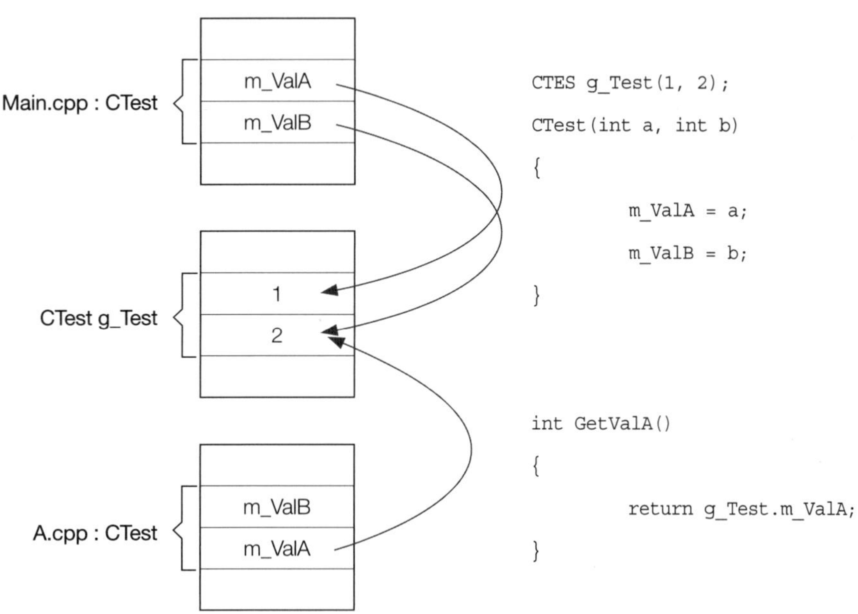

▲ **그림 2-1** 클래스의 서로 다른 중복 정의

Main.cpp에서 g_Test.m_ValA가 의미하는 것은 g_Test의 메모리 영역 중에서 첫 번째 멤
버 변수 m_ValA를 나타내지만 A.cpp에서 g_Test.m_ValA가 의미하는 것은 두 번째 멤버
변수 m_ValA를 나타낸다는 점에서 문제가 발생한다. 두 번째라는 것은 g_Test가 차지하
는 메모리 영역 8바이트를 4바이트씩 두 개로 나누었을 때 두 번째 4바이트를 의미하기
때문이다. 이미 (1)에서 g_Test의 생성자를 호출할 때는 첫 번째 4바이트에 1, 두 번째 4
바이트에 2가 들어갔으므로 당연히 두 번째 4바이트 값인 2가 출력될 수 밖에 없다.

여기서 확인할 수 있는 것은 클래스의 멤버 변수에 접근하는 것은 클래스 설계도(정의)에 따라 해당 멤버 변수의 메모리 오프셋에 의해서 계산된 위치를 기준으로 한다는 점이다. 즉, 멤버 변수의 이름은 오직 오프셋 계산을 위해서 사용되는 것이지, 그 자체가 하나의 고정된 영역을 나타내는 것은 아니라는 점이다. 따라서 클래스가 같은 이름으로 중복 정의되고 정의가 다를 경우에는 위의 예제처럼 분석하기 정말 어려운 현상이 발생할 수 있다.

과연 이런 문제가 실제적으로 발생할 수 있는 것일까? 사실 희소한 경우이긴 하지만, 프로젝트에 외부 라이브러리와 더불어서 다양한 소스가 포함될 때 이와 같은 문제는 얼마든지 발생할 수 있다. 왜냐하면 클래스의 이름은 충분히 중복될 수 있기 때문이다. 보통은 이름만 같고 정의가 완전히 다른 경우에는 런타임 에러가 발생해서 어느 정도 문제를 빠르게 확인할 수 있을지도 모르지만, 같은 라이브러리를 사용하지만 버전이 서로 다른 것이 혼합되어 있을 경우 클래스 정의가 유사하지만 약간 다른 부분이 가끔씩 문제를 일으킬 경우에는 어디서 문제가 잘못되었는지 찾기 어려울 수 있다. 실제로 필자가 겪어본 문제이기도 하다. 따라서 클래스 중복 정의 문제를 피하기 위해서는 세심한 주의가 필요하다. 클래스 이름은 중복되지 않도록 가능하면 이름을 단순하지 않게 지을 필요가 있으며, 가장 좋은 방법은 namespace를 사용하여 원천적으로 이름 중복이 발생할 가능성을 막는 것이다. 또한 라이브러리를 사용할 경우에는 항상 같은 버전만 사용되도록 프로젝트 관리에 신경 쓸 필요가 있다. 즉, 코드를 잘 작성하는 것 못지 않게 소스 관리도 무척 중요하다는 것이다.

2.2. 기억 부류(Storage Class)

앞 절에서 객체나 함수가 정의될 경우 메모리 영역을 차지하게 된다고 하였다. 메모리 영역은 가상 메모리로서 크게 세 부분으로 나누어질 수 있다. 코드 및 데이터, 힙, 스택이다. 전역(정적 포함) 객체의 경우 모두 데이터 영역에 저장되고 malloc 및 new와 같은 동적 메모리 할당 연산자에 의해서 생성된 객체들은 힙에 저장된다. 또한 함수 안에서 정의되는 지역 변수나 인자들은 스택에 저장된다.

기억 부류에 의해서 객체들의 생성과 소멸 시점이 결정되며 초기화 방식 및 통용 범위가 정해지게 된다. 객체를 사용하는데 있어서 무척 기본적인 개념이므로 잘 알아둔다면 객체를 제어할 일이 생길 때 무척 도움이 될 것이다.

➡ 2.2.1. 논리 공간

필자는 전역, 정적, 지역 객체 및 함수를 설명하는데 있어서 가상적인 논리 공간이라는 개념을 사용하는 것을 좋아한다. 더욱 개념적이고 이해하기 쉽기 때문이다. 결국 원론적으로 따진다면 다 비슷하겠으나 이런 식으로 이해할 수도 있다는 것을 참고하면 좋을 것 같다.

C/C++ 프로그래밍의 최종 산출물은 실행 바이너리라고 할 수 있다. 실행 바이너리란 EXE와 같은 실행 파일이나 DLL, SO와 같은 동적 라이브러리를 의미한다. 물론 LIB, A 와 같은 정적 라이브러리를 만들기도 하지만, 정적 라이브러리는 결국 실행 파일이나 동적 라이브러리를 만들기 위하여 링크된다는 점을 고려할 때 최종 산출물은 실행 파일 및 동적 라이브러리로 한정해도 될 것 같다.
필자는 실행 파일 및 동적 라이브러리가 존재하는 가상의 논리적인 공간을 '실행 공간'이라고 부르기로 하였다. 즉, 빌드(컴파일 + 링크) 과정을 거쳐서 실행 파일이나 동적 라이브러리가 생성될 때 비로서 실행 공간이 탄생하게 되는 것이다.

실행 파일과 동적 라이브러리는 어떻게 만들어질까? 수많은 소스(cpp) 파일들이 컴파일되고 링크되어서 만들어지게 된다. 컴파일러는 소스(cpp) 파일 하나씩 컴파일을 하여 목적(obj) 파일을 만들어낸다. 즉, A.exe를 만들어내는 프로젝트가 S1.cpp, S2.cpp, S3.cpp 로 이루어져있다면 각 소스 파일이 컴파일되어 목적 파일 S1.obj, S2.obj, S3.obj가 생성되고, 목적 파일들이 적절히 링크되어서 하나의 실행 파일인 A.exe를 만들게 되는 것이다.
필자는 각각의 소스(cpp) 파일에 의해서 생성되는 목적(obj) 파일들이 존재하는 가상의 논리적인 공간을 '오브젝트 공간'이라고 부르기로 하였다. 결국 실행 공간은 오브젝트 공간들의 모임으로 이루어진다고 할 수 있다.

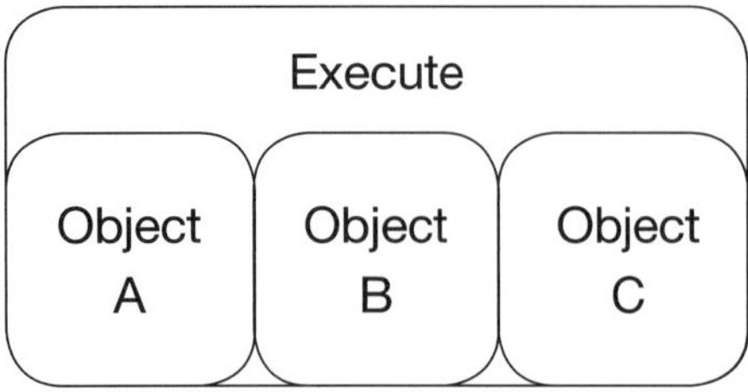

▲ 그림 2-2 실행 공간 & 오브젝트 공간

[소스 2-10] 실행 공간 & 오브젝트 공간

```cpp
/////////////////////////////////////////////////////
// A.cpp
int g_ValA;                 // (1) OK
int g_ValCommon;            // (2) Link Error
static int s_ValCommon;     // (3) OK

static int s_ValA;          // (4) Compile Error
static int s_ValA;          // (4) Compile Error

int Func1(int arg)          // (5) OK
{
    return 1;
}

int Func2(int arg)          // (6) OK
{
    return 2;
}

int Func3(int arg)          // (7) Link Error
{
    return 31;
}

int FuncA(int arg)          // (8) Compile Error
{
    return 4;
```

```cpp
}

double FuncA(int arg)        // (8) Compile Error
{
    return 4;
}


class CTest1                 // (9) OK
{
public:
    char m_Char;
};

class CTest2                 // (10) OK
{
public:
    int m_Val;
};

class CTestA                 // (11) Compile Error
{
public:
    int m_Val;
};

class CTestA                 // (11) Compile Error
{
public:
    int m_Val;
};

//////////////////////////////////////////////////////////
// B.cpp
int g_ValB;                  // (1) OK
int g_ValCommon;             // (2) Link Error
static int s_ValCommon;      // (3) OK

int Func1(double arg)        // (5) OK
```

```cpp
{
    return 1;
}

double Func2(int arg)        // (6) OK
{
    return 2.0;
}

int Func3(int arg)           // (7) Link Error
{
    return 32;
}

class CTest1                 // (9) OK
{
public:
    int m_Int;
};

class CTest2                 // (10) OK
{
public:
    int m_Val;
};

////////////////////////////////////////////////////
// Main.cpp
int Func2(int arg);          // (A)
double Func2(int arg);       // (B)

void main()
{
    Func2(1);                // (C)
}
```

프로젝트가 A.cpp, B.cpp, Main.cpp로 구성되어 있다고 가정하자! 각 소스 파일에는 전역 변수, 정적 변수, 함수, 클래스가 정의되어 있다. A.cpp와 B.cpp는 같은 이름의 객체가 중복 정의되어 있는데, 허용되는 경우와 그렇지 않은 경우로 나누어지게 된다.

먼저 (1)을 살펴보자! A.cpp에는 g_ValA와 B.cpp에는 g_ValB가 정의되어 있다. 이것은 아무 문제가 없다. 그러나 (2)에서 전역 변수 g_ValCommon은 A.cpp와 B.cpp에 중복 정의되어 있다. 그래서 링크 에러가 발생한다. 이것을 정리하면 다음과 같다.

● **같은 이름의 전역 변수는 실행 공간에 오직 단 한번만 정의될 수 있다.**

(3)은 정적 변수 s_ValCommon이 A.cpp와 B.cpp에 모두 정의되어 있음을 보여준다. 그러나 s_ValCommon이 중복으로 정의된 것은 어떤 문제도 발생시키지 않는다. 그러나 (4)와 같이 정적 변수 s_ValA가 A.cpp에 중복으로 두 번 정의되면 재정의 컴파일 에러가 발생한다. 따라서 다음과 같이 정리할 수 있다.

● **같은 이름의 정적(static) 변수는 각각의 오브젝트 공간에 오직 단 한번만 정의될 수 있다. 따라서 실행 공간에는 같은 이름의 정적 변수가 여러 번 정의될 수 있는데 각각은 완전히 서로 다른 개별적인 변수이다.**

(5) ~ (8)은 함수의 정의를 보여준다. A.cpp와 B.cpp를 비교할 때 Func1은 인자 타입이 다르고, Func2는 반환 타입이 다르다. Func3은 인자 타입과 반환 타입 모두 일치한다. 단, 함수 본체는 다르다. 마지막으로 FuncA는 A.cpp에만 반환 타입만 다른 채로 두 번 정의되어 있다. 여기서 중요한 것은 (7)과 같이 (함수 이름, 반환 타입, 인자 타입)이 일치하는 함수만이 중복 정의 링크 에러가 발생한다는 것이다. 또한 (8)처럼 함수 이름과 인자 타입이 같아도 반환 타입이 다르다면 같은 소스(cpp) 파일에 정의될 수 없다는 것이다. 이것 또한 정리해보자!

● **같은 이름과 같은 인자 타입을 가진 전역 함수는 오브젝트 공간에 단 한 번만 정의될 수 있다. 또**

한 같은 이름과 같은 인자 타입, 같은 반환 타입을 가진 함수는 실행 공간에 단 한 번만 정의될 수 있다.

(9) ~ (10)을 살펴보자! 같은 이름의 클래스 CTest1, CTest2가 각각 A.cpp와 B.cpp에 중복 정의되어 있다. CTest1의 경우 정의 자체가 다르고, CTest2는 정의가 똑같다. 정의에 상관없이 클래스는 서로 다른 소스 파일에 중복 정의되어도 아무 문제가 없다.
(11)의 경우 클래스 CTestA가 A.cpp에 두 번 중복으로 정의되어서 class 형식 재정의 컴파일 에러가 발생한다. 따라서 클래스에 관해서 정리하면 다음과 같다.

● 같은 이름의 클래스는 각각의 오브젝트 공간에 오직 단 한 번만 정의될 수 있다. 따라서 실행 공간에 같은 이름의 클래스가 여러 번 정의될 수 있지만 만일 구조가 다를 경우 런타임에 문제를 발생시킬 소지가 있다.

마지막으로 (A), (B), (C)를 살펴보자! 이것은 (6)과 같이 실행 공간에 정의된 같은 이름, 같은 인자 타입이지만 다른 반환 타입을 가진 전역 함수를 호출할 때의 주의점을 보여준다. 함수를 호출하기 위해서는 함수가 선언되어야만 한다. 만일 선언이 중복될 경우 컴파일 에러가 발생한다. 따라서 (A), (B)는 양립할 수 없다. 따라서 중복 정의 중에 호출하고 싶은 함수가 있을 경우에는 해당 함수의 선언만 사용하면 된다.

간단하게 정리를 하긴 했지만 이것을 외울 필요는 없다. 다양한 경우에 대해서 정리한 것이므로 그때그때마다 한 번씩 이해하는 것으로 충분하다.

➔ 2.2.2. 변수 할당과 초기화

변수는 정의되면서 메모리 영역을 할당 받으며 동시에 해당 메모리 영역이 특정 값으로 채워지는 초기화가 이루어지기도 한다. 할당과 초기화가 거의 동시에 일어나는 것처럼 보일 수도 있지만 엄밀하게 순서를 따질 경우 꽤 큰 차이가 발생하기도 한다. 초기화 순서를 잘 이해한다면 프로그램 제어 순서를 적절히 조절할 수 있다. 이제부터 할당과 초기화의 관계에 대해서 살펴보자!

먼저 정적 변수를 포함한 전역 변수는 프로세스가 시작되는 순간에 메모리를 할당받는다. 좀 더 자세히 설명한다면 프로세스가 시작되고 가상 메모리 영역이 설정될 때 데이터 영역에 전역 객체에 대한 영역이 마련되어 있다는 의미이다. 그에 비해서 지역 변수의 메모리 할당은 함수가 실행되는 시점에 이루어진다. 왜냐하면 지역 변수가 위치하는 메모리 영역은 바로 스레드 스택으로 함수가 실행되는 순간에 함수 안에서 정의된 지역 변수를 위하여 스택이 늘어나기 때문이다.

[소스 2-11] 변수의 메모리 할당

```cpp
/////////////////////////////////////////////////////
// A.cpp
int g_ValA1;
int g_ValA2;
static int s_Val;

void FuncA(int arg1, int arg2)
{
    int local1;
    int local2;
}


/////////////////////////////////////////////////////
// B.cpp
int g_ValB1;
int g_ValB2;
static int s_Val;
```

위의 예제 소스는 전역 및 정적 변수와 지역 변수의 할당을 보여준다. 이번 예제에서 따져볼 것은 어떤 객체가 먼저 메모리를 할당받게 되는지 여부이다. 과연 A.cpp와 B.cpp 중 어느 쪽 객체가 먼저 메모리를 할당받게 되는 것일까?

정답은 순서를 정할 수 없다는 것이다. 전역 및 정적 객체가 존재하는 메모리 영역은 가상 메모리의 데이터 영역이다. 가상 메모리 중에서 코드와 데이터 영역은 어떤 순서를 가지고 가상 메모리로 올라오는 것이 아니다. 즉, 순서가 의미 없다는 것이다. 마찬가지로 지역 변수도 순서가 큰 의미가 없다. 함수 안에서 사용되는 모든 지역 변수들의 크기를 먼저 구한 뒤에 함수 실행 시점에 스택을 늘리기 때문이다. 그러나 지역 변수의 경우 메모리를 할당 받는 순서에 미세한 차이가 존재할 수도 있다. 바로 인자와 함수 안에서 정의된 지역 변수의 차이이다. 함수의 인자도 스택 메모리에 할당되지만, 인자의 경우는 함수가 호출되기 직전에 스택을 늘리면서 영역을 확보하게 된다.

즉, 어셈블리로 따진다면 함수 call 명령어 전후로 인자의 영역이 스택에 먼저 생성되고, 함수 안에서 정의된 지역 변수들이 그 다음에 스택에 생성된다고 할 수 있다. 물론 이런 순서 차이로 인해서 동적 라이브러리 함수를 호출할 때 예상하지 못했던 결과가 발생하는 경우도 있긴 하지만 극히 특수한 경우이며 일반적인 것은 아니다. 함수 인자에 관련된 설명은 [함수]장에서 더욱 자세히 설명한다.

전역 및 정적 객체의 메모리 할당 순서는 큰 의미가 없다고 하였지만 초기화의 경우는 순서가 중요해진다.

[소스 2-12] 전역 변수의 초기화 순서

```cpp
///////////////////////////////////////////////////
// Main.cpp
int Func(int arg)                    // (A)
{
    return arg;
}
int g_Val1 = Func(1);          // (1)
int g_Val2 = 2;                // (2)


///////////////////////////////////////////////////
// A.cpp
int Func(int arg);
```

```cpp
int g_Val3 = Func(3);            // (3)
int g_Val4 = 4;                  // (4)

///////////////////////////////////////////////////////
// B.cpp
int Func(int arg);

int g_Val5 = Func(5);            // (5)
int g_Val6 = 6;                  // (6)
```

예제는 Main.cpp, A.cpp, B.cpp로 구성되어 있다. 각각에는 전역 변수가 두 개씩 정의되어 있으며 모두 정의되면서 초기화가 이루어진다. 소스 코드에서 (A)는 입력된 인자를 그대로 반환해주는 함수 Func를 나타낸다. 함수 Func는 전역 변수의 초기화 값을 만드는데 사용된다. 이미 전역 변수 g_Val1 ~ g_Val6은 프로세스가 시작되는 순간 메모리 할당은 끝난 상태이다. 할당이 끝난 이후에 실제로 초기화된 값을 가지는 순서는 어떻게 될까? 한 번 생각해보자!

필자도 처음에는 이런 생각을 하였다. Main.cpp, A.cpp, B.cpp에 특별히 우선 순위가 정해지지 않았기 때문에 (g_Val1, g_Val2), (g_Val3, g_Val4), (g_Val5, g_Val6) 세 그룹의 초기화 순서를 정할 수는 없지만 최소한 같은 그룹에서 g_Val1은 g_Val2보다 먼저, g_Val3은 g_Val4보다 먼저, g_Val5는 g_Val6보다 먼저 초기화가 될 것이라고 예상했다. 왜냐하면 보통 코드는 함수를 보더라도 위에서 아래로 내려오면서 실행되기 때문이다. 물론 이와 같은 필자의 추론은 여지없이 틀리고 말았다. 틀렸다고 해서 전역 객체에 대해서는 코드가 아래에서 위로 흐르는 것은 더더욱 아니다.

정답을 확인하기 전에 먼저 꼭 알아야만 할 상식이 있다. 프로세스가 실행된다는 것은 곧 스레드가 실행된다는 점이다. 그리고 스레드가 실행하는 것은 바로 함수라는 사실이다. 당연히 프로세스가 시작되면서 최초에 호출되는 시작 함수가 있다. 바로 CRT Startup이다. CRT Startup이 우리가 보통 시작 함수로 알고 있는 main을 호출하게 되는 것이다. 물론 CRT Startup은 main을 호출하기 전에 다른 많은 작업을 한다는 사실도 기억해야만 한다. 그런데 중요한 것은 g_Val2, g_Val4, g_Val6의 경우 CRT Startup이 호출되기 이전부터 이미 [2, 4, 6]으로 값이 설정되어 있다는 사실이다. 더 중요한 것은 g_Val1, g_Val3, g_Val5의 경우는 CRT Startup이 호출되기 이전에 모두 0으로 설정되어 있다는 사실이다. 즉, 아직 Func에 의해서 [1, 3, 5]로 초기화되지는 못했다는 의미이다. 만일 함수 Func를 호출하여 얻은 반환 값으로 전역 변수를 초기화하고자 한다면 당연히 특정 스레드가 Func를 호출해야만 할 것이고, 최소한 Func가 호출되는 시점은 최초의 호출 함수 CRT Startup보다는 나중이라는 것이다. 즉, (g_Val1, g_Val3, g_Val5)의 경우 항상 (g_Val2, g_Val4, g_Val6) 보다 초기화가 늦을 수밖에 없다.

그렇다면 왜 (g_Val2, g_Val4, g_Val6)는 CRT Startup보다 먼저 초기화되는 것일까? 바로 함수가 아닌 상수로 초기화하기 때문이다. 상수로 초기화하는 전역 변수의 경우 메모리 영역이 할당되는 순간에 해당 상수 값으로 초기화가 진행된다. 이것이 가능한 이유는 초기화 값이 상수인 경우는 컴파일러에 의해서 실행 이미지의 데이터 영역에 직접 값을 설정할 수 있으며, 프로세스가 실행되는 순간에 해당 이미지의 데이터 영역이 그대로 가상 메모리에 올라오기 때문이다. 참고로 초기화하지 않은 전역 변수의 경우는 기본적으로 0(NULL) 값으로 초기화되는데, 초기화하지 않은 전역 변수의 경우는 BSS 영역에서 가상 메모리로 올라올 때 0(NULL)으로 초기화가 이루어진다.

정리하자면 전역 변수는 초기화하지 않은 것과 상수로 초기화한 것이 가장 먼저 초기화 값이 설정되며 그 다음으로 함수의 반환을 통한 초기화가 이루어진다. 참고로 함수를 통해서 전역 변수를 초기화하는 경우 해당 함수들을 호출해주는 초기화 함수가 존재하며, CRT Startup이 main을 호출하기 전에 먼저 초기화 함수를 호출한다.

전역 변수와는 상관없이 함수 안에서 정의되는 지역 변수의 초기화는 코드의 순서대로 이루어진다. 왜냐하면 함수는 절대적으로 위에서 아래로 진행해야만 하기 때문이다. 만일 초기화 순서가 전역 변수처럼 달라진다면 원하는 대로 코드 흐름을 작성할 수 없기 때문이다.

➜ 2.2.3. 변수 초깃값

변수가 정의되어 생성될 경우 변수의 초깃값은 어떻게 정해질까? 상식적으로 생각한다면 가장 기본이 되는 값으로 초기화되면 좋을 것 같다. 깔끔하게 변수가 차지하는 메모리 영역의 모든 Bit를 Off 상태로 만들면 될 것 같다. int 타입 변수라면 모든 비트가 0이므로 값은 0이 될 것이고, double 타입 변수도 모든 비트가 0일 경우 double 표현법에 의해서 값은 0.0이 된다.

이렇게 초기화를 한다면 참 좋겠지만 모든 변수에 대해서 초기화를 진행하는 것은 아니다. 왜냐하면 초기화를 하는데도 CPU를 사용하기 때문이다. 즉 초기화할 변수가 많으면 많을수록 그만큼 효율이 떨어지기 때문이다.

[소스 2–13] 지역 변수의 초깃값

```
void main()
{
    int x, y, z;      // (A)
    x = 1;            // (1)
    y = 2;            // (2)
    z = x + y;        // (3)
}
```

예제에서 x, y, z는 함수 main에서 정의된 지역 변수이다. 따라서 x, y, z는 main이 시작되면서 스택에 자신만의 영역을 할당받게 된다. 물론 스택 메모리는 이전에 설정된 값들이 남아있기 때문에 현재 어떤 값이 들어있는지 알 수가 없다.

(A)를 지나서 (1) ~ (3)에 이르면 변수 x, y, z의 값이 정해진다. 이런 상황에서 (A)와 같이 변수가 생성되는 시점에 변수의 초깃값을 0으로 만들 필요가 있을까? 변수가 생성되는 시점에 해당 변수가 어떤 값을 가지고 있는지는 결과값 z에 전혀 영향을 끼치지 않는다. 따라서 이런 경우 CPU를 쓸데없이 사용하면서 변수들이 차지한 스택 메모리 영역을 0으로 초기화할 필요가 없다. 따라서 지역 변수의 경우 생성 시점에 초깃값이 설정될 필

요가 없다.

[소스 2-14] 전역 변수의 초깃값

```cpp
int GetTwo()
{
    return 2;
}

int g_A;                      // (1) 초기화 없는 전역 변수
int g_B = 0;                  // (2) 기본값 초기화 전역 변수
int g_C = 1;                  // (3) 상수 초기화 전역 변수
int g_D = GetTwo();           // (4) 함수 초기화 전역 변수

void main()
{
    cout << "g_A: " << &g_A << endl;
    cout << "g_B: " << &g_B << endl;
    cout << "g_C: " << &g_C << endl;
    cout << "g_D: " << &g_D << endl;
}
```

이번에는 전역 변수의 초깃값에 대하여 살펴보자! 예제는 네 가지 형태의 초기화 방식을 보여주고 있다. (1)은 초기화를 하지 않으며, (2)는 기본 초깃값 0으로 상수 초기화를 하며, (3)은 초깃값 0이 아닌 상수 초기화를 진행한다. 마지막으로 (4)는 함수의 반환 값으로 초기화를 진행한다. 일반적으로 네 가지 방식을 간단하게 분류한다면 초기화 여부를 기준으로 나눌 수 있을 것이다. 즉, (1) 그룹과 (2), (3), (4) 그룹으로 둘로 나누어진다. 그러나 실제적으로는 (1), (2), (4) 그룹과 (3) 그룹으로 나눌 수가 있는데 그 기준은 바로 해당 전역 변수들이 가상 메모리의 어느 영역 출신이냐는 것이다.

전역 변수와 정적 변수는 데이터 영역에 위치하게 된다. 이 데이터 영역은 다시 두 부분

으로 나뉘어지는데 초기화된 데이터 영역과 초기화되지 않은 데이터 영역으로 나누어진다. 앞의 초기화된 데이터 영역을 보통 데이터(Data) 영역이라고 하고, 초기화되지 않은 데이터 영역을 BSS(Block Stated Symbol) 영역이라고 한다.

(3)의 g_C는 1로 초기화된 상태이다. 즉, 가상 메모리가 구성되는 시점에 이미 g_C 영역은 1로 채워지는 것이다. 데이터 영역은 g_C와 같이 0이 아닌 상수로 초기화된 전역 변수들이 위치하는 공간이다. 그에 비해서 BSS 영역은 가상 메모리가 구성되는 시점에 모두 0으로 채워지는 영역이다. 따라서 BSS 영역에 존재하는 전역 변수는 프로세스 시작시 초깃값으로 0을 가지게 된다. 그래서 (1), (2)와 같이 g_A, g_B는 BSS 영역에 위치한다.

그렇다면 (4)의 g_D는 어디에 위치할까? 역시 BSS 영역이다. g_D는 함수 GetTwo의 반환값을 통해서 초기화를 하겠지만 그 시점은 가상 메모리가 모두 구성된 이후 최초의 스레드가 CRT Startup을 수행하고 CRT Startup이 초기화 처리 함수를 호출할 때이다. 초기화 처리 함수가 함수 GetTwo를 호출하면서 g_D는 2를 값으로 가진다. 당연히 GetTwo가 호출되기 전까지 g_D는 BSS 영역에 위치하므로 초깃값으로 0을 갖고 있다.

BSS 영역은 왜 만든 것일까? 바로 초기화되지 않은 전역 변수를 위해서 특별히 고안된 것이다. 프로그래밍에서 변수가 생성되는 시점에 초깃값을 가지는 것은 안전을 위해서 필요하다. 물론 지역 변수의 경우 효율을 생각할 때 그렇게 하지 못하는 것뿐이다. 가령 어떤 함수에 지역 변수가 하나 있는데, 그 함수가 1000번 호출된다면 해당 지역 변수는 1000번이나 초기화되어야만 할 것이다. 그에 비해서 전역 변수는 프로세스 시작시 단 한 번만 초기화하면 되므로 그렇게 큰 부담이 없다. 또한 하나의 프로젝트에서 전역 변수 개수를 따져도 그리 많지도 않다. 따라서 전역 변수의 경우는 지역 변수와는 다르게 가장 기본이 되는 값인 0으로 초기화를 수행하게 된다.

프로젝트에 전역 변수가 그리 많지는 않을 것이고, 초기화하는데 큰 부하를 주는 것도 아니지만 최상의 효율을 내기 위하여 BSS 영역을 추가하게 된다. 초기화되지 않은 전역 변수를 가상 메모리 한쪽 영역에 모아놓고 해당 부분만을 0(NULL)로 채운다면 쉽게 초깃값 0으로 설정할 수 있기 때문이다.

이제 예제의 출력 결과를 확인해보자!

```
g_A: 00C95184
g_B: 00C951AC
g_C: 00C9508C              // (1)
g_D: 00C951C0
```

g_A, g_B, g_D는 BSS 영역에 위치하며, 상수로 초기화된 g_C만이 오직 데이터 영역에 위치한다. 실제로 변수의 주소를 찍어보았을 때, g_C의 주소만이 다른 변수들의 주소에 비해서 많이 차이가 나는 것을 확인할 수 있을 것이다. 특히 g_C의 주소가 다른 변수들에 비해서 더 작은데, 바로 데이터 영역이 BSS 영역보다 작은 주소 방향에 위치하기 때문이다.

데이터 영역과 BSS 영역을 구분하여 변수들의 초깃값을 설명하였지만 이것까지 알아야만 하는 것인지 의문이 들 수 있다. 그러나 실제 프로젝트에서 최종 바이너리를 만들어야 할 경우에는 이런 작은 부분까지도 신경을 써야만 한다. 왜냐하면 전역 변수의 초깃값 여부에 따라서 최종 바이너리의 크기가 달라질 수 있기 때문이다.

[소스 2-15] 초깃값과 바이너리 크기

```
int g_ArrX[1024 * 1024];              // (1) BSS
int g_ArrY[1024 * 1024] = {0};        // (2) BSS
int g_ArrZ[1024 * 1024] = {1};        // (3) Data

void main()
{
}
```

위의 예제를 최종적인 실행 바이너리로 만들 경우 4MB 이상이 될 것이다. 특별한 것도 하지 않는데 4MB의 용량을 차지하는 이유는 바로 소스 코드에서 (3)의 상수로 초기화된 전역 배열 g_ArrZ 때문이다. 만일 (3) 부분을 제거하고 빌드할 경우 실행 바이너리의 크기는 몇 KB 정도밖에 차지하지 않을 것이다.

상수로 초기화된 전역 객체(변수나 배열)를 바이너리로 만들게 될 경우 실행 이미지에 초깃값을 모두 기록해야만 한다. g_ArrZ가 실제 4MB의 배열 객체이므로 4MB에 해당하는 내용을 실제 실행 이미지에 가지고 있어야만 한다.

프로세스가 실행될 경우 실행 이미지가 가상 메모리에 로드될 것이고, 실행 이미지의 기록된 값들이 데이터 영역으로 그대로 복사된다. 즉, 초기화된 전역 객체의 경우 객체 크기만큼 실행 이미지의 크기도 커지게 된다.

그에 비해서 (1), (2)와 같이 기본값 0으로 초기화되었거나 아예 초기화가 되지 않은 경우에는 실행 이미지의 크기에 큰 영향을 끼치지는 않는다. 왜 그런 것일까? 실행 이미지에서 BSS에 해당하는 전역 객체에 대해서는 특별한 값을 저장할 필요가 없기 때문이다. 단지 프로세스가 실행되어 가상 메모리에 BSS 영역이 구성될 때 해당 전역 객체의 크기만큼을 잡고서 0(NULL)으로 초기화하면 되기 때문이다. 따라서 실행 이미지에서는 BSS에 대응되는 전역 객체에 대하여 타입 정보만을 취급하므로 실행 이미지의 크기에 거의 영향을 주지 않는 다.

지역 변수와 전역 변수를 살펴보면서 가상 메모리의 데이터 영역과 스택 영역의 변수 초기화 과정을 살펴보았다. 하나 빠진 영역이 있는데 바로 힙 영역이다. 힙 영역의 메모리는 malloc과 new와 같은 동적 메모리 할당에 의해서 사용되는 영역이다.

[소스 2-16] 힙 영역 메모리의 초깃값

```
void main()
{
    int* p = new int;
    int &ri = *p;
    cout << ri;
}
```

힙 영역의 메모리는 할당될 경우 어떤 초깃값을 가지는지 살펴보자. 출력 결과를 통해서 알 수 있듯이 힙 영역의 메모리 또한 스택 영역의 지역 변수처럼 초기화가 이루어지지 않는다. 이유는 스택 영역과 마찬가지로 힙 영역 또한 빈번하게 할당과 해제가 일어나기 때문이다. 즉, 초기화를 할 경우 효율이 떨어지게 된다.

예제에서는 변수 ri가 힙 영역에 위치하는 변수처럼 보일 수 있지만 사실 힙 영역의 특정 메모리 블록을 대표하는 변수는 존재할 수가 없다. ri는 스택에 존재하는 참조 변수로 포인터 역할을 할 뿐인데, 마치 실제 변수를 사용하는 것처럼 보일 뿐이다. 힙 영역에 접근할 방법은 오직 실제 메모리 주소를 이용하는 것으로 주소를 다루기 위하여 주로 포인터 변수가 사용된다.

➡ 2.2.4. 디버그 변수 초깃값

간단히 정리하면 스택 영역의 지역 변수와 힙에서 할당된 메모리 영역은 효율을 고려하여 초기화되지 않음을 알 수 있었다. 그런데 앞에서도 얘기했듯이 초기화가 된다면 나름 유용한 면이 있을 수 있다. 대표적으로 디버그를 하는 시점에 변수의 값 상태를 확인하면 좀 더 쉽게 버그를 찾을 수 있기 때문이다. 그래서 VC++ 컴파일러의 디버그 모드에서는 특별히 지역 변수와 힙 할당 메모리 영역을 특정한 값으로 초기화를 해준다.

혹시라도 VC++로 개발할 일이 있을 경우 디버깅을 할 경우 도움이 될 수 있도록 간략히 소개하고자 한다.

[소스 2-17] 디버그 모드 변수 초깃값

```cpp
void main()
{
    int i;
    cout << hex << i << endl;                    // (1)

    int* p = new int;
    cout << hex << *p << endl;                    // (2)
```

```cpp
    cout << hex << *(p - 1) << endl;                // (3)
    cout << hex << *(p + 1) << endl;                // (4)

    delete p;
    cout << hex << *p << endl;                       // (5)
}
```

예제는 VC++의 디버그 모드에서 자동으로 초기화되는 변수들의 초깃값을 보여준다. 각 변수에 따라서 초깃값이 각각 정해져 있다.

(1)의 i는 지역 변수이고, (2)의 *p는 힙 할당 메모리 블록을 나타낸다. (3), (4)는 각각 힙에서 할당 받은 메모리 블록의 양 끝을 의미한다. 즉, 할당되지 못한 영역을 나타내는데, 주로 메모리 침범 여부를 검출하기 위하여 기본값이 설정된다. (5)는 힙 할당 메모리가 해제되었을 때의 초깃값을 보여준다. 만일 다른 값이 쓰여있다면 해제된 메모리에 접근한 것이 된다.

출력 결과는 다음과 같다.

```
cccccccc          // (1) 지역 변수
cdcdcdcd          // (2) 힙 할당 메모리
fdfdfdfd          // (3) 힙 할당 메모리 양 끝
fdfdfdfd          // (4) 힙 할당 메모리 양 끝
feeefeee          // (5) 해제된 힙 할당 메모리
```

초깃값은 쉽게 구분 가능하도록 16진수 기준으로 반복적인 문자를 사용한다. 따라서 디버그 상태의 초깃값을 16진수로 출력하기 위해서는 cout에 hex 지정을 해주어야 한다.

각각의 상황에 따른 초깃값을 확인할 수 있는데 이 값을 외울 필요는 없고 혹시라도 디버깅을 하게 될 경우 이런 식으로 메모리가 초기화가 된다는 사실만 알아둔다면 큰 도움이 될 것이다.

이제 간단히 정리하면 지역 변수는 스택에 위치하고, 함수 호출시마다 빈번하게 생성되어야 하므로 효율을 위하여 초깃값을 설정하지 않고, 전역 변수는 초깃값을 상수로 지정

한 경우 데이터 영역에 위치하며 가상 메모리 구성 시점에 초깃값이 설정되고, 특별한 초기화를 하지 않거나, 함수 반환 값을 통해서 초기화를 할 경우 BSS 영역에 위치하며 기본 초깃값인 0으로 설정된다고 할 수 있다.

지금까지는 주로 전역 변수에 대해서만 설명했지만 사실 정적 변수도 전역 변수의 일종이기 때문에 전역 변수의 성질을 그대로 가진다. 그러나 정적 변수만의 특징이 있기 때문에 초기화 과정에서 추가적으로 알아야만 할 것들이 조금은 있다. 정적 변수는 중요한 부분이기 때문에 한 절을 할애하여 설명하도록 하겠다.

2.3. 정적 변수

정적 변수는 전역 변수의 성질을 가지면서 접근 범위가 한정되어 있다. 정적 변수의 접근 범위는 크게 세 가지로 나눌 수 있는데 소스(cpp) 파일, 클래스, 함수가 접근 범위가 된다.

소스 파일을 범위로 가지는 정적 변수는 정적 전역 변수라고 부르며 클래스에 사용되는 정적 변수는 정적 멤버 변수, 함수에 사용되는 정적 변수는 정적 지역 변수라고 부른다. 즉, 일반적으로 변수를 나눌 때 전역 변수, 멤버 변수, 지역 변수를 구분하는데 그 앞에 정적이란 말을 붙인다고 생각하면 된다. 그러나 모든 정적 변수는 전역 변수처럼 데이터 영역에 위치하며 프로세스 실행 시점에 상수 또는 기본값으로 초기화된다.

➡ 2.3.1. 정적 전역 변수

정적 전역 변수는 전역 변수 앞에 static을 붙인 것이다. 해당 소스(cpp) 파일에서만 접근 가능하다는 점을 뺀다면 일반 전역 변수와 큰 차이가 나지 않는다. C++ 초보 개발자의 경우 아주 가끔씩 일반 전역 변수와 정적 전역 변수를 제대로 구분하지 못하여 디버깅으로 고생하는 경우도 있는데, 이유는 정적 전역 변수가 그다지 많이 쓰이지는 않기 때문이

다. 많이 쓰이지 않으니 희소할 것이고 그래서 더욱 모르고 넘어가는 경우도 많기 때문이
다. 따라서 초보 개발자라면 처음 보거나 모르는 키워드가 나올 경우 꼼꼼히 찾아보는 습
관을 들여야만 한다.

➡ 2.3.2. 정적 멤버 변수

정적 멤버 변수는 클래스 멤버 변수 앞에 static을 붙인 것이다. 그러나 주의할 점이 있는
데, 클래스 정의에서 정적 멤버 변수를 정의하였다고 해서 실제로 정적 멤버 변수가 정의
된 것은 아니라는 점이다.

[소스 2–18] 정적 멤버 변수의 정의

```cpp
///////////////////////////////////////////////////
// A.h
class CTest
{
public:
    static int s_Val;           // (1) s_Val 기술
};


///////////////////////////////////////////////////
// Main.cpp
#include "A.h"

int CTest::s_Val = 1;           // (2) s_Val 정의

void main()
{
    cout << CTest::s_Val << endl;
}
```

클래스 정의에 기술된 멤버 변수는 그 자체가 선언이나 정의가 아닌 단지 클래스의 구조를 기술하는데 쓰인 것뿐이다. 클래스의 객체가 정의되어 메모리를 할당 받을 때 할당된 메모리의 일부분을 멤버 변수가 사용할 뿐이다. 그런데 정적 멤버 변수는 클래스 객체의 할당된 메모리 영역을 사용하지 않는다. 엄밀히 말하면 클래스 범위에서 접근할 수 있는 것뿐이지 실제로는 전역 변수와 똑같다. 따라서 정적 멤버 변수가 자신만의 메모리 영역을 할당 받기 위해서는 반드시 정의를 해주어야만 한다. 그럼 정의는 어디에 하는 것일까? 바로 전역 변수처럼 소스(cpp) 파일에 (2)와 같이 단 한 번만 한다.

정적 멤버 변수는 사실상 멤버 변수가 아니다. 즉, 클래스 객체(Instance)의 영향을 받지 않는다. 무슨 의미인가 하면 같은 클래스의 객체가 여러 개가 있다고 해도 정적 멤버 변수는 공유될 수 있다는 것이다. 왜냐하면 클래스 객체가 점유하는 메모리 영역과는 상관없기 때문이다.

정적 멤버 변수는 [클래스]장에서 좀 더 자세히 다룰 것이기에 여기서는 이 정도만 알아도 충분할 것이라고 생각한다.

➡ 2.3.3. 정적 지역 변수

정적 지역 변수에 '지역'이란 단어가 들어있다고 해서 절대로 지역 변수의 성질을 가지는 것은 아니다. 다시 한 번 강조하지만 정적 지역 변수는 함수 안에서만 접근할 수 있는 전역 변수와 같다. 즉, 함수가 시작할 때 생성되는 것이 아니라 이미 프로세스 시작시에 생성되고 초기화되어 있는 것이다.

[소스 2-19] 정적 지역 변수의 초깃값

```
int GetTwo()
{
    return 2;
}
```

```cpp
void Func()
{
    static int s_A;                         // (1) 초기화 없는 정적 지역 변수
    static int s_B = 0;                      // (2) 기본값 초기화 정적 지역 변수
    static int s_C = 1;                      // (3) 상수 초기화 정적 지역 변수
    static int s_D = GetTwo();               // (4) 함수 초기화 정적 지역 변수

    cout << "s_A: " << &s_A << endl;
    cout << "s_B: " << &s_B << endl;
    cout << "s_C: " << &s_C << endl;
    cout << "s_D: " << &s_D << endl;
}
```

정적 지역 변수의 초기화는 전역 변수가 초기화되는 과정과 그대로 일치한다. (3)의 s_C 를 제외한 s_A, s_B, s_D의 경우 모두 BSS 영역에 위치하며 프로세스 시작 시점에 모두 0을 초깃값으로 가진다. (3)의 s_C는 Data 영역에 위치하며 프로세스 시작 시점에 상수 1 로 초기화되어 있다.

정적 지역 변수가 전역 변수와 가장 큰 차이점이 있긴 한데, 바로 (4)의 s_D를 함수를 통 해서 초기화하는 경우이다. 만일 s_D가 일반 전역 변수였다면 CRT Startup이 호출하는 초기화 전용 함수가 함수 GetTwo를 호출하여 s_D를 초기화시켰을 것이다. 즉, s_D는 함 수 Func가 호출되기 훨씬 이전에 2라는 값을 갖는다.

그러나 정적 지역 변수인 s_D의 경우 실제 GetTwo가 호출되어 초기화되는 시점이 다르 다. 분명히 s_D의 경우 Func가 실행되기 이전에 이미 생성되어 있고, 0으로 초기화된 상 태이지만 Func가 실행되는 시점에 함수 GetTwo가 실행되면서 2를 값으로 갖게 된다. 그 러나 이 과정은 단 한 번뿐이다. 오직 함수 Func가 처음 실행될 때만 GetTwo가 호출되면 서 s_D가 2로 초기화된다.

필자가 처음 정적 지역 변수를 알게 되었을 때 정말 궁금한 것이 많았다. 어떻게 최초 함 수 호출시에만 단 한 번 초기화가 될 수 있는지 말이다. 지금부터 그 비밀을 파헤쳐보자!

```
void Func()
{
    /*
    push  ebp                     // (1)
    mov   ebp,esp                 // (2)
    */

    static int s_Val = 1;
    /*
    pop   ebp                     // (3)
    ret                           // (4)
    */
}

void main()
{
    /*
    push  ebp                     // (1)
    mov   ebp,esp                 // (2)
    */

    Func();
    /*
    call  Func                    // (A) Call Function
    pop   ebp                     // (3)
    ret                           // (4)
    */
}
```

정말 간단한 정적 지역 변수 예제를 살펴보자! 함수 Func는 특별한 작업 없이 오직 정적 지역 변수 s_Val을 정의하고 1로 초기화를 할 뿐이다. 실제로 컴파일러는 정적 지역 변수를 어떻게 처리하는지 보이기 위하여 어셈블리를 주석으로 함께 표기하였다.

어셈블리가 낯설어서 잘 모를 수도 있지만 그리 어려운 것은 아니다. 먼저 어셈블리의 주석 (1) ~ (4)를 살펴보자! 해당 어셈블리는 함수라면 기본적으로 가지는 구문이다. 함수 Func, main 모두 똑같은 구문을 가지고 있음을 확인할 수 있을 것이다. 즉, 빈 함수라도 (1)~(4)와 같은 어셈블리 구문은 기본적으로 생성된다는 의미이다. main에서 함수 Func를 호출하는 부분을 위해서 (A)와 같은 어셈블리 구문이 추가된다.

함수 Func의 어셈블리를 살펴보자! 기본 구문 이외에 정적 지역 변수 s_Val에 해당하는 구문이 없음을 알 수 있다. 즉, 정적 지역 변수는 애초에 함수 정의와는 전혀 상관이 없는 것이다. 왜냐하면 이미 프로세스 시작시에 생성되고 초기화되었기 때문이다.
그러나 정적 지역 변수를 함수를 통해서 초기화하는 경우에는 초기화 코드가 어셈블리로 추가된다.

[소스 2-21] 정적 지역 변수의 함수 초기화

```
int GetOne()
{
    return 1;
}
void Func()
{
    /*
    push    ebp                     // (1)
    mov     ebp,esp                 // (2)
    */

    static int s_Val = GetOne();
    /*
    mov     eax,dword ptr [$S2]     // (A-1)
    and     eax,1                   // (A-2)
    jne     EXIT                    // (A-3)

START:
    mov     ecx,dword ptr [$S2]     // (A-4)
```

```
        or      ecx,1                       // (A-5)
        mov     dword ptr [$S2],ecx         // (A-6)
        call    GetOne                      // (A-7)
        mov     dword ptr [s_Val],eax       // (A-8)

    END:
        mov     esp,ebp                     // (3)
        pop     ebp                         // (4)
        ret                                 // (5)
    */
}


void main()
{
    /*
    push    ebp                             // (1)
    mov     ebp,esp                         // (2)
    */

    Func();
    /*
    call    Func                            // (A) Call Function
    pop     ebp                             // (3)
    ret                                     // (4)
    */
}
```

예제에서는 정적 지역 변수 s_Val을 함수 GetOne에 의해서 초기화한다. 함수 Func의 어
셈블리 부분이 상당히 복잡해졌음을 알 수 있다. 새롭게 추가된 부분은 바로 (A-1) ~
(A-8)이다. 이 부분이 바로 정적 지역 변수의 함수 초기화를 위한 부분이다. 참고로 예제
의 어셈블리는 독자들이 쉽게 이해할 수 있도록 필자가 적절히 수정을 하였다. 불필요한
부분은 제거했으며 보기 편하도록 라벨을 붙이기도 하였다.

아직 어셈블리에 익숙하지 않은 독자들의 경우 이해하기 어려울 수 있으니 배경 설명을
하겠다. 대략 아이디어는 이러하다. 정적 지역 변수는 함수 Func가 처음 호출되는 순간
에만 GetOne이 호출되어 초기화 되어야 하므로 초기화 여부를 기록할 전역 변수가 필

요하다. (A-1)에서 확인할 수 있겠지만 $S2가 바로 초기화 이력을 나타내는 전역 변수이다. $S2는 처음에 0으로 설정되어 있는데 Func가 호출될 때 $S2를 검사해서 0일 경우 GetOne을 호출하여 s_Val을 초기화하고 $S2를 1로 변경한다. 그리고 다시 Func가 호출될 때는 $S2를 검사해서 0이 아닐 경우 GetOne을 호출하는 부분을 건너뛴다. 바로 그와 같은 실행 흐름이 (A-1) ~ (A-8)까지 어셈블리로 표현되는 것이다.

여기서 의문을 가지는 독자가 있을 수도 있는데, 한 함수에 정적 지역 변수가 여러 개일 경우는 초기화 이력을 나타내는 전역 변수도 여러 개가 필요할까이다. 정답을 말하자면 $S2를 함께 사용한다. 편의상 0, 1로 초기화 여부를 설명했지만 실제로 복수개의 정적 지역 변수를 처리하기 위하여 비트 단위로 0, 1을 처리한다. 즉, 첫 번째 정적 지역 변수는 1번째 Bit를, 두 번째 정적 지역 변수는 2번째 Bit를, … N번째 정적 지역 변수는 N번째 Bit를 사용하는 것이다. 만일 더 이상 사용할 Bit가 없을 경우에는 $S2와 같은 새로운 전역 변수 $S3를 만들어서 사용하게 된다.

중요하게 알아야만 할 사실이 있다. 위에서 제시한 어셈블리는 VC++ 기준이다. 정적 지역 변수의 초기화 처리 방식은 컴파일러마다 다를 수 있다. 그러나 조금씩 차이가 있을 수는 있지만 근본적인 아이디어는 비슷하다. 리눅스 GCC의 경우도 전역 변수를 사용하여 초기화 여부를 체크한다.

더 중요한 사실도 하나 있다. 필자는 VC++이 만들어내는 정적 지역 변수 초기화 어셈블리를 살펴보면서 무척 당혹스러움을 느낄 수밖에 없었다. 독자들도 한 번 해당 어셈블리가 문제가 없는지 차분히 생각해보길 바란다. 바로 해당 초기화식이 다중 스레드 환경에서 안전하지 않다는 사실이다. 즉, 다중 스레드가 Func 함수에 접근할 경우 초기화식이 여러 번 호출될 수 있는 문제가 있는 것이다. 어셈블리 어디에도 다중 스레드 안정성을 위하여 동기화 처리를 하는 것을 찾아볼 수가 없다. 관련된 부분을 찾아본 결과 MSDN에서 해답을 얻을 수 있었다.

"Assigning a value to a static local variable in a multithreaded application is not thread safe and we do not recommend it as a programming practice."

간단히 해석하면 다중 스레드 프로그램에서는 정적 지역 변수에 값을 할당하는 것은 안전하지 않고, 추천하지도 않는다는 내용이다. 의미가 다를 수는 있겠으나 여기서 말하는 '값을 할당한다.'는 것은 단순한 대입이 아니라 초기화를 의미한다.

필자는 현재 최신의 컴파일러인 VS2013에서도 조사를 하였으나 역시 해당 문제는 고쳐지지 않은 상태이다. 이 문제는 Thread-safe function local static initialization라고 불리고 있으며 간단히 줄여서 magic statics라고 표현하기도 한다. 아마도 다음 버전에서는 magic statics가 해결될 것이라고 생각한다. 참고로 리눅스의 GCC 경우는 이미 magic statics를 해결한 상태이다. 내부적으로 초기화 함수가 호출될 경우 동기화를 수행한다. __cxa_guard_acquire, __cxa_guard_release라는 자체 함수를 이용하여 정적 지역 변수 초기화 부분을 동기화하는데 해당 함수의 소스를 살펴본 결과 PThread의 동기화 함수인 pthread_mutex_lock, pthread_mutex_unlock이 사용되고 있음을 확인할 수 있었다.

지금까지 함수를 통해서 정적 지역 변수를 초기화하는 경우에 대해서 살펴보았는데, 클래스의 생성자도 초기화 함수에 포함시킬 수 있다. 즉, 정적 지역 클래스 객체는 클래스 생성자를 통해서 초기화가 진행된다.

[소스 2-22] 정적 지역 클래스 객체의 생성자 초기화

```cpp
class CTest
{
public:
    CTest() {}              // (2)
    int m_Val;
};

void Func()
```

```
{
    static CTests_T;              // (1)
}


void main()
{
    Func();
}
```

---

(1)의 정적 지역 변수 s_T는 초기화를 하지 않는 것처럼 보이지만 실제로는 함수 초기화와 같은 과정이 진행된다. s_T는 클래스 CTest 객체이기 때문에 (2)의 CTest의 생성자가 호출되기 때문이다.

➡ 2.3.4. 초기화 순서 제어

간단하게 초기화 순서를 정리해보자! 프로세스가 시작될 경우 가장 먼저 가상 메모리가 구성되면서 전역 변수와 정적 변수들이 생성된다. 만일 상수로 초깃값을 줄 경우 생성과 동시에 초깃값이 설정된다. 초깃값을 주지 않을 경우 기본값인 0으로 설정된다.
함수(생성자 포함)를 통해서 초기화가 이루어질 경우 정적 지역 변수가 아닌 것들은 CRT Startup이 호출하는 초기화 함수가 각 변수들의 초기화를 수행하게 된다. 반대로 정적 지역 변수의 경우 변수가 정의된 함수가 처음 호출되는 시점에 초기화가 수행될 것이다.
결국 정리하면 다음과 순서로 초기화가 진행된다.

(1) 전역 변수와 정적 변수의 상수 초기화

(2-1) 전역 변수, 정적 전역 변수, 정적 멤버 변수의 함수 초기화

(2-2) 정적 지역 변수의 함수 초기화

(2-1)과 (2-2)는 동급의 순서이다. 즉, (2-2)가 (2-1)보다 먼저 일어날 수 있다. 이런 순서를 알고 있는 것이 어떤 도움이 될까 궁금할 수 있는데, 다음 예제를 살펴보자!

```cpp
/////////////////////////////////////////////////////
// A.cpp
extern int g_B;
int InitializeA()
{
    return g_B + 1;             // (2)
}


int g_A = InitializeA();        // (1)


/////////////////////////////////////////////////////
// B.cpp
int InitializeB()
{
    return 1;                   // (4)
}


int g_B = InitializeB();        // (3)


/////////////////////////////////////////////////////
// Main.cpp
extern int g _A;
void main()
{
    cout << g_A << endl;
}
```

예제의 결과를 예측해보자! 이 예제가 기대하는 결과는 2가 출력되는 것이다. main은 g_
A를 출력하는데, g_A는 g_B에 1을 더한 값이고, g_B는 1로 초기화되기 때문이다. 실제
로 이 예제를 실행할 경우 정상적으로 2가 출력될 수도 있지만 반대로 1이 출력될 수도
있다. 즉, 항상 2가 나오는지는 않는다. 만일 g_B가 초기화되기 전에 g_A가 초기화된다

고 가정해보자! g_B는 일단 기본값인 0으로 설정되어 있는 상태이다. 이때 g_B에 1을 더한 값은 1이 될 것이다. 즉, g_A가 1이 될 수도 있다.

CRT Startup이 호출하는 초기화 함수는 전역 변수 g_A, g_B를 초기화하기 위하여 각각 함수 InitializeA, InitializeB를 호출할 것이다. 문제는 두 함수 중에서 어느 것을 먼저 호출할 지는 알지 못한다는 것이다. 보통 초기화 함수가 호출되는 순서는 오브젝트 단위로 진행되는데, A.cpp와 B.cpp중 어느 것이 먼저 진행될지는 딱히 정해진 바가 없다. 물론 내부의 여러 가지 조건에 따라서 순서가 어떻게든 정해지긴 하겠지만, 그것을 개발자가 알 필요도 없을뿐더러 그런 것까지 이용해서 프로그래밍을 한다는 것은 너무 힘들어진다. 결국 최선의 방법은 애초에 이런 문제를 발생시키지 않으면 되는 것이다.

방법은 무엇일까? 바로 초기화 순서를 이용하는 것이다.

[소스 2-24] 초기화 제어

```cpp
/////////////////////////////////////////////////////
// A.cpp
int& GetB();
int InitializeA()
{
    return GetB() + 1;          // (2)
}

int g_A = InitializeA();        // (1)

/////////////////////////////////////////////////////
// B.cpp
int InitializeB()
{
    return 1;                   // (4)
}

int& GetB()                     // (A)
```

```cpp
{
    static int s_B = InitializeB();      // (3)
    return s_B;
}


////////////////////////////////////////////////////////
                                    // Main.cpp
extern int g_A;
void main()
{
    cout << g_A << endl;
}
```

초기화 순서 제어의 목표는 g_A보다 g_B가 먼저 초기화되는 것이다. 방법은 전역 변수 g_B대신에 정적 지역 변수 s_B를 사용하는 것이다. 더 정확히 얘기하면 g_B 대신에 정적 지역 변수 s_B를 반환하는 함수인 GetB를 대신 사용한다.

이제 실행 흐름을 따라가보자! g_A가 초기화되기 위하여 (1)의 InitializeA가 실행된다. 이 함수 안에서는 g_B 대신에 함수 GetB를 사용한다. (A)의 함수 GetB를 살펴보자! 반환 타입이 int&이다. 본체에서는 정적 지역 변수 s_B를 정의하고 초기화한다. 그리고 s_B를 반환하는 것이다. 결국 g_A가 초기화되는 과정에서 정적 지역 변수 s_B를 초기화하기 때문에 항상 s_B가 먼저 초기화될 수밖에 없다. 그래서 항상 원하는 결과인 2가 출력될 수 있다.

2.4. 정리

선언과 정의는 프로그래밍에 있어서 정말 기초적인 부분이라고 할 수 있다. 그럼에도 쉽게 생각하는 경향이 있어서인지 모르겠으나 대충 빨리 알고 넘어가는 경우가 많은 것 같다. 그럴수록 제대로 모르게 될 가능성이 높고, 그것은 버그라는 부메랑으로 되돌아오게 될 것이다.

이번 장에서는 선언과 정의의 명확한 구분과 더불어서 기억 부류에 대해서 알아보았다.

extern과 static 키워드의 의미도 살펴보았으며 변수 할당 및 초기화 과정도 살펴보았다. 변수의 초기화 과정을 통해서 프로그램이 어떻게 구성되는지도 이해할 수 있었을 것이다.

마지막에는 정적 변수에 대해서 살펴보았다. 특히 정적 지역 변수에 대해서는 더욱 자세히 살펴보았는데, 정확히 알고 있다면 나름 쓸만하다고 느낄 수 있을 것이다.
중간에는 어셈블리가 나와서 처음 접하는 독자들의 경우 적잖이 당황스러웠을지도 모르겠다. 그렇게 자세히 설명하진 않았지만 책 후반부로 갈수록 어셈블리는 더욱 많이 나오게 될 것이다. 물론 크게 걱정할 필요는 없다. 필자가 가능하면 자세히 설명하려고 많은 노력을 기울였기 때문이다.

03

빌드 (Build)

구슬이 서 말이라도 꿰어야 보배라고 했다. 아무리 소스 코드가 뛰어나도 빌드를 하지 않으면 아무 의미도 없다. 결국 프로그래밍을 한다는 것은 소스 코드를 작성하고 그것들을 빌드하여 바이너리를 만들어내는 것이다.

이번 장에서는 C++ 코드가 어떤 과정을 거쳐서 빌드가 되는지 살펴볼 것이다. 의외로 빌드 과정을 잘 이해하지 못하여 빌드 중에 에러가 발생할 경우 어쩔 줄 모르는 경우를 많이 봐왔는데 그런 경우에 대비하기 위해서라도 빌드를 어느 정도 이해하는 것이 필요하다.

3.1. 빌드의 구성

빌드는 크게 세 단계로 나눠질 수 있다. 전처리, 컴파일, 링크. 물론 정적 라이브러리를 생성하는 경우에는 링크 과정이 필요하지 않다. 결국 최종 목적의 바이너리(실행 파일, 동적 라이브러리, 정적 라이브러리 등)를 만들어내기 위하여 거치는 과정(전처리, 컴파일, 링크 등) 모두를 '빌드'라고 말한다.

빌드를 수행하는 주체가 바로 컴파일러이다. 컴파일러는 이름만 보면 컴파일만 해야 될 것 같지만 보통 빌드 전 과정을 수행하는 프로그램을 일컫는 말이기도 하다. C++ 하면 떠오르는 마이크로소프트의 VC++ 컴파일러, 리눅스에서 많이 사용되는 GNU의 GCC등이 바로 빌드를 수행하는 컴파일러이다.

➤ 3.1.1. 컴파일

순서상으로 따지면 소스 코드를 전처리한 후에 컴파일이 되지만 전처리의 의미 자체가 컴파일 이전의 처리를 의미하므로 가장 중요한 컴파일부터 살펴보겠다.

개발자가 C/C++ 프로그래밍을 하게 될 경우 주로 다루는 파일 확장자는 h, c, cpp가 된다. 물론 리소스 파일을 비롯하여 템플릿, 인라인 등 여러 종류의 파일들도 있긴 하지만, 주 대상은 헤더 파일과 소스 파일이 된다. C++ 프로그래밍을 하면서 확장자 c 파일보다는 cpp 파일이 주로 사용되고 있다. 앞으로 소스 파일은 곧 cpp 파일이라고 생각해도 큰 무리는 없다. 따라서 cpp 파일을 언급할 경우 c 파일도 포함된다고 생각하자.

컴파일의 대상이 되는 파일은 바로 소스 파일 즉, cpp 파일이다. 헤더 파일은 컴파일의 대상이 아니다. 헤더 파일은 오직 특정 cpp 파일 안의 #include 구문에 의해서 포함될 뿐이다. 즉, 특정 cpp 파일이 컴파일되면서 #include에 의해서 포함된 헤더 파일의 내용이 같이 컴파일되는 것뿐이다. 즉, 헤더 파일은 단독으로 컴파일되지 않는다.

소스 파일(cpp)이 컴파일되면 목적(object) 파일이 생성된다. 소스 파일과 목적 파일은 일

대일 대응 관계라고 할 수 있다. 보통 A.cpp 파일을 컴파일하는 경우 A.obj 파일이 생성되는 식이다. 소스 파일은 C++ 프로그래밍 문법으로 이루어진 파일이다. 사람이 짠 코드이고, 사람이 이해할 수 있는 것이다. 이 소스 파일을 기계가 읽을 수 있도록 기계어로 변환된 것이 바로 목적 파일이다. 즉, 컴파일이란 사람이 이해할 수 있는 C++ 언어가 기술된 cpp 파일을 기계가 이해할 수 있는 기계어 파일로 변환하는 것을 의미한다.

➤ 3.1.2. 링크

만일 하나의 소스 파일만으로 실행 파일을 만들 수 있다면 링크는 필요하지 않을 것이다. 대신 소스 파일이 어마어마하게 커져 있을 것이다. 보통 최종 바이너리가 만들어질 때 많은 수의 소스 파일이 사용된다.

[소스 3-1] Hello World 프로그램

```
/////////////////////////////////////////////////////
// Main.cpp
#include <stdio.h>

void main()
{
    printf("Hello World!");
}
```

정말 간단한 hello world 프로그램은 Main.cpp 파일 단 하나로 이루어져있다. 정말 그럴까? 절대로 그렇지 않다. "Hello World!"를 출력하기 위하여 printf가 사용되는데 printf를 사용하기 위해서는 CRT Library를 사용해야만 하고, CRT Library는 이미 수많은 cpp 파일들이 컴파일되어 미리 만들어진 목적(obj) 파일들로 이루어져 있다. 즉, 최종 바이너리는 수많은 소스 파일들이 컴파일되어 목적 파일이 되고 그것들이 적절히 연결되어 있는 상태를 말하는 것이다. 이때 목적 파일들을 적절히 연결하는 과정, 그것이 바로 링크이다. 목적 파일들이 연결된다는 의미는 정말 개념적이긴 하지만 그리 어려운 것은 아니다. 연결이란 별것 아니다. Main.cpp에서 사용된 printf는 실제로는 printf.c 파일이 컴파일된 printf.obj 파일에 존재한다. 즉, main.cpp의 printf를 호출하는 코드 부분을 printf.obj 파일이 프로세스 메모리에 올라간 주소로 변형시켜 주는 것이 바로 링크이다. 간단하게 링크를 설명하자면 수많은 목적(obj) 파일들이 프로세스 메모리 가상 공간에 적재되었을 때 서로가 맞물릴 수 있도록 각각의 주소를 변경해주는 것을 의미한다.

3.1.3. 전처리

〈소스 3-1〉에서 Main.cpp가 무사히 컴파일되는 이유는 무엇일까? 컴파일러는 어떻게 printf가 함수임을 알고 잘 컴파일한 것일까? 다음 예제를 살펴보면서 생각해보자!

[소스 3-2] 컴파일

```
//////////////////////////////////////////////////////
// Main.cpp
void Func(char* str);            // (1)

void main()
{
    Func("Hello World!");        // (2)
}
```

이번 예제의 Main.cpp 파일을 빌드할 경우 에러가 발생한다. 빌드가 전처리, 컴파일, 링크 단계로 구성되므로 에러가 발생한다면 어느 단계 중 하나에서 발생한 것이다. 그래서 에러는 보통 전처리 에러, 컴파일 에러, 링크 에러로 나누어진다. 위의 예제에서 발생한 에러는 바로 링크 에러이다. 그 의미는 전처리와 컴파일 단계에서는 아무 문제가 없었다는 것이다.

해당 파일을 컴파일만 하고 싶을 경우 VC++의 경우 솔루션 탐색기에서 해당 파일을 선택한 후에 마우스 오른쪽 버튼을 클릭해서 나온 팝업 메뉴에서 [컴파일]을 선택하여 순수하게 컴파일만 할 수가 있다. 컴파일만 할 경우에는 어떤 에러도 발생하지 않는다.

컴파일이 무사히 되는 이유는 (2)의 Func 호출 구문에 대해서 (1)의 함수 선언을 통해서 Func가 무엇인지를 컴파일러에게 알려주고 있기 때문이다. 만일 (1) 부분을 없애버린다면 컴파일러는 'Func' 식별자를 찾을 수 없다면서 컴파일 에러를 발생시킬 것이다. 즉, Func가 무엇인지 모르겠다고 투정을 부리는 것이라고 할 수 있다.

다시 〈소스 3-1〉로 돌아가보자! Main.cpp가 제대로 컴파일되는 이유는 컴파일러가 printf가 무엇인지를 제대로 알고 있기 때문이다. 과연 누가 컴파일러에게 printf가 무엇인지 알려준 것일까? 바로 소스 코드 맨 윗줄의 #include 〈stdio.h〉가 그 역할을 한다. stdio.h 파일을 열어보면 수많은 함수들의 선언이 쓰여있다. 물론 당연히 printf에 대한 함수 선언도 있다. 그래서 컴파일러가 printf가 함수임을 알 수 있다. stdio.h 파일에는 대략 다음과 같은 printf의 선언이 들어있다.

```
int __cdecl printf (const char * _Format, ...);
```

#include가 바로 전처리 지시문이다. 전처리기는 #include 〈stdio.h〉를 보고 stdio.h 파일을 열어서 해당 내용을 그대로 cpp 파일에 붙이는 역할을 수행한다. 즉, printf 선언을 비롯한 수많은 함수들의 선언이 Main.cpp 파일에 그대로 붙여지는 것이다. 만일 전처리 지시문인 #include가 없었더라면 개발자가 직접 cpp 파일에 필요로 하는 함수의 선언들을 모두 기록해야 하는 수고를 들여야만 할 것이다. 결국 전처리란 컴파일 이전에 수고스러울 수 있는 작업들을 효율적이고 편하게 수행할 수 있도록 전처리 지시문을 이용하여 기록하고, 컴파일 시점에 컴파일이 가능하도록 소스 파일에 원래 소스 구문을 복구하는 과정이라고 할 수 있다.

3.2. 전처리 지시문

기본적으로 빌드 단계인 전처리, 컴파일, 링크에 대해서 간단하게 살펴보았다. 지금부터는 각 단계별로 꼭 알아야만 할 것들을 중점적으로 살펴보도록 하자. 먼저 전처리 단계에서 사용되는 시시문에 대해서 알아보자!

3.2.1. #include

#include의 경우 따옴표(" ") 형식과 꺾쇠(〈 〉) 괄호 형식으로 사용될 수 있다. 따옴표나 꺾쇠 안에는 보통 경로를 포함한 헤더 파일이 들어간다. 주로 확장자가 h인 헤더 파일이 들어가지만 cpp 파일이 들어갈 수도 있다. 즉, 확장자가 반드시 h일 필요는 없으며 #include에 사용되는 파일이 곧 헤더 파일이라고 생각하는 편이 맞을 수도 있다.

따옴표 형식일 경우 #include문이 포함된 파일과 동일한 디렉터리를 검색한다. 만일 헤더 파일을 찾을 수 없을 경우 /I 컴파일러 옵션에 지정된 경로를 따라서 검색한다. /I 옵션이란 보통 IDE의 (추가) 포함 디렉터리에 지정된 경로를 의미한다. 마지막으로 INCLUDE 환경 변수에 지정한 경로를 따라서 검색한다.

꺾쇠 괄호 형식일 경우 /I 컴파일러 옵션과 INCLUDE 환경 변수에 지정한 경로를 따라서 검색한다. 즉, 따옴표 형식이 꺾쇠 괄호 형식보다 좀더 포괄적인 검색 범위를 가지고 있음을 알 수 있다. 따라서 따옴표 형식만을 사용해도 되긴 하지만 보통 개발자가 직접 제작한 헤더 파일인 경우는 따옴표 형식으로, 기존 CRT Library 및 시스템에서 제공하는 헤더 파일인 경우에는 꺾쇠 괄호 형식을 사용하기도 한다. 꺾쇠가 있을 경우 원래부터 제공되던 헤더 파일이라는 느낌을 주기 때문이다. 그러나 절대적인 것은 아니다.

#include에 사용되는 파일은 확장자에 상관없이 헤더 파일이라고 할 수 있다. 헤더 파일을 작성할 때 특별한 문법적 제한이 있는 것은 아니다. 왜냐하면 소스(cpp) 파일에 그대

로 붙여지기 때문이다. 그러나 그런 제한이 없음으로 해서 문제를 일으킬 수도 있다.

[소스 3-3] #include 주의사항

```cpp
// Common.h
int g_CommonValue;              // (1) Link Error - 중복정의
static int g_StaticValue;       // (2) OK
void FuncCommon()               // (3) Link Error - 중복정의
{
}

// A.cpp
#include "Common.h"

// B.cpp
#include "Common.h"
```

예제에서 헤더 파일 Common.h은 소스 파일 A.cpp와 B.cpp에 의해서 공통으로 포함된다. Common.h에 문법적으로 잘못된 것이 없으므로 A.cpp와 B.cpp는 제대로 컴파일이 된다. 그러나 링크를 할 경우 에러가 발생하게 된다. (1), (3)의 전역 변수 g_CommonValue와 함수 FuncCommon이 중복되기 때문이다. 링크를 통해서 하나의 바이너리가 만들어질 경우 해당 바이너리에는 전역 변수와 전역 함수는 오직 하나만 존재해야만 한다. 그런데 Common.h가 A.cpp와 B.cpp에 동시에 포함되면서 전역 변수와 전역 함수가 두 번 정의되게 되었고 그로 인해서 링크 에러의 원인이 된 것이다. 그에 비해서 (2)의 정적 전역 변수인 g_StaticValue는 아무 문제도 발생시키지 않는데 static 지시자로 인해서 각 오브젝트(obj) 파일에서만 유효한 변수로 취급되어 중복되지 않기 때문이다.

결국 이런 문제로 인하여 헤더 파일을 작성할 때는 지켜야만 할 규칙이 있다. 바로 전역 변수나 전역 함수를 정의해서는 안된다는 점이다. 오직 선언만 해야 한다. 전역 변수의 경우 extern 키워드를 붙여주고, 함수의 경우 본체를 작성하지 않으면 된다. 물론 헤더

파일이 오직 단 하나의 소스 파일에서만 포함된다면 아무 문제될 것이 없지만 그럴 거면 애초에 헤더 파일을 쓸 이유가 없다. 헤더 파일은 공통으로 여러 곳에서 포함하기 위해서 만들어놓는 것이 대부분이기 때문이다.

➡ 3.2.2. #define

형식은 다음과 같다.

```
#define identifier token-string
```

#define은 컴파일러에게 소스 파일에서 identifier가 나타낼 때마다 token—string으로 대체하도록 지시하는 역할을 한다. 물론 identifier가 주석이나 문자열에 사용될 경우에는 대체를 하지 않는다. 대체가 되는 경우는 identifier가 컴파일 당시 토큰으로 사용될 경우뿐이다. 토큰이란 컴파일 시점에 의미를 가지는 최소 요소로 일반적으로 공백으로 구분되며 의미를 가지는 단어 정도로 생각하면 될 듯하다.

[소스 3-4] #define 순서

```
#define X1 (Y1 + 1)
#define Y1 10

#define Y2 10
#define X2 (Y2 + 1)

void main()
{
    cout << X1 << endl;
    cout << X2 << endl;
}
```

#define은 특별히 순서를 따지지는 않는다. 전처리 과정에서 identifier가 대체되어 사라질 때까지 반복된다. 따라서 (X1, Y1), (X2, Y2)가 순서가 반대임에도 결과는 모두 [11, 11] 이 출력된다.

token-string은 생략될 수 있다. 즉, 다음과 같이 identifier만 사용될 수 있다.

```
#define identifier
```

이것은 단지 identifier를 정의만 하겠다는 것이다. 소스 파일에 identifier가 나타나지 않도록 해야 한다. 만일 identifier가 나타날 경우 컴파일 에러가 발생하게 된다.

[소스 3-5] #define identifier 오류

```
#define TEST_VALUE
void main()
{
    cout << TEST_VALUE << endl; // Compile Error
}
```

정의만 하겠다는 것은 또 다른 전처리 지시문인 #if defined 혹은 #ifdef를 통해서 테스트 하는데 사용하겠다는 의미이다. 보통 Release와 Debug, MBCS와 Unicode 등 소스 코드를 각각의 환경에 맞추어서 컴파일해야 할 경우에 #define identifier과 함께 #ifdef 등을 사용 한다.

identifier는 함수 형식처럼 사용될 수도 있다. 즉, 다음과 같다.

```
#define identifier(identifier, ..., identifier) token-string
```

[소스 3-6] #define 함수 매크로 1

```
#define MULTIPLY(x, y)      x * y                          // (A)
void main()
{
  cout << MULTIPLY(2, 3) << endl;                          // (1)
  cout << MULTIPLY(2, 3) / MULTIPLY(2, 3) << endl;         // (2)
}
```

(A)에서 #define 지시문을 이용하여 MULTIPLY(x, y)를 정의하였다. 보통 identifier를 매크로라고 부르기도 한다. 즉, MULTIPLY(x, y)는 x * y로 대체될 수 있는 매크로인 셈이다. 그러나 이 매크로는 완벽하지는 않다. 제대로 된 매크로라면 [6, 1]이 출력되어야 하지만, 실제로는 [6, 9]가 출력되기 때문이다. (2)에서 매크로가 전개되어 cout의 인자는 2 * 3 / 2 * 3이 되어서 9가 출력된다. 따라서 제대로 매크로를 정의하기 위해서라면 (A)의 x * y에 괄호를 씌워서 (x * y)로 만들 필요가 있다.

[소스 3-7] #define 함수 매크로 2

```
#define MULTIPLY(x, y)      (x * y)                        // (A)

void main()
{
  cout << MULTIPLY(2, 3) << endl;                          // (1)
  cout << MULTIPLY(2, 3) / MULTIPLY(2, 3) << endl;         // (2)
  cout << MULTIPLY(1 + 2, 1 + 2) << endl;                  // (3)
}
```

그러나 괄호를 씌우는 것만으로도 충분하지 않다. (3)의 경우 9가 나올 것으로 기대하지만 실제로는 1 + 2 * 1 + 2 = 5가 출력된다. 결국 최종적으로 제대로 된 매크로를 만들기 위하여 x와 y에도 각각 괄호를 씌워야 한다. 최종 매크로는 다음과 같다.

```
#define MULTIPLY(x, y) ((x) * (y))
```

#define 지시문을 이용하여 함수 매크로를 만드는 것은 예제에서 살펴본 것처럼 상당한 주의를 필요로 한다. 잘못 만든다면 데이터 자체가 잘못 계산되어서 디버깅에 어려움을 겪을 수도 있기 때문이다. 따라서 함수를 간단히 만들고자 한다면 매크로를 이용할 것이 아니라 인라인 함수를 사용하는 것이 훨씬 좋다. 최소한 매크로를 잘못 써서 의도하지 않은 결과가 나올 가능성은 사라지기 때문이다.

➡ 3.2.3. #undef

#undef는 #define에 의해서 정의된 매크로를 해제하는 역할을 한다. 언제 쓸지 감이 잘 오지 않을 수 있는데, 대표적으로 Placement new를 사용하기 위해서 #undef가 사용되기도 한다. Placement new에 대해서는 나중에 자세히 설명하기로 하고, 보통 다음과 같은 형태로 사용된다.

[소스 3-8] #undef

```
#define new DEBUG_NEW                    // (1)

void main()
{
   void* p = malloc(32);
#pragma push_macro("new")
#undef new
   char* pC = new (p) char;              // (2) Placement new
#pragma pop_macro("new")
}
```

new가 (1)과 같이 DEBUG_NEW로 정의된 매크로일 경우 (2)와 같은 Placement new
를 사용할 수 없다. 따라서 Placement new를 사용하기 직전에 #undef new를 통해서 매
크로 정의를 해제한다. 다 사용한 후에는 매크로를 다시 정의해야만 한다. 따라서 push_
macro와 pop_macro가 사용된다. 어떻게 동작하는지는 쉽게 추측할 수 있을 것이다.

➨ 3.2.4. 조건부 컴파일 지시문

조건부 컴파일 지시문은 #define으로 정의된 매크로를 기준으로 컴파일 여부를 결정하는
것이다. 보통 #if, #ifdef, #ifndef, #else, #elif, #endif 등이 사용된다.

[소스 3-9] 조건부 컴파일 지시문

```
#ifdef UNICODE                              // (1)
    typedef wchar_t TCHAR;                  // (2)
    #define TSTR(str)   L##str              // (3)
#else                                       // (4)
    typedef char TCHAR;                     // (5)
    #define TSTR(str)   str                 // (6)
#endif                                      // (7)

void main()
{
    TCHAR* str = TSTR("Hello World!");
}
```

예전만 하더라도 멀티바이트 문자 집합을 사용하여 코드를 작성하였으나 요즘은 유니코
드 문자 집합을 사용하여 코드를 작성하기도 한다. 때때로 각각 빌드할 필요도 있다. 이
런 경우에 예제와 같은 방식이 사용된다.

(1)의 UNICODE는 IDE에서 지정한 매크로이다. VC++의 경우 구성속성 〉 일반 〉문자

집합에서 유니코드를 선택할 경우 자동으로 정의되는 값이다. UNICODE가 정의되어 있을 경우 (2), (3)이 컴파일 대상이 될 것이고 그렇지 않으면 (5), (6)이 대상이 된다. main 함수에서 TCHAR가 사용되었는데 유니코드 선택 여부에 따라서 wchar_t 혹은 char로 정해질 것이다.

(3)에서는 ##이라는 토큰 연결 연산자가 사용되었다. 두 개의 토큰을 하나의 토큰으로 연결하라는 의미이다. 따라서 UNICODE가 정의되어 있을 경우 main의 TSTR("Hello World!")는 L"Hello World!"로 전개된다.

3.2.5. #pragma once

#pragma once는 보통 헤더 파일 맨 처음에 쓰이며 헤더 파일을 단 한 번만 포함시키라는 의미이다. 표준 전처리 지시문은 아니지만 VC++과 GCC에서 지원되므로 알아둘 필요가 있다. 한 번만 포함시키라는 의미가 정확히 무엇인지 헷갈릴 수 있으므로 예제를 살펴보자.

[소스 3-10] #pragma once

```
////////////////////////////////////////////////////
// A.h
#include "B.h"


////////////////////////////////////////////////////
// B.h
static int g_StaticValue; // (1) Compile Error - 중복정의


////////////////////////////////////////////////////
// Main.cpp
#include "A.h"
#include "B.h"
```

Main.cpp의 #include를 모두 전개해보자. 헤더 파일 A.h와 B.h가 붙여질 것이다. 그런데 A.h는 B.h를 포함한다. 즉, Main.cpp에는 B.h의 내용이 두 번 붙여지게 된다. 따라서 정적 전역 변수 g_StaticValue가 두 번 정의되는 것이다. 위에서는 링크 에러였는데 이번에는 컴파일 에러이다. 왜냐하면 Main.cpp 파일에서 같은 변수가 중복으로 정의되었기 때문이다. 헤더 파일을 #include를 사용하여 포함하다 보면 위의 예제와 같이 특정 소스(cpp) 파일에 같은 헤더 파일이 중복으로 포함되는 경우가 발생한다. 따라서 특정 소스(cpp) 파일에는 오직 단 한 번만 헤더 파일이 포함될 수 있도록 할 필요가 있다. 그래서 등장한 지시문이 바로 #pragma once이다. B.h 파일의 맨 첫 줄에 #pragma once를 써줄 경우 컴파일 에러가 사라진다.

#pragma once는 표준 전처리 지시문은 아니기 때문에 모든 컴파일러에서 사용할 수는 없다. 그렇다면 #pragma once를 지원하지 않는 컴파일러의 경우 어떻게 처리해야만 할까? 바로 조건부 컴파일 지시문을 사용하면 된다.

[소스 3-11] 조건부 컴파일 지시문

```
//////////////////////////////////////////////////
// A.h
#include "B.h"                      // (2)


//////////////////////////////////////////////////
// B.h
#ifndef _B_HEADER_FILE_             // (3), (8)
#define _B_HEADER_FILE_             // (4)


static int g_StaticValue;           // (5)


#endif                              // (6), (9)


//////////////////////////////////////////////////
// Main.cpp
#include "A.h"                      // (1)
```

```
#include "B.h"                              // (7)
```

헤더 파일의 처음과 끝을 조건부 컴파일 지시문으로 감싸주면 된다. _B_HEADER_
FILE_ 매크로는 필자가 적당히 지어본 것인데 사용자의 취향에 따라서 쉽게 식별 가능
하도록 이름을 붙이면 된다. 여기서 중요한 것은 #define은 그것이 사용된 소스(cpp) 파
일에 대해서만 효력을 발휘한다는 점이다. 무슨 의미인가 하면 #define _B_HEADER_
FILE_은 Main.cpp에서 전개되므로 Main.cpp에서만 정의된다는 뜻이다. 즉, B.h를 포함
하지 않는 다른 소스(cpp) 파일에서는 _B_HEADER_FILE_이 정의되지 않은 것이다.

실제로 어떤 순서로 동작하는지 살펴보자! Main.cpp는 (1)과 같이 A.h를 포함한다. 이것
은 (2)처럼 B.h를 포함하는 것이므로 B.h의 내용이 붙여지게 된다. (3)에 이르러서 _B_
HEADER_FILE_은 정의된 적이 없으므로 (4)로 넘어가서 드디어 _B_HEADER_FILE_
이 정의된다. 그리고 (5), (6)이 진행된다. 다시 Main.cpp에서 (7)과 같이 B.h를 포함한다.
다시 (8)로 넘어가지만, 이미 _B_HEADER_FILE_이 정의되어 있으므로 바로 (9)로 진
행한다. 결국 헤더 파일 B.h의 실제 내용인 (5)는 단 한 번만 포함된다.

컴파일러가 점점 발전하면서 #pragma once가 많이 사용되고 있긴 하지만 예전 소스 코
드를 비롯하여 컴파일러 호환성을 위해서 예제와 같은 조건부 컴파일러 지시문이 의외로
많이 사용되고 있다. 따라서 충분히 알아둘 가치가 있다고 할 수 있다.

3.3. 미리 정의된 매크로

#define 지시문을 통해서 매크로가 정의될 수 있었다. 그러나 매크로 중에는 처음부터 정의된 것도 있다. 사용자나 IDE가 직접 정의하기 힘든 매크로들이 주로 대상이다. 이런 것들을 보통 미리 정의된 매크로라고 하는데 C++ ANSI 호환 매크로와 함께 각 컴파일러에서만 사용될 수 있는 매크로로 나눠질 수 있다.

➤ 3.3.1. ANSI 호환 미리 정의된 매크로

대표적으로 __FILE__, __LINE__이 있다. 각각 현재 소스 파일 이름과 현재 소스 파일의 줄 번호를 나타낸다. 그 외에도 __DATE__, __TIME__ 등의 컴파일 날짜와 시간을 나타내는 매크로도 있다. 그러나 날짜와 시간의 경우 그리 중요한 정보는 아니기에 많이 사용되지는 않는다. 제일 중요한 것은 __FILE__, __LINE__이다. 이것은 주로 로그를 남길 때 사용되는데 디버깅을 하거나 코드 실행 분석을 할 경우 실제 호출된 cpp 파일과 줄 번호를 확인할 수 있기 때문에 무척 유용하게 사용된다.

[소스 3-12] 매크로 전개 순서

```
////////////////////////////////////////////////////
// Macro.h
#define D_FILE_NAME __FILE__                    // (1)
char S1_FILE_NAME[] = __FILE__;                 // (2)
char S2_FILE_NAME[] = D_FILE_NAME;              // (3)


////////////////////////////////////////////////////
// Main.cpp
#include "Macro.h"
void main()
{
  cout << D_FILE_NAME << endl;                  // (A)
  cout << S1_FILE_NAME << endl;                 // (B)
```

```cpp
    cout << S2_FILE_NAME << endl;                          // (C)
  }
```

__FILE__ 과 __LINE__ 을 사용할 경우에는 매크로 전개 순서를 확실히 이해하고 있어야 만 한다. 위의 예제의 결과를 예상해보자!

일반적인 과정을 따라가보자! 먼저 #include를 처리한다. 즉, Macro.h의 내용이 그대로 Main.cpp에 그대로 붙여진다. 이제 Main.cpp의 cout의 매크로를 전개한다. 모두 __FILE__ 로 대체되기 때문에 출력 결과는 [Main.cpp, Main.cpp, Main.cpp]가 나올 것 같다. 그러나 실제 출력 결과는 [Main.cpp, Macro.h, Macro.h]이다.

매크로는 먼저 Macro.h에서 전개된다. 여기서 중요한 것이 있는데 매크로 전개는 컴파일 되는 대상에 대하여 일어난다는 점이다. 즉, 토큰이 될 수 있는 대상에 한하여 매크로 전 개가 일어난다.

(1)의 D_FILE_NAME은 매크로로 __FILE__ 매크로 전개에 의해서 정의되는 것이 아 니다. 무슨 의미인가 하면 D_FILE_NAME은 오직 __FILE__로 정의되는 것이지, __FILE__ 을 매크로 전개하여 "Macro.h" 파일명으로 정의되지 않는다는 것이다.

(2)의 S1_FILE_NAME은 __FILE__ 매크로가 전개되어 "Macro.h"가 된다.

(3)의 S2_FILE_NAME은 D_FILE_NAME 매크로가 전개되어 __FILE__ 매크로가 되 고, 다시 전개되어 "Macro.h"가 된다.

(A)의 D_FILE_NAME은 Main.cpp에서 매크로 전개되어 __FILE__이 된다. 따라서 __FILE__은 "Main.cpp"가 된다.

(B), (C)의 S1_FILE_NAME과 S2_FILE_NAME은 이미 Macro.h에서 매크로 전개되면 서 초기화 된 상태이므로 "Macro.h"를 나타내게 된다.

이제 매크로 전개의 성질을 이용하여 실제 함수 시작 정보를 출력하는 Tracer를 만들어보자!

```
/////////////////////////////////////////////////
// Trace.h
#define A_TRACE \
cout << "A_TRACE: " << __FUNCTION__ << endl;          // (A)

void B_TRACE()
{
   cout << "B_TRACE: " << __FUNCTION__ << endl;        // (B)
}


/////////////////////////////////////////////////
// Main.cpp
void main()
{
   A_TRACE                                            // (A)
   B_TRACE();                                         // (B)
}
```

예제는 함수 Tracer의 작성 방법을 보여준다. Tracer는 함수 본체 처음에 간단히 사용하면 해당 함수 이름을 출력하는 기능을 담당한다. 따라서 호출 스택 정보를 로그로 남길 때 사용될 수 있다. 참고로 __FUNCTION__은 미리 정의된 매크로로서 함수 이름으로 전개된다.

Tracer를 제대로 제작하기 위하여 두 가지 방식을 준비해보았다. (A)는 매크로 방식이며 (B)는 함수 방식이다. 과연 어느 것이 제대로 된 Tracer로서 동작할까? 정답은 매크로 방식이다. main의 A_TRACE가 전개되면서 __FUNCTION__은 "main"으로 전개된다. 그러나 B_TRACE 함수가 호출되면 Trace.h 파일에 정의된 B_TRACE 함수 내부의 __FUNCTION__은 "B_TRACE"로 전개되기 때문이다. 따라서 Tracer와 같은 로그 기록을 작성하기 위해서는 매크로 방식을 사용해야만 한다.

매크로 전개 부분은 사실 필자도 가끔 헷갈리곤 한다. 따라서 매크로 전개를 사용하는 코드를 작성할 경우 직접 충분한 테스트를 수행하면서 확인해야 한다.

➜ 3.3.2. 컴파일러 전용 미리 정의된 매크로

컴파일러 전용 미리 정의된 매크로는 상당히 많다. 따라서 사용하는 컴파일러의 설명서를 통해서 유용한 매크로를 찾아볼 수 있다. 여기서는 VC++에서 사용하는 매크로 중에 시스템(x86 / x64) 플랫폼 매크로에 대해서 알아볼 것이다. 시스템 플랫폼 매크로는 최근 들어서 무척 중요하게 자주 사용되고 있는데, 그 이유는 최근에 나오고 있는 CPU들이 x86과 x64를 모두 지원하고 있기 때문이다. 따라서 각 시스템에 따라서 별도의 개발이 필요한 경우가 많아지고 있으며 중복 없는 코드 관리를 위해서는 하나의 소스로 두 시스템 전용 바이너리를 개발할 수 있어야만 한다.

현재 사용되는 시스템은 크게 세 가지로 나눌 수 있는데 x86, x64, IA64이다. x86은 32비트 시스템이며 x64와 IA64는 64비트 시스템이다. IA64의 경우 생소할 수 있는데 주로 서버 시스템에서 사용되고 있지만 현재는 사장되어가고 있는 상태이다. 따라서 x86과 x64에 대해서만 알고 있어도 큰 무리는 없을 것이라고 생각한다.

VC++는 현재 x86에서 돌아가고 있지만 x64 시스템에서 돌아갈 수 있는 바이너리를 빌드할 수 있다. 즉, VC++은 비트 프로그램인데 64비트 프로그램을 만들 수 있다는 의미이다. 그래서 VC++는 최종 바이너리가 돌아갈 시스템 플랫폼을 선택할 수 있다. 보통 Win32(x86)와 x64를 선택할 수 있다.

	Win32	x64	IA64
_WIN32	v	v	v
WIN32	v	v	v
_WIN64		v	v
_M_IX86	v		
_M_X64		v	
_M_AMD64		v	
_M_IA64			v

◀ 그림 3-1 시스템 플랫폼 매크로

〈그림 3-1〉은 VC++에서 시스템 플랫폼을 선택할 경우 자동으로 정의되는 매크로를 보여준다. 주의할 점이 있는데 _WIN32와 WIN32 매크로의 경우 x86이나 x64, IA64에 상관없이 항상 정의된다는 것이다. 즉, WIN32는 32비트를 의미하는 것이 아니라 윈도우 시스템을 의미하는 매크로로 봐야 한다. 실제로 x86과 x64를 구분할 수 있는 매크로는 _M_IX86, _M_X64, _M_AMD64 등이다. 따라서 특정 플랫폼에서만 동작하는 코드를 작성하고 싶을 경우에는 조건부 컴파일 지시문을 이용하여 위의 매크로 정의 여부를 확인하면 된다.

[소스 3-14] 시스템 플랫폼 확인

```cpp
char* GetPlatform()
{
#ifdef _WIN32
  #ifdef _WIN64
    #ifdef _M_X64
      return "64Bit x64 Windows!";
    #elif defined(_M_IA64)
      return "64Bit IA64 Windows!";
    #endif
  #elif defined(_M_IX86)
    return "32Bit x86 Windows!";
```

```
    #endif
#else
    return "Not Windows System!";
#endif
}
```

위의 예제는 플랫폼 매크로를 이용하여 현재 시스템이 어떤 플랫폼인지를 알려주는 함수를 구현한 것이다.

3.4. 미리 컴파일된 헤더(Pre-Compiled Header)

헤더 파일은 다수의 소스(cpp) 파일에 포함되어 컴파일될 수 있다. 헤더 파일 Header.h가 A.cpp와 B.cpp에 포함된다고 가정해보자! 결국 컴파일러가 실제 처리하는 작업은 (Header.h + A.cpp), (Header.h + B.cpp)가 될 것이다. 그런데 Header.h 부분을 처리하는데 많은 시간이 걸린다면 어떨까? 그만큼의 시간이 두 배 걸리게 된다. 만일 Header.h를 포함하는 소스 파일이 100개 정도 된다면 100배의 시간만큼 걸리게 될 것이고 또한 시간만 걸리는 것이 아니다. Header.h를 포함함으로써 각 소스(cpp) 파일이 컴파일되어 나오는 목적(obj) 파일의 크기도 덩달아서 커지게 된다. 당연히 중복되는 작업은 단 한 번만 처리되도록 변경할 필요가 있다. 그래서 나온 것이 바로 미리 컴파일된 헤더이다.

미리 컴파일된 헤더를 사용하는 방법은 컴파일러마다 다를 수 있는데, Header.h를 미리 컴파일된 헤더로 지정하게 될 경우 컴파일러는 Header.h를 컴파일하여 컴파일된 정보를 만들게 된다. 확장자도 컴파일러마다 다를 수 있는데 VC++의 경우는 pch가 되며 GCC의 경우는 gch가 된다. Header.h를 포함하는 소스(cpp) 파일에 대해서 미리 컴파일된 헤더를 사용하도록 설정할 경우 해당 소스 파일을 컴파일할 때 미리 만들어진 pch를 가져와서 해당 정보를 이용하여 빠른 속도로 컴파일할 수 있다.

미리 컴파일된 헤더는 소스 파일에 중복으로 포함되었을 때만 효과를 발휘하는 것은 아니다. 만일 소스 파일이 단 하나만 있어서 중복이 문제가 되지 않는다고 해도, 미리 컴파일된 헤더를 단 한 번만 만들어놓는다면 소스 파일을 컴파일할 때마다 헤더 파일을 처리하는 시간이 절약될 수 있다. 즉, 미리 컴파일된 헤더는 거의 변하지 않는 내용을 단 한번만 컴파일하여 재활용하는 것이라고 할 수 있다. 물론 전체 다시 빌드(Rebuild All)를 선택할 경우 미리 컴파일된 헤더를 다시 생성하게 된다.

VC++의 경우 기본적으로 stdafx.h를 미리 컴파일된 헤더로 지정하고 있다. 따라서 거의 변경될 일이 없으며 많은 소스 파일에 공통적으로 포함될 수 있는 헤더 파일들을 stdafx.h에 포함시킨다면 해당 헤더 파일들을 미리 컴파일된 헤더 pch에 모아놓을 수 있다. 또한 해당 헤더 파일들을 사용하는 소스(cpp) 파일에서는 오직 stdafx.h만 포함시킴으로써 컴파일 시간을 대폭 줄일 수 있다.

참고로 VC++에서는 stdafx.cpp 파일도 제공하고 있으며 해당 파일은 오직 stdafx.h를 포함하는 역할만을 수행한다. stdafx.cpp는 소스 파일이기 때문에 컴파일되면 stdafx.obj 파일이 생성되며 해당 목적(obj) 파일에는 미리 컴파일된 형식 정보가 포함된다. 이것은 VC++에서 제공하는 방식인데 다른 컴파일러에서는 stdafx.cpp에 해당하는 파일을 반드시 제공한다고 볼 수는 없다.

미리 컴파일된 헤더로 인하여 빌드가 제대로 수행되지 않는 경우도 발생할 수 있다. 그럴 경우 최후의 수단으로 미리 컴파일된 헤더를 사용하지 않게 변경할 수도 있다. 그러나 컴파일 타임에 많은 시간을 단축해준다는 점에서 가능하다면 미리 컴파일된 헤더를 사용하는 것이 현명한 선택이다.

3.5. 링크 에러 (Link Error)

빌드 과정에서 에러가 발생할 경우 쉽게 고치는 경우도 있지만 무엇이 잘못되었는지도 모르는 경우를 만나기도 한다. 컴파일 에러의 경우 문제를 파악하는 것이 어려운 편은 아니다. 대부분이 단순 오타이거나, 타입이 제대로 맞지 않거나 인자를 잘못 준 경우가 대부분이기 때문이다. 즉, 컴파일 에러의 경우 대부분 쉽게 문제를 해결할 여지가 있다.

그러나 링크 에러의 경우는 다르다. 경험적으로 보았을 때 동료 개발자들이 제일 찾기 힘들어하는 문제는 대부분이 링크 에러였다. 가끔 인터넷에 링크 에러 해결법을 질문할 경우 라이브러리를 무시하고 쓰거나, 정적 라이브러리를 동적 라이브러리로 바꾸라는 무성의한 답변도 많은 것이 사실이다. 여기서는 기본적으로 발생할 수 있는 링크 에러의 원인과 대처 방법을 살펴볼 것이다.

➤ 3.5.1. 확인할 수 없는 외부 참조

[소스 3-15] 확인할 수 없는 외부 참조

```
/////////////////////////////////////////////////
// A.h
void FuncA();


/////////////////////////////////////////////////
// Main.cpp
#include "A.h"

void main()
{
    FuncA();                    // (1)
}
```

프로젝트는 Main.cpp와 A.h로만 이루어져있다고 가정하자! Main.cpp가 컴파일되기 위해서는 컴파일러가 (1)의 FuncA가 함수임을 알아야만 한다. FuncA가 함수임을 알려주는 역할은 A.h가 한다. A.h에는 함수 FuncA의 선언이 있기 때문이다. 컴파일은 비록 무사히 되었으나 링크 단계에서 에러가 발생한다. 바로 FuncA의 본체를 찾을 수 없기 때문이다. 이럴 때 발생하는 링크 에러를 '확인할 수 없는 외부 참조'라고 한다. 링커는 FuncA의 본체를 찾기 위하여 이미 컴파일된 다른 목적(obj) 파일들을 뒤지는데, 전혀 찾을 수 없을 경우 해당 에러를 발생시킨다.

이런 경우 에러를 처리하는 것은 무척 간단한 일이다. 프로젝트에 속하는 소스(cpp) 파일에 FuncA의 본체를 정의만 하면 되기 때문이다. Main.cpp에 정의해도 좋고, 새롭게 A.cpp를 생성하여 그 안에 FuncA를 정의한 후에 A.cpp를 프로젝트에 추가하기만 하면 된다. A.cpp가 마음에 들지 않으면 B.cpp를 만들어도 된다.

'확인할 수 없는 외부 참조' 링크 에러는 간단한 실수로 인해서 발생하는 경우도 있다. 실제로 함수가 정의된 소스(cpp) 파일이 존재함에도 링크 에러가 발생하는 경우이다. 보통 소스 파일은 있지만 프로젝트에 추가되지 않기 때문에 링크 에러가 발생하는 경우이다.

링크 에러 메시지는 컴파일러마다 다를 수 있다. 그러나 메시지의 내용은 대부분이 비슷하다. 참고적으로 VC++이 내보내는 링크 에러 메시지는 다음과 같다.

Main.obj : error LNK2019: "void __cdecl FuncA(void)" (?FuncA@@YAXXZ) 외부 기호

(참조 위치: "void __cdecl main(void)" (?main@@YAXXZ) 함수)에서 확인하지 못했습니다.

Main.obj는 Main.cpp가 컴파일된 목적 파일을 의미하고, 에러가 발생한 대상이 된다. FuncA는 정의를 찾을 수 없는 문제의 함수를 나타내며, 정의를 찾을 수 없는 함수 FuncA가 main 함수 안에서 사용되었다는 의미이다. 즉, 링크 에러 메시지만 잘 파악해도 어디서 문제가 발생했는지 쉽게 확인할 수 있다.

➜ 3.5.2. 여러 번 정의된 기호

[소스 3-16] 여러 번 정의된 기호

```
////////////////////////////////////////////////
// A.h
void FuncA();


////////////////////////////////////////////////
// A.cpp
void FuncA()          // (A)
{
}


////////////////////////////////////////////////
// B.cpp
void FuncA()          // (B)
{
}


////////////////////////////////////////////////
// Main.cpp
#include "A.h"

void main()
{
   FuncA();           // (1)
}
```

프로젝트는 Main.cpp와 A.cpp, B.cpp 그리고 A.h로만 이루어져있다고 가정하자. B.cpp
가 프로젝트에 속하지 않는다면 컴파일과 링크 모두 잘 될 것이다. 그러나 B.cpp가 프로
젝트에 속하면서 링크 에러가 발생한다. A.cpp와 B.cpp 모두 함수 FuncA의 정의가 중복
으로 존재하기 때문이다. FuncA가 중복되었다는 의미는 함수 이름과 함께 인자 개수와

타입까지 따지는 시그니처까지도 일치한다는 것이다. 이렇게 함수 정의가 중복되어 있을 경우 링커는 어떤 함수 정의와 연결을 해야만 하는지 결정할 수가 없기 때문에 링크 에러를 발생시키게 된다.

참고적으로 VC++이 내보내는 링크 에러 메시지는 다음과 같다.

B.obj : error LNK2005: "void __cdecl FuncA(void)" (?FuncA@@YAXXZ)이(가)

A.obj에 이미 정의되어 있습니다.

B.obj는 B.cpp가 컴파일된 목적 파일을 의미하고, 에러가 발생한 대상이 된다. B.cpp의 FuncA라는 함수가 이미 A.obj 즉 A.cpp에 존재한다는 의미이다. 이것은 어떻게 보면 상대적일 수도 있는데 A.cpp의 FuncA가 이미 B.cpp에 존재한다고 생각할 수도 있다. 사실 이런 종류의 링크 에러가 고치기는 제일 어려운 경우가 많다. 보통 이런 문제는 라이브러리가 중복되는 것으로 인해서 발생하는 경우가 대부분이기 때문이다. 중복되는 함수를 제거하기 위하여 라이브러리 사용할 포기할 수는 더더욱 없다. 만일 라이브러리 사용을 하지 않을 경우 '확인할 수 없는 외부 참조' 에러가 쏟아질 것이기 때문이다.

참고적으로 여기서 말하는 라이브러리라고 한다면 보통 정적 라이브러리를 의미하며, VC++에서는 확장자가 lib이고, GCC에서는 a인 파일을 의미한다. 정적 라이브러리는 정말 간단하게 얘기한다면 목적(obj) 파일들을 모아놓은 것 정도로 생각하면 된다.

이와 같은 문제는 보통 같은 종류의 라이브러리를 사용할 경우 발생할 수 있다. 즉, A.lib와 B.lib가 내부의 목적(obj) 파일에 같은 함수를 가지고 있을 가능성이 높기 때문에 링크 충돌이 발생할 수 있는 것이다. 대표적으로 VC++의 경우 CRT Library를 MD와 MT를 섞어 쓰는 경우에 빈번하게 발생할 수 있다. 그 외에도 외부 라이브러리에서 제공하는 함수의 이름이 우연히 겹치는 경우도 이런 문제가 발생한다. 따라서 이런 경우에는 namespace를 사용하여 충돌이 발생하지 않도록 정리를 할 필요가 있다.

라이브러리 충돌 문제는 상당히 난이도가 높은 부분이다. 정적 라이브러리가 링크되어 병합되는 순서에 따라서도 문제가 발생할 수도 있다. 즉, 순서만 바꿔줘도 쉽게 해결할 수 있는 경우도 있다. 그뿐 아니라 정적 라이브러리와 동적 라이브러리의 우선 순위에 따라서도 문제가 발생하는 경우도 있다. 이 문제는 운영체제와 링커에 많은 의존성을 갖고 있기 때문에 제대로 된 문제 해결 능력을 얻기 위해서는 시스템의 동작 방식까지 이해할 필요가 있다. 해당 내용은 이 책의 주제에서 너무 벗어나는 느낌이 들기에 여기까지만 설명하는 편이 나을 듯싶다.

3.6. 정리

 C++ 코드를 빌드하여 완성된 프로그램으로 만드는 방법에 대하여 살펴보았다. C++ 문법에 못지않게 전처리 또한 중요함을 확인할 수 있었을 것이다. 전처리 지시문을 비롯하여 매크로를 잘 사용할 경우 효율을 극대화시킬 수 있다.

MFC(Microsoft Foundation Class)나 ATL(Active Template Library) 프로그래밍을 처음 접하게 될 경우 전혀 C++ 프로그래밍처럼 느껴지지 않아서 좌절하는 경우가 있는데, 그 이유는 매크로가 도배된 것처럼 많이 사용되고 있기 때문이다. 그러나 매크로를 하나씩 분석하면서 두 가지를 느낄 수 있는데 하나는 MFC나 ATL이 얼마나 구조화가 잘 되어있는지를 확인할 수 있다는 것이고, 또 하나는 견고한 구조화를 위하여 매크로가 굉장히 유용하게 사용되고 있다는 것이다. 즉, 그만큼 전처리는 단순한 양념 정도가 아니라 C++ 프로그래밍을 지탱하는 강력한 기둥과 같다고 할 수 있다.

빌드가 전처리, 컴파일, 링크로 이루어짐을 확인할 수 있었는데 각 단계별 에러에 대해서도 기본적인 내용을 살펴보았다. 사실 프로그래밍을 하는 과정 중에 절반은 에러 수정이라고 할 수 있다. 에러 수정을 정확하고 빠르게 할 수 있기 위해서는 에러의 본질을 정확하게 파악하는 것이 제일 중요하다고 할 수 있다.

Chapter

04

메모리

프로그램이 실행된다는 것은 간단하게 CPU가 메모리에 값을 읽거나 쓰는 과정으로 바꿔 말할 수 있다. 물론 파일이나 네트워크에 연결하는 과정도 있겠지만 이런 과정 또한 내부에서는 CPU와 메모리 간의 상호 작용이 밑바탕이 되면서 이루어진다.

C++ 프로그램이 동작하는 과정을 생각해보자! 변수를 생성하고, 스레드가 실행하는 함수가 변수의 값을 읽거나 쓰고, 가끔씩 출력하고, 대부분이 그런 과정이다.

변수와 더불어서 스레드가 실행하는 함수 코드조차 어딘가에 저장되어 있어야만 한다. 출력을 보통 모니터에 하겠지만 모니터에 출력되어야 할 데이터도 어딘가에는 저장되어 있어야만 한다. 결국 프로그래밍의 기초를 이루는 대부분의 것들이 저장되어야만 하고, 그런 대부분의 것들이 저장되는 장소가 바로 메모리이다.

PC 조립에 조금이라도 관심을 가지고 있는 사람이라면 메모리라 불리는 DRAM을 본적이 있을 것이다. 이 DRAM이 바로 정보들이 저장되는 메모리의 실체이기도 하지만 프로그래밍에서 언급되는 메모리와는 거리가 좀 있다.

DRAM은 물리적인 메모리를 의미하지만 프로그래밍에서 말하는 메모리는 바로 논리적인 가상 메모리를 의미하기 때문이다.

이번 장에서는 가상 메모리를 기준으로 C++ 프로그래밍이 어떻게 구성되는지를 살펴볼 것이다. 물리 메모리와 가상 메모리가 어떤 관계를 가지고 구성되는지도 분명히 알아야만 할 것들이지만, C++ 프로그래밍에서 다룰 주제는 아닌 것 같다. 하지만 프로그래밍을 제대로 이해하기 위해서는 메모리 전반에 대한 지식을 쌓는 것도 분명 필요한 일이라고 생각한다. 시간이 되는 독자라면 반드시 관련 지식을 습득하길 강력히 추천한다.

4.1. 가상 메모리

가끔 가상 메모리를 실제 메모리보다 메모리를 많이 쓸 수 있도록 가상으로 늘려주는 기술 정도로 아는 개발자가 있다. 일반인이 그렇게 알고 있다면 이해할 수 있겠지만 개발자가 그렇게 알고 있다면 확실히 개념을 파악해야 한다.

가상 메모리의 핵심은 각각의 프로세스에게 메모리 공간이 독립적으로 부여된다는 것이다. 일반적으로 x86 시스템에서 개별 프로세스는 4GB의 메모리 공간을 부여 받으며 부여 받은 메모리 영역은 해당 프로세스만이 접근할 수 있도록 보호된다. 즉, 메모리 영역이 프로세스에게 독립적으로 부여되기 때문에 타 프로세스가 해당 메모리 영역을 침범할 수 없다는 것을 의미한다. 이런 점으로 인해서 가상 메모리는 프로그램의 안정성을 크게 향상시킬 수 있었다.

➡ 4.1.1. 가상 메모리 크기

x86은 32비트 시스템이다. 주소를 가리킬 수 있는 레지스터의 크기가 32비트라는 의미이다. 즉, 이론적으로 2의 32승인 대략 42억 개의 주소가 나오게 된다. 각각의 주소가 1바이트씩을 가리킬 수 있으므로 각각의 프로세스는 4GB의 메모리를 부여 받게 된다. 윈도우의 경우 프로세스에게 부여된 4GB의 절반은 운영체제가 사용하며 나머지 2GB의 공간을 프로세스가 스스로를 위하여 사용하게 된다. 즉, 프로세스에게 부여된 메모리 공간은 4GB이지만 실제 사용할 수 있는 메모리 공간은 2GB가 된다.

마찬가지로 x64는 64비트 시스템이며 레지스터의 크기가 64비트이므로 이론적으로는 2의 64승 개의 주소를 사용할 수 있기 때문에 각 프로세스에는 이론적으로 대략 1천 6백만 TB의 메모리 공간이 부여될 수 있다. 사실상 무한한 메모리 공간이라고 할 수 있는데, 아직까지 이렇게 큰 메모리 공간이 필요한 프로그램이 존재하지 않기 때문에 운영체제별로 다르긴 하지만 윈도우의 경우 프로세스마다 대략 8TB의 공간만을 부여하도록 제한하고 있다. 여기서도 운영체제와 프로세스는 부여된 메모리 공간을 절반씩 사용하게 된다.

소아청소년과로 유명한 A병원은 1,024개의 병실이 있다. A병원은 소아병동과 청소년병동으로 나누어져서 운영된다. 처음에는 각 병실에 1호부터 1,024호까지 절대적인 번호를 부여했다. 그래서 1호실이 소아병동에 속할 때 2호실은 청소년병동에 속하고, 그런 식으로 복잡하게 분배가 되었다. 이런 복잡성으로 인해서 가끔 1호실을 소아병동과 청소년병동 양쪽에 부여하는 실수도 생겼으며 가끔은 호실을 잘못 안 방문객들이 다른 병동으로 가는 일도 생기게 되었다.

이런 문제를 말끔히 해결할 방법을 고민하다가 병원장은 드디어 좋은 아이디어를 떠올렸는데, 각 병동마다 가상으로 4,096호실을 배정해 놓고 병실이 필요할 때마다 실제 병실을 배정하고, 병실의 문 앞에는 배정된 각 병동의 이름과 호수를 팻말로 부착하는 방식을 취한 것이다. 예를 들어서 소아병동에 환자가 입원해서 새로운 병실이 필요할 경우, 실제 707번째 병실에 소아환자를 입실시키고, 해당 병실 문 앞에는 '소아병동 303호실'이란 팻말을 부착하는 것이었다. 또한 병원 원무과에서는 병문안 오는 손님들을 안내하기 위하여 임시로 배정된 '소아병동 303호실'과 실제 병실 번호인 '707호'를 매칭시켜놓은 정보를 통해서 쉽게 '소아병동 303호실'의 위치를 알려줄 수 있는 것이었다. 이런 방식의 병실 배정은 독특한 특징을 나타낼 수 있다. 소아병동 303호실과 청소년병동 303호실은 숫자로는 같은 303호실이지만 완전히 별개의 병실이라는 점이다.

위의 예에서 몇몇 독자는 각 병동에 부여할 수 있는 병실의 수(4,096)가 어떻게 실제 병실 수(1,024)를 넘어설 수 있는지 궁금할 수 있는데 방법은 다음과 같다.

실제로 거의 완치가 되어서 더 이상 진료가 필요하지 않은 환자들의 경우 임시로 이웃 호텔의 방을 빌려서 이동시킨 후 비워진 병실은 다시 각 병동에 부여하는 것이다. 결국 호텔의 방까지 이용하여 각 병동의 병실 수가 많아지게 보일 수 있다.

위의 예는 가상 메모리의 개념과 그대로 대응될 수 있다. A병원은 운영체제라고 할 수 있으며, 각 병동(소아병동, 청소년병동)은 하나의 프로세스라고 할 수 있다. 1,024개의 실제

병실은 물리 메모리라고 할 수 있으며, 각 병동마다 가상으로 부여된 4096호실의 병실이
바로 각각의 프로세스에 부여된 가상 메모리이며, 가상으로 부여된 병실 번호가 바로 가
상 메모리의 주소라고 할 수 있다. 그렇다면 호텔의 방들은 무엇이 될까? 바로 컴퓨터에
서 2차 저장영역에 해당하는 SSD나 하드디스크를 의미하며, 병원에 의해서 임시로 환자
들이 수용된 호텔의 방은 페이징 혹은 스왑 파일이라고 부른다.

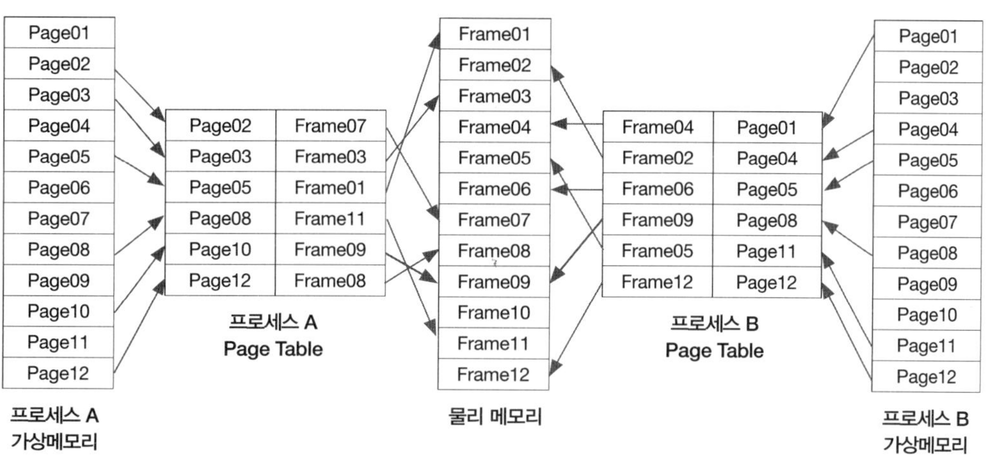

▲ 그림 4-1 가상 메모리

〈그림 4-1〉은 각 프로세스의 가상 메모리가 어떻게 물리 메모리와 연결되는지를 보여준
다. 메모리는 일정한 크기 단위로 할당된다. 시스템마다 다를 수 있지만 일반적으로 4KB
의 메모리 덩어리를 기준으로 하며 가상 메모리에서는 이것을 페이지(Page)라고 부르고,
물리 메모리에서는 페이지 프레임(Page Frame)이라고 부른다.

각 프로세스는 페이지 테이블(Page Table)을 가지고 있다. 페이지 테이블에는 가상 메모
리의 각 페이지가 현재 물리 메모리의 어떤 프레임에 연결되는지가 테이블 구조로 기록
된다. 따라서 프로세스 A에서 Page02에 해당하는 메모리에 접근하고자 한다면 페이지 테
이블에서 (Page02, Frame07)을 찾은 후, 물리 메모리 Frame07에 접근할 수 있다.

물리 메모리의 Frame09를 살펴보자! 프로세스 A에서는 Page10이 연결되어 있으며 프로
세스 B에서는 Page08에 연결되어 있다. 이것은 물리 메모리 Frame09를 프로세스 A와 B

에서 동시에 사용 중이라는 것을 의미한다. 이것은 공유 메모리의 일종으로 보통 윈도우의 dll 혹은 리눅스의 so를 사용할 때 나타나게 된다. dll과 so에 대해서 자세히 알기 위해서는 각 운영체제의 시스템 프로그래밍을 공부할 필요가 있다.

➥ 4.1.3. 가상 메모리 구조

가상 메모리에 대해서 기본적인 내용을 살펴보았다. 실제로 C++ 프로그래밍에서 중요한 것은 '프로세스는 오직 가상 메모리만을 바라본다.'는 것이다. 즉, 실제 물리 메모리에 대해서는 더 이상 신경을 쓰지 않는다는 의미이다. 정리하자면 C++ 프로그래밍에서 말하는 메모리란 바로 프로세스의 가상 메모리를 의미한다.

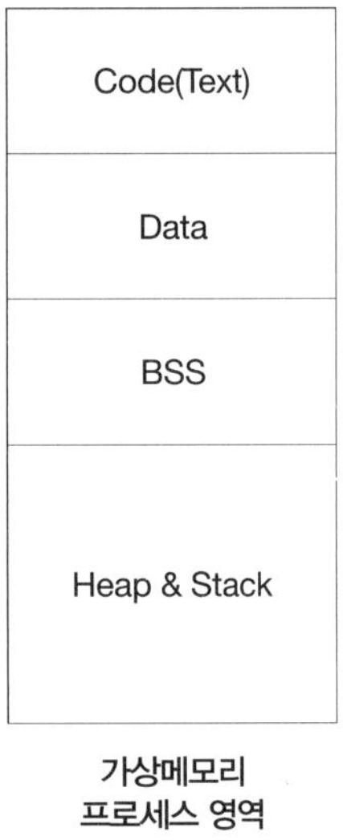

Code(Text)
Data
BSS
Heap & Stack

**가상메모리
프로세스 영역**

◀ 그림 4-2 가상 메모리 프로세스 영역

〈그림 4-2〉는 프로세스의 가상 메모리 구조를 보여준다. 이미 설명했듯이 개별 프로세스는 운영체제로부터 x86은 4GB, x64는 8TB의 가상 메모리를 부여 받는다. 그 중 절반은 운영체제가 사용하는 영역이고, 나머지 절반이 바로 실제 프로세스가 사용하는 영역이라고 할 수 있다. 보통 프로세스 메모리 영역이라고 부르기도 한다. 〈그림 4-2〉의 구조는 실제 프로세스가 사용하는 가상 메모리의 프로세스 영역을 보여준다.

가상 메모리의 프로세스 영역은 저장되는 정보의 성격에 따라서 다시 4~5가지로 나눠질 수 있다. 먼저 Code(Text) 영역이 있다. 이 영역에는 소스 코드 그 자체가 저장된다고 할 수 있다. 보통 함수나 상수 등이 저장된다. 이 영역은 오직 읽기만 가능한 데, 쓰기가 금지되는 이유는 코드의 안정성을 위해서이다. 만일 이 영역에 쓰기가 가능하다면 악의적인 목적으로 실행 코드 자체를 변조할 수 있다.

데이터와 BSS 영역은 전역 변수와 전역 배열이 저장되는 곳이다. 전역 변수에는 static 변수도 포함됨을 주의하자! 보통 static 변수를 정적 변수라고 표현해서 전역 변수와는 다른 것처럼 알고 있기도 하지만 정확히 얘기하면 전역 정적 변수라고 표현하는 것이 옳다. 즉, 같은 전역 변수이지만 접근 속성이 다른 변수라고 생각하면 된다.
전역 배열이라는 단어가 생소할 수도 있는데 배열이 변수는 아니기 때문에 따로 표현한 것이다. 보통 배열도 변수라고 통칭하는 경향이 있긴 하지만 엄밀히 말해서 배열은 변수가 아니라 상수 포인터이다. 그래서 필자는 보통 전역 변수나 전역 배열 등을 통칭해서 전역 객체라고 표현하기도 한다.

전역 변수, 전역 배열은 데이터와 BSS에 저장되는데 둘의 차이가 무엇인지 궁금할 것이다. 간단하게 설명하면 데이터의 경우 초기화된 전역 객체가 저장되는 곳이고, BSS는 초기화되지 않은 전역 객체가 저장되는 곳이다. 초기화되지 않았다고 해서 쓰레기 값이 들어있는 것은 아니다. 기본적으로 메모리가 모두 0으로 채워진다.
많은 개발자들이 왜 초기화 여부를 가지고 영역을 나누었는지 궁금해하는 경우가 있다. 그전에 가상 메모리가 처음에 어떻게 구성되는지를 알아야만 한다. 소스 코드를 작성하여 빌드(컴파일 + 링크)를 거치면 실행 파일(exe, dll, so)이 생성된다. 프로세스는 실행 파일이 실행되면서 시작된다. 완전히 일치하지는 않지만 실행 파일의 내용은 가상 메모리에 비슷한 구조로 올라가게 된다. 가상 메모리의 프로세스 영역이 Code, Data, BSS 영역으로 나누어져 있듯이 실행 파일의 구조도 비슷하게 여러 영역으로 분할되어 있다. 즉, 실행 파일에도 Code, Data, BSS에 대응되는 영역이 이미 존재한다는 의미이다. 당연히 같은 영역은 그대로 복사되면 될 것이다. 실제로 Code나 Data 영역은 실행 파일에서 가상 메모리로 비슷하게 올라간다. 그러나 BSS에 해당하는 영역은 그렇지가 않다.

간단하게 비유를 들어보자면 다음과 같다. 전역 변수를 공책이라고 가정하자! 초기화된 전역 변수는 변수에 특정 값이 들어있을 것이다. 이것은 마치 공책에 글이 빼곡히 쓰여있는 것과 같다. 따라서 글이 쓰여있는 공책을 저장하기 위해서는 공책 그 자체를 반드시 보관해야만 한다. 그에 비해서 초기화되지 않은 전역 변수는 마치 빈 공책과 같다. 아무 내용도 쓰여있지 않은 것이다. 빈 공책을 보관할 필요가 있을까? 단지 빈 공책 한 권이 필요하다는 사실만 기억하면 된다. 결국 초기화 여부는 객체 자체의 내용을 저장하느냐, 빈 객체가 있다는 사실을 저장하느냐의 차이라고 할 수 있다. 그래서 실행 파일의 데이터 영역에는 실제 초기화된 값들이 저장되어 있지만, 실행 파일의 BSS 영역에는 어떤 객체 들이 필요한지가 저장되어있다.

실행 파일의 BSS 영역에는 초기화되지 않은 32MB 크기의 배열 객체가 있다고 가정해보 자! 이것을 그대로 저장한다면 실행 파일은 32MB 이상이 될 것이다. 이것은 무척 낭비가 심하다. 실행 파일의 BSS 영역에는 단지 '32MB 크기의 초기화되지 않은 배열 객체가 있 다.'는 정보만 기록하고 있으면 된다. 따라서 더 이상 32MB의 크기를 포함할 필요가 없 다.

이제 프로세스가 시작되면서 실행 파일의 내용이 가상 메모리에 올라가게 된다. OS는 실 행 파일의 Code와 Data 영역을 그대로 가상 메모리에 복사하지만, BSS 영역에 대해서는 조금 다른 처리를 수행할 것이다. 배열 객체의 크기인 32MB의 메모리를 확보하고 0으로 채워 넣는 것이다. 초기화되지 않은 전역 객체는 수없이 많을 수 있다. 가령 초기화되지 않은 전역 객체가 1,000개 정도 된다면 1,000번에 걸쳐서 0으로 초기화하는 작업을 수행 해야 하는 것일까? 아마도 1,000개를 하나의 영역에 몰아놓고, 통째로 해당 영역을 0으로 초기화하는 것이 더욱 효율적일 것이다. 그래서 초기화되지 않은 전역 객체에 대해서는 하나의 영역을 만들게 된 것이고, 그것이 바로 가상 메모리의 BSS 영역이다.

이제 힙과 스택이 남았다. 그림상으로는 힙과 스택을 뭉뚱그려서 표현해놓았다. 그런데 많은 서적과 웹 페이지에는 힙과 스택이 서로 반대 방향으로 자라나고 있는 그림을 보여주는 경우가 많이 있다. 검색 사이트에서 heap stack을 입력하고 이미지 검색 결과를 확인하면 수많은 그림을 확인할 수 있을 것이다. 그러나 사실 그런 그림은 아주 옛날 싱글 스레드만 지원되던 C언어 시절의 구조일 뿐이지, 현재 프로세스의 가상 메모리 구조와는 맞지 않는다. 지금은 멀티 스레드 지원이 기본이며, 오히려 싱글 스레드 지원 라이브러리를 쓰지 못하게 막아놓는 추세이다. 실제로 힙과 스택은 양분되어서 위치하는 것이 아니라, 메모리 주소가 뒤섞여있는 채로 존재할 수 있다.

스택은 스레드당 하나씩 생성된다. 컴파일러의 설정에 따라 다를 수 있지만 보통 기본적으로 스레드당 1MB~4MB 정도의 메모리 영역이 스레드 스택 공간으로 할당된다. 스레드가 생성되는 순간 운영체제는 가상 메모리의 남은 영역 중에서 적당한 곳을 골라서 스레드 스택으로 할당해준다. 스택에는 스레드가 실행하고 있는 함수의 인자나 지역 변수, 지역 배열 등이 저장된다. 스택은 함수가 실행되면서 크기가 자라나는데 함수가 종료되면서 다시 크기가 원래대로 줄어들게 된다.

힙은 동적 메모리가 저장되는 곳이다. 보통 malloc, new 등을 사용하여 할당되는 메모리들이 바로 힙 영역에 존재한다. 힙은 하나의 커다란 메모리 영역이며, 프로세스에 하나 이상 존재할 수 있다. C/C++ 프로그램의 경우 CRT(C Runtime Library)에서 사용하는 CRT Heap이 프로그램 시작시 기본 생성된다. CRT는 자신의 힙을 사용해서 malloc, new 등을 처리한다. 힙이 꼭 프로세스에 하나만 존재해야 한다는 제한은 없다. 사용자의 필요에 의해서 추가로 힙을 생성할 수도 있다. 일반적으로 각 운영체제의 메모리 관련 API를 사용하여 사용자 힙을 생성할 수도 있다. 힙은 힙 관리자에 의해서 다루어진다. 힙 관리자가 최초에 가상 메모리로부터 메모리 덩어리를 할당 받은 후 new나 malloc 요청이 올 경우 적절하게 메모리 영역을 분할하여 넘겨준다. 넘겨줄 부분이 부족할 경우 힙의 크기를 늘리기도 한다. 또한 free나 delete 요청이 올 경우 넘겨준 메모리 영역을 회수하기도 하며 필요에 따라서 힙 크기를 줄이기도 한다.

4.2. 메모리 할당과 해제

C++ 프로그램에서 동적으로 메모리를 할당 받기 위해서는 malloc, new와 같은 메모리 할당 함수를 호출해야만 한다. 그런데 생각해볼 것이 있다. 메모리를 관리하는 것은 전적으로 운영체제의 몫이다. 윈도우나 리눅스에 따라서 그리고 각각의 버전에 따라서 메모리를 관리하는 방법은 달라질 수 있다. 그럼에도 malloc이나 new를 사용하게 되면 운영체제의 차이를 뛰어넘어 메모리를 아주 쉽게 할당 받을 수 있게 된다.

➤ 4.2.1. 메모리 할당의 근원

프로세스가 가상 메모리를 할당 받기 위해서는 해당 운영체제에게 메모리 요청을 해야만 한다. 또한 이미 살펴본 것처럼 가상 메모리는 페이지 단위로만 할당 받을 수 있다. 당연히 운영체제는 가상 메모리 할당을 위해서 메모리 할당 API나 시스템 콜을 제공하고 있다. 윈도우의 경우 VirtualAlloc이라는 API를 제공하며 리눅스의 경우 완전히 일치하지는 않지만 brk나 mmap이라는 시스템 콜을 제공해준다.
결국 C/C++의 CRT가 제공하는 malloc, new의 근원은 운영체제의 메모리 할당 API나 시스템 콜이라는 것이다. CRT Library는 각각의 운영체제에 맞게 제공되며 그 내부에서 해당 운영체제에 맞는 API나 시스템 콜을 호출하고 있다.

malloc, new가 그대로 VirtualAlloc이나 brk, mmap을 바로 호출하는 것은 아니다. 더 정확히 얘기한다면 malloc, new는 힙 관리자에 의해서 처리된다. 힙 관리자는 프로세스 시작시 운영체제를 통해서 가상 메모리를 큰 덩어리로 할당 받아 놓는다. 그리고 malloc이나 new가 요청될 때 적절히 할당 받은 메모리를 분할하여 돌려주는 것이다. 물론 페이지 크기를 넘어서는 메모리를 요청할 경우 힙 관리자는 직접 VirtualAlloc이나 mmap을 호출할 수도 있다. 힙 관리자는 메모리 단편화를 피하면서 최적의 효율을 내기 위하여 CRT Library에 따라서 구조나 동작 방식이 조금씩 달라지기도 하지만 보편적으로 사용되는 malloc이나 new에 사용 패턴에 대하여 최적의 성능을 발휘할 수 있도록 설계되어있다. 물론 특정한 방식의 메모리 할당에 최적의 성능을 내기 위하여 직접 사용자 힙을 생성하고, 힙 관리자를 개발하는 경우도 간혹 있긴 하지만, 정말 특수한 경우라고 할 수 있다.

4.2.2. malloc & free

```
void* malloc(size_t size);

void free(void* memblock);
```

malloc은 size를 인자로 받아서 size 바이트만큼 메모리 블록을 할당한 후 해당 블록의 포인터를 반환하는 함수이다. 만일 할당할 수 있는 충분한 메모리가 존재하지 않을 경우에는 NULL을 반환하게 된다. 할당된 메모리는 프로세스가 종료되거나 직접 해제되기 전까지 계속해서 유효하게 접근될 수 있다. 결국 이런 상세 요구를 만족하기 위하여 CRT Library는 가상 메모리를 할당받아 CRT Heap을 생성한 후에 힙 관리자를 통해서 힙 영역의 일부를 반환하게 된다.

힙 영역은 할당과 미할당 영역으로 구분될 수 있다. malloc 호출시 미할당 영역에서 요청된 크기만큼을 반환하면서 반환된 영역은 할당 영역으로 변경된다. malloc 요청이 많아질 경우 할당 영역은 늘어나고, 미할당 영역은 줄어들 것이다. 힙 관리자가 malloc 요청에 대해서 반환할 미할당 영역을 찾기 어려울 때 가상 메모리를 할당하여 힙 자체를 늘리게 되어있다. 즉, 미할당 영역을 추가로 늘리는 것이다.

free는 malloc을 통해서 할당된 메모리를 해제하는 함수이다. 인자로는 malloc을 통해서 반환된 포인터를 그대로 넣어주면 된다. free가 호출될 경우 인자 memblock이 가리키는 힙의 할당 영역을 찾아낸 뒤에 미할당 영역으로 변경해놓는다. 만일 인근에 미할당 영역이 접해있을 경우 미할당 영역을 하나로 합치기도 한다.
malloc은 인자로 할당을 원하는 메모리 크기를 받는데 비해서 free는 해제할 메모리 크기를 인자로 받지 않는다. 그럼에도 할당된 메모리를 제대로 해제할 수 있다. 바로 추측할 수 있겠지만 힙 관리자가 malloc으로 메모리가 할당된 내역을 저장하고 있기 때문이다. 따라서 free에 해제할 메모리 블록 포인터만 인자로 넘겨줘도 힙 관리자가 해당 블록의 크기를 확인할 수 있고, 깨끗하게 해제를 할 수 있다.

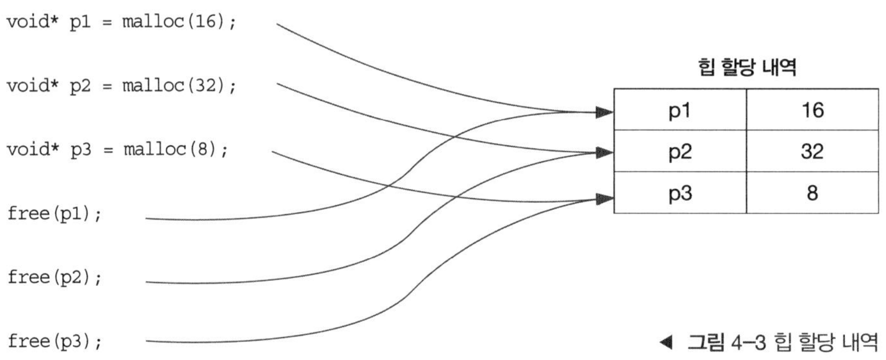

◀ 그림 4-3 힙 할당 내역

〈그림 4-3〉과 같이 힙 관리자는 메모리 블록을 할당할 때마다 힙 할당 내역을 저장하게 된다. 할당 내역 테이블에는 단순히 p1, p2, p3처럼 이름이 들어가 있지만 실제로는 p1, p2, p3의 메모리 주소가 들어가게 된다. free를 호출하게 될 경우 힙 관리자는 인자로 넘어온 메모리 주소를 할당 내역에서 검색하여 존재할 경우 할당된 크기만큼 해당 메모리 블록을 해제하여 미할당 영역으로 변경한다.

만일 free의 인자로 할당된 적이 없는 메모리 주소를 넘기게 될 경우 어떤 일이 벌어질까? MSDN에 의하면 다음의 할당 요청에 영향을 줄 수 있다고 되어있다. 이로 인해서 에러가 발생할 수 있다. 그러나 에러가 free 즉시 발생하는 것은 아니기 때문에 디버깅을 하는데 상당한 시간을 허비할 수 있다.

메모리 할당 요청 함수로 malloc을 살펴보았지만 할당 요청 함수가 malloc만 있는 것은 아니다. calloc, realloc 등도 있으며 필요에 따라서 적절히 선택하여 사용할 수 있다. 그러나 이와 같은 메모리 할당 함수를 이용하여 할당된 메모리를 해제하는 함수는 오직 free 하나뿐이다.

➤ 4.2.3. new & delete

new와 delete는 C++에서 새롭게 도입된 메모리 할당 해제 연산자이다. C에서 사용하던 malloc과 free를 대신해서 사용할 수 있다. 그러나 반대로 new와 delete를 malloc과 free로 는 대신해서 사용할 수는 없다. 그 이유는 new와 delete가 단순하게 메모리 할낭과 해제 만 하는 것은 아니기 때문이다. 즉, new와 delete는 malloc과 free가 할 수 없는 무엇인가 를 수행하는 것이다. 지금부터 new와 delete의 근본적인 목적에 대해서 알아보자.

[소스 4-1] malloc & new- free & delete

```
void main()
{
    int* p1 = (int*)malloc(sizeof(int));                    // (1)
    *p1 = 1;

    int* p2 = new int;                                      // (2)
    *p2 = 2;

    int* pArr1 = (int*)malloc(sizeof(int) * 2);             // (3)
    pArr1[0] = 0;
    pArr1[1] = 1;

    int* pArr2 = new int[2];                                // (4)
    pArr2[0] = 2;
    pArr2[0] = 3;

    free(p1);                                               // (5)
    delete p2;                                              // (6)

    free(pArr1);                                            // (7)
    delete [] pArr2;                                        // (8)
}
```

<소스 4-1>은 (malloc, free)와 (new, delete)의 사용법 비교를 보여준다. 각각 int 단일 객체와 int 배열 객체를 할당 받아서 값을 채우고, 할당된 메모리를 해제하는 과정을 보여준다. (1)만 봐도 알 수 있듯이 malloc은 사용하기에 불편한 점이 있다. 인자로 할당할 메모리 크기를 알려주기 위해서 sizeof(int)를 사용해야 한다. 혹시라도 sizeof(int) 대신에 타이핑이 귀찮다고 4를 쓰는 경우가 있다면 정말 좋지 않은 코딩 습관이라고 할 수 있다. 혹시 아는가? 지금 작성한 코드가 먼 훗날에도 재활용되는데 그때는 int가 8바이트가 될 수도 있기 때문이다. 그 외에 클래스 타입의 경우 클래스의 크기는 여러 요인으로 인해서 눈으로 보이는 멤버들의 크기 합보다 큰 경우가 많다. 또한 malloc에 의해서 반환된 포인터는 void*로서 메모리 덩어리를 가리키는 주소일 뿐이다. 따라서 의미 있는 포인터로 사용되기 위해서는 반드시 (int*)와 같이 타입 변환을 수행해야만 한다. 그에 비해서 (2)의 new를 살펴보면 천지개벽이 일어난 것 같다. malloc의 단점들을 한번에 해소해주고 있다. (3)과 (4)는 malloc과 new를 이용한 배열 할당 비교이다. 첫눈에 봐도 알 수 있듯이 int를 사용하는 편이 훨씬 간결하고 쉬워 보인다는 것을 알 수 있다. 이제 할당된 메모리를 해제해보자! (5), (6)은 int 단일 객체의 메모리를 해제한다. 사실 별 차이가 없다. 그러나 (7), (8)과 같이 배열 객체의 메모리 해제에서는 큰 차이가 발생하는데, 바로 delete 뒤에 [ ] 기호가 쓰이고 있다는 사실이다.

많은 개발자들에게 철칙처럼 여겨지는 것이 new로 배열 객체 메모리를 할당 받을 경우에는 반드시 delete [ ]를 사용해야 한다는 점이다. 짝이 맞는 것이 당연히 좋게 보이긴 하지만, 왜 짝을 맞추어야만 하는지에 대해서는 자세히 아는 사람은 별로 없는 듯하다. 지금부터 이런 문제에 대해서 자세히 살펴보자.

new와 delete는 malloc과 free를 단순히 쓰기 편하도록 대체하기 위해서 만든 것은 아니다. 사실 new는 내부적으로 malloc을 호출하고, delete도 역시 내부적으로 free를 호출한다. 결국 CRT Library에서 동적 메모리를 할당 해제하는 함수는 malloc과 free라고 할 수 있다. 즉, C++에서 새롭게 도입된 new와 delete는 메모리 할당과 해제는 malloc과 free에게 맡기고 나머지 추가적인 처리를 하는 연산자이다. 결국 추가적인 처리를 위해서 반드시 new와 delete를 사용해야 하고 이것은 절대로 malloc과 free가 대신할 수 없다.

그렇다면 추가적인 처리란 무엇일까? 바로 생성자와 소멸자의 호출이다. 생성자와 소멸자는 C++에 클래스가 도입되면서 나타났다. 클래스 객체는 기본적으로 생성되면서 생성자가 호출되고, 사라지면서 소멸자가 호출되도록 만들어졌다.

[소스 4-2] 클래스 생성자와 소멸자

```
class CTest
{
public:
  CTest() {}                              // (A)
  ~CTest() {}                             // (B)
};


CTest g_T;                                // (1)

void main()
{
  CTest t;                                // (2)

  CTest* pT = (CTest*)malloc(sizeof(CTest));  // (3)
  free(pT);
}
```

〈소스 4-2〉는 클래스의 생성자와 소멸자가 언제 호출되는지 살펴보기 위한 예제 코드이다. (1)~(3)과 같이 CTest 객체는 각각 전역 객체, 지역 객체 그리고 동적 할당된 객체로 테스트를 하였다.

(1), (2)와 같이 클래스 객체가 전역 객체이거나 함수의 지역 객체일 경우 컴파일러는 어떤 클래스 타입의 객체가 생성되는지 알 수 있다. 따라서 객체 생성 과정에 생성자가 호출되도록 어셈블리를 추가한다. 그러나 (3)처럼 클래스 객체를 malloc을 사용하여 생성할

경우 생성자를 호출할 수가 없다. malloc은 오직 인자로 받은 크기만큼 메모리를 할당하고, 해당 메모리 덩어리를 가리키는 void*만을 반환하는 함수이기 때문이다. 즉, malloc이 호출되는 순간에는 어떤 클래스 타입의 객체가 생성되는지를 알 수가 없다. 알 수 없는 클래스의 생성자를 호출할 수는 없지 않겠는가? 따라서 위의 예제에서 생성자는 오직 단 두 번만 호출된다.

이제 소멸자를 살펴보자! 지역 객체 t는 main이 끝나는 시점에, 전역 객체 g_T는 프로그램이 끝나는 시점에 각각 소멸자가 호출된다. 컴파일러가 t와 g_T가 CTest 타입이란 것을 알고 있기 때문에 가능한 일이다. 그러나 free를 이용하여 동적으로 할당된 객체 pT를 해제할 때는 소멸자를 호출할 수 없다. 왜냐하면 free는 오직 인자로 받은 포인터의 주소를 가지고 힙 관리자에게 해당 포인터가 가리키는 메모리 블록을 해제하는 일만 하기 때문이다. 결국 기존의 malloc과 free로는 동적 할당으로 생성되는 클래스 객체의 생성자와 소멸자를 호출할 방법이 없었고, 이를 해결하기 위해서 new와 delete를 만들게 된 것이다.
new는 기본적으로 malloc을 통하여 메모리를 할당 받고, 할당 받은 메모리 영역에 대하여 생성자를 호출하는 역할을 수행해야 한다. 따라서 반드시 타입을 알아야만 하기 때문에 new 뒤에는 생성하고자 하는 객체의 타입이 들어가게 된다. 내부적으로는 타입의 크기를 알아내서 malloc을 호출하게 되어있다.
delete 또한 마찬가지다. 뒤에 오는 포인터의 타입이 클래스일 경우 해당 클래스의 소멸자를 호출한 후에 free를 호출하여 메모리를 해제하게 된다.

[소스 4-3] delete와 소멸자

```
class CTestA
{
public:
  CTestA()
  {
    cout << "CTestA::Constructor!" << endl;
  }
```

```cpp
    ~CTestA()
    {
        cout << "CTestA::Destructor!" << endl;
    }
};

class CTestB
{
public:
    CTestB()
    {
        cout << "CTestB::Constructor!" << endl;
    }

    ~CTestB()
    {
        cout << "CTestB::Destructor!" << endl;
    }
};

void main()
{
    CTestA* pA = new CTestA;

    CTestB* pB = (CTestB*)pA;                    // (1)
    delete pB;                                   // (2)
}
```

〈소스 4-3〉은 delete의 동작 방식을 보여주기 위한 코드이다. 어떤 결과가 출력될지 한 번 생각해보자! 출력 결과는 다음과 같다.

```
CTestA::Constructor!
CTestB::Destructor!
```

CTestA의 생성자가 호출되고, CTestB의 소멸자가 호출된다. 생성자와 소멸자에서 멤버에 접근하지 않아서 아무 일도 일어나지 않겠지만 보통의 경우라면 메모리 접근 예외가 발생할 가능성이 높다. 여기서 delete의 동작 원리를 파악할 수 있다. 컴파일러는 대상 포인터의 타입만을 체크하여 해당 타입과 일치하는 클래스의 소멸자를 호출한 뒤에 메모리 영역을 해제하는 어셈블리를 작성한다.

C++에 new와 delete가 왜 도입될 수 밖에 없는지 알아보았다. 결국 핵심은 동적 생성 클래스 객체를 위해서 생성자와 소멸자를 호출하기 위한 것이다. 그렇다면 new와 delete는 생성자와 소멸자가 존재하는 클래스 타입에만 사용해야만 하는데 실제적으로는 기본 타입인 int나 double에도 사용할 수 있다. 왜 그런 것일까? 바로 범용적으로 사용하기 위해서이다. 타입에 따라서 new나 malloc이 혼재해서 사용되는 것이 그리 좋은 모습은 아니다. 게다가 클래스라고 해서 생성자와 소멸자가 반드시 존재하는 것도 아니다. 경우에 따라서는 효율성을 높이기 위하여 생성자와 소멸자가 존재하지 않기도 하는데, 이럴 경우 특정 클래스에 대해서 new와 malloc 중 어느 것을 사용해야 할지 갈피를 잡기가 힘들 수도 있다. 따라서 그런 구분은 오직 컴파일러에게 맡겨버리고 개발자는 new와 delete를 자유롭게 사용하기만 하면 된다. 참고로 생성자와 소멸자가 존재하지 않아도 암시적으로 생성자와 소멸자가 존재한다고 생각하는 독자도 있을 수 있는데, 여기서 말하는 것은 암시적인 생성자와 소멸자도 존재하지 않는 경우를 의미한다. 이 부분에 대해서는 잠시 후에 살펴볼 것이다.

➦ 4.2.4. new [ ] & delete [ ]

malloc의 경우 배열 타입 객체를 할당 받기 위해서는 타입의 크기에 배열 요소의 개수를 곱하여 할당할 메모리 크기를 계산해야만 했다. new의 경우 [ ] 연산자를 사용하여 쉽게 배열 타입 객체를 할당 받을 수 있다. 단지 [ ] 안에 배열 요소의 개수만 써주면 되기 때문이다. malloc에 비해서 정말 간편해진 방식이다. 그러나 숨겨진 부분에서는 굉장히 복잡한 일이 벌어지게 된다.

```cpp
class CTest
{
public:
  CTest()
  {
    cout << "CTest::Constructor!" << endl;
  }

  ~CTest()
  {
    cout << "CTest::Destructor!" << endl;
  }
};

void main()
{
  CTest* TArray = new CTest[2];                // (1)
  delete [] TArray;                            // (2)
}
```

(1), (2)를 살펴보자! CTest 배열을 동적으로 할당 받는다. 배열 요소의 개수는 2개이다. 그리고 곧바로 할당 받은 메모리를 해제한다. 결과를 확인해보면 생성자 메시지 2번, 소멸자 메시지 2번씩 출력될 것이다. 너무나 당연한 것 아닌가 생각할 수 있는데, 이 부분은 상당히 중요하다. 바로 new [ ]와 delete [ ]가 배열 요소의 개수만큼 생성자와 소멸자를 호출한다는 것은 굉장히 복잡한 과정을 거치기 때문이다.

컴파일러는 어떻게 생성자와 소멸자를 2번씩 호출해야 된다는 것을 알 수 있을까? 생성자를 두 번 호출하는 것은 사실 쉽다. (1)에 보면 친절하게 [2]라고 써주었으니 컴파일러는 쉽게 생성자를 2번 호출하도록 코드를 작성할 수 있을 것이다. 문제는 소멸자를 두 번 호출하는 것이다. (2)를 살펴보자! delete [ ]에 전달되는 정보는 오직 CTest* TArray 뿐이다. TArray는 배열 객체를 가리키는 포인터인데, 포인터는 말 그대로 메모리 덩어리를 가리키는 주소일 뿐이지, 이것을 통해서 배열 요소의 개수를 알아낼 수는 없다. 즉, 소멸자를 2번 부르기 위해서 컴파일러는 또 다른 마법을 부려야만 하는 것이다. 이제부터 그 마법이 어떻게 구성되는지를 살펴볼 것이다.

기억나는가? 힙 관리자는 메모리 할당 내역을 관리하고 있으며 malloc이 호출될 경우 할당 내역에 추가되고, free가 호출되면 할당 내역에서 삭제된다는 것 말이다. 여기서 할당 내역이란 메모리 주소와 크기 정보이다. 할당 내역을 관리하는 자료구조는 당연히 컴파일러마다 다를 것이지만 결국 할당 내역을 통해서 검색, 추가, 삭제하는 과정은 동일하다고 할 수 있다.

단일 객체 타입의 new와 delete의 경우 내부적으로 malloc과 free를 호출한다고 하였다. 결국 내부에서 호출되는 malloc과 free에 의해서 힙 관리자의 할당 내역이 추가되거나 삭제될 것이다. 마찬가지로 배열 타입의 new [ ], delete [ ]도 내부적으로는 malloc과 free를 호출한다. 즉, 힙 관리자의 할당 내역의 변화를 일으키는 것은 직접적으로 new와 delete가 아니라 내부에서 호출되는 malloc과 free가 된다.

여기서 중요한 점이 있는데, 단일 객체 타입의 new와 delete는 malloc과 free를 그대로 호출하는데, 배열 타입의 new [ ], delete [ ]는 malloc과 free를 그대로 호출하지 않는다는 사실이다. 당연히 배열 타입이니까 다른 면이 있겠지만, 가장 큰 차이점이라고 한다면 할당되고 해제되는 메모리의 구조 자체가 다르다는 점이다.

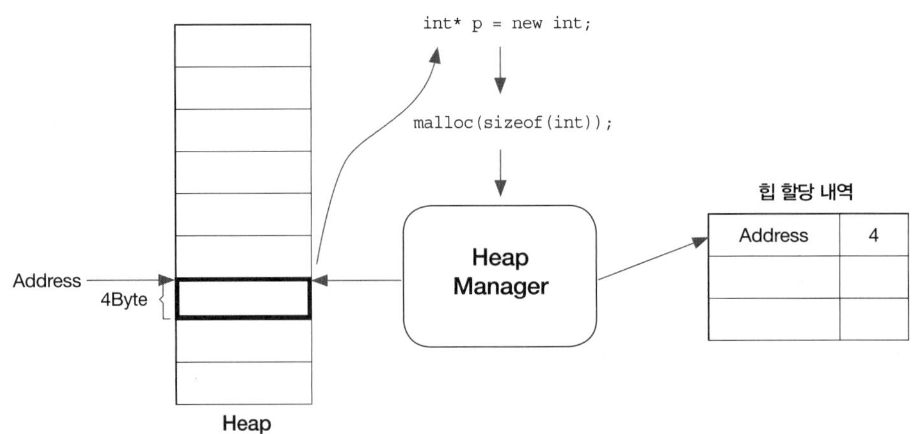

▲ 그림 4-4 new의 처리 과정

그림을 통해서 차이점을 확인해보자! 먼저 단일 타입 new의 처리 과정을 살펴보자! 기본
타입인 int에 대해서 new를 호출할 경우 내부적으로는 malloc이 호출된다. malloc은 힙 관
리자에게 메모리 할당을 요청하며, 힙 관리자는 관리하고 있는 힙에서 적절히 4바이트 만
큼의 메모리 블록을 찾은 뒤에 해당 블록의 주소를 반환할 것이다. 동시에 힙 관리자는
해당 블록의 주소를 할당 내역에 추가한다. malloc을 통해서 할당 받은 메모리 블록의 주
소를 new는 그대로 다시 반환한다. 그래서 int* p는 힙 관리자가 할당해준 메모리 블록
주소인 Address를 가지게 된다.

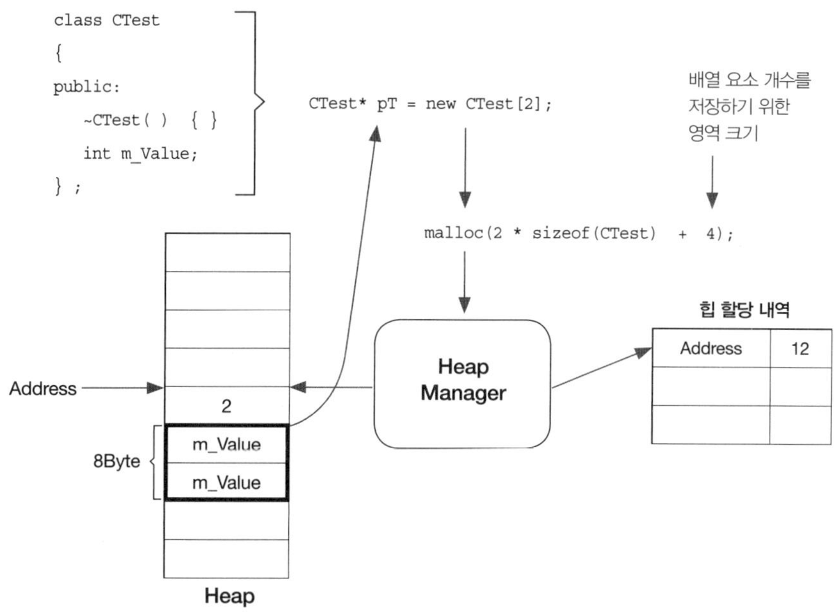

▲ 그림 4-5 소멸자가 있는 클래스의 new의 [ ]의 처리 과정

〈그림 4-5〉는 정말 중요하다. 바로 소멸자가 존재하는 클래스 타입의 배열 객체를 new [
]를 통해서 할당하는 과정을 보여주기 때문이다.

클래스 CTest는 멤버로 int 객체를 하나 가진다. 따라서 클래스의 크기는 4가 된다. pT는
new [ ]를 통해서 CTest 객체 2개를 요소로 가지는 배열을 가리키게 된다. new [ ]를 호출
하면 내부에서 malloc을 호출하는 것은 같지만, malloc으로 넘기는 인자에 변화를 준다.

CTest의 크기가 4이므로 배열 요소가 2개이므로 필요한 메모리 공간은 2 * sizeof(CTest) = 8이 될 것이다. 그런데 new [ ]의 경우 필요한 메모리 크기에 4를 더해서 malloc에 요청한다. 즉, 12바이트의 메모리 할당을 요청하는 것이다. 힙 관리자는 요청 받은 만큼 12바이트 만큼 힙에서 찾아내서 반환을 해줄 것이다. 그러나 반환 또한 변형이 일어나게 된다. 힙 관리자가 반환해준 주소인 Address에 4를 더한 주소를 new [ ]는 반환하는 것이다. 즉, pT가 가지는 주소 값은 Address + 4가 된다. 그렇다면 추가적으로 요청된 4바이트 영역에는 어떤 정보가 저장되는 것일까? 바로 배열의 요소 개수인 2가 저장되는 것이다. 그렇다면 왜 이런 거추장스러운 구조를 가지게 되었을까? 이것이 바로 배열 타입 객체의 소멸자를 배열 요소 개수만큼 호출하기 위한 마법의 근원이기 때문이다. 배열 요소 개수를 저장하는 공간은 x86이나 x64 모두 4바이트이다. 왜냐하면 4바이트 정도면 개수 정보는 충분히 저장할 수 있기 때문이다. 설마 배열 요소 개수가 42억 개를 넘겠는가?

이제 pT를 해제한다고 생각해보자! 즉, delete [ ] pT;를 호출하면 어떤 과정이 펼쳐질 것인가? 여기서 delete pT;가 아니라 delete [ ] pT;가 사용됨을 주의해야 한다. delete [ ]의 의미는 해당 객체가 배열 타입으로 할당되었음을 나타내는 것이다. delete [ ] pT;가 호출되면 컴파일러는 pT가 배열 타입이므로 pT가 가리키는 메모리 주소에서 4를 빼고 그 곳에서 바로 배열 요소의 개수를 알아낼 수 있다. 배열 요소의 개수를 알아내면 그만큼 반복하면서 소멸자를 호출하면 된다. 동시에 메모리를 해제하기 위하여 내부적으로 free를 호출할 때도 pT가 가리키는 주소에서 4를 뺀 값을 인자로 넘기게 되어있다. 당연히 힙 관리자는 할당 내역에서 할당 정보를 찾을 수 있고, 12바이트를 정확하게 해제할 수 있다. 만일 delete [ ] pT;가 아니라 실수로 delete pT;를 호출한다면 어떤 일이 벌어질까? 컴파일러는 delete pT;에 대해서는 단순히 소멸자는 한번만 호출할 것이고, pT 주소를 그대로 free에 인자로 넘길 것이다. 그러나 힙 관리자는 할당 내역에서 pT의 주소를 찾을 수 없기 때문에 메모리는 제대로 해제되지 않게 된다. 이런 상황을 보통 힙 충돌이 발생했다고 하는데 힙 충돌은 즉시 오류를 발생시킬 수도 있지만, 보통 나중에 더 큰 오류의 원인으로 작용하기 때문에 디버깅을 상당히 어렵게 만들게 된다.

여기서 궁금증이 생길 독자가 많을 것이다. 소멸자가 아예 존재하지 않는 기본 타입의 배열이나 소멸자가 존재하지 않는 클래스 타입의 배열을 new [ ]로 할당할 경우에는 어떤 과정을 거치게 되는 것일까? 상식적으로 생각하면 된다. 소멸자를 부를 필요가 없기 때문에 배열의 요소 개수를 저장할 추가 영역 4바이트가 불필요하게 된다.

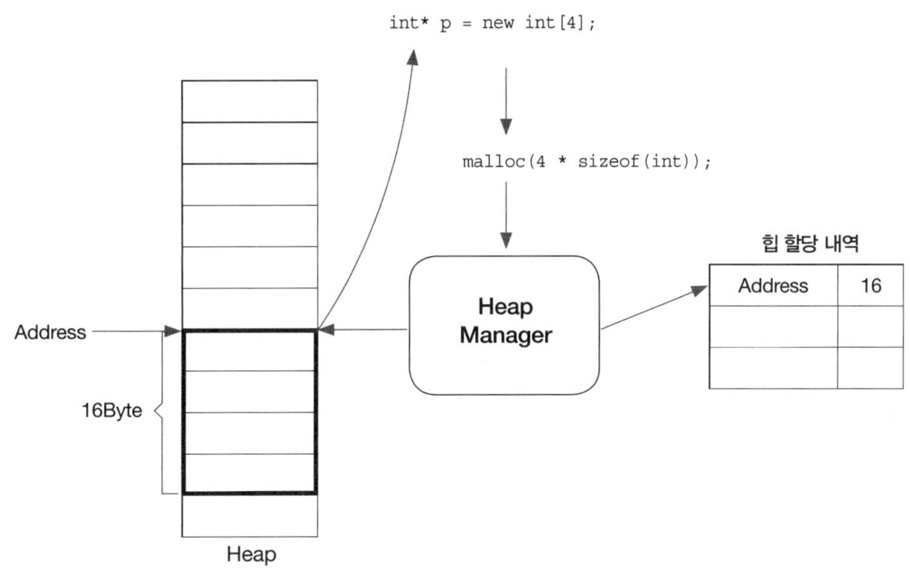

▲ 그림 4-6 소멸자가 없는 타입의 new의 [ ]의 처리 과정

〈그림 4-6〉은 소멸자가 없는 타입의 new [ ]의 처리 과정을 보여준다. 단일 객체 할당을 위한 new와 크게 다를 것이 없다. 컴파일러는 기본 타입이거나 암시적인 소멸자도 존재하지 않는 클래스 타입에 대해서 new [ ]가 호출될 경우 배열 요소 개수를 저장하지 않는다. 이것의 의미는 무엇일까? 바로 delete와 delete [ ]의 구분이 무의미하다는 것이다.

[소스 4-5] delete & delete [ ]

```cpp
class CTest
{
public:
```

```cpp
    int m_Value;
};

int main()
{
    int* p = new int[2];
    CTest* pT = new CTest[2];

    delete p;              // (1)
    delete pT;             // (2)

    return 0;
}
```

〈소스 4-5〉를 살펴보자! 특히 (1), (2) 부분을 주익해서 보자! 초급 개발자가 저런 코드를 구사하고, 선임 개발자가 해당 코드를 확인할 경우 아마도 크게 한마디 할 것이다. 그러나 아직까진 VC++이나 GCC 컴파일러에서 해당 소스는 아무 문제없이 잘 돌아간다. 이미 살펴본 것처럼 소멸자가 존재하지 않는 int나 CTest의 경우 delete나 delete [ ]의 구분이 무의미하기 때문이다. 원칙적으로는 (1), (2) 부분에 delete [ ]를 써주는 것이 옳은 것이다. 컴파일러는 delete [ ] 뒤에 오는 타입을 확인하여 소멸자가 존재하지 않을 경우 해당 포인터가 가리키는 주소를 그대로 free에 인자로 넘기기 때문이다. 결국 delete와 똑같은 동작을 하게 된다. 따라서 delete를 써줘도 큰 문제가 없다.

그러나 필자도 저런 코드를 본다면 분명히 초급 개발자에게 주의를 줄 것이다. 초급 개발자가 delete [ ]의 동작 원리를 이해해서 저렇게 사용했을 가능성은 크지 않기 때문이다. 설령 클래스에 소멸자가 없음을 확실히 파악해서 일부러 delete를 썼다고 해보자! 나중에 유지 보수하는 과정에서 클래스에 소멸자가 생길지는 아무도 모르는 일이다. 참고로 현재 버전의 컴파일러야 저런 경우가 문제되지 않는다고 해도, 가까운 미래에 C++ 위원회와 컴파일러 제작사가 new [ ]를 사용하면 반드시 무조건 delete [ ]만 사용하도록 강제 사항을 추가할지는 아무도 알 수 없다. 결국 new [ ]를 사용했으면 짝을 맞추어서 delete [ ]를 사용하는 것이 가장 적절한 선택이다.

예제에서 사용된 클래스 CTest는 명시적으로 소멸자가 존재하지 않는다. 그렇다고 컴파일러에 의해서 암시적으로 소멸자가 생성되느냐? 그것도 아니다. 상식적으로 생각할 때 컴파일러가 암시적으로 소멸자를 만들 필요가 없다. 도대체 암시적 소멸자에서 무엇을 하겠다는 말인가? 자칫하면 명시적으로 소멸자가 없을 경우 아예 소멸자가 없다고 생각할 수도 있지만, 그렇지는 않다. 컴파일러는 정말 필요할 경우 암시적 소멸자를 생성하기도 한다.

[소스 4-6] 클래스의 암시적 소멸자

```
class CParent
{
public:
   ~CParent() {}                                       // (1)
};

class CChild: public CParent
{
public:
   int m_Value;
};

void main()
{
   CChild* pC = new CChild[2];
   cout << *(int*)((BYTE*)pC - 4) << endl;        // (2)
   delete [] pC;
}
```

예제 소스에서 클래스 CChild를 살펴보자! 명시적인 소멸자가 존재하지 않는다. 그렇다고 이전 예제와 같이 암시적인 소멸자가 없는 것은 아니다. CChild는 클래스 CParent를 상속한다. 그런데 CParent에 보면 소멸자가 존재한다. [클래스]장에서 아주 자세히 설명하겠지만, 부모 클래스에 소멸자가 존재할 경우, 자식 클래스에 명시적인 소멸자가 없더라도 암시적인 소멸자가 생성되게 된다. 이유는 부모 클래스의 소멸자를 호출하기 위해서이다.

마지막으로 (2)를 살펴보자! 출력하는 것은 바로 할당 받은 메모리 pC에서 4바이트만큼 앞쪽 영역에 저장된 값이다. pC를 (BYTE*)로 타입 변환하였기 때문에 4를 빼면 pC가 가리키는 메모리 주소에서 4만큼 작아질 것이다. 이미 그림에서 살펴본 것처럼 소멸자가 있는 클래스 타입의 배열 요소 개수가 저장되는 영역이다. 출력 결과는 2가 나오게 된다.

➤ 4.2.5. Placement new

new 연산자가 메모리를 할당 받고, 생성자를 호출한다는 것을 충분히 알게 되었다. 그런데 아주 가끔은 이미 존재하는 메모리 영역에 생성자만 호출하고 싶은 경우가 있다. 과연 그런 경우가 존재는 하는 것일까 궁금할 수 있는데 한 번 살펴보자!

이미 존재하는 메모리 영역이라는 것은 거의 malloc에 의해서 메모리를 할당 받았다는 의미이다. malloc에 의해서 메모리를 할당 받고, 해당 영역을 초기화하기 위하여 생성자만 호출하고 싶은 경우를 의미한다. 애초에 new를 쓰면 한번에 해결될 것을 왜 malloc과 생성자를 나누어놓았을까 의심스러운데 보통 가변 크기 클래스를 사용하는 경우가 이에 해당한다. 갑자기 튀어나온 가변 크기 클래스란 무엇일까? C++에 도입된 새로운 개념은 절대로 아니고, 필자가 적절히 붙여본 이름일 뿐이다.

[소스 4-7] 가변 크기 클래스

```
class CPerson
{
public:
    char* m_Name;                               // (A)
};

class CVSPerson                                 // 가변 크기 클래스
{
```

```cpp
public:
    char m_Name[1];                                             // (B)
};

void main()
{
    CPerson* pPerson = new CPerson;
    pPerson->m_Name = "Kim Do Hyung";

    char* name = "Kim Na In";
    CVSPerson* pVSPerson = (CVSPerson*)malloc(sizeof(CVSPerson)
                                         + strlen(name));        // (1)
    pVSPerson->m_Name[0] = NULL;
    strcat(pVSPerson->m_Name, name);
}
```

〈소스 4-7〉은 가변 크기 클래스를 보여주는 예제이다. 일반적인 클래스 CPerson과 가변 크기 클래스 CVSPerson을 비교해서 살펴보자! 두 클래스는 모두 멤버로 문자열을 포함하게 된다. 차이점은 (A), (B)에서 드러난다. CPerson의 경우 char*이고, CVSPerson의 경우 char의 배열 타입인데 요소 개수는 오직 1이다.

두 클래스의 객체를 생성하여 이름을 대입하는 코드를 살펴보자! CPerson이야 간단히 이해될 수 있겠지만 CVSPerson의 경우 약간의 주의가 필요하다. (1)을 살펴보면 CVSPerson의 크기에다가 name의 문자열 길이를 더해서 메모리를 할당 받는 것을 볼 수 있다. 그리고 m_Name에는 문자열 복사를 통해서 이름을 대입하는 것을 볼 수 있다. 문자열 복사는 strcat을 사용하는데, 이것을 위하여 m_Name[0]은 NULL로 초기화를 하였다.

왜 이렇게 복잡하게 사용하는지 궁금할 수 있는데, 의외로 이런 방식은 많이 활용되고 있다.

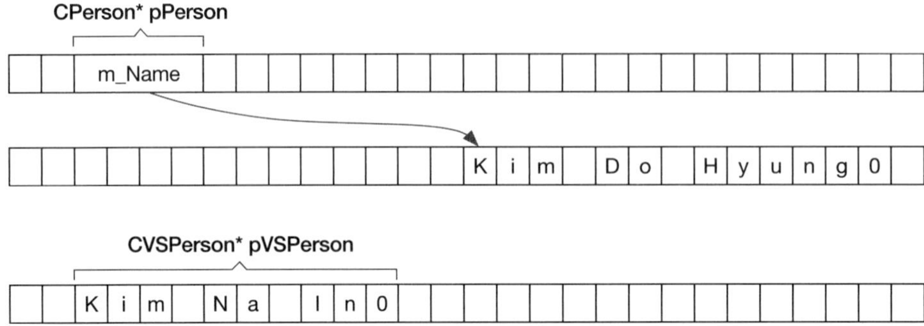

▲ 그림 4-7 가변 크기 클래스

보통의 클래스 CPerson과 가변 크기 클래스 CVSPerson을 비교해보자. 결정적인 차이는 바로 데이터의 위치이다. 그림 위쪽의 CPerson의 경우를 살펴보자. 실제 데이터인 이름은 전역 데이터 영역에 존재할 것이고, CPerson의 멤버인 m_Name은 해당 데이터 영역을 가리키는 포인터일 뿐이다.

그에 비해서 그림 아래쪽 CVSPerson을 살펴보자. 클래스 객체 자체가 바로 실제 데이터 영역과 일치한다. 즉, 클래스 객체 메모리에 실제 클래스의 정보가 모두 담겨있는 것이다. 그렇다면 왜 이런 일체형 구조가 필요한 것일까? 클래스 객체의 정보를 네트워크를 통해서 전송하거나 파일에 기록한다고 가정해보자. 보통 클래스의 경우 멤버 포인터가 가리키는 영역에 접근하여 정보를 취합하여야 하는 오버헤드가 발생한다. 그러나 가변 클래스의 경우 실제 객체의 크기만큼 메모리를 읽기만 하면 된다. 즉, 정보를 취합하여 전송할 경우 효율성이 좋아질 수 있기 때문이다. 그뿐 아니다. 객체를 그대로 복사하여야 한다고 할 때 CPerson의 경우 깊은 복사를 수행해야 하므로 복사 생성자를 적절히 잘 만들어야만 한다. 하지만 가변 크기 클래스인 CVSPerson의 경우 단순 메모리 복사인 얕은 복사만으로도 객체를 완벽히 복사할 수 있다.

가변 크기 클래스는 나름 장점이 있긴 하지만 상당히 제한적으로 사용될 수밖에 없다. 가장 마지막 멤버에 대해서만 배열 타입으로 선언해야 하기 때문이다. 즉, 가변 데이터인 문자열을 담는 멤버를 두 개 이상은 사용할 수 없다는 의미이다. 그럼에도 가변 데이터를 담는 용도로 가변 크기 클래스는 종종 사용되고 있음을 확인할 수 있다.

Placement new와 가변 크기 클래스가 도대체 무슨 상관이냐고 물을 수도 있는데, 사실 큰
상관이 있긴 하다. 가변 크기 클래스 객체를 생성하기 위해서는 결국 malloc을 사용해야
만 한다. 그런데 만일 CVSPerson에 생성자가 필요하다면 어떻게 될까? 이미 살펴본 것처
럼 malloc은 오직 메모리만 할당해줄 뿐이지, 절대로 생성자를 호출하지는 않는다. 이런
경우를 위해서 바로 Placement new가 필요한 것이다.

[소스 4-8] Placement new

```cpp
class CVSPerson                                    // 가변 크기 클래스
{
public:
  CVSPerson()                                      // (1)
  {
    m_Age = 1;
    m_Name[0] = NULL;
  }

  int m_Age;
  char m_Name[1];
};

void main()
{
  char* name = "Kim Na In";
  void* pData = malloc(sizeof(CVSPerson) + strlen(name));        // (2)

  CVSPerson* pVSPerson = new (pData) CVSPerson;                  // (3)
  strcat(pVSPerson->m_Name, name);
}
```

〈소스 4-8〉은 Placement new의 사용법을 보여준다. 가변 크기 클래스 CVSPerson에는
이제 (1)처럼 생성자가 추가되었다. 생성자에서는 strcat을 위해서 m_Name[0]을 NULL

로 초기화시킨다. 그 외에 다른 추가적인 멤버 초기화도 수행한다.

변화된 부분은 (2)와 (3)이다. 먼저 malloc을 통해서 실제 객체의 크기만큼 메모리만 할당 받아놓는다. 그리고 (3)과 같이 new와 TYPE 사이의 괄호 안에 할당된 메모리 주소를 넣어주기만 하면 해당 메모리 영역에 대해서 생성자가 호출되는 것이다. 간단하게 정리하자면 Placement new의 사용법은 다음과 같다.

```
new (Pointer of Memory Block) TYPE
```

혹시라도 Placement 예제를 테스트할 때 컴파일 에러를 맞이하는 경우도 있을 것이다. 구문 오류가 발생하는데 테스트 환경이 Debug 모드인지 확인하기 바란다. Placement new 는 오직 Release 모드에서만 실행될 수 있다. VC++의 Debug 모드의 경우 디버깅을 하기 위하여 new가 DEBUG_NEW로 재정의된다. 문제는 DEBUG_NEW의 경우 Placement new와 형식이 겹치기 때문에 제대로 지원이 되지 않는다는 점이다. 따라서 VC++의 Debug 모드에서도 Placement new를 사용하기 위해서는 추가적인 처리가 필요하다.

```
#pragma push_macro("new")
#undef new
// Placement new 사용
#pragma pop_macro("new")
```

위와 같이 Placement를 사용하는 곳의 앞 뒤에 매크로를 붙여주어야 한다. 매크로의 의미는 간단한데 먼저 기존에 정의된 new 매크로를 임시로 저장하고, new 매크로를 해제한 뒤에 Placement new를 사용하고, 다시 임시 저장된 new 매크로를 복원하라는 의미이다.

GCC의 경우에도 Placement new를 사용할 수 있는데, 아마도 컴파일 에러가 발생해서 GCC는 Placement new를 지원하지 않는다고 잘못 알고 있는 개발자들도 있을 것이다. 역시나 new의 형식에 따른 문제인데 #include ⟨memory⟩를 추가하면 GCC에서도 Placement new를 사용할 수 있다.

➔ 4.2.6. _msize

힙 관리자는 힙 할당 내역을 통해서 할당된 메모리를 관리한다. 할당된 메모리 블록의 포인터를 통해서 블록의 크기를 알고 싶은 경우가 있을 수도 있다. 그럴 경우 CRT Library에 의존적인 함수를 사용해야 하는데, VC++의 경우는 _msize라는 함수를 통해서 할당된 메모리 블록의 크기를 알려준다. 함수 형식은 다음과 같다.

```
size_t _msize(void *memblock);
```

MSDN에 의하면 malloc을 비롯하여 calloc, realloc을 통해서 힙에 할당된 메모리 블록의 크기를 바이트 단위로 반환한다고 설명되어 있다. 필자가 생각하기에 그리 쓸모가 있는 함수는 아닌 것 같지만 간단하게 예제를 통해서 확인해보자!

[소스 4-9] _msize

```
class CTestA                    // 소멸자 없음
{
public:
   int m_Value;
};

class CTestB                    // 소멸자 있음
{
public:
   ~CTestB() {}
   int m_Value;
};
void main()
{
   int* p1 = new int[2];
   int s1 = _msize(p1);         // (1) s1 = 8

   CTestA* p2 = new CTestA[2];
```

```cpp
    int s2 = _msize(p2);            // (2) s2 = 8

    CTestB* p3 = new CTestB[2];
    int s3 = _msize(p3);            // (3) Exception
}
```

예제를 실행할 경우 s1, s2에는 정상적인 값이 대입된다. 기본 타입인 int나 소멸자가 존재하지 않는 클래스 CTestA의 경우 new [ ]을 호출할 경우 malloc을 그대로 호출하는 것과 결과가 일치한다. 즉, 포인터 p1, p2의 값은 힙 할당 내역에 그대로 존재한다. 그러나 s3를 구하기 위하여 (3)의 _msize가 실행되는 순간 힙 충돌 예외가 발생하게 된다. 클래스 CTestB의 경우 명시적으로 소멸자가 존재하기 때문에 new [ ]를 호출하여 반환된 주소가 malloc을 호출하여 반환된 주소와 다르기 때문이다. 즉, 포인터 p3의 경우 힙 할당 내역에 존재하지 않기 때문에 잘못된 입력을 받은 _msize가 예외를 발생시키게 되는 것이다.

결국 _msize는 무척 제한된 용도로만 사용될 수 있는 함수이다. 가끔 이 함수를 이용하여 배열 객체를 가리키는 포인터를 이용하여 배열의 크기를 구하기도 하는데, 그럴 경우 배열의 요소 타입이 기본 타입이거나 소멸자가 존재하지 않는 클래스여야 하며, 동적으로 할당된 배열이어야만 한다. 즉, 스택상에 임시로 만들어진 배열을 가리키는 포인터에는 절대 쓸 수 없다는 의미이다. 그렇게 실용적이지 못하고 제한이 많기 때문에 각 컴파일러의 CRT Library에서 이와 같은 함수를 모두 제공하는 것은 아니다. 현재 필자가 찾아본 바로는 GCC의 경우는 _msize에 대응되는 함수를 제공하지 않는 것 같다. 물론 언제라도 같은 기능의 함수가 제공될 수는 있겠으나, 큰 쓸모는 없을 것이라는 것이 필자의 생각이다.

4.3. 메모리와 이름

프로그래밍에 있어서 메모리를 다루는 것은 정말 중요한 일이다. C/C++의 경우 메모리
에 접근하기 위하여 포인터를 사용한다. 포인터가 C/C++에서 절대적인 위치를 차지하
고 있기는 하지만 사실 포인터는 메모리를 좀더 쉽게 다루기 위한 하나의 수단일 뿐이지,
절대적인 것은 아니다. 이미 자바를 비롯하여 포인터를 사용하지 않는 프로그래밍 언어
는 많이 존재하고 있다. 즉, 포인터가 없더라도 메모리에 접근할 수 있는 방법은 이미 존
재하고 있는 것이다.

인간은 보통 특정 대상을 지칭할 때 이름을 사용한다. 사람뿐 아니라 동물들도 이름이 있
으며, 논리적인 개념인 국가나, 지역에도 이름이 있다. 우리는 [서울특별시 영등포구 여
의도동 60]이라는 주소보다는 간편하게 [63빌딩]이란 이름을 사용하곤 한다.
C/C++을 비롯한 수많은 프로그래밍 언어도 마찬가지다. 결국 메모리를 다룸에 있어서
해당 메모리 블록에 이름을 붙여서 사용한다. 왜냐하면 이름을 붙여서 사용하는 것이 가
장 인간이 편안함을 느끼는 방식이기 때문이다.

➡ 4.3.1. 메모리 블록 구성 요소

[소스 4–10] 변수와 메모리 블록

```
int a;                  // (1)
int b = 1;              // (2)
char* c = NULL;         // (3)
```

〈소스 4–10〉을 살펴보자! 변수를 정의하고 있다. 변수를 정의한다는 것은 메모리 블록을
사용하겠다는 것이다. 그렇다면 메모리 블록이란 무엇일까? 쉽게 우리말로 하면 메모리
덩어리가 될 것이다. 덩어리는 무엇인가 뭉쳐있고 크기를 가지는 개념이다. 결국 어떤 크

기를 가지면서 연속된 메모리 영역을 메모리 블록이라고 할 수 있다.

메모리 블록이 여러 개 있다고 가정해보자! 각각의 메모리 블록을 구분하기 위해서 필요한 것은 무엇일까? 바로 메모리 블록의 주소와 크기가 될 것이다. 즉, 개별적인 메모리 블록을 표현하려면 (주소, 크기) 정보가 필수적이라고 할 수 있다. 필자는 메모리 블록을 일단 다음과 같은 식으로 표현하고 싶다.

```
M = [A, S]                    // M = Memory Block, A = Address, S = Size
```

(1)의 int a;는 무엇을 의미할까? 가상 메모리의 어떤 주소에 4바이트 크기의 메모리 블록이 있으며 이 메모리 블록의 이름을 'a'라고 부르겠다는 의미이다. 여기서 int는 정확히 무엇을 의미하는 것일까? 사용하고자 하는 메모리 블록의 크기가 4바이트라는 것도 있지만 해당 메모리 블록이 어떤 의미(값)를 가지는지 해석하는 방법을 나타낸다고 할 수 있다. (2)는 좀 더 많은 정보를 표현해준다. 가상 메모리의 어떤 주소에 4바이트 크기의 메모리 블록이 있으며, 이 메모리 블록의 이름을 'b'라고 부른다. 그리고 이 메모리 블록을 int 타입을 사용하여 '1'이라는 값을 나타내도록 적절히 메모리 블록 비트들을 On/Off 시켜달라는 의미이다(미리 약속된 int 타입의 규칙에 의해서 32개의 비트 중 가장 끝의 비트만 On이고, 나머지 비트는 모두 Off 상태가 될 것이다. 이것은 int 타입으로 '1'을 나타낸다). (3)도 결국 마찬가지이다. 'c'라는 이름의 4바이트 메모리 블록이 있으며 해당 메모리 블록은 모든 비트가 Off 되어 있다는 의미이다.

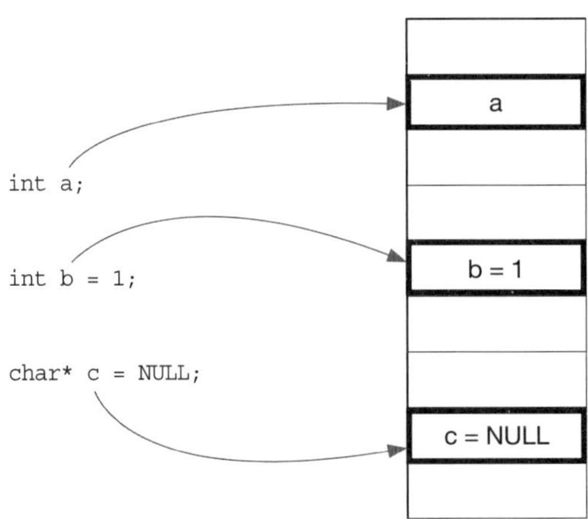

◀ 그림 4-7 메모리 블록과 이름

필자는 여기서 메모리 블록을 표현하는 좀 더 개선된 방법을 선보이려고 한다.

```
M = [A, S, B]
// M = Memory Block, A = Address, S = Size, B = Bits State
```

이제 메모리 블록은 [주소, 크기, 상태]로 구성될 수 있다. 여기서 주소와 크기는 메모리 블록을 구분할 수 있는 실질적인 것이며, 상태는 실제로 메모리 블록의 비트들의 On/Off 상태를 나타내는 것이라고 할 수 있다.

예제처럼 변수를 정의한다는 것은 변수 이름을 통해서 메모리 블록을 생성하겠다는 의미이다. 변수는 당연히 타입을 가지고 있다. 타입을 통해서 생성할 메모리 블록의 크기가 정해지게 되며, 타입을 통해서 메모리 블록의 비트 상태를 해석하여 의미(값)를 파악할 수도 있으며 반대로 특정 의미(값)를 가지도록 메모리 블록의 비트 상태를 설정할 수도 있다.

➤ 4.3.2. 이름 연산자

메모리 블록을 M = [A, S, B]와 같은 식으로 표현할 수 있지만, 메모리 블록을 나타내기 위해서 이와 같은 식으로 매번 표기할 수는 없을 것이다. 그래서 보통 메모리 블록에 붙여진 이름을 사용한다. 이름을 사용하는 것은 분명 편하긴 하지만, 약간의 문제가 있다. 이름을 통해서 메모리 블록의 구성 요소들을 알아내기가 쉬운 것은 아니기 때문이다. 그래서 이름을 통해서 메모리 블록의 구성 요소들을 구할 수 있는 연산자가 필요하다. 그래서 필자는 이름 연산자라는 개념을 도입해보았다.

```
A = Address(Name)        // A = Address
S = Size(Name)           // S = Size
B = BitsState(Name)      // B = Bits State
T = Type(Name)           // T = Type
V = Value(Name)          // V = Value
```

한눈에 이해할 수 있듯이 메모리 블록 이름을 기준으로 각각 주소, 크기, 상태, 타입, 값을 구할 수 있는 연산자이다.

여기서 Value 연산자는 Type과 BitsState 연산자의 조합으로 구성될 수 있다. 값이란 메모리 블록의 비트 상태를 타입에 의거하여 의미가 부여된 것이기 때문이다. 따라서 Value라는 이름 연산자는 이름이 입력될 경우 BitsState로 상태를 구한 뒤 Type으로 얻은 타입에 기반하여 값을 얻어내는 역할을 수행하게 된다. 필자가 다섯 개의 이름 연산자 개념을 제시하였지만 사실 C/C++은 이런 개념의 연산자를 이미 여러 방법을 통해서 제공하고 있다. 즉, 이름 연산자와 비슷한 개념의 무엇인가를 이미 가지고 있는 것이다.

먼저 Address에 해당하는 것이 바로 주소 연산자인 &이다. 이름 앞에 &를 붙이면 해당 메모리 블록의 주소를 나타낸다.

Size에 해당하는 것도 있다. 바로 sizeof 연산자이다. sizeof에 인자로 이름을 넣어주면 해당 메모리 블록의 크기를 바이트 단위로 나타내준다.

Type에 해당하는 것도 있을까? 새롭게 typeid라는 연산자가 C++에 도입되긴 하였으나, 사실상 없다고 봐야 한다. typeid를 사용하기 위해서는 컴파일러의 특정 옵션을 활성화시켜야 하며, 클래스 정의에도 추가적인 조치가 필요하다. 한마디로 기본 상태에서는 사용할 수 없다고 생각하면 된다. 메모리 블록의 비트 상태를 얻어내는 BitState에 해당하는 것은 아예 존재하지 않는다. 사실 필요하지도 않다. 그러나 비트 관련 연산자를 제공하기 때문에 개별적인 비트의 상태를 알아낼 수는 있다. Value에 해당하는 것은 공식적으로는 없지만, 경우에 따라서는 이름 자체가 값을 나타내기도 하므로 무조건 없다고는 할 수 없다. 이 부분에 대해서는 좀 더 자세히 살펴볼 것이다.

메모리 블록의 비트 상태와 값(value)의 관계에 대해서 조금은 더 설명이 필요하다. 일반적으로 비트 상태는 비트들의 On/Off 상태를 나타내는데, 값이란 각각의 비트 상태에 부여된 의미라고 할 수 있다. 가령 1바이트 크기의 메모리 블록이 있다고 가정해보자! 해당 블록은 8비트로서 현재 비트 상태가 01100001이다. 이것을 BYTE 타입을 기준으로 의미를 부여할 경우 97이란 수가 되지만, char 타입을 기준으로 의미를 부여할 경우 문자 'a'가

된다. 이와 같은 이유로 어떤 메모리 블록에 값을 설정한다는 것은 타입에 기반하여 해당 값으로 해석될 수 있는 비트 상태로 바꾸겠다는 의미와 같다.

타입에 대해서도 생각을 해보자! int 타입의 경우 32비트를 나타내며 32비트가 나타낼 수 있는 비트들의 On/Off 조합 상태의 개수는 2의 32승으로 대략 43억 개가 된다. int 타입은 43억 개의 상태에 대해서 각각 의미를 부여하는데 그 값이 −2,147,483,648~ 2,147,438,647로 표현된다. 결국 이런 의미에서 본다면 타입이란 것은 특정 크기의 메모리 블록에 대하여 비트 상태가 나타낼 수 있는 조합의 개수만큼 각각 의미를 1대1로 대응시키는 방식이자 약속이라고 할 수 있다.

➦ 4.3.3. l-value로 사용되는 이름

프로그래밍에는 l-value와 r-value라는 개념이 있다. MSDN에 의하면 모든 C++의 식은 l-value 또는 r-value이며, l-value는 단일 식을 넘어 지속되는 개체를 가리키고, r-value는 유지되지 않는 임시 값을 나타낸다. 설명이 굉장히 개념적이고 어려운데, 간단히 얘기해서 모든 변수는 l-value라는 것이다. 가령 int a = 1; 이라는 단일 식에서 a가 바로 l-value이며, 1은 r-value이다.

왜 갑자기 l-value, r-value가 나왔는가 하면 바로 메모리 블록의 이름이 l-value로 사용될 수 있기 때문이다.

[소스 4-11] l-value로 사용되는 이름

```
class CTest
{
public:
    int m_V1;
    int m_V2;
};
```

```cpp
void main()
{
  int a = 1;                 // (1)
  int* pA = &a;              // (2)

  CTest t;
  t.m_V1 = 1;                // (3)
  t.m_V2 = 2;                // (4)
}
```

<소스 4-11>에서 사용되는 변수의 이름은 a, pA, t이다. 분명한 것은 각각 메모리 블록을 나타내고 있다는 것이다. 그리고 모두 l-value로 사용되고 있다. l-value라는 것은 값이 설정될 수 있는 메모리 블록을 가리킨다고 할 수 있다. 즉, 블록의 값을 설정하고자 할 때, 목적지를 의미한다고 할 수 있다. 따라서 l-value 오른쪽에는 보통 값을 설정한다는 의미로 대입(=) 연산자가 사용될 수 있다.

(3), (4)의 경우는 조금 독특할 수 있는데 t가 가리키는 블록의 일정 영역에만 값을 설정하라는 의미로 해석할 수 있다. 여기서 직접 참조(.) 연산자는 메모리 블록의 부분 영역을 가리키기 위하여 사용된다. 따라서 t가 가리키는 8Byte 블록에서 m_V1은 오프셋 0에 크기는 4바이트이며 m_V2는 오프셋 4에 크기는 4바이트를 나타낸다. 따라서 해당 부분 영역을 int 타입을 기준으로 값이 1, 2가 되도록 비트 상태를 On/Off 설정하라는 의미이다. l-value는 값이 설정될 수 있는 메모리 블록을 가리킨다고 하였다. 메모리 블록이기 때문에 주소를 가질 수 있다. 모든 변수가 l-value라는 것은 각각의 변수가 주소를 가지고 있기 때문이다. 그에 비해서 1, 2, 3, 'a', 'b', 'c', "Hello"와 같은 상수는 절대로 l-value가 될 수 없다. 상수가 특정 메모리 영역을 차지하는 경우도 있긴 하지만, 상수 자체가 주소를 나타내지는 않기 때문이다. 무슨 의미인가 하면 메모리 10번지에도 "Hello"가 있고, 메모리 20번지에도 "Hello"가 있을 경우, "Hello"라는 상수 문자열 자체는 10번지 혹은 20번지라는 특정 주소를 나타낼 수 없기 때문이다. 참고로 l-value의 유래라고 한다면 보통 대입(=)식의 왼쪽에 사용되기 때문에 left의 의미로 l-value로 불리게 되었다.

일반적으로 메모리 블록의 이름은 l-value로 사용될 수 있다. 즉, 이름을 통해서 해당 메모리 블록의 값을 설정할 수 있다는 의미이다. 그렇다면 다음의 경우를 생각해보자!

단일 식 const int a = 1;에서 a는 l-value일까? 아닐까? a에는 값을 설정할 수 없기 때문에 l-value가 아닌 것 같다. 그러나 a도 역시 l-value이다. a도 분명히 메모리 블록을 나타내고 있으며, a라는 이름을 통해서 최초에 1이 설정되었기 때문이다. 단지 const 지정으로 인해서 최초 1회를 제외하고는 더 이상 쓰기가 금지된 것뿐이다. 따라서 const가 지정된 상수 변수의 경우 쓰기가 금지된 l-value라고 생각하면 된다.

그에 비해서 단일 식 int arr[1] = {1};에서 arr은 l-value가 아니다. arr이 메모리 블록을 나타내는 이름이긴 하지만 arr을 통해서 값을 설정할 수 없기 때문이다. 식에서는 분명히 arr을 통해서 값을 설정하는 것으로 생각될 수도 있다. 그래서 의구심이 생길 수도 있을 것 같은데, 일단 배열 이름은 l-value가 아니라는 것을 알아두자! 이 부분에 대해서는 바로 추가적인 설명이 이어질 것이다.

결론은 메모리 블록의 이름이 l-value로 사용될 수 있다는 것이다. 그러나 모든 메모리 블록 이름이 l-value로 사용될 수 있는 것은 아니다. 배열 이름이나 함수 이름은 l-value로 사용될 수 없는데 지금부터 그 이유를 자세히 알아보자.

➔ 4.3.4. r-value로 사용되는 이름(값)

이전 파트에서 이름 연산자 Value에 해당하는 것이 C/C++에서 공식적으로 제공되지 않는다고 하였지만 사실 C/C++은 무척 기본적인 방법을 제공하고 있다. 바로 이름 자체를 값으로 사용한다.

[소스 4-12] 값으로 사용되는 이름

```
class CTest
{
public:
    int m_Value;
```

```cpp
};

void main()
{
    int a = 1;
    int b = a;                  // (1)

    int* pA = &a;
    int* pB = pA;               // (2)

    CTest t1;
    t1.m_Value = 1;

    CTest t2 = t1;              // (3)

    cout << t2.m_Value << endl;
}
```

이미 설명했듯이 a, pA, t1은 메모리 블록을 나타내는 이름이다. 그런데 (1), (2), (3)을 살펴보자! 이름이 값으로 사용되고 있음을 확인할 수 있다. 여기서 말하는 값이란 앞에서 설명한 것처럼 메모리 블록의 비트 상태가 타입에 의해서 의미가 해석된 것이라고 할 수 있다.

간단히 정리할 것이 있다. 지금까지 살펴본 바에 따르면 메모리 블록의 이름은 l-value 혹은 값으로 사용될 수 있었다. 대입(=)식의 우측 변에 사용되는 것을 r-value라고 한다면 메모리 블록의 이름은 r-value로서 사용될 수도 있는 것이다. 중요한 것이 있는데, 여기서 말하는 r-value는 바로 메모리 블록의 비트 상태가 나타내는 값으로서의 r-value이다.

➡ 4.3.5. r-value로 사용되는 이름(주소)

일반적으로 메모리 블록의 이름은 l-value와 r-value로 사용된다. 하지만 이름이 l-value로 사용될 수 없는 경우도 있다. 또한 이름이 r-value로 사용되긴 하지만 메모리 블록의 비트 상태가 나타내는 값으로서의 r-value가 아니라 다른 의미의 r-value인 경우도 있다.

어떤 경우일까? 바로 배열 이름과 함수 이름이다. 배열 이름과 함수 이름은 공통점이 있는데, 1-value로 사용되지 않으며, r-value로만 사용되는데 그 r-value의 의미는 바로 메모리 블록의 주소를 나타낸다는 것이다.

간단히 설명하면 배열 이름과 함수 이름은 앞에서 설명한 Address 연산자로서 작용한다.

먼저 배열 이름부터 살펴보자. 배열 이름은 오직 배열 객체의 메모리 블록 주소를 나타낸다. 따라서 배열 이름은 1-value가 될 수 없다. 정말 그런 것일까? 예제 코드를 보면서 하나씩 살펴보자.

[소스 4-13] 주소로 사용되는 배열 이름

```
void main()
{
    int arr1[1] = {1};                    // (1)
    int arr2[1];

    arr2 = arr1;                          // (2) Compile Error

    int* pArr = arr1;                     // (3)

    if(arr1 == (void*)&arr1)              // (4)
    {
        cout << "Equals!" << endl;
    }
}
```

(1)의 단일 식에서 arr1이 바로 배열 이름이다. 그런데 식에서 값 {1}을 대입하고 있다. 즉, arr1이 1-value로서 사용되고 있는 것 같다. 그러나 (1)의 단일 식을 arr1이 1-value로 사용된다고 해석하는 것은 옳지 않다. 해당 단일 식은 배열 객체의 초기화 식이다. 무슨 의미인가 하면 어떤 메모리 블록을 마련해서 1이라는 값을 채워놓은 뒤에, 그 블록의 이름을

arr1이라고 지정한다는 것이다. 즉, arr1이라는 블록을 미리 마련하고 arr1이라는 이름을
통해서 1을 대입하는 것이 아니라, 1이 채워진 메모리 블록의 이름을 arr1이라고 부르기
로 한 것이다. 순서가 바뀐 것이지만 분명한 의미의 차이가 있음을 알아야만 한다.

이제 (2)를 살펴보자! 컴파일 에러가 발생한다. 컴파일 에러 메시지는 arr2가 l-value가 아
니라는 것이다. 만일 배열 이름이 l-value로 사용될 수 있었다면 에러가 발생하지도 않을
것이며, arr2에 arr1의 내용이 그대로 대입되었을 것이다.

(3)에서 살펴볼 것은 두 가지이다. 첫 번째는 pArr은 배열 이름이 아니라 포인터 객체
의 이름이라는 사실이다. 따라서 당연히 l-value로 사용될 수 있다. 두 번째가 중요한데,
arr1이 r-value로 사용되고 있다는 점이다. 그런데 여기서 r-value는 이전에 말한 r-value
와는 성격이 다르다. 이곳의 r-value는 바로 메모리 블록의 주소를 나타내는 상수일 뿐
이다. 만일 배열 이름의 r-value가 메모리 블록 비트 상태 값을 나타낸다면 1이 되었어야
만 한다. 다시 한 번 기억해야 할 것이라면 배열 이름은 메모리 블록의 주소를 나타내는
r-value로 사용된다는 점이다.

마지막으로 (4)를 살펴보자! 배열 이름이 메모리 블록의 주소라는 것을 확실하게 보여주
기 위한 코드이다. 주소 연산자 &는 이름 앞에 쓰일 경우 메모리 블록의 주소를 나타낸
다고 하였다. 즉, &arr1은 arr1이 나타내는 메모리 블록의 주소를 의미한다. 결론은 [arr1
== &arr1]이라는 것이다.

배열 이름과 더불어서 함수 이름도 l-value로 사용될 수 없으며, r-value로 사용될 때는
함수본체의 메모리 주소를 나타낸다. 함수 이름이 나타내는 메모리 블록의 비트 상태 값
은 바로 함수 본체를 표현하는 기계어 코드일 뿐이다.

[소스 4-14] 주소로 사용되는 함수 이름

```cpp
void Func() {};

class CTest
{
public:
    void MemberFunc() {}
```

```cpp
};

typedef void (CTest::*PFUNC)();

void main()
{
  if(Func == &Func)                              // (1) OK
  {
    cout << "Equals!" << endl;
  }

  PFUNC p1 = CTest::MemberFunc;                  // (2) Compile Error
  PFUNC p2 = &CTest::MemberFunc;                 // (3) OK
}
```

간단하게 확인할 수 있도록 예제 코드를 준비하였다. (1)을 통해서 Func는 함수 이름이기 때문에 주소 연산자 &를 사용하여 이름과 비교할 경우 이름이 곧 주소라는 것을 확인할 수 있다.

한 가지 주의할 점이 있는데 멤버 함수의 경우 함수 이름이 주소를 나타내는 r-value로 사용될 수 없다는 점이다. (2)의 경우 컴파일 에러가 발생하지만 (3)처럼 & 연산자를 사용할 경우에는 아무 문제가 없다. 컴파일 에러가 발생한다고 해서 함수 이름이 주소가 아니라는 것은 절대로 아니다. 단지 컴파일러의 강제사항일 뿐이다. (2)와 같은 표기를 할 경우 오타로 인하여 함수 이름 뒤에 괄호( )가 붙을 수도 있으며 이럴 경우 의도치 않게 함수가 호출될 수도 있기 때문이다. 따라서 명시적으로 함수 본체의 주소를 사용하겠다는 & 연산자를 사용해야만 주소로서 인정하겠다는 의도가 있다. 물론 이런 점은 멤버 함수뿐 아니라 전역 함수에도 적용될 수 있는 사항이다. 필자가 생각하기에는 언젠가는 전역 함수에도 주소를 나타내기 위하여 명시적으로 &연산자를 사용하도록 강제될 것 같지만 이전 C로 작성된 코드와의 호환성을 고려한다면 꽤 오랜 시간이 지나야만 가능할 것같다. 따라서 어떻게 변할지는 좀 더 지켜봐야 한다.

왜 배열과 함수 이름은 l-value로 사용될 수 없으며, r-value 또한 메모리 블록의 비트 상태를 나타내는 것이 아니라 주소를 나타내는 것일까? 상식적으로 생각하면 무척 쉽게 이해할 수 있다. 배열의 경우 같은 타입의 객체들의 모임이다. 배열 요소의 개수는 수백 개 이상이 될 수도 있다. 따라서 배열 객체에서 개별적인 요소의 값은 의미를 가질 수 있지만, 배열 객체의 전체 값이라는 개념은 의미를 가지기에 애매한 점이 있다. 따라서 배열 객체에 있어서 메모리 블록의 비트 상태를 해석한 r-value 자체가 무의미하다고 할 수 있다. 그래서 배열 이름은 단일 객체와는 달리 메모리 블록의 주소를 나타내도록 한 것이다. 따라서 배열 이름이 나타내는 r-value 역시 주소를 나타내게 된 것이다.

이것은 함수의 경우도 비슷하다. 함수도 메모리 블록이 존재한다. 함수에 있어서 값이란 그저 함수 본체일 뿐이다. 즉, 함수 본체 자체를 r-value로서 사용하는 것은 의미가 없다. 그래서 함수 이름 역시 배열과 마찬가지로 메모리 블록의 주소를 나타내도록 한 것이다.

이런 견해에 대하여 애매모호한 타입이 하나 있긴 하다. 바로 클래스이다. 클래스는 다른 타입의 객체들이 모여있는 타입이라고 생각할 수 있다. 따라서 배열과 속성이 일맥상통하여 클래스 객체 이름도 l-value로는 사용될 수 없을 것 같지만, l-value로서 사용된다. 이 부분에 대해서는 나중에 자세히 알아보도록 하겠다.

메모리 블록의 이름에 대해서 정리를 하자! 메모리 블록의 핵심 요소는 바로 주소와 크기이다. 그러나 주소와 크기만으로는 메모리 블록을 다루는데 어려움이 있기 때문에 이름을 도입한 것이다. 이름은 여러 용도로 사용될 수 있는데, 대표적으로 l-value와 r-value로 사용된다. 보통 변수 이름이 l-value인데 l-value를 통해서 메모리 블록의 비트 상태, 즉 값을 설정할 수 있다. 또한 l-value로 사용되는 이름은 r-value로 사용되기도 하는데, 이때 r-value는 메모리 블록의 비트 상태인 값을 나타낸다. 메모리 블록의 이름 중에는 l-value로 사용될 수 없는 경우도 있다. 대표적으로 배열 이름과 함수 이름이다. 그러나 r-value로 사용될 수는 있는데, 이때 r-value는 메모리 블록의 비트 상태를 나타내는 것이 아니라, 메모리 블록의 주소를 나타낸다.

4.4. 정리

메모리에 대해서 전반적인 사항을 살펴보았다. 이번 장에서 말했던 메모리란 바로 가상 메모리를 의미한다는 것을 확실히 알고 있어야만 한다. 가상 메모리에 대해서 자세히 다루시는 않았지만 가상 메모리의 구조나 동작 방식을 많이 알면 알수록 프로그래밍을 하는데 많은 도움이 될 것이다.

프로그래밍에서 사용하는 메모리의 종류에 대해서도 알아보았다. 데이터 영역을 비롯하여 스택과 힙에 대해서 살펴보았다. 특히 힙의 경우 힙 관리자와 (malloc, free), (new, delete)의 동작 방식을 살펴보았는데, 컴파일러 설계자가 얼마나 많은 고민과 함께 설계를 했는지 알 수 있는 계기가 되었을 것이라고 생각한다.

메모리 블록의 이름에 대해서 심도 있게 알아보았다. 이런 것까지 알 필요가 있을까 생각할 수 있는데, 이번 장에서 나온 개념은 바로 다음 장인 [포인터와 배열]에서도 요긴하게 사용될 것이다.

지금이야 메모리의 가격이 싼 편이지만, 가까운 과거의 경우만 하더라도 메모리는 상당한 고가의 부품이었다. 그래서 당시의 프로그래밍에서는 얼마나 효율적으로 메모리를 사용할까가 주된 관심사 중 하나였다. 그런데 지금은 상황이 많이 달라졌다. 그렇다고 메모리를 효율적으로 사용할 필요가 없어진 것일까? 메모리 용량이 비약적으로 증가했다고 해서 메모리를 막 쓸 수는 없는 일이다. 왜냐하면 메모리를 잘못 사용하면 바로 프로그램이 뻗어버릴 수 있기 때문이다. 현재 프로그래밍의 주 관심사는 안전이다. 프로그램이 생명과 직결되는 분야에까지 적용되고 있기 때문이다. 안전한 프로그래밍을 하기 위해서는 제일 첫째가 메모리를 안전하게 잘 다루는 것이다. 그러기 위해서는 더욱 메모리를 잘 알아야만 하고 효율적으로 사용해야 한다는 것이 필자의 생각이다.

즉, 과거엔 메모리 비용을 아끼기 위해서 메모리를 잘 알아야만 했지만 지금은 안전한 프로그램을 위하여 메모리를 더욱 잘 알아야만 한다.

Chapter

05

〜

포인터와 배열

C/C++하면 떠오르는 것들이 몇 가지 있는데 그중 하나가 포인터이다. 포인터 때문에 C/C++를 싫어하는 사람도 있지만 오히려 더 좋아하는 사람들도 있다. 필자는 당연히 후자에 속하는데 포인터를 통해서 효율적인 코드를 좀 더 편안하게 작성할 수 있기 때문이다.

포인터란 무엇일까? 보통 메모리 주소를 나타낸다고 생각하지만 객체가 존재하는 메모리 블록을 가리킨다고 보는 편이 더 낫다. 만일 메모리 주소만을 나타내는 것이 목적이었다면 타입별로 포인터 타입이 따로 존재할 필요가 없기 때문이다. 즉, int* 타입은 int 객체를 가리키기 위한 포인터 타입이고 char* 타입은 ANSI 문자(1바이트) 객체를 가리키기 위한 포인터 타입이다.

배열은 같은 타입의 객체를 차례대로 일렬로 모아놓은 자료구조이다. 가상 메모리에서 볼 때 객체들이 일렬로 연속적으로 존재한다. 주소가 연속적이므로 배열의 특정 객체를 접근하는데 필요한 시간 복잡도는 오직 상수 시간이다. 컴퓨터 공학 표기법으로는 O(1)로 나타낼 수 있다. 따라서 배열은 가장 기초적이면서 거의 모든 프로그래밍 언어에서 지원하고 있는 자료구조이다. 당연히 C/C++도 배열을 다루는데 많은 지원을 하고 있다.

배열의 객체들이 연속적으로 이어지는 특성으로 인하여 C/C++에서는 포인터로 배열을 다룰 수가 있다. 포인터와 배열은 비슷한 면이 있어서 배열을 포인터처럼 혹은 포인터를 배열처럼 사용하기도 한다. 그러나 둘은 분명히 다른 것이기 때문에 자칫 잘못 사용하면 큰 낭패를 당할 수가 있다. 따라서 이번 장에서는 배열과 포인터의 특성을 파악하여 공통점과 차이점을 명확하게 알아볼 것이다.

5.1. 포인터

메모리의 주소를 가리키는 객체를 포인터라고 부른다. 이미 앞장에서 살펴보았듯이 메모리 블록은 다음과 같은 정보를 가지고 있다. [주소, 크기, 상태] – 만일 포인터가 메모리 블록의 주소만을 나타낸다면 해당 블록에 접근하여 값을 가져오거나 쓰고자 할 경우 블록의 크기와 타입을 고려하여 프로그래밍을 해야 하는 수고를 들여야만 한다. 따라서 메모리 블록을 쉽게 관리(읽기, 쓰기)할 수 있도록 포인터에는 주소뿐 아니라 타입 정보까지 들어가게 되었다. 타입 정보를 통해서 메모리 주소로부터 타입 크기만큼 블록에 값을 읽거나 쓸 수 있게 된 것이다.

➤ 5.1.1. 포인터 타입

int 타입 객체를 가리키기 위하여 int* 타입 포인터를 사용해야 한다. 마찬가지로 double 타입 객체를 가리키기 위해서는 double* 타입 포인터를 사용해야 한다. 너무 당연한 말 같은데 사실 그렇게 당연한 것은 아니다. 엄밀히 말해서 int 타입 객체를 가리키기 위해서 int* 타입 포인터를 사용하는 것이 쉽고 편해서 장점이 많다는 것이지, 반드시 int* 타입 포인터를 사용해야만 한다는 것은 아니다. 필요에 따라서 다른 타입의 포인터를 사용해서 int 타입 객체를 가리킬 수도 있다.

한 가지 더! 정말 중요한 것이 있는데, 포인터도 역시 객체라는 점이다. 따라서 단일 식 int* pA;에서 객체 pA는 메모리 주소를 담고 있으므로 포인터라고 할 수 있고, 포인터 pA의 타입은 int*로 표기될 수 있다. 또한 int*가 결국 int로부터 파생된 것이므로 int를 포인터 pA의 원천 타입이라고 부르겠다. 즉, 원천 타입 int로부터 포인터 타입 int*가 파생되어서 포인터 pA가 정의되었다는 의미로 생각하면 된다. 위에서 int 타입 객체를 가리키기 위해서 int* 타입 포인터를 반드시 사용할 필요는 없다고 하였는데 간단히 표현하면 포인터의 원천 타입이 포인터가 가리키는 객체의 타입과 일치할 필요는 없다는 것이다.

먼저 객체의 타입과 포인터의 원천 타입이 일치하는 경우를 살펴보자! 아마도 거의 대부분 이런 식으로 포인터를 사용하고 있을 것이다.

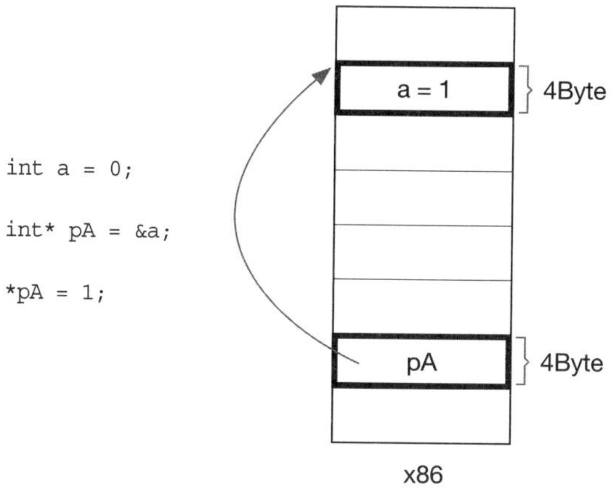

〈그림 5-1〉에서는 int 객체 a와 int* 객체 pA가 모두 메모리 블록을 점유하고 있는 것을 확인할 수 있다. pA가 나타내는 메모리 블록에 들어있는 값은 a가 나타내는 메모리 블록의 주소이다. 따라서 pA를 통해서 a블록의 주소를 알 수 있다. 동시에 pA는 int* 타입의 객체이기 때문에 a블록을 int 타입(4바이트)을 기준으로 접근하여 읽거나 쓸 수 있다.

단일 식 *pA = 1;는 꽤 복잡한 의미를 가지고 있다. pA가 int* 타입이므로 *pA는 pA가 가리키는 4바이트 메모리 블록을 나타낸다. 여기에 1을 쓴다는 의미는 int 타입의 (비트상태, 값) 대응 방식에 의해서 1이라는 값을 가지도록 32비트의 비트 상태를 On/Off 시키라는 의미이다.

이번에는 객체의 타입과 포인터의 원천 타입이 다른 경우를 살펴보자! 쉽게 이해할 수 있도록 소스 코드와 그림을 동시에 제시하였다. 이번 예제를 통해서 포인터 타입의 쓰임새를 충분하게 확인할 수 있을 것이다.

```cpp
void main()
{
    int a = 0;                  // (A)
// char* s = &a;                // (B-1) Compile Error
    char* s = (char*)&a;        // (B-2)

    *(s + 0) = 'A';             // (C-1)
    *(s + 1) = 'B';             // (C-2)
    *(s + 2) = 'C';             // (C-3)
    *(s + 3) = '\0';            // (C-4)

    cout << (char*)&a << endl;  // (D)
}
```

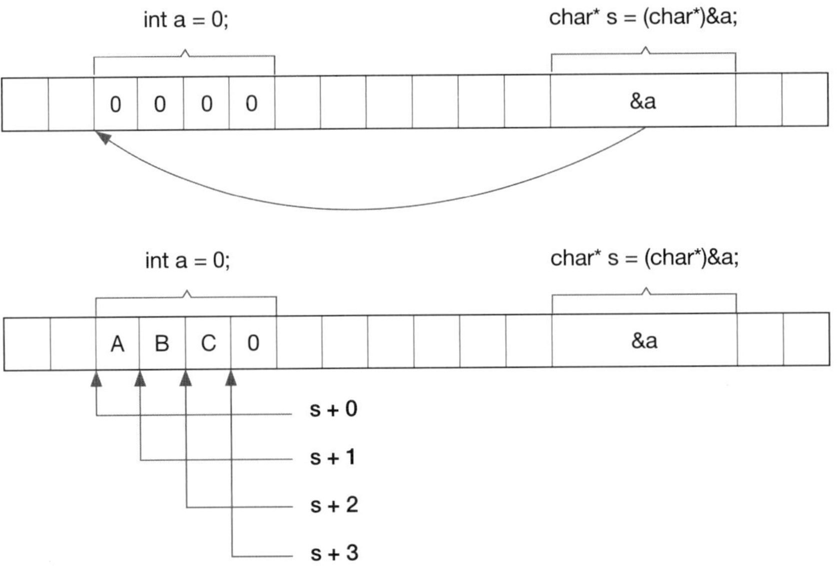

▲ 그림 5-2 객체 타입과 포인터 원천 타입의 불일치

(A)에서 int 객체 a를 정의하였다. 즉, 메모리 블록 4바이트를 생성하고, 이름을 a로 붙인

것이다. 동시에 0으로 초기화하는데 4바이트 모두 0으로 초기화될 것이다.

(B)는 무척 중요하다. char* 객체 s에 객체 a의 주소를 대입하는 것이다. (B-1)처럼 int 객체 a의 주소를 char* 객체 s에 바로 대입할 경우 컴파일러는 일단 거부를 한다. 타입이 다르기 때문이다. 즉, 가능하면 타입을 일치시키라는 것이 컴파일러의 주문인 셈이다. 그러나 꼭 타입을 일치시킬 필요는 없다. 그래서 (B-2)와 같이 강제 타입 변환을 통해서 char* 객체 s는 a의 주소를 나타낼 수 있다.

(C)는 포인터를 통해서 메모리 블록에 값을 쓰는 것을 보여준다. 포인터 s의 원천 타입은 char이므로 오직 1바이트 단위로만 메모리 블록에 값을 쓸 수 있다. 따라서 a가 가리키는 4바이트 메모리 블록에 각각 값을 쓰기 위해서는 (s + 0), (s + 1), (s + 2), (s + 3)으로 4번에 걸쳐서 메모리 블록에 접근해야만 한다. 각각 0, 1, 2, 3을 더했는데 해당 바이트만큼 이동한다는 의미가 아니라 sizeof(char) 크기의 0배수, 1배수, 2배수, 3배수 만큼씩 이동한다는 의미이다. 그리고 각각의 1바이트 블록에 'A', 'B', 'C', '\0'을 대입한다. 마지막 '\0'은 널 문자열 종료표시(End of String)이다. 영문자를 대입할 수 있는 이유는 각각의 메모리 블록이 char 타입을 기준으로 접근되기 때문이다. 'A'가 대입될 경우 1바이트의 메모리 블록에 'A'의 의미를 지니도록 8비트의 상태가 설정된다.

(D)를 통해서 a블록이 변경되었음을 확인할 수 있다. 출력을 위하여 a 객체의 주소를 char*로 타입 변환하여 cout에 넘긴다. 결과로 [ABC]가 출력된다.

예제를 통해서 확인할 수 있듯이 포인터의 원천 타입은 포인터가 가리키는 메모리 주소로부터 타입 크기만큼의 블록을 타입을 기준으로 읽고, 쓰기 위해서 사용된다. 즉, TYPE* p가 나타내는 의미는 p가 가리키는 주소를 기준으로 sizeof(TYPE) 크기의 블록의 비트 상태를 TYPE에 의해서 의미(값)를 부여하여 대응시키겠다는 것이다. 따라서 p를 통해서 해당 블록의 값을 읽거나 쓸 수 있다.

포인터의 원천 타입은 포인터가 읽고, 쓸 메모리 블록을 결정하기 위하여 사용된다. 포인터의 원천 타입이 TYPE일 경우 포인터의 타입은 TYPE*으로 표기된다. 즉, 단일 식 TYPE* p;에서 p는 포인터이며 포인터 p의 타입은 TYPE*이고, p의 원천 타입은 TYPE이 된다.

원천 타입을 통해서 포인터의 타입을 나타내는 것은 사실 굉장히 간단하게 보이기도 한다. 원천 타입 바로 다음에 간접(*) 연산자만 붙여주면 될 것같다. 그러나 원천 타입 바로 다음에 간접(*) 연산자를 붙이는 규칙이 절대적인 것은 아니다. 타입 중에는 표기 자체가 어려운 경우도 있다. 이런 경우에는 어디에다 간접(*) 연산자를 붙여야 할지 애매해진다. 따라서 포인터 타입을 표기하기 위한 포괄적인 규칙이 있으며 일반적으로 사용되는 TYPE*과 같은 형태는 규칙의 일부에 해당된다. 지금부터 TYPE* 형태로 표기할 수 없는 포인터 타입을 살펴보겠다.

[소스 5-2] 배열 포인터 타입 1

```cpp
typedef int (TARR)[2];                          // (A)
typedef int (*PARR)[2];                         // (B)

int arr[2] = {1, 2};                            // (1)

void main()
{
  TARR* p1 = &arr;                              // (2)
  PARR p2 = &arr;                               // (3)
  cout << (*p1)[0] << (*p1)[1] << endl;
  cout << (*p2)[0] << (*p2)[1] << endl;
}
```

(1)을 보자! 배열 객체 arr이 정의되어 있다. arr의 타입은 어떻게 표기해야 맞는 것일까? 객체 이름을 제외하고 표현한다면 int[2]가 맞을 것 같다. 그렇다면 배열 정의 int arr[2]는 int[2] arr로 바꿔서 표기할 수 있는 것일까? 그랬으면 좋겠지만 그렇지 않다는데 문제가 있다. 즉, 객체 arr의 타입 자체를 표기할 방법이 없기 때문에 포인터의 타입도 나타내기 어려운 것이다. 그러나 방법이 없지는 않다. 바로 타입 정의를 사용하면 된다.

(A)를 살펴보자! typedef를 이용하여 TARR은 arr의 타입과 같은 타입으로 정의되었다. 즉, 표기하기 어려운 타입을 typedef를 통해서 TARR로 표기할 수 있게 되었다. 그래서 TARR의 포인터 타입은 (2)처럼 단순히 TARR*로 나타낼 수 있게 된다. typedef를 사용하면 바로 arr의 타입의 포인터 타입까지 정의할 수 있다. (B)처럼 할 수 있는데 PARR은 이제 arr의 타입의 포인터 타입을 나타낸다.

(2), (3)은 TARR* 객체 p1과 PARR 객체 p2를 사용하여 arr을 가리키도록 하였고 간접(*) 연산자를 사용하여 p1과 p2로부터 직접 배열의 요소를 가져올 수 있다.

typedef를 이용하여 배열의 포인터 타입을 나타낼 수 있었지만 typedef를 사용하지 않고도 배열의 포인터 타입을 나타내는 방법이 있다.

[소스 5-3] 배열 포인터 타입 2

```cpp
int arr[2] = {1, 2};                    // (1)


template<typename T>                    // (3)
void ArrayPrint(T arg)
{
    cout << (*arg)[0] << (*arg)[1] << endl;
}


void main()
{
```

```
    ArrayPrint<int (*)[2]>(&arr);          // (2)

}
```

arr의 포인터 타입은 (2)처럼 int (*)[2]와 같이 표기할 수 있다. 예제는 해당 포인터 타입 표기가 유효함을 보여주기 위하여 템플릿 문법을 사용한 것이다. (2)와 같이 배열의 포인터 타입이 템플릿 인자로 전달될 경우 컴파일 타임에 (3)의 ArrayPrint 템플릿 함수가 구체화된다. 인자의 타입 T가 바로 포인터 타입이 되는 것이고, 그로 인해서 인자 arg는 배열을 가리키는 포인터가 된다. arg는 포인터이기 때문에 간접(*) 연산자를 사용하여 배열 객체처럼 첨자 연산자를 사용하여 요소들에 접근할 수 있다.

[소스 5-4] 배열 포인터 타입 3

```
int Func(int arg)                 // (1)
{
    return arg;
}


template<typename T>              // (3)
void CallFunc(T arg)
{
    cout << arg(1) << endl;
}


void main()
{
    CallFunc<int (*)(int)>(Func);     // (2)
}
```

마지막으로 함수의 포인터 타입을 살펴보자! (1)의 함수 Func의 타입은 시그니처를 이용하여 int(int)로 나타낼 수 있다. 만일 Func의 포인터 타입을 표기하기 위하여 단순히 간접

(*) 연산자를 바로 뒤에 붙인다면 int(int)*가 될 것이다. 그러나 이런 표기법은 올바르지 못한 것이다. 바로 (2)의 int (*)(int)가 제대로 된 포인터 타입의 표기이다.

CallFunc의 템플릿 인자로 함수의 포인터 타입을 넘기게 될 경우 (3)의 CallFunc가 구체화될 것이고 인자로는 함수 이름이 전달되는데 함수 이름은 r-value로서 함수 본체의 메모리 주소를 나타내게 된다. 즉, 인자 arg는 함수를 가리키는 함수 포인터가 된다.

지금까지 사례로 살펴볼 때 포인터 타입을 나타내기 위해서 단순히 원천 타입에 간접(*) 연산자를 바로 뒤에 붙이는 것이 전부가 아님을 확인할 수 있다. 포인터 타입을 만드는 규칙은 다음과 같다.

원천 타입의 객체를 선언한다. 객체의 이름을 간접(*) 연산자로 변경한다. 필요한 경우 간접(*) 연산자를 괄호( )로 감싸서 우선 순위를 맞춘다. 마지막 세미콜론(;)을 제거한다.

위의 규칙에 맞추어서 int 객체 두 개를 가지는 배열의 포인터 타입을 만들어보자!

첫째, 먼저 해당 배열 객체를 선언한다. 단일 식 int arr[2]; 와 같이 나타낼 수 있다.

둘째, 객체 이름 arr을 간접(*) 연산자로 변경한다. 즉, int *[2]; 와 같은 식이 될 것이다. 이 표기는 int* 객체 두 개를 가지는 배열을 의미할 수도 있으므로 혼란의 여지를 없애기 위하여 괄호( )로 간접(*) 연산자를 감싸준다. 즉, int (*)[2];가 된다.

셋째, 마지막 세미콜론(;)을 제거한다. 따라서 최종적으로 int (*)[2]가 int 객체 두 개를 가지는 배열의 포인터 타입이다.

이번에는 기본 타입 및 클래스의 포인터 타입을 만드는 것을 살펴보자! int, double, 클래스 등을 TYPE이라고 한다면 객체 선언은 단일 식 TYPE name;과 같이 표기할 수 있다. 객체 이름 name을 간접(*) 연산자로 바꾼 후 마지막 세미콜론(;)을 제거하면 TYPE *가 될 것이다. 필자는 보통 TYPE*와 같이 TYPE과 간접(*) 연산자를 붙여 쓰는 것을 선호한다.

위와 같은 절차를 따른다면 함수의 포인터 타입도 쉽게 표기할 수 있다.

→ 5.1.2. 포인터와 주소 대응

포인터는 메모리 블록의 주소를 나타낸다. 주소를 나타내기 때문에 포인터는 0을 포함하는 자연수를 나타낸다고 할 수 있다. 일반적으로 정수형 타입의 객체에 대해서는 당연히 더하기, 빼기와 같은 연산을 수행할 수 있다. 일반적으로 객체 a가 4라는 값을 가지고 있다면 1을 더할 경우 a는 5가 된다. 그런데 포인터는 정수형 타입처럼 [+, −] 연산을 수학적인 방식으로 해석하지 않는다. 포인터 방식으로 [+, −] 연산을 처리하는 것이다.

[소스 5-5] 포인터의 가감

```cpp
void main()
{
    char* pC = NULL;                              // (1)
    int* pI = NULL;                               // (2)
    double* pD = NULL;                            // (3)

    cout << (long)(pC + 1) - (long)pC << endl;    // (1)
    cout << (long)(pI + 1) - (long)pI << endl;    // (2)
    cout << (long)(pD + 1) - (long)pD << endl;    // (3)
}
```

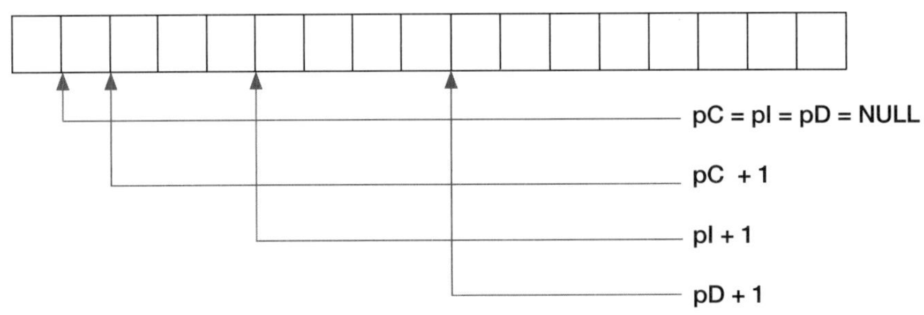

▲ 그림 5-3 포인터와 메모리 주소 대응

예제의 출력 결과는 [1, 1, 1]이 아니라 [1, 4, 8]이다. 그림에서 볼 수 있듯이 포인터에 1
을 더한 것은 주소 자체에 1을 더한 것이 아니라 포인터의 원천 타입 크기의 1배수 만큼
씩 주소에 더한 것이기 때문이다. 따라서 int*의 경우 sizeof(int)가 4바이트이므로 int*
객체에 1을 더한다는 의미는 주소에 4의 1배수를 증가시킨다는 의미이다. 마찬가지로
double*의 경우 sizeof(double)이 8바이트이므로 double* 객체에 1을 더한다는 의미는 주
소에 8의 1배수를 증가시킨다. char*의 경우는 sizeof(char)가 1이므로 실제 메모리 주소
를 1바이트 단위로 가감할 수 있다. 따라서 메모리를 1바이트씩 제어하기 위한 목적으로
char*를 사용하거나 재정의 타입인 BYTE*를 사용하기도 한다.

응용을 해보자! int* 객체에 2를 더한다면 메모리 주소는 4바이트의 2배수인 8만큼 증가
하게 된다. 마찬가지로 double* 객체에 2를 뺀다면 메모리 주소는 8바이트의 2배수인 16
만큼 감소하게 된다.

➜ 5.1.3. 포인터 연산자

포인터를 통해서 메모리의 원하는 주소로부터 원하는 크기의 블록을 원하는 타입으로 다
룰 수 있게 되었다. C/C++는 포인터를 통하여 메모리를 쉽게 다룰 수 있도록 하기 위하
여 다양한 연산자를 제공하고 있다.

5.1.3.1. 간접(*) 연산자 – Indirect Operator

영어로는 indirect 연산자라고 해서 간접, 우회라는 뜻을 가지고 있는데 우리말 용어로는
간접 연산자라고 말한다. 포인터가 직접 가리키는 것은 메모리의 주소이다. 메모리의 주
소를 통해서 간접적으로 메모리 블록을 나타내기 때문에 '간접'이란 뜻을 사용한 것이라
고 생각된다.

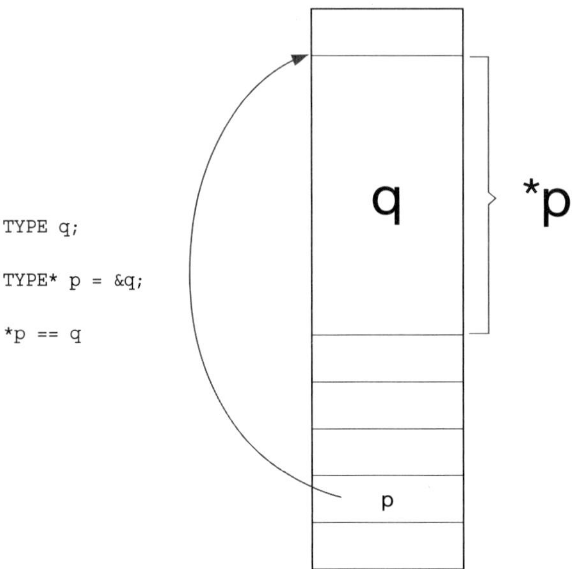

▲ 그림 5-4 Indirect Operator

간접(*) 연산자는 포인터 앞에 붙어서 포인터가 가리키는 메모리 블록을 나타낸다. TYPE* p일때 *p는 p가 가리키는 메모리 주소로부터 sizeof(TYPE) 크기의 블록을 나타 낸다. 결국 TYPE q라는 객체가 있는데 q의 메모리 블록 주소를 p가 가리키고 있다면 *p 는 곧 q가 된다. 또한 *p의 타입은 TYPE이 된다.

5.1.3.2. 간접 멤버(-)) 연산자 – Arrow Operator

이 연산자는 포인터의 원천 타입이 클래스인 경우에 클래스 멤버를 나타내기 위하여 사 용된다. 즉, 포인터가 가리키는 메모리 주소를 통해서 간접적으로 클래스 객체의 멤버를 나타낸다는 의미이다.

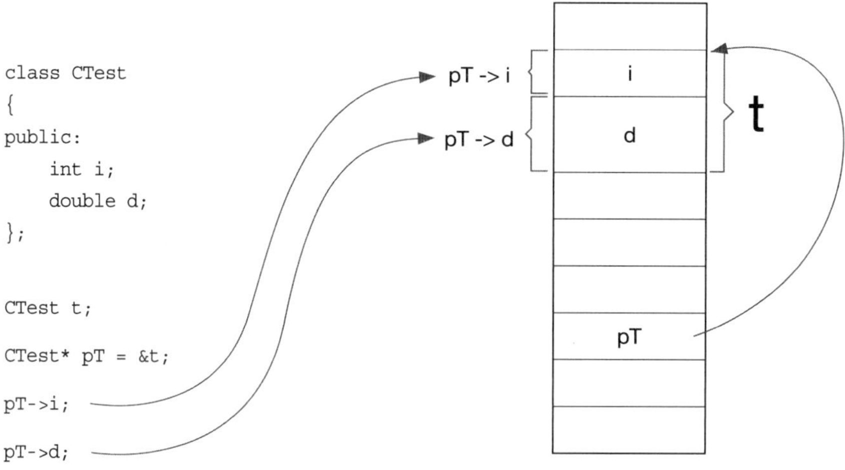

▲ 그림 5-5 Arrow Operator

참고적으로 포인터가 아닌 클래스 객체에서는 멤버를 나타내기 위하여 직접 멤버(.) 연산자를 사용한다. 한마디로 간접 멤버(->) 연산자는 직접 멤버(.) 연산자의 포인터 판인 셈이다.

5.1.3.3. 증감(++, --) 연산자 – Increment & Decrement Operator

이미 충분히 설명했듯이 포인터가 가리키는 주소를 포인터의 원천 타입 크기만큼 이동시키는 연산자이다. TYPE* 객체 p에 대해서 p++는 p가 나타내는 주소보다 sizeof(TYPE) 크기만큼 큰 주소를 나타낸다. TYPE은 int, double같은 기본 타입부터 클래스 타입까지 가능하다.

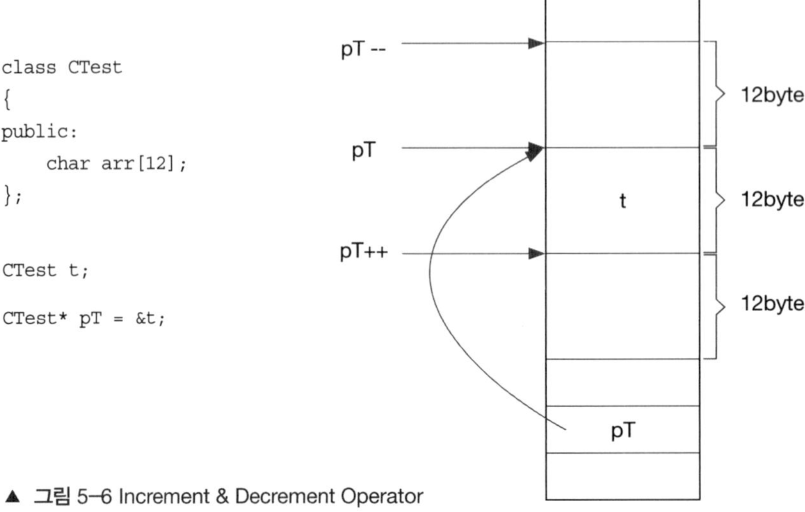

▲ 그림 5-6 Increment & Decrement Operator

5.1.3.4. 첨자([]) 연산자 – Subscript Operator

첨자 연산자는 상당히 중요하면서도 코드상에서 포인터와 함께 그리 많이 쓰이지는 않는 연산자인 것 같다. 첨자 연산자를 사용하면 포인터를 배열처럼 사용할 수 있다. 배열에서 자주 일어나는 문제가 인덱스가 배열의 범위를 넘어설 경우 잘못된 참조가 일어나는 것인데 포인터의 첨자 연산자도 마찬가지의 문제점을 가지고 있다. 따라서 인덱스가 유효한 경우에만 사용되도록 주의를 기울여야 한다.

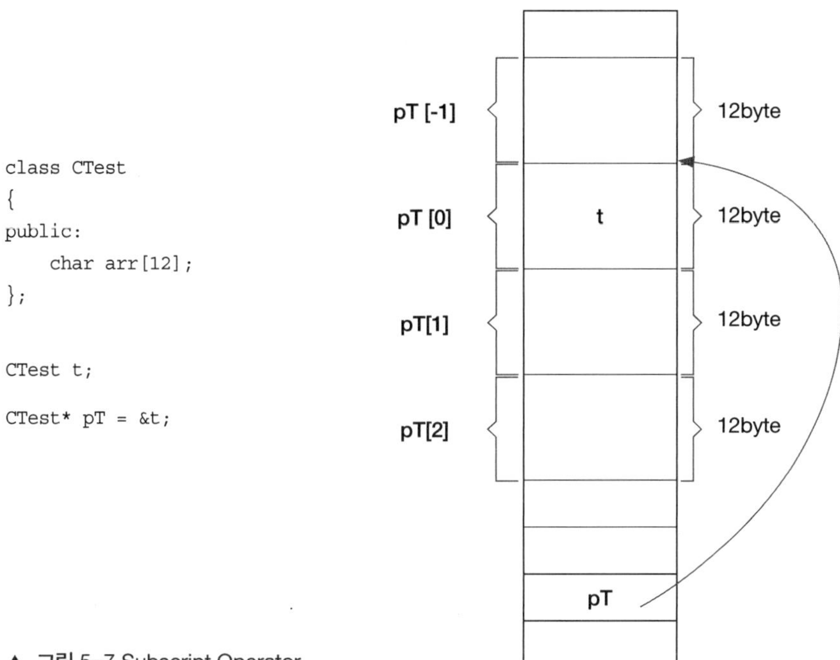

▲ 그림 5-7 Subscript Operator

첨자 연산자에 사용되는 인덱스는 포인터에의 증감 연산자와 마찬가지로 포인터의 원천
타입 크기만큼씩 주소를 이동시키는 역할을 한다.

즉, TYPE* 객체 p에 대해서 p[0]은 p가 가리키는 메모리 블록을 나타내고, p[1]은 p가
나타내는 주소보다 sizeof(TYPE) 크기만큼 큰 주소의 메모리 블록을 나타낸다.

참고로 인덱스는 일반적으로 0부터 시작하지만 음수가 될 수도 있다. 이때는 주소가 감소
하는 방향으로 이동하게 된다.

5.2. 배열

배열은 같은 타입의 객체를 차례대로 메모리에 일렬로 모아놓은 자료구조이다. 배열에 포함된 객체를 '요소(element)'라고 부르는데 차례가 있다는 것은 각 요소에 순번이 있다는 의미이다. 즉, 첫 번째 요소, 두 번째 요소 등과 같이 부를 수 있다. 요소의 순번을 인덱스를 통해서 나타내기도 하는데 프로그래밍에서 첫 번째 인덱스는 보통 0부터 시작하기 때문에 배열에서도 0번 인덱스 요소가 바로 첫 번째 요소가 된다.

➡ 5.2.1. 배열 생성 및 초기화

배열은 같은 타입의 객체들이 배열 요소 개수만큼 일렬로 모여서 메모리 블록을 형성하고, 블록에 이름을 붙인 것을 의미한다. 배열 초기화란 배열 생성시 각 요소에 값을 설정한다는 것을 의미한다. 초기화의 순서가 중요한데 배열 객체가 생성된 뒤에 배열의 이름을 통해서 각 요소의 값이 설정되는 것이 아니라, 배열 객체가 메모리 블록을 형성할 때 요소의 값을 설정한 뒤에 블록에 이름을 붙이는 것이다. 배열 이름은 오직 주소를 나타내는 r−value로만 사용 가능한 이유이기도 하다.

배열을 초기화하는 방법은 크게 두 가지 형식이 있다.

```
가) TYPE ArrayName[N] = {IV0, IV1, IV2, ..., IVK};        // (단, K < N)
```

위의 초기화 식에서 첨자([ ]) 연산자 안의 N은 배열 요소의 개수를 나타낸다. 그리고 인덱스 0부터 K까지 배열 요소를 각각 IV# 값으로 초기화한다. 인덱스가 K보다 큰 요소에 대해서는 0으로 설정된다.

```
void main()

{
  int arr1[4] = {1};                              // (1)
  int arr2[4] = {1,};                             // (2)
  int arr3[4] = {0};                              // (3)
  int arr4[4] = {};                               // (4)
  int arr5[4] = {1, 2, 3};                        // (5)
  int arr6[4] = {1, 2, 3,};                       // (6)
  int arr7[4];                                    // (7)
}
```

(1), (2)는 같은 표현이다. 보통 초기화 값 맨 끝에 콤마(,)를 붙여줘도 되고 붙이지 않아도
된다. 그래서 arr1, arr2는 인덱스 0인 첫 요소만 1로 설정되고 나머지 요소는 모두 0으로
설정된다.

(3), (4)는 모든 요소를 0으로 초기화할 때 사용한다. 보통 관행적으로 (3)번 식을 절대적
으로 많이 사용한다.

(5), (6)은 배열 요소 처음 세 개만 각각 1, 2, 3으로 설정되고 마지막 요소는 0으로 설정된다.

(7)은 아예 초기화를 하지 않은 배열을 나타낸다. 배열 요소에는 어떤 값이 들어있는지
알 수 없다. 그때그때마다 다르다고 할 수 있다.

나) `TYPE ArrayName[] = {IV0, IV1, IV2, ..., IVN};`

위의 초기화 식에서는 첨자([ ]) 연산자 안에 배열 요소의 개수가 지정되어 있지 않다. 이
럴 경우 초기화 블록의 초기화 값 개수가 실제 배열 요소의 개수가 되는 것이다. 초기화
블록에서 인덱스가 0부터 N까지 있으므로 배열 요소의 개수는 N+1이 될 것이다.

int 타입 배열이 있는데, 요소의 개수가 1000개를 넘는다고 하자! 모든 요소를 0이 아닌
특정한 값으로 설정하고 싶을 때는 어떻게 해야 할까? 초기화 블록에 1000번이 넘도록

같은 값을 써줘야만 할까? 초기화 하려면 어쩔 수 없이 그렇게 해야만 할 것이다. 그러나 초기화가 아니라 배열 객체를 생성한 후에 값을 설정하는 것이라면 반복문을 통해서 일일이 값을 설정해야만 할 것이다. 그러나 만일 배열 요소의 타입이 int가 아니라 char나 BYTE와 같이 1바이트로 되어 있을 경우에는 특별히 memset을 이용하여 단일 값을 설정할 수 있다.

➡ 5.2.2. 문자열 초기화

문자열은 전통적으로 문자 타입 객체가 모인 배열로 여겨졌다. 1바이트의 ASCII 문자나 2바이트 ~ 4바이트의 UTF16, UTF32 문자들은 일정한 크기를 지니므로 문자 배열로 취급될 수 있다. 그러나 UTF8의 경우는 한 문자가 1바이트에서 4바이트까지 가변적으로 나타날 수 있기 때문에 배열로 취급하기에는 무리가 있다. 따라서 배열의 입장에서 전통적인 1바이트의 ASCII 문자열을 초기화하는 경우를 살펴보자!

문자열을 초기화할 때는 주로 바로 이전 파트의 나)와 같은 방식을 사용한다.

[소스 5-7] 문자 배열 초기화

```
void main()
{
  char s1[ ] = {'A', 'B', 'C', '\0'};          // (1)
  char s2[ ] = "ABC";                          // (2)
  char s3[ ] = {"ABC"};                         // (3)
}
```

예제는 문자 배열 s1, s2, s3를 모두 "ABC"라는 문자열로 초기화하는 것을 보여준다. s1, s2, s3의 모두 배열 요소의 개수는 4가 된다. 보통 (2)와 같은 방식을 절대적으로 많이 사용한다.

5.3. 다차원 배열

배열의 요소 타입은 기본 타입부터 시작하여 클래스 등 모든 타입이 될 수 있다. 그 의미는 요소의 타입으로 배열 타입이 올 수도 있다는 의미이다. 즉, 배열 객체를 일렬로 모아놓은 배열을 정의할 수 있다는 것이다.

➔ 5.3.1. 2차원 배열 구조

[소스 5-8] 다차원 배열

```
void main()
{
    int arr[2][3] = {{11, 12, 13}, {21, 22, 23}};          // (1)
}
```

예제의 arr은 2차원 배열이다. 배열 객체가 일렬로 모인 배열이라는 의미이다. 순서를 잘 따져야 하는데 int 객체 3개가 모인 배열 객체를 2개 모아놓은 배열이라는 의미이다. 절대로 int 객체 2개가 모인 배열 객체를 3개 모아놓았다고 해석하면 안 된다

고등학교 수학 정규 과정을 이수한 사람이라면 너무나도 당연하게 행렬(Matrix)이 떠오를 것이다. 격자 모양의 테이블에 숫자들이 채워져 있는 형태가 떠오를 것이다. 일부 책에서는 다차원 배열을 쉽게 설명하려는 의도를 가지고 그랬는지는 모르겠으나 메모리를 격자 형식으로 그려놓고, 다차원 배열을 대응시켜서 설명하는 경우도 있었다. 그러나 그런 식의 이해는 오히려 독이 될 수 있다고 생각한다. 왜냐하면 배열의 메모리 적재 구조를 왜곡시켜서 잘못 이해할 소지가 다분하기 때문이다.

이미 충분히 설명했지만 프로그래밍에서 다루는 메모리는 가상 메모리이며 선형 구조를

지닌다. 즉, 0부터 시작하여 32비트에서는 4GB까지, 64비트에서는 거의 무한까지 늘어져있다고 보는 것이 제일 적당하다. 즉, 다차원 배열의 메모리 블록 또한 단순히 일렬로 붙어있는 것일 뿐이다.

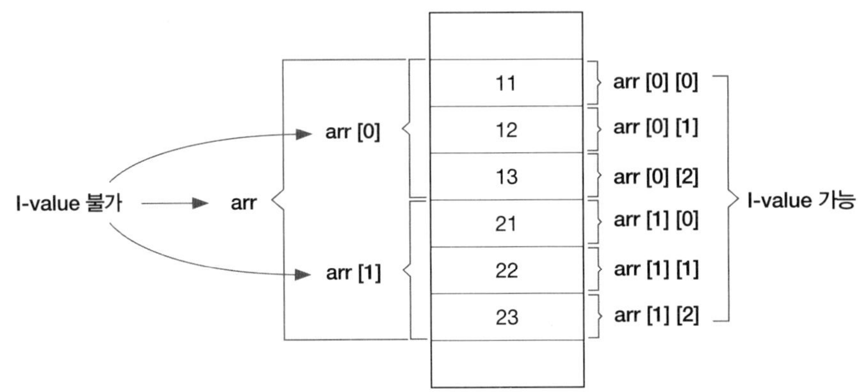

▲ 그림 5-8 다차원 배열 메모리 구조

예제의 arr의 메모리 블록은 그림과 같다. 2차원 배열이건, 100차원 배열이건 무조건 선형으로 요소가 차례대로 이어질 뿐이다. 여기서 한 가지 짚고 넘어갈 것이 있다. 배열 이름은 l-value가 될 수 없다고 하였다. 배열 이름은 오직 메모리 블록 주소를 나타내는 r-value로서만 사용될 수 있다고 하였다. 다중 배열에서도 마찬가지이다. 그림에서 볼 수 있듯이 arr을 비롯하여 arr[0], arr[1]도 배열이므로 l-value가 될 수 없다. 여기서 arr[0]이나, arr[1]은 모두 자신의 메모리 블록의 주소를 나타내는 r-value로 사용될 수 있을 뿐이다. 그러나 맨 밑단의 요소 arr[0][0] ~ arr[1][2]의 타입은 기본 타입 int이므로 l-value가 될 수 있다. 즉, arr[0][0] ~ arr[1][2]이라는 이름을 통해서 직접 값을 읽고 쓸 수 있다는 의미이다.

➜ 5.3.2. 포인터 대응

이번 장 초반에 배열과 포인터의 관계에 대하여 간략하게 기술하였다. 배열을 포인터처럼 혹은 포인터를 배열처럼 사용할 수 있다는 것이었다. 실제로 포인터의 첨자([ ]) 연산자를 통해서 포인터를 배열처럼 사용하는 것을 확인할 수 있었다. 그래서 그런지 몇몇 개발자중에는 배열과 포인터를 완전히 일치하는 것쯤으로 생각하고 자유롭게 호환해서 사용하는 경우가 있는데 정말 위험한 프로그래밍 습관이라고 말하고 싶다. 배열과 포인터의 차이를 극명하게 보여주는 부분이 바로 다차원 배열이다. 따라서 이번 파트에서는 배열과 포인터의 대응 관계에 대하여 자세히 알아볼 것이다.

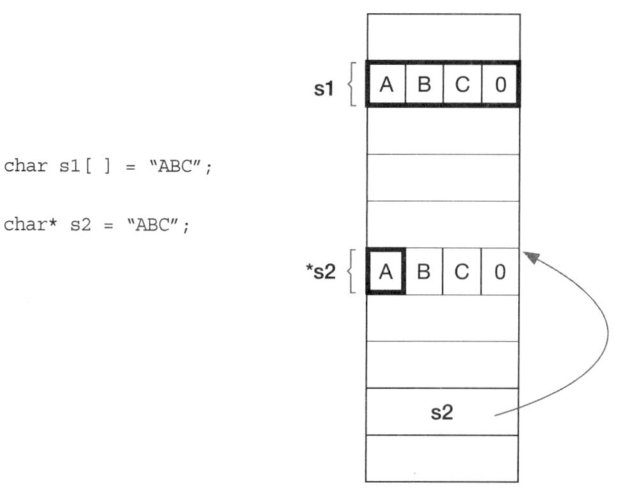

▲ **그림 5-9** 배열과 포인터 구조

〈그림 5-9〉의 왼쪽 코드를 보고 많은 개발자들이 배열 s1과 포인터 s2가 사실상 동일한 구조를 가지고 있다고 잘못 알고 있는 경우가 꽤 있다. 하지만 그림의 오른쪽에서 확인할 수 있듯이 s1과 s2는 완전히 다른 구조를 가지게 된다. s1은 배열 이름이므로 문자열 "ABC"가 들어있는 메모리 블록 자체를 나타내지만 s2의 경우 포인터로서 "ABC"가 들어있는 메모리 블록의 주소를 나타낼 뿐이다. 게다가 간접(*) 연산자를 사용한 *s2의 경우 char 타입이므로 오직 1바이트의 메모리 블록 영역을 나타낼 뿐이다.

물론 s1과 s2가 같은 점도 있다. s1이나 s2 모두 "ABC"가 들어있는 메모리 블록의 주소를 나타낸다. 그러나 s1의 경우 상수 주소로 r-value로만 사용될 수 있는데 반하여, s2는 l-value로서 주소를 나타낸다. 즉, 배열과 포인터는 완전히 별개의 구조라는 것을 명심해야만 한다.

```cpp
void main( )
{
  char s1[ ] = "ABC";
  char* s2 = "ABC";

  cout << s1 << endl;
  cout << s2 << endl;

  if(s1[0] == s2[0] && s1[1] == s2[1] &&
    s1[2] == s2[2] && s1[3] == s2[3])
  {
    cout << "Equals!" << endl;
  }
}
```

그러나 예제에서 볼 수 있듯이 비록 s1과 s2가 완전히 다른 구조를 지니고 있어도 사용상에는 전혀 차이점을 찾을 수 없다. 이런 문제로 인하여 배열과 포인터의 대응 관계에 대해서 세심한 주의를 기울여야만 한다.

[소스 5-10] 1차원 배열과 포인터 대응

```cpp
void main()
{
  int arr[3] = {1, 2, 3};
  int* pArr = (int*)arr;
  cout << pArr[2] << endl;                    // (1) OK
}
```

예제의 결과는 어떻게 출력될 것인가? 충분히 3이 나올 것이라고 예상할 수 있을 것이다. 〈그림 5-10〉을 통해서 1차원 배열 arr과 포인터 pArr의 구조를 살펴보자! x86, x64 시스템 모두 3이 잘 나온다. 여기서는 x86 시스템의 메모리 구조도만 살펴보겠다.

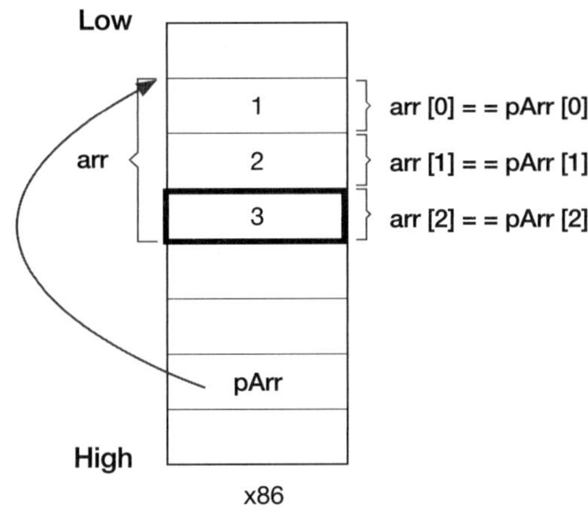

▲ 그림 5-10 1차원 배열과 포인터 대응

이미 살펴보았듯이 포인터 pArr은 첨자([ ]) 연산자를 통해서 pArr이 가리키는 메모리 블록의 주소로부터 원천 타입인 int 크기만큼씩 이동하면서 값을 읽고 쓸 수 있다. 즉, 그림에서 볼 수 있듯이 arr[2]가 pArr[2]와 완전히 일치하는 l-value임을 확인할 수 있다. 그러므로 1차원 배열의 경우 배열과 포인터를 호환해서 사용해도 큰 문제가 발생하지 않는다. 그러나 배열과 포인터를 맘껏 호환해서 사용할 수 있는 것은 1차원 배열인 경우뿐이다.

[소스 5-11] 2차원 배열과 포인터 대응

```
void main()
{
    int arr[2][3] = {{11, 12, 13}, {21, 22, 23}};
    int** ppArr = (int**)arr;
    cout << ppArr[1][2] << endl;                    // (1) Exception
}
```

이번 예제의 결과는 어떻게 출력될까? 아마도 23이 출력될 것이라고 생각하는 개발자도 꽤 많을 것이다. 만일 23이라고 생각한다면 이번 기회를 통해서 배열과 포인터의 차이점을 확실하게 알고 넘어가는 계기로 삼도록 하자!
위의 예제는 (1)에서 예외가 발생하거나 23이 아닌 쓰레기 값이 출력될 수 있다. 또한 위의 예제는 x86, x64 시스템에 따라서 다른 동작을 하게 된다.

예제에서 ppArr의 의미는 포인터의 포인터라는 의미에서 p를 두 번 붙인 것이다. 이번 예제의 목적은 ppArr을 통해서 arr[1][2]를 구하는 것이다. 즉, 포인터와 배열이 대응되므로 ppArr[1][2]를 통해서 arr[1][2]를 구하겠다는 것이다. 먼저 ppArr을 살펴보자! ppArr은 int** 타입이다. 즉, 포인터의 포인터라는 의미이다. 포인터가 두 번 겹치긴 하지만 결국 ppArr은 포인터일 뿐이다. 따라서 ppArr은 첨자([ ]) 연산자를 통해서 ppArr이 가리키는 메모리 블록에 접근할 수 있다. ppArr의 원천 타입은 무엇일까? 바로 int*이다. 즉, ppArr이 가리키는 메모리 주소로부터 sizeof(int*) 크기 단위로 메모리 블록에 접근할 수 있다. 여기까지는 x86 시스템이나 x64 시스템 모두 공통적인 사항이다. 그러나 x86 시스템과 x64 시스템의 가장 큰 차이점이라고 한다면 기본 타입 포인터의 크기가 다르다는 점이다. x86 시스템에서는 기본 타입의 포인터 크기가 4바이트이지만 x64 시스템에서는 기본 타입의 포인터 크기는 8바이트가 된다. 이런 포인터 크기의 차이로 인해서 위의 예제의 동작이 조금은 달라지게 된다. 그림을 통해서 두 경우에 대해서 자세히 살펴보자.

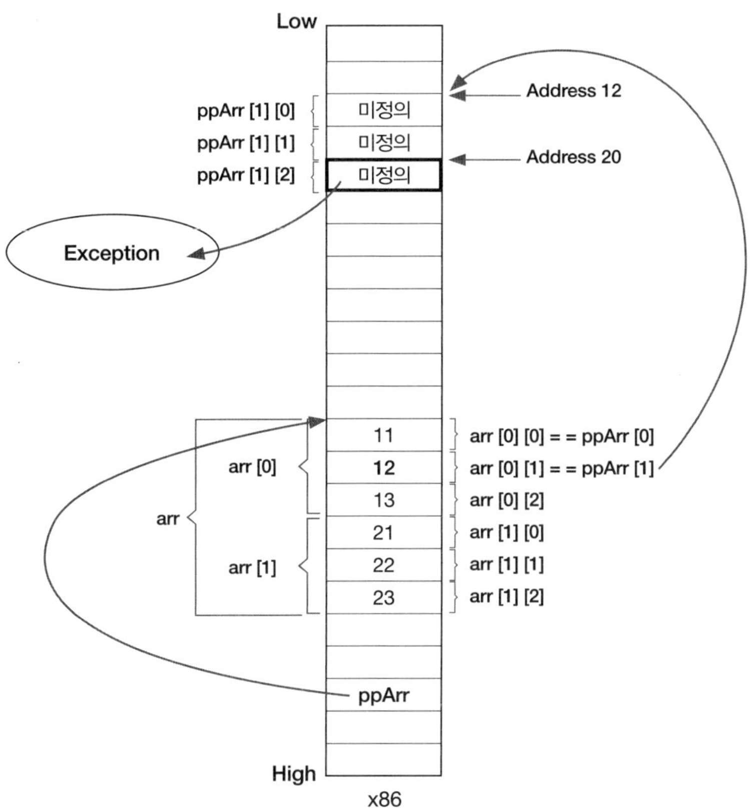

▲ 그림 5-11 2차원 배열과 포인터 대응 in x86

먼저 위의 그림은 x86 시스템인 경우를 가정한다. 즉, 기본 타입 포인터의 크기가 4바이트이다. 따라서 sizeof(int*)는 4가 된다. 이것은 ppArr이 가리키는 주소를 통해서 첨자([ ]) 연산자로 4바이트씩 이동하면서 접근할 수 있다는 의미이다. 그래서 ppArr[1]은 ppArr이 가리키는 주소로부터 4바이트 증가한 주소를 가리킨다. ppArr[1]이 가리키는 영역에는 12가 들어있다. ppArr의 원천 타입은 int*이므로 12라는 값을 int* 타입으로 해석할 것이다(int*의 원천 타입은 int이듯이 int**의 원천 타입은 int*가 된다). 무슨 의미인가 하면 메모리 주소를 12라고 해석하는 것이다. 즉, ppArr[1]이란 int* 타입으로 현재 12라는 주소를 나타내는 포인터가 된다.

ppArr[1]은 int* 타입이기 때문에 원천 타입은 int가 된다. 따라서 ppArr[1]을 첨자([ ]) 연산자를 사용할 경우 ppArr[1]이 가리키는 12라는 주소로부터 sizeof(int)인 4바이트 단위로 이동하면서 메모리 블록에 접근할 수 있다.

이제 ppArr[1][2]는 무엇이 될까? 마지막 첨자가 2이므로 그림에서 볼 수 있듯이 Address 12인 위치에서 2 * sizeof(int) = 8Byte만큼 떨어진 Address 20의 위치를 나타내며 원천 타입이 int이므로 바로 해당 주소의 4바이트 영역을 나타내게 된다. 당연하지만 해당 영역은 전혀 알 수 없는 미정의 값이 채워져 있을 것이다. 그렇다면 미정의 값이라도 출력되는 것이 맞지 않을까? 그렇지 않다. 프로그램의 안정성을 위하여 보통 가상 메모리에서 앞 부분의 영역은 메모리 접근이 금지된다. 왜냐하면 해당 영역은 프로그램이 사용하는 데이터가 저장되는 영역이 아니기 때문이다. 애초에 arr[1][2]에 12라는 값이 담겨있고 이 값이 접근 금지되는 주소라서 메모리 예외가 발생하지만 12가 아닌 일반적으로 접근 가능한 주소가 데이터로서 담겨 있었다면 아마도 예상치 않았던 쓰레기 값이 출력될 수도 있을 것이다.

확실하게 이해하고 넘어가기 위해서 x64 시스템을 기준으로 복습해보자!

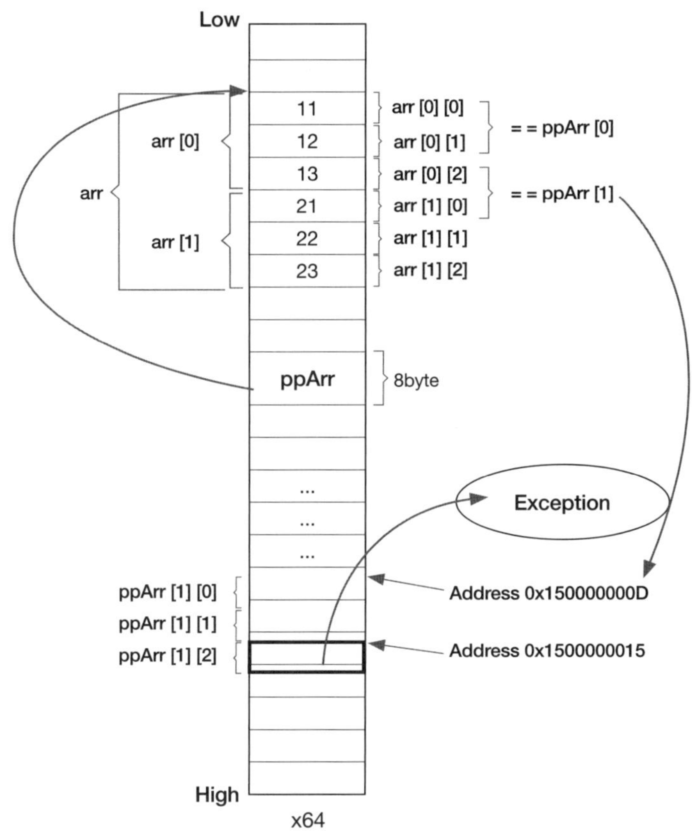

▲ 그림 5-12 2차원 배열과 포인터 대응 in x64

x64 시스템에서 기본 타입 포인터의 크기는 8바이트이다. 따라서 sizeof(int*)는 8이고, ppArr이 가리키는 주소를 통해서 첨자([ ]) 연산자로 8바이트씩 이동하면서 접근할 수 있다. 따라서 ppArr[1]은 ppArr이 가리키는 주소로부터 8바이트 주소가 증가한 곳을 가리킨다. 이번에는 ppArr[1]이 가리키는 영역을 살펴보자! ppArr[1]의 타입은 int*이다. 즉, 크기가 8바이트이므로 arr[0][2]와 arr[1][0] 두 개를 합한 영역을 차지하게 된다. 낮은 주소 4바이트를 나타내는 arr[0][2]는 16진수로 0x0000000D로 표현되고, 높은 주소 4바이트를 나타내는 arr[1][0]은 16진수로 0x00000015가 된다. 따라서 두 값을 합하여 8바이트를 만들게 되면 0x150000000D가 된다. 즉, ppArr[1]에는 0x150000000D가 들어있는 것이다. ppArr의 원천 타입은 int*이므로 0x150000000D이라는 값을 int* 타입으로 해석한다. 즉,

ppArr[1]이란 int* 타입으로 현재 0x150000000D이라는 주소를 나타내는 포인터가 된다.
ppArr[1]은 int* 타입이기 때문에 원천 타입은 int가 된다. 따라서 ppArr[1]을 첨자([]) 연
산자를 사용할 경우 ppArr[1]이 가리키는 0x150000000D라는 주소로부터 sizeof(int)인
4Byte 단위로 이동하면서 메모리 블록에 접근할 수 있다.

이제 ppArr[1][2]는 무엇이 될까? 마지막 첨자가 2이므로 그림에서 볼 수 있듯이, Address
0x150000000D인 위치에서 2 * sizeof(int) = 8Byte 만큼 떨어진 Address 0x1500000015의
위치를 나타내며, 원천 타입이 int이므로 해당 주소의 4Byte 영역을 나타내게 된다. 그림
의 격자는 4의 배수 단위로 그렸기 때문에 0x150000000D와0x1500000015의 위치를 표시
하기 위해서 격자의 구분 선에서 약간 어긋난 위치를 가리키게 된다.

메모리 주소 0x150000000D의 경우 메모리에 접근되어 쓰레기 값을 읽을 수도 있겠지만
대부분은 메모리 접근 예외가 발생하게 된다. 왜냐하면 가상 메모리에서 해당 주소에 접
근이 유효하기 위해서는 한 번이라도 가상 메모리가 예약되고 커밋되어야 하지만 보통
저렇게 큰 메모리가 사용되는 경우는 거의 없기 때문이다. 결국 예외가 발생하게 된다.

그렇다면 2차원 이상 배열에 대해서는 포인터와 호환을 전혀 할 수 없는 것일까? 꼭 그런
것은 아니다. 2차원 이상 배열과 호환이 될 수 있도록, 포인터가 가리키는 메모리 영역을
적절히 변경만 해주면 된다. 실제 예제가 제대로 돌아갈 수 있도록 수정해보자!

[소스 5-12] 2차원 배열과 포인터 대응 해법

```cpp
void main()
{

    int arr[2][3] = {{11, 12, 13}, {21, 22, 23}};


    int* arrP[2] = {arr[0], arr[1]};               // (1)
    int** ppArr = (int**)arrP;                      // (2)


    cout << ppArr[1][2] << endl;                              // (3) OK

}
```

무척 간단하다. (1)과 같이 int* pArr[2]를 정의한다. 타입에서 알 수 있듯이 arrP는 포인터가 아니라 int* 타입 포인터 두 개를 요소로 가지는 배열 객체이다. arrP에는 미리 arr[0]과 arr[1]로 초기화를 시켜놓는다. 그리고 (2)에서 ppArr에는 앞의 arrP를 타입 변환하여 대입하는 것이다. 이제 23이 잘 출력될 것이다. 무척 간단하지 않은가? 어떻게 이렇게 잘 돌아갈 수 있는지 그림으로 확인해보자!

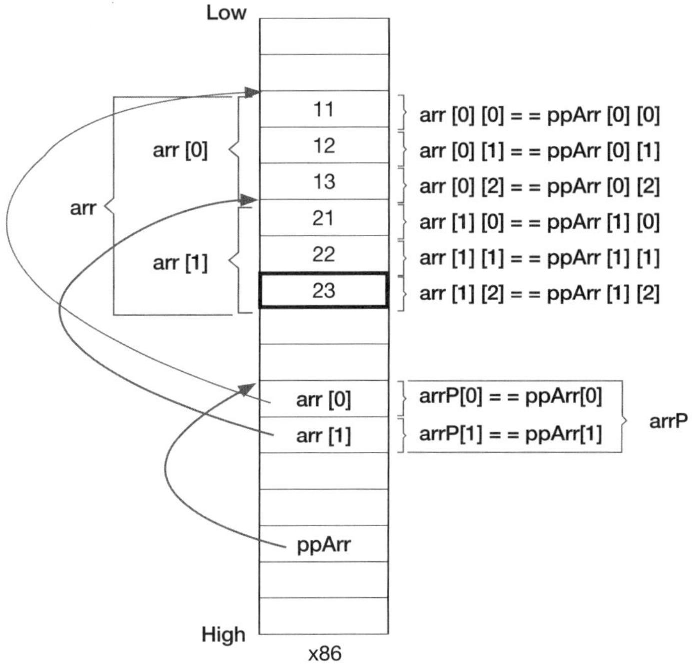

▲ 그림 5-13 2차원 배열과 포인터 대응 해법 in x86

먼저 x86 시스템에서의 구조를 살펴보자! int** ppArr은 이제 배열 객체 arrP의 메모리 주소를 가리킨다. ppArr[1]은 arrP의 메모리 주소로부터 sizeof(int*)인 4만큼 증가한 주소 f를 기준으로 4바이트의 영역을 나타낸다. 이곳에 담겨있는 값은 배열 객체인 arr[1]이다. arr[1]은 r-value로서 arr[1]이 나타내는 메모리 블록의 주소를 나타내게 되므로 ppArr[1]은 arr[1]의 메모리 주소를 나타내는 int* 객체가 되는 것이다. 이제는 기존 방식처럼 진행하면 된다. ppArr[1][2]는 arr[1]의 시작 주소를 기준으로 sizeof(int) * 2 = 8만큼 증가한 주소의 4바이트 영역의 값을 나타내게 된다. 바로 23이다.

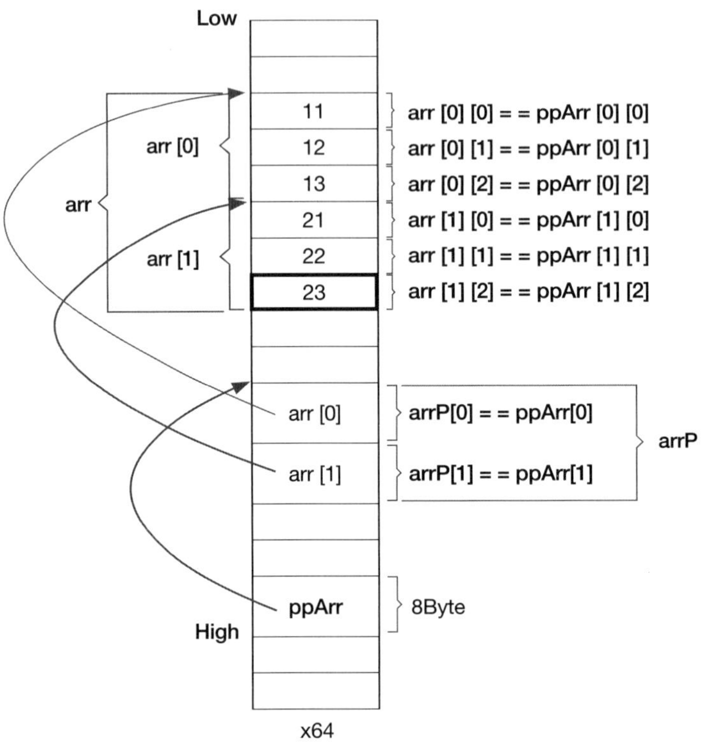

▲ 그림 5-14 2차원 배열과 포인터 대응 해법 in x64

x64 시스템이라고 크게 달라질 것은 없다. 단지 포인터의 크기가 8바이트가 된다는 것을 빼다면 크게 달라질 것은 없다. int** ppArr은 배열 객체 arrP의 메모리 주소를 가리킨다. ppArr[1]은 arrP의 메모리 주소로부터 sizeof(int*)인 8만큼 증가한 주소를 기준으로 8바이트의 영역을 나타내게 된다. 이 영역에 값은 배열 객체인 arr[1]이다. arr[1]은 r-value로서 arr[1]이 나타내는 메모리 블록의 주소를 나타내므로 ppArr[1]은 arr[1]의 메모리 주소를 나타내는 int* 객체가 된다. 역시 기존 방식처럼 진행하면 ppArr[1][2]는 arr[1]의 시작 주소를 기준으로 sizeof(int) * 2 = 8만큼 증가한 주소의 4바이트 영역의 값을 나타내게 된다. 역시 23이다.

➜ 5.3.3. 배열 전달

배열과 포인터의 대응 관계를 살펴보았다. 이것을 응용하여 배열을 함수의 인자로 전달하는 방법을 살펴보자!

일반적으로 배열 객체를 함수의 인자로 전달할 때는 포인터를 사용하기도 하는데 이미 살펴본 것처럼 주의를 기울여야만 한다.

[소스 5-13] 배열의 인자 전달 1

```cpp
int Func(int arg[])                                // (3)
{
   arg[0] = 1;
   arg[1] = 2;
   arg[2] = 3;
   arg[3] = 4;

   return sizeof(arg);                             // (4)
}

void main()
{
   int arr[4] = {0};                               // (1)
   int s = Func(arr);                              // (2)

   cout << arr[0] << endl;                         // (A-1)
   cout << arr[1] << endl;                         // (A-2)
   cout << arr[2] << endl;                         // (A-3)
   cout << arr[3] << endl;                         // (A-4)
   cout << "arr size:" << sizeof(arr) << endl;     // (5)
   cout << "arg size:" << s << endl;               // (6)
}
```

배열을 인자로 전달하는 것은 이후 [함수]장에서 인자 전달에 관한 부분에서 자세히 설명할 것이지만, 여기서 먼저 간단히 소개한다면 배열은 오직 참조에 의한 호출로서 인자가 전달된다.

(1)에서 배열 arr을 정의하고, (2)에서 Func 함수의 인자로 arr을 전달한다. 모양새만 따지면 값에 의한 호출이지만 arr이 나타내는 것은 r-value로 arr의 메모리 블록의 주소이다. 따라서 (3)의 매개변수(parameter)인 arg는 arr의 메모리 블록 주소를 받게 되므로 포인터로 동작하게 된다. 즉 arg의 타입은 int*와 같다고 할 수 있다.

실제 결과를 살펴보면 Func 안에서 변경된 배열 요소는 그대로 유지가 된다. 그래서 (A)의 출력 결과는 [1, 2, 3, 4]가 된다. 그러나 sizeof의 결과는 달라진다. (5)는 배열 arr의 크기를 나타내므로 16이 되지만 (6)에서 Func의 인자 arg가 int*로 취급되므로 결과는 sizeof(int*)로써 포인터의 크기가 반환된다.

int arg[]와 같은 표현이 인자에 사용될 경우는 특별히 int*로 대체된다고 할 수 있다. 그러나 2차원 배열을 표현하기 위해서 인자에 int arg[][]와 같은 식은 허용되지 않는다. 따라서 2차원 배열을 인자로 전달받기 위해서는 인자 타입이 int**가 되어야만 할 것이다. 그러나 이미 앞에서 살펴보았듯이 이차원 이상 배열은 배열과 호환이 잘 되지 않는 문제가 있다. 그렇다면 배열을 인자로서 우아하게 전달할 방법은 없는 것일까? 방법이 없는 것은 아니다. 바로 배열 참조 타입으로 인자를 받으면 된다.

[소스 5-14] 배열의 인자 전달 2

```
int Func(int (&arg)[4])                                    // (3)
{
   arg[0] = 1;
   arg[1] = 2;
   arg[2] = 3;
   arg[3] = 4;

   return sizeof(arg);                                     // (4)
```

```cpp
    }

void main()
{
  int arr[4] = {0};                              // (1)
  int s = Func(arr);                             // (2)

  cout << arr[0] << endl;                        // (A-1)
  cout << arr[1] << endl;                        // (A-2)
  cout << arr[2] << endl;                        // (A-3)
  cout << arr[3] << endl;                        // (A-4)
  cout << "arr size:" << sizeof(arr) << endl;    // (5)
  cout << "arg size:" << s << endl;              // (6)
}
```

변경된 부분은 오직 한 곳뿐이다. (3)과 같이 Func의 인자 타입만 변경되었다. arg는 (1)의 배열 arr의 참조 타입이다. 이와 같이 배열을 참조 타입으로 전달할 경우 어떤 문제도 일으키지 않고, 안전하게 배열을 사용할 수 있다. 실제로 (6)의 arg size도 16이 나오게 된다. 요약한다면 배열을 인자로 전달할 경우 반드시 참조 타입을 사용하라는 것이다.

이것으로 배열과 포인터의 대응 관계에 대해서 확실하게 알아보았다. 비슷한듯 하면서도 절대로 똑같지는 않은 것이 둘의 관계이다. 배열을 인자로 넘길 경우 포인터를 이용하는 경우가 많이 있는데 이럴 경우 정확하고 안전하게 프로그래밍할 수 있도록 주의를 기울여야 한다.

5.4. 배열의 크기

객체는 크기를 가진다. 객체의 크기란 객체가 점유하는 메모리 블록의 크기이다. 배열도 객체이기 때문에 당연히 크기를 가진다. 배열은 같은 타입의 객체인 요소들이 일렬로 모여있는 것이기 때문에 각각의 요소들의 크기를 구해서 요소의 개수만큼 곱하면 배열의 크기를 구할 수 있다.

➤ 5.4.1. sizeof

객체의 크기를 구할 때 사용하는 것이 sizeof 연산자이다. 따라서 sizeof 연산자를 이용하면 배열의 크기도 구할 수 있을 것이다. 다음과 같은 식으로 배열의 크기를 구할 수 있다.

(A) 배열의 크기 = sizeof(요소의 타입) * 요소의 개수

그러나 이렇게 번거롭게 배열의 크기를 구할 필요는 없다. sizeof 연산자는 배열 이름만 인자로 넣을 경우 배열의 크기를 구해주기 때문이다. 즉, 다음과 같이 쉽게 구할 수 있다.

(B) 배열의 크기 = sizeof(배열 이름)

이제 (B)식이 있기 때문에 (A)식은 전혀 필요하지 않을 것 같다. 하지만 (A)식을 응용하여 배열의 요소 개수를 구할 수 있다.

(C) 배열의 요소 개수 = sizeof(배열 이름) / sizeof(요소의 타입)

```
void main()
{
    int arr[2][3];

    int s1 = sizeof(arr);                    // (1)
    int s2 = sizeof(arr[0]);                 // (2)
    int s3 = sizeof(arr[0][0]);              // (3)
}
```

예제에서 s1, s2, s3는 어떤 값이 대입될까? 그 전에 arr에 대해서 정확히 파악해보자. arr
이 배열은 배열인데 어떤 타입 객체의 배열인 것일까? 여기서 짚고 넘어갈 것이 있다. 일
반적으로 프로그래밍에서 1차원 배열, 2차원 배열, ..., 다차원 배열과 같이 여러 차원을
통해서 배열을 이야기하지만 엄밀히 얘기하면 배열은 오직 선형적으로 같은 타입을 모아
놓은 모임, 즉 1차원 형태만 지원한다.

arr을 얘기해보자. 수학적으로 얘기하면 2행 3열의 int 타입 객체가 모여있는 배열이라고
할 수도 있겠으나 프로그래밍에서 말하는 arr은 'int 객체 3개가 모인 배열 객체' 두 개가
모인 배열 객체일 뿐이다. 즉, arr의 요소는 딱 두 개만 있다. 두 요소는 arr[0], arr[1]이다.
그리고 각각의 요소 arr[0]과 arr[1]은 int 객체 3개가 모인 배열이다.

다시 예제로 돌아가서 s1, s2, s3에 대입되는 값을 살펴보자. [24, 12, 4]가 나올 것이다.
특히 (2)에서 sizeof 연산자의 인자로 arr[0]이 전달되었다. arr[0]은 이미 설명했듯이 int 객
체 3개를 모아놓은 배열 객체이다. 따라서 sizeof(arr[0])은 12가 나오게 된다. 결국 sizeof
연산자를 이용하면 배열의 크기를 정확하게 구할 수 있다.

sizeof 연산자를 이용하여 배열의 크기를 구할 수 있다고 해서 다음과 같이 포인터에 대해
서도 sizeof 연산자가 원하는 의도대로 동작하는 것은 아니다.

```
void main()
{
    int arr[2][3];
    int** ppArr = (int**)arr;

    int s1 = sizeof(ppArr);                    // (1)
    int s2 = sizeof(ppArr[0]);                 // (2)
    int s3 = sizeof(ppArr[0][0]);              // (3)
}
```

이번에는 2차원 배열 arr을 int** ppArr에 대입하여 sizeof 연산자를 적용해보자. s1, s2, s3에는 어떤 값이 나올까? 정답은 [4, 4, 4]이다. ppArr은 배열이 아니라 포인터이기 때문이다. ppArr뿐 아니라, ppArr[0]도 포인터이다. 즉, ppArr은 int**, ppArr[0]은 int* 그리고 ppArr[0][0]에서야 비로소 int 타입이다.

sizeof 연산자는 인자로 넘어온 객체의 타입만을 검사하여 해당 타입의 크기를 돌려줄 뿐이다. 즉, sizeof(int**), sizeof(int*), sizeof(int)이므로 [4, 4, 4]가 나온 것뿐이다. 신기하게 생각될 수 있는 것은 (3)에서 ppArr[0][0]을 구할 경우 메모리 예외가 발생할 수 있지만 sizeof 연산자에서는 발생하지 않는다는 사실이다. 왜냐하면 sizeof 연산자는 인자의 값을 평가하는 것이 아니라 인자의 타입만을 평가하기 때문이다.

[소스 5-17] sizeof 3

```
void main()
{
    int arr[2][3];
    int** ppArr = (int**)arr;

    int s1 = sizeof((int**)arr);               // (1) OK
    int s2 = sizeof(arr[0][0][0]);             // (2) Compile Error
```

```
    int s3 = sizeof(ppArr[0][0][0]);                    // (3) Compile Error

}
```

마지막 예제로 sizeof 연산자의 특징을 살펴보자! 일단 (2), (3)에서 컴파일 에러가 발생한다. 이유는 arr[0][0][0]이나 ppArr[0][0][0]은 타입을 평가할 수 없기 때문이다. 그렇다면 (1)의 s1에는 어떤 값이 들어갈까? 정답은 4이다. arr은 배열이므로 크기가 24가 나오겠지만 (int**)로 타입 변환을 하였으므로 sizeof 연산자는 오직 변환된 타입인 int**에 대해서만 평가하기 때문이다.

➜ 5.4.2. 배열의 요소 개수

배열 요소의 개수가 정해지는 시점은 언제일까? 배열이 생성될 때 배열 요소 개수가 정해질 것이라고 생각할 수 있지만 엄밀히 말해서 C/C++ 코드가 작성되는 시점에 배열 요소의 개수가 정해진다. 잘 이해가 안될 수도 있겠으나 코드를 일종의 설계도라는 개념으로 생각할 수 있다. 어떤 집을 짓기 전에 이미 설계도에는 방이 몇 칸인지가 정해져 있으며, 실제 집을 지을 때에 비로서 설계도에 있는 방들이 만들어지게 된다. 마찬가지로 배열 요소의 개수는 코드가 작성되는 시점에 이미 결정되어 있으며, 컴파일 되는 시점에 정해진 요소의 개수대로 배열 객체를 만드는 어셈블리가 작성된다. 그리고 실제 프로그램이 실행되면서 이미 정해진 요소의 개수를 가진 배열 객체가 만들어지는 것이다.

요약하면 배열 요소의 개수는 코드가 작성되는 시점에 이미 결정되어있고, 해당 코드가 컴파일되는 시점에 어셈블리로 변환되며, 실행 중에 이미 정해진 크기의 배열 객체가 생성된다는 것이다.

```cpp
void main()
{
    int count = 1024;
    int arr[count] = {0};          // (1)
}
```

이 예제를 보고 특별한 이상을 느끼지 못하는 개발자라면 분명 다음 중 하나일 것이다.
경험이 거의 없는 초보 개발자이거나 VLA(Variable-Length Array, 가변 길이 배열)를 알
고 있는 개발자 혹은 최신 GCC 컴파일러만을 사용하는 개발자일 것이다. VLA는 일단
나중에 설명하기로 하고, 일반적으로 위의 예제 코드는 (1) 부분에서 컴파일 에러가 발생
한다. 왜냐하면 count 변수는 실행 중에 1024라는 값을 가지게 되며, 이것이 바로 배열
arr의 요소 개수가 되기 때문이다. 즉, 배열 arr의 요소 개수가 실행 중에 정해지게 된다.
이미 앞에서 설명했다시피 일반적으로 배열 요소의 개수는 실행 중에 결정되어서는 안된
다.

필자가 처음 C++를 배우던 시절에도 위와 같은 경우를 맞닥뜨리고선 꽤 당황했던 기억
이 떠오른다. C/C++ 상세 사항에 배열 요소 개수는 상수만 가능하다는 것을 확인하고는
어쩔 수 없으려니 하면서 그냥 넘어가긴 했지만 왜 상수만 가능한지에 대해서는 정확히
이해하지 못했다. 그러나 지금은 시간이 많이 흘렀다. C++도 업그레이드 되었으며 기능
도 많이 추가되었다. 그래서 예전처럼 꼭 배열 요소 개수가 상수만 가능한 것은 아니게
되었다.

```
void main()
{
    const int count = 1024;      // (1)
    int arr[count] = {0};        // (2)
}
```

일단 일반적으로 배열 요소의 개수가 상수만 가능하다고 해서 배열 첨자([ ]) 자리에 꼭 상수만 써야만 하는 것은 아니다. 예제와 같이 (1)의 const가 지정된 상수 변수처럼 컴파일러가 보기에 값이 고정되어 있다면 배열 요소 개수로 사용할 수 있다. 이것을 이용하여 가변 크기 배열을 만들 수 있다고 주장하는 경우도 있다. 다음과 같다.

[소스 5-20] 배열 요소 개수 3

```
void main()
{
    const int count = 1024;              // (1)
    int* pCount = (int*)&count;          // (2)
    *pCount = 512;                       // (3)

    int arr[count] = {0};                // (4)
}
```

예제에서 (2), (3)은 강제로 상수 변수 count의 값을 변경하는 코드이다. 물론 이와 같은 코드는 가능하다. const 지정자는 객체의 이름에 적용되는 것이지, 해당 메모리 블록에 지정되는 것은 아니기 때문이다. 그래서 이름을 통하는 것이 아닌 포인터를 이용하여 메모리에 직접적으로 쓰기를 수행한다면 count 값을 변경시킬 수 있는 것이다. 어찌되었건 count는 이제 512가 되었다. 그렇다면 (4)에서 arr의 요소 개수는 512가 되는 것일까? 그렇게 보이겠지만 arr의 요소 개수는 여전히 1,024개이다.

컴파일러는 const가 지정된 변수를 거의 매크로처럼 취급해버린다. 즉, (1)처럼 count가 1,024로 초기화되면 그 이후부터 count를 1,024로 취급해버린다. 이것은 속도 향상을 위한 것이기도 한데 원칙적으로 다시는 변경될 수 없는 변수의 값을 메모리에 접근하면서 확인할 필요가 전혀 없기 때문이다. 그래서 (4)의 배열 arr 생성 코드가 컴파일되는 시점에 count를 1,024로 대체하고 배열 arr이 차지할 메모리 블록 공간인 4,096바이트만큼의 크기를 확보하는 어셈블리 코드를 작성한다. 즉, main 함수가 실행될 때 arr은 여전히 1,024개의 요소를 가지면서 생성된다. 결국 배열 요소의 개수는 실행 시점에 결정될 수 없다는 것이다.

➡ 5.4.3. 가변 크기 배열(VLA : Variable-Length Array)

배열 요소의 개수가 실행 시점에 결정될 수 없는 이유가 특별히 구현상 문제가 있거나 불가능하기 때문인 것은 절대로 아니다. 충분히 실행 시점에 배열 요소의 개수를 결정할 수도 있다. 단지 예전 컴파일러들이 허용하지 않을 뿐이다(현재 컴파일러 중에는 가변 크기 배열을 지원하는 것도 있다). 혹시라도 new [ ]를 통해서 가변 크기 배열이 이미 가능하지 않냐고 물을 수도 있는데 이미 배열과 포인터의 차이에 대해서 충분히 설명했듯이 new [ ]가 반환하는 것은 힙에 생성된 메모리 블록의 포인터이지, 배열 자체는 아니다. 여기서 말하는 것은 바로 배열 그 자체이다.

일반적으로 배열 객체는 전역 객체가 생성되는 데이터 영역 혹은 스택에 주로 생성된다. 배열 타입을 typedef를 이용하여 재정의한 후에 new를 통해서 힙에 생성할 수도 있긴 하지만, 그리 많이 사용되는 것은 아니다. 즉, 배열은 데이터 영역, 힙, 스택 모든 영역에 생성될 수 있다. 하지만 가변 크기 배열의 경우 데이터 영역과 힙에 생성되는 것은 사실상 불가능한 일이다. 가변 크기 배열이 생성될 수 있는 영역은 오직 스택밖에 없다. 물론 데이터 영역과 힙도 가상 메모리 공간이기 때문에 가변 크기의 배열을 만드는 것이 불가능하진 않겠지만 그러려면 기존 프로그래밍 구조가 전면적으로 변경되어야 한다.

스택에 생성되는 배열의 경우 요소의 개수를 실행 중에 결정하는 것은 그리 어려운 일이 아니다. 배열을 생성하는 어셈블리에서 배열의 공간 할당을 위하여 정적으로 스택을 늘리는 부분을 스택 메모리를 할당하는 함수인 alloca를 이용하여 대체하는 코드로 변경해주면 가능하기 때문이다.

이와 같은 개념으로 나온 것이 바로 VLA이다. 프로그래밍 언어에 따라서 VLA를 구현하는 방식은 각각 다를 수 있지만 GCC의 경우 스택 메모리 할당 함수인 alloca를 이용하여 가변 크기 배열을 구현하고 있다. 따라서 리눅스에서 최신의 GCC 컴파일러를 사용하여 앞에 나온 예제를 컴파일할 경우 더 이상 가변 크기 배열 부분에서 에러가 발생하지 않는다. 그러나 현재 시점에서 MS의 최신 컴파일러인 VS2013의 VC++의 경우는 VLA를 공식적으로 지원하고 있지 않은 상황이다.

여기까지 정리한다면 최신의 몇몇 컴파일러를 제외하고 기존의 컴파일러들은 가변 크기 배열을 지원하지 않는다는 것 그리고 가변 크기 배열을 지원하는 것이 기술적으로 그리 어려운 것은 아니다. 그렇다면 왜 기존의 컴파일러들은 가변 크기 배열을 애초에 지원하지 않은 것일까? 이제부터 그 이유를 확인해보자!

[소스 5-21] 기변 크기 배열

```
int CustomRand(int count)
{
  int arr[count];                          // (2)
  for(int i = 0; i < count; i++)
  {
    arr[i] = rand();                       // (3)
  }

  return arr[rand() % count];              // (4)
}

void main()
{
```

```cpp
        srand(time(NULL));
        int count = rand() * 10;                        // (1)
        cout << CustomRand(count) << endl;
    }
```

이번 예제는 VLA를 이용하여 사용자 난수 발생 함수를 만드는 것을 보여준다. 기본 난수 함수인 rand를 이용해서 처음 생성한 난수의 10배 개수의 요소를 가진 배열을 생성한 뒤에 요소 개수만큼 난수를 발생시켜서 배열에 집어넣고, 마지막으로 구한 난수를 인덱스로 사용하여 난수를 얻는다. 물론 이것은 제대로 된 난수 발생 함수는 아니다. 단지 VLA의 특징을 살펴보기 위해서 필자가 고육지책으로 만든 것뿐이다.

위의 예제가 제대로 컴파일되는 시스템(Linux GCC)을 기준으로 생각해보자! 컴파일이 제대로 된다고 해서 올바른 코드일까? 물론 거의 대부분 올바른 동작을 수행할 것이지만 분명한 사실은 상당히 위험한 코드라는 사실이다. 어떤 점에서 위험한 것일까?

바로 (1) 부분이다. 기본 난수 발생 함수인 rand는 최대값으로 32,767까지 반환할 수 있다. 그런데 이곳에 10을 곱한다. 즉, 최대 327,670개의 배열 요소가 가변적으로 생길 수 있는 것이다. 배열 요소의 타입이 int이므로 가변적으로 생성되는 배열의 최대 크기는 대략 1.2MB까지 될 수가 있다. 문제는 스택의 크기이다. 스택의 경우 시스템마다 다를 수는 있지만 기본적으로 스레드당 1MB 정도가 할당된다. 그런데 스택에 생성되어야 할 배열의 크기만 1MB를 넘어서기 때문에 이럴 경우 스택 오버플로가 발생할 수밖에 없다. 즉, 배열의 크기가 어느 정도 이상일 경우 런타임 오류가 발생한다. 만일 가변 크기 배열이 아닌 기존과 같은 상수 크기 배열이고 요소의 개수를 327,670으로 한다면 어땠을까? 역시 런타임 오류가 발생하겠지만 미묘한 차이가 있다. 전자의 경우 main 함수에서 런타임 오류가 발생하는 경우는 확률에 달려있지만, 후자의 경우 main 함수에서 항상 런타임 오류가 발생한다는 것이다. 즉, 고정 크기 상수 배열일 경우 쉽게 잘못된 코드를 찾아낼 가능성이 높다.

그 외에도 원칙적인 문제가 있다. 가변이라는 의미는 엄밀히 말해서 어떤 값도 대상이 될 수 있다는 의미를 가진다. 스택의 크기를 고려해서 가변 크기의 제한이 발생한다면 진정한 의미에서 가변이라고 할 수는 없을 것이다. 따라서 기존의 컴파일러들이 굳이 위험부담을 감수하면서까지 제한된 크기를 가지는 가변 크기 배열을 지원할 필요는 없다.

결정적으로 가변 크기 배열이 지원된다고 해도 그렇게 쓸 일이 많지는 않다. 왜냐하면 가변 크기 배열처럼 동작하는 STL의 vector 컨테이너를 사용하면 되기 때문이다.

따라서 가능하면 배열은 전통적인 방식으로 상수 개수만 허용된다는 것으로 알고 그에 맞추어서 코드를 작성한다면 안전한 프로그래밍을 할 수 있다. 가변 크기 배열이 필요하다면 vector를 쓰면 된다. vector는 가변 크기 배열과 비슷하게 동작하지만 실제로 스택이 아닌 힙을 사용하기 때문에 크기 제한도 존재하지 않는다.

5.5. vector

배열은 가장 기초적인 자료구조이다. 사용하기에 직관적이며 탐색의 경우 상수 시간 복잡도를 가지므로 접근 성능은 최고 수준이다. 하지만 장점 못지 않게 단점도 많은 편이다. 모든 단점의 시초라고 한다면 일단 배열은 크기가 한 번 정해지면 다시는 변경할 수가 없다. 이로 인해서 대부분의 단점들이 도출된다. 따라서 배열의 장점은 유지하면서 단점들을 덮을 수 있는 대안적인 자료구조를 찾게 되었으며 그로 인해서 탄생한 것이 바로 STL의 vector라고 할 수 있다.

➔ 5.5.1. 배열과 vector

혹시라도 STL의 vector의 사용법을 잘 모를 경우 STL 관련 서적이나 웹 페이지를 참조하길 바란다. 조금만 살펴봐도 vector를 배열처럼 능숙하게 사용할 수 있다. vector를 살펴보면 배열 대용으로 충분히 사용할 수 있음을 알 수 있다. 오히려 vector에 기능이 월등히 많기 때문에 배열을 능가하는 자료구조임을 쉽게 이해할 수 있을 것이다. 즉, 배열 대신 아예 vector만 사용해도 충분할 수도 있다. 그러나 vector는 vector일뿐 절대로 배열 그 자체가 될 수는 없는 법이다. 무슨 의미인가 하면 vector가 기능적으로는 배열처럼 사용될 수 있겠지만 완벽하게 배열을 대체할 수는 없다.

[소스 5-22] 배열과 vector의 호환 1

```cpp
void Sum(int (&arg)[3])          // (A)
{
   int Sum = 0;
   int cnt = sizeof(arg) / sizeof(arg[0]);

   for(int i = 0; i < cnt; i++)
   {
      Sum += arg[i];
   }

   cout << Sum << endl;
}

void main()
{
   int arr[3] = {1, 2, 3};      // (1)
   Sum(arr);                    // (2)

   vector<int> v(3);            // (3)
   v[0] = 1;
   v[1] = 2;
   v[2] = 3;
   Sum(v);                      // (4) Compile Error
}
```

(A)의 Sum 함수는 int 객체 3개가 모인 1차원 배열을 인자로 받아서 배열의 모든 요소의 값을 더하여 출력하는 함수이다. 따라서 (1), (2)와 같이 매개변수(parameter) arg와 같은 타입의 배열 arr을 인자로 넘길 수가 있다. 그러나 (3), (4)와 같이 vector를 사용할 경우

절대로 해당 함수 Sum에 vector 객체 v를 인자로 넘길 수 없다. 이유는 간단하다. vector
는 배열이 아니기 때문이다.

위의 예제가 너무 억지스럽다고 생각할 수도 있다. 인자의 타입을 배열 타입과 정확히 일
치하도록 하였기 때문이다. 그래서 이번에는 인자로 배열을 받는 것이 아니라 포인터를
받도록 변경하여 테스트해 보았다.

[소스 5-23] 배열과 vector의 호환 2

```cpp
typedef int (*PARR)[3];                  // (A-1)

void Sum(PARR parg)                      // (A-2)
{
   int Sum = 0;
   int cnt = sizeof(*parg) / sizeof((*parg)[0]);

   for(int i = 0; i < cnt; i++)
   {
      Sum += (*parg)[i];
   }

   cout << Sum << endl;
}

void main()
{
   int arr[3] = {1, 2, 3};               // (1)
   Sum((PARR)arr);                       // (2)

   vector<int> v(3);                     // (3)
   v[0] = 1;
   v[1] = 2;
   v[2] = 3;
   Sum((PARR)&v);                        // (4)
}
```

이번 예제는 Sum 함수의 인자 타입을 PARR로 변경한 것이다. (A-1), (A-2)에서 볼 수 있듯이 PARR은 int 객체 3개를 가진 배열의 포인터 타입이다. 인자 타입을 변경했기 때문에 더 이상 (4)에서 컴파일 에러가 발생하지는 않는다. 그렇다면 결과는 어떻게 출력될까? (2)의 Sum 함수는 6을 출력하겠지만, (4)의 Sum 함수는 이상한 쓰레기 값을 출력하게 된다. 왜 그런 것일까?

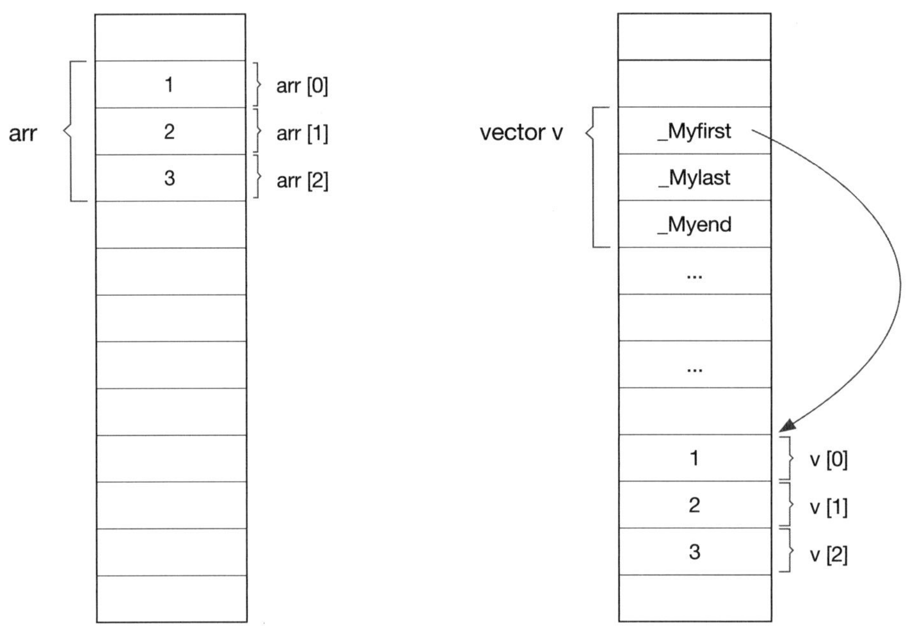

▲ **그림** 5-15 배열과 vector의 차이

그림은 배열과 vector의 메모리 구조를 보여준다. 한눈에 봐도 구조 자체가 다르다는 것을 알 수 있다. 배열 arr은 메모리 블록 그 자체를 나타내지만, vector v는 클래스 객체이기 때문이다. vector의 멤버 중에 _Myfirst 포인터가 바로 실제 요소들이 시작되는 주소를 가리키고 있을 뿐이다. 이런 상황에서 Sum 함수의 인자로 v의 주소를 넘긴다는 것은 아무 의미도 존재하지 않을 뿐이다.

➤ 5.5.2. vector 인자

배열이나 vector 모두 객체이기 때문에 함수의 인자로 전달될 수가 있다. 함수의 인자로
전달되는 방식은 크게 두 가지가 있는데, 하나는 값에 의한 호출이며, 또 하나는 참조에
의한 호출이다. 인자 전달에 관해서는 [함수]장에서 다시 한 번 자세히 설녕할 것이다.

배열 객체의 경우 값에 의한 호출로 인자를 전달해도 사실상 참조의 의한 호출과 크게 달
라지지 않는다. 왜냐하면 배열 이름 자체가 바로 배열 객체의 메모리 블록 주소를 나타내
기 때문이다.

[소스 5-24] 배열의 값의 의한 호출

```cpp
void Func(int arg[])
{
   arg[0] = 1;                  // (2)
}

void main()
{
   int arr[1] = {0};            // (1)
   Func(arr);

   cout << arr[0] << endl;      // (3)
}
```

값의 의한 호출을 할 경우 함수 안에서 인자 값의 변화는 함수 호출시 전달된 인자에 영
향을 주지 못하는 것이 일반적이다. 그러나 배열 객체의 경우는 다르다. 배열 객체는 값
에 의한 호출로 전달되어도 주소가 전달되므로 참조에 의한 호출처럼 취급되기 때문이
다. 그래서 (3)에서 출력 결과는 1이 된다.

배열 객체를 값에 의한 호출로 전달할 경우 참조 방식으로 전달되도록 만든 이유는 단순하다. 효율성 및 안정성을 위해서이다. 배열은 그 크기가 얼마나 될지 알 수 없다. 요소의 개수가 충분히 많다면 꽤 많은 메모리를 차지하게 될 것이다. 만일 배열이 실질적으로 값의 의한 호출에 의해서 복사가 이루어져야 한다면, 배열 요소의 개수가 많을 경우 그만큼의 요소를 복사해야만 할 것이다. 즉, 효율성이 떨어진다. 그것뿐만이 아니다. 수 MB 크기의 전역 배열이 있다고 가정해보자! 과연 이 배열을 순수하게 복사에 의해서 인자로 전달할 수 있을까? 복사에 의해서 인자로 전달한다는 의미는 해당 배열을 스택에 복사하겠다는 의미이다. 스택의 기본 크기가 대략 1MB이기 때문에 수 MB 크기의 전역 배열을 복사로 넘길 경우 바로 스택 오버플로가 발생할 것이다. 결국 배열 객체를 참조 방식으로만 전달되도록 만든 이유는 효율성도 있지만 그보다는 안정성을 위해서라고 할 수 있다.

그런데, vector의 경우는 인자로 전달할 경우 배열과는 전혀 다른 방식으로 전달된다는 특징이 있다. 지금부터 vector가 인자로서 어떻게 전달되는지 살펴보자!

[소스 5-25] vector의 값의 의한 호출

```cpp
void Func(vector<int> varg)
{
  varg[0] = 1;              // (2)
}

void main()
{
  vector<int> v(1);         // (1)
  v[0] = 0;
  Func(v);

  cout << v[0] << endl;     // (3)
}
```

vector는 이미 살펴본 것처럼 클래스이다. 즉, 클래스 객체의 인자 전달 방식을 따를 뿐이다. 값의 의한 호출로 클래스 객체를 전달할 경우 해당 클래스 객체는 복사 생성자가 호출되면서 스택에 새로운 복사본이 생성된다. 즉, 예제에서 v와 varg는 완전히 별개의 객체일 뿐이다. 따라서 결과는 Func의 영향을 받지 않으므로 0이 출력된다.

vector는 배열과 다르게 값의 의한 호출을 실제 복사에 의해서 처리한다. 그 의미는 효율성이 자칫 떨어질 수도 있다는 것과 같다. 가령 vector에 요소가 상당히 많을 경우, 인자를 값으로 전달할 경우 요소 수만큼 복사가 이루어져야만 한다. 이것은 상당한 오버헤드가 아닐 수 없을 것이다. 물론 배열처럼 스택 오버플로가 발생할 염려는 없다. 실제 vector의 요소들은 힙에 존재할 것이고, 요소들이 복사되는 곳도 바로 힙 영역이기 때문이다. 실질적으로 스택에 복사되는 부분은 vector 클래스 객체 그 자신일 뿐이므로 크기가 얼마 되지 않는다. vector를 값의 의한 호출로 전달하는 것은 안정성에는 문제가 없을지 모르지만 분명히 비효율적일 수 있다. 따라서 가능하면 vector를 인자로 넘길 때는 참조 방식을 사용해야만 한다.

이것으로 배열과 vector가 확실히 다르다는 것을 알 수 있었을 것이다. 사용법이나 모양새는 비슷할 수 있을지 몰라도 실제 구조는 완전히 다르다는 것을 확실히 이해하고 있어야만 한다. 그런 이해를 바탕으로 한다면 vector를 좀더 효율적으로 사용할 수 있을 것이다.

5.6. 정리

포인터와 배열에 대해서 적절하게 설명을 한 것 같다. 핵심적인 내용을 정리한다면 포인터와 배열은 비슷하면서도 큰 차이가 있다는 점이었다. 그래서 포인터와 배열을 호환하여 사용할 경우 극히 주의해야 함을 알 수 있었다.

배열의 경우 다차원으로 전개될 수 있으나 실제적으로 배열은 오직 1차원적인 자료구조임을 명심해야만 한다. 그 외 배열의 이름을 통해서 배열의 크기와 요소의 개수 등을 확인할 수 있었다.

배열 요소의 개수를 살펴보면서 C++의 최신 상세 내용 중 하나인 VLA에 대해서도 살펴보았다. 그러나 필자는 VLA를 사용하는 것보다는 필요하다면 vector를 사용하길 추천했다. STL에는 vector 뿐 아니라 다양한 자료구조를 컨테이너로 포함하고 있다.

마지막으로 배열 대신 많이 사용되는 STL의 vector를 살펴보았다. 배열 대신 사용될 수는 있을지언정 배열은 아니라는 것을 확실히 이해할 수 있었다. 배열과 벡터의 구조 자체가 근본적으로 다르기 때문에 그 차이를 정확히 이해한다면 vector를 효율적이고 올바르게 사용하는데 도움이 될 것이다.

시간이 된다면 STL 다양한 컨테이너 및 기능들에 대해서 학습하길 추천한다. STL을 능수능란하게 사용할 수 있다면 프로그래밍에 많은 도움이 될 것은 자명한 일이다.

06

클래스

객체지향 프로그래밍(C++, 자바 등)을 접해본 사람이라면 기본적인 클래스의 개념은 이해하고 있을 것이다. 구조체와 클래스의 차이점이나 클래스의 속성인 캡슐화, 상속성, 다형성 등 기본적인 개념을 여기서 소개하지는 않을 것이다. 기본적인 개념은 수많은 C/C++ 및 자바 기본 서적에 잘 설명되어 있으므로 혹시라도 기본 개념이 부족하다고 느낀다면 해당 서적을 참고하길 바란다.

여기서는 클래스의 개념이나 성질에 대해서 피상적으로 알려져 있거나 잘못 이해되고 있는 것들에 대해서 클래스의 핵심 원리를 파악함으로써 정확하게 살펴보는 것을 목표로 한다. 클래스는 C++의 핵심이라서 클래스를 제대로 알게 된다면 C++의 핵심에 조금은 더 가까이 다가갈 수 있을 것이다.

6.1. 구조체와 클래스의 차이

일반적으로 C의 구조체는 타입이 서로 다른 데이터들을 한 곳에 모아놓은 확장 자료형으로 알려져 있으며 C++의 클래스는 C의 구조체에 멤버 함수를 추가한 것으로 알려져 있다. 그래서 개발자중에는 구조체에는 함수가 있을 수 없다고 알고 있는 사람들도 꽤 있다.

그러나 이것은 반은 맞고 반은 틀린 것이라고 할 수 있다. 구조체에 멤버 함수를 추가한 뒤에 순수 C 컴파일러로 컴파일을 하게 되면 "함수는 struct(구조체)의 멤버일 수 없습니다." 라는 에러가 발생하지만 C++ 컴파일러로 컴파일할 경우 아무 문제도 나타나지 않기 때문이다. 즉, C++ 컴파일러를 사용하게 되면서 구조체의 기능이 클래스처럼 확장되었다고 보는 것이 가장 알맞다고 할 수 있다. 요즘에는 순수하게 C 컴파일러만을 쓰는 경우는 거의 없으므로 구조체도 함수를 가질 수 있다고 생각하는 것이 맞다.

C 컴파일러로 컴파일하는 것이 생소할 수도 있는데 Visual C++의 경우 기본적으로 소스 파일의 확장자가 .c로 되어있을 경우 C 컴파일러가 사용되며, 확장자가 .cpp일 경우는 C++ 컴파일러가 사용된다. GCC의 경우 gcc / g++ 옵션으로 C 및 C++ 컴파일러를 컴파일 시점에 선택할 수 있다.

[소스 6-1] struct 코드

```cpp
struct STest
{
    int m_X;
    int MemberFunc()
    {
        return m_X;
    }
};


void main()
{
```

```
    struct STest t;      // (1) C에서는 선언시 struct이 앞에 있어야 한다.
    t.m_X = 1;
}
```

〈소스 6-1〉을 Test.c 파일로 저장하여 컴파일할 경우 에러가 나지만 Test.cpp 파일로 저장하여 컴파일할 경우에는 에러 없이 성공한다. 또한 (1)에서 보듯이 C 컴파일러에서는 구조체 객체 선언및 정의시 반드시 struct 키워드를 구조체 이름 앞에 붙여야 하지만 C++ 컴파일러에서는 struct 키워드를 생략해도 상관없다.

그렇다면 struct, class 키워드는 C++에서 별 차이가 없기 때문에 동의어처럼 사용해도 되는 것일까? 그렇게 생각하기 쉬운데 구조체와 클래스는 기본 접근 지정자에서 차이가 존재한다. 접근 지정자란 클래스에서 많이 봐왔던 public, protected, private를 말하며 기본 접근 지정자란 public, protected, private 등이 생략되었을 때 컴파일러에 의해서 기본적으로 선택되는 접근 지정자를 말한다. 컴파일러에 의해서 선택되었다는 것은 암시적으로(즉 코드상으로 보이지 않게) 존재하는 것을 의미한다. 기본 접근 지정자는 구조체의 경우 public이며 클래스의 경우 private이 된다.

[소스 6-2] class 코드

```
class CTest             // (1)
{
    int m_X;
};

void main()
{
    CTest t;
    t.m_X = 1;          // (2)
}
```

<소스 6-2>에서 class CTest는 특별한 접근 지정자가 명시적으로 지정되지 않았으므로 기본 접근 지정자는 private이 된다. 따라서 함수 main에서 멤버 변수 m_X에 접근할 수 없기 때문에 (2)에서 "private 멤버에 접근할 수 없다."는 에러가 난다. 그러나 (1)에서 class를 struct으로 변경할 경우 기본 접근 지정자가 public이 되므로 컴파일은 성공하게 된다.

왜 구조체와 클래스의 기본 접근 지정자는 다른 것일까? 이것은 순전히 C 언어와의 하위 호환성을 고려한 결과이다. C 언어로 개발된 수많은 프로그램에서 이미 많은 구조체가 사용되고 있으며 애초에 구조체에는 접근 지정자라는 개념 자체가 없었다. 접근 지정자는 C++ 클래스의 캡슐화 및 정보은닉의 개념을 구현하기 위해서 도입된 것이다. 따라서 구조체의 멤버는 처음부터 외부에서 자유롭게 접근되었기에 기본 접근 지정자는 당연히 public이 될 수밖에 없는 것이며 클래스는 캡슐화 및 정보 은닉을 기본으로 하면서 외부에 공개할 것에 대해서만 특별히 public을 지정하도록 설계되었으므로 기본 접근 지정자는 private이 된다. 만일 구조체의 기본 접근 지정자가 클래스와 같이 private가 될 경우에는 기존에 작성된 구조체를 이용하는 소스 코드는 모두 컴파일이 되지 않을 것이기에 심각한 호환성 문제를 겪을 수밖에 없다. 따라서 구조체의 기본 접근 지정자는 public이 될 수밖에 없다.

앞으로는 클래스라는 단어를 사용할 경우 구조체를 당연히 포함하는 개념으로 사용할 것이다. 따라서 특별한 언급이 없는 한 클래스는 구조체를 포함하는 개념으로 생각하자!

6.2. 클래스의 메모리 구조

이전에도 언급했지만 프로그램이 실행된다는 것은 결국 CPU와 메모리의 데이터 교환으로 환원될 수 있다. 메모리에 저장된 프로그램 코드를 가져와서 CPU가 실행하고, 실행 중에 메모리의 내용을 읽거나 새로운 내용을 쓰는 것이 거의 전부라고 할 수 있다. 물론 HDD나 SDD와 같은 디스크나 네트워크와 연결되어 입출력이 되는 것은 일단 논외로 하자!

결국 강조하고 싶은 것은 프로그래밍을 하는데 있어서 메모리가 중요하다는 점이다. 데이터들이 메모리에 어떻게 적재되어 있는지를 제대로 이해하는 것은 고성능 고효율 및 안전한 프로그래밍을 하는데 있어서 반드시 필요한 일이다.

➔ 6.2.1. 메모리 배치 규칙

〈타입〉 장에서 기본 타입의 메모리 구조를 살펴보았으며 이해하는데 큰 어려움은 없었다. 그에 비해서 클래스는 복합 데이터 타입으로서 경우에 따라서 메모리 구조가 상당히 복잡해질 수 있다. 그러나 메모리 배치 구조는 나름 일관된 규칙이 있기 때문에 그것을 알고 나면 클래스 객체가 컴파일러에 의해서 어떻게 다루어지는지 쉽게 이해할 수 있다. 결국 클래스를 이해한다는 것은 클래스의 메모리 구조를 이해하고 컴파일러가 어떻게 그 구조를 이용하는지를 아는 것이 거의 전부라고 할 수 있다.

[소스 6-3] 클래스 메모리 배치

```
class CTest
{
public:
    char m_Char;
    int m_Int;
    double m_Double;

    static int m_SInt;

    int MemberFunc()
    {
        return m_Int;
    }
};

void main()
{
    CTest t;
    t.m_Char = 'A';
```

```
    t.m_Int = 1;
    t.m_Double = 3.14;          // (1) Member m_Double 접근
}
```

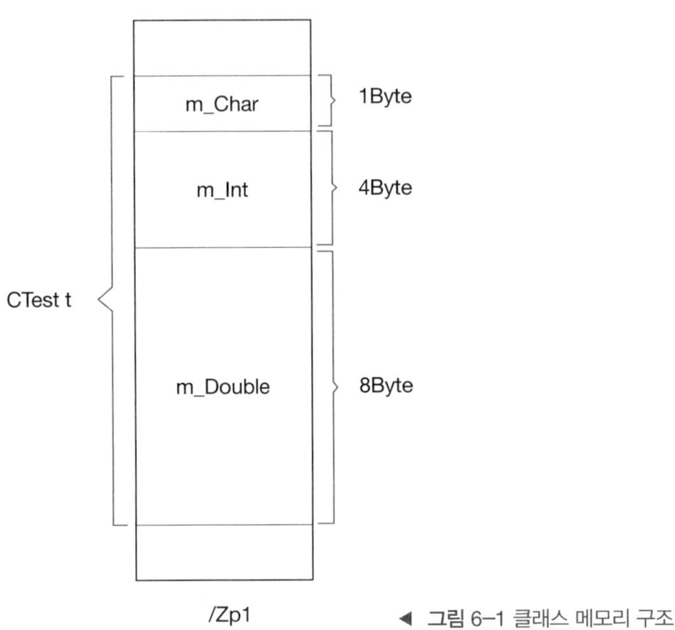

◀ 그림 6-1 클래스 메모리 구조

〈그림 6-1〉에서 CTest t 객체의 메모리 구조를 살펴보자! 눈여겨보아야 할 점은 정적 멤버 변수 m_SInt와 멤버 함수 MemberFunc는 CTest t 객체의 메모리 영역에 포함되어 있지 않다는 사실이다. 실제로 메모리 영역에 포함되어 있는 것은 일반 멤버 변수인 m_Char, m_Int, m_Double 뿐이다.

일반 멤버 변수는 클래스 객체의 상태나 정보를 나타내기 위하여 존재한다. 그에 비해서 정적 멤버 변수는 객체가 아닌 클래스 자체의 상태나 정보를 나타낸다. 따라서 일반 멤버 변수는 객체마다 존재하지만 정적 멤버 변수는 오직 하나만 존재한다. 한마디로 정적 멤버 변수는 클래스 안에서 정의되고 있기에 클래스를 통해서만 접근할 수 있다는 사실을 제외하고는 전역변수와 같다고 할 수 있다. 따라서 m_SInt는 전역변수가 저장되는 전역 데이터 메모리 영역에 4바이트만큼 하나만이 존재하며 CTest의 모든 객체들에 의해서 공

유될 수 있다.

클래스의 멤버 함수도 마찬가지이다. 멤버 함수를 포함하여 모든 함수들은 일찌감치 메모리의 코드 영역에 위치하여 CPU에 의해서 실행되는 것이다. 따라서 클래스 객체의 메모리 영역에 있을 필요가 없다. 메모리 그림에서 알 수 있는 또 하나의 중요한 사실은 당연하게 여길 수도 있겠지만 변수의 메모리 위치 순서가 클래스에서의 선언 순서와 일치한다는 점이다. 현재는 m_Char, m_Int, m_Double 순으로 메모리에 순차적으로 위치하지만 클래스에서 변수의 선언 순서를 바꿀 경우 메모리 영역에서 변수의 위치 순서도 변하게 된다.

〈소스 6-3〉의 (1)에서 CTest t의 멤버 변수에 값을 쓰는 것을 볼 수 있다. 너무나도 쉬운 구문이지만 CPU와 메모리의 데이터 교환이라는 과정으로 환원할 경우 상당히 복잡한 과정을 거치게 된다. 클래스가 정의되면 클래스의 일반 멤버 변수는 해당 변수가 클래스의 메모리 시작 위치에서 얼마나 떨어져서 위치하게 되는지를 나타내는 오프셋 정보를 갖게 된다. 각 변수에 대한 오프셋 정보는 컴파일러에 의해서 기억된다. 즉, CTest를 살펴볼 때 (m_Char, 0), (m_Int, 1), (m_Double, 5)라는 정보를 컴파일러가 기억한다. (1)처럼 t.m_Double = 3.14; 라는 구문은 CTest t 객체의 메모리 시작 위치를 구한 후 m_Double이 나타내는 오프셋 주소인 5를 더하여 해당 메모리 위치에 3.14라는 값을 복사하는 것이다. 결국 클래스 객체의 멤버 변수에 접근한다는 것은 멤버 변수의 오프셋 정보를 이용하여 메모리 연산을 하는 것뿐이다. 여기서 강조하고 싶은 것은 클래스에서 멤버 변수를 생각할 때는 오프셋도 함께 생각하자는 것이다. 그렇다면 실제로 코드를 통해서 각 멤버 변수의 오프셋을 출력하는 코드를 작성하여 확인해보자!

[소스 6-4] 멤버 오프셋 함수

```
void PrintOffset()
{
    int OffsetC = (int)(&(((CTest*)0)->m_Char));
    int OffsetI = (int)(&(((CTest*)0)->m_Int));
    int OffsetD = (int)(&(((CTest*)0)->m_Double));
```

```
    printf("[%d, %d, %d]", OffsetC, OffsetI, OffsetD);
}
```

생소할 수 있겠으나 〈소스 6-4〉에서 제시된 함수로 멤버 변수의 오프셋을 구할 수 있다. 기본적인 처리 방식은 0을 CTest* 타입으로 변환하여 객체의 메모리 시작 주소를 0으로 맞추고 각 멤버의 주소를 얻어내서 오프셋을 구하는 것이다. 위의 코드는 오프셋을 구하는 기본적인 원리를 보이기 위하여 제시한 코드이며, 실전에서는 offsetof라는 전처리 명령어를 사용하는 것이 깔끔하고 보기 좋다. offsetof의 정의를 따라가보면 결국 위의 방식을 엿볼 수 있을 것이다. 또한 offsetof를 사용하기 위해서는 기본적으로 #include 〈stddef.h〉가 필요하며 사용방법은 offsetof(클래스명, 멤버변수명);과 같다. 그렇다면 PrintOffset의 실행 결과는 어떻게 나왔을까? Visual C++의 설정을 특별하게 변경하지 않고 사용했을 경우 아마노 [0, 4, 8]이 출력될 것이다. 예상값인 [0, 1, 5]가 나오지 않아서 의아한 생각이 들 수도 있다.

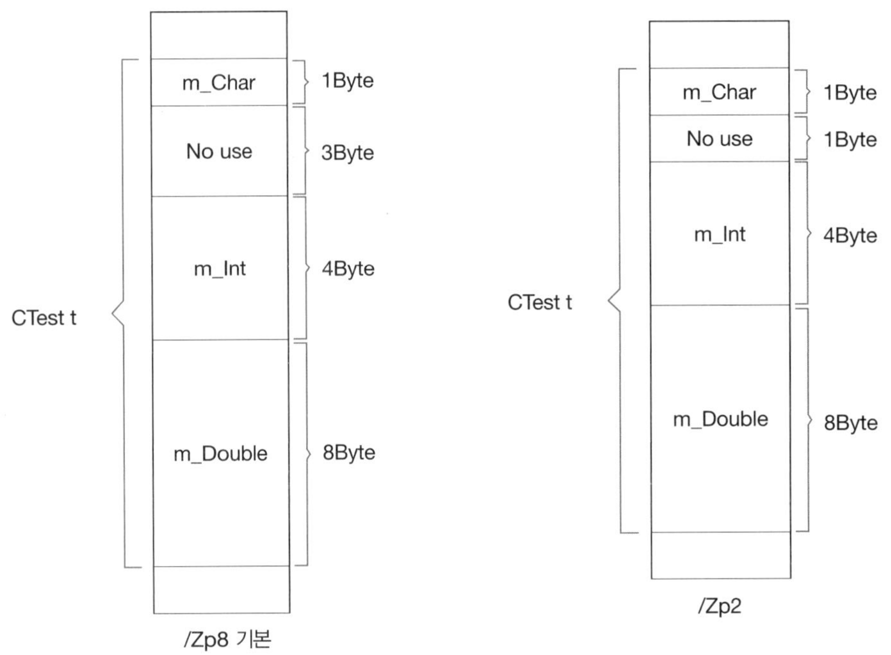

▲ 그림 6-2 구조체 멤버 맞춤에 따른 메모리 구조

그럼 이제부터 왜 이런 예상치 못한 결과가 나왔는지 실마리를 풀어보자! 사실 컴파일러는 꽤 많은 일들을 하고 있다. 개발자가 생각하는 상식과 절차를 뛰어넘어서 성능을 극대화하기 위하여 코드를 수정하여 최적화하기도 한다. 물론 이런 수정은 의도하지 않은 결과를 낳기도 하며 문제가 되는 경우도 아주 가끔 있기도 하지만 대부분은 아무 문제없이 조용히 잘 처리된다. 클래스 객체의 메모리 배치도 마찬가지이다.

일반적으로 멤버 변수는 오프셋이 변수 타입 크기의 배수일 때 CPU의 메모리 접근 횟수가 최소화되어 최적의 성능을 내는 것으로 알려져 있다. 그러나 이런 식으로 배치를 하게 될 경우 낭비되는 빈 공간이 생기게 되며 특히 변수 타입의 크기가 너무 클 경우 낭비되는 공간도 함께 커지는 문제가 있다. 따라서 가능하면 오프셋이 타입 크기의 배수가 되도록 설정을 하지만 너무 커지지 않도록 최대값을 둔다.

일반적으로 C++에서 기본 타입 중 가장 큰 변수의 크기는 double이나 64비트 정수를 나타내는 __int64처럼 모두 8바이트이다. 따라서 컴파일러는 멤버 변수를 메모리에 위치시킬 때 그것의 오프셋이 변수 타입 크기와 8중 작은 쪽의 최소 배수가 되도록 조정을 하게 된다. 따라서 〈그림 6-2〉의 왼쪽 메모리 배치처럼 m_Char는 첫 멤버 변수이므로 무조건 오프셋 0에 위치하게 되며, m_Int는 (4, 8)중 작은 쪽인 4의 최소 배수인 4를 오프셋으로 갖게 된다. 그리고 m_Double은 자연스럽게 오프셋 8에 위치하면 된다.

이것을 컴파일러는 /Zp (구조체 멤버 맞춤)라는 설정 옵션으로 제공하고 있다. Visual C++을 사용한다면 프로젝트 속성의 [구성속성 〉 C/C++ 〉 코드 생성 〉 구조체 멤버 맞춤]에서 확인할 수 있다. 보통 기본값을 사용하는데 기본값이 위에서 말한 것처럼 8바이트이다. 마찬가지로 /Zp2 옵션을 선택할 경우 2바이트 맞춤을 하게 된다. 이때 m_Int는 (4, 2)중 작은 쪽인 2의 최소 배수인 2를 오프셋으로 갖게 되어서 〈그림 6-2〉의 오른쪽 메모리 모양과 같은 배치가 일어나게 된다. 따라서 맨 처음 소개했던 〈그림 6-1〉의 메모리 구조 그림은 컴파일러의 기본 설정에서는 정확하다고 할 수 없다. 그럼에도 〈그림 6-1〉과 같은 메모리 배치 구조를 보이게 된 것은 기본적으로 클래스의 객체가 메모리에 어떤 방식으로 적재되는지를 보이는데 적절하기 때문이다.

만일 〈그림 6-1〉과 같은 메모리 배치를 얻고 싶다면 /Zp1을 옵션으로 선택해서 1바이트 단위로 오프셋을 맞춰주면 된다. 위에서도 말했지만 /Zp8(8Byte 맞춤)을 사용하면 당연히 클래스의 객체가 메모리에 위치할 때 사용되지 않는 빈 영역(No use)을 포함하게 된다. 즉, 메모리 낭비가 생기게 되는 것이다. 그럼에도 구조체 멤버 맞춤을 사용함으로써 얻는 성능 향상이 더욱 효용이 크다고 생각하기에 기본적인 설정으로 선택되어있는 것이다. 만일 메모리의 가격이 훨씬 비싸서 귀했더라면 구조체 멤버 맞춤 옵션은 사용되지 못했을 것이다.

➡ 6.2.2. 멤버의 접근

클래스 멤버의 메모리 배치를 이해했으므로 실제로 멤버를 접근하는 코드는 어떻게 어셈블리로 표현되는지 살펴보자!

[소스 6-5] 멤버 접근 어셈블리

```
CTest t;

t.m_Char = 'A';                        // (1)
mov byte ptr [ebp-18h],41h


t.m_Int = 1;                           // (2)
mov dword ptr [ebp-14h],1


t.m_Double = 3.14;                     // (3)
fld   qword ptr [__real@40091eb851eb851f (9E0950h)]
fstp qword ptr [ebp-10h]
```

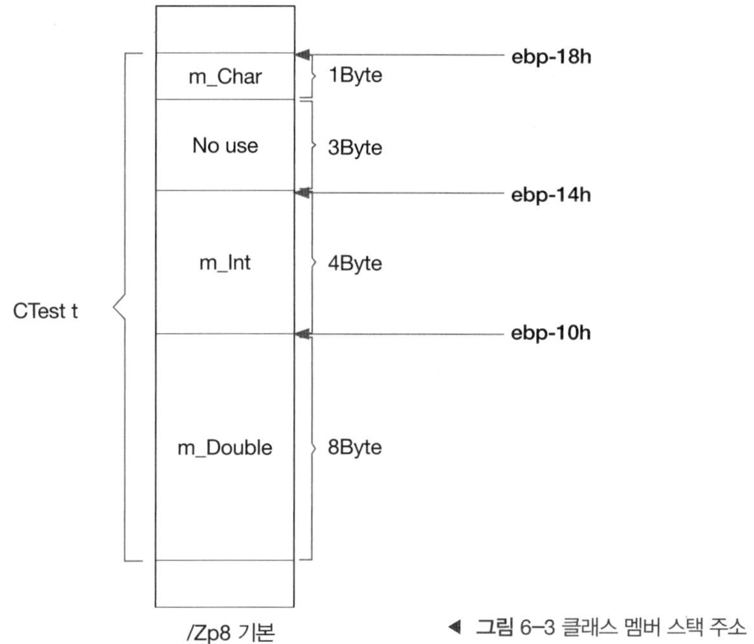

◀ 그림 6-3 클래스 멤버 스택 주소

〈소스 6-5〉는 〈소스 6-3〉의 main 함수의 어셈블리 코드이다. 또한 현재 클래스의 메모리 배치는 구조체 멤버 맞춤 기본값인 /Zp8 옵션이 사용되고 있다. CTest t 객체는 스택 메모리에 생성된다. 〈그림 6-3〉은 CTest t의 멤버들이 스택 메모리에 어떻게 위치하는지를 보여준다. 그림에서 알 수 있듯이 클래스 CTest t의 시작 주소는 ebp-18h가 된다.

(1)을 살펴보자! 스택상의 m_Char의 주소인 ebp-18h 위치에 16진수 0x41을 대입한다. 41h라는 표현은 16진수 0x41을 나타낸다(0x41이 곧 'A'이다).

(2)도 간단하다. 스택상의 m_Int 주소인 ebp-14h 위치에 16진수 0x1을 대입한다.

(3)은 나름 꽤 복잡하다. 이 책의 목적이 어셈블리를 설명하는 것은 아니기에 자세히 설명하진 않겠으나 간단히 살펴보면 스택상의 m_Double 주소인 ebp-10h 위치에 3.14를 대입하는 것이다. 여기서 3.14는 어떻게 표현되는가? 바로 0x40091eb851eb851f 이 실제 3.14를 나타내는 값이 된다. double 타입 8Byte의 64Bit들이 위의 값처럼 배치될 경우 해당 메모리는 3.14로 해석된다. 컴파일러는 일단 3.14에 해당하는 64Bit(8Byte)의 배치를

만든 후에 해당 값을 스택에 추가한 후에 ebp-10h 위치에 스택의 값을 빼면서 대입한다. 각각 멤버 변수의 주소는 ebp-18h, ebp-14h, ebp-10h이다. 이것은 CTest t의 주소인 ebp-18h를 기준 오프셋을 구할 경우 각각 [0, 4, 8]이 된다.

위의 클래스 멤버 접근 어셈블리 코드를 보면서 알 수 있는 것은 결국 멤버에 접근하기 위해서는 반드시 멤버의 오프셋 정보를 알아야만 한다는 것이다. 실제로 클래스 객체의 멤버의 접근하는 모든 어셈블리 코드는 객체의 주소를 기준으로 클래스의 선언으로 이미 정해진 각 멤버의 오프셋 정보만을 이용한다. 이런 방식은 멤버 함수에서도 사용되는데, 이후에 소개되는 클래스 멤버 함수 부분에서 자세하게 살펴보도록 하자.

➡ 6.2.3. 클래스 크기

클래스가 메모리에 배치되고 어떻게 접근되는지 확인하였다. 배치되었다는 것은 일정한 메모리 영역을 차지한다는 것과 같다. 즉, 일정한 크기를 가진다는 것과 같은 말이다. 결국 클래스는 크기를 가진다는 말이 된다. 그렇다면 클래스의 크기는 어떻게 확인해야 할까? 일일이 구조체 멤버 맞춤을 확인하면서 각 멤버들의 크기를 계산해야 할까? 이미 잘 알고 있듯이 그런 것을 대신 해주는 연산자가 있는데 그것이 바로 sizeof이다.

sizeof는 어떻게 동작할까? 구조체 멤버 맞춤을 무시한다고 하면 멤버들의 크기를 전부 더한 값이 된다. 멤버가 기본 타입일 경우는 쉽게 크기를 구할 수 있지만 멤버가 만일 클래스 타입일 경우는 재귀적으로 멤버 클래스의 크기를 구해야 한다. 멤버가 클래스 타입이고 그 멤버의 멤버도 클래스 타입인 그런 단계가 많이 반복되는 복잡한 클래스라면 sizeof가 수행되는데도 상당한 시간이 소요될 것이라고 생각할 수 있는데 크게 걱정할 필요는 없다. sizeof는 컴파일 타임에 이미 계산되어 나오기 때문에 실행 성능에는 아무 영향이 없다.

이제 특수한 경우의 클래스 크기에 대해서 살펴보자!

```cpp
class CEmpty
{
public:
    CEmpty() {};
    ~CEmpty() {};
};

class CVirtualEmpty
{
public:
    CVirtualEmpty() {};
    virtual ~CVirtualEmpty() {};
};

void main()
{
    CEmpty e;                       // (1)
    CVirtualEmpty ve;               // (2)

    int Size1 = sizeof(CEmpty);
    int Size2 = sizeof(CVirtualEmpty);
}
```

〈소스 6-6〉에는 클래스 두 개가 정의되어 있다. 중요한 점은 두 클래스 모두 멤버 객체가 전혀 없다는 사실이다. 차이점도 존재한다. CVirtualEmpty 클래스는 소멸자가 가상 함수로 선언되어 있다. 이때 sizeof를 통해서 나온 값 Size1, Size2는 무엇이 될까? 일반적인 방식으로 따진다면야 당연히 0이 될 것이다. 그러나 상식적으로 생각해보자! 크기가 0인 클래스가 존재할 수 있을까? 존재하지 말라는 법은 없다.

그러나 (1), (2)가 수행된다고 생각해보자! 객체 e, ve는 메모리 어딘가에 생성되어야 한다. 메모리에 생성되어야 한다는 것은 일정한 메모리 영역을 차지하고 있어야 한다는 의미이다. 그런데 크기가 0이라면 메모리를 점유하는 것이 가능할까? 이런 문제로 인하여 클래스의 크기는 반드시 0보다 커야만 한다는 원칙이 C++에 마련되어 있다. 그렇다면 어떻게 크기를 주는 것일까? 방법은 간단하다. 컴파일러가 크기가 0이 되는 클래스에 대해서 1바이트 크기의 멤버를 추가하는 것이다. 그렇다면 Size1과 Size2는 모두 1이 나오는 것일까? 역시 그렇지 않다. 클래스 CVirtualEmptyl의 크기는 시스템에 따라서 다를 수 있지만 4(x86) 혹은 8(x64)이 나오게 된다. 이것의 이유는 클래스에 가상 함수가 하나라도 존재할 경우 가상 함수를 위한 가상 함수 테이블이 생성되고 클래스에는 해당 테이블을 가리키는 vfptr이라는 가상 함수 테이블 포인터가 추가되기 때문이다. 포인터는 시스템에 따라서 크기가 4바이트 혹은 8 바이트가 된다.

참고로 클래스의 크기에 영향을 주는 것 중에 [구조체 멤버 맞춤] 말고도 다른 옵션이 하나 더 있다. [구조체 데이터 정렬]이라는 것인데 구조체(클래스)의 크기가 특정 값의 배수가 되도록 패딩을 붙이는 것이다. 성능 향상을 위하여 사용될 수도 있는데, 필자가 실제로 사용되는 것을 본 적이 없을 정도로 거의 사용되지 않는다고 할 수 있다.

앞으로 클래스 상속을 비롯하여 가상 함수를 설명할 때도 메모리 배치 구조는 계속해서 그림으로 제시될 것이다. 그만큼 메모리 배치 구조는 C++ 프로그래밍이 어떻게 동작하는가를 이해하는데 있어서 필수적인 요소라고 할 수 있다. 그러므로 명확하고 쉬운 이해를 위하여 메모리 배치 구조는 〈그림 6-2〉처럼 /Zp1 (1Byte 맞춤) 옵션을 기준으로 제시할 것이다.

6.3. 생성자와 소멸자

클래스의 생성자와 소멸자보다 개념적으로 명확하면서도 이해하기 어려운 것이 C++에는.없는 것 같다. 그만큼 쉽게 배우고 이해했다고 느끼지만 실제로는 제대로 알기 어렵다는 의미이다. 사실 개념적으로는 정말 간단하다. 클래스 객체가 생성될 때 생성자가 호출되고, 사라지기 직전에 소멸자가 호출된다. 따라서 초기화 작업이나 자원 마무리를 각각 생성자와 소멸자에서 처리해주면 된다. 보통 일반적으로 알고 있고 실제로 그렇게 사용하면 별 무리 없는 것이 생성자와 소멸자이기도 하다. 그래서 클래스 코드 중에는 특별한 초기화나 자원 마무리가 필요 없는 경우 아예 생성자와 소멸자를 정의조차 하지 않거나 명시적으로 정의를 한다고 해도 아무 것도 기록되지 않은 빈 블록으로 남기는 경우도 많이 있다.

만일 생성자와 소멸자가 명시적으로 존재하지 않는다면 과연 생성자와 소멸자는 존재하지 않는 것일까? 비록 생성자와 소멸자가 명시적으로 존재하더라도 빈 블록이라면 아무 일도 하지 않는 것일까? 답이 간단할 것 같지만 의외로 규칙이 간단하지는 않다. 생성자와 소멸자는 경우에 따라서 암시적으로 생성될 수도 있고, 그렇지 않을 수도 있다. 또한 빈 블록으로만 남아있더라도 내부에서는 꽤 많은 작업이 일어나기도 한다. 단지 코드로 눈에 보이지 않을 뿐이다. 비유를 하자면 빙산의 일각이란 말이 있듯이 실제 보이지 않는 부분이 더 큰 경우와 같다. 여기서는 생성자와 소멸자의 암시적인 생성과 더불어 보이지 않는 부분에 대해서 상세하게 설명을 진행할 것이다.

➜ 6.3.1. 암시적 생성자와 소멸자

[소스 6-7] 구조체 Point

```
struct Point
{
    int x;
    int y;
};

void main()
{
    Point pt;
    pt.x = 100;
    pt.y = 200;
}
```

<소스 6-7>을 살펴보자! 정말 자주 볼 수 있는 구조체이다. 점(point)을 표시하기 위한 구조체로서 멤버로는 x, y가 있다. 사용하는 법도 정말 간단하다. 그렇다면 Point 구조체에는 생성자나 소멸자가 필요할까? 당연히 필요하지 않다고 생각한다. 특별히 생성자나 소멸자에서 할 일도 없는데, 생성자나 소멸자가 있을 경우 런타임에 오버헤드만 발생하기 때문이다. 그런데 이미 [구조체와 클래스의 차이]에서 설명했듯이 C++에 들어와서 구조체는 클래스처럼 취급된다고 했다. 생성자 소멸자도 가질 수 있고, 멤버 함수도 가질 수 있다. 결국 Point 구조체는 다음의 클래스와 완전히 동치이다.

[소스 6-8] 클래스 Point

```
class Point                  // (1)
{
public:                      // (2)
    int x;
    int y;
};

void main()
{
    Point pt;
    pt.x = 100;
    pt.y = 200;
}
```

<소스 6-8>은 <소스 6-7>과 완전 동치이다. 하지만 코드는 약간 다르다. 이미 알다시피 (1)에서 struct이 class로 변경되었다. 그리고 (2)에서 public 지정이 되었다. 왜냐하면 구조체에서는 기본이 public이고, 클래스에서는 기본이 private이기 때문이다.

여기서 다시 생각해보자! 클래스 Point에는 생성자나 소멸자가 있는 것일까? 클래스에 생성자나 소멸자가 없다고 하기엔 찜찜할 것이고, 그렇다고 구조체 Point와 완전 동치임에도 생성자와 소멸자가 있다고 하기에도 어색할 것이다. 찜찜하거나 어색함을 느끼는 이

유는 하나이다. 암시적 생성자 및 소멸자의 원리를 잘 모르기 때문이다. 이제부터 암시적 인 생성자와 소멸자의 원리를 파악해보자!

사실 원리가 별 것 없다. 굉장히 간단하다. 생성자나 소멸자가 명시적으로 정의되어 있지 않을 때, 만일 생성자나 소멸자가 특별히 필요하지 않다면 컴파일러는 굳이 암시적으로 생성자나 소멸자를 정의하지 않는다. 그러나 만약 명시적으로 정의되어 있지 않지만, 생성자나 소멸자가 반드시 필요한 경우 컴파일러는 암시적인 생성자와 소멸자를 정의한다. 말이 어려운데, 몇 가지의 예제를 통해서 하나씩 파악해보자! 일단 클래스 Point부터 살펴보자! 명시적으로 생성자나 소멸자가 정의되어 있지 않다. 그리고 특별히 필요할 것 같지도 않다. 이때는 생성자나 소멸자가 암시적으로 정의되지 않는다. 이것은 무척 당연한 것이다. 아주 먼 옛날의 구닥다리 컴파일러라면 가끔 암시적인 생성자와 소멸자를 만들지도 모르겠지만 최근의 컴파일러라면 쓸데없이 암시적인 생성자나 소멸자를 만들어서 오버헤드를 일으키지는 않는다.

아직까진 기준이 애매할 수 있는데 생성자와 소멸자를 따로 놓고 각각의 암시적 생성 여부를 확인해보도록 하겠다.

[소스 6-9] 암시적 생성자

```
class CTest1                 // (1)
{
public:
   BYTE m_Data;
};

class CTest2                 // (2)
{
public:
   CTest2() {}
   BYTE m_Data;
};

class CTestP3
{
```

```cpp
public:
    BYTE m_Data;
};


class CTest3 : public CTestP3            // (3)
{
public:
    BYTE m_Data;
};


class CTestP4
{
public:
    BYTE m_Data;
};


class CTest4 : public CTestP4            // (4)
{
public:
    CTest4() {}
    BYTE m_Data;
};


class CTestP5
{
public:
    CTestP5() {}
    BYTE m_Data;
};


class CTest5 : public CTestP5            // (5)
{
public:
    BYTE m_Data;
};


class CTestP6
{
public:
```

```cpp
    CTestP6() {}
    BYTE m_Data;
};

class CTest6 : public CTestP6            // (6)
{
public:
    CTest6() {}
    BYTE m_Data;
};

void main()
{
    CTest1 T1;
    CTest2 T2;
    CTest3 T3;
    CTest4 T4;
    CTest5 T5;
    CTest6 T6;
}
```

〈소스 6-9〉는 어떤 경우에 생성자가 암시적으로 정의되는지를 테스트한 것이다. 여섯 개 클래스 CTest1 ~ CTest6까지 생성자의 정의 여부를 따져볼 것인데 위에서 설명한 원리를 적용하면 쉽게 이해할 수 있다.

(1)에서 생성자 자체가 불필요하므로 암시적 생성자는 없다.

(2)에서는 생성자가 이미 명시적으로 정의되어 있다.

(3)에서 CTest3는 CTestP3을 상속한다. 그런데 CTest3과 CTestP3은 명시적인 생성자가 존재하지 않는다. 또한 생성자가 불필요하다. 따라서 암시적 생성자는 정의되지 않는다.

(4)에서 생성자가 이미 명시적으로 정의되어 있다.

(5)는 무척 중요하다. CTest5에는 명시적인 생성자가 정의되어 있지 않다. 그런데 CTest5가 상속하는 부모 클래스 CTestP5에는 명시적인 생성자가 정의되어 있다. 따라서

CTestP5의 생성자는 반드시 호출되어야만 한다. 그렇다면 CTestP5의 생성자는 누가 호출하는 것일까? 바로 자식 클래스인 CTest5의 생성자에서 호출해야만 한다. 즉, CTestP5의 생성자 호출을 위하여 CTest5의 생성자가 반드시 필요하다. 따라서 이런 경우 컴파일러는 CTest5의 생성자를 암시적으로 정의하게 된다. 당연히 암시적으로 정의된 생성자의 내부 코드에는 부모 클래스의 생성자를 호출하는 코드가 들어가게 된다. 여기서 순간 혼란을 느끼는 독자도 있을 수 있다고 본다. 생성자 호출 순서는 부모 클래스에서 자식 클래스 순서인데, 부모 클래스 생성자를 호출하기 위해서 자식 클래스 생성자가 필요하다는 것이 잘못된 것처럼 생각할 수도 있다. 하지만 자식 클래스 생성자가 먼저 호출된다. 이것과 관련해서는 바로 다음 파트에서 자세히 설명할 것이다.

(6)은 생성자가 이미 명시적으로 정의되어 있다.

이제 소멸자를 살펴보자! 생성자와 큰 차이는 없다.

[소스 6-10] 암시적 소멸자

```
class CTest1                    // (1)
{
public:
   BYTE m_Data;
};

class CTest2                    // (2)
{
public:
   ~CTest2() {}
   BYTE m_Data;
};

class CTestP3
{
public:
   BYTE m_Data;
};
```

```cpp
class CTest3 : public CTestP3          // (3)
{
public:
    BYTE m_Data;
};

class CTestP4
{
public:
    BYTE m_Data;
};

class CTest4 : public CTestP4          // (4)
{
public:
    ~CTest4() {}
    BYTE m_Data;
};

class CTestP5
{
public:
    ~CTestP5() {}
    BYTE m_Data;
};

class CTest5 : public CTestP5          // (5)
{
public:
    BYTE m_Data;
};

class CTestP6
{
public:
    ~CTestP6() {}
    BYTE m_Data;
};
```

```cpp
class CTest6 : public CTestP6            // (6)
{
public:
   ~CTest6() {}
   BYTE m_Data;
};

void main()
{
   CTest1 T1;
   CTest2 T2;
   CTest3 T3;
   CTest4 T4;
   CTest5 T5;
   CTest6 T6;
}
```

---

(1)에서 소멸자 자체가 불필요하므로 암시적 소멸자는 없다.

(2)에서는 소멸자가 이미 명시적으로 정의되어 있다.

(3)에서 CTest3는 CTestP3을 상속한다. 그런데 CTest3이나 CTestP3은 명시적인 소멸자가 존재하지 않는다. 또한 소멸자가 불필요하다. 따라서 암시적 소멸자는 정의되지 않는다.

(4)에서 소멸자가 이미 명시적으로 정의되어 있다.

(5)는 역시 중요하다. CTest5에는 명시적인 소멸자가 정의되어 있지 않다. 그런데 CTest5가 상속하는 부모 클래스 CTestP5에는 명시적인 소멸자가 정의되어 있다. 따라서 CTestP5의 소멸자는 반드시 호출되어야만 한다. 그렇다면 CTestP5의 소멸자는 누가 호출하는 것일까? 바로 자식 클래스인 CTest5의 소멸자에서 호출해야만 한다. 즉, CTestP5의 소멸자 호출을 위하여 CTest5의 소멸자가 반드시 필요하다. 따라서 이런 경우 컴파일러는 CTest5의 소멸자를 암시적으로 정의하게 된다. 당연히 암시적으로 정의된 소멸자의 내부 코드에는 부모 클래스의 소멸자를 호출하는 코드가 들어가게 된다.

(6)은 소멸자가 이미 명시적으로 정의되어 있다.

암시적인 생성자와 소멸자를 원리를 알아보았다. 충분히 느낄 수 있듯이 생성자나 소멸자나 적용 원리는 다른 점을 거의 찾을 수가 없다. 암시적 정의가 그렇게 중요한 것일까 생각할 수도 있는데, 사실 생성자나 소멸자가 암시적으로 정의되느냐 마느냐는 나름 중요한 문제가 될 수 있다. 이미 메모리 할당과 해제에서 알아보았듯이 컴파일러 입장에서는 new/delete의 구현이 달라질 수 있기 때문이다. 기억이 잘 나지 않는다면 new/delete 부분을 다시 한 번 읽어보자! 다시 읽으면 새롭게 이해되는 부분이 있을 것이다.

참고로 지금까지 나온 암시적인 생성자와 소멸자는 기본 생성자와 기본 소멸자를 의미한다. 암시적인 생성자가 정의되지 않는다고 해서 복사 생성자나 복사 대입 생성자도 정의되지 않는 것은 절대로 아니다. 이와 관련된 부분은 잠시 뒤에 자세히 설명될 것이다.

➡ 6.3.2. 생성자와 소멸자의 호출 순서

[소스 6-11] 생성자와 소멸자1

```cpp
class CParent
{
public:
  CParent()
  {
    cout << _T("CParent - Constructor") << endl;
  }

  ~CParent()
  {
    cout << _T("CParent - Destructor") << endl;
  }
};

class CChild : public CParent
{
public:
  CChild()
  {
```

```cpp
        cout << _T("CChild - Constructor") << endl;
    }

    ~CChild()
    {
        cout << _T("CChild - Destructor") << endl;
    }
};

void main()
{
    CChild c;                    // (1)
}
```


〈소스 6-11〉을 수행할 경우 출력 결과는 위와 같다. (1)에서 CChild 객체 c가 생성된다. 그런데 출력결과를 보면 CParent의 생성자가 먼저 호출되고, CChild의 생성자가 나중에 호출된다. 이런 결과를 보고 보통 대부분의 개발자는 생성자의 호출 순서를 부모에서 자식순으로 호출되는 것으로 알고 있다. 결과만 보았을 때 틀린 것도 아니며 그렇게 생각해도 사실 큰 무리는 없다. 하지만 엄밀히 말하면 CChild의 생성자가 먼저 호출된다. CChild의 생성자가 호출되는 순간 CParent의 생성자를 호출하는 것이다. 정리하자면 생성자의 호출 순서는 자식에서 부모 순서이며, 생성자 블록의 호출 순서는 부모에서 자식 순서이다. 그럼 이 부분에 대해서 좀 더 자세히 알아보자!

```
CChild()
[   // 선처리 영역 시작

    부모 클래스 생성자 호출

    멤버가 클래스 타입일 경우 생성자 호출

    ... 기타 선처리 ...

]   // 선처리 영역 끝
{

    cout << _T("CChild - Constructor") << endl;

}
```

보통 코드상으로는 생성자에서 블록{ } 부분만 나타나지만 실제로는 블록보다도 먼저 실행되는 영역이 존재하며 이 부분은 컴파일러에 의해서 자동적으로 생성된다. 이 부분을 편의상 대괄호[ ]로 표시하고 [선처리 영역]이라고 부르자! 이 영역에서는 부모 클래스의 생성자 호출과 멤버가 클래스 타입일 경우에 생성자를 호출하여 초기화한다.

그 외에도 중요한 여러 가지 작업이 이루어진다. 일단 선처리 영역에서는 부모와 멤버의 생성자가 호출된다는 사실만 기억하면 된다. 이후에 선처리 영역의 기타 작업에 대해서도 심도있게 알아볼 것이다. 참고로 여기서 말하는 멤버는 CChild에서 선언된 멤버를 의미한다. CParent에서 선언된 멤버도 CChild에 의해서 상속되기 때문에 CChild의 멤버라고 할 수 있기에 CChild 생성자의 선처리 영역에서 초기화될 수 있을 것 같지만 CParent에서 선언된 멤버는 CParent 생성자의 선처리 영역에서 초기화되는 것이 더욱 합리적이라고 할 수 있다. 결국 이와 같은 내부 동작으로 인해서 생성자의 호출 순서는 자식에서 부모 순서가 되지만 생성자 블록의 호출 순서는 부모에서 자식 순서가 된다.

```cpp
~CChild()
{
    cout << _T("CChild - Destructor") << endl;
}
[   // 후처리 영역 시작
    멤버가 클래스 타입일 경우 소멸자 호출
    부모 클래스 소멸자 호출
    ... 기타 후처리 ...
]   // 후처리 영역 끝
```

마찬가지로 소멸자도 비슷한 원리로 동작한다. 소멸자의 경우 대괄호[ ]로 표시되는 [후처리 영역]이 존재하며 이곳에서는 먼저 CChild에서 선언된 멤버를 대상으로 멤버가 클래스 타입일 경우 소멸자를 호출하며 그 다음으로 부모 클래스의 소멸자를 호출한다. 따라서 소멸자의 호출 순서는 자식 부모 순서가 되며, 소멸자 블록의 호출 순서도 자식 부모 순서가 된다.

간단히 정리를 하자! 클래스 상속 관계에서 생성자와 소멸자의 호출 순서는 자식 클래스에서 부모 클래스 순서이다. 그러나 우리가 눈으로 확인할 수 있는 생성자 블록과 소멸자 블록의 호출 순서는 생성자의 경우 부모 클래스에서 자식 클래스 순이고, 소멸자의 경우 자식 클래스에서 부모 클래스 순서이다. 순서를 외울 필요는 없다. 왜냐하면 이 순서는 너무나도 당연하게 이해할 수 있어야만 하기 때문이다. 왜 이런 순서가 필요한지 다음 예제를 살펴보자.

[소스 6-12] 생성자 블록과 소멸자 블록 호출 순서

```cpp
class CParent
{
public:
    CParent()
    {
        m_pInt = new int;           // (1)
```

```cpp
    }

    ~CParent()
    {
        delete m_pInt;              // (4)
    }

    int* m_pInt;
};

class CChild : public CParent
{
public:
    CChild()
    {
        *m_pInt = 999999;           // (2)
    }

    ~CChild()
    {
        cout << *m_pInt<< endl; // (3)
    }
};

void main()
{
    CChild c;                       // (1)
}
```

위의 예제 소스에서 확인할 수 있듯이, 자식 클래스 CChild의 생성자와 소멸자에서는 부모 클래스의 멤버인 포인터 m_pInt에 접근한다. 만일 m_pInt에 접근하는 동안 해당 포인터가 가리키는 메모리 영역이 생성되지 않았거나, 해제되었다면 런타임 에러가 발생한다. 그래서 m_pInt에 메모리를 할당하는 부모 클래스의 생성자 블록은 자식 클래스의 생성자 블록보다 항상 먼저 실행되어야만 하고, m_pInt에 할당된 메모리를 해제하는 부모 클래스의 소멸자 블록은 자식 클래스의 소멸자 블록보다 항상 나중에 실행되어야만 한다.

➡ 6.3.3. virtual 소멸자

왜 소멸자는 virtual로 지정해야 되는가? 수많은 회사의 필기시험 혹은 면접에서 나오는 단골 질문이다. 필자도 이미 이 질문을 두 번인가 받아봤다. 가끔은 '그렇게 물어볼게 없을까?'라는 생각도 들지만 이렇게 많이 묻는 것을 보면 정말 중요한 핵심 개념이기 때문일 것이다. 실제로 소멸자를 가상 함수로 지정하는 것은 가상 함수의 동작원리를 가장 잘 설명할 수 있는 딱 들어맞는 예제인 듯하다. 이 주제는 수많은 책에도 이미 구구절절이 나와있는 것이지만 정말 중요하기 때문에 간략하게 여기서도 소개하겠다.

[소스 6-13] 생성자와 소멸자 2

```
class CParent
{
public:
  CParent() {}
  virtual ~CParent() {}                  // (2)
};

class CChild : public CParent
{
public:
  CChild() {}
  virtual ~CChild() {}
};

void main()
{
  CParent* pParent = new CChild;
  delete pParent;                        // (1)
}
```

〈소스 6-13〉에서 소멸자가 가상 함수로 지정되었다. (1)의 delete가 수행되면 CParent가 아닌 CChild의 소멸자가 호출될 것이며, 소멸자의 후처리 영역에 의해서 부모인 CParent

의 소멸자도 호출될 것이다. 이것의 주된 이유는 (2)처럼 CParent의 소멸자를 virtual로 지정했기 때문이다.

만약에 CParent의 소멸자가 virtual이 아니라면 어떤 일이 벌어질까? 오직 CParent의 소멸자만 호출될 것이고, CChild의 소멸자는 호출되지 않을 것이다. 즉, CChild 객체 pParent가 소멸하는 순간 제대로 된 마무리 정리 작업이 이루어지지 않는 것을 의미한다. 호출이 좀 안되면 어떠냐고 생각할 수도 있으나 그 피해 여부는 소멸자에서 얼마나 중요한 것들을 수행하느냐에 달려있다. 따라서 위와 같이 상속이 될 수 있는 클래스의 소멸자에는 virtual을 지정해주어야 한다.

참고로 CChild의 소멸자에도 virtual이 지정되어 있는데, 여기서 virtual 키워드의 유무에 상관 없이 CChild의 소멸자는 가상 함수가 된다. 부모 클래스의 멤버 함수가 가상 함수로 지정되면 자식 클래스에서 재정의되는 함수 또한 자동으로 가상 함수가 된다. 물론 소멸자가 상속되는 것이 아니기에 재정의되는 것도 아니지만 가상 함수로서 소멸자는 특별하게 재정의 함수처럼 취급된다.보통 가상 함수에는 virtual 키워드를 써주는 게 좋은데, 명확하게 가상 함수임을 알려주는 효과가 있기 때문이다.

virtual 소멸자에 대해서 알게 되면 차라리 소멸자는 항상 가상 함수로 만드는 것이 더 낫지 않을까 생각이 들지도 모르겠다. 실제로 내가 만든 클래스가 언제 어떻게 상속될지는 알 수 없기 때문이다. 또한 가상 함수가 하나라도 있는 클래스는 메모리의 오프셋 0 부분(즉, 가장 첫 부분)에 vfptr라는 가상 함수 테이블 포인터가 생성된다. 이것이 나름 중요한 역할을 하는데 C++에 추가적으로 도입된 RTTI 정보를 이용하기 위해서는 반드시 필요하다. RTTI는 실행 시간에 객체의 타입 정보를 이용하는 것을 의미한다. 즉, 가상 함수를 사용하게 될 경우 vfptr이 생성되고 원한다면 이것을 이용해서 Java처럼 실행중 객체 정보를 이용한 프로그래밍을 할 수 있다(참고로 RTTI가 없던 시절에 이미 MFC(Microsoft Foundation Class)는 CRuntimeClass와 그와 연관된 매크로를 도입하여 실행 중 클래스 정보를 이용할 수 있도록 설계되었다. 이것의 구현 코드를 보면서 너무나도 뛰어난 설계에 감탄했던 기억이 생생하다).

즉, 소멸자에 virtual을 지정해서 가상 함수로 만들면 이것 저것 유리한 점이 많다. 따라서

IDE(통합 개발 환경 - Visual Studio, Eclipse 등) 차원에서 기본으로 소멸자를 가상 함수로 지정해도 될 것 같지만 그렇게 하지 않는 이유가 있다. 바로 위에서도 말한 vfptr 때문인데 vfptr은 기본적으로 32비트 x86 시스템에서는 4바이트, 64비트 x64 시스템에서는 8바이트를 차지한다. 만일 어떤 클래스가 절대로 부모 클래스로 사용되지 않을 것이고, 간단한 데이터 멤버만을 가진다면 vfptr를 가질 필요가 없다. 쓸데 없이 vfptr로 인해서 클래스 크기가 증가하는 것은 결코 바람직하지 않기 때문이다. 따라서 클래스를 설계할 때는 클래스의 상속 여부와 더불어서 어떻게 사용될지를 고려하여 소멸자의 가상 함수 여부를 결정해야 한다.

마지막으로 virtual 소멸자에 대해서는 가상 함수 장에서 다시 한 번 상세히 다룰 것이다.

6.4. 복사 생성자와 복사 대입 연산자

[소스 6-14] 메모리 복사 방식

```
void main()
{
    int x = 1;

    int y1(x);              // mov eax,dword ptr [x]    (1)
                            // mov dword ptr [y1],eax

    int y2 = x;             // mov eax,dword ptr [x]    (2)
                            // mov dword ptr [y2],eax

    int y3; y3 = x;         // mov eax,dword ptr [x]    (3)
                            // mov dword ptr [y3],eax
}
```

〈소스 6-14〉는 객체의 생성과 메모리의 복사 방식을 대표적인 세 가지 방식으로 보여주고 있다. int 변수가 무슨 객체냐고 생각할 수도 있겠으나 필자의 생각으로는 메모리를 점유하고 있고 점유된 메모리 영역에 이름이 있다면 객체라고 생각하는 편이 좋다.

소스 예제에서 주석으로 표현된 부분은 실제 코드가 컴파일러에 의해서 어셈블리로 변환된 것을 보여준다. (1), (2)는 대표적인 복사생성 방식이며 (3)은 기본 생성 후 대입연산 방식이다. 어셈블리 코드를 정확히 알지 못해도 큰 상관은 없다. 어셈블리 코드를 자세히 살펴보면 (1), (2), (3) 이 사실상 완전히 일치하는 코드인 것을 확인할 수 있을 것이다. 어셈블리 내용을 살펴보면 x가 나타내는 메모리 영역의 값을 y1, y2, y3 변수가 나타내는 메모리 영역에 복사하는 것뿐이다.

예시로 든 것은 int 타입이지만 이것이 클래스 타입이어도 큰 틀의 변화는 없다. 똑같이 한쪽의 메모리 영역에서 다른 쪽의 메모리 영역에 복사를 하는 것뿐이다. 그러나 클래스의 경우 이 과정에서 숨겨진 코드가 실행된다는 점에 큰 차이가 있다. 숨겨진 부분은 컴파일러에 의해서 작성되고 코드상으로 보이지 않게 수행되므로 자칫 전혀 의도하지 않은 결과를 내는 경우도 있다. 따라서 그런 위험을 피하기 위해서라도 클래스의 복사 생성자와 복사 대입 연산자의 보이지 않는 동작 방식을 파악할 필요가 있다. 지금부터 보이지 않는 부분에 대해서 살펴보겠다.

➡ 6.4.1. 복사 생성자

[소스 6-15] 복사 생성자

```
class CTest
{
public:
  CTest()                      // (A)
  {
    m_Value = 1;
  }

  CTest(const CTest& Obj)      // (B)
```

```cpp
    {
    }

    void ShowValue()
    {
        cout << m_Value << endl;
    }

    int m_Value;
};

void main()
{
    CTest t0;
    t0.m_Value = 3;

    CTest t1(t0);               // (1)
    t1.ShowValue();

    CTest t2 = t0;              // (2)
    t2.ShowValue();

    CTest t3; t3 = t0;          // (3)
    t3.ShowValue();
}
```

기본적인 내용부터 복습을 해보자! 복사 생성자란 기본 생성자와 다르게 자신의 (const) 참조 타입을 인자로 받는 생성자이다. 표준 형식을 쓰면 다음과 같다.

ClassName(const ClassName& obj)

〈소스 6–15〉의 (B)를 보면 쉽게 이해할 수 있을 것이다. const 지정자는 생략할 수도 있으나 const 지정자가 없을 경우 const형 객체를 인자로 넣을 때 컴파일 에러가 발생한다. 따라서 복사 생성자를 만들때는 가능하면 const 지정자를 넣는 것이 안전하다.

앞에서도 이미 언급했지만 이 부분만큼은 확실히 외우고 넘어가야 한다. 클래스 객체에 있어서 〈소스 6-15〉의 (1), (2)번과 같은 형식은 무조건 복사 생성자를 호출한다. (1)만 보면 확실히 복사 생성자를 호출하는 모양새다. 그러나 (2)번 모양은 생각하기에 따라서 객체를 먼저 생성하고 그 뒤에 대입 연산자가 호출되는 것으로 잘못 해석될 여지가 충분하다. (3)번은 실세로 객체를 번저 생성한 후에 대입연산자가 호출된다. 따라서 (2)번이 마치 (3)번 과정의 축약형으로 자연스럽게 보일 수 있는 것이다. 따라서 이건 그냥 외울 수밖에 없다. (2)와 같이 생성하면서 바로 대입 연산자가 있을 경우는 복사 생성자를 호출한다고 외우자!

위의 소스를 실행할 경우 결과를 필자의 PC에서 확인하면 [−858993460−858993460 3]이 출력된다. 앞의 두 값이 이상한데 미정의 값이기 때문이다. 즉, 두 값은 제대로 초기화가 되지 않은 것이다. 앞에서도 얘기했지만 (1), (2)의 경우 복사 생성자가 호출되는데, 복사 생성자 본체에서 아무 일도 하지 않으므로 m_Value는 쓰레기 값을 가지게 된다. (3)에서는 대입 연산자로 인하여 m_Value에 3이 들어가는데 막상 소스상에는 복사 대입 연산자가 선언되지 않았다. 이 부분은 복사 생성자 설명을 마친 후에 이어 나가겠다.

위의 CTest 복사 생성자는 이전에 설명한 선처리 영역을 사용하여 다음과 같이 표현된다.

```
CTest(const CTest& Obj)

[   // 선처리 영역 시작

    부모 클래스의 기본 생성자 호출

    멤버가 클래스 타입일 경우 기본 생성자 호출

    ... 기타 선처리 ...

]   // 선처리 영역 끝

{   // 생성자 블록 시작

}   // 생성자 블록 끝
```

복사 생성자도 생성자이므로 당연히 블록 영역이 실행되기 전 먼저 실행되어야 하는 선처리 영역이 존재한다. 즉, 기본 생성자와 특별히 다를 것은 없다. 여기서 헷갈릴 만한 것이 있는데 복사 생성자의 선처리 영역에서 호출되는 부모 클래스 생성자와 멤버 클래스 생성자는 모두 기본 생성자라는 사실이다. 어떻게 보면 복사 생성자의 선처리 영역에서는 복사 생성자를 호출하는 것이 짝이 들어맞는 것이 아닐까 생각할 수도 있지만 현재로서는 기본 생성자가 호출된다는 사실에 주의를 기울여야 한다. 앞에서 '현재로서는'라는 말을 붙였는데, 이 기준은 절대적인 것이 아니라 상황에 따라서 변할 수 있음을 의미한다. 일단 좀 더 정확하게 선처리 영역에서 기본 생성자가 호출되는 경우를 한정 지어보자.

〈명시적 복사 생성자 동작〉

[명시적으로 정의된 복사 생성자에서 초기화 리스트를 통해서 다른 생성자를 호출하지 않는 한 선처리 영역에서는 부모 클래스와 멤버 클래스의 기본 생성자가 호출된다.]

이제부터 위의 문장을 하나하나 파악해보자. 그 전에 코드 하나를 더 살펴보자.

[소스 6-16] 암시적 복사 생성자

```cpp
class CTest
{
public:
  CTest()
  {
    m_Value = 1;
  }

  void ShowValue()
  {
    cout << m_Value << endl;
  }

  int m_Value;
};
```

```cpp
void main()
{
    CTest t0;
    t0.m_Value = 3;

    CTest t1(t0);                    // (1)
    t1.ShowValue();

    CTest t2 = t0;                    // (2)
    t2.ShowValue();
}
```

〈소스 6-16〉은 〈소스 6-15〉를 약간 수정하였다. 약간 수정하긴 하였지만 그 결과의 차
이는 상당히 크다. 그러므로 차이점을 눈여겨보아야 한다.

대표적으로 복사 생성자를 삭제했다. 복사 생성자가 존재하지 않을 때는 어떤 결과가 나
올 것인가? 이 문제를 개발자들에게 제시하면 몇 가지 잘못된 대답을 들을 수 있다. '복사
생성자가 없으므로 컴파일 에러가 난다.' 혹은 '기본 생성자가 호출되어서 [1 1] 이 출력된
다.'는 대답이 대표적이다. 그러나 [3 3]이 출력되는 것이 정답이다.

그렇다면 복사 생성자가 존재하지 않는 상태에서 어떤 일이 벌어진 것일까? 앞에서 제시
한 〈명시적 복사 생성자 동작〉을 살펴보자! '명시적으로 정의된 복사 생성자'라는 말을 사
용하였다. 명시적으로 정의되었다는 것은 무슨 의미일까? 말 그대로 눈에 보이는 코드라
는 것이다. 개발자가 직접 입력을 했건, IDE(통합 개발 환경)가 자동으로 생성해주는 코
드에 포함되어 있건, 혹은 전처리기에 의해서 변환되는 코드이건 실제 코드로 존재하는
것을 의미한다. 따라서 이런 의미에서 〈소스 6-16〉에는 명시적인 복사 생성자는 존재하
지 않는다. 명시적인 복사 생성자가 존재하지 않을 때 컴파일러는 코드상으로는 보이지
않는 복사 생성자를 자동으로 추가하는데 이것을 암시적인 복사 생성자라고 한다. 앞의
코드 (1), (2)에서는 암시적인 복사 생성자가 호출되는 것이다.

즉, 정리하면 어떤 클래스이건 복사 생성자는 반드시 존재해야 하며, 명시적으로 복사 생성자가 존재하지 않을 경우 컴파일러는 암시적인 복사 생성자를 추가한다. 그렇다면 암시적인 복사 생성자는 어떤 동작을 하는 것일까? 여기서 반드시 알아야 할 것은 암시적인 복사 생성자의 선처리 영역이 명시적인 복사 생성자의 선처리 영역과 다른 동작을 한다는 점이다. 그럼 이제부터 이 부분을 중점적으로 확인해보자!

〈컴파일러에 의해서 추가된 암시적인 복사 생성자〉

```
CTest(const CTest& Obj)

[    // 선처리 영역 시작

     1. 부모 클래스의 복사 생성자 호출

     2. 멤버가 클래스 타입일 경우 복사 생성자 호출

     3. 멤버가 기본 타입일 경우 메모리 복사

     4. 멤버가 배열일 경우 원소의 타입에 따라 2, 3 수행

     5. 멤버가 참조 타입일 경우 대상 복사

     … 기타 선처리

]    // 선처리 영역 끝

{    // 생성자 블록 시작

}    // 생성자 블록 끝
```

갑자기 선처리 영역이 하는 일이 많아진 것처럼 보이지만 사실 기본적인 원칙은 하나이다. 바로 컴파일러에 의해서 생성된 암시적인 복사 생성자의 선처리 영역에서는 부모 클래스와 멤버 클래스에 대해서 복사 생성자가 호출된다. 또한 멤버가 기본 타입일 경우 메모리 복사도 이루어진다는 사실이다. 그에 비해서 명시적인 복사 생성자의 선처리 영역에서는 단지 기본 생성자만 호출되며 기본 타입에 대해서도 메모리 복사는 이루어지지 않는다.

다시 〈소스 6-16〉로 돌아가보자! 소스에는 명시적인 복사 생성자가 존재하지 않는다. 따라서 암시적인 복사 생성자가 만들어져서 호출된다. 소스상에서 부모 클래스는 존재하지

않으며 오직 멤버 변수 int m_Value만이 존재한다. 이것은 기본 타입이므로 선처리 영역 3번에 의해서 메모리 복사가 이루어지며 그로 인해서 t0.m_Value = 3의 값이 그대로 복사된다. 따라서 [3 3]의 결과가 나오게 된다.

자! 그렇다면 왜 이렇게 명시적인 복사 생성자와 암시적인 복사 생성자의 선처리 영역이 다르게 동작하는 것일까? 우리 자신이 C++ 언어의 설계자가 되었다는 가정하에 생각해 보자! 기본적으로 객체를 복사한다는 것은 두 객체의 메모리 영역만 다를 뿐 메모리 영역에 들어있는 값들은 일치시키는 것을 의미한다. 이것을 기본적으로 얕은 복사라고 하는데 경우에 따라서 의외로 많은 문제를 일으킨다.

대표적으로 복사된 두 객체의 멤버 포인터가 동일한 대상을 가리킬 수 있으며 한쪽이 소멸되는 과정에서 해당 대상을 파괴할 경우 나머지 한쪽은 이미 파괴된 대상을 참조하는 문제가 발생할 수 있다. 따라서 객체를 복사할 때는 이런 문제까지 고려하여 복사를 해야 하는데 이것은 어떤 원칙에 의해서 자동으로 이루어질 수 없는 문제라는 것이다. 만일 무조건 멤버 포인터가 가리키는 대상을 새로 생성하여 가리키도록 변경하는 것을 복사의 원칙으로 추가한다면 싱글톤 객체를 가리키는 경우 이런 방식의 복사는 문제가 될 소지가 있다.

즉, 객체의 복사는 정답으로 존재할 만한 특정한 방식이나 원칙이 존재하지 않는다는 것이다. 따라서 컴파일러는 일단 기본적으로 얕은 복사를 하는 암시적인 복사 생성자를 제공하며 이것이 마음에 들지 않을 경우 개발자가 명시적으로 복사 생성자를 추가하여 복사 코드를 직접 작성하도록 하는 것이다. 그러므로 명시적인 복사 생성자의 선처리 영역에서는 부모 클래스나 멤버의 기초적인 초기화만을 수행하기 위해서 기본 생성자만을 호출해준다.

너무 중요해서 다시 한 번 강조하는데 명시적인 복사 생성자의 경우 부모나 멤버 클래스의 기본 생성자를 호출하는데 비해서 컴파일러에 의해서 추가되는 암시적인 복사 생성자는 부모나 멤버 클래스의 복사 생성자를 호출하면서 기본적인 얕은 복사를 수행한다는 것이다.

➡ 6.4.2. 복사 대입 연산자

앞의 설명을 통해서 명시적, 암시적 복사 생성자에 대한 내용을 충분히 이해했다면 이번 복사 대입 연산자의 동작 또한 쉽게 이해할 수 있을 것이다. 사실 내용은 비슷하다. 클래스에는 객체 간 대입을 위하여 복사 대입 연산자가 존재해야 하며, 명시적으로 복사 대입 연산자가 존재하지 않을 경우 컴파일러는 필요할 때 암시적으로 복사 대입 연산자를 추가한다.

[소스 6-17] 복사 대입 연산자

```cpp
class CTest
{
public:
  CTest& operator = (const CTest& Obj)
  {
    m_Value = 3;
    return *this;
  }

  void ShowValue()
  {
    cout << m_Value << endl;
  }

  int m_Value;
};

void main()
{
  CTest t0;
  t0.m_Value = 5;

  CTest t1(t0);                 // (1)
  t1.ShowValue();
```

```cpp
    CTest t2 = t0;                  // (2)
    t2.ShowValue();

    CTest t3; t3 = t0;              // (3)
    t3.ShowValue();
}
```

어느 정도 익숙해졌으므로 충분히 〈소스 6-17〉의 출력 결과를 쉽게 예상할 수 있을 것이다. (1), (2)의 경우 복사 생성자가 호출되어야 한다. 그러나 명시적인 복사 생성자가 존재하지 않으므로 암시적인 복사 생성자가 호출되며 선처리 영역에서 기본 타입인 int m_Value에 대해서 메모리 복사를 수행한다. 따라서 (1), (2)는 5가 나온다.

(3)을 보자! 여기서는 복사 대입 연산자가 호출된다. 복사 대입 연산자에서 m_Value = 3;을 수행한다. 따라서 최종적인 출력 결과는 [5 5 3]이 나오게 된다. 그렇다면 복사 대입 연산자가 정의되지 않는다면 어떤 동작이 일어나게 될까? 암시적인 복사 대입 연산자의 동작을 살펴보자!

〈컴파일러에 의해서 추가된 암시적인 복사 대입 연산자〉

```cpp
CTest& operator = (const CTest& Obj)
{
    1. 부모 클래스에 대해서 복사 대입 연산자 호출

    2. 멤버가 클래스 타입일 경우 복사 대입 연산자 호출

    3. 멤버가 기본 타입일 경우 메모리 복사

    4. 멤버가 배열 타입일 경우 원소의 타입에 따라 2, 3 수행


    return *this;           // 마지막에는 자기 자신을 반환한다.
}
```

암시적인 복사 대입 연산자는 생성자와는 다르게 선처리 영역이나 후처리 영역이 존재하지 않는다. 왜냐하면 보통의 일반 함수이기 때문이다. 생성자나 소멸자는 특별한 함수이기 때문에 선처리 영역과 후처리 영역이 존재하는 것이다. 대입 연산자는 보통의 일반 함수이기 때문에 컴파일러는 암시적인 복사 대입 연산자에 대해서 함수 본체에 코드를 직접 추가한다.

위의 1~4번 작업 어셈블리를 컴파일러가 자동으로 생성해낸다. 1번의 경우 인자인 Obj를 부모 클래스 타입으로 변환하여 복사 대입 연산자를 호출하는 것이다. 또한 멤버가 클래스 타입일 경우에 해당 클래스의 복사 대입 연산자를 호출한다. 그 외 기본 타입일 경우 메모리 복사를 수행한다.

참고로 객체 간 대입 연산을 할 경우 주의할 사항이 있다. 만일 클래스의 멤버 중에 참조 타입이나 const 지정자가 있는 상수 타입이 있을 경우 암시적 복사 대입 연산자로 인해서 컴파일 타임에 에러가 발생하기 때문이다. 왜냐하면 멤버마다 대입 연산을 수행해야 하는데 참조 타입이거나 const 지정자가 있는 상수 타입은 오직 초기화할 때만 대입 연산을 수행할 수 있기 때문이다. 따라서 참조 타입이거나 const 지정자가 있는 상수 타입 멤버를 가진 클래스에 대해서 컴파일러가 암시적 복사 대입 연산자를 추가할 수 없다. 이런 문제가 발생할 때는 직접 명시적으로 복사 대입 연산자를 정의해야만 한다.

➜ 6.4.3. 배열 타입의 복사

[소스 6-18] 배열 복사 1

```
void main()
{
    int A[3] = {1, 2, 3};
    int B[3]; B = A;            // (1)
}
```

개인적으로 〈소스 6-18〉의 (1)번 문장은 컴파일이 잘 되었으면 좋겠다고 생각한다. 또한 필자가 초급 개발자 시절 위의 문장이 제대로 컴파일되지 않는다는 사실을 처음 알았을 때의 어색함과 황당함을 느꼈던 기억은 잘 잊혀지지 않는다. 위 문장이 왜 컴파일 될 수 없는지를 이해한 것은 꽤 오랜 시간이 흐른 이후였다. 이미 그 이유는 [포인터와 배열]장에서 충분히 설명했다고 생각한다. 이 내용을 다시 소개하는 이유는 하나이다. 비록 형태가 약간 다르긴 하겠으나 클래스에서는 가능하기 때문이다.

[소스 6-19] 배열 복사 2

```
class CTest
{
public:
    int m_Array[3];
};

void main()
{
    CTest A;
    A.m_Array[0] = 1;
    A.m_Array[1] = 2;
    A.m_Array[2] = 3;

    CTest B = A;
}
```

〈소스 6-19〉에서는 클래스의 멤버로 int 배열 m_Array가 선언되어 있다. 그리고 main 함수에서 객체 A를 생성 후 m_Array에 {1, 2, 3}을 입력한다. 그리고 A를 인자로 하여 객체 B를 복사 생성한다. 결과를 출력하지는 않았으나 B의 멤버 m_Array에는 똑같이 {1, 2, 3}이 복사되어 있다. 한 번 생각해보자! 앞에서 배열 타입에 대해서 대입 연산자는 쓰고 싶어도 쓸 수 없었다. 그래서 보통 배열 타입을 복사할 때는 for나 while문을 사용해서 일일이 대입하거나 배열 전체의 메모리 영역을 통으로 복사하는 방법을 사용한다. 결국 클래스의 멤버 배열 타입에 대해서는 컴파일러가 이런 복잡한 과정을 대신 수행하는 코드를 넣어주는 것이다.

그렇다면 구체적으로 어떻게 할까? 효율적으로 따진다면 배열의 메모리 영역을 통으로 복사해버릴 것 같지만 컴파일러는 각 배열의 원소 영역마다 하나씩 값을 대입해준다. 즉, 만일 어떤 배열의 원소가 100개라면 100번을 일일이 복사해주는 것이다. 이렇게 하나하나 복사를 반복하는 것은 다 이유가 있다.

예제에서는 멤버로 int형의 배열이 나왔지만 클래스 타입의 배열도 멤버가 될 수 있기 때문이다. 멤버로 클래스 타입의 배열이 나올 경우 각 원소 클래스 객체에 대해서 복사 생성자를 호출해주기 때문이다. 마찬가지로 이미 생성된 객체 B에 대해서 A를 대입할 경우에는 클래스 배열에 대해서 각 원소 클래스의 복사 대입 연산자를 호출해준다. 바로 이 내용이 이전에 암시적 복사 생성자의 선처리 영역과 암시적 복사 대입 연산자의 블록 영역에서 이루어지는 4번 내용 [멤버가 배열 타입일 경우 원소의 타입에 따라 2, 3 수행]이다.

➤ 6.4.4. 실전 연습

6-4절을 통해서 클래스의 복사 생성자와 복사 대입 연산자에 대해서 충분히 알아보았다. 보통 설명만 듣거나 글로 읽을 때는 잘 이해된 것처럼 보여도 막상 실제로 접하게 될 때는 당황하는 경우가 꽤 많다. 사실 그것은 아직 완벽하게 이해하지 못했기 때문이다. 비슷한 것을 실제로 몇 번 경험해본 뒤에야 비로소 제대로 이해하는 경우가 의외로 많다. 그래서 위에서 배운 내용을 복습하는 겸 문제를 내겠다. 과연 어떤 결과가 나올지 설명을 보기 전에 스스로 풀어보길 바란다.

[소스 6-20] 복사 생성자 복사 대입 연산자 실습

```
#define DEFAULT_CONSTRUCTOR_EXISTS
//#define COPY_CONSTRUCTOR_EXISTS
//#define ASSIGN_OPERATOR_EXISTS

class CParent
```

```cpp
{
public:
   CParent()
   {
      cout << _T("CParent - Default Constructor!") << endl;
   }

   CParent(const CParent& Obj)
   {
      cout << _T("CParent - Copy Constructor!") << endl;
   }

   CParent& operator = (CParent& Obj)
   {
      cout << _T("CParent - Assign Operator!") << endl;
      return *this;
   }

   int m_PValue;
};

class CMember
{
public:
   CMember()
   {
      cout << _T("CMember - Default Constructor!") << endl;
   }

   CMember(const CMember& Obj)
   {
      cout << _T("CMember - Copy Constructor!") << endl;
   }

   CMember& operator = (CMember& Obj)
   {
      cout << _T("CMember - Assign Operator!") << endl;
      return *this;
   }
```

```cpp
    int m_MValue;
};

class CChild : public CParent
{
public:

#ifdef DEFAULT_CONSTRUCTOR_EXISTS
    CChild()
    {
        cout << _T("CChild - Default Constructor!") << endl;
    }
#endif

#ifdef COPY_CONSTRUCTOR_EXISTS
    CChild(const CChild& Obj)
    {
        cout << _T("CChild - Copy Constructor!") << endl;
    }
#endif

#ifdef ASSIGN_OPERATOR_EXISTS
    CChild& operator = (CChild& Obj)
    {
    // *this = Obj;   // (5) 이렇게 할 경우 무한 루프
        cout << _T("CChild - Assign Operator!") << endl;
        return *this;
    }
#endif
    int m_CValue;
    char m_str[256];
    CMember m_Member;
    CMember m_ArrMember[1][2];
};

void main()
{
    cout << _T("C1 Start!") << endl;
```

```cpp
    CChild c1;                              // (1)
    c1.m_PValue = 1;
    c1.m_CValue = 2;
    c1.m_Member.m_MValue = 3;
    c1.m_ArrMember[0][0].m_MValue = 4;
    c1.m_ArrMember[0][1].m_MValue = 5;
    strcpy(c1.m_str, "ABCDEFGHJIKLMNOPQRSTUVWXYZ");
    cout << _T("C2 Start!") << endl;
    CChild c2(c1);                          // (2)

    cout << _T("C3 Start!") << endl;
    CChild c3 = c1;                         // (3)

    cout << _T("C4 Start!") << endl;
    CChild c4;
    c4 = c1;                                // (4)
}
```

간단한 설명을 하자면 〈소스 6-20〉의 맨 위의 #define 전처리 구문을 통해서 CChild 클래스의 복사 생성자와 복사 대입 연산자의 포함 여부를 선택하도록 하였다. 현재 코드는 전처리 구문에 주석처리를 하여 오직 기본 생성자만 명시적으로 존재하도록 되어있다. 각각 주석을 풀어보면서 결과를 생각해보자!

모든 경우를 설명하는 것은 너무 길어질 수 있으므로 주제에 맞도록 복사 생성자와 복사 대입 연산자가 명시적으로 존재하지 않을 때의 결과에 대해서만 설명하겠다. 일단 위의 코드를 실행했을 때의 출력 결과는 아래와 같다.

```
C1 Start!

CParent - Default Constructor!

CMember - Default Constructor!

CMember - Default Constructor!

CMember - Default Constructor!
```

```
CChild - Default Constructor!

C2 Start!

CParent - Copy Constructor!

CMember - Copy Constructor!

CMember - Copy Constructor!

CMember - Copy Constructor!

C3 Start!

CParent - Copy Constructor!

CMember - Copy Constructor!

CMember - Copy Constructor!

CMember - Copy Constructor!

C4 Start!

CParent - Default Constructor!

CMember - Default Constructor!

CMember - Default Constructor!

CMember - Default Constructor!

CChild - Default Constructor!

CParent - Assign Operator!

CMember - Assign Operator!

CMember - Assign Operator!

CMember - Assign Operator!
```

만일 본인이 생각한 결과가 위의 결과와 동일하다면 정확히 이해한 것이다. 따라서 더 이
상의 설명은 볼 필요가 없다. 그럼 결과가 어떻게 도출되었는지 살펴보자!

CChild 클래스는 부모 클래스 CParent 클래스를 상속받으며 멤버로 CMember 객체 한 개
와 멤버 배열을 통해서 CMember 객체 두 개를 가지고 있다. 따라서 CMember 객체 세

개를 포함하고 있다. (1)에서 c1 객체가 처음 생성될 때 기본 생성자가 호출된다. 앞에서 생성자의 선처리 영역에 대해서 설명했듯이 부모 클래스와 멤버 클래스의 기본 생성자가 먼저 호출된다. 따라서 부모 클래스의 기본 생성자 블록이 한번, 멤버 클래스의 기본 생성자 블록이 총 세 번이 먼저 실행된다. 그 후 마지막으로 CChild 자신의 클래스 블록이 실행된다.

이제 (2), (3)의 c2 객체와 c3 객체가 생성되는 것을 살펴보자! 두 객체는 생성 코드만 다를 뿐 모두 복사 생성 방식이다. 따라서 결과는 똑같이 나온다. 현재 CChild의 복사 생성자가 명시적으로 존재하지 않기 때문에 컴파일러는 암시적인 복사 생성자를 추가한다. 그런데 암시적인 복사 생성자의 선처리 영역에서는 복사 생성자가 부모 클래스와 멤버 클래스 그대로 전파된다. 따라서 부모 클래스의 복사 생성자 블록이 한 번, 멤버 클래스의 복사 생성자 블록이 세 번 먼저 호출된 후에 CChild 자신의 암시적인 복사 생성자 블록이 호출되는 것이다. 그러나 암시적인 복사 생성자의 블록은 당연히 아무 내용도 없으므로 출력결과에 아무것도 남기지 않는다. 보통 이런 현상에 대해서 생성자가 호출되지 않는 경우도 있다고 주장하는 경우도 있지만 눈에만 보이지 않을 뿐 클래스 객체는 생성될 때 반드시 생성자가 호출된다.

(4)의 복사 대입 연산자 부분을 살펴보자! 명시적인 복사 대입 연산자가 존재하지 않기에 컴파일러는 암시적인 복사 대입 연산자를 추가하는데, 암시적인 복사 대입 연산자에는 부모 클래스와 멤버 클래스에 대해서 복사 대입 연산자를 그대로 전파한다. 따라서 부모 클래스의 복사 대입 연산자 한 번, 멤버 클래스의 복사 대입 연산자 세 번이 호출된 후에 CChild 자신의 암시적 복사 대입 연산자가 호출된다.

마지막으로 맨 위의 #define 전처리 구문의 주석을 풀어보고 결과를 도출해보길 바란다. 아마도 훨씬 쉬울 것이다. 참고로 (5)부분의 코드 부분 주석을 풀어버릴 경우 해당 부분에서는 무한 루프가 발생하게 된다. 복사 대입 연산자에서 복사 대입 연산자를 호출하는 재귀적인 문법이기 때문이다. 이 정도면 충분한 연습이 되었을 것이라고 보면서 이번 파트를 마치겠다.

➥ 6.4.5. 복사 생성자와 복사 대입 연산자의 올바른 사용

이전 파트에서는 컴파일러가 자동으로 생성하는 암시적인 복사 생성자와 복사 대입 연산
자의 동작에 관한 내용이 주된 것이었다. 앞에서도 얘기했지만 암시적이라는 것은 컴파
일러가 가장 기본적인 객체 간 메모리 복사를 하겠다는 의미이다. 따라서 클래스가 int,
char, double과 같은 기본 타입만을 멤버로 가지고 있다면 기본적인 메모리 복사로 객체
의 복사라는 목적을 달성할 수 있다. 그러나 클래스의 멤버중에 참조 타입이나 포인터 타
입이 있을 경우 이런 기본적인 복사는 프로그램을 위험에 빠지게 할 수도 있다. 간단한
예제를 살펴보자!

[소스 6-21] 불완전한 기본 복사

```cpp
class CTest
{
public:
  CTest() : m_RefVal(m_Val)    // (A)
  {
    m_Val = 1;

    m_pInt = new int;
    *m_pInt = 2;
  }

  ~CTest()                     // (B)
  {
    if(m_pInt)
    {
      delete m_pInt;
    }
  }

  int m_Val;
  int& m_RefVal;
  int* m_pInt;
```

```cpp
  };

  void main()
  {
    CTest* pA = new CTest;        // (1)

    CTest B = *pA;                // (2)
    cout << B.m_RefVal << endl;
    cout << *B.m_pInt << endl;

    pA->m_Val = 3;                // (3)
    cout << B.m_RefVal << endl;

    delete pA;                    // (4)
  }
```

〈소스 6-21〉의 (1) 부분에서 new에 의해 (A)의 생성자가 호출된다. 생성자의 초기화 리스트에 의해서 m_RefVal는 m_Val의 별칭이 된다(초기화 리스트는 이후에 자세히 설명하겠다). 또한 생성자 블록에서 m_pInt에 메모리를 할당하고 2로 채워넣는다.

클래스 CTest에는 명시적인 복사 생성자가 존재하지 않으므로 (2)에서는 암시적 복사 생성자에 의해서 객체 복사가 이루어진다. 암시적 복사 생성자의 선처리 영역에서는 포인터는 값 복사를 하고, 참조 타입 변수에 대해서 가리키는 대상을 그대로 복사하게 된다. 따라서 B.m_RefVal은 B.m_Val의 별칭이 되는 것이 아니라 pA->m_Val의 별칭이 된다. 따라서 (3)과 같이 pA->m_Val 값을 변경하면 B.m_RefVal 값도 같이 변하게 되는 것이다. 이것은 분명 올바른 객체 복사라고 할 수는 없을 것이다. 비유를 하자면 문서 하나를 복사기로 복사했는데, 원본 문서의 글자가 지워졌다고 복사본의 글자도 지워진 것과 같다. 그뿐 아니다.

(4)에서는 delete를 통해서 객체를 삭제한다. (B)를 보면 m_pInt에 대해서 할당된 메모리를 정리하는데 문제는 main 함수가 끝나는 순간 B 객체도 자연히 소멸되면서 소멸자가 불리게 되고 이때 B.m_pInt가 가리키는 메모리 영역은 이미 삭제되었기에 다시 delete를 하는 순간 프로그램 오류가 발생한다. 즉, 객체 복사를 제대로 못하면 개발자는 피곤해질

수 있다. 결국 다시 한 번 강조하고 싶은 것은 암시적 복사 생성자나 암시적 복사 대입 연산자는 완벽한 복사를 제공할 수는 없다는 사실이다. 따라서 이런 문제를 해결하기 위해서 명시적 복사 생성자와 명시적 복사 대입 연산자를 사용해야하며, 객체 간 복사 코드는 오직 개발자가 손수 구현해야만 한다.

그렇다면 어떤 기준으로 객체 간 복사를 진행해야 될까? 완벽한 기준은 존재하지 않는다. 만일 그런 기준이 존재한다면 컴파일러가 알아서 그 기준에 따르는 코드를 제공했을 것이다. 그러나 완벽한 정답은 없어도 어느 정도 선에서 받아들여질 수 있는 복사의 기준은 분명 존재한다. 그 기준은 다음과 같다.

원본 객체와 복사본 객체 중 어느 한쪽의 상태 변화가 다른 쪽의 상태에 영향을 줘서는 안 된다. 즉, 복사 후에는 서로 독립적이어야 한다는 의미이다. 이것은 멤버 변수의 값 변화뿐 아니라 어느 한쪽 객체의 소멸까지도 포함한다. 이런 원칙이 지켜지는 선에서 가능하면 객체의 메모리 영역에 채워진 내용이 일치하면 일치할수록 좋다. 특히 얕은 복사와 깊은 복사의 차이에 대해서는 확실하게 이해하고 있어야 한다. 결국 깊은 복사를 하라는 것은 한쪽 객체가 소멸되어도 남아있는 객체가 소멸된 영역을 참조하는 위험을 피하기 위함이다.

즉, 예제에서 두 객체의 m_pInt가 같은 힙 메모리 영역을 바라보게 하지 말고 각각의 힙 메모리를 할당해서 바라보게 만들어야 한다는 것이다. 깊은 복사에 관련된 내용은 이미 많은 책이나 웹 페이지에 나와있으므로 굳이 여기서 더욱 자세히 설명을 하지는 않겠다.

➡ 6.4.6. 객체의 값에 의한 호출(Call by Value of Object)

객체지향 프로그래밍 책에서 많이 보았을 것이다. 값에 의한 호출(Call by Value)과 참조에 의한 호출(Call by Reference). 일반적으로 int나 double같은 기본 타입이 아니라면 참조에 의한 호출이 좋다고 알려져 있다. 왜냐하면 값에 의한 호출은 복사가 수반되기 때문이다. 위에서도 살펴보았지만 복사 생성자가 호출되는 두 가지 형태를 알아보았다. CTest t1(t0);이나 CTest t1 = t0;와 같은 형태가 있다. 그런데 이제 추가로 하나 더 기억하도록 하자! 바로 객체의 값에 의한 호출을 하는 경우도 복사 생성자가 호출된다. 즉, 이런 것이다.

```cpp
void TestFunc(CTest t)     // (1)
{
    // ...
}
```

위의 코드에서 (1)과 같이 클래스 객체 인자가 값으로 넘어갈 때 바로 복사 생성자가 호출되는 것이다. 이미 이전 내용에서 살펴보았지만 복사 생성자가 명시적이건 암시적이건 얼마나 복잡한 과정을 거치는지 충분히 알게 되었을 것이다. 부모 클래스나 멤버 클래스에 대해서 모두 생성자가 전파되면서 호출되어야 한다. 그뿐 아니다. 함수 본체가 끝나는 시점에서 t는 사라질 것이고 그때 소멸자도 호출된다. 즉, 클래스 객체의 값에 의한 복사는 비용이 너무 크다. 그래서 클래스 객체를 함수의 인자로 넘길 때는 참조에 의한 호출을 해야만 한다.

```cpp
void TestFunc(const CTest& t) // (1)
{
    // ...
}
```

바로 이런 방식으로 참조 타입을 객체를 전달하는 것이다. 이와 같이 하면 어떤 생성자나 소멸자도 호출되지 않을 것이다. (1)에서 인자에 const 지정자가 있는 것이 보일 것이다. 이것은 단지 t 객체가 함수 본체에서 절대 수정되지 않을 것을 의미하는 것이다. 만일 함수 본체에서 t에 수정을 가하려고 할 경우 컴파일 에러가 나게 된다. 이것은 결국 값에 의한 호출처럼 원본 객체를 보호하는 효과를 낼 수 있다.

참고로 위의 두 함수 TestFunc는 (값 인자, 참조 인자) 동시에 정의될 수는 없다. 혹시라도 인자형이 다르니 중복 정의(Overloading)가 가능하지 않냐고 생각할 수도 있지만, 일

반적으로 타입 T와 참조타입 T&를 중복 정의하게 될 경우 함수를 호출하는 코드가 존재
하면 컴파일러는 어떤 타입의 함수를 선택해야 할지 결정할 수 없기 때문에 컴파일 에러
를 발생시킨다.

➜ 6.4.7. 복사 금지 클래스

[복사 생성자와 복사 대입 연산자]절에서 클래스의 복사에 관한 많은 것을 살펴보았다.
이번 파트에서는 클래스 복사에 관한 마무리를 지을 겸 아예 복사를 할 수 없는 클래스를
만들어보기로 하겠다. 어쩌면 역설적일 수도 있지만 클래스 복사에 관한 내용을 정확히
알고 있기 때문에 그것을 응용하여 복사를 완전히 금지할 수 있는 클래스도 설계할 수 있
는 것이다. 참고로 이미 클래스 복사를 방지하는 클래스의 기본적인 구현 방식은 널리 알
려져 있으며, 더욱 쉽게 복사 방지를 할 수 있도록 Boost 라이브러리는 noncopyable 클래
스를 제공하고 있기도 하다. 따라서 이번 파트를 통해서 이미 알려진 방법들을 확실하게
이해할 수 있는 기회가 될 것이다.

[소스 6-22] 복사 금지 클래스 1

```cpp
class CTest
{
public:
    int m_Val;
};

void main()
{
    CTest t0;
    t0.m_Val = 1;

    CTest t1 = t0;                  // (1)

    CTest t2;                       // (2)
    t2 = t0;
```

        }

〈소스 6-22〉는 기본적인 클래스의 복사 과정을 보여준다. (1), (2)처럼 복사가 이루어질 경우 CTcst 클래스에는 명시적인 복사 생성자와 복사 대입 연산자가 존재하지 않기에 암시적인 복사 생성자와 복사 대입 연산자가 호출된다. 암시적인 복사 생성자와 복사 대입 연산자의 경우 기본 타입의 멤버에 대해서는 메모리 복사가 이루어진다고 하였다. 따라서 t1, t2 객체의 m_Val 변수에는 1이 복사된다.

실제로 원하는 것은 CTest 클래스를 수정하여 (1), (2)처럼 복사가 이루어질 수 없도록 하는 것이다. 즉, 간단히 얘기하면 (1), (2)와 같은 코드가 허용되지 않도록 처리하면 된다. 어떻게 해야 할까? 위의 복사 과정을 살펴보면 알 수 있다. 바로 CTest의 암시적 복사 생성자와 복사 대입 연산자가 호출될 수 없도록 하면 된다. 보이지 않는 것을 어떻게 막을까 궁금하겠지만 사실 답은 간단하다. 명시적인 복사 생성자와 복사 대입 연산자를 선언하면 된다. 그럴 경우 (1), (2)에서 복사가 이루어질 때 자연스럽게 명시적인 복사 생성자와 복사 대입 연산자를 호출되기 때문이다.

[소스 6-23] 복사 금지 클래스 2

```
class CTest
{
public:
  CTest() {}                           // (C)
  int m_Val;

  CTest(const CTest&);                 // (A)
  CTest& operator = (const CTest&);    // (B)
};

void main()
{
```

```cpp
    CTest t0;
    t0.m_Val = 1;

  // CTest t1 = t0;                                          // (1)

    CTest t2;
  // t2 = t0;                                                // (2)
  }
```

〈소스 6-23〉의 (A), (B)를 살펴보자! 복사 생성자와 복사 대입 연산자가 선언되어있다. 그런데 주의해야 할 점이 있는데, 선언만 있고 복사 생성자와 복사 대입 연산자의 본체인 정의는 없다는 사실이다. 이런 클래스는 빌드가 제대로 되지 않을 것이라고 생각하는 개발자도 있을 수 있는데, 빌드가 될 수도 있고 안될 수도 있다. 그리고 이것은 의도적인 것이다. main의 (1), (2)가 가리키는 코드를 살펴보자!

현재 주석 처리가 되어있다. 이 상태로 빌드할 경우 아무 문제도 발생하지 않는다. 그러나 (1), (2)의 코드의 주석을 제거하고 빌드할 경우 링크 에러가 발생하게 된다. 왜냐하면 (1), (2)의 코드를 어셈블리로 만들어야 할 경우 링커가 연결해야 할 복사 생성자와 복사 대입 연산자의 정의를 찾을 수 없기 때문이다. 즉, 복사 동작을 수행하는 (1), (2)와 같은 코드가 사용될 경우에만 링크 에러가 발생하기 때문에 복사를 막을 수 있다.

눈이 좋은 독자라면 알아챘겠지만 (C) 부분처럼 기본 생성자가 아무 하는 일 없이 추가되어 있다. 이것은 어떤 생성자도 존재하지 않을 경우 컴파일러가 기본 생성자를 알아서 추가하여 주지만 (A)와 같이 복사 생성자만 선언될 경우 개발자가 기본 생성자를 필요로 하지 않는다고 컴파일러가 판단하여 기본 생성자를 아예 추가하지 않기 때문이다. 따라서 기본 생성자를 직접 선언 및 정의하지 않으면 객체 생성시 컴파일 에러가 발생하게 된다.

```
class CTest
{
public:
    CTest() {}
    int m_Val;

private:                                    // (A)
    CTest(const CTest&);
    CTest& operator = (const CTest&);
};

void main()
{
    CTest t0;
    t0.m_Val = 1;

    CTest t1 = t0;                          // (1)

    CTest t2;
    t2 = t0;                                // (2)
}
```

〈소스 6-24〉에서 바뀐 것은 (A) 부분이다. 선언만 되어있는 복사 생성자와 복사 대입 연산자를 private로 변경한 것이다. 이미 복사 생성자와 복사 대입 연산자의 정의를 하지 않는 것으로 소기의 목적을 다루었는데 private 접근 지정을 추가로 하는 이유는 무엇일까? 이렇게 할 경우 main의 (1), (2) 와 같이 복사가 이루어지는 코드에서 링크 에러가 아닌 컴파일 에러가 나기 때문이다. 어차피 에러가 발생하기 때문에 크게 중요할 것 같진 않지만 잘못은 빨리 알아차릴수록 좋다. 빌드는 보통 컴파일과 링크 과정을 거치게 되지만 정적 라이브러리를 만들 경우 빌드 과정은 오직 컴파일만 수행하게 된다. 따라서 실제 라이브러리가 실행 모듈에 링크되는 시점에서 에러가 발생하기 전까지는 라이브러리가 제대로 만들어졌는지 확인하기 어려운 문제가 발생할 수도 있다. 따라서 같은 에러라도 링크 에러보다 컴파일 에러가 나는 편이 더 낫다.

여기서 주의할 점이 하나 있는데 private을 지정해도 여전히 복사 생성자와 복사 대입 연산자는 선언만 해야 된다는 것이다. 만일 함수 본체가 정의되어 있을 경우 일반적인 경우 private에 의해서 복사 코드에서 컴파일 에러가 발생하겠지만, 클래스 멤버 함수나 friend 함수에서는 컴파일 에러가 발생하지 않기 때문이다. 즉, 멤버 함수와 friend 함수에서도 복사 동작을 방지하기 위한 최후의 수단으로 링크 에러를 발생시켜야만 한다. 정리하면 핵심은 복사 생성자와 복사 대입 연산자의 선언만 하는 것이고, 복사 코드의 오류를 가능하면 빨리 알아내기 위하여 private 지정이 필요하다.

복사 금지 클래스를 만드는 원리를 충분히 살펴보았다. 그러나 꽤나 번거롭다는 느낌을 가질 것이다. 그래서 위에서도 간단히 소개했지만 Boost 라이브러리는 noncopyable이라는 복사 방지 전용 클래스를 제공한다.

[소스 6-25] Boost의 noncopyable

```cpp
class noncopyable
{
protected:                                // (A)
  noncopyable() {}                        // (B)
  ~noncopyable() {}
private:                                  // (C)
  noncopyable( const noncopyable& );
  const noncopyable& operator=( const noncopyable& );
};

class CTest : public noncopyable
{
public:
  int m_Val;
};

void main()
```

```cpp
    {
        CTest t0;
        t0.m_Val = 1;

        CTest t1 = t0;                          // (1)

        CTest t2;
        t2 = t0;                                // (2)
    }
```

〈소스 6-25〉는 Boost의 noncopyable 클래스와 사용 방법을 보여준다. 무척 간단하다. 복사 금지를 하고 싶은 클래스는 단지 noncopyable 클래스를 상속받으면 된다. noncopyable 클래스를 살펴보자! 그동안 배운 원리가 그대로 적용되어 있다. 복사 생성자와 복사 대입 연산자는 정의는 없이 선언만 되어 있다. 또한 private로 지정되어 있다.

여기서 추가적인 설명이 필요한데 (1), (2)처럼 CTest의 복사 코드는 CTest의 암시적인 복사 생성자와 암시적인 복사 대입 연산자를 호출하게 된다. 이미 충분한 설명이 이루어졌듯이 암시적인 복사 생성자와 복사 대입 연산자의 큰 특징은 부모 클래스의 복사 생성자와 복사 대입 연산자를 호출하게 되어있다. 당연히 noncopyable의 복사 생성자와 복사 대입 연산자가 호출되어야 하는데 정의가 없으니 링크 에러가 난다. 물론 이 코드에서는 (C)의 private에 의해서 컴파일 에러부터 난다.

이번에는 (B)를 눈여겨보자! 아무 하는 일 없는 생성자가 구현되어 있는데, 위에서 이미 말한 이유처럼 명시적인 복사 생성자만 존재할 경우 컴파일러는 기본 생성자를 만들지 않기 때문에 noncopyable을 상속받은 클래스의 생성자에서 부모 클래스인 noncopyable의 기본 생성자를 호출할 수 없는 문제가 발생하게 된다. 따라서 기본 생성자를 직접 선언 및 정의한 것이다.

마지막으로 (A)에서 기본 생성자의 접근 지정자가 protected로 되어 있음을 알 수 있다. public이어도 큰 상관은 없지만 단지 noncopyable 클래스는 독립적으로 사용될 필요가 없기 때문에 protected로 지정된 것이다. noncopyable을 독립적인 객체로 사용하려고 한다면 컴파일 에러가 발생하게 된다. 사실 noncopyable을 독립적인 객체로 사용할 필요가 전혀 없다.

noncopyable을 보면 코드 자체는 굉장히 짧지만 상당히 심오한 원리를 포함하고 있음을 알 수 있다. 참고로 Boost는 유용한 클래스 및 라이브러리를 많이 제공해주고 있다. 기본적인 동작 원리를 충분히 이해한 뒤에 사용한다면 강력한 프로그래밍을 하는데 많은 도움이 될 것이다.

➔ 6.4.8. RValue Reference의 이용

[타입]장에서 우측 값 참조에 대한 기본적인 개념을 알아보았다. 우측 값 참조는 효율을 위해서 도입되었다고 소개했는데, 여기서는 실제로 우측 값 참조를 이용하여 효율을 높일 수 있는지를 확인해볼 것이다. 먼저 간단한 클래스를 설계해보자!

[소스 6-26] RValue Reference 1

```
class CText
{
public:
  CText(const char* Text)
  {
    m_Len = strlen(Text);
    m_Text = new char[m_Len + 1];
    strcpy(m_Text, Text);
  }

  CText(const CText& obj)                      // (1)
  {
    m_Text = new char[obj.m_Len + 1];
    strcpy(m_Text, obj.m_Text);
    m_Len = obj.m_Len;
  }

  ~CText()
  {
    if(m_Text)
    {
```

```
            delete [] m_Text;
            m_Len = 0;
        }
    }

    char* m_Text;
    int m_Len;
};

void main()
{
    CText t1("Hello World!");
    CText t2(t1);
}
```

예제는 아주 간단한 문자열 클래스를 보여준다. 문자열 상수를 인자로 받는 생성자를 통해서 최초 문자열 객체를 생성할 수 있으며, 복사 생성자를 통해서는 기존 객체의 데이터를 그대로 복사해서 새로운 객체로 만들 수 있도록 하였다.

(1)의 복사 생성자를 살펴보자! 원본 객체가 소멸되더라도 새로 생성된 객체가 영향을 받지 않도록 하기 위하여 깊은 복사를 수행한다. 여기서 깊은 복사란 m_Text를 위해서 new를 통해서 메모리를 할당하고 원본 객체의 데이터를 strcpy를 통해서 복사해놓은 것이다. 즉, 원본 객체가 소멸하더라도 새로 복사 생성된 객체는 아무 영향을 받지 않을 것이다. 일반적으로 STL을 비롯하여 자료구조 클래스들은 이런 식의 깊은 복사를 하도록 설계되어 있다. 그런데 이런 구조가 극히 안 좋은 효율을 보이는 경우가 있다.

```
CText GetText()                    // (1)
{
   CText temp("Hello World");   // (2)
   return temp;
}


void main()
{
   CText t = GetText();
}
```

예제에서는 (1)과 같이 함수 **GetText**가 추가되었다. **GetText**는 CText를 값으로서 반환한다. 반환되는 값은 (2)와 같이 임시 객체인 temp이다. 실행을 따라가보면 역시 CText의 복사 생성자가 호출될 것이고, t는 temp를 깊은 복사하여 생성될 것이다. 여기서 한 번 생각해보자. 어차피 temp는 임시 객체이므로 소멸될 것이다.

예를 들어보자. 곧 폐차할 자동차가 있다. 그 자동차와 똑같은 자동차를 공장에서 생산해 낸다고 가정해보자. 그대로 똑같이 만들어야 하기 때문에 시간과 비용이 들 것이다. 그런데 폐차할 자동차의 엔진은 완전히 새것이다. 어떻게 하겠는가? 누구라도 폐차할 자동차의 엔진을 새 자동차에 옮겨놓을 것이다. 왜냐하면 어차피 폐차할 것이기 때문이다. 마찬가지로 곧 소멸될 객체라면 복사할 때 적절히 그에 맞는 처리만 해준다면 얕은 복사를 해도 큰 문제가 발생하지 않을 수 있다.

애초에 얕은 복사의 문제점은 원본 객체의 데이터가 변할 경우 복사 객체의 데이터도 함께 변하는 것이고, 원복 객체가 소멸되어 데이터가 삭제될 경우 복사 객체의 데이터는 유효하지 않게 되는 문제가 있었다. 그런데 원본 객체가 임시 객체라서 수정할 일 없이 곧 사라질 것이라면, 데이터의 변경 문제는 없을 것이고, 원본 객체가 소멸되는 순간 데이터만 소멸되지 않게 처리한다면 얕은 복사를 해도 전혀 문제가 발생하지 않게 된다. 오히려 얕은 복사를 수행하면 힙으로부터 메모리 할당을 하지 않기 때문에 더욱 효율적으로 복사를 수행할 수 있다. 따라서 임시 객체를 통해서 복사 생성을 하고자 할 때 바로 우측 값 참조를 이용하여 얕은 복사를 수행하도록 한다. 앞의 예를 적용한다면 힙에서 할당받은 메모리를 엔진으로 여기면 된다.


```cpp
class CText
{
public:
  CText(const char* Text)
  {
    m_Len = strlen(Text);
    m_Text = new Char[m_Len + 1];
    strcpy(m_Text, Text);
  }

  CText(const CText& obj)
  {
    m_Text = new Char[obj.m_Len + 1];
    strcpy(m_Text, obj.m_Text);
    m_Len = obj.m_Len;
  }

  CText(CText&& obj)                    // (A)
  {
    m_Text = obj.m_Text;
    m_Len = obj.m_Len;

    obj.m_Text = NULL;                  // (A-2)
    obj.m_Len = 0;
  }

  ~CText()
  {
    if(m_Text)                          // (A-1)
    {
      delete [] m_Text;
```

```cpp
            m_Len = 0;
        }
    }

    char* m_Text;
    int m_Len;
};

CText GetText()                              // (1)
{
    CText temp("Hello World");               // (2)
    return temp;
}

void main()
{
    CText t = GetText();
}
```

추가된 부분은 (A)의 우측 값 참조 복사 생성자이다. 인자의 타입이 우측 값 참조이므로 (1), (2)와 같이 곧 소멸될 임시 객체가 들어오게 된다. 이때는 m_Text를 위하여 new 를 통해서 메모리 할당을 받을 필요 없이 오직 포인터만 대입하는 얕은 복사를 수행하면 될 뿐이다. 가장 중요한 부분은 바로 (A-1), (A-2)이다. 클래스 CText는 소멸자에서 m_Text가 채워져 있을 경우 m_Text를 해제하도록 되어있다. 따라서 임시 객체가 소멸할 때 임시 객체의 m_Text가 해제되지 않도록 하기 위하여 (A-2)처럼 임시 객체의 m_Text에 NULL을 대입한다. 이렇게 될 경우 임시 객체의 m_Text는 그대로 복사 생성된 객체의 m_Text로 이전된다.

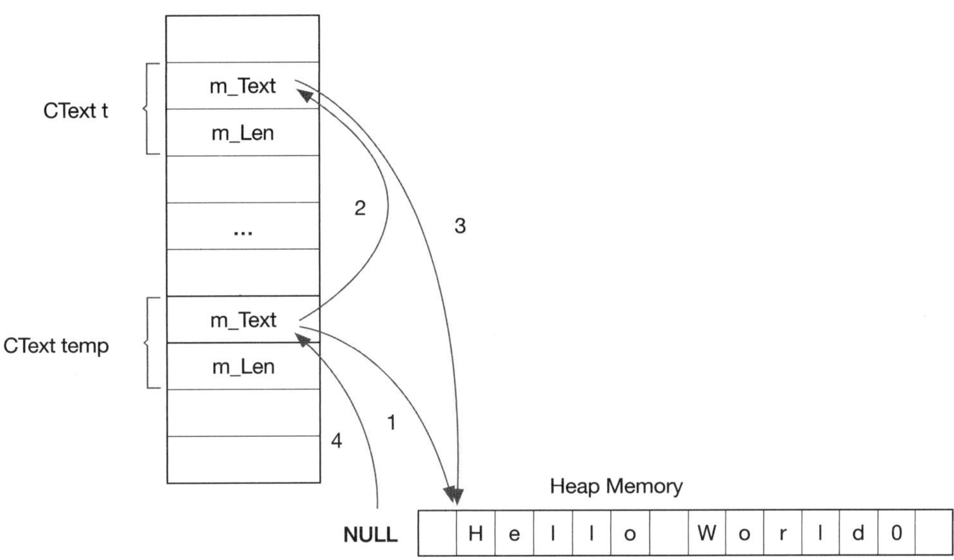

▲ 그림 6-4 RValue Reference 복사 생성자

〈그림 6-4〉는 우측 값 참조 복사 생성자의 실행 흐름을 보여준다.

(1) CText 임시 객체 temp의 m_Text는 힙 메모리의 문자열을 가리키고 있었다.

(2) temp를 원본으로 t를 복사 생성할 경우 얕은 복사를 수행하여 temp의 m_Text는 그대
로 t의 m_Text로 대입된다.

(3) t의 m_Text는 힙 메모리의 문자열을 가리키게 된다.

(4) 임시 객체 temp의 m_Text에 NULL을 대입하여 힙 메모리의 문자열이 소멸되지 않도
록 처리한다.

우측 값 참조를 이용하여 복사 생성자와 복사 대입 연산자를 새롭게 정의할 경우 인자로
임시 객체가 들어올 경우에는 분명히 효율을 높일 수 있다. 이와 같이 우측 값 참조를 이
용한 복사 생성자와 복사 대입 연산자를 move 생성자, move 대입 연산자라고 부르기도
한다. 바로 메모리 복사가 아닌 포인터의 대입을 통한 메모리 이동을 수행하기 때문이다.

➜ 6.4.9. 등가 연산자

등가 연산자란(==, !=) 좌변과 우변이 같은지, 다른지를 평가하는 연산자이다. 등가라는
개념은 대입이라는 개념과 함께한다.

[소스 6-29] 대입, 등가 연산자

```
void main()
{
  int a = 3;                  // (1)
  int b = 3;                  // (2)

  if(a == b)                  // (3)
  {
    cout << "Equal!" << endl;
  }

  int i = 3;                  // (4)
  double d = 3.0;             // (5)

  if(i == d)                  // (6)
  {
    cout << "Equal!" << endl;
  }
}
```

예제 소스를 살펴보자! (3)에서 a와 b가 같은 이유는 (1), (2)와 같이 a와 b에 같은 값인 3
을 대입하였기 때문이다. 그렇다면 a와 b가 같은 값이라는 것은 무엇을 기준으로 판별하
는 것일까? a와 b의 4바이트 메모리 비트 상태를 비교하는 것일까? 실마리는 (6)에 있다.
int i와 double d는 같은 3이라는 값을 가지지만, 메모리의 크기도 다르고, 비트 상태는
완전히 다르다. 그럼에도 같은 값으로 인정된다. 즉, 컴파일러가 '같다'라는 것을 기준으
로 삼는 것은 메모리의 비트 상태가 아니라, 비트 상태가 나타내는 실제적인 의미, 즉 값

인 것이다. 결국, '같다', '다르다'라는 등가 연산은 어떤 값이 대입되었는지가 가장 중요한
요소라고 할 수 있다. 그렇다면 클래스에도 '같다, '다르다' 개념을 도입할 수 있는 것일까?

[소스 6-30] 클래스 등가 연산 1

```cpp
class CTest
{
public:
  CTest(int arg)
  {
    m_Val = arg;
  }

  int m_Val;
};

void main()
{
  CTest t1 = 3;
  CTest t2 = 3;

  if(t1 == t2)              // (1) Error
  {
    cout << "Equal!" << endl;
  }
}
```

예제 소스를 잘 살펴보자! 과연 (1)에서 두 객체 t1, t2는 같을까? 같고 다르고를 떠나서
컴파일 에러가 발생한다. 바로 등호(==) 연산자가 정의되지 않았다는 에러이다. 의미상
으로만 따져보면 t1과 t2에 같은 값 3이 대입되었고 그로 인해서 CTest의 유일한 멤버인
m_Val이 같은 값 3을 가지므로 두 객체는 같다고 해도 크게 이상하지는 않을 것 같다.
그런데 왜 컴파일러는 등호 연산자를 요구하는 것일까? 이유는 간단하다. 클래스에 생성
자를 비롯하여 대입 연산자가 여러 개 정의될 수 있기 때문이다. 코드로 직접 확인해보자!

```
class CTest
{
public:
  CTest() {}

  CTest(int arg)              // (1)
  {
     m_Val = arg;            // (A)
  }

  void operator = (int arg)   // (2)
  {
     m_Val = arg + 1;         // (B)
  }

  int m_Val;
};

void main()
{
  CTest t1 = 3;               // (3)

  CTest t2;
  t2 = 3;                     // (4)
}
```

예제 소스에서 클래스 CTest에는 (1), (2)와 같이 인자로 int 객체를 받는 생성자와 대입
연산자가 정의되어있다. (3)에서는 t1에 생성자를 통해서 3이 입력되고, (4)에서는 대입
연산자를 통해서 같은 값 3이 입력된다. 의미상으로만 따지면 같은 값 3이 입력되었으므
로, t1과 t2는 같다고 판단되어야 하는 것일까? 외형상으로는 같은 값이 입력되었지만,
(A), (B)의 차이를 통해서 알 수 있듯이 내부 멤버 m_Val은 서로 다른 값을 가지게 된다.
결국 등가 연산자를 기본으로 제공하게 될 경우 혼란의 여지가 생길 수 있다. 분명 누군

가는 같은 값이 입력된 t1과 t2가 같다고 판단할 것이기 때문이다. 그래서 컴파일러는 클래스 타입에 대해서는 등가 연산을 직접 정의해야만 등가 비교를 할 수 있게 만든 것이다.

6.5. 초기화 리스트(Initialization List)

[소스 6-32] 생성자 초기화

```
class CTest
{
public:
  CTest()
  {
    m_Value = 1;              // (1)
  }

  int m_Value;
};
```

[소스 6-33] 초기화 리스트 초기화

```
class CTest
{
public:
  CTest() : m_Value(1)                    // (2)
  {
  }

  int m_Value;
};
```

〈소스 6-32〉와 〈소스 6-33〉 둘을 비교해 보자! 멤버 변수인 m_Value를 초기화하는 두 가지 방식이 나와있다. 오픈 소스나 MFC 내부 코드를 살펴보면 의외로 (2)와 같은 문법이 많이 쓰인 것을 확인할 수 있다. (2)와 같은 방식이 바로 초기화 리스트이다.

필자가 초급 개발자 시절에 초기화 리스트를 보면서 많이 의아해했다. 왜 저런 문법을 만들었는가! 처음엔 그냥 깔끔하게 보이려고 저런 표현이 추가된 것인가 생각했다. 가끔은 (1), (2)번 방식 중에 (2)번 초기화 리스트 방식이 더 효율이 좋으므로 초기화 리스트를 써야만 한다며 게시판에서 울분을 토하는 개발자들도 보았다. 그런데 효율이 좋아지면 도대체 얼마나 좋아지겠는가? 작은 차이라면 문법의 유일성, 즉 같은 동작을 하는 코드의 표현은 가능한 한 가지로 통일하는 것이 더 나을 수 있다는 것이 필자의 생각이다.

그리고 아쉽게도 위의 두 소스를 컴파일한 어셈블리 코드를 살펴보면 둘이 완전히 똑같다. 실제로 궁금한 사람은 Visual C++로 컴파일한 후에 어셈블리를 직접 비교해보기 바란다. 여기에 어셈블리 코드를 실어서 확인시켜줄 수도 있으나 독자들이 별로 달가워하지 않을 것 같기에 비교는 독자들에게 맡기겠다.

그렇다면 왜 초기화 리스트라는 것을 만들었을까? 약간의 효율을 높이기 위해서? 그건 절대 아니고 초기화 리스트를 쓸 수밖에 없는 경우가 반드시 존재하기 때문이다. 지금부터 반드시 초기화 리스트를 사용해야만 하는 경우에 대해서 살펴보자!

➠ 6.5.1. 초기화 리스트의 원리

기억을 되살려서 [생성자와 소멸자]절을 다시 확인해보자! 아래는 해당 부분에서 제시한 생성자의 원형 코드이다.

```
CChild()
[   // 선처리 영역 시작
    부모 클래스 생성자 호출
    멤버가 클래스 타입일 경우 생성자 호출
    ... 기타 선처리 ...
]   // 선처리 영역 끝
```

```cpp
{    // 생성자 블록 시작

    cout << _T("CChild - Constructor") << endl;

}    // 생성자 블록 끝
```

기억하셨지만 생성자에는 코드로 보이지 않는 선처리 영역이 있음을 이야기하였다.
선처리 영역이란 무엇인가? 대괄호 [ ]에도 나와있지만 실제 생성자 블록이 실행되기 전에 먼저 실행되는 영역이다. 이 영역에서는 부모 클래스의 생성자를 호출하고 멤버가 클래스 타입일 경우에도 해당 클래스의 생성자를 호출하는 등 여러 가지 작업을 한다고 설명했었다.

여기서 주의할 점이 있는데 선처리 영역에서 호출하는 생성자는 모두 기본 생성자(인자가 없는 생성자)라는 것이다. 혹시라도 혼동의 여지가 있을까 얘기하는데, [복사 생성자와 복사 대입 연산자]절에서 컴파일러에 의해서 생성된 암시적 복사 생성자의 선처리 영역에서는 부모와 멤버 클래스의 복사 생성자를 호출한다고 얘기했었다. 지금이라도 이전에 읽었던 내용이 잘 생각나지 않는다면 먼저 해당 부분을 다시 숙독하길 바란다.

여기서 얘기하고자 하는 핵심은 기본 생성자나 복사 생성자의 선처리 영역에서는 이미 호출할 생성자가 정해져 있다는 점이다. 그렇다면 정해진 생성자가 아닌 내가 원하는 다른 생성자(인자가 다른 생성자)를 호출할 방법은 없는 것일까?

바로 이 의문에 대한 완벽한 해답을 제공하는 것이 초기화 리스트의 본질이자 핵심이라고 할 수 있다. 초기화 리스트는 생성자의 선처리 영역을 제어할 수 있기 때문이다.

이것과 비슷한 예를 들어보자! 종합병원에 가게 되면 환자에게 환자가 따라야 할 안내문을 주는 경우가 있다. 안내문은 다음과 같다. 먼저 수납을 하고, 어떤 서류를 제출하고, 어떤 검사실에 가서 어떤 검사를 받은 후 다른 검사를 또 받고 다시 수납을 하고 몇 번 진료실 가서 대기하고 등등. 이런 안내문은 보통 진료과(내과, 안과 등)별로 일정하게 정해져 있어서 미리 출력된 상태로 환자에게 나누어준다. 그런데 모든 환자가 다 똑같은 과정을 거쳐야만 하는 것은 아니다. 큰 틀에서는 비슷하겠지만 약간씩 조금은 다를 것이다. 그렇기 때문에 간호사는 해당 안내문에 빨간 펜으로 몇몇 정보를 약간씩 수정을 한다. 어떤 검사는 다른 검사로 대체하고, 진료는 다른 몇 번 진료실에서 대기하고… 그럴 경우

환자는 간호사에 의해서 수정된 내용을 따르고, 원래 안내문에 적혀있던 수정되기 전 내용은 따르지 않는다.

바로 초기화 리스트는 이런 수정 처리에 대한 지침을 모아놓은 것이라고 생각하면 된다.

즉, 초기화 리스트에서 어떤 동작을 하라고 지시하면 선처리 영역은 미리 정의된 것을 수행하지 않고 초기화 리스트에서 지시한 것을 대신 수행한다.

백 번 듣는 것이 한 번 보는 것만 못하다고 코드를 보면서 확실히 살펴보자!

[소스 6-34] 처리 영역의 생성자 호출

```cpp
class CParent
{
public:
  CParent()                          // (3-1)
  {
    m_PValue = 0;
  }

  CParent(int Arg)                   // (3-2)
  {
    m_PValue = Arg;
  }

  int m_PValue;                      // (5)
};

class CMember
{
public:
  CMember()                          // (4-1)
  {
    m_MValue = 0;
  }

  CMember(int Arg)                   // (4-2)
  {
    m_MValue = Arg;
```

```cpp
    }

    int m_MValue;
};

class CChild : public CParent
{
public:
    CChild(int Arg)                         // (2)
    {
    }

    int m_CValue;
    CMember m_Member;
};

void main()
{
    CChild c(1);                            // (1)

    cout << c.m_PValue << endl;
    cout << c.m_Member.m_MValue << endl;
    cout << c.m_CValue << endl;
}
```

〈소스 6-34〉를 실행해 보자! 어떤 결과가 출력되는가? 그동안 잘 따라왔다면 그리 어렵
지는 않을 것이다. 일단 (1)에서 CChild c 객체가 생성되면 (2)의 int 타입 인자가 있는 생
성자가 호출된다. 이 생성자에도 역시 선처리 영역이 존재하는데 암시적인 복사 생성자
가 아니기에, 즉 명시적인 생성자이기 때문에 선처리 영역에서 부모 클래스와 멤버 클
래스의 기본 생성자를 호출하도록 되어있다. 따라서 부모와 멤버 클래스인 CParent와
CMember의 기본 생성자인 (3-1), (4-1)이 호출될 것이고 여기서 기본적으로 변수 값을
0으로 설정하기 때문에 출력 결과는 [0 0 쓰레기값]이 나올 것이다. 여기서 c.m_CValue는
초기화될 수 있는 기회가 없었기에 쓰레기 값인 상태로 있는다.

자! 이제 초기화 리스트를 사용해보자! 명시적인 생성자의 선처리 영역에서는 기본적으
로 기본 생성자가 호출되었으나 다른 생성자가 호출되도록 해보고 싶은 것이다. 그래서
(2)부분을 아래와 같이 바꾸어보자!

```
CChild(int Arg)
{
}
```

위의 생성자 부분을 아래처럼 초기화 리스트를 추가하여 바꾸자는 것이다.

```
CChild(int Arg) : CParent(Arg), m_Member(Arg+1), m_CValue(Arg+2)
{
}
```

간단하게 설명을 하자면 추가된 초기화 리스트에 의해서 생성자의 선처리 영역에서는
CParent와 CMember의 int 타입 인자를 받는 생성자를 기본 생성자 대신 호출하게 된다.
또한 자신의 멤버 변수인 int m_CValue에 대해서도 초기화를 수행한다. 따라서 이렇게
수정한 후에 다시 〈소스 6-34〉를 실행할 경우 (3-2), (4-2)의 인자가 있는 생성자가 호
출될 것이고, 그 결과 [1 2 3]이 출력된다.

[**소스 6-35**] 초기화 리스트 생성자 순서

```
class CP1
{
public:
  CP1(int arg)
  {
    cout << _T("CP1") << endl;
  }
};
```

```cpp
class CP2
{
public:
    CP2(int arg)
    {
        cout << _T("CP2") << endl;
    }
};

class CM1
{
public:
    CM1(int arg)
    {
        cout << _T("CM1") << endl;
    }
};

class CM2
{
public:
    CM2(int arg)
    {
        cout << _T("CM2") << endl;
    }
};

class CTest : public CP1, public CP2                    // (2)
{
public:
    CTest() : m_M2(1), m_M1(2), CP2(3), CP1(4)          // (1)
    {
        cout << _T("CTest") << endl;
    }

    CM1 m_M1;                                           // (3)
    CM2 m_M2;                                           // (3)
};
```

```cpp
void main()
{
    CTest t;
}
```

〈소스 6-35〉를 통해서 초기화 리스트를 좀 더 확실하게 이해해보자! CTest는 부모 클래스 CP1, CP2를 다중 상속하고 있으며 멤버 두 개를 가지고 있는데, 각각 클래스 CM1, CM2 타입이다. (1)은 초기화 리스트를 나타내는데 여기서 생성자의 순서를 눈여겨보자! 이 코드의 실행 결과는 어떻게 나올까?

```
CP1

CP2

CM1

CM2

CTest
```

결과에서 보듯이 초기화 리스트에 적힌 생성자의 순서는 아무 영향이 없음을 알 수 있다. 클래스의 선처리 영역에서 초기화되는 생성자의 순서는 클래스의 정의에 따를 뿐이다. CTest의 정의에서 (2)에서 보듯이 부모 클래스 상속의 순서를 CP1, CP2로 하였고, (3)에서 보듯이 멤버의 선언 순서는 CM1, CM2이기 때문에 생성자의 호출도 정의대로 따르게 된 것이다. 따라서 초기화 리스트라는 이름에서 순서에 영향을 줄 것이라는 생각을 할 수도 있지만 순서와는 전혀 상관없다는 것을 명심해야 하며, 단지 클래스의 정의에 의해서 호출되는 개별적인 초기화를 제어할 필요가 있을 때, 해당 항목을 기술하는 것이라고 생각하면 된다. 참고로 초기화 리스트는 선처리 영역에서 기본으로 처리되어야 할 작업을 변경하는 역할을 하는 것이지, 해당 작업 자체를 무시할 수는 없다는 것도 명심해야 한다. 즉, 부모 클래스나 멤버 클래스의 생성자 호출 자체를 막기 위해서 사용할 수는 없다.

```
CTest() : m_M2(1), m_M1(2), CP2(3), CP1(4)        // (1)
```

위의 코드를 아래와 같이 바꾸어보자!

```
CTest()                      //초기화 리스트를 생략했다.
```

이렇게 초기화 리스트를 없앤다고 해서 부모와 멤버 클래스의 생성자 호출이 생략되는 것은 아니라는 사실은 너무나도 당연하다. 그러나 이렇게 변경했을 경우 새로운 컴파일 에러가 나게 되는데 에러 내용은 기본 생성자가 없다는 것이다.

다시 한 번 내용을 떠올려보자! 명시적인 생성자의 선처리 영역에서 호출하는 생성자는 오직 기본 생성자일 뿐이다. 따라서 CTest 생성자의 선처리 영역에서는 CP1, CP2, CM1, CM2 클래스의 기본 생성자를 호출한다. 그런데 〈소스 6-35〉에는 기본 생성자가 없으며 인자로 int 타입을 받는 생성자만이 정의되어 있기 때문에 기본 생성자를 찾을 수 없다는 에러가 발생한다. 그렇다면 어떻게 해결해야 할까? 방법은 의외로 간단한데, 기본 생성자 대신에 정의되어 있는 생성자를 대신 호출하도록 변경하면 되는 것뿐이다. 어떻게? 바로 초기화 리스트를 사용해서 변경하는 것이다. 그래서 〈소스 6-35〉의 경우에는 반드시 초기화 리스트를 사용할 수 밖에 없다. 즉, 초기화 리스트는 옵션처럼 있어도 그만 없어도 그만인 것이 아니라 경우에 따라서는 절대로 없어서는 안될 필수불가결한 것이다.

➜ 6.5.2. 초기화 리스트 사용시 주의점

기본적으로 초기화 리스트의 동작 원리를 확실히 이해했을 것이라고 생각한다. 앞의 파트에서도 살펴보았지만 초기화 리스트에는 호출하길 원하는 생성자뿐 아니라 기본 타입 멤버 변수에 대해서도 값을 초기화하는 코드를 넣는 것을 확인할 수 있었다. 이전에도 말했지만 기본 타입 멤버를 초기화하는 것은 초기화 리스트를 통해서 수행하나 생성자 블록에서 수행하나 큰 차이는 없다. 그러나 주의할 점이 하나 있는데 멤버라고 해서 모두 초기화 리스트에 포함시킬 수 있는 것은 아니라는 사실이다.

```cpp
class CParent
{
public:
   int m_PValue;
};

class CChild : public CParent
{
public:
   CChild() : m_PValue(1)                 // (1)
   {
   }
};

void main()
{
   CChild c;
}
```

위의 예제 소스를 살펴보자! CChild는 CParent를 상속받았기에 당연히 CParent의 멤버 변수인 m_PValue 또한 자신의 멤버 변수로 사용할 수 있다. 그래서 (1)과 같이 초기화 리스트에 부모에게 상속받은 멤버인 m_PValue를 1로 초기화하도록 추가하였다.

이렇게 한 후에 컴파일을 하게 될 경우 "멤버 초기화가 잘못되었습니다. 'm_PValue'이(가) 기본 또는 멤버가 아닙니다."라는 컴파일 에러를 보게 될 것이다. 어찌 보면 참 이해할 수 없는 것 같지만 이것은 사실 제대로 원칙이 지켜지고 있는 것이다. 그렇다면 그 원칙이 무엇인지 살펴보자!

[생성자와 소멸자], [복사 생성자와 복사 대입 연산자]절에서 이미 생성자의 선처리 영역에 대해서 많은 설명을 하였다. 그중에서 다시 한번 떠올려야 할 내용이 있다. 선처리 영

역에서는 멤버가 클래스 타입일 경우 해당 클래스의 생성자를 호출해준다고 되어있는데, 여기서 중요한 사실은 멤버라는 것은 부모 클래스에서 선언된 멤버가 아닌 자기 자신의 클래스에서 처음으로 선언된 멤버를 의미한다. 즉, 물려받은 멤버가 아니라는 것이다. 따라서 클래스 생성자의 선처리 영역에서는 오직 자기 자신의 클래스에서 처음으로 선언된 멤버에만 신경을 쓰겠다는 의미이다. 초기화 리스트는 생성자의 선처리 영역을 제어하는 목적으로 존재한다. 따라서 선처리 영역에서 이미 처음 선언된 멤버에 대해서만 초기화를 하기 때문에 초기화 리스트에서도 해당 멤버에 대해서만 제어를 할 수 있는 것이다. 그렇다면 물려받은 멤버는 초기화 리스트에서 절대로 사용할 수 없는 것일까? 꼭 그런 것은 아니다. 선처리 영역에서는 부모 클래스의 생성자를 자동으로 호출한다. 그러므로 부모 클래스에서 처음으로 선언된 멤버는 부모 클래스 생성자의 선처리 영역에서 처리될 것이다. 즉, 각자의 클래스에서 처음 선언된 멤버에 대한 초기화 책임은 오직 해당 클래스의 생성자에 있는 것이다. 그렇기 때문에 m_PValue에 대한 초기화를 하고 싶다면 CParent 클래스 생성자의 초기화 리스트에서 해야 한다.

➡ 6.5.3. 그 외 초기화 리스트를 사용하는 경우

마지막으로 초기화 리스트를 반드시 사용할 수밖에 없는 경우에 대해서 약간 더 설명을 추가하겠다. 이미 많이 알려져 있겠지만 상수 타입과 참조 타입 멤버에 대한 초기화는 반드시 초기화 리스트를 사용해야만 한다.

[소스 6-37] 상수, 참조 타입의 초기화

```
class CTest
{
public:
    CTest() : m_Val(1), m_Ref(m_Val), m_CVal(7)
    {
        m_Val = 1;              // OK
        m_Ref = m_Val;          // Error
        m_CVal = 7;             // Error
```

```
    }

    int m_Val;
    int& m_Ref;
    const int m_CVal;
};
```

〈소스 6-37〉에서 m_Val의 초기화는 초기화 리스트나 생성자 블록 모두 수행할 수 있다. 그러나 참조 타입 m_Ref와 상수 타입 m_CVal는 절대로 생성자 블록에서 초기화할 수 없다. 왜냐하면 애초에 참조 타입과 상수 타입은 가장 처음에만 초기화할 수 있는 것이라는 제약이 있기 때문이다. 컴파일러는 생성자의 선처리 영역에서만 객체가 최초로 초기화될 수 있다고 생각한다. 즉, 참조 타입이나 상수 타입의 초기화도 당연히 선처리 영역에서만 가능한 것이기에, 생성자 블록에서 초기화는 중복 초기화로 취급하여 금지한다.

이것으로 초기화 리스트 설명을 마친다. 가장 중요한 점이라고 하면 초기화 리스트를 반드시 쓸 수 밖에 없는 경우가 있다는 것이었다. 초기화 리스트를 쓸 때 효율이나 성능이 더 좋아진다는 것은 그리 크게 고려할 사항은 되지 못한다. 또한 초기화 리스트가 결국 컴파일러가 제공하는 기본적인 처리를 바꾸어야 할 때 작업의 수정사항을 지시하는 역할을 한다는 점에서 컴파일러가 만능의 코드를 생성하는 것은 아니라는 사실을 확인할 수 있다. 즉, 개발자 자신의 선택이 절대적으로 중요하다는 것을 의미하며 개발자가 직접 선택을 할 수 있도록 초기화 리스트를 제공한다고 생각할 수 있다. 그렇기 때문에 초기화 리스트를 사용할 때는 한 번쯤 주의를 기울일 필요가 있다.

6.6. 타입 변환 연산자(Type Conversion Operator)

타입 변환 연산자는 클래스 타입이 다른 타입으로 변환되도록 정의하는 연산자이다. 예를 들어서 struct tm은 C/C++에서 상당히 많이 이용되는 날짜 시간 클래스(구조체)이며 많은 멤버 변수를 가지고 있다. struct tm은 보통 mktime과 같은 시간 함수들을 통해서 time_t 형태로 변환이 되기도 하는데 time_t는 보통 64비트 int 타입과 같다.

즉, 클래스 타입은 때때로 필요에 따라서 다른 타입으로 변환될 필요가 있으며 이럴 때 변환의 규칙을 정의해주는 것이 바로 타입 변환 연산자이다. 참고로 struct tm은 순수한 구조체이기 때문에 time_t 타입으로 변환하는 연산자가 존재하는 것은 아니다. 단지 클래스 타입의 변환을 설명하기 위하여 가장 적절하다고 판단하여 예시로 든 것뿐이다. 만일 struct tm이 C++이 나온 뒤에 정의된 클래스였다면 분명히 time_t를 비롯한 여러 가지 날짜, 시간 타입으로 변환이 가능한 타입 변환 연산자가 포함되었을 것이다.

그럼 지금부터 타입 변환 연산자를 살펴보자! 타입 변환 연산자는 보통 아래와 같은 형식으로 정의한다.

```
operator TYPE ()
{
    // 변환 코드
}
```

위의 코드가 클래스 타입을 TYPE 타입으로 변환시키는 함수이다. TYPE에는 int, double 등 다양한 타입이 올 수 있다. 물론 함수 본체 부분을 채워 넣는 것은 개발자의 몫이다. 일반 멤버 함수와 다른 점은 반환형이 없다는 것이다. 그런데 사실 있을 필요가 없다. 반환형은 이미 TYPE으로 정해져 있기 때문이다. 이렇게 타입 변환 연산자를 정의해 놓을 경우 컴파일러는 암시적 혹은 명시적으로 클래스 타입을 해당 TYPE으로 변환해야 될 경우 정의된 타입 변환 연산자를 호출하게 된다.

➤ 6.6.1. 문자열 클래스의 타입 변환 연산자

[소스 6–38] CString & std::string

```
void main()
{
  CString CStringObj = "CString";
  std::string stringObj = "string";
  const char* p1 = CStringObj;                // (1) OK
  const char* p2 = CStringObj.GetBuffer();    // (2) OK
  const char* p3 = stringObj;                 // (3) Error
  const char* p4 = stringObj.c_str();         // (4) OK
}
```

〈소스 6–38〉은 문자열을 쉽게 다룰 수 있는 클래스 중 쌍벽을 이루는 CString과 C++ 표준 라이브러리의 string(이하 std::string)을 사용한 타입 변환을 보여주고 있다. std::string은 C++ 표준에 포함되므로 Visual C++과 GCC, 그 외 많은 C++ 컴파일러가 지원하고 있다.

CString은 처음엔 MFC의 문자열 클래스였으나 기능이 워낙 막강하고 쓰기 편해서 ATL에서도 사용될 수 있도록 이전되었다. 따라서 현재는 MFC를 사용하지 않고도 ATL을 통해서 CString을 이용할 수 있다. 개인적으로 사용 편리성에서는 CString을 따라갈 문자열 클래스는 없다고 생각하지만 단점은 윈도우 개발에서만 사용할 수 있다는 점이다.

얘기가 약간 빗나간 것 같은데, 위의 〈소스 6–38〉을 컴파일하면 (3)에서만 에러가 발생한다. 이 코드를 제시한 것은 '역시 CString이 더 쓰기 편하다!'라는 것을 어느 정도 강조하려는 것도 있으나 주목적은 타입 변환 연산자가 문자열에서 어떻게 동작하는지를 설명하기 위해서이다.

컴파일러는 변환이 필요할 때 타입 변환 연산자를 호출한다. 변환이 필요한 경우는 암시적인 경우와 명시적인 경우가 있다. '암시적', '명시적'이란 말은 단어 뜻대로 해석하면 되듯이 그 쓰임새는 아래와 같다.

```
const char* p3 = stringObj;                    // 암시적 변환
const char* p3 = (const char*)stringObj;       // 명시적 변환
```

위와 같이 첫째 줄에 컴파일러가 판단하기에 string 타입이 const char*로 변환할 필요가 있다고 판단하는 것이 암시적 변환이며, 둘째 줄처럼 (const char*)를 기입하여 컴파일러에게 직접 변환을 요구하는 것이 명시적인 변환이다.

그렇다면 실제로 〈소스 6-38〉의 (1)에서 어떤 동작이 이루어지는지 살펴보겠다. (1) 부분에 브레이크 포인트를 설정하고 디버깅을 실행한다. 그리고 (1) 부분에 브레이크 포인트가 걸릴 경우 코드 안쪽으로 따라 들어가보자! 따라 들어가면 아래와 같은 코드를 만나게 된다.

```
operator PCXSTR() const throw()
{
  return( m_pszData );
}
```

생소할 수도 있는데 앞에서 설명한 타입 변환 연산자의 모습과 같다. 뒤에 const가 붙는데 이것은 함수 내부에서 클래스의 멤버 변수에 변화가 일어나지 않을 것을 의미한다.

PCXSTR은 몇 단계의 typedef로 정의된 것인데 결국 const char*와 같다. 즉, CString 클래스 내부에는 const char*로 변환하는 연산자가 정의되어 있기 때문에 (1)과 같은 코드가 무사히 컴파일 될 수 있다.

그에 반해서 STL의 string 클래스는 아쉽게도 const char*에 대한 타입 변환 연산자가 정의되어 있지 않기 때문에 (3)은 컴파일 에러가 발생한다.

필자는 개인적으로 std::string에서 const char*로의 타입 변환 연산자가 정의되어 있지 않은 것을 아쉽게 생각한다. 물론 이에 대한 이유로 나름의 설계 철학이 있긴 하다. 타입 변환 연산자는 암시적으로 변환되기 때문에 의도하지 않은 변환을 일으킬 위험이 충분히 존재한다. 가령 개발자의 실수나 오타에 의해서 컴파일 단계에서 에러가 나와야 할 것이

실제로 암시적 변환 연산자가 호출되는 것으로 여겨져서 무사히 컴파일 되는 경우에는
런타임 에러가 발생할 수도 있다. 따라서 std::string은 문법의 편리성보다는 안전을 위한
엄격함을 선택한 것이다.

그렇다면 과연 std::string은 CString보다 안전한 것일까? 문제는 의외로 많은 개발자들이
std::string이 const char*로 타입 변환 연산자를 지원한다고 잘못 알고 있다. 보통 수많은
개발자들이 실수하는 것 중 하나가 아래와 같은 코드를 작성하는 경우이다.

```cpp
char Buf[256];
sprintf(Buf, "%s", stringObj);          //std::string 객체
```

위의 코드는 컴파일 에러가 발생하지 않는다. 따라서 암시적으로 const char*로 변환이
일어났다고 생각한다. 타입 변환 연산자가 정의되어 있지 않다면 위의 코드 자체가 컴
파일 되지 않을 것이라고 생각하기 때문이다. 그러나 위의 코드는 타입 변환 연산자와
는 전혀 관련이 없다. 이후 [함수]장에서 자세히 설명하겠지만 sprintf는 가변인자 함수로
서 가변 인자의 경우 그대로 객체가 메모리 복사되어서 함수로 전달된다. 문제는 문자열
format인 "%s"가 있을 경우 전달된 객체를 char*로 인식한다는 것이다. 그러나 std::string
객체는 강제로 char*로 변환할 경우 문자열을 가리키지 않고, 엉뚱한 곳을 가리키게 된
다. 따라서 위의 Buf에는 쓰레기 값이 들어가게 되며 이것은 런타임에서 심각한 문제를
발생시킬 수 있다. 필자도 이런 식의 코드를 사용하다가 버그 잡느라 한참을 고생한 적이
있다.

```cpp
char Buf[256];
sprintf(Buf, "%s", CStringObj);          // CString 객체
```

위의 코드를 다시 살펴보자! 이번엔 CString 객체이다. 역시나 타입 변환 연산자와는 상관
이 없지만 Buf에는 제대로 문자열이 복사되어 들어가는 것을 확인할 수 있다. 어떤 마법

이 일어난 것 같지만 사실 마법은 없다. CString의 클래스 구조를 분석해보면 실제 문자열을 가리키는 포인터 변수인 m_pszData가 있을 뿐이다. 이것이 바로 CString 객체의 메모리 시작 위치에 있기 때문에 CStringObj가 메모리 복사되어 넘어가고, 강제로 char*로 변환되어도, 그 위치의 값은 곧 m_pszData가 가리키는 문자열의 주소이므로 아무 문제없이 제대로 Buf에 문자열이 복사되는 것이다. 이런 점에서 필자는 CString을 가장 잘 만든 문자열 클래스라고 생각하고 있다.

위와 같이 CString과 std::string은 편리함이나 안정성 면에서 큰 차이가 있으며 STL의 string은 타입 변환 연산자가 없으므로 명시적으로 const char*로 변환해주는 c_str 멤버 함수를 사용해야만 한다는 것을 반드시 명심해야 한다.

➡ 6.6.2. 타입 변환 연산자의 응용

필자와 같은 부서의 신입사원이 C++를 이용하여 처음으로 프로젝트를 진행하다가 필자에게 느닷없이 메신저로 질문을 보내왔다.

```
std::string data = "0123456789";
std::string::size_type length = data;                    // Error
```

신입사원은 위와 같은 코드를 이용하여 문자열의 길이를 구하고 싶은데, 자꾸 컴파일 에러가 발생한다는 것이었다. 어떻게 해야 제대로 문자열의 길이를 구할 수 있는지 도와달라는 것이었다. 이 코드를 보면서 순간 어이도 없었고 속으로 꽤 많이 웃었던 기억이 난다.

그 당시에 두 가지를 느꼈는데, 하나는 C/C++가 공부하기 만만한 것은 아니라는 것이었고, 또 하나는 "저런 문법이 가능해야 되지 않을까?"라는 생각이 들기도 했다. 자세히 살펴보면 위의 문법이 그리 어이없을 만큼 이상한 것은 아니다. 비록 컴파일러는 과감히 구문 에러를 통해 컴파일 거부 의사를 밝혔으나 의미상으로 보면 크게 나쁠 것은 없다.

size_type의 객체를 생성해서 그곳에 문자열을 담으면 당연히 그 객체는 길이 정보를 표현해주는 게 맞는 것이 아닐까? 녹즙기는 입구에다가 원하는 채소 어떤 것을 넣어도 녹즙으로 변환시켜 주듯이 size_type 객체는 어떤 타입을 받아도 그것의 길이를 변환해주는 것이 이치에 맞을 수 있다.

그래서 필자는 신입사원의 작은 소망을 이루어주기 위하여 간단한 길이 정보 클래스를 만들어주었는데, 그것의 핵심 원리가 바로 타입 변환 연산자인 것이었다. 그럼 지금부터 실습을 겸하여 간단한 길이 정보 클래스를 만들어보자.

[소스 6-39] CLength

```cpp
class CLength
{
public:
  CLength()
  {
    m_Length = 0;
  }

  CLength(char* str)                          // (1)
  {
    m_Length = _tcslen(str);
  }

  CLength(CString& str)                       // (2)
  {
    m_Length = str.GetLength();
  }

  CLength(std::string& str)                   // (3)
  {
    m_Length = str.length();
  }

  void operator = (char* str)                 // (4)
  {
```

```cpp
        m_Length = _tcslen(str);
    }

    void operator = (CString& str)              // (5)
    {
        m_Length = str.GetLength();
    }

    void operator = (std::string& str)          // (6)
    {
        m_Length = str.length();
    }

    operator int ()                             // (7)
    {
        return m_Length;
    }

private:
    int m_Length;
};

void main()
{
    CLength L1 = "0123456789";
    CLength L2 = CString("CString");
    CLength L3 = std::string("string");
    int Len1 = L1;
    int Len2 = L2;
    int Len3 = L3;
}
```

〈소스 6-39〉가 그리 어려운 내용은 아니기에 간단히 설명하도록 하겠다. (1), (2), (3)은
각각의 문자열 객체들을 통해서 CLength 객체를 생성하는 생성자이다. (4), (5), (6)은 이
미 생성된 CLength 객체에 문자열 객체를 대입할 때 길이 정보를 구하는 대입 연산자

다. 각각의 문자열 객체에 따라서 문자열의 길이를 구해서 m_Length 변수에 저장한다. CLength 클래스에서 제일 중요한 부분은 역시 (7) 부분의 int 타입의 변환 연산자이다. 이 곳에서 하는 일은 이미 구해놓은 m_Length를 반환하는 것 밖에 없다. main의 코드를 보면 이 이야기의 시초를 제공한 신입사원이 원하는 대로 되었다.

6.7. 상속(Inheritance)

상속은 클래스의 대표적인 특성 중의 하나이다. 단어 뜻처럼 자식 클래스는 부모 클래스의 속성들을 물려받는다. 물려받는 것의 장점은 구구절절이 설명하지 않아도 충분히 누구나 알고 있을 것이다. 세상사만 봐도 비슷하다. 많이 물려받은 사람이 살기 좋고 유리하다는 것을 말이다. 그러나 그 좋은 상속도 절차와 방법을 따지면 은근히 복잡해지는 법이다. 현실 세계의 모습을 봐도 알 수 있지 않은가! 상속이 이루어질 때 상속 관련 법률도 따라야 하며, 상속 신고를 비롯하여 상속세도 내야하고 기타 등등 복잡하게 처리할 것이 많다.

마찬가지로 클래스의 상속도 그냥 저절로 이루어지는 것은 아니며 나름의 절차와 방법이 있다. 그리고 그런 절차와 방법의 차이로 인하여 클래스 사용의 효율성이나 전체 프로그램의 설계 구조가 큰 모양으로 변경될 수도 있다. 즉, 그만큼 상속이 중요하다는 얘기이다. 이번 절에서는 클래스 상속이 이루어질 때의 절차와 방법 그 외 중요한 특징들에 대해서 설명할 것이다.

➜ 6.7.1. 멤버 접근 지정자

public, protected, private로 알려진 접근 지정자는 하도 많이 봐서 그 의미는 다들 알고 있겠지만 그래도 개념적인 정리는 필요할 것 같아서 정리의 시간을 가지도록 하겠다.

클래스는 자신의 모든 멤버에 대해서 항상 접근할 수 있다. 이것은 너무나도 당연한 것이다. 접근 가능하다는 것은 곧 공개된 것이라는 의미로 생각하자! 공개되지 않은 것은 접근할 수 없기 때문이다. 따라서 다른 말로 바꿔보면 클래스의 모든 멤버는 클래스 자신에게는 모두 공개되어 있다고 말할 수 있다. 이것은 약간 확장된 의미로 생각할 수도 있는데, 기본적으로 클래스의 모든 멤버는 클래스 자신이 아닌 경우에는 비공개를 원칙으로 한다는 것과 같다.

그래서 구조체와 클래스의 차이 부분을 설명할 때 특별히 접근 지정자가 없을 경우 클래스는 기본 접근 지정자가 private, 즉, 비공개가 된다는 것을 설명했다. 그러나 자신의 모든 멤버를 언제나 외부에 꽁꽁 숨겨둘 수만은 없다. 그럴 경우 해당 클래스는 거의 쓸모가 없어지기 때문이다. 그렇다고 모든 멤버를 공개하는 것도 위험천만한 일이다.

따라서 선별적으로 각각의 멤버에 대해서 공개, 비공개를 지정할 수 있도록 했으며, 그때 사용하는 것이 바로 접근 지정자이다. 여기서 선별적이라는 말을 사용했는데 바로 누구에게 공개할 것인지를 나타낼 때의 외부의 대상을 의미한다. 공개의 대상은 외부의 모든 대상을 의미할 수도 있고, 특정 대상을 나타내는 친구일 수도 있으며 자식 클래스를 나타내는 것일 수도 있다.

너무 어렵게만 설명한 것 같아서 간단한 비유를 들어보겠다. 어떤 유명한 요리사가 있다고 생각해보자! 이 요리사는 다양한 요리 비법을 알고 있다. 그래서 누구나 볼 수 있는 자신의 블로그에 몇몇 요리에 대한 레시피를 올려놓는다. 이것이 바로 public이다.

요리사는 많은 요리에 대한 레시피를 공개하고 있지만 절대로 모두에게 공개할 수 없는 자신만의 특별한 요리법도 가지고 있다. 이런걸 일명 영업비밀이라고 하는데 바로 private이라고 할 수 있다. 그러나 상식적으로 생각해보자! 사람이라면 누구나 남에게는 절대 밝힐 수 없는 비밀이란 것도 있지만 그 비밀을 아는 몇몇 소수의 사람이 있다는 것도 사실이다. 이런 경우는 주로 친한 친구에게만 비밀을 털어놓는 경우라고 할 수 있다.

private도 이런 경우에 딱 들어맞는다. 기본적으로 모두에게 비공개로 되어있지만 클래스가 친구라고 지정한 대상(함수, 클래스)에게는 공개가 된다. 한마디로 private를 정리하면 친구에게는 공개, 그 외 대상에게는 비공개라는 의미이다. 방금 전에도 나왔지만 친구를 지정할 때는 friend라는 키워드를 사용한다. friend의 용법에 대해서는 잠시 후에 알아보도록 하겠다.

위의 두 가지 public, private는 어느 정도 개념적으로 이해하기 어렵지 않았을 것이다. 그런데 C++에는 protected라는 정말 어중간하면서 애매모호한 접근 지정자가 있다. 보통 일반 책에서는 public과 private의 중간 정도의 속성으로 이해하라고 쓰여있기도 하지만 사실상 public이라고 생각해도 무방할 듯싶다. 이게 무슨 말이냐고 따질 사람도 많긴 하겠지만 public이라고 생각해도 무방하다고 말한 이유는 외부에서 원하기만 하면 충분히 접근 가능할 수 있기 때문이다. 단지 아주 쉽게 접근하는 것보다는 약간의 수고가 필요하다는 점에서 말이다.

이 얘기를 이끌어가기 위해서는 클래스 관련 용어에 대해서 명확한 설명이 필요할 것 같다. 보통 클래스 상속과 관련해서 클래스는 상속을 당하는 쪽과 상속을 하는 쪽으로 나누어진다. 보통 이런 관계에 대해서 부모 클래스와 자식 클래스로 말하기도 하지만, 기본 클래스와 파생 클래스라는 말도 많이 사용된다. 물론 어느 것이 더 의미상으로 정확하다고 말할 수는 없겠지만 필자는 보통 부모 클래스와 자식 클래스라는 말을 사용한다. 그리고 이 용어는 이 책에서 전반적으로 사용될 것이다.

그런데 한 가지 주의할 점이 있는데 현실 세계에서 부모와 자식은 아주 특별한 관계이지만 C++의 클래스 세계에서는 현실 세계만큼 부모 자식 관계가 그리 특별하고 끈끈한 관계는 아니라는 점이다. 대표적으로 현실 세계에서는 부모가 자식을 낳기 때문에 부모와 자식이 정해져 있지만, 클래스 세계에서는 어떤 클래스가 다른 클래스의 자식이 되겠다고 마음대로 선언할 수 있는 것이다. 즉, 현실 세계로 비유하자면 전혀 연고도 없고 모르는 아이가 아무 어른한테나 '엄마, 아빠'라고 부르면 부모 자식관계가 성립하는 것과 같다. 이런 말도 안되는 일이 클래스 세계에서는 가능하다.

그런 점에서 부모 클래스, 자식 클래스란 말은 어떻게 보면 참 부정확한 오해를 일으킬 소지가 충분히 있는 용어라고 할 수 있다. 그래서 기본 클래스, 파생 클래스라는 용어도 참 마음에 들긴 하지만, 그래도 어쩌겠는가? 클래스 간 상속하는 모양새를 보면 부모 자식만한 것도 없고 더 나아가서는 조부모 클래스로 2단계 상속표현도 가능하며, 2대 이상일 경우 조상 클래스로 불러도 충분한 의미가 전달되니 안 쓸래야 안 쓸 수가 없는 것 같다.

얘기가 다른 곳으로 샌 것 같은 느낌이 있지만 우리가 보통 알고 있듯이 protected는 외부에는 비공개지만, 자식 클래스에게는 공개하라는 접근 지정자이다. 즉, 의미상으로는 좀 특별한 관계인 자식에게만 공개해준다고 하니 위에서 예시로 든 요리사를 비유한다면 남들에게는 공개하지 않지만 자신의 후계자인 자식들에게만 비기로 전수하는 레시피가 있다는 것과 비슷하다.

이제 다시 처음으로 돌아가서 필자가 왜 protected는 public과 별 차이 없다고 생각하는지가 감으로 오지 않는가? 바로 위에서 설명한 것처럼 protected가 지정된 멤버는 원칙적으로 외부에서 접근하긴 힘들지만 정말 접근하고자 한다면 자식 클래스를 만들어서 접근할 수 있기 때문이다. 다시 요리사 얘기로 비유를 들자면 요리사의 비기인 레시피를 알아내기 위하여 누군가가 요리사에게 '아빠'라고 부르면 요리사는 순순히 비기인 레시피를 알려주는 것과 똑같다는 의미이다. 그렇다면 실제 예제를 살펴보자!

[소스 6-40] 접근 지정자

```cpp
class CParent
{
public:
  CParent()
  {
    m_Val = 7;
  }

protected:
  int m_Val;                        // (1)
};

class CChild : public CParent       // (A)
{
public:
  intGetVal()
  {
    return m_Val;
  }
```

```cpp
    void SetVal(int arg)
    {
      m_Val = arg;
    }
  };

  void main()
  {
    CParent p;
    int V = p.m_Val;                    // (2) Error

    CChild& c = (CChild&)p;             // (B)
    c.SetVal(3);
    cout << c.GetVal();
  }
```

〈소스 6-40〉에서 CParent 클래스를 살펴보자. (1)에서 멤버 변수인 m_Val은 protected로
지정되어 있다. 즉, m_Val은 CParent 클래스 자신과 CParent를 상속하는 자식 클래스에
서만 접근할 수 있고, 그 이외의 외부에서는 접근할 수 없다.

main의 (2) 부분처럼 m_Val에 접근하려고 시도하면 컴파일 에러가 발생한다. 여기서
main 함수가 바로 접근을 시도하는 외부의 대상이다. 그러나 위에서 설명한 것처럼 m_
Val에 접근이 불가능한 것은 아니다. 일단 (2) 부분을 주석 처리하여 컴파일 에러가 발생
하지 않도록 변경해보자.

m_Val에 접근하기 위하여 (A)처럼 CParent를 상속하는 CChild 클래스를 정의한다. 그리
고 물려받은 m_Val에 대해서 접근할 수 있는 Get/Set 함수를 만든다. m_Val은 protected
이므로 충분히 자식 클래스의 Get/Set 함수에서 접근할 수 있다. 이제 main 함수에서 (B)
처럼 CParent의 객체 p를 CChild의 참조 타입 객체에 복사한다. 꼭 참조 타입으로 만들
필요는 없다. 포인터 타입으로 생성하여 p의 주소를 받아도 상관은 없다. 참조나 포인터
타입으로 만드는 이유는 CParent 객체 p에 직접 접근하기 위한 것이다. 만일 참조나 포인
터 타입으로 하지 않는다면 객체 p의 사본에 접근하기 때문에 목적에 부합되지 않는다.

이제 참조 타입 CChild의 객체 c에 대해서 Set/Get을 통하여 CParent 객체 p의 m_Val에 접근하여 값을 읽고 쓸 수 있게 되었다.

과연 위와 같이 "protected의 성질을 이용하여 멤버에 접근하는 일이 필요할까?"라는 의문이 문득 들 수도 있다. 사실 위와 같은 코드를 작성할 일은 아마도 거의 없을 것이라고 생각한다. 그러나 쓸 일이 거의 없더라도 약간의 내용을 알고 있다면 가끔씩 터지는 문제 해결에 큰 도움이 될 수도 있다. 참고로 필자는 Extreme Toolkit이라는 MFC 기반의 UI 라이브러리를 프로젝트에 사용한 적이 있다. 문제는 사용하던 버전의 특정 클래스의 변수가 제대로 갱신되지 않는 버그가 있었으며 버그가 수정된 버전은 라이선스로 인하여 추가 구매를 해야 하는 상황이었다. 물론 해당 소스는 공개된 버전이기 때문에 직접 소스 자체를 고칠 수도 있지만 그럴 경우 수정된 소스를 관리하는 비용이 드는 것도 문제였다. 그런데 소스를 자세히 들여다보니 해당 변수가 protected로 지정되어 있었다. 마치 가뭄에 단비를 만난 기분이라고나 할까? 필자는 즉시 해당 변수를 강제로 갱신하는 클래스를 만들어서 사용하였다. 즉, 이것저것 알아두면 나중에 꼭 한 번쯤은 쓸모가 있다.

일단 정리를 하자. protected는 중간 정도의 접근 지정자라기 보다는 좀 더 접근하기 까다롭게 만든 public과 같다고 이해하자. 즉, 정말로 캡슐화나 클래스의 일관성과 안전성을 위한 비공개를 목적으로 한다면 절대로 protected를 사용해서는 안된다. 또한 클래스에서 부모와 자식 관계가 그리 특별한 관계는 아니라는 사실을 명심하자. 오히려 위에서도 이미 언급했지만 friend로 지정된 친구(함수나 클래스)는 private로 설정된 비공개 멤버가 접근 가능하다는 점에서 오히려 친구가 자식보다 더욱 가깝고 특별한 관계라는 사실을 이해할 필요가 있다.

➔ 6.7.2. friend

이제 위에서 실컷 얘기되었던 friend에 대해서 말해볼 차례가 왔다. 보통 프로그래밍에서 다루는 개념 중에는 이상하게 부정적으로 소개되는 것들이 있다. 대략 이런 식이다. "이런 게 있긴 한데 별 쓸모도 없고, 써도 안 좋고, 가능하면 사용하지 않는 것이 좋다!" 이런 대표적인 개념으로는 지금은 정말로 찾아보기 힘든 goto 키워드가 있다. 마찬가지로 friend 키워드도 부정적인 개념이 어느 정도 존재한다. 보통 근거로 드는 것이 정보 은 닉의 원칙에 위배된다는 점이다. 그리고 제대로 설계가 되었다면 쓸 일이 없다는 식으로 도 설명되는 경우도 있다. 그래서 일부 책에서는 그리 큰 비중을 두지 않고 단순 소개 정 도로만 넘어가는 경우도 많이 있는 것 같다.

그러나 필자는 정말 필요하다면 goto도 사용해야 한다는 입장이다. 한때 개발 코드에 중 복된 부분을 최소화하기 위하여 goto를 사용한 적이 있는데, 단지 goto를 사용했다며 잘 못된 코드라고 주장하는 개발자도 있긴 했으나, 필요할 때는 과감히 사용하는 것도 또 하 나의 지혜라고 말하고 싶다. 결국 강조하고 싶은 것은 '완전하게 불필요하고 잘못된 것은 없다.'라는 사실이다. 만일 절대적으로 잘못된 것이라면 애초에 사라지고 남아있을 수 없 지 않겠는가? 분명 일반적인 경우에는 별 쓸모가 없을지도 모르지만 특수한 어떤 경우에 는 사용하는 편이 더 나은 선택일 수도 있다.

마찬가지로 friend는 상당히 유용하며 중요할 때가 있다. 지금부터 friend가 어디서 어떻 게 사용되는지를 설명하겠다. 참고로 MFC나 STL을 비롯한 수많은 코드에서 friend는 정 말 많이 사용되고 있으며 클래스의 핵심 기능을 구현하기 위해서 없어서는 안될 필수 개 념으로 사용되고 있음을 다시 한번 강조하고 싶다. 그럼 예제 코드를 살펴보자!

[소스 6-41] friend

```
#define OPERATOR_PLUS_LPCSTR                              // (1)
class CTestString
{
public:
  CTestString()                                           // (A)
  {
    memset(m_data, NULL, 1024);
  }

  CTestString(const char* str)                            // (B)
  {
    memset(m_data, NULL, 1024);
    strcat(m_data, str);
```

```cpp
        }

    CTestString& operator = (const char* str)              // (C)
        {
            memset(m_data, NULL, 1024);
            strcat(m_data, str);
            return *this;
        }


#ifdef OPERATOR_PLUS_LPCSTR
    CTestString operator + (const char* str)               // (D)
        {
            CTestString ts = *this;
            strcat(ts.m_data, str);
            return ts;
        }
#endif


    CTestString operator + (const CTestString& rhs)        // (E)
        {
            CTestString ts = *this;
            strcat(ts.m_data, rhs.m_data);
            return ts;
        }


    const char* c_str()                                    // (2)
        {
            return m_data;
        }

private:
    char m_data[1024];                                     // (3)
};


void main()
{
    CTestStringts = "abc";                                 // (X)
    ts = ts + "def";                                       // (Y)
    cout << ts.c_str();
```

```
    }
```

테스트를 위하여 정말 간단한 문자열 클래스인 CTestString을 만들어보았다. CTestString
의 멤버는 〈소스 6-41〉의 (3)과 같이 char m_data[1024] 문자 배열이다. 이것은 실제 문
자열을 저장하는 공간으로 외부에서 접근할 수 없도록 private로 지정되었다. CTestString
은 기본적으로 char*를 인자로 받아서 생성되며 간단한 + 연산을 지원하도록 만들어져
있다. 이제 main 함수를 보자. CTestString ts를 "abc" 문자열로 초기화한 뒤에 + 연산자를
통해서 뒤에 "def"를 붙이고 출력하고 있다. 당연히 결과로 "abcdef"가 잘 출력된다.

복습을 겸해서 어떤 과정을 통해서 출력이 되었는지 따라가보자. 먼저 (1)을 살펴보자.
OPERATOR_PLUS_LPCSTR가 정의되어 있으면 (D)의 + 연산자가 정의된다. main에서
(X)가 실행되면서 (B)의 생성자가 호출된다. 그리고 (Y)의 ts + "def"는 (D)를 호출한다.

ts = ts + "def";의 등호연산자는 복사 대입 연산자가 호출되는데 이 소스에서는 명시적으
로 선언되어있지 않기 때문에 컴파일러가 생성한 암시적 복사 대입 연산자가 호출된다.
암시적 복사 대입 연산자는 이전에 배운 내용대로 m_data를 그대로 메모리 복사하게 된
다. 따라서 "abcdef"가 잘 출력된다.

이번에는 (1)의 정의 부분을 주석처리 해보자. 즉, //#define OPERATOR_PLUS_
LPCSTR처럼 OPERATOR_PLUS_LPCSTR가 정의되지 않도록 변경하자. 그러면 (D)
의 + 연산자는 선언 및 정의가 되지 않는다. 이런 상태로 다시 main을 실행해도 결과
는 달라지지 않지만 내부 호출 순서는 어느 정도 달라지게 된다. main에서 (X)가 실행되
면서 (B)의 생성자가 호출되는 것은 여전히 동일하지만, (Y)의 ts + "def"는 또 한 번 (B)
의 생성자를 호출한다. 왜냐하면 "def"는 char*에서 CTestString으로 암시적 타입 변환이
이루어지기 때문이다. 그리고 나서 ts + "def" 의 + 부분을 처리하기 위하여 (E)의 + 연
산자가 호출된다. 정리하면 CTestString의 + 연산자의 인자로 정의된 타입이 오직 const
CTestString& 밖에 없으므로 순수 문자열인 "def"는 const CTestString& 타입으로 변환된

다. 결국 위의 두 가지 과정을 통해서 CTestString + char* 형태의 연산이 자연스럽게 이루어지는 것을 확인할 수 있었다. 그렇다면 이것이 과연 friend와 무슨 상관이 있나 궁금할 수 있을 것이다. 그렇다면 이번에는 main을 약간 변경해서 테스트를 진행해보겠다.

```cpp
void main()
{
    CTestString ts = "abc";      // (X)
    ts = "123" + ts;             // (Y)
    cout << ts.c_str();
}
```

main을 변경한 후에 테스트를 할 때 (1)의 OPERATOR_PLUS_LPCSTR의 정의 여부는 결과에 영향을 미치지 않는다. 따라서 정의 여부를 변경하면서 둘 다 테스트해도 좋다. 변경된 부분은 (Y) 부분이다. 이번엔 "123" 문자열이 ts 앞에 더해지는 구조이다. 그러나 이 코드는 컴파일조차 되지 않는다. '연산자가 없거나 허용되는 변환이 없다.'는 에러가 나올 뿐이다. 위에서 처리되는 과정을 떠올린다면 "123"이 CTestString으로 암시적 타입 변환이 이루어져서 (E)의 + 연산자가 호출되어야만 할 것 같다. 그러나 그것은 사람의 생각이자 계획일 뿐이고 컴파일러는 그 정도의 고차원적인 코드를 작성하지는 않는다. 암시적 타입 변환이 이루어지는 경우는 해당 인자가 연산자의 뒤쪽에 붙을 때만 해당되는 것이기 때문이다. 연산자 앞쪽에 붙은 인자는 암시적 변환이 절대로 이루어지지 않는다는 사실을 다시 한 번 기억해야 한다.

결국 "123" + ts와 같은 전위형 구조의 식을 처리하기 위해서는 추가적인 작업이 필요하다. 혹시라도 ts + "123"와 같은 후위형 구조만 지원하면 되지 않냐고 주장하는 사람을 위하여 한마디 덧붙이자면 클래스 설계는 일반적인 상식이 통해야 한다는 것을 강조하고 싶다. 왜냐하면 기초적인 수학을 배운 사람에게 덧셈의 교환법칙은 상식 중의 상식이듯이 클래스를 사용하는 보통의 개발자들 또한 상식적인 수준에서 연산자의 교환 법칙을 당연하게 받아들이기 때문이다. 즉, 당연히 전위형 연산을 지원하는 것이 맞다.
이제부터 전위형 연산이 되도록 코드를 추가해보자! 클래스의 멤버 + 연산자를 정의하는 방법으로는 후위형 구조만 처리할 수 있기 때문에 전역 + 연산자를 정의해야만 한다. 코드는 아래와 같다.

```cpp
CTestString operator + (const char* str, const CTestString& rhs)
{
  CTestString ts;
  strcat(ts.m_data, str);
  strcat(ts.m_data, rhs.m_data);
  return ts;
}
```

코드 내용은 그리 어렵지 않을 것이다. CTestString 임시 객체 ts를 생성한 후에 차례대로 str과 rhs의 m_data를 붙여 넣는다. 참고로 C++ 기반에서 문자열 처리는 오직 std::string 혹은 CString만 써본 사람들은 C 기반의 문자열을 다루는 것에 익숙하지 않은 모습을 보이는 경우가 있는데 strcat이 낯설다면 반드시 어떤 방식으로 동작하는지 이해하도록 하자. 문자열을 다루는 프로그램 중에서 고성능을 요구하는 경우에는 가끔씩 직접 문자열 포인터를 조작해야 되는 경우도 있기 때문이다.

위의 전역 + 연산자는 적당한 cpp 파일에 정의해서 컴파일을 해야 한다. 주의할 사항은 전역 함수에서 사용하는 CTestString을 알 수 있도록 CTestString 정의가 있는 부분을 include 해주어야 한다. 여기까지 되었다면 컴파일 시 "private 멤버에 액세스할 수 없습니다."라는 컴파일 에러를 만날 것이다. 이것은 너무나 당연한 결과이다. 해당 전역 + 연산자에서는 CTestString 객체인 ts나 rhs의 private로 지정된 m_data를 접근하려고 시도하기 때문이다. private 지정자는 외부의 대상인 전역 함수인 + 연산자가 접근하는 것을 허용하지 않기 때문이다. 그렇다면 어떻게 이 문제를 해결해야 될까? 컴파일 에러만 해결하는 것이 목적이라면 m_data에 지정된 private만 public으로 변경하면 쉽게 해결할 수 있다. 그러나 그래서는 안된다. 전위형 구조를 지원하기 위하여 전역 연산자를 도입했는데, 전역 연산자의 접근을 위하여 꼭꼭 숨겨 두어야 할 private 멤버인 m_data를 드러내는 것은 한마디로 클래스의 특징인 캡슐화나 정보 은닉을 아예 포기해버리겠다는 것과 다를 바

없기 때문이다. 그래서 이런 경우 적절히 필요한 것이 바로 friend이다. 전역 + 연산자에 대해서만 private로 지정된 멤버를 접근할 수 있도록 친구 지정을 하는 것이다.

friend 지정은 간단하게 이루어진다. CTestString의 정의 부분에 친구 지정을 할 전역 함수의 선언을 한 뒤에 앞에 friend 키워드만 붙여주는 되는 것이다. 따라서 위의 전위형 + 연산자의 마무리를 위해서 아래처럼 한 줄을 붙여주면 된다.

```
friend CTestString operator + (const char* str, const CTestString& rhs);
```

이것으로 CTestString은 char* 문자열에 대하여 전위형 및 후위형 구조에 대한 + 연산자를 지원하게 되었다. 위의 방식과 마찬가지로 CString 및 std::string 클래스도 전위형 구조의 연산을 지원하기 위하여 전역 연산자를 정의하고, friend 키워드를 이용한다. 다시 한 번 강조하고 싶지만 friend는 단어 뜻처럼 절대 없어서는 안될 친구와 같이 꼭 필요한 개념이다.

동시에 위의 예제에서는 함수에 대해서만 친구 지정을 했지만 친구 지정을 할 수 있는 대상은 함수뿐 아니라 클래스도 포함된다. 즉, 특정 클래스에 친구 지정을 할 경우 해당 클래스는 private 멤버에 자유롭게 접근할 수 있다. 따라서 자식 클래스(파생 클래스)보다 친구 지정이 된 클래스가 오히려 정보 은닉적인 면에서 더욱 밀접한 관계를 가진다는 점을 다시 한 번 깊숙이 새겨두어야 한다.

➡ 6.7.3. 상속 접근 지정자

앞에서 멤버 접근 지정자를 살펴보았다. 다들 알다시피 접근 지정자는 멤버의 접근 지정뿐 아니라 클래스의 상속 접근 지정으로도 사용된다. 말이 어렵지만 결국 상속 접근 지정이란 개념은 멤버 접근 지정으로 수렴된다는 것만 기억하자! 아래는 클래스 상속 접근 지정자가 어떻게 사용되는지를 보여준다.

class 자식클래스 : [접근 지정자] 부모클래스1, [접근 지정자] 부모클래스2. ...

자식 클래스는 여러 개의 부모 클래스를 상속할 수 있다. 보통 다중 상속이라고 말하며 각 부모 클래스에 대해서 접근 지정자를 붙여준다. 만일 접근 지정자가 생략된다면 기본 접근 지정자인 private이 된다.

상속 접근 지정자가 하는 일은 부모 클래스에 속한 멤버들이 자식 클래스로 상속될 때 접근 지정을 변경하는 역할을 한다. 즉, 부모 클래스에서는 public으로 지정된 멤버를 자식 클래스로 상속할 때는 상속 접근 지정자를 통해서 protected나 private로 변경할 수 있다. 이것을 표를 통해서 살펴보겠다.

부모 클래스	자식 클래스		
	private 상속	protected 상속	private 상속
public	public	protected	private
protected	protected	protected	private
private	접근불가	접근불가	접근불가

▲ 그림 6-5 접근 지정자

표를 읽는 법을 간단히 설명하겠다. 가장 왼쪽 열은 부모 클래스를 나타낸다. 두 번째부터 네 번째 열은 각각 부모 클래스를 public, protected, private 상속을 했을 때의 자식 클래스를 나타낸다. 부모 클래스의 public 멤버는 protected 상속을 한 자식 클래스에서는 protected로 변하며 private 상속을 한 자식 클래스에서는 private로 변하는 것을 확인할 수 있다.

위의 표는 수많은 책과 인터넷 사이트만 찾아봐도 쉽게 확인할 수 있다. 그만큼 널리 알려진 표인데 은근히 잘 외워지지 않는 표 중 하나이다. 필자도 초급 개발자 시절에는 늘 까먹고 다시 찾아보고 이런 과정을 꽤 많이 반복했던 기억이 난다. 그러나 상속 접근 지정자의 기본적인 원칙만 이해한다면 더 이상 이런 표를 힘들게 외울 필요는 없을 것이다. 결국 까먹는다는 것은 제대로 이해하지 못하였기 때문이다. 제대로 이해하고 있다면 외울 필요도 없다. 그러므로 대표적인 원칙을 소개하겠다.

접근 지정자는 접근 가능의 등급을 나타낸다. 즉, public, protected, private는 나름 등급이 있으며 이 등급의 순서는 public 〉 protected 〉 private 순으로 생각하자.

부모 클래스의 private 멤버는 어떤 상속 접근 지정자를 사용해도 절대로 자식 클래스에서 접근할 수 없다. 이것은 private 접근 지정자의 특징이기 때문이다.

자식 클래스가 부모 클래스를 X등급으로 상속하였을 경우 상속된 부모 클래스의 멤버들의 등급은 기본적으로 유지되지만 해당 등급이 X등급보다 높을 경우는 자동으로 X등급으로 변경된다. 이 부분을 구체적으로 살펴보자. 자식이 부모를 protected로 상속할 경우 부모의 모든 멤버는 protected보다 높은 등급을 가질 수 없다. 따라서 부모의 public 멤버는 모두 protected로 변경되는 것이다. 마찬가지로 자식이 부모를 private로 상속할 경우 부모의 모든 멤버는 private 보다 높은 등급을 가질 수 없다. 따라서 public과 protected 멤버는 private가 된다.

➡ 6.7.4. 상속 클래스의 메모리 구조

기억하겠지만 [클래스와 메모리 구조]절에서 이미 클래스의 메모리 구조를 살펴보았다. 가장 기본적인 사항은 정적 멤버나 함수는 클래스 메모리에 위치하지 않는다는 것이었다. 상속 클래스 즉, 자식 클래스의 메모리 구조도 특별히 다를 것은 없다. 단지 자식 클래스의 메모리 구조에는 부모 클래스의 메모리 구조가 온전하게 포함되어 있다는 사실만 기억하면 된다. 즉, 자식은 부모를 포함하고 자신만의 멤버를 더 추가한 형태로 메모리의 영역을 차지한다고 할 수 있다.

[소스 6-42] 상속 클래스 메모리 구조

```cpp
class CParent
{
public:
    int m_PValue;
    static int s_PMember;
```

```cpp
    int PFunc()
    {
        return m_PValue;
    }
};

class CChild : public CParent
{
public:
    int m_CValue;
    static int s_CMember;
    int CFunc()
    {
        return m_CValue;
    }
};

void main()
{
    CChild c;
    c.m_PValue = 1;          // (1)
}
```

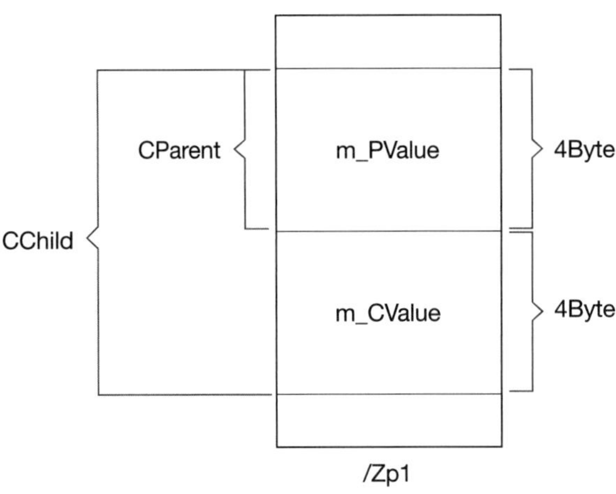

▲ 그림 6-6 상속 클래스 메모리 구조

〈소스 6-42〉의 클래스의 상속 관계는 〈그림 6-6〉과 같은 메모리 구조로 표현될 수 있다. 물론 예전에 설명했듯이 구조체 멤버 맞춤 옵션은 /Zp1(1바이트 맞춤)로 설정되어 있다고 가정하였다. CChild의 메모리 구조에서 주의 깊게 보아야 할 부분은 CChild의 내부에 CParent의 메모리 구조가 그대로 포함되어 있다는 사실이다. 또한 이전에도 설명했듯이 static 멤버와 함수는 클래스의 메모리 구조에 전혀 포함되지 않는다.

main 함수의 (1)과 같이 부모 클래스로부터 상속된 m_PValue에 접근하는 것은 코드상으로만 보면 상당히 단순할 것 같지만 컴파일러가 생성하는 코드는 나름 복잡한 과정을 거치게 된다. 부모 클래스의 멤버를 접근하는 과정은 일단 자식 클래스의 메모리 영역에서 부모 클래스의 메모리 영역을 찾는 것으로 시작된다. 부모 클래스의 메모리 시작 위치를 확인한 뒤에 m_PValue가 부모 클래스에 선언될 때 기록되는 클래스 내부의 오프셋 정보를 획득한 후에 부모 클래스의 메모리 영역의 시작 위치에 구해진 오프셋을 더하여 m_PValue의 정확한 메모리 영역 위치를 찾을 수 있다. 그 이후에는 m_PValue의 메모리 영역을 읽거나 쓸 수 있다.

[소스 6-43] 같은 이름의 멤버

```
class CParent
{
public:
  int m_Value;                    // (A)
};

class CChild : public CParent
{
public:
  int m_Value;                    // (B)
};

void main()
{
  CChild c;
```

```cpp
    c.m_Value = 1;              // (1)
    c.CParent::m_Value = 2;     // (2)
}
```

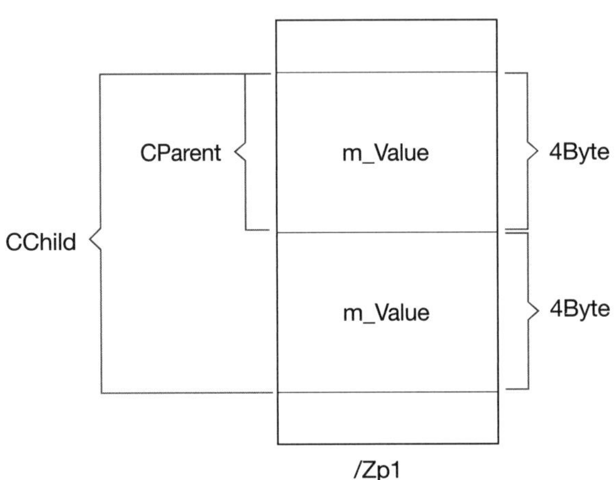

▲ 그림 6-7 같은 이름 멤버의 메모리 구조

〈소스 6-43〉은 약간은 생소할 수 있는 코드이다. 혹시 오타거나 인쇄가 잘못되었다고 생각할 수도 있으나 그렇지 않다. 부모 클래스와 자식 클래스가 m_Value라는 같은 이름의 멤버를 가지고 있는 경우이다. 이 클래스 구조는 〈그림 6-7〉과 같다. 그림에서 볼 수 있듯이 m_Value는 CChild 메모리 영역에 두 개가 존재하는데 그 중 하나는 CParent의 메모리 영역에 있다. 그렇다면 같은 이름의 멤버에 대해서 접근은 어떻게 이루어지는 것인지 궁금할 것이다. 그래서 main에서 각각의 m_Value에 대해서 접근하는 방법을 제시하였다. (1)은 CChild에서 처음 선언된 m_Value를 의미하며 (2)는 CParent에 선언된 m_Value를 나타낸다. 대략적인 감이 오겠지만 약간의 설명이 필요할 것 같다.

C++는 위의 코드와 같이 중복된 이름을 검색해야 할 경우 모호성을 해결하기 위하여 나름의 규칙을 만들어 놓고 있으며 이것을 보통 '이름 탐색 규칙'이라고 부른다.

이름 탐색 규칙도 따져보면 이것저것 복잡한 것이 많지만 기본적인 사항은 클래스의 상속에 있어서 자식 클래스의 범위부터 탐색을 시작한다는 것이 핵심이다. 즉, 자식 클래스에서 처음으로 선언된 멤버나 재정의된 함수부터 찾기 시작하여 탐색이 실패하였을 경우 부모 클래스로 범위를 확장하여 탐색을 다시 시작한다. 이 과정은 특별한 제한이 없는 한 전역 범위까지 확장되는데 (1)처럼 CChild로 범위가 한정된 상황에서는 CChild에서 CParent까지 이름 탐색이 이루어지는 것을 의미한다.

(2)는 자식 클래스가 포함하는 부모 클래스 영역을 접근하는 방법을 보여준다. 문법적으로는 범위 연산자를 사용하여 [부모클래스::]로 나타내면 되는 것이다. 즉, 이렇게 사용할 경우 CChild에 포함된 CParent 범위 안에서 탐색을 시작하라는 의미와 같다. 따라서 CParent에 속한 m_Value가 접근될 수 있다.

클래스 멤버 이름은 탐색 규칙이 그리 복잡한 편은 아니다. 그러나 멤버 함수의 경우는 중복 정의가 가능하다는 점에서 탐색 규칙이 기대했던 것과 달라서 당황할 수도 있다. 멤버 함수의 이름 탐색 규칙은 [함수] 장에서 좀 더 자세히 살펴보도록 하겠다.

➡ 6.7.5. 정적 멤버의 상속

정적 멤버 변수(배열 포함)와 함수는 클래스의 메모리 구조에 포함되지 않는다는 사실은 이미 몇 차례에 걸쳐서 이야기하였으므로 잘 알고 있을 것이다. 정적 멤버 변수는 정적 데이터 영역에 존재하며 정적 함수는 코드 영역에 존재할 뿐이다. 정적 멤버 변수는 클래스의 객체와 상관없이 오직 프로세스에 단 하나 존재한다는 점에서 일반 멤버 변수와는 큰 차이가 있는데 이로 인하여 멤버 변수가 생성되거나 초기화되는 시점이 달라지게 되며 정적 멤버 변수를 정의하는 법도 달라지게 된다.

일반 멤버 변수는 어떻게 생성되고 초기화되는가? 클래스 객체가 생성된다는 것은 힙이나 스택 메모리에 클래스 크기만큼 메모리 영역을 할당하는 것을 의미한다. 그 순간 이미 일반 멤버 변수들도 생성이 완료된 것이라고 할 수 있다. 단지 접근할 때는 이미 컴파일러가 알고 있는 멤버 변수의 이름과 오프셋 정보를 활용하여 해당 영역을 찾을 수 있다. 따라서 일반 멤버 변수는 선언만 존재할 뿐이며 정의가 필요하지 않다.

이건 또 무슨 헷갈리는 소리를 하는 것인가 생각될 수도 있는데, 말 그대로 변수의 선언은 '이런 이름의 변수가 있다'는 것을 알리는 것이고, 변수의 정의는 해당 변수의 타입 크기만큼 실제 메모리 영역을 확보하여 이름과 연결시키는 작업이다. 그런 점에서 클래스 객체를 정의하는 순간 객체의 메모리 영역이 확보되면서 자연히 그 안에는 멤버 변수들이 포함되어 있으니 멤버 변수의 정의가 별도로 필요하지 않다는 의미이다.

클래스 안에서 멤버 변수를 선언한다는 것은 컴파일러에게 이런 이름의 멤버 변수가 있으며 이것과 연결되는 오프셋은 얼마이니 나중에 해당 변수를 접근하기 위하여 위치를 계산할 때 사용하라는 의미이다.

위의 설명대로라면 확실히 정적 멤버 변수는 일반 멤버 변수와는 무엇인가 다른 모습을 보여야 할 것같은 느낌이 들 것이다. 실제로도 그렇다. 일단 정적 멤버 변수는 선언뿐 아니라 정의가 필요하다.

[소스 6-44] 정적 멤버의 접근

```
class CTest
{
public:
    static int s_Value;          // (A)
};

void main()
{
    CTest t1, t2;
    t1.s_Value = 1;              // (1)
    t2.s_Value = 2;              // (2)
    CTest::s_Value = 3;          // (3)
}
```

〈소스 6-44〉는 정적 멤버 변수를 접근하는 방식이 나와있다. (1), (2)처럼 CTest의 객체를 이용하여 접근할 수도 있으며 (3)처럼 직접 클래스의 범위 연산자를 이용하여 접근할 수도 있다. 그러나 역시 중요한 것은 (1), (2), (3)이 바라보는 s_Value는 단 하나뿐이라는 사실이다. 따라서 최종적인 s_Value 값은 3이 된다.

위의 코드는 컴파일은 성공하는데 링크 에러가 발생한다. 왜냐하면 s_Value가 정의되지 않았기 때문이다. 또다시 헷갈릴 수도 있는데 (A)에서 s_Value는 선언만 된 것이다. 그래서 컴파일하는데 있어서 아무 지장이 없지만 실제로 정의가 되어 있지 않기에 메모리 영역이 할당될 수 없고, 그로 인해서 메모리 주소로 변환하는 링크 과정에서 에러가 발생한다. 즉, 정적 멤버 변수는 선언뿐 아니라 정의도 반드시 필요하다는 것이 핵심이다. 그렇다면 정적 멤버 변수의 정의는 어떻게 하는 것인가?

```
int CTest::s_Value [= 초기값];
```

클래스 외부에 이와 같이 범위 연산자를 이용하여 정적 멤버 변수를 정의한다. 여기서 클래스 외부라는 것은 클래스 정의 밖을 의미하며 클래스 정의가 속한 헤더 파일이 아닌 클래스 멤버 함수들이 정의되는 cpp 파일을 의미한다. 말이 어려운데 직접 살펴보자!

[소스 6-45] 클래스 정의

```
<Test.h>
class CTest
{
public:
  CTest();
  ~CTest();
  int Func();

  static int s_Value;
};
```

〈소스 6-45〉는 클래스의 정의를 나타낸다. 클래스의 정의란 실제 클래스에 어떤 멤버가 있는지를 밝히는 역할을 한다. 즉, 쉽게 말해서 클래스 블록을 나타낸다고 보면 된다. 따라서 클래스 정의 안에는 멤버 변수들이 선언되어 있기 때문에 해당 클래스의 크기를 계산해낼 수 있다. 또한 클래스의 정의는 보통 헤더 파일에 실려 있다.

추가적인 개념으로 클래스의 전방 선언이라는 것도 있다. class CTest; 구문과 같이 CTest라는 이름의 클래스가 있음을 알리는 역할을 한다. 주로 클래스 정의가 서로 다른 파일에 존재해서 상호 참조가 어려운 경우에 주로 사용된다. 참고로 클래스가 정의되면 동시에 선언도 된다는 것은 기초적인 상식이므로 꼭 기억하고 있어야 한다.

[소스 6-46] 클래스 멤버 함수 외부 정의

```
< Test.cpp >
#include "Test.h"

CTest::CTest()
{
    // 초기화 처리
}

CTest::~CTest()
{
    // 마무리 처리
}

int CTest::Func()
{
    return 1;
}

int CTest::s_Value;        // (1)
```

이전 〈소스 6-45〉의 클래스 정의에서는 생성자와 소멸자 그리고 멤버 함수인 Func가 함수 본체는 없는 채로 선언만 되어있다. 이럴 경우 보통 〈소스 6-46〉과 같이 cpp 파일에 멤버 함수를 정의하는데 함수를 정의한다는 의미가 바로 함수 본체를 작성한다는 의미와 완전히 일치한다. 그러나 주의할 점이 있는데 클래스 정의 밖에 멤버 함수를 정의하는 것은 멤버 함수가 클래스의 정의 안에 선언되어 있을 때만 가능하다는 것이다. 즉, 예제와 같이 멤버 함수의 선언과 정의가 분리되어 작성되는 것을 나타내는데 만일 멤버 함수의 선언과 정의를 동시에 하기 위해서는 클래스 정의 안에 멤버 함수를 정의하면 되고, 이럴 경우 멤버 함수의 선언 및 정의가 동시에 이루어지게 된다. 보통 이런 방식을 멤버 함수의 인라인 정의라고 한다.

제일 중요한 부분은 바로 (1)이다. 정적 멤버 변수의 정의는 바로 멤버 함수의 선언과 정의가 분리되는 형태처럼 클래스 정의 밖의 소스(cpp) 파일에 해야 한다.

정적 멤버 변수의 정의를 살펴보았으니, 이번에는 접근 지정자와의 관계를 살펴보겠다.

[소스 6-47] 접근 지정자와 정적 멤버 변수

```
class CTestA
{
private:                            // (A)
    CTestA() {}
};

class CTestB
{
private:                            // (A)
    CTestB() {}

public:                            // (B)
    static CTestA s_A;             // (1)
    static CTestB s_B;             // (2)
};

CTestA CTestB::s_A;                 // (3) Error
CTestB CTestB::s_B;                 // (4) OK
```

정적 멤버 변수의 정의는 클래스 정의 밖에서만 가능하다고 하였다. 정적 멤버 변수가 정의되면서 객체가 생성되고 생성자가 호출된다. 따라서 생성자의 접근 지정자(public, protected, private)에 따라서 객체 생성에 문제가 발생할 수도 있다. 중요하게 알아야 할 사실이 있다. 정적 멤버 변수의 생성자가 호출되는 환경은 바로 정적 멤버가 선언된 클래스라는 것이다. 즉, 정적 멤버가 선언된 클래스가 해당 정적 멤버의 생성자를 호출할 수 있도록 접근 가능한지가 중요한 문제가 된다.

예제 소스에서 클래스 CTestA, CTestB의 생성자가 (A)처럼 모두 private으로 지정되어있다. 즉, CTestA, CTestB 객체를 생성하기 위해서는 자기 자신 클래스 안에서만 가능하다는 의미이다. (1), (2)와 같이 정적 멤버 s_A와 s_B가 선언되었다. 문제는 정적 멤버 s_A, s_B를 정의할 때 발생한다. (3), (4)는 정적 멤버를 정의하는데, (3)에서만 컴파일 에러가 발생한다. 이유는 하나이다. CTestA의 생성자가 private으로 지정되어 있기 때문이다. 같은 논리라면 (4)에서도 컴파일 에러가 발생해야 한다. 하지만 그렇지 않다. 바로 s_A, s_B의 생성자가 호출되는 환경이 CTestB이기 때문이다. s_A, s_B는 CTestB의 정적 멤버이기 때문에 생성자의 호출도 CTestB 안에서 이루어지는 것이다. 따라서 CTestB의 생성자가 private이라고 해도 호출 환경이 자기 자신이 되므로 생성자가 무사히 호출될 수 있다. 이런 원리는 싱글톤(Singleton) 객체를 생성할 때도 이용된다. 싱글톤 클래스는 생성자를 private으로 지정하고, 자신의 클래스 객체를 정적 멤버로 선언한다. 결국 싱글톤 객체를 반환하는 것은 오직 싱글톤 클래스에 정의된 함수만 된다. 싱글톤 클래스를 제작하는 방법은 많은 곳에서 찾아볼 수 있으니 꼭 확인해보기 바란다.

정적 멤버의 특징에 대해서 자세히 살펴보았으니 이제는 이번 파트의 핵심 주제인 정적 멤버의 상속에 대해서 알아보도록 하자!
당연히 정적 멤버도 상속이 가능하다. 일반 멤버와 특별히 다른 점은 없다. 그러나 역시 프로세스에 단 하나만 정의된다는 점에서 약간의 차이는 나타날 수 있다. 그래서 다음과 같은 코드가 가능하다.

[소스 6-48] 정적 멤버 상속

```cpp
class CParent
{
public:
    static int s_Value;
};

class CChild : public CParent
{
};

int CChild::s_Value;            // (1)

void main()
{
    CParent::s_Value = 1;       // (2)
    CChild::s_Value = 2;        // (3)
}
```

〈소스 6-48〉에서 s_Value는 상속이 되어서 CParent와 CChild에서 동시에 사용될 수 있다. 그래서 (1)처럼 CChild의 범위 연산자를 통해서 정의를 할 수도 있다. 또한 (2), (3)처럼 CParent와 CChild 범위 연산자를 통해서 언제든지 접근할 수 있다. 당연히 정적 멤버 변수인 s_Value는 단 하나로서 가장 마지막에 (3)이 실행되어 2의 값을 가지게 된다.

[소스 6-49] 정적 멤버의 이름 중복

```cpp
class CParent
{
public:
    static int s_Value;
};

class CChild : public CParent
```

```cpp
{
public:
   static int s_Value;
};

int CParent::s_Value;                          // (1)
int CChild::s_Value;                           // (2)

void main()
{
   CParent::s_Value = 1;                        // (3)
   CChild::s_Value = 2;                         // (4)
   CChild::CParent::s_Value = 3;                // (5)
}
```

<소스 6-49>처럼 정적 멤버 변수의 이름은 중복으로 선언될 수도 있다. 이때는 실제 정적 변수가 두 개가 존재한다. 그래서 (1), (2)처럼 정의도 각각 따로 해야 한다. 그래서 (3)은 CParent의 정적 변수를 나타내며 (4)는 CChild의 정적 변수를 나타내게 된다. (5)는 특이한 표현 같지만 의미상으로 따져보면 CChild의 이름 탐색 공간의 CParent의 이름 탐색 공간에서 s_Value를 찾는다는 의미이다. 즉, CParent의 정적 변수를 나타낸다. 따라서 최종적으로 CChild::s_Value는 2의 값을 가지고 CParent::s_Value는 3의 값을 가지게 된다.

앞에서 정적 멤버 변수의 경우 선언은 클래스 안에서, 정의는 클래스 밖에서 하였다. 또한 초기화할 경우 반드시 클래스 밖에서 해야만 했다. 이것은 일반적인 경우이고 이것이 꼭 지켜지지 않는 예외적인 경우도 있다. 대표적으로 멤버 상수 객체에 대해서는 문법이 조금 달라지게 된다.

```cpp
class CTest
{
public:
    static const int s_constValue1;            // (1)
    static const int s_constValue2 = 2;        // (2)
    static const int s_constValue3 = 3;        // (3)
};

const int CTest::s_constValue1 = 1;            // (A)
const int CTest::s_constValue2;                // (B)

void main()
{
    int Test1 = CTest::s_constValue1;
    int Test2 = CTest::s_constValue2;
    int Test3 = CTest::s_constValue3;
}
```

〈소스 6-50〉을 보면 확실히 이상한 느낌이 들 것이다. 이 코드는 VC++ 컴파일러에서는
무사히 돌아간다. 그러나 다른 컴파일러에서도 이 코드가 무사히 돌아간다고 보장할 수
없다. 왜냐면 이 부분에 대해서는 약간의 논란이 있기 때문이다.

(1), (A)는 기존의 일반적인 정적 멤버 변수를 선언하고 정의하는 과정이다. (2)의 경우 일
반적인 경우 컴파일 에러가 발생해야 되지만 const 지정자가 있기 때문에 허용이 된다.
보통 const 객체는 선언과 정의가 동시에 일어나면서 최초에 한번만 초기화할 수 있기 때
문이다. 그러나 멤버 상수 객체가 클래스 정의 안에서 정의가 되는 것은 분명 어색한 일
일 수 있다. 그래서 (B)와 같이 정의를 따로 클래스 외부에 두는 것도 허용된다. 또한 (3)
처럼 철저하게 선언과 정의가 동시에 이루어지는 것을 나타낼 수도 있다. s_constValue3
의 경우 클래스 외부에 정의가 따로 존재하지 않는다. 세 가지 경우 중 어느 것이 정확하

게 옳은 기준인지는 사실 필자도 잘 모르겠다. 컴파일러 제작사마다 각자의 기준을 정해 놓고 개발을 하기 때문에 위의 코드 허용 여부는 각각 다를 수 있다. 다만 VC++의 경우 최대한의 융통성을 발휘하기 세 가지 경우 모두 허용되고 있다.

그러나 여기서 딱 하나 주의해야 될 점이 있는데 (2)와 대응되는 (B)에 동시에 초기화 값을 줄 경우에는 VC++ 컴파일러도 컴파일 에러를 발생시킨다. 왜냐하면 서로 다른 값으로 각각 초기화를 할 경우 어떤 값으로 초기화해야 할지 알 수 없기 때문이다. 이 부분에 대해서는 C++ 표준 위원회에서 좋은 방안을 마련해주었으면 좋겠다.

➤ 6.7.6. 기본 클래스 함수의 상속

클래스에는 기본적으로 필요한 함수들이 있다. 대표적으로 생성자, 소멸자, 대입 연산자를 비롯하여 타입 변환 연산자 등 많은 것이 있다. 일반 멤버 함수가 클래스의 상속에 의해서 함께 상속되는 것에 비하여 이들 기본 클래스 함수들은 상속이 되는 경우도 있으며 되지 않는 경우도 있다. 이번 파트에서는 두 가지 경우를 모두 살펴볼 것이다.

먼저 상속이 된다는 의미부터 다시 한 번 따져보자! 부모 클래스의 어떤 멤버 함수 F가 자식 클래스에 상속되었다고 가정해보자! 이것의 실체적인 의미는 과연 무엇일까? 자식 클래스에서 특별히 함수 F를 재정의하지 않더라도 F를 사용할 수 있다는 의미이다. 즉, 재정의 없이 해당 함수를 사용할 수 있으면 상속 가능한 것이고, 사용할 수 없다면 상속 불가로 인정할 수 있다. 이런 점을 판단 근거로 사용하여 기본 클래스 함수의 상속 여부를 따져보자!

첫째로 생성자는 상속이 되지 않는다. 애초에 생성자는 아무 때나 호출할 수 있는 것이 아니기 때문이다. 그러나 다시 한 번 기억할 것이 있는데 자식 클래스가 생성되는 순간 부모 클래스의 생성자가 호출된다는 점에서 마치 상속된 것처럼 보일 수 있다. 그러나 이 것은 자식 클래스의 생성자가 부모 클래스의 생성자를 자동 호출하게 되어있기 때문이지, 상속으로 인한 것은 절대로 아니다. 마찬가지로 생성자뿐 아니라 소멸자도 당연히 상속이 안된다. 이유는 생성자와 별 반 다르지 않다.

둘째로 대입 연산자도 상속이 되지 않는다. 단, 상속되는 것처럼 보일 수는 있다. 그러나 역시 상속은 절대로 되지 않는다. 그 미묘한 차이를 직접 확인해보자!

[소스 6-51] 대입 연산자의 상속

```
class CParent
{
public:
    CParent& operator = (CParent& Obj)   // (A) 복사 대입 연산자
    {
        m_PVal = Obj.m_PVal;
        return *this;
    }

    void operator = (int arg)            // (B) 일반 대입 연산자
    {
        m_PVal = arg;
    }

    int m_PVal;
};

class CChild : public CParent
{
public:
    int m_CVal;
};

void main()
{
    CParent p1;
    p1.m_PVal = 1;

    CParent p2;
    p2 = p1;                             // (1) 복사 대입 연산자
```

```cpp
    CParent p3;
    p3 = 1;                         // (2) 일반 대입 연산자

    CChild c1;
    c1.m_PVal = 1;
    c1.m_CVal = 2;

    CChild c2;
    c2 = c1;                        // (3) 복사 대입 연산자 ?

    CChild c3;
    c3 = 1;                         // (4) Compile Error
}
```

〈소스 6-51〉은 대입 연산자의 상속 여부를 보여준다. 클래스 CParent는 두 개의 대입 연산자를 가지고 있다. 복사 대입 연산자와 일반 대입 연산자이다. 또한 멤버 변수로 m_PVal을 가지고 있다. 그리고 클래스 CChild는 CParent를 public 상속하고 있으며 m_CVal을 멤버로 가진다.

먼저 (1), (2)를 확인해보자! 각각 CParent 객체들 간 대입 연산을 수행하고 있다. (1)에서는 복사 대입 연산이 수행되고, (2)에서는 일반 대입 연산이 수행된다. 여기까지는 좋았다. 이제 자식 클래스인 CChild 객체들 간 대입 연산을 실험해보자! 먼저 (3)처럼 복사 대입 연산을 수행한다. 결과를 확인하면 어떻게 나올까? c2의 m_PVal은 1, m_CVal은 2로 설정되어 있는 것을 확인할 수 있다. 이런 현상을 목격한 몇몇 개발자들은 '복사 대입 연산자는 상속된다!'라고 잘못 알고 있는 경우가 꽤 있다. 분명한 것은 (3)의 c2 = c1; 구문에서 CParent의 복사 대입 연산자가 호출된 것은 사실이다. 그러나 이것은 상속되었기 때문에 CChild의 복사 대입 연산자 대신 호출된 것이 아니라, CChild의 암시적 복사 대입 연산자가 CParent의 복사 대입 연산자를 호출했기 때문이다.

이미 앞에서도 살펴보았지만 명시적으로 복사 대입 연산자가 정의되어 있지 않을 경우 컴파일러는 필요할 때 암시적 복사 대입 연산자를 추가한다. 암시적 복사 대입 연산자가

기본적으로 수행하는 가장 중요한 작업은 부모 클래스와 멤버 클래스의 복사 대입 연산자를 호출하는 것이다. 만일 복사 대입 연산자가 상속되어서 대신 사용된 것이라면 m_CVal은 절대로 복사될 수가 없다. 왜냐하면 CParent의 복사 대입 연산자에서는 자식 클래스 멤버를 알지 못하므로 접근조차 할 수 없기 때문이다.

결정적으로 대입 연산자가 상속되지 않는 것을 보여주는 부분이 (4)이다. (4)는 애초에 컴파일이 되지 않는다. 왜냐하면 CChild에서 일반 대입 연산자를 찾을 수가 없기 때문이다. 만일 일반 대입 연산자가 상속되는 것이라면 컴파일 에러가 발생할 수가 없다. 결국 대입 연산자는 상속되지 않는다.

셋째, 타입 변환 연산자는 상속된다. 이것은 정말 외워둘 가치가 있다.

[소스 6-52] 타입 변환 연산자의 상속

```
class CParent
{
public:
  operator int ()                    // (A)
  {
    return m_PVal;
  }

  int m_PVal;
};

class CChild : public CParent
{
public:
  int m_CVal;
};

void main()
{
  CParent p;
  p.m_PVal = 1;
```

```
    int i = p;                              // (1) CParent => int

    CChild c;
    c.m_PVal = 1;
    c.m_CVal = 2;
    int j = c;                              // (2) CChild => int
  }
```

(A)는 CParent의 타입 변한 연산자를 보여준다. 타입 변환 연산자가 정의되어 있을 경우 필요하면 CParent는 int 타입으로 변환될 수 있다.

(1)은 실제로 CParent가 int로 변환되는 과정을 보여준다. 그 결과 i는 1이 된다.

(2)는 CChild가 int로 변환되는 과정을 보여준다. 마찬가지로 j는 1이 된다. 타입 변환 연산자가 상속될 수 있다는 의미는 일반 멤버 함수와 같다는 의미이다. 즉, 재정의도 할 수 있다.

넷째, 재정의된 일반 연산자도 상속된다. 이것 또한 외워두면 좋다.

[소스 6-53] 재정의된 일반 연산자의 상속

```
class CParent
{
public:
  CParent& operator + (int arg)                 // (A)
  {
    m_PVal += arg;
    return *this;
  }

  int m_PVal;
};

class CChild : public CParent
```

```cpp
{
public:
    int m_CVal;
};


void main()
{
    CParent p;
    p.m_PVal = 1;
    p + 1;                                      // (1)

    CChild c;
    c.m_PVal = 1;
    c.m_CVal = 2;
    c + 1;                                      // (2)
}
```

(A)는 더하기(+) 연산자를 CParent에서 재정의한 것이다. (1), (2) 모두 더하기 연산자가
잘 수행된다. 즉, 자식 클래스에서도 부모 클래스에서 재정의된 일반 연산자를 사용할 수
있는 것이다. 즉, 상속이 된다고 할 수 있다.

간단하게 정리하면 생성자, 소멸자, 대입 연산자는 상속되지 않고, 그 외 타입 변환 연산
자와 재정의된 일반 연산자는 상속이 된다.

6.8. 다중 상속(Multiple Inheritance)

[상속]절에서 설명해서 잘 알겠지만 인간 세상의 부모, 자식 관계와 C++ 클래스 세상의
부모, 자식 관계는 전혀 똑같지 않다. 더 정확히 얘기하자면 이름만 부모, 자식 관계이지
원하는 클래스를 선택해서 부모라고 정해놓고 상속할 수 있는 것이 가장 큰 특징이라고
할 수 있다. 그래서 인간 세상에서는 보통 부모가 엄마, 아빠 두 명뿐이지만 클래스 세계

에서는 마음껏 부모를 지정할 수 있기에 원하기만 하면 셀 수 없이 많은 부모 클래스로부터 상속을 받을 수도 있는 것이다. 부모가 많은 것이 좋은 것일까? 논란의 여지는 있겠으나 예전 재테크 관련 서적 중에 베스트셀러였던 [부자 아빠 가난한 아빠]라는 책은 저자가 실제 친부(가난한 아빠)를 비롯하여 뛰어난 금융 지식을 가진 부자 아빠를 계승함으로써 얻게 되는 지혜를 바탕으로 성공하는 이야기를 들려주었다. 결국 클래스도 마찬가지가 아닐까 생각한다. 좋은 기능을 가진 클래스들로부터 상속을 받는다면 굳이 나쁠 건 없지 않겠는가?

그럼에도 많은 C++ 관련 서적들을 비롯하여 프로그래밍 고수들은 다중 상속의 폐해를 이것저것 제시하며 가능하면 다중 상속을 사용하지 말 것을 강력하게 주장하곤 한다. 그래서 이런 주장에 일방적으로 흠뻑 취한 개발자들은 다중 상속으로 인한 이런 저런 안 좋은 예제(특히 다이아몬드 구조)만을 머리 속에 떠올리며 정말 다중 상속이 제대로 필요할 때는 사용하지 못하는 우를 범하기도 한다. 그러나 이미 다중 상속은 객체지향 프로그래밍의 핵심 원리로 자리 잡은지 오래되었으며 다중 상속을 이용하지 않고는 도저히 구현할 수 없는 수많은 패턴들과 설계들이 즐비하다는 사실은 부정할 수 없다. 바로 이때, 다중 상속을 금지한 자바는 객체지향 프로그래밍이 아니냐는 냉소적인 반응이 나올 것인데 여기서 절충점을 찾고자 한다.
자바는 인터페이스라는 순수 가상 함수만으로 이루어진 추상클래스에 대하여 다중 상속을 허용한다. 인터페이스는 결국 클래스에 수많은 제약을 가해서, 위에서 말한 다중 상속의 단점들이 드러나지 않도록 변형된 좀 더 특별한 형태의 클래스에 불과할 뿐이다. 따라서 자바가 다중 상속 개념 자체를 이용하지 않는 것은 아니다. 즉, 자바는 제대로 다중 상속을 하려고 인터페이스 개념까지 만들었다고 보는 것이 더 정확하다.

자바뿐 아니라 윈도우를 구성하는 핵심 요소인 수많은 COM(Component Object Model) 객체를 비롯하여 수많은 라이브러리들이 다중 상속의 개념을 이용하여 구현되고 있다. 즉, 다중 상속은 객체지향 프로그래밍에 있어서 반드시 이해하고 넘어가야 하는 핵심 개념이며, 단지 C++에서는 자바와는 달리 다중 상속을 위하여 어떤 제약도 존재하지 않기에 몇몇 모호한 문제들이 조금씩 드러나는 것뿐이다. 그러나 그런 모호한 문제들은 쉽게 극복할 수 있는 것이며 큰 문제가 되는 것도 아니라는 사실을 상기하면 사실상 다중 상속이 중요성에 비해서 너무 소홀히 다루어지고 있는 것은 아닌가 하는 생각이 드는 것도 사실이다. 따라서 이번 절에서는 다중 상속에 대해서 확실하게 살펴볼 것이며 그 결과 컴파일러가 C++을 어떻게 해석하고 어셈블리 코드를 작성하는지 이해할 수 있을 것이다. 또한 그만큼 프로그래밍의 핵심 원리에 좀 더 가깝게 다가갈 수 있는 계기가 될 것이라고 생각한다.

➔ 6.8.1. 다중 상속의 메모리 구조

앞의 절에서 상속 클래스의 메모리 구조를 살펴보았다. 이번엔 여러 부모 클래스를 상속받았을 때의 메모리 구조를 살펴보자! 분명 더 복잡해지지만 그렇게 어려운 것은 아니다.

[소스 6-54] 다중 상속 클래스

```
class CParentA
{
public:
  CParentA()
  {
    m_AVal = 1;
  }

  int GetAVal()
  {
    return m_AVal;
  }

  int m_AVal;
};

class CParentB
{
public:
```

```cpp
    CParentB()
    {
      m_BVal = 2;
    }

    int GetBVal()
    {
      return m_BVal;
    }

    int m_BVal;
};

class CChild : public CParentA, public CParentB
{
public:
    CChild()
    {
      m_CVal = 3;
    }

    int GetCVal()
    {
      return m_CVal;
    }

    int m_CVal;
};

void main()
{
    CChild c;
    CParentA* pA = &c;                          // (1)
    CParentB* pB = &c;                          // (2)
    CChild* pC = &c;                            // (3)

    int Ret1 = pA->GetAVal();
    int Ret2 = pB->GetBVal();
    int Ret3 = pC->GetCVal();
```

```
    cout << _T("pA: ") << pA << endl;                // (A)
    cout << _T("pB: ") << pB << endl;                // (B)
    cout << _T("pC: ") << pC << endl;                // (C)
}
```

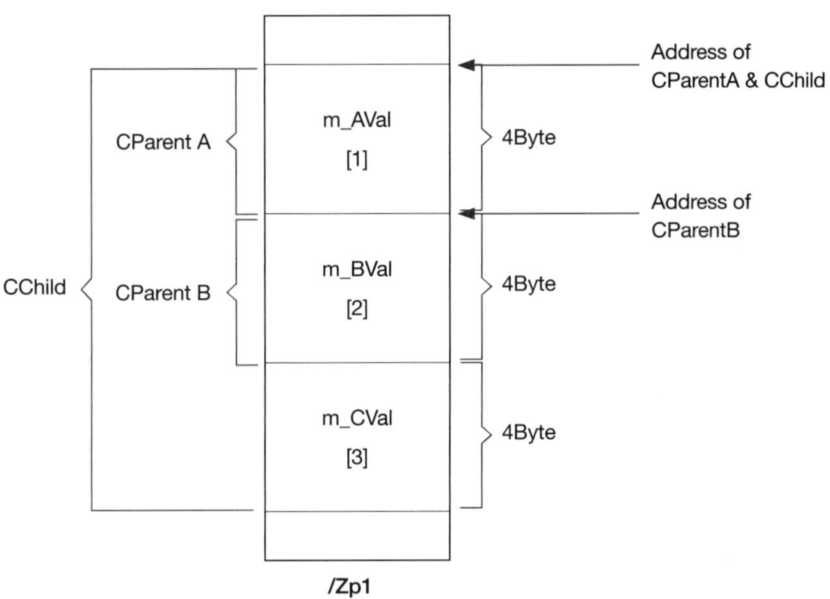

▲ 그림 6-8 다중 상속 메모리 구조

〈그림 6-8〉은 〈소스 6-54〉의 메모리 구조를 보여준다. 왼쪽의 CParentA, CParentB 그리고 CChild는 각 클래스의 메모리 영역의 범위를 나타낸다. m_AVal, m_BVal, m_CVal의 메모리 영역도 표시되어 있으며 대괄호로 현재 메모리 영역에 저장된 값을 보여준다. 오른쪽은 각 클래스의 메모리 영역의 시작 주소를 표시해주고 있다. 여기서 주의해서 보아야 할 것이 있는데, CParentA와 CChild의 시작 주소가 동일하다는 것이며, CParentB의 시작 주소는 CChild를 기준으로 오프셋 4만큼 떨어져 있는 것을 알 수 있다. 즉, 다중 상속의 경우 두 번째 부모 클래스부터는 시작 주소가 자식 클래스의 시작 주소와 일치하지 않는다는 사실을 꼭 기억하고 있어야 한다.

〈소스 6-54〉는 다중 상속 코드이지만 그림에서 보듯이 특별한 문제가 나타나지 않는 단

순한 구조이므로 실행 결과인 Ret1~3에 어떤 값이 들어오고, 결과창에는 어떤 문자열
이 출력될지 예상하는데 큰 어려움은 없을 것이다. (1), (2), (3)을 눈여겨보길 바란다.
CChild 객체 c의 주소를 이용하여 각각 CParentA*, CParentB*, CChild*로 포인터 타입
변환을 하였다.

(A), (B), (C)는 실제로 대입된 포인터 변수 값인 pA, pB, pC를 출력하도록 하였다. 어떤
결과가 나올지 생각해보길 바란다. 아마도 꽤 많은 독자들이 'pA, pB, pC가 모두 같다.'
라고 생각을 하고 있을 것이다. (1), (2), (3)에서 & 연산자를 이용하여 객체 c의 주소를
구해서 각 포인터 변수 pA, pB, pC에 대입하고 있기 때문이다. 그러나 실제 결과를 확인
해보면 모두 같은 값이 나오지 않는 것을 볼 수 있는데 필자의 컴퓨터에서 실행한 결과는
다음과 같다.

```
pA:0056EC8C
pB:0056EC90
pC:0056EC8C
```

당연히 실행하는 컴퓨터마다 실행하는 순간마다 결과값은 달라질 것이지만 중요한 사실
은 세 값이 언제나 일치하지 않는다는 것이다. 정확히 따져보면 pA와 pC는 항상 같은 값
으로 나오며 pB는 pA와 비교해서 늘 4바이트만큼 크게 나온다(16진수로 90 - 8C = 4
). 이 차이를 통해 알 수 있는 것은 자식 클래스 객체의 주소를 부모 클래스 포인터 타입
으로 변환할 때 컴파일러는 적절히 오프셋을 더하여 포인터 값이 실제 부모 클래스의 메
모리 시작 주소를 가리킬 수 있도록 변경시킨다는 것이다. 수학 기호인 등호(EqualSign)
에 대한 근간을 흔드는 발상 같지만 실제로 프로그래밍의 대입 연산자(Assignment
Operator)에서 당연한 수학적 상식들이 가끔씩 통하지 않는 경우도 있다.

〈그림 6-8〉을 다시 살펴보자! CParentB가 CChild 메모리 구조에서 상대적으로 어디에
위치하는지를 살펴보면, CParentB의 시작 주소는 CChild의 시작 주소보다 상대적으로 4
바이트만큼 떨어져있기 때문에 컴파일러는 CChild의 객체 c의 주소를 CParent 포인터 타
입으로 변환할 때 오프셋 4를 더하는 것이다.

그렇다면 컴파일러는 왜 이렇게 포인터 타입에 따라서 주소 값을 변경하는지 의문이 들 것이다. 그 이유는 각 클래스에 최초로 선언된 멤버 함수를 호출할 때는(즉, 상속받은 함수는 제외) 멤버 함수가 사용할 수 있는 실제 클래스의 시작 주소를 넘겨주어야 하기 때문이다.

또다시 의문이 꼬리를 물고 이어질 것이다. 왜 실제 클래스의 시작 주소를 넘겨야 할까? 의문을 풀기 위해서 직접 GatAVal, GetBVal, GetCVal 함수의 어셈블리 코드가 어떻게 구성되어 있는지를 살펴보자!

[소스 6-55] GetXVal 어셈블리

```
<GetAVal>
return m_AVal;
mov     eax,dword ptr [this]     // (T)
mov     eax,dword ptr [eax]      // (A)


<GetBVal>
return m_BVal;
mov     eax,dword ptr [this]     // (T)
mov     eax,dword ptr [eax]      // (B)


<GetCVal>
return m_CVal;
mov     eax,dword ptr [this]     // (T)
mov     eax,dword ptr [eax+8]    // (C)
```

〈소스 6-55〉는 〈소스 6-54〉에서 호출되는 GetAVal, GetBVal, GetCVal 함수의 어셈블리 코드 중에서 가장 핵심적인 부분만을 옮겨온 것이다. 어셈블리를 잘 몰라도 워낙 짧은 내용이라 해석하는데 큰 어려움은 없을 것이다. 그럼에도 간략히 설명을 하자면 세 함수에서 공통적으로 나타나는 (T) 부분은 eax라는 레지스터에 this가 가리키는 주소를 옮기라는 명령이다. 그 결과 세 함수에서 각각 eax는 CParentA, CParentB, CChild가 차지하는 메모리 영역의 시작 주소를 나타내게 되었다. 여기서 this는 위에서도 설명했지만 각 클래스의 실제 시작 주소를 나타낸다. 따라서 CParentA와 CChild의 this는 같은 값이며 CParentB의 this는 CChild의 this보다 4바이트만큼 크다.

(A), (B)는 eax[=this]가 가리키는 주소의 메모리 영역 4바이트를 읽어서 다시 eax에 옮기라는 명령을 나타낸다. 왜냐하면 m_AVal, m_BVal 모두 CParentA와 CParentB의 시작 주소로부터 오프셋 0만큼 떨어져 있기 때문에 eax[=this]가 가리키는 주소가 곧 m_AVal, m_BVal이 존재하는 영역의 주소와 일치하기 때문이다. 참고로 dword ptr은 해당 주소의 4바이트를 의미한다.

(C)는 약간 내용이 다른데 eax[=this]가 가리키는 주소에 오프셋 8을 더한 주소의 메모리 영역 4바이트를 읽으라는 명령이다. 이것도 메모리 구조에서 살펴본 것처럼 m_CVal이 CChild의 시작 주소로부터 오프셋 8만큼 떨어져있기 때문이다.

이제 어느 정도 의문이 풀렸을 것이라고 본다. 결국 멤버 함수는 자신이 처음으로 선언된 클래스의 실제 시작 주소를 기준으로 해당 클래스의 멤버들을 접근하도록 구성되어있다. 그래서 함수를 호출할 때는 반드시 클래스의 실제 시작 주소를 넘겨야 하며, 그러기 위해서 컴파일러는 포인터 타입 변환이 일어날 때 적절히 오프셋을 더하는 것이다.

이번에는 컴파일러가 실제로 어떻게 포인터 값을 변화시키고 this를 어떻게 넘기는지 확인해보자! 컴파일러는 어떻게 각 클래스의 시작 주소를 알 수 있을까? 사실 간단하다. 이미 컴파일러는 CChild의 메모리 구조를 속속들이 알고 있다. 즉, 〈그림 6-8〉과 같은 구조를 훤히 들여다보고 있는 것이다. 따라서 CChild에서 CParentA의 오프셋은 0이고, CParentB의 오프셋은 4라는 사실까지도 이미 알고 있는 것이다. 그래서 〈소스 6-48〉의 (1), (2), (3)과 같은 코드를 만날 경우 변환할 클래스를 확인하고 CChild 객체 c의 주소에 해당 클래스의 오프셋을 더하여 실제 클래스의 시작 주소를 알아낸 뒤 this에 넣을 수 있는 것이다. 참고로 this 값을 넘길 때는 x86 CPU에서 ecx 레지스터를 사용한다. 마찬가지로 각 함수에서는 this값을 얻어내기 위하여 ecx 레지스터 값을 읽는 것이다.
혹시라도 이런 의문이 들 수도 있다. 포인터를 통해서 함수를 호출하지 않는다면 주소 변환 작업도 일어나지 않는 것일까?

[소스 6-56] 객체를 통한 함수 호출

```
void main()
{
  CChild c;
  int Ret1 = c.GetAVal();    // (1)
  int Ret2 = c.GetBVal();    // (2)
  int Ret3 = c.GetCVal();    // (3)
}
```

〈소스 6-56〉은 〈소스 6-54〉의 main 부분만 변경해본 것이다. (1), (2), (3)은 각각 CParentA, CParentB, CChild에 각각 정의된 GatAVal, GetBVal, GetCVal 함수를 호출한다. 여기서 CChild가 부모 클래스 CParentA, CParentB를 다중 상속하였으므로 부모 클래스의 함수들은 CChild에 상속된다. 따라서 CChild 객체 c를 통해서 각각의 클래스에 정의된 함수인 GatAVal, GetBVal, GetCVal를 호출할 수 있다.

이 코드에서는 포인터로 호출하지 않으니 타입 변환이 일어날 필요가 없을 것 같지만 위에서 이미 설명한 방식이 그대로 사용된다. 무슨 말이냐 하면 문법 자체는 객체에서 함수를 호출하는 방식이지만 내부에서는 객체의 포인터를 넘겨서 처리한다는 것이다.

즉, (2)에서 눈에 보이는 코드는 c.GetBVal( )이지만 실제 실행되는 코드를 의사코드로 나타내면 CParentB* pB = &c; pB−>GetBVal( );과 같다.

여기서 어떻게 GetBVal을 통해서 CParentB를 알아내는지 의문을 표시할 수 있는데, 이미 CParentB 클래스가 정의되는 순간에 컴파일러는 해당 클래스에서 처음으로 선언된 함수들의 목록을 가지고 있기 때문에 함수가 호출될 때 어떤 클래스로 변환해야 하는지 충분히 알고 있는 것이다.

너무나 중요하다고 생각하기에 마지막으로 이번 파트를 다시 한 번 요약하겠다. 클래스의 멤버 함수는 클래스의 실제 시작 주소인 this를 기준으로 멤버 변수에 접근하도록 컴파일 된다. 따라서 해당 함수를 호출하기 전에는 함수가 속한 클래스의 정확한 시작 주소를 this에 넘겨야 하며, 다중 상속의 두 번째 부모처럼 클래스의 시작 주소가 자식 클래스와 일치하지 않는 경우 컴파일러는 부모 클래스의 오프셋 정보를 더하여 실제 부모 클래스의 시작 주소를 this에 넘기게 된다.

충분한 설명이 이루어졌는지 모르겠지만 이 부분은 컴파일러가 C++ 코드를 해석하여 실행 코드를 만드는 핵심적인 부분이다. 또한 이와 같이 주소가 바뀌는 포인터 변환 과정은 거의 주로 다중 상속이 사용될 때 이루어지므로 다중 상속을 공부하면서 가장 잘 이해할 수 있다. 물론 뒤에서도 다루겠지만 다중 상속에서만 주소가 바뀌는 포인터 변환 과정이 나타나는 것은 아니다. 지금은 상상도 잘 안될 수도 있겠지만 특정 조건에서는 단일 상속에서도 주소가 바뀌는 포인터 변환이 나타날 수 있다.

➡ 6.8.2. 다중 상속의 문제점(Diamond 구조)

앞에서 다중 상속이 중요하다고 열심히 이야기한 것 같다. 그러나 이전에 언급했듯이 다중 상속은 분명 문제점도 가지고 있는 구조이다. 보통 다중 상속의 문제점으로 대표적으로 제시되는 것이 다이아몬드 구조이다. 당연히 다른 책이나 인터넷 자료만 찾아봐도 어떤 문제인지는 쉽게 확인할 수 있을 것이다. 그러나 다이아몬드 구조도 쓰기 나름이라고 필요할 땐 사용할 수밖에 없지 않겠는가? 여기서는 다이아몬드 구조의 문제점과 더불어 만일 사용하게 될 경우 어떻게 위험을 피해갈 수 있는지에 대해서 이야기하겠다.

[소스 6-57] Diamond

```cpp
class CTop
{
public:
    int m_Top;
};
```

```cpp
class CMiddleA : public CTop
{
public:
    int m_MiddleA;
};

class CMiddleB : public CTop
{
public:
    int m_MiddleB;
};

class CBottom : public CMiddleA, public CMiddleB
{
public:
    CBottom()
    {
        m_Top = 10;                 // (1)
        m_MiddleA = 21;
        m_MiddleB = 22;
        m_Bottom = 30;
    }
    int m_Bottom;
};

void main()
{
    CBottom c;
}
```

〈소스 6-57〉을 컴파일하면 (1)에서 액세스가 모호하다는 에러가 발생한다. 왜 이런 모호
성 에러가 나는지 충분히 이해하고 있는 사람도 있겠지만 정확하게 이해가 되지 않을 수
도 있으니 메모리 구조를 살펴보면서 이해해보도록 하자!

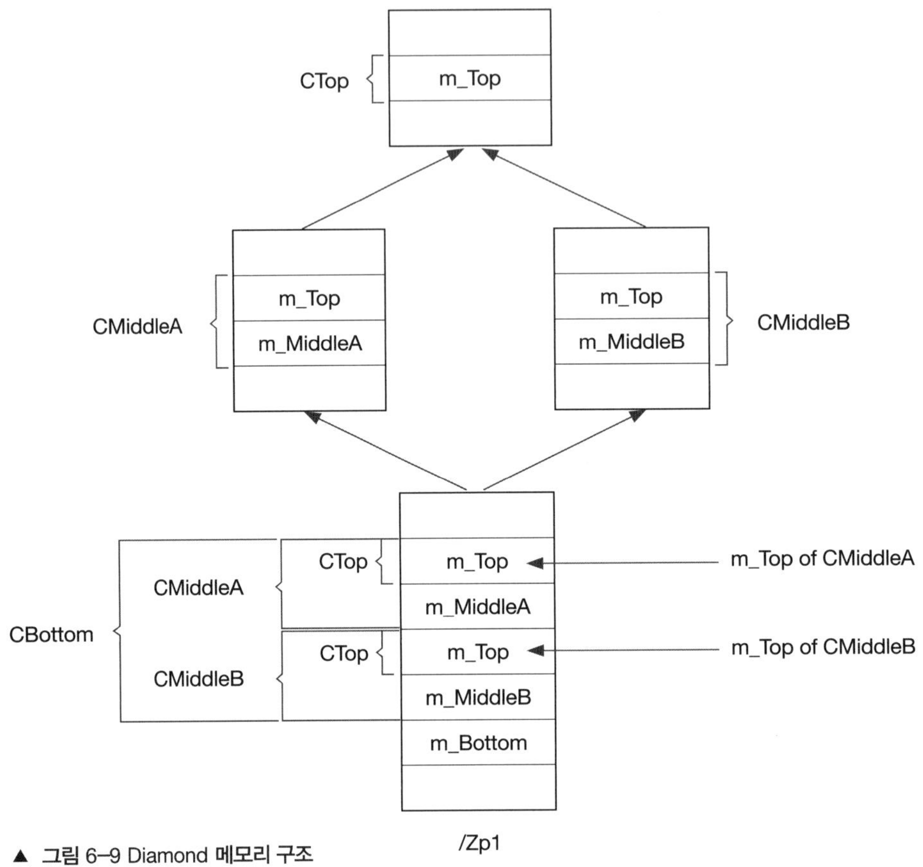

▲ 그림 6-9 Diamond 메모리 구조

〈그림 6-9〉에서 볼 수 있듯이 상속 구조가 다이아몬드 모양임을 알 수 있다. 다이아 몬드 구조에서 발생할 수 있는 문제는 최상위 부모인 CTop이 중간 부모 CMiddleA와 CMiddleB 에게 상속되고, 중간 부모는 CBottom에 의해서 상속되면서 CTop의 모든 멤버 가 CBottom에 중복으로 상속되는데 있다. 그림에서 보듯이 m_Top은 CBottom에서 두 개가 존재하게 된다. 따라서 컴파일러는 〈소스 6-57〉의 (1)과 같이 m_Top을 사용하고자 할 경우 둘 중에 어떤 것을 사용해야 할 지 모호하다는 에러를 보내게 되는 것이다.

그러나 이런 모호성 문제가 프로그램을 제작하는데 있어서 치명적인 문제라고는 할 수 없다. 컴파일 당시 모호성이 발견되면 모호성을 해결해주기만 하면 되기 때문이다. 제일 간단하게 해결하는 방법은 무엇일까? 기준을 하나 정하면 되는 것이다. m_Top를 사용할

경우 첫 번째 것만 사용하겠다고 지정해주면 그만일 뿐이다. (1) 부분을 아래처럼 고치기
만 하면 된다.

```
CMiddleA::m_Top = 10;              // (1)
```

달라진 점은 변수 앞에 범위 연산자가 붙었다는 것뿐이다. 즉, CMiddleA::를 앞에 사용함
으로써 컴파일러에게 명확하게 해당 변수가 CMiddleA에서 온 것임을 밝히는 것이다. 이
렇게 범위 연산자를 사용하게 되면 마찬가지로 CMiddleB에서 온 두 번째 m_Top도 사용
할 수 있다. 결국 CBottom에서 범위 연산자만 사용하면 두 개의 변수를 개별적으로 사용
할 수 있는 이점까지 얻을 수 있다.

물론 대부분의 개발자라면 하나의 변수만을 사용할 것이고, 따라서 두 번째 m_Top은 사
용되지 않기 때문에 메모리 낭비가 되는 것을 충분히 지적할 수 있을 것이다. 그리하여
메모리 낭비를 줄이기 위한 특별한 구조가 제시되는데 그것이 바로 다음 절에 소개할 가
상 상속이다.

6.9. 가상 상속(Virtual Inheritance)

다이아몬드 구조에서 보았듯이 다중 상속은 멤버의 중복에 의한 메모리 낭비를 가져올
수 있다. 이런 문제는 꼭 다이아몬드 구조에서만 발생하는 것은 아니다. 다이아몬드 구조
가 아니더라도 다중 상속이라면 충분히 발생할 수 있는 문제이며 다만 다이아몬드 구조
에서는 100% 멤버 중복으로 인한 모호성 문제가 발생한다는 것을 의미한다. 그리하여 모
호성 문제와 메모리 낭비를 일거양득으로 해결할 수 있는 방법이 고안되었는데 그것이
바로 이번에 소개할 가상 상속이다.

➜ 6.9.1. 가상 기저 클래스(Virtual Base Class)

가상 상속을 하는 방법은 사실 그리 어렵지 않은데 중복을 제거하고 싶은 클래스에 대하여 virtual 키워드를 붙여서 상속한다.

[소스 6-58] 가상 기저 클래스

```
class CTop
{
public:
   CTop() {}                                    // 명시적 생성자
   int m_Top;
};

class CMiddleA : virtual public CTop            // (A)
{
public:
   int m_MiddleA;
};

class CMiddleB : virtual public CTop            // (B)
{
public:
   int m_MiddleB;
};

class CBottom : public CMiddleA, public CMiddleB
{
public:
   CBottom()
   {
      m_Top = 10;                               // (1)
      m_MiddleA = 21;
      m_MiddleB = 22;
      m_Bottom = 30;
   }
```

```
    int m_Bottom;
};
```

〈소스 6-58〉의 (A), (B) 부분을 보면 virtual 키워드가 추가되어 있음을 확인할 수 있다. CTop이 중복되는 문제를 해결하기 위한 것이므로 CTop을 상속받을 때 virtual을 추가하는 것이다. virtual로 상속을 하게 될 경우 상속되는 CTop 클래스를 가상 기저 클래스(Virtual Base Class)라고 한다. 가상 기저 클래스는 여러 번 상속되더라도 메모리 구조상 하나만 존재하게 된다. 따라서 (1)처럼 사용해도 더 이상 모호성 문제로 인한 컴파일 에러가 발생하지 않게 된다. 그러나 (B)에서 실수로 virtual이 생략될 경우는 가상 기저 클래스인 CTop 하나와 CMiddleB의 부모인 CTop이 메모리에 각각 생성된다. 따라서 중복 제거의 효과가 사라지게 된다.

CTop은 가상 기저 클래스로 CMiddleA와 CMiddleB의 부모 클래스이다. 따라서 생성자의 호출 순서를 생각하지 않을 수 없다. CBottom의 생성자가 호출되면 당연히 부모 클래스인 CMiddleA와 CMiddleB의 생성자를 호출하게 된다. 그렇다면 CTop이 CMiddleA와 CMiddleB의 부모 클래스이기 때문에 CTop의 생성자는 두 번 호출되는 것일까?

메모리 구조상 하나만 존재하는 데 생성자가 두 번 호출된다는 것은 이치에 맞지 않는다. 실제로 가상 상속된 가상 기저 클래스의 생성자는 절대로 여러 번 호출되지는 않는다. 오직 단 한 번만 호출될 뿐이다. 그렇다면 가상 기저 클래스의 생성자는 누가 호출하는 것일까? 가상 기저 클래스를 상속받는 최종 클래스인 CBottom에서 호출하게 되어있다. 가상 기저 클래스의 생성자가 최종 클래스의 생성자에 의해서 호출될 경우, 중간 부모 클래스인 CMiddleA와 CMiddleB의 생성자에서 가상 기저 클래스의 생성자는 호출되지 않도록 처리된다. 그러므로 생성자의 중복 호출 문제가 깨끗하게 해결될 수 있다.

갑자기 궁금함을 느끼는 독자도 있을 것이다. 가상 상속의 경우 메모리 구조는 어떻게 그려지는 것일까?

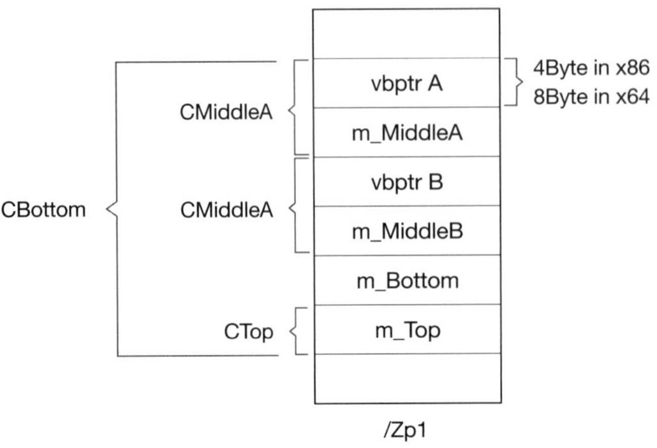

▲ 그림 6-10 가상 상속 메모리 구조

〈그림 6-10〉은 클래스 CBottom의 메모리 구조이다. 그림에서 확인할 수 있듯이 가상 기저 클래스인 CTop은 단 한번만 나타나게 된다. 또한 CTop이 메모리 구조의 맨 아래에 위치하는 것을 볼 수 있는데 이런 구조가 반드시 정해져 있는 것은 아니다. 가상 상속을 실제적으로 구현하는 것은 컴파일러 제작사마다 각기 다르다. 사실상 C++ 상세는 단지 가상 기저 클래스는 메모리 구조에 단 한 벌만 존재하면 되는 것이기에 실제 메모리 배치와 같은 구현 방법은 컴파일러에 따라서 다를 수밖에 없다. 위의 그림은 Visual C++ 컴파일러를 기준으로 한 구조이다.

눈여겨보아야 할 것이 있는데 바로 vbptr이라는 포인터 메모리 영역이다. 눈을 크게 뜨고 보자! 가상 함수 테이블 포인터를 나타내는 vfptr이 아니다(f가 아니라 b가 사용된다). 사실 vbptr이라는 것은 필자가 붙여 넣은 이름일 뿐이다. 어떤 클래스 C가 있고, C의 조상 클래스(부모 클래스, 부모의 부모 클래스, 부모의 부모의 부모 클래스, ...)중에 가상 기저 클래스가 존재할 경우 컴파일러는 클래스 C의 메모리 시작 부분에 가상 기저 클래스 관리를 위하여 기본 포인터 크기만큼(x86 4Byte, x64 8Byte) 메모리 영역을 확보한다. 이 영역은 내부에서만 사용되기 때문에 특별한 이름이 정해져 있지 않다(보통 Visual Studio 에서 디버깅 과정 중에 조사식을 살펴볼 경우 가상 함수 테이블 포인터의 경우 vfptr이라는 이름으로 나타난다).

vfptr이 Virtual Function Table을 가리키는 포인터라서 vfptr이라고 지어진 것처럼, 이 메모리 영역도 나름의 이름이 나타날 것이라고 생각했지만 전혀 나타나지 않았다. 그러나 Virtual Base Table이라는 것이 있고, 그것을 가리키는 포인터를 나타내므로 비슷하게 vbptr이라고 부르면 괜찮을 것 같다.

〈그림 6-9〉와 〈그림 6-10〉을 한 번 비교해보기 바란다. 가상 상속을 통해서 메모리를 절약하려고 하였으나 실제로는 vbptr이 두 개나 추가되면서 오히려 클래스의 크기가 더 커진 것을 알 수 있을 것이다. 이런 경우를 주로 배보다 배꼽이 더 크다고 말하는데, 실제로 가상 상속에서는 충분히 그런 일이 벌어질 수 있다. 따라서 정말 작은 크기의 간단한 클래스를 가상 기저 클래스로 만들 경우 메모리 절약 효과가 그리 크지 않을 수도 있다. 따라서 가상 기저 클래스로 만들 클래스는 중복을 제거할 때 메모리 절약 효과가 있을 정도로 크기가 커야 의미가 있다.

메모리 절약 효과가 크다고 해서 무턱대고 가상 상속을 사용해서도 안된다. 균형 효과(Trade Off)에 의해서 메모리 절약 효과가 있는 대신에 성능은 떨어질 수밖에 없다. 왜 vbptr이 있겠는가? 바로 가상 기저 클래스에 접근하기 위해서 있는 것이다. 이미 살펴보았지만 다중 상속에서 클래스의 멤버 함수를 호출하거나 멤버에 접근할 경우 클래스 포인터의 타입 변환이 일어날 수밖에 없다. 그런데 가상 상속을 사용할 경우 타입 변환이 일어날 때 vbptr을 한번 거쳐야만 하는데, 이것은 의외로 어느 정도의 성능 저하를 가져온다. 따라서 가상 상속을 사용할 경우 신중하게 선택해야만 한다. 메모리 절약이 먼저인지, 성능이 우선인지를 잘 따져보아야만 하다. 어쩌면 둘 중 하나를 선택하는 것보다 애초에 클래스 설계를 제대로 해서 다이아몬드 구조 자체를 사용하지 않도록 만드는 것이 더 효과적일 수도 있다.

➦ 6.9.2. 가상 상속의 구조

이번 주제인 가상 상속의 구조에 대한 내용을 이 책에 실어야 하는지 고민을 했다. 내용 자체가 복잡하기도 하지만 특정 컴파일러에 기반한 내용이기도 하며 이것을 정확히 몰라도 프로그래밍을 하는데 있어서 거의 지장도 없으며 이와 같은 주제가 실려있는 책이나 자료도 거의 전무하기 때문이다.

그러나 이 내용을 알게 된다면 C++ 프로그래밍의 원리를 이해하는데 큰 도움이 될 것이라는 생각이 들었다. C++이라는 언어를 가장 확실하게 지원해주는 개발사는 바로 마이크로소프트이다. 따라서 Visual C++ 컴파일러는 C++ 상세를 구현하는데 부족함이 없으며 다른 어떤 컴파일러보다도 앞서있다. 또한 컴파일러들이 C++ 상세를 구현하는데 있어서 조금씩 다른 점이 있긴 하지만 Visual C++의 구현 설계를 이해한다면, 필요할 때 다른 컴파일러의 구현 설계를 이해하는데도 그리 큰 어려움은 없을 것이다.

왜냐하면 대부분 컴파일러들이 사실 비슷비슷하게 구현되어 있기 때문이다. 만일 특정 구현 부분에서 절대적으로 큰 성능이나 효율 차이가 날 정도라면 이미 우세한 쪽으로 통일되고도 남았기 때문이다. 따라서 지금부터 가상 상속의 상세 구현 부분을 설명할 것이며, 내용이 너무 복잡하고 어렵다고 생각한다면 건너뛰어도 큰 상관은 없다. 그러나 C++의 근본적인 구현 원리를 알고자 한다면 언젠가는 꼭 읽어보길 추천한다.

앞에서 필자가 직접 이름을 붙여준 vbptr이 기억날 것이다. vbptr은 virtual base table pointer를 나타내는 말이다. 용어의 뜻에서 알 수 있듯이 vbptr은 특정 테이블을 가리키는 포인터이다. 마치 가상 함수 테이블을 가리키는 vfptr과 비슷하다고 보면 될 것이다. vbptr이 가리키는 virtual base table에는 가상 기저 클래스의 오프셋 정보가 포함되어 있다. 오프셋이 하나만 있으면 될 것 같은데 왜 테이블일까 궁금할 수도 있을 것이다. 그 이유는 가상 기저 클래스가 항상 한 개만 있는 것은 아니기 때문이다. 동시에 virtual base table의 맨 처음 항목은 자기 자신의 클래스 오프셋 정보가 들어가기 때문에 가상 기저 클래스가 단 하나만 존재하더라도 virtual base table은 최소한 두 개의 항목을 가지게 된다. 오프셋이란 말은 특정 기준 위치로부터 얼마나 떨어져있는가를 나타내는 지표이다. 즉, 특정 기준 위치가 중요한데, 당연히 클래스의 메모리 시작 주소라고 생각할 수 있는데, vbptr 영역 자체의 메모리 위치가 바로 기준 위치가 된다. 말로만 설명해서 뭐가 뭔 소리인지 이해가 안 갈 것이다. 그래서 〈그림 6-10〉을 좀 더 확장하여 설명을 이어나가도록 하겠다.

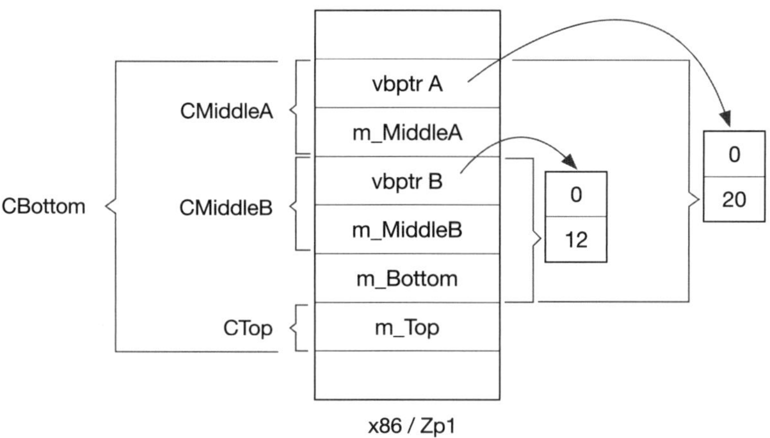

▲ 그림 6-11 가상 상속 Virtual Base Table

우선 〈소스 6-58〉을 살펴보자! CMiddleA, CMiddleB가 virtual 키워드를 사용하여 CTop을 상속하였다. 따라서 CTop은 가상 기저 클래스가 되며 전체 클래스 구조에서 가장 밑 부분에 위치하게 된다.

virtual 키워드를 사용하여 상속받은 자식 클래스는 반드시 vbptr 메모리 영역이 생성되며 클래스 구조의 가능하면 위쪽(메모리 주소가 작은 쪽)에 위치하게 된다. 가능하면 위쪽에 위치한다는 의미는 더 위쪽에 다른 정보를 나타내는 영역이 존재할 수 있다는 의미이다. 사실 클래스에 가상 함수가 하나라도 존재해서 가상 함수 테이블 포인터인 vfptr이 생성될 경우 vfptr은 vbptr보다 우선 순위가 높아서 클래스 메모리의 최상위 시작 위치에 생성된다. 즉, 가상 함수가 없을 경우에는 일반적으로 vbptr이 최상위 즉, 클래스 오프셋으로 따지면 0 위치에 놓이게 되며, 가상 함수가 있을 때는 vfptr 바로 다음에 vbptr이 위치하게 된다. 따라서 〈그림 6-11〉에서 CMiddleA의 vbptr A와 CMiddleB의 vbptr B가 각각 자기 자신 클래스의 시작위치에 생성되어 있음을 확인할 수 있다. 참고로 〈그림 6-11〉은 32비트 x86 시스템이며 /Zp1 옵션이라고 가정하자!

vbptr A, vbptr B는 각각 자신만의 테이블을 가리키고 있다. 테이블에는 기본적인 offset 정보가 기록되어 있는데, vbptr A가 가리키는 테이블은 두 개의 오프셋 항목을 가지고 있으며, 첫 번째가 0, 두 번째가 20을 나타내고 있다. 첫 번째 0은 vbptr A의 위치를 기준으로 자기 자신 클래스의 오프셋을 나타낸다. CMiddleA의 시작 위치는 vbptr A와 일치하므로 오프셋은 0이 된다. 두 번째 오프셋이 20을 가리키는데, 이것은 바로 가상 기저 클래스인 CTop의 오프셋을 나타내는 것이다. vbptr A를 기준으로 CTop이 20바이트만큼 떨어져 있기에 오프셋은 20이 된다.

마찬가지로 따져보자. CMiddleB의 vbptr B가 가리키는 테이블에도 역시 두 개의 오프셋 항목이 있다. 첫 번째 0은 vbptr B를 기준으로 CMiddleB의 오프셋을 나타내는데 두 위치가 같으므로 오프셋은 0이 된다. 두 번째 오프셋은 12를 나타낸다. vbptr B를 기준으로 가상 기저 클래스인 CTop이 12바이트만큼 떨어져 있기에 오프셋은 12가 된다.

한 가지 의문이 들 수도 있을 것이다. 오프셋 테이블의 첫 번째 오프셋은 항상 0이 되기 때문에 불필요하지 않을까 생각할 수도 있겠다. 그러나 첫 번째 오프셋이 항상 0이 되는 것은 아니다. 앞에서도 설명했듯이 vbptr을 기준으로 자기 자신 클래스의 오프셋을 구하는 것이기 때문에 0이 아니라 음수가 나올 수도 있는 것이다. 실제로 예제를 통해서 확인해보자.

vbptr이 가리키는 테이블의 첫 오프셋이 0이 아닌 경우는 vbptr을 가지는 클래스의 메모리 시작 주소에 vbptr이 위치하지 않는 경우이다. 간단하게 생각한다면 가상 함수가 있는 경우가 바로 vbptr이 클래스 메모리 시작 위치에 있지 않은 경우이다.

[소스 6-59] vfptr &vbptr

```cpp
class CD1
{
public:
    int m_D1;
};

class CD2 : virtual public CD1
{
public:
```

```cpp
    virtual ~CD2() {}               // (1) Virtual Function
    int m_D2;
};
```

〈소스 6-59〉에서 클래스 CD2는 (1)에서 소멸자를 가상 함수로 선언했으며 클래스 CD1
을 가상 상속한다. 클래스 CD2의 메모리 구조를 살펴보자! 참고로 특별한 말이 없을 때
의 메모리 구조는 32비트 x86 시스템의 /Zp1 옵션으로 설정되어있다고 가정한다.

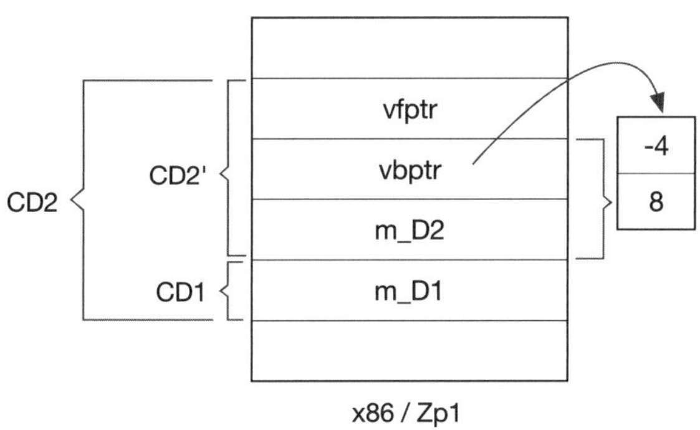

▲ 그림 6-12 vfptr &vbptr

〈그림 6-12〉를 살펴보자! 클래스 CD1은 가상 기저 클래스이므로 메모리 구조에서 가장
밑에 위치하게 된다. 클래스 CD2는 소멸자가 가상 함수이므로 vfptr(가상 함수 테이블 포
인터)를 가지게 되며, vfptr은 메모리 가장 위쪽에 위치하게 된다. 따라서 가상 기저 클래
스의 오프셋을 나타내는 vbptr은 vfptr 바로 밑에 위치하게 된다.

vbptr이 가리키는 오프셋 테이블의 항목들의 값을 살펴보자! 첫 번째 값은 자기 자신 클
래스의 오프셋을 나타낸다고 하였다. 자기 자신이라는 것은 곧 CD2 클래스를 의미한다.
오프셋의 기준은 vbptr 자신이므로 CD2의 시작 위치인 vfptr에 대한 오프셋은 −4가 된
다. 두 번째 값은 가상 기저 클래스인 CD1의 오프셋을 나타내며 vbptr 기준으로 8만큼 떨
어져 있으므로 8이 되는 것이다.

또 하나의 예를 살펴보자! 이번에는 가상 함수를 사용하지 않지만 역시 vbptr이 클래스

메모리 시작 주소에 위치하지 않는 경우이다.


```cpp
class CD1A
{
public:
   int m_D1A;
};

class CD1B
{
public:
   int m_D1B;
};

class CD2 : public CD1A, virtual public CD1B            // (1)
{
public:
   int m_D2;
};
```

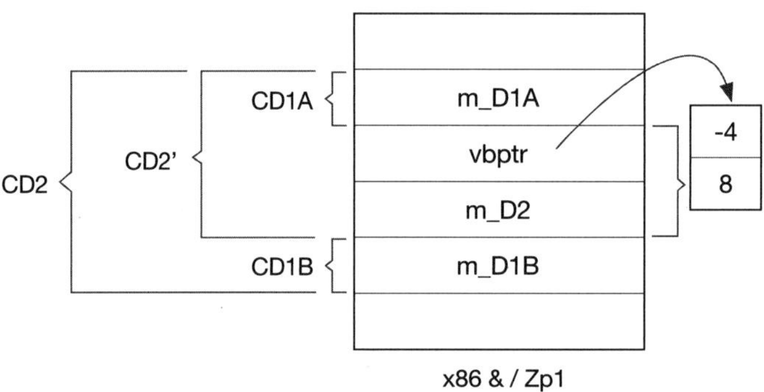

▲ 그림 6-13 !vfptr & vbptr

<소스 6-60>의 (1)을 살펴보자! 클래스 CD2는 부모 클래스 CD1A, CD1B를 상속하는데, 그중에서 CD1B에 대해서만 가상 상속을 한다. 그로 인하여 <그림 6-13>과 같은 메모리 구조가 생겨난다.

클래스 CD2를 컴파일러가 구성할 때, 부모 클래스의 순서대로 메모리에 구조를 잡는다. 그래서 CD1A가 먼저 위치하고, 그 뒤에 CD1B가 위치하게 된다. 이때 CD1B는 가상 기저 클래스가 되므로 메모리 구조의 밑으로 이동하게 되고, 대신 vbptr을 생성하여 CD1A 바로 밑에 위치시키게 되는 것이다. vbptr이 가리키는 오프셋 테이블의 값은 그림과 같다. 자기 자신 클래스인 CD2를 가리키기 위하여 첫 번째 오프셋은 −4가 되며, 가상 기저 클래스 CD1B를 가리키기 위하여 두 번째 오프셋은 8이 된다.

여기서 감이 올지 모르겠으나 가상 상속의 메모리 구조에 대한 일반적인 법칙을 이해할 수 있다. 일단 가상 상속이라는 개념을 무시하고 메모리 상속 구조를 만든다. 가상 기저 클래스에 대해서는 각각 vbptr로 대체하고 가상 기저 클래스는 맨 밑으로 이동시킨다. 이때 가상 기저 클래스가 중복되더라도 오직 하나만 존재하도록 한다. vbptr이 가리키는 테이블의 항목에 가상 기저 클래스의 오프셋을 계산하여 기록한다. 바로 이것이 컴파일러가 가상 기저 클래스의 메모리 구조를 작성하는 기본적인 방식이다. 물론 실제는 여러 가지 규칙들이 적용되기 때문에 훨씬 복잡하다.

이제 가상 상속의 클래스 메모리 구조에 대해서 어느 정도 이해했을 것이라고 생각한다. 마지막으로 어느 정도 복잡한 클래스 구조 몇 개를 살펴보고 오프셋 테이블의 추가적인 속성에 대해서 알아보면서 가상 상속 구조에 대한 설명은 마무리 지을 것이다.

[소스 6-61] 가상 상속 실습 1

```
class CD1A
{
public:
    int m_D1A;
};
```

```cpp
class CD2A : virtual public CD1A                              // (1)
{
public:
    int m_D2A;
};

class CD1B
{
public:
    int m_D1B;
};

class CD2B : virtual public CD1B                              // (2)
{
public:
    int m_D2B;
};

class CD3 : virtual public CD2A, virtual public CD2B         // (3)
{
public:
    int m_D3;
};
```

〈소스 6-61〉을 보기만 해도 굉장히 복잡한 느낌이 들겠지만 조금만 정신을 집중하여 살펴보면 그리 복잡하진 않다. (3)에서 클래스 CD3는 최종 클래스로서 CD2A, CD2B를 가상 상속한다. 마찬가지로 (1)에서 CD2A는 CD1A를 가상 상속하고, (2)에서 CD2B는 CD1B를 가상 상속한다. 비록 복잡해 보이지만 이게 끝이다.

이 클래스의 메모리 구조를 컴파일러가 제공하는 규칙을 따라서 직접 그리는 것이 쉬운 일은 아니다. 가상 상속에 대한 기본적인 규칙 이외에도 여러 가지 규칙이 있기 때문이다. vbptr이 중복되는 경우에는 vbptr을 통합하는 규칙도 있으며, vbptr이 가리키는 테이블의 항목을 채울 때는 중복을 제거하는 규칙도 있다. 또한 가상 기저 클래스가 여러 개 존재할 때, 각 가상 기저 클래스간의 메모리 위치를 정하는 규칙도 따로 있다. 그 외 가상 함수가 있는지 여부에 따라서 vbptr 위치 자체가 달라질 수 있다. 사실 이런 모든 규칙을 적용하여 클래스 정의만 보고 메모리 구조를 정확하게 그리는 것은 무척 힘든 일이다. 클래스 구조를 정하는 것은 순전히 컴파일러의 몫이란 의미이다. 그렇다면 개발자의 몫은 무엇일까? 바로 컴파일러가 작성한 메모리 구조를 vbptr을 이용하여 정확하게 파악할 수 있는 것이 아닐까 생각한다. 컴파일러가 만들어낸 클래스 메모리 구조를 이해할 수 있다면 그 정도로 충분하다고 생각한다. 그럼 컴파일러가 작성한 메모리 구조를 살펴보자!

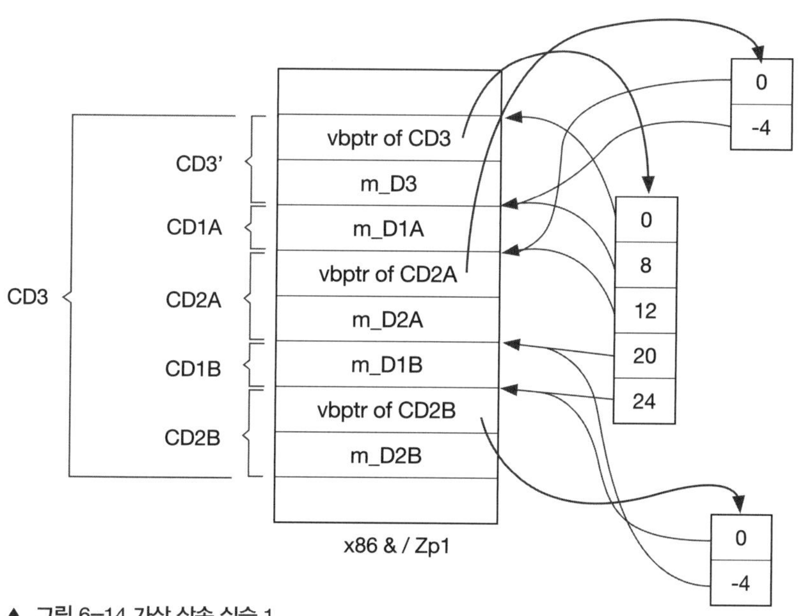

▲ 그림 6-14 가상 상속 실습 1

〈그림 6-14〉를 잘 살펴보자. 먼저 중간쯤에 그려진 vbptr of CD2A를 살펴보자. CD2A 는 CD1A를 가상 상속하였다. 따라서 CD2A의 메모리 시작 위치에는 vbptr이 존재한 다. 이 vbptr을 다른 vbptr과 구분하기 위하여 vbptr of CD2A라고 이름 지었다. vbptr of CD2A가 가리키는 오프셋 테이블을 살펴보자.

첫 번째 오프셋은 자기 자신인 CD2A의 오프셋을 나타내므로 0이 된다. 두 번째 오프셋 은 -4가 되는데, CD2A의 가상 기저 클래스인 CD1A의 오프셋을 나타내기 때문이다. 그림에서 살펴보면 CD1A는 CD2A의 바로 앞에 위치하고 있다. 이런 방식으로 아래쪽에 그려진 vbptr of CD2B도 쉽게 해석할 수 있을 것이다.

이제 가장 복잡해 보이는 vbptr of CD3를 살펴보자! 오프셋 테이블에 오프셋이 무려 다섯 개나 담겨있다. 왜 이렇게 많은 것일까? 오프셋 테이블은 가상 기저 클래스의 오프셋을 담는 테이블이다. 즉, 클래스 CD3가 상속하는 조상 클래스 중 가상 기저 클래스의 오프셋은 다 모아놓는다고 볼 수 있다. 테이블에 기록되는 오프셋의 순서는 최상위 가상 기저 클래스부터 그것을 상속하여 따라오는 자식 가상 기저 클래스로 이어진다. 자식 가상 기저 클래스가 끝나면 최상위 가상 기저 클래스의 이웃 가상 기저 클래스로 이어지게 된다. 말로 설명하니 어려운 듯 한데 자료구조의 트리를 탐색한다고 생각하면 된다. 특정 노드를 검색할 때 자식 노드들이 모두 검색 완료되면 특정 노드의 형제 노드로 검색순서가 이어지는 것과 같다.

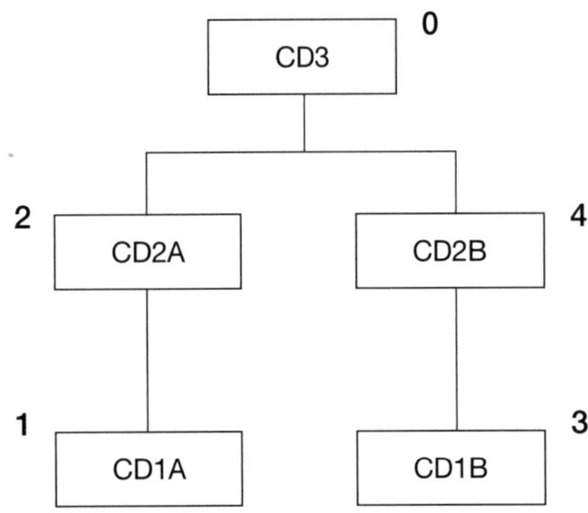

▲ 그림 6-15 가상 상속 실습 1 - 가상 기저 클래스 검색 순서

〈그림 6-15〉는 vbptr of CD3가 가리키는 테이블의 항목으로 들어갈 오프셋의 순서와 더불어서 검색 트리를 보여준다. 이 트리가 어떻게 구성되고 검색되는지 살펴보자! 가장 먼저 클래스 CD3를 루트 노드로 추가한다. CD3가 상속하는 가상 기저 클래스 CD2A와 CD2B를 자식 노드로 추가한다. 각 노드에 대하여 상속하는 가상 기저 클래스를 자식 노

드로 추가한다. 이런 원칙에 의해서 CD2A는 CD1A를 가상 상속하므로 CD1A를 자식 노드로 추가하고, 마찬가지로 CD1B는 CD2B의 자식 노드로 추가된다. 이것으로 트리가 구성되었다. 이번에는 vbptr of CD3가 가리키는 테이블에 들어갈 오프셋 항목들의 순서를 살펴보자!

그림에는 테이블에 들어갈 순서가 적혀있다. 중요한 점은 CD3 자기 자신 클래스의 오프셋이 가장 먼저 들어가야 한다는 사실이다. 그래서 그림에는 순번으로 0을 표시하였다. 그 이후부터는 맨 밑의 왼쪽 노드로부터 형제, 부모 순으로 순회하면서 테이블에 오프셋을 기록한다. 이런 식으로 테이블에 오프셋이 추가되면 그 순서는 [CD3 | CD1A | CD2A | CD1B | CD2B]가 된다.

이번에는 두 번째 실습으로 〈소스 6-61〉에서 클래스 CD3를 약간만 변경하여 확인해보자!

[소스 6-62] 가상 상속 실습 2

```cpp
class CD1A { ... };
class CD2A : virtual public CD1A       { ... };
class CD1B { ... };
class CD2B : virtual public CD1B       { ... };

class CD3 : public CD2A, public CD2B            // (1)
{
public:
   int m_D3;
};
```


〈소스 6-62〉는 〈소스 6-61〉의 클래스 CD3에서 CD2A, CD2B를 가상 상속이 아닌 일반 상속을 하도록 변경한 것이다. (1)에 virtual 키워드가 없음을 주의해야 한다. 이 클래스의 메모리 구조와 앞에서 제시한 가상 상속의 메모리 구조의 차이점을 파악한다면 명확하게 가상 상속의 메모리 구조 속성을 이해할 수 있을 것이다.

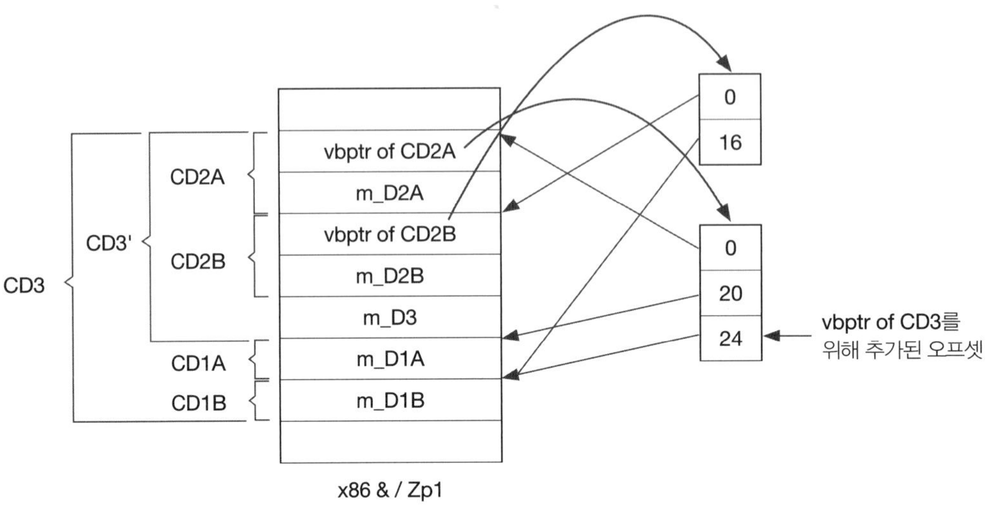

▲ 그림 6-16 가상 상속 실습 2

〈그림 6-16〉을 살펴보자! 역시 그렇게 어렵지 않다. 먼저 그림 중간의 vbptr of CD2B를 살펴보자! 클래스 CD2B는 클래스 CD1B를 가상 상속한다. 따라서 vbptr of CD2B가 가리키는 오프셋 테이블에는 두 개의 오프셋이 있으며 첫 번째가 자기 자신인 CD2B의 오프셋인 0, 두 번째가 가상 기저 클래스 CD1B에 대한 오프셋인 16을 나타낸다.

이제 주의해서 보아야 할 것이 바로 vbptr of CD2A이다. 당연히 vbptr of CD2B와 같은 구조를 지녀야 할 것 같지만 vbptr of CD2A가 가리키는 오프셋 테이블에는 오프셋 항목이 두 개가 아닌 세 개가 존재한다. 처음 두 개는 쉽게 이해할 수 있다. 자기 자신인 CD2A의 오프셋 0과 가상 기저 클래스인 CD1A에 대한 오프셋인 20을 나타낸다. 그렇다면 세 번째 오프셋 24는 무엇일까? 그 이유는 vbptr of CD2A가 곧 vbptr of CD3로 사용되기 때문이다. 그림에는 표현되지 않았지만 vbptr of CD2A는 CD2A 클래스의 가상 기저 클래스 오프셋 테이블을 가리키기도 하지만, CD3의 가상 기저 클래스 오프셋 테이블도 가리키고 있는 것이다. 즉, vbptr 자체가 공용으로 사용되고 있으며, 오프셋 테이블 역시 공용으로 사용된다. 더 정확하게 얘기하자면 CD3의 가상 기저 클래스 오프셋 테이블이 CD2A의 가상 기저 클래스 오프셋 테이블을 포함하고 있는 것이다. 그렇다면 어떻게 이런 구조가 가능한 것일까?

이미 설명했듯이 어떤 클래스의 조상 클래스 중에 가상 기저 클래스가 있을 경우, vbptr
이 생성된다고 했다. 즉, 클래스 CD3는 직접적으로 부모 클래스 CD2A와 CD2B를 가상
상속하진 않지만 CD2A와 CD2B가 이미 CD1A와 CD1B를 가상 상속하고 있기 때문에
CD3 입장에서 조상 클래스면서 가상 기저 클래스인 CD1A, CD1B가 존재하므로 vbptr
이 생성되는 것이다. 그렇다면 vbptr of CD3가 가리키는 테이블에는 어떻게 오프셋 항목
이 들어가게 될까? 검색 트리를 그려보자!

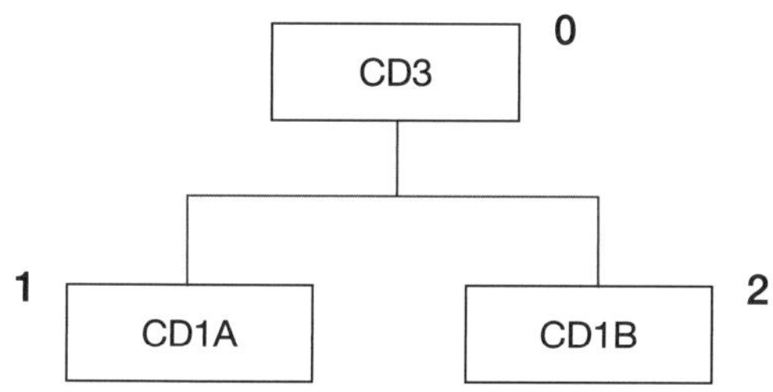

▲ **그림 6-17 가상 상속 실습 2 - 가상 기저 클래스 검색 순서**

〈그림 6-17〉을 통해서 vbptr of CD3가 가리키는 테이블을 채울 수 있다. [CD3 | CD1A
| CD1B]가 된다. 이 테이블은 정확히 vbptr of CD2A가 가리키는 테이블 [CD2A |
CD1A]을 완벽하게 포함한다. CD3는 CD2A와 메모리 위치가 같으므로 오프셋이 일치
하기 때문이다. 이와 같은 방식으로 vbptr을 비롯하여 오프셋 테이블을 공용으로 사용할
수 있다. 사실 이와 같은 방식은 이후에 배우게 될 가상 함수 테이블에도 그대로 적용된다.

그렇다면 왜 직접 가상 상속하지도 않은 클래스에도 vbptr을 만들어주는 것일까? 바로 타
입변환을 쉽게 하기 위해서이다. 가령 클래스 CD3에서 부모 클래스인 CD1B로 포인터
타입 변환을 한다고 생각해보자! 만일 vbptr of CD2A가 오직 CD2A만을 위한 것이라 오
프셋 항목이 두 개만 있을 경우에는 CD1B의 오프셋인 24를 절대로 찾을 수가 없다. 물
론 방법이 없는 것은 아니다. 일단 CD2B로 포인터 타입 변환을 한 뒤에 다시 CD1B로 포
인터 타입 변환을 할 수도 있다. CD3는 CD2B를 가상 상속이 아닌 일반적인 방식으로 상

속하므로 상대적인 메모리 오프셋이 정해져 있다. 따라서 CD3에서 CD2B로 쉽게 변환할 수 있다. 그 다음 CD2B에서 CD1B로 변환할 때는 vbptr of CD2B의 오프셋 테이블을 참조하면 된다. 그러나 이런 과정은 사실 너무 복잡하면서도 비효율적이다. 그래서 컴파일러는 CD3를 위해서 직접 vbptr of CD2A를 CD3와 공유할 수 있도록 테이블에 항목을 하나 추가하여 vbptr of CD3를 만든다.

이제 마지막 실습을 위한 예제를 살펴보자!

[소스 6-63] 가상 상속 실습 3

```cpp
class CD1
{
public:
    int m_D1;
};

class CD2A : virtual public CD1
{
public:
    int m_D2A;
};

class CD2B : virtual public CD1
{
public:
    int m_D2B;
};

class CD3 : virtual public CD2A, virtual public CD2B    // (1)
{
public:
    int m_D3;
};
```

〈소스 6-63〉에서 (1)을 살펴보자! 가상 상속한 클래스를 다시 가상 상속하는 복합 구조이
다. 먼저 메모리 구조부터 살펴보자!

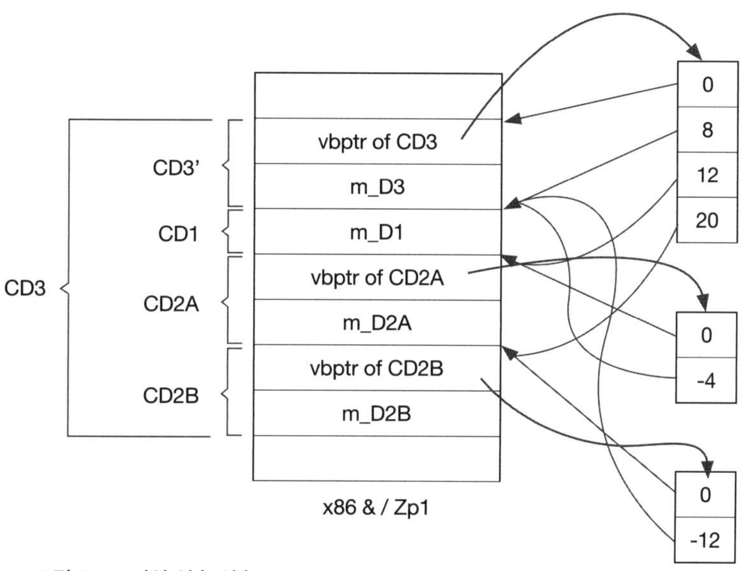

▲ 그림 6-18 가상 상속 실습 3

〈그림 6-18〉은 필자가 봐도 정말 복잡하다. 보기에도 복잡하지만, 이것을 직접 그린 필
자는 얼마나 힘들었는지를 이해해주었으면 한다. 사실 그렇게 복잡한 것은 아니다. 단순
히 생각하면 vbptr 세 개가 존재하고, 각각의 vbptr이 가리키는 오프셋 테이블의 항목들
이 가리키는 연결선을 따라가면 그곳이 바로 가상 기저 클래스의 시작 위치가 된다. 테이
블 크기가 제일 큰 vbptr of CD3의 테이블을 분석해보자!

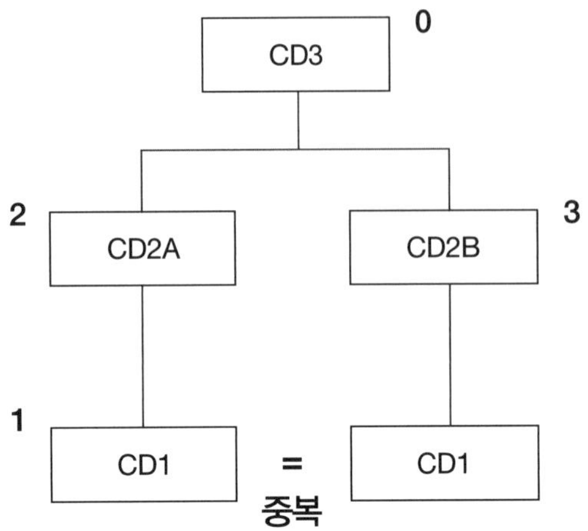

▲ 그림 6-19 가상 상속 실습 3 - 가상 기저 클래스 검색 순서

〈그림 6-19〉는 새로운 사실을 하나 보여준다. 바로 중복된 가상 기저 클래스의 오프셋은 오프셋 테이블에 중복해서 들어가지 않는다는 사실이다. 그래서 vbptr of CD3가 가리키는 테이블에는 항목이 4개만 있는 것이다. 이것 외에는 이전 실습에 비하여 특별한 것이 없다.

지금까지의 실습으로 가상 상속의 메모리 구조를 어느 정도는 이해할 수 있을 것이라고 생각한다. 물론 더 깊게 파고 들어가기 위해서는 더 많은 원리와 원칙을 이해해야만 한다. 하지만 더 깊게 들어가는 것은 이 책의 범위를 벗어난다고 생각하기에 여기서 마칠까 한다. 분명하게 기억해야 할 것은 가상 상속은 중복되는 메모리를 절약하기 위하여 적용된 개념이라는 사실이다. 따라서 클래스들 상호간의 순서와 위치가 불변으로 정해지는 것이 아니기에 오프셋 테이블과 그것을 가리키는 vbptr이 필요한 것이고, 이것은 클래스 포인터 타입 변환을 위해서 반드시 필요하다. 가상 상속의 메모리 구조는 함수와 함수 포인터의 고급 내용을 설명할 때도 연관되어서 나온다. 잘 이해가 가지 않는다면 이후 학습을 위해서라도 다시 한번 천천히 메모리 구조를 직접 그려보면서 복습하길 추천한다.

6.10. 클래스 타입 변환

타입 변환은 상식적인 선에서 이루어져야 한다. 물론 각자의 상식이 다르기 때문에, 잘 이해되지 않는 타입 변환을 보게 될 수도 있다. 명확하게 이해되지 않는다고 해도 주의를 기울인다면 타입 변환이 이해하기 어려운 것은 아니다. int 타입은 당연히 double 타입으로 변환될 수 있다(물론 [타입]장에서 본 것처럼 double은 int를 그대로 포함하지 않는다). 반대로 double 타입에서 int 타입으로의 변환을 허용하는 것은 분명 갈등의 소지가 있다. 현재로서는 컴파일러가 소수점 이하를 잘라낸 뒤에 int 타입으로 변환하면서 적당한 경고를 내는 선에서 타협이 이루어져 있다. 클래스는 일종의 사용자 정의 타입이다. 각 클래스가 하나의 타입을 나타낸다. 따라서 클래스 사이에도 타입 변환에 대한 약속이 마련되어야만 한다. 지금부터 클래스간 타입 변환에 대해 약속된 규칙을 알아보자!

➜ 6.10.1. 클래스 타입 변환 기초

클래스 간 타입 변환 내용을 쉽게 이해하기 위해서 먼저 타입 변환의 기초 개념을 살펴보자!

[소스 6–64] 타입 변환 기초

```
void main()
{
  int i = 3;

  double d1 = i;                    // (A-1) OK
  double d2 = (double)i;            // (A-2) OK
  double d3 = (double&)i;           // (A-3) OK

  double& rd1 = i;                  // (B-1) Error
  double& rd2 = (double)i;          // (B-2) Error
  double& rd3 = (double&)i;         // (B-3) OK
}
```

예제 소스는 int 타입 객체 i를 double과 double&로 타입 변환하는 코드이다. (A-1),
(A-2), (B-2)는 i를 double로 타입 변환하는 것이며 (A-3), (B-1), (B-3)은 i를 double&
로 타입 변환한다. double과 double& 차이는 무엇일까? 바로 타입 변환된 결과가 임시
로 생성된 값(r-value)인지, 실제 객체(l-value)인지를 나타내는 것이다. i를 double 타입
으로 변환할 경우 i의 값 3이 변환되어 3.0이라는 임시 값이 생성된다. 그에 비해서 i를
double& 타입으로 변환할 경우 i 객체가 가리키는 주소를 기준으로 8바이트의 메모리 덩
어리를 double 객체로 변환하는 것이다. 물론 변환된 double 객체에 3.0을 채우는 것은 아
니다. 그림으로 살펴보면 다음과 같다.

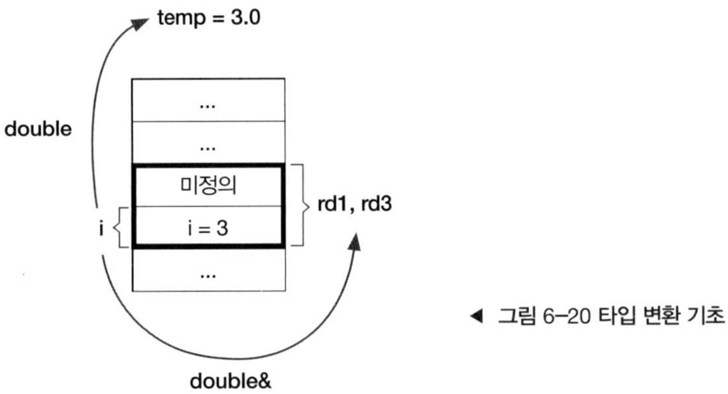

◀ 그림 6-20 타입 변환 기초

그림에서 알 수 있듯이, int 객체 i를 double로 타입 변환할 경우, 임시 값 3.0이 생성된다.
그에 비해서 i를 double&로 타입 변환할 경우 i가 차지하던 메모리 영역을 8바이트로 확
장만 한 후 바로 반환하게 된다. 간단히 용어 정리를 하자면 double로 타입 변환하는 것
을 보통 '값 타입 변환'이라고 하며, double&로 타입 변환하는 것을 '참조 타입 변환'이라
고 한다.

다시 예제로 돌아가보자! (A-1), (B-1)은 기본 C++ 문법이다. 특별히 타입 변환 연산자
가 없을 경우, 왼쪽의 타입으로 암묵적 변환을 수행하게 된다. 따라서 (A-1)은 값 타입
변환인 double, (B-1)은 참조 타입 변환인 double&로 암시적인 타입 변환이 이루어지는
것이다. 참고로 d3나 rd3의 경우 제대로 된 값 3.0이 들어있지 않다. 왜냐하면 참조 타입

변환을 할 경우 오직 메모리가 그대로 반환되는 것뿐이지, 실제 값을 변환해주지는 않기 때문이다.

(B-1), (B-2)는 컴파일 에러가 난다. (B-2)부터 살펴보면 임시 값 3.0은 r-value이기 때문이다. 참조 타입 객체는 r-value로 초기화할 수 없기 때문에 에러가 발생한다. (B-1)에서 에러가 나는 것은 주의를 기울여야 하는데 그림에서 볼 수 있듯이, i가 차지하던 메모리 영역을 단지 확장하여 double로 만드는 것은 위험할 수 있기 때문이다. 앞에서도 설명했듯이, 참조 타입 변환을 수행할 경우 메모리만 반환되기 때문에 제대로 된 3.0이라는 값이 들어있지 않다. 따라서 컴파일러가 이러한 위험한 타입 변환을 허용하지 않는 것이다. 그럼에도 불구하고 (A-3), (B-3)도 같은 참조 타입 변환이지만 에러가 발생하지 않는다. 이유는 (B-1)이 암묵적 변환을 사용한 반면에, (A-3), (B-3)은 명시적으로 변환 연산자를 사용했기 때문이다. 변환 연산자를 직접 사용했을 경우 컴파일러는 위험에도 불구하고, 타입 변환을 허용해준다. 단, 그에 따른 책임은 변환 연산자를 사용한 사용자, 즉 개발자에게 있는 것이다.

기본 타입인 int와 double의 타입 변환처럼 클래스간의 타입 변환도 같은 원리를 따르게 되어있다. 그러나 기본 틀은 비슷하지만, 클래스이기 때문에 조금 다른 점도 있다.

[소스 6-65] 상관없는 클래스간 변환 1

```
class CTestA
{
public:
    int m_Test;
};

class CTestB
{
public:
    int m_Test;
// CTestB(const CTestA& obj) {}                        // (A)
```

```cpp
};

void main()
{
    CTestA ta;
    ta.m_Test = 7;

    CTestB tb1 = ta;                              // (1) Error
    CTestB tb2 = (CTestB)ta;                      // (2) Error
    CTestB tb3 = static_cast<CTestB>(ta);         // (3) Error
    CTestB tb4 = reinterpret_cast<CTestB>(ta);    // (4) Error
}
```

예제 소스에는 두 클래스 CTestA와 CTestB가 정의되어 있다. 멤버는 int 타입 객체 하나로 이름도 똑같다. 두 클래스는 메모리 구조도 완전히 일치한다. 그러나 main에서 (1)~(4)처럼 CTestA의 객체 ta를 CTestB로 타입 변환을 할 수 없다는 컴파일 에러가 발생한다. 컴파일러는 ta로부터 변환된 임시 객체(값)를 생성할 수 없는 것이다. 이 부분은 확실히 기본 타입과는 다르다. int 객체에서 double 타입 변환은 성공했지만, 클래스 객체가 다른 클래스 타입으로는 변환될 수 없는 것이다. 이것은 이유가 있다. int에서 double로 혹은 double에서 int로 타입 변환하는 것은 상식적으로 받아들일 수 있게 잘 정의가 되어 있지만, 서로 관련이 없는 클래스 간의 타입 변환은 어떤 기준으로 변환을 해야 할지 알 수 없기 때문이다. 그러나 만일 (A)가 나타내는 CTestB의 생성자 코드 주석을 해제하고 다시 컴파일을 하게 될 경우 (4)를 제외한 (1)~(3)은 모두 성공하게 된다. 왜냐하면 생성자를 통해서 CTestA에서 CTestB로 타입 변환하는 기준을 컴파일러에게 알려주었기 때문이다. 물론 생성자가 빈 본체이기 때문에 변환을 하게 될 경우 CTestB 임시 객체가 생성될 것이다. 참고로 (4)의 경우 계속해서 에러가 발생하는데, reinterpret_cast는 갑 타입 변환을 허용하지 않기 때문이다. reinterpret_cast는 따로 자세히 설명할 것이다.

이번에는 CTestA 객체를 참조 타입인 CTestB&로 타입 변환을 수행해보자! 이미 설명했듯이 참조 타입으로 변환할 경우 해당 객체의 메모리 크기만을 변경하여 그대로 반환하게 되어있다.


```cpp
class CTestA
{
public:
   int m_Test;
};

class CTestB
{
public:
   int m_Test;
// CTestB(const CTestA& obj) {}                             // (A)

};

void main()
{
   CTestA ta;
   ta.m_Test = 7;

   CTestB& rtb1 = ta;                                       // (1) Error
   CTestB& rtb2 = (CTestB&)ta;                              // (2) OK
   CTestB& rtb3 = static_cast<CTestB&>(ta);                 // (3) Error
   CTestB& rtb4 = reinterpret_cast<CTestB&>(ta);            // (4) OK
}
```

예제 소스에서 CTestA의 객체 ta를 CTestB&로 타입 변환하였다. (1), (3)은 실패하지만, (2), (4)는 성공한다. (1)의 경우 암묵적 타입 변환인데 컴파일러는 클래스 객체에 대하여 참조 타입 변환 시, 서로 상관없는 클래스 타입으로는 변환을 허용해주지 않는다. 왜냐하면 int 객체를 double& 타입으로 변환하는 것처럼 너무 위험하기 때문이다. CTestA 객체 ta가 차지하는 메모리 영역의 크기를 변경해서 CTestB로 바꾼다는 것인데, 상식적으로 생각해도 쓸모없는 일이다. 따라서 이런 코드는 개발자의 실수로 나타날 수 있으므로 컴파일러가 허용하지 않는 것이다. 그러나 (2)의 경우 컴파일이 성공한다. 왜 그런 것일까? 바로 강제 타입 변환을 시도했기 때문이다. (CTestB&)와 같은 형식의 C Style 타입 변환을 강제 타입 변환이라고 부르는데, 사용자가 변환을 지시했기 때문에 컴파일러는 그냥 따를 뿐이다. 역시나 이런 코드로 인한 문제 발생 및 책임은 전적으로 사용자의 몫이 된다. (3)은 static_cast인데, 클래스들이 서로 상속 관계에 있을 때만 컴파일러가 변환을 허용해준다. 즉, 사용자가 변환을 원한다고 해도 CTestA와 CTestB는 상속 관계가 아니므로 컴파일러가 거부하게 되는 것이다.

마지막으로 (4)에서 reinterpret_cast는 일종의 강제적 타입 변환이다. 따라서 변환이 허용된다. (2)와 같은 강제 타입 변환과 무슨 차이가 있는지 궁금할 수 있는데, 뒤에서 자세히 다룰 것이다.

참고로 (A)의 CTestB의 생성자 코드 부분의 주석을 해제할 경우, 결과가 달라질지 생각해보자! 실제로 테스트해보면 결과는 달라지지 않는다. 생성자는 말 그대로 새로운 객체가 생성될 때 호출되는 것이다. 즉, 값 타입 변환과 같이 임시 객체(값)가 생성될 때는 적용되겠지만, 참조 타입 변환처럼 원래 있던 객체의 메모리 영역 크기만 변경하여 반환하는 경우에는 전혀 영향을 주지 않는다. 이것은 값 타입 변환과 참조 타입 변환의 가장 큰 차이점이라고 할 수 있다.

여기까지 보았을 때, 클래스간 타입 변환은 제약이 많은 것처럼 느껴질 텐데, 모두 안전을 위한 조치이다. 즉, 개발자의 실수나 잘못된 메모리 참조를 막기 위한 것이다. 그러나 반대로 생각하면 클래스간 타입 변환이 안전하다면 컴파일러는 타입 변환을 허용해준다는 의미도 된다. 과연 어떤 클래스간 타입 변환이 안전한 것일까? 바로 상속 관계에 있는 클래스 간 타입 변환이 이에 해당한다. 지금부터 확인해보자!

[소스 6-67] 상속 관계 클래스 사이의 변환 1

```cpp
class CParent
{
public:
    int m_Parent;
};

class CChild : public CParent
{
public:
    int m_Child;
};

void main()
{
    CChild c;
    c.m_Parent = 1;
    c.m_Child = 2;

    CParent p1 = c;                                 // (1) OK
    CParent p2 = (CParent)c;                        // (2) OK
    CParent p3 = static_cast<CParent>(c);           // (3) OK
    CParent p4 = reinterpret_cast<CParent>(c);      // (4) Error

    CParent p;
    p.m_Parent = 1;

    CChild c1 = p;                                  // (5) Error
    CChild c2 = (CChild)p;                          // (6) Error
    CChild c3 = static_cast<CChild>(p);             // (7) Error
    CChild c4 = reinterpret_cast<CChild>(p);        // (8) Error
}
```

예제 소스는 상속 관계에 있는 두 클래스 CParent와 CChild 상호간의 값 타입 변환을
보여준다. 여기서 중요한 점은 자식 클래스에서 부모 클래스로 타입 변환은 허용되지
만, 부모 클래스에서 자식 클래스로의 타입 변환은 허용되지 않는다는 사실이다. 물론
reinterpret_cast에서 자식 클래스에서 부모 클래스로 타입 변환이 안 되는 경우가 나오긴
하지만 이미 설명했듯이 reinterpret_cast는 값 타입 변환을 허용하지 않기 때문이다. 부모
자식 간 타입 변환이 복잡한 것 같지만 상식적인 선에서 생각하면 그리 어렵지는 않다. 간
단한 그림을 통해서 상식이 무엇인지 살펴보도록 하자!

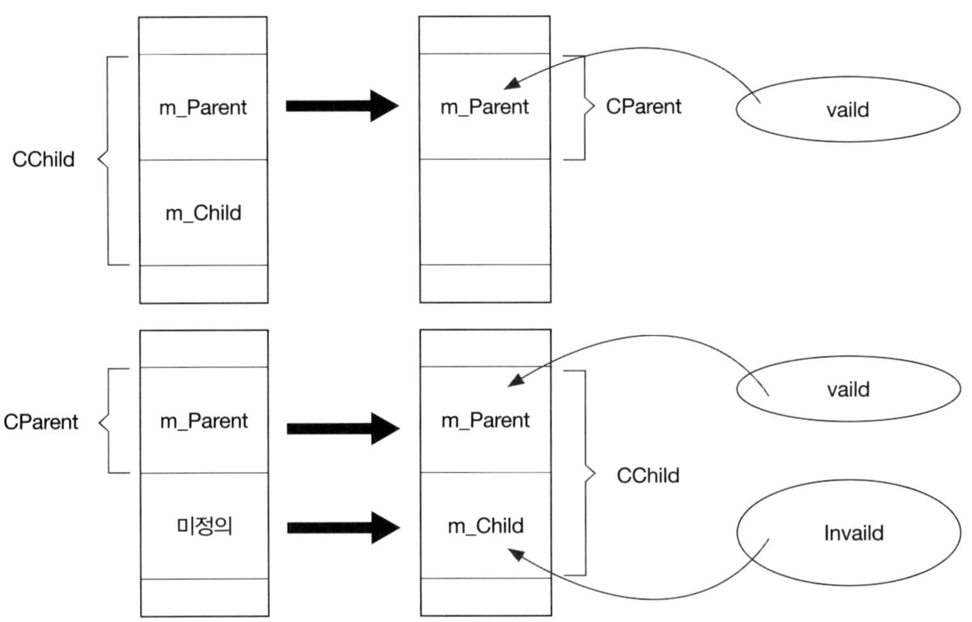

▲ 그림 6-21 타입 변환의 위험

그림을 보자! 메모리 구조에서 볼 수 있듯이 자식 클래스는 부모 클래스를 온전하게 포함
하고 있다. 따라서 자식 클래스인 CChild에서 부모 클래스인 CParent로 값 타입 변환하여
임시 객체를 생성할 경우 CChild의 메모리 영역 중에 멤버 m_Parent만이 오른쪽 임시 객
체인 CParent의 m_Parent로 복사된다. 이것은 상식적으로 받아들일 수 있다. 따라서 컴
파일러는 자식 클래스 객체를 부모 클래스 타입으로 변환하는 것을 허용해준다. 그러나
반대의 경우는 상식적이지 않다. 부모 클래스인 CParent에서 자식 클래스인 CChild로 값

타입 변환할 경우 오른쪽 임시 객체인 CChild의 영역 중 m_Child를 어떻게 채워야 할지
를 결정할 수 없다. 이것은 사실상 서로 상관 없는 클래스간 타입 변환과 똑같은 것이다.
따라서 컴파일러는 부모 클래스에서 자식 클래스로 값 타입 변환을 허용하지 않는다. 물
론 앞에서 살펴본 것처럼 CChild에 적절한 생성자를 정의해준다면 타입 변환이 가능해질
수는 있다.

[소스 6-68] 상속 관계 클래스 사이의 변환 2

```cpp
class CParent
{
public:
    int m_Parent;
};

class CChild : public CParent
{
public:
    int m_Child;
};

void main()
{
    CChild c;
    c.m_Parent = 1;
    c.m_Child = 2;

    CParent& rp1 = c;                               // (1) OK
    CParent& rp2 = (CParent&)c;                     // (2) OK
    CParent& rp3 = static_cast<CParent&>(c);        // (3) OK
    CParent& rp4 = reinterpret_cast<CParent&>(c);   // (4) OK

    CParent p;
    p.m_Parent = 1;

    CChild& rc1 = p;                                // (5) Error
    CChild& rc2 = (CChild&)p;                       // (6) OK
```

```cpp
        CChild& rc3 = static_cast<CChild&>(p);            // (7) OK
        CChild& rc4 = reinterpret_cast<CChild&>(p);       // (8) OK
    }
```

예제 소스는 상속 관계에 있는 두 클래스 CParent와 CChild가 서로 참조 타입으로 변환하는 것을 보여준다. 당연히 자식 클래스에서 부모 클래스로의 참조 타입 변환은 상식적으로 받아들일 수 있으므로 모두 허용된다. 반대의 경우는 조금 주의를 기울여야 한다. 다음 그림은 부모 클래스인 CParent 객체를 자식 클래스의 참조 타입인 CChild&로 변환하는 과정을 보여준다.

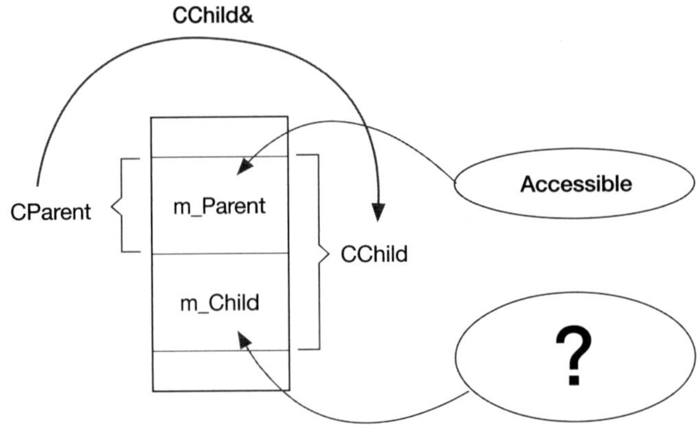

▲ 그림 6-22 CParent → CChild&

그림에서 볼 수 있듯이, CParent 객체 p를 CChild& 타입 변환하면, p가 차지하는 메모리 영역을 확장하여 CChild 객체로 만들게 된다. 문제는 메모리 영역이 확장되면서 새로 생성되는 멤버 m_Child 영역이 불분명하다는 것이다. 새로 편입된 m_Child는 유효할 수도 있으며, 미정의 값이 들어있을 수도 있고, 혹은 메모리 접근 불가라서 접근 시 예외가 발생할 수도 있다. 즉, 컴파일러는 정확히 어떤 일이 벌어질지를 예측할 수 없다. 그에 비해서 유효 영역인 m_Parent를 접근할 경우 아무 문제도 발생하지 않는다.

여기서 컴파일러는 중도적인 선택을 하게 된다. 만일 (5)와 같이 암묵적인 변환을 할 경우, 위험을 회피하기 위하여 타입 변환을 거부하지만, (6)~(8)과 같이 타입 변환 연산자를 직접 사용할 경우, 개발자가 직접 책임을 진다는 가정하에(즉, m_Child에 접근하지 않던가, m_Child에 접근해도 유효하다.) 변환을 허용해주는 것이다. 그림과 같은 상황에서 m_Child가 언제 유효할 수 있는지 궁금할 수 있는데, 바로 다음과 같은 상황이다.

[소스 6-69] 상속 관계 클래스 사이의 변환 3

```cpp
class CParent
{
public:
    int m_Parent;
};

class CChild : public CParent
{
public:
    int m_Child;
};

void main()
{
    CChild c;
    c.m_Parent = 1;
    c.m_Child = 2;

    CParent& rp = c;                        // (1) OK
    CChild& rc = (CChild&)rp;               // (2) OK

    cout << rc.m_Child << endl;
}
```

예제 소스에서 오직 CChild 객체 c가 CParent&로 참조 타입 변환을 해서 CParent 객체 rp가 되며, rp는 다시 CChild&로 참조 타입 변환을 해서 CChild 객체인 rc가 된다. 결국 최초 객체 c가 차지하던 메모리 영역이 그대로 rc가 되는 것이기에 rc를 통해서 m_Child에 접근하는 것은 항상 유효하다. 즉, 이런 식의 쓰임새를 고려하여 (2)와 같이 타입 변환 연산자를 직접 사용할 경우 컴파일러는 부모 클래스에서 자식 클래스로의 참조 타입 변환을 허용해주는 것이다.

여기서 간단히 정리를 하자! 클래스 간 타입 변환은 값 타입 변환과 참조 타입 변환으로 나눌 수 있으며, 값 타입 변환은 결과로 임시 객체가 생성되는 것이며, 참조 타입 변환은 결과로 기존 객체의 메모리 영역이 그대로 재활용된다는 것이다.

자식 클래스에서 부모 클래스로 타입 변환(값 타입, 참조 타입 모두)을 하는 것은 상식적인 일이므로 컴파일러가 허용해주지만 부모 클래스에서 자식 클래스로 타입 변환을 할 경우, 값 타입 변환일 때는 금지되지만, 참조 타입 변환일 경우 개발자가 직접 타입 변환 연산자를 사용하는 경우에만 허용해준다. 또 하나 기억해야 할 것은 static_cast는 오직 상속 관계에서만 허용되며, reinterpret_cast는 참조 타입이나 포인터 타입으로의 변환만 가능하다는 것이다.

지금까지 정리한 내용을 바탕으로 다시 한번 앞에서 제시된 예제 소스들의 결과를 확인해보기 바란다. 타입 변환에 대해서 확실하게 알 수 있을 것이다.

앞에서 설명한 클래스 간 타입 변환(값 타입 변환, 참조 타입 변환)이 그리 많이 사용되는 것은 아니다. 클래스 간 타입 변환에서 주로 사용되는 것은 포인터 타입 변환이다. 포인터 타입 변환이라고 해서 또 새로운 것이 나왔나 걱정할 수 있는데, 사실 포인터 타입 변환은 참조 타입 변환과 그대로 일치한다. 애초에 참조 타입이라는 것이 내부적으로는 포인터를 사용하기 때문이다. 즉, 지금부터 설명할 포인터 타입 변환은 추가적인 내용이 나오긴 하지만 특별히 어려운 부분은 없을 것이다.

➡ 6.10.3. 클래스 포인터 타입 변환

이제 클래스 상호간 타입 변환이 어떤 원칙을 따르는지 이해할 수 있을 것이다. 그러나 포인터 타입 변환은 좀 더 중요한 내용이 남아있다.

상식적으로 C/C++의 포인터에 대해서 알고 있다면 모든 포인터 타입간 변환은 가능할 것이라고 생각할 수 있다. 포인터는 결국 메모리 주소 값을 담는 4Byte 혹은 8Byte의 메모리 블록일 뿐이다. 따라서 클래스를 포함해서 모든 타입의 포인터 타입은 상호 변환이 무제한으로 이루어져도 큰 문제가 없을 것 같다. 그러나 이런 무제한적인 변환 허용은 프로그래밍에 있어서 상당한 자유를 주기도 하지만, 큰 문제를 발생시킬 수 있는 위험성도 함께 가지고 있다. 이 세상 모든 C/C++ 개발자들이 문제의 소지가 없는 정확한 포인터만을 사용할 것이라고 기대하는 것은 모든 운전자들이 교통 신호를 항상 잘 지킬 것이라고 기대하는 것과 같다. 따라서 포인터간 타입 변환은 강력한 자유로움을 프로그래머들에게 선사함과 동시에 그에 대응할만한 안전 장치도 함께 가지고 있다. 그리고 그 기준과 용법을 명확히 이해해서 적시에 사용한다면 좀 더 안전한 프로그래밍을 하는데 많은 도움이 될 것이라고 생각한다. 그럼 지금부터 몇 가지 경우를 나눠서 클래스간 포인터 타입 변환에 대해서 살펴보자!

[소스 6-70] 상관없는 클래스 사이의 포인터 변환

```
class CTestA
{
};

class CTestB
{
};

void main()
{
  CTestA* pTA = new CTestA;
  CTestB* pTB1 = pTA;                              // (1) Error
```

```cpp
    CTestB* pTB2 = (CTestB*)pTA;                          // (2) OK
    CTestB* pTB3 = static_cast<CTestB*>(pTA);             // (3) Error
    CTestB* pTB4 = reinterpret_cast<CTestB*>(pTA);        // (4) OK

    delete pTA;
}
```

예제 소스는 클래스 포인터 타입 CTestA*에서 CTestB*로의 타입 변환 결과를 보여준다. 결과를 보면 참조 타입 변환과 그대로 일치함을 확인할 수 있다. 이미 설명했듯이, 포인터 타입 변환이 곧 참조 타입 변환이기 때문이다. 즉, 포인터 타입 변환을 하게 되면 기존 객체가 차지하는 메모리 영역을 적절히 조정하여 주소를 반환하는 것이다. 따라서 (1)~(3)의 결과는 참조 타입 변환의 원리를 생각하면 쉽게 이해할 수 있을 것이다.

(4)의 reinterpret_cast는 이미 소개된 것처럼 참조 타입과 포인터 타입 변환만을 허용한다. reinterpret_cast의 특징이 있는데 거의 대부분의 타입 변환을 수행한다는 것이다. 따라서 일종의 강제 타입 변환으로 서로 관련이 없는 클래스 간의 포인터 타입 변환을 허용한다.

[소스 6-71] 상속 관계 클래스 포인터 변환

```cpp
class CParent
{
public:
   int m_Parent;
};

class CChild : public CParent
{
public:
   int m_Child;
};

void main()
{
   CChild* pC = new CChild;
```

```cpp
    CParent* pP1 = pC;                                  // (1) OK
    CParent* pP2 = (CParent*)pC;                        // (2) OK
    CParent* pP3 = static_cast<CParent*>(pC);           // (3) OK
    CParent* pP4 = reinterpret_cast<CParent*>(pC);      // (4) OK

    CParent* pP = new CParent;

    CChild* pC1 = pP;                                   // (5) Error
    CChild* pC2 = (CChild*)pP;                          // (6) OK
    CChild* pC3 = static_cast<CChild*>(pP);             // (7) OK
    CChild* pC4 = reinterpret_cast<CChild*>(pP);        // (8) OK

    delete pC;
    delete pP;
}
```

예제 소스는 상속 관계에 있는 클래스 CParent와 CChild의 상호간 포인터 타입 변환 결과를 보여준다. 당연히 자식 클래스에서 부모 클래스로의 변환은 허용된다. 주의해서 보아야 할 부분은 바로 (5), (7)이다. (5)~(8)은 부모 클래스에서 자식 클래스로 포인터 타입 변환을 하는데, 이 중에서 암묵적 변환인 (5)의 경우는 컴파일러에 의해서 허용되지 않는다. 변환이 허용된다면 변환된 포인터를 가지고 잘못된 메모리 접근을 할 수도 있기 때문이다. 그러나 (6)~(8)은 명시적으로 타입 변환 연산자를 사용하기 때문에 변환이 허용된다. 특히 (7)의 경우 static_cast인데, 오직 상속 관계의 클래스 사이에만 변환이 허용된다는 것을 기억해야 한다. 이전 예제처럼 서로 관련 없는 클래스간의 포인터 타입 변환에서는 static_cast는 허용되지 않는다.

간단히 정리하면 상속 관계에 있는 클래스 포인터 타입들은 서로 자유롭게 타입 변환이 되는 것을 기본으로 하지만 부모 클래스 포인터에서 자식 클래스 포인터로 암시적 타입 변환은 허용되지 않는다는 사실만 잘 기억하면 될 것 같다. 기억한다기보다는 이해하도록 노력해야 한다.

근본적인 질문을 하나 해보자! 클래스 포인터 타입 변환을 왜 하는가? 그전에 간단하게
타입 변환의 의미에 대해서 살펴보자! int와 float 사이에 타입 변환을 한다고 생각해보자!
int나 float은 모두 4바이트 메모리 블록 크기를 가지고 있다. 각 메모리 블록은 타입을 가
지고 있다. 해당 타입에 따라서 메모리 블록의 비트 배열을 해석하는 방식이 달라진다.

```
int i = 7;
float f = (float)i;
```

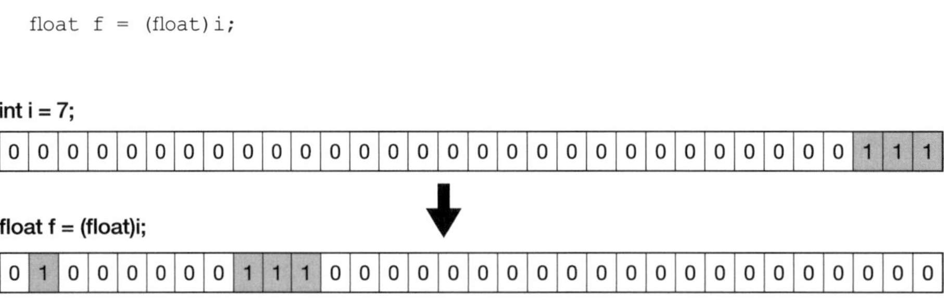

▲ 그림 6-23 From int To float

위의 코드에서 i나 f나 똑같이 메모리에 4바이트 크기의 블록을 차지하고 있지만, i를 나
타내는 블록의 비트 상태가 그대로 f의 블록으로 복사되는 것은 아니다. 즉, i와 f가 나타
내는 메모리 블록의 비트 배열 자체가 완전히 달라지게 된다. 〈그림 6-23〉은 실제 i와 f
의 메모리 블록 비트 배열을 보여준다. 즉, 타입 변환이란 메모리 블록의 내용을 변환될
타입에 맞게 적절하게 변형하는 것이라고 할 수 있다.

```
CParent* pP = new CParent;
CChild* pC = (CChild*)pP;
```

이제 위의 코드와 같은 클래스 포인터 타입 변환을 생각해보자! pP나 pC나 결국 포인터
타입이므로 4바이트 혹은 8바이트의 같은 크기이다. 또한 포인터 타입은 메모리 주소 값
을 담는 것이기 때문에 부호 없는 정수형(unsigned int)처럼 비트 배열이 해석된다. 즉, int
에서 float으로 타입 변환을 하는 것처럼 메모리 블록의 비트 배열이 바뀔 필요는 없을 것

같다. 그래서 의외로 많은 개발자들이 클래스 포인터 타입 변환이 일어날 때 포인터 값 자체가 바뀌지 않을 것이라고 잘못 알고 있는 경우가 있다. 사실 잘못 알고 있을 수 밖에 없기도 하다. 대부분의 클래스 포인터 타입 변환이 일어날 때 포인터 값이 변하지 않기 때문이다. 포인터 값이 변경되는 경우는 몇몇 특수한 경우에 한정되는데, 주로 다중 상속 이나 가상 상속이 사용될 때 발생한다. 이미 예전에 나온 이야기지만 심지어 단일 상속일 때도 특수한 경우 포인터 값이 변경될 수 있다. 이제 이런 점에 주목하면서 실제 코드를 살펴보자!

[소스 6-72] 다중 상속 메모리 구조

```cpp
class CParentA
{
public:
   CParentA()
   {
      m_Val = 1;
   }

   int m_Val;
};

class CParentB
{
public:
   CParentB()
   {
      m_Val = 2;
   }

   int m_Val;
};

class CChild : public CParentA, public CParentB
{
public:
   CChild()
```

```cpp
    {
        m_Val = 3;
    }

    int m_Val;
};
```

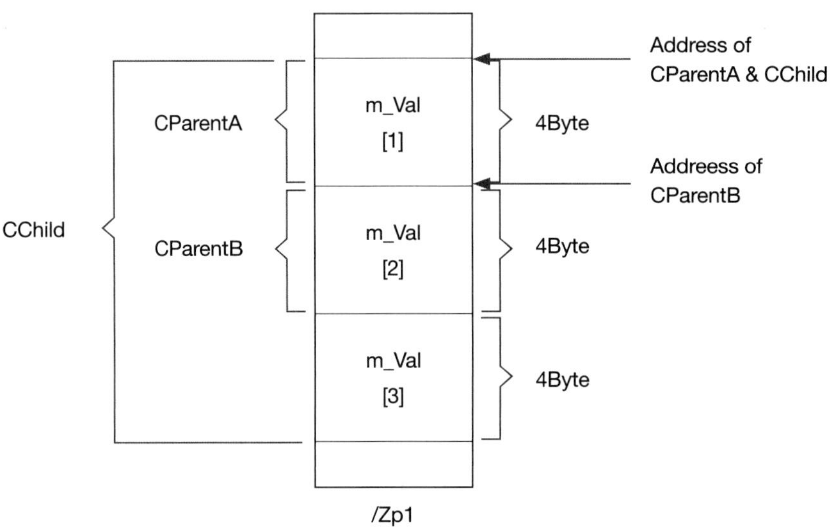

▲ 그림 6-24 다중 상속 메모리 구조

〈소스 6-72〉에서 클래스 CChild는 CParentA와 CParentB를 다중 상속한다. CChild의 메모리 구조는 지금쯤이면 쉽게 그릴 수 있어야 한다. 혹시라도 메모리 구조가 머리 속에 떠오르지 않는다면 〈그림 6-24〉를 살펴보길 바란다. 이제 CChild*와 CParentB* 사이의 타입 변환을 살펴볼 것이다. 포인터 값이 어떻게 변하는지 잘 살펴보자!

[소스 6-73] 다중 상속 클래스 포인터 변환 1

```cpp
void main()
{
    CChild* pC = new CChild;                                    // (0)
```

```cpp
    CParentB* pB1 = pC;                              // (1)
    CParentB* pB2 = (CParentB*)pC;                   // (2)
    CParentB* pB3 = static_cast<CParentB*>(pC);      // (3)
    CParentB* pB4 = reinterpret_cast<CParentB*>(pC); // (4)

    cout << _T("pC:") << pC << endl;
    cout << _T("pB1:") << pB1 << endl;
    cout << _T("pB2:") << pB2 << endl;
    cout << _T("pB3:") << pB3 << endl;
    cout << _T("pB4:") << pB4 << endl;

    cout << _T("pB1:") << pB1->m_Val << endl;
    cout << _T("pB2:") << pB2->m_Val << endl;
    cout << _T("pB3:") << pB3->m_Val << endl;
    cout << _T("pB4:") << pB4->m_Val << endl;

    delete pC;
}
```

먼저 CChild*에서 CParentB*로 타입 변환하는 것을 살펴보자! (1)~(4)에서 CChild* 타입을 두 번째 부모 클래스인 CParentB* 타입으로 변환한다. 동시에 변환된 포인터를 통해서 CParentB의 멤버인 m_Val의 값도 확인해보자!

CParentA, CParentB, CChild 모두 m_Val 이라는 같은 이름의 멤버 변수를 가지고 있다. 따라서 CParentB의 m_Val에 접근하기 위해서는 CChild* pC에 대해서 pC->CParentB::m_Val처럼 범위 연산자를 사용할 수도 있으나 CChild*를 CParentB*로 타입 변환을 하는 것이 더 일반적인 방법일 수 있다. 여기서 중요한 것은 CChild*가 CParentB*로 타입 변환을 할 때 포인터 값이 변한다는 사실이다. 실제로 코드가 실행된 결과를 살펴보자!

```
pC:005797F0               // (0)- CChild의 메모리 주소

pB1:005797F4              // (1)- 타입 변환 후 4바이트가 증가

pB2:005797F4              // (2)- 타입 변환 후 4바이트가 증가
```

```
pB3:005797F4              // (3)- 타입 변환 후 4바이트가 증가

pB4:005797F0              // (4)- 이곳만 포인터 값이 변하지 않았다.

pB1:2

pB2:2

pB3:2

pB4:1                     // 이 경우만 잘못된 값 1이 출력된다.
```

(0)은 CChild* pC의 값이다. 이것을 각각 4가지 방식으로 CParentB*로 변환한 포인터 값이 각각 (1)~(4)이다. 눈여겨볼 것은 (1)~(3)의 값은 pC의 값보다 4바이트가 크다는 사실이다.

〈그림 6-24〉에서 알 수 있듯이 CParentB의 주소는 CChild의 주소를 기준으로 오프셋 4만큼 떨어져서 시작된다. 여기서 확실히 알아야 할 점은 클래스 포인터 타입 변환으로 인하여 포인터 값이 변할 수 있다는 것이 아니라 실제 객체의 메모리 시작 주소를 구하기 위하여 클래스 포인터 타입 변환을 한다는 것이다. 즉, 주객이 전도된 것 같지만 실제 객체의 정확한 메모리 주소를 구하는 과정이 바로 클래스 포인터 타입 변환의 핵심이다.

그렇다면 결과의 (4)는 왜 포인터 값이 변하지 않을까? 바로 그것이 reinterpret_cast의 핵심이다. reinterpret_cast의 목적은 클래스의 상속 관계에 상관없이 절대적으로 포인터 값을 유지하면서 타입 변환을 하는 것이다. 즉, 원래 그런 목적으로 만들어진 것이라는 의미이다. 그래서 결과 맨 아래에 보면 pB4로 접근한 m_Val이 2가 아닌 1로 잘못 나오게 된다. 따라서 reinterpret_cast는 정확한 용법을 모르는 상태로 함부로 사용하다가는 며칠간 버그로 인하여 밤을 지새울 수도 있게 된다. 그렇다면 도대체 reinterpret_cast가 왜 존재하는 것일까? 거의 쓸 일이 없을 것 같지만 의외로 많은 부분에서 상당히 중요하게 사용된다. 대표적으로는 COM(Component Object Model)의 통합을 구현하는 과정에서 인터페이스를 뒤바꾸는데 reinterpret_cast가 사용된다. 이 책이 COM을 설명하는 책은 아니기 때문에 더 이상 자세히 소개하지는 않겠으나 나중에 기회가 된다면 다른 매체를 통해서 충분한 설명을 할 것이다.

```cpp
void main()
{
  CParentB* pPB = new CParentB;                              // (0)

// CChild* pC1 = pPB;                                        // (1) Error
  CChild* pC2 = (CChild*)pPB;                                // (2) OK
  CChild* pC3 = static_cast<CChild*>(pPB);                  // (3) OK
  CChild* pC4 = reinterpret_cast<CChild*>(pPB);            // (4) OK

  cout << _T("pPB:") << pPB << endl;
  cout << _T("pC2:") << pC2 << endl;
  cout << _T("pC3:") << pC3 << endl;
  cout << _T("pC4:") << pC4 << endl;

  delete pPB;
}
```

이번에는 반대로 CParentB*에서 CChild*로 타입 변환하는 것을 살펴보자! 〈소스 6-74〉에서 CParentB* 타입을 CChild* 타입으로 변환한다. 이미 앞에서 설명이 되었듯이 (1)은 암시적 변환으로 컴파일러에 의해서 변환 허용이 되지 않는다. 따라서 결과 확인을 위하여 문장 자체를 주석 처리하였다. 실행 결과를 살펴보자!

```
pPB:003197F0            // (0)- CParentB의 메모리 주소

pC2:003197EC            // (2)- 타입 변환 후 4바이트가 감소

pC3:003197EC            // (3)- 타입 변환 후 4바이트가 감소

pC4:003197F0            // (4) - 이곳만 포인터 값이 변하지 않았다.
```

〈그림 6-24〉에서 알 수 있듯이 CParentB의 주소는 CChild의 주소를 기준으로 오프셋 4만큼 떨어져서 시작된다. 따라서 CChild의 주소는 CParentB를 기준으로 4바이트만큼 작

다. 그래서 포인터 타입 변환의 결과로 포인터 값이 4바이트만큼 감소한다. 물론 위에서
도 충분히 얘기했듯이 reinterpret_cast의 경우 (4)처럼 포인터 값 변화 없이 강제 타입 변
환을 하게 된다.

간단히 요약을 하자면 클래스 포인터 타입 변환의 주 목적은 변환되는 목적 클래스 객체
의 실제 메모리 주소를 구하는 것이다. 즉, 타입 변환 과정에서 포인터 값이 변하는 것이
라고 보는 것보다 정확한 포인터 값을 구하기 위하여 타입 변환을 하는 것이라고 이해하
는 것이 더 합리적이라는 의미이다.
이런 관점에서 약간의 상상력을 발휘해보자! 만일 실제 객체의 메모리 주소를 구할 수 없
다면 클래스 포인터 타입 변환은 어떻게 될까? 답은 간단하다. 컴파일러가 허용하지 않
을 것이다. 그런 경우가 과연 존재할 수 있는지 궁금할 것 같아서 실제 예제를 준비하였
다. 바로 앞에서 배웠던 가상 상속의 경우이다.

[소스 6-75] 가상 상속 타입 변환

```cpp
class CParent
{
public:
    int m_Parent;
};

class CChild : virtual public CParent                     // (A)
{
public:
    int m_Child;
};

void main()
{
    CChild* pC = new CChild;

    CParent* pP1 = pC;                                     // (11) OK
    CParent* pP2 = (CParent*)pC;                           // (12) OK
```

```cpp
    CParent* pP3 = static_cast<CParent*>(pC);              // (13) OK
    CParent* pP4 = reinterpret_cast<CParent*>(pC);         // (14) OK


    CParent* pP = new CParent;


    CChild* pC1 = pP;                                      // (21) Error
    CChild* pC2 = (CChild*)pP;                             // (22) Error
    CChild* pC3 = static_cast<CChild*>(pP);                // (23) Error
    CChild* pC4 = reinterpret_cast<CChild*>(pP);           // (24) OK
    delete pC;
    delete pP;
}
```

〈소스 6-75〉는〈소스 6-71〉과 다른 점이 딱 한군데 있다. (A)에서 virtual 키워드를 이용하여 가상 상속하고 있는 것이다. 일반 상속이 가상 상속으로 바뀌면서 포인터 타입 변환 허용 여부가 크게 달라지는 것을 확인할 수 있다. 역시 가상 상속은 골치를 썩인다는 것을 깨달을 수 있을 것이다. 신경 쓸 것이 너무나 많아지기 때문이다. 그래서 필자는 가능하면 가상 상속을 거의 사용하지 않는다. 눈여겨보아야 할 것은 (22), (23)처럼 가상 상속으로 바뀌면서 변환 허용이 되지 않는 경우이다. 일반 상속일 경우 (22), (23) 부분은 변환 허용이 되었다. 이제부터 그 이유를 알아보기로 하자! 먼저 CChild의 메모리 구조를 보여주는 그림을 살펴보자!

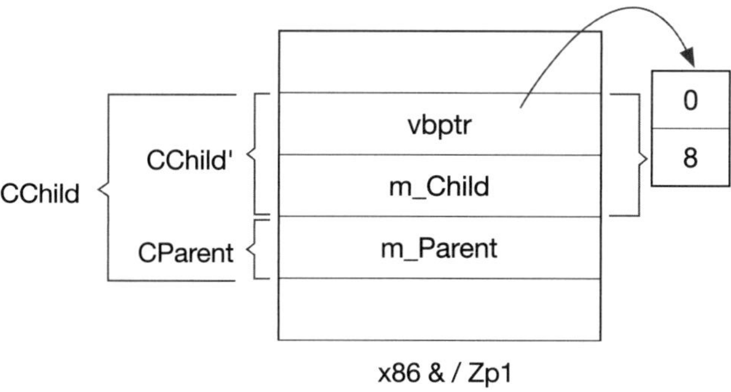

▲ 그림 6-25 가상 상속 메모리 구조

〈그림 6-25〉는 CParent와 CChild의 가상 상속 메모리 구조를 보여준다. CParent는 CChild를 기준으로 오프셋 8만큼 떨어져있다. 이것은 CChild의 vbptr이 가리키는 오프셋 테이블의 두 번째 오프셋 값으로 확인할 수 있다. 그림을 통해서 클래스 포인터 타입 변환이 일어날 때 각 포인터 값이 어떻게 변하는지 알 수 있다. 〈소스 6-75〉에서 (11) ~ (13)의 경우 CParent* pP1, pP2, pP3 값은 CChild* pC 값에 비해서 8바이트가 커진다. 물론 (14)와 같은 reinterpret_cast의 경우는 pC와 pP4 값이 동일하다. 그렇다면 실제로 컴파일러가 타입 변환을 위하여 생성하는 어셈블리 코드를 간단히 살펴보겠다.

```
〈CParent* pP1 = pC; 의 어셈블리 코드〉

mov   eax,dword ptr [pC]         // eax = pC
mov   ecx,dword ptr [eax]        // ecx는 vbptr 값입니다. 즉, 오프셋 테이블 주소입니다.
mov   edx,dword ptr [pC]         // edx = pC, 즉, edx는 CChild의 메모리 주소입니다.
add   edx,dword ptr [ecx+4]      // edx에 테이블의 두 번째 오프셋 8을 더합니다.
                                 // edx는 이제 CParent의 메모리 주소를 나타냅니다.
```

reinterpret_cast 변환 연산은 정말 간단하다.

```
〈CParent* pP4 = reinterpret_cast<CParent*>(pC); 의 어셈블리 코드〉

mov   eax,dword ptr [pC]         // eax = pC, 즉, eax는 CParent의 메모리 주소입니다.
```

결국 어셈블리 코드를 통해서 알 수 있는 것은 가상 상속의 경우 오프셋 테이블을 이용하여 쉽게 자식 클래스 포인터에서 부모 클래스 포인터로 변환할 수 있다는 사실이다. 그러므로 타입 변환은 아무 문제없이 허용될 수 있다.

그러나 반대의 경우, 즉 (22), (23)과 같이 CParent*에서 CChild*로의 타입 변환이 허용되지 않는 것은 이해가 잘 되지 않을 것이다. 같은 논리로 따진다면 CParent*의 주소에서 8만큼을 빼주기만 하면 될 것 같기 때문이다. 변환이 허용되지 않는 이유는 사실 단순하다. CParent*에서 CChild*로 변환하기 위한 오프셋 계산을 할 수 없기 때문이다. 그 똑똑한 컴퓨터가 계산을 못한다는 것이 이해가 되지 않을지도 모르지만 좀더 정확히 얘기

하면 오프셋이 무한대로 많을 수 있기 때문에 어느 한가지로 정할 수 없다는 것이 핵심이
다. 당연히 아직도 이해하기는 어려울 것이라고 생각한다. 필자도 이 상황을 맞닥뜨리고
한참을 생각해야만 했다. 힌트를 제시하겠다.

[소스 6-76] 가상 상속 타입 변환 불가

```cpp
class CParent { ... };
class CChild : virtual public CParent { ... };

class CTest : virtual public CChild
{
public:
   int m_Test;
};

void main()
{
   … 중략 …
   CTest* pT = new CTest;                              // (A)
   CParent* pP = pT;
   pP->m_Parent = 1;

   CChild* pC1 = pP;                                   // (21) Error
   CChild* pC2 = (CChild*)pP;                          // (22) Error
   CChild* pC3 = static_cast<CChild*>(pP);             // (23) Error
   CChild* pC4 = reinterpret_cast<CChild*>(pP);// (24) OK

   delete pT;
}
```

〈소스 6-76〉을 〈소스 6-75〉와 비교해보자! 달라진 점은 새로운 클래스 CTest가 추가되
었다는 점이다. CTest는 CChild를 가상 상속한다. 그리고 main 함수를 살펴보자! (A)에서
CTest 객체를 생성해서 포인터 pT를 얻은 후에 pT를 타입 변환하여 CParent* pP를 구한

다. 그 이후는 〈소스 6-75〉의 후반부와 똑같다. 아직 의도를 모르겠다면 CTest 메모리 구
조를 살펴보자!

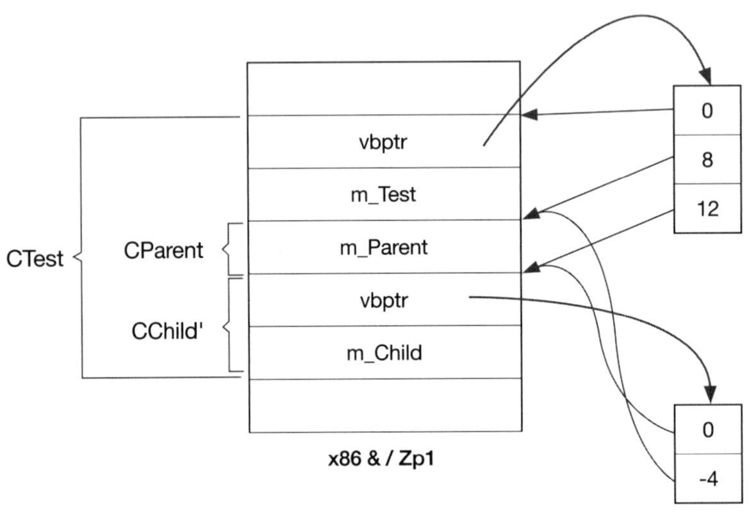

▲ 그림 6-26 이중 가상 상속 메모리 구조

〈그림 6-26〉은 CTest의 메모리 구조를 보여준다. 사실 CTest 클래스는 전혀 중요하지 않
다. 가장 중요한 점은 CTest가 끼어들면서 기존의 CParent와 CChild의 상대적인 위치 및
오프셋이 변경되었다는 것이다. 이전 〈그림 6-25〉와 비교해보자!
중점적으로 비교할 부분은 CParent와 CChild의 메모리 오프셋 관계이다. 〈그림 6-25〉에
서 CChild의 오프셋 테이블 값은 [0|8]이었지만, 〈그림 6-26〉에서 CChild의 오프셋 테
이블 값은 [0|-4]이다. 따라서 CChild*에서 CParent*로 타입 변환하기 위해서는 오프셋
-4가 필요하며 반대의 경우, 즉 CParent*에서 CChild*로 타입 변환하기 위해서는 오프
셋 4가 필요하다. 여기서 중요한 점은 CChild*에서 CParent*로 타입 변환할 때는 항상 자
기 자신의 오프셋 테이블을 참조하여 오프셋을 구할 수 있기 때문에 언제든지 타입 변환
을 할 수 있지만 그 반대의 경우, 즉 CParent*에서 CChild*로 타입 변환할 때는 어떤 오
프셋 테이블을 참조해야 하는지 결정할 수 없는 문제가 발생한다.
〈그림 6-25〉의 CChild의 오프셋 테이블을 참조해야 하는지, 〈그림 6-26〉의 CChild의 오

프셋 테이블을 참조해야 하는지 컴파일러는 절대로 알 수 없기 때문이다. 간단히 설명하면 컴파일러는 CParent*에서 CChild*로 변환을 해야하는데, CChild가 〈그림 6-25〉의 것인지 〈그림 6-26〉의 것인지 구분할 수 없다는 의미이다. 이것은 CParent가 가상 기저 클래스로서 자식 클래스를 기준으로 오프셋 위치가 정적으로 정해지지 않고, 동적으로 결정되기 때문에 발생하는 문제이다. 보통 일반 상속의 경우 부모 클래스는 자식 클래스의 메모리 구조 위쪽(주소가 작은 쪽)에 위치하도록 정해져 있지만 가상 상속에 의한 가상 기저 클래스는 전체 클래스의 상속 관계가 정해진 이후에야 위치가 정해지기 때문이다.

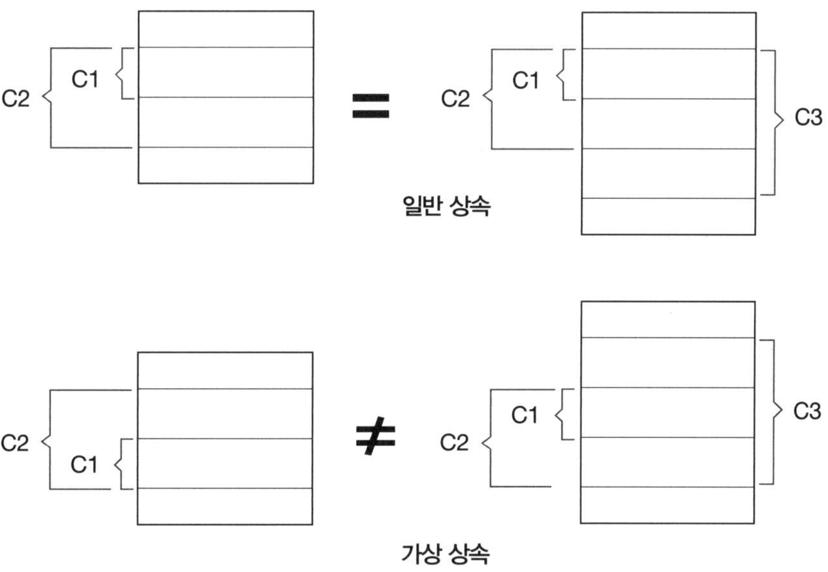

▲ 그림 6-27 일반 상속과 가상 상속의 클래스 간 상대 위치

〈그림 6-27〉을 통해서 좀 더 간단하게 설명하자면 위쪽의 그림에서 클래스 C2가 클래스 C1을 일반 상속할 때 C1과 C2의 상대적인 위치 및 오프셋이 정해지고, 새로운 클래스 C3가 C2를 일반 상속할 때도 기존에 정해진 C1과 C2 사이의 상대적인 위치 및 오프셋은 계속해서 유지된다. 그러나 아래 그림처럼 클래스 C2가 클래스 C1을 가상 상속할 경우 상대적인 위치 및 오프셋이 정해지는데, 만일 새로운 클래스 C3가 클래스 C2를 가상 상속할 경우, 기존 C1과 C2 사이의 상대적인 위치 및 오프셋은 무시되고 다시 새롭게 정해져

서 위치 및 오프셋이 이전과 달라진다는 의미이다. 즉, 일반 상속의 경우 클래스 사이의 순서와 위치가 불변으로 정해지지만, 가상 상속의 경우 클래스 사이의 순서와 위치가 고정될 수 없다.

이 정도면 일반 상속에서는 잘 되던 타입 변환이 가상 상속에서는 갑자기 되지 않는지 충분히 이해할 수 있을 것이라고 생각한다. 너무 깊이 들어왔는데 다시 〈소스 6-76〉으로 돌아가보자! 마지막으로 (24)는 reinterpret_cast이므로 당연히 변환이 허용된다. 오프셋 테이블을 뒤질 필요도 없고, 그저 있는 그대로 포인터 값을 전달하면 되기 때문이다.

클래스 포인터 타입 변환에 대한 설명을 마무리 하기 전에 한 가지 경우를 더 살펴보겠다. 이미 언급했지만, 자식 클래스 포인터 타입에서 부모 클래스 포인터 타입으로 변환할 때, 포인터 값이 변하는 경우는 꼭 다중 상속이나 가상 상속의 경우만 있는 것은 아니라고 했다.

엄밀히 말하면 단일 상속에서도 발생할 수 있는 문제이다. 그럼 간단하게 살펴보도록 하자!

[소스 6-77] 단일 상속 포인터 타입 변환

```
class CParent
{
public:
    int m_Parent;
};

class CChild : public CParent
{
public:
    virtual ~CChild() {};                          // (A)
    int m_Child;
};

void main()
{
    CChild* pC = new CChild;

    CParent* pP1 = pC;                             // (1) OK
```

```cpp
CParent* pP2 = (CParent*)pC;                        // (2) OK
CParent* pP3 = static_cast<CParent*>(pC);           // (3) OK
CParent* pP4 = reinterpret_cast<CParent*>(pC);      // (4) OK

cout << _T("pC:") << pC << endl;
cout << _T("pP1:") << pP1 << endl;
cout << _T("pP2:") << pP2 << endl;
cout << _T("pP3:") << pP3 << endl;
cout << _T("pP4:") << pP4 << endl;

delete pC;
}
```

〈소스 6-77〉은 아주 간단한 클래스 단일 상속 및 클래스 포인터 타입 변환 테스트 코드
이다. 여기서 주의할 점은 (A) 부분이다. virtual 키워드를 이용하여 CChild의 소멸자를 가
상 함수로 선언하였다. 좀 더 살펴볼 점은 CParent 클래스에는 가상 함수가 존재하지 않
는다는 사실이다. 가상 함수에 관련된 내용은 [가상 함수] 장에서 아주 상세하게 알아볼
것이지만 미리 조금 맛을 본다면 클래스에 가상 함수가 존재할 경우 클래스 객체의 메모
리 시작위치에 가상 함수 테이블 포인터인 vfptr이 생성된다는 점이다(가상 상속의 vbptr
이 아니다). 따라서 CChild 클래스 메모리 구조를 그려보면 〈그림 6-28〉과 같다.

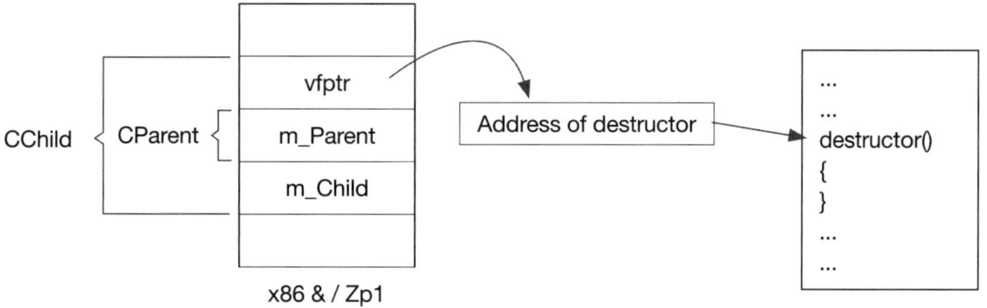

▲ 그림 6-28 가상 함수 테이블

<그림 6-28>에서 알 수 있듯이 CParent는 CChild를 기준으로 오프셋 4바이트만큼 떨어져서 시작된다. 따라서 CParent* 타입으로 변환될 때 단일 상속임에도 불구하고 오프셋 차이만큼 포인터 값이 변하게 되어있다. 아래는 실제 출력 결과이며 쉽게 예상할 수 있을 것이다.

```
pC:006197F0          // (0)- CChild의 메모리 주소

pP1:006197F4         // (1)- 타입 변환 후 4바이트가 증가

pP2:006197F4         // (2)- 타입 변환 후 4바이트가 증가

pP3:006197F4         // (3)- 타입 변환 후 4바이트가 증가

pP4:006197F0         // (4)- reinterpret_cast이므로 포인터 값이 변하지 않는다.
```

이것으로 클래스 포인터 타입 변환에 대해서 어느 정도는 마무리가 된 것 같다. 간단히 정리하면 코드의 안전성을 위하여 가능하면 강제 타입 변환보다는 static_cast를 이용하라는 점, reinterpret_cast는 제대로 알고 사용해야 한다는 점, 포인터 타입 변환의 목적은 실제 객체의 메모리 주소로 바꿔주는 것이라는 점 등이다.

➜ 6.10.5. dynamic_cast & RTTI

앞의 파트인 [클래스 포인터 타입 변환]에서는 실제 개발 현장에서 많이 사용되는 강제 타입변환, static_cast, reinterpret_cast 등을 중점적으로 알아보았다. 그러나 소개하지 않은 타입 변환이 하나 더 있는데 그것이 바로 지금부터 소개할 dynamic_cast이다. dynamic_cast를 따로 떼어서 소개하는 이유는 C++ 개발에 있어서 일반적으로 사용되는 것은 아니기 때문이다. 일반적으로 사용되지 않는다는 의미는 기본적으로 포함되어 있는 것이 아니라서 dynamic_cast 연산자를 사용하기 위해서는 컴파일러에 특별한 옵션을 지정해주어야 한다는 것을 의미이다. 즉, 옵션의 개념과 같은 것이라고 볼 수 있다. 왜 C++ 컴파일러들은 이것을 옵션으로 남겨둔 것일까? 이유야 여러 가지가 있겠지만, 일단 dynamic_cast가 C++에 도입된 것이 그리 오래된 것은 아니고 C/C++하면 떠오르는 특징인 고성능, 고효율이라는 성질과는 그리 잘 어울리지는 않기 때문이다. 좀 더 정확히

얘기한다면 C/C++의 특징과 잘 어울리지 않았기에 그만큼 C++에 편입되는 시기가 늦었다고 보는 것이 맞을 수도 있다. 그럼 이제부터 dynamic_cast를 심층 분석해보자!

dynamic_cast는 런타임 타입 정보를 사용하여 타입 변환을 하는 연산자이다. 런타임 타입 정보가 바로 RTTI(Runtime Type Information)라는 축약어로 사용된다. 즉, 실행시간에 타입 정보를 검사하여 제대로 된 타입 변환만을 허용하기 때문에 안정성 면에서는 뛰어나지만 그만큼 성능에서는 뒤쳐질 수밖에 없다. 따라서 명백하게 안전한 포인터만을 사용하도록 잘 설계된 코드에서는 굳이 dynamic_cast를 사용할 필요는 없다. 그럼에도 dynamic_cast가 사용되는 이유는 런타임에 실제 객체의 타입 정보를 이용하는 코드들이 증가하고 있기 때문이다. 물론 가상 함수를 통해서도 충분히 비슷한 코드를 구현할 수 있지만 초급 개발자들에게 쉬운 일은 아닐 것이다. 또한 동적 타입 정보를 이용하는 자바와 같은 언어가 확산되는 것을 볼 때 C++에서 RTTI를 사용하는 빈도가 점점 더 늘어날 것이다.

바로 이전 파트의 내용을 떠올려보자! 상속 관계의 클래스 타입 변환에서 자식 클래스는 부모 클래스로 언제든지 타입 변환이 가능하였다. 왜냐하면 자식 클래스가 부모 클래스를 온전하게 포함하고 있기 때문이다. 당연히 자식 클래스 포인터 타입에서 부모 클래스 포인터 타입 변환도 전혀 문제가 없었다. 그러나 반대의 경우인 부모 클래스에서 자식 클래스로 타입 변환은 거부되었으며, 부모 클래스 포인터 타입에서 자식 클래스 포인터 타입으로 변환은 기본적으로는 거부되지만 강제 타입 변환이나 static_cast의 경우는 허용해주었다. 물론 이것은 가상 상속이 아닌 일반 상속인 경우를 말한다.

상식적으로 생각해보자! 부모 클래스에서 자식 클래스로의 타입 변환은 허용되지 않는다. 그런데 포인터 타입에 대해서는 강제 타입 변환과 static_cast에 대해서만 허용을 해준다. 뭔가 안 맞는 느낌이 들지 않는가? 정말 위험하다면 애초에 포인터 타입 변환마저 허용하지 말았어야 한다. 그럼에도 허용을 하는 이유는 그렇게 사용해야만 하는 경우가 있기 때문이다. 그럼 예제 코드를 살펴보자!

```cpp
class CParent
{
public:
    char m_Type;                                            // Type Information
};

class CChildA : public CParent
{
public:
    CChildA()
    {
        m_Type = 'A';
        m_ChildA = 1;
    }
    int m_ChildA;
};

class CChildB : public CParent
{
public:
    CChildB()
    {
        m_Type = 'B';
        m_ChildB = 2;
    }
    int m_ChildB;
};

int GetValue(CParent* pParent)                              // (1)
{
    if(pParent->m_Type == 'A')
    {
        CChildA* pC = static_cast<CChildA*>(pParent);       // (2)
        return pC->m_ChildA;
    }
    else if(pParent->m_Type == 'B')
    {
```

```cpp
        CChildB* pC = static_cast<CChildB*>(pParent); // (3)
        return pC->m_ChildB;
    }


    return 0;
}


void main()
{
    CChildA ca;
    int VA = GetValue(&ca);

    CChildB cb;
    int VB = GetValue(&cb);

    CParent p;                                  // (4)
    p.m_Type = 'A';                             // (4)
    int VP = GetValue(&p);                      // (4)
}
```

〈소스 6-78〉에서 CParent를 상속하는 자식 클래스 CChildA와 CChildB가 있다. main 함
수에서 각각의 객체 ca, cb에 대하여 GetValue를 호출한다.

(1)을 살펴보자! 인자 타입이 CParent*이다. 따라서 객체 ca, cb의 주소가 넘어갈 때 자
동으로 부모 클래스 포인터 타입으로 변환이 된다. GetValue 안에서는 (2), (3)처럼 부
모 클래스 포인터 타입인 CParent*에서 각각의 자식 클래스 포인터 타입인 CChildA*,
CChildB*로 변환을 수행한다. 당연히 프로그램 결과인 VA, VB에는 각각 1, 2가 들어있
을 것이다.

이 예제를 제시한 이유는 간단하다. 이 예제처럼 부모 클래스 포인터 타입에서 자식 클래
스 포인터 타입으로 변환하는 코드들이 의외로 많이 쓰이기 때문이다. 즉, 이런 코드들이
원활하게 돌아가도록 하기 위해서 C++ 컴파일러는 강제 타입 변환이나 static_cast에 대
해서 변환을 허용하는 것이다. 그러나 (4)처럼 애초에 CParent인 객체에 대해서 GetValue

를 호출할 경우 실행 중 어떤 일이 벌어질지는 장담할 수 없다. 결국 강제 타입 변환이나 static_cast를 사용함으로 인한 결과와 책임은 전적으로 개발자에게 있는 것이다. 이런 위험을 회피하기 위해서 필요한 기능이라면 무엇이 있을까? 아마도 GetValue 함수 안에서 타입 변환 시점에 실제 객체의 타입을 알 수 있다면 좋을 것 같다. 즉, 원래 CChildA, CChildB 객체에 대해서만 타입 변환을 허용해준다면 더욱 안전할 수 있지 않을까? 바로 그런 생각에서 나온 개념이 dynamic_cast이다.

지금부터 독자 여러분이 실제 C++ 설계자라고 생각하고 dynamic_cast를 직접 설계해보자! (1) GetValue 함수의 인자 CParent* pParent가 실제 어떤 객체로부터 변환된 포인터인지 알아낼 방법은 없을까? CParent의 멤버로 m_Type이 있다. 이 값을 통해서 어느 정도 객체를 구분할 수는 있을 것 같다. 이미 CChildA, CChildB를 m_Type을 통해서 구분하고 있기 때문이다. 그러나 m_Type과 같은 멤버를 모든 클래스에 개발자가 추가하기도 어려우며, 외부에 공개되면 잘못된 값이 설정될 위험도 충분하다. 이미 (4)처럼 잘못된 타입 정보가 쓰이는 것을 보지 않았는가! p.m_Type = 'A' 처럼 말이다.

그래서 각각의 장단점을 고려하여 새로운 방식을 고안하게 되었는데, 모든 클래스가 정의될 때 컴파일러는 외부에 숨겨진 타입 정보 객체를 클래스 멤버로 추가하고, 컴파일러만이 해당 멤버의 타입 정보를 설정할 수 있도록 하는 것이다. 그리고 dynamic_cast 연산자는 입력으로 들어온 객체의 타입 정보 객체를 읽어서 실제 타입을 알아낼 수 있도록 하는 것이다. 나름 괜찮은 것 같다. 그러나 이 방식에는 약간의 효율성 문제가 있는데, RTTI를 전혀 사용하지 않는 경우에도 모든 클래스 객체에 타입 정보 객체가 무조건 포함된다면 객체의 크기만 커지는 비효율적인 문제가 발생할 수 있다. 그래서 추가적인 결정을 내리기로 하였다. 컴파일러에게 RTTI를 사용하기로 지시하는 경우에만 클래스 객체에 타입 정보 객체를 멤버로 추가하기로 말이다.

위의 방법이 사실상 RTTI와 dynamic_cast의 실제 설계 방식이다. 컴파일러마다 세부적인 방식이 달라지기는 하지만 큰 틀에서는 조금도 벗어나지 않는다.

이제 RTTI와 dynamic_cast가 어떻게 구현되는지 자세히 알아보자! 일단 컴파일러에게 RTTI를 사용하겠다고 지시하는 방법을 알아보자! 이것은 컴파일러마다 조금씩 다르기 때문에 각 컴파일러의 설명서를 참조하면 될 것이다. Visual C++의 경우에는 〈그림 6-29〉와 같이 [프로젝트 〉 속성 〉 구성속성 〉 C/C++ 〉 언어 〉 런타임 형식 정보 사용 〉 예(/GR)]를 설정하면 된다. 기본값은 RTTI를 사용하지 않는다.

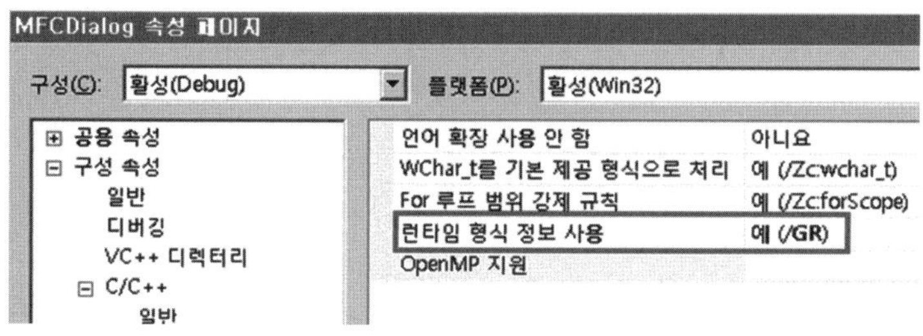

▲ 그림 6-29 Microsoft Visual Studio 2010 속성 페이지

컴파일러에게 RTTI를 사용하겠다고 알려도 컴파일러가 모든 클래스 객체 안에 타입 정보 객체를 포함시키는 것은 아니다. C++의 설계에 의하면 클래스에 가상 함수가 하나라도 있을 경우에만 타입 정보 객체가 포함되도록 구현되어 있다. 즉, RTTI를 사용하기 위해서는 클래스에 가상 함수를 하나 이상은 선언해야 한다. 일반적으로 소멸자를 가상 함수로 지정한다. 그렇다면 어떤 구조로 타입 정보 객체가 포함되는지 살펴보자! 참고로 타입 정보 객체가 포함되는 구조는 각 컴파일러 제작사마다 다르게 구현되어 있다. 그러나 일반적으로 비슷한 방식으로 구현되므로 마이크로소프트의 Visual C++ 컴파일러를 기준으로 설명할 것이다. 다른 컴파일러와 큰 차이는 없기 때문에 RTTI의 원리를 이해하는데 큰 도움이 될 것이라고 생각한다.

타입 정보 객체에 대해서 먼저 알아보자! 말 그대로 해당 타입에 대한 정보가 담겨있는 객체이다. 각 클래스에 대해서 타입 정보 객체 단 하나만이 정의된다. 즉, 싱글톤 (Singleton) 객체라고 할 수 있다. 따라서 같은 클래스의 수많은 객체들은 클래스 타입 정보를 가진 싱글톤 객체를 가리키는 포인터를 가지고 있고, 해당 포인터를 통해서 타입 정보를 공유할 수 있는 것이다. 그럼 타입 정보 객체를 가리키는 포인터는 어디 있는 것일까? 바로 가상 함수 테이블에 포함되어 있다. 직접 소스 코드와 그림을 보면서 살펴보자!

```
class CTest
{
public:
  virtual void Func1() {}
  virtual void Func2() {}
  int m_Test;
};
```

〈소스 6-79〉는 클래스 CTest의 정의를 보여준다. 아무것도 하지 않는 함수 Func1과 Func2는 모두 가상 함수로 선언되어있다. 가상 함수에 대해서는 뒤에서 아주 자세히 다룰 예정이지만 현재 주제와 어느 정도 관계가 있기 때문에 먼저 나오고 있다. 만일 가상 함수에 대해서 전혀 모르는 독자라면 다른 C++ 기본 서적을 통해서 기초적인 지식을 먼저 습득하길 추천한다. 그럼 CTest의 메모리 구조를 살펴보자!

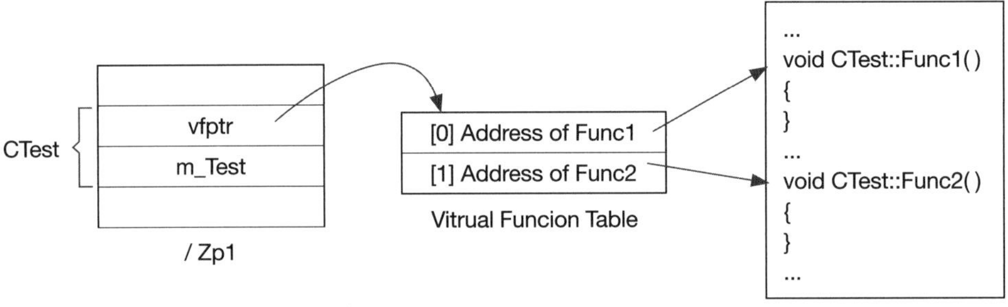

▲ 그림 6-30 가상 함수 테이블

〈그림 6-30〉에서 알 수 있듯이 클래스에 가상 함수가 선언될 경우 클래스 메모리 시작 위치에는 vfptr이라는 가상 함수 테이블 포인터가 생성된다. 말 그대로 가상 함수 테이블을 가리키는 역할을 한다. 테이블에는 클래스에서 선언된 가상 함수의 주소들이 적혀있고, 그 주소를 따라가면 실제 함수 본체 코드 영역에 도달할 수 있다.

C++ 설계자들은 위와 같은 구조에서 타입 정보 객체를 가리키는 포인터를 어디다 넣을 지 고민했다. 클래스 안에다가 직접 넣자니 포인터 크기만큼 객체의 크기가 증가하는 단점이 있다. 그래서 내린 결정은 가상 함수 테이블에 추가하기로 한 것이다. 그렇게 할 경우 기존 클래스의 구조는 전혀 바뀌지 않으니 하위 호환성을 유지하는데도 큰 이점을 가질 수 있었다. 그렇다면 가상 함수 테이블 어디에 넣을 것인가? 첫 번째? 아니면 제일 마지막? 이건 말 그대로 컴파일러 제작사가 결정할 문제지만 마이크로소프트의 컴파일러 설계자들은 좀 더 색다른 결정을 하게 된다. 바로 테이블 첫 번째 이전에 포인터 공간을 마련하는 것이었다. 이 아이디어가 어디에서 나왔는지 필자가 확인할 수 없었지만 VC++ 컴파일러는 이 아이디어를 채택했다. 그리고 다른 컴파일러도 역시 채택했을 수 있다. 그럼 실제 추가된 구조를 살펴보자!

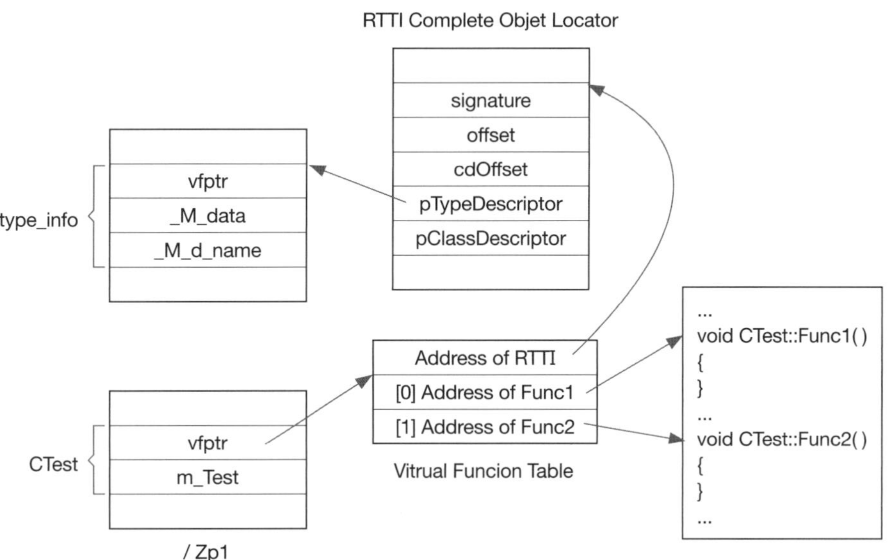

▲ 그림 6-31 type_info 메모리 구조

〈그림 6-31〉를 보면 한눈에도 복잡하다는 것이 느껴질 것이다. 참고적인 자료가 될 수 있도록 VC++ RTTI의 실제 구조를 그대로 그려보았다.

일단 가상 함수 테이블을 살펴보자! CTest의 vfptr은 여전히 가상 함수 테이블의 첫 번째 항목을 가리키고 있다. 즉, [0] Address of Func1 항목을 가리키는 것이다. 실제 RTTI 객체를 가리키는 포인터는 테이블 첫 번째 항목 바로 전에 위치하고 있다. 이렇게 함으로써 기존 가상 함수 테이블 구현과의 호환성을 유지할 수 있다.

새롭게 추가된 RTTI 객체 포인터에는 실제 RTTI 객체의 주소가 담겨있다. 그 주소를 따라가보자! VC++는 RTTI 객체에 이름을 붙여놓았는데 그 이름이 RTTI Complete Object Locator이다. 해당 객체의 4번째 멤버를 살펴보자! 이름이 pTypeDescriptor이다. 이름에서 알 수 있듯이 포인터 변수이다. 그리고 이 포인터가 가리키는 대상이 바로 실제 타입 정보가 기록되어 있는 type_info 객체인 것이다. 약간 헷갈릴 수 있겠지만 VC++는 타입 정보 객체를 2단계에 걸쳐서 구현해 놓은 것이다. 참고로 타입 정보 객체는 싱글톤이라고 했는데 그것이 바로 type_info 객체이다. 따라서 복수의 RTTI Complete Object Locator 객체가 하나의 type_info 객체를 가리킬 수 있는 N:1의 관계가 성립한다.

RTTI Complete Object Locator도 타입 정보 객체라고 할 수 있지만, 엄밀히 말하면 이름에서도 알 수 있듯이 중간 매개 역할을 하는 객체라고 할 수 있다.따라서 실제 런타임에서 타입 정보를 이용할 때는 type_info 객체를 사용한다. 그럼 실제로 type_info를 사용하는 코드를 살펴보자!

[소스 6-80] type_info

```
void main()
{
  CTest t;
  const type_info& ti = typeid(t);                    // (1)

  cout << _T("Type Name: ") << ti.name();             // (2)
}
```

〈소스 6-80〉의 (1)처럼 typeid 함수를 이용하여 type_info 객체를 구할 수 있다. 보통 반환을 받을 때 const 키워드와 함께 참조 타입&을 사용하는데, 타입 정보 객체는 절대 변경할 수 없기에 const가 사용되며, 복사 생성자의 호출을 피하기 위하여 참조 타입(&)이 사용되는 것이다. type_info는 타입과 관련된 몇 가지 함수들을 제공하는데 그 중에서 (2)처럼 name 함수는 실제 클래스의 타입 이름을 반환해준다. 이 예제의 출력 결과를 확인해 보자!

Type name: class CTest

이제 RTTI를 이해했으니, RTTI를 이용한 타입 변환 연산자인 dynamic_cast에 대해서 실제 코드를 보면서 살펴보자!

[소스 6-81] dynamic_cast

```cpp
class CParentA
{
public:
  virtual ~CParentA() {}                          // (A)
};

class CParentB
{
public:
  virtual ~CParentB() {}                          // (B)
};

class CChild : public CParentA, public CParentB
{
public:
};

void main()
{
  {
    CChild c;
    CParentA* pA = dynamic_cast<CParentA*>(&c);        // (1) OK
    CParentB* pB = dynamic_cast<CParentB*>(&c);        // (2) OK
```

```cpp
        }
        {

            CParentA a;
            CChild* pC1 = dynamic_cast<CChild*>(&a);            // (3) NULL


            CParentB b;
            CChild* pC2 = dynamic_cast<CChild*>(&b);            // (4) NULL
        }
        {

            CChild c;
            CParentA* pA = &c;


            CChild* pC = dynamic_cast<CChild*>(pA);             // (5) OK
            CParentB* pB = dynamic_cast<CParentB*>(pA);         // (6) OK
        }
        {

            CChild c;
            CParentB* pB = &c;


            CChild* pC = dynamic_cast<CChild*>(pB);             // (7) OK
            CParentA* pA = dynamic_cast<CParentA*>(pB);         // (8) OK
        }
        {

            CChild c;
            CParentA a = dynamic_cast<CParentA&>(c);            // (9) OK
            CParentB b = dynamic_cast<CParentB&>(c);            // (10) OK
        }
        {

            CParentA a;
            CChild c1 = dynamic_cast<CChild&>(a);               // (11) Exception


            CParentB b;
            CChild c2 = dynamic_cast<CChild&>(b);               // (12) Exception
        }
    }
```

〈소스 6-81〉에서 중요한 점은 (A), (B)처럼 가상 함수를 선언해야 한다는 것이다. 여기서는 소멸자를 가상 함수로 선언하였다. 만일 가상 함수가 없는 상태로 dynamic_cast를 사용할 경우 컴파일 자체가 되지 않는다. dynamic_cast를 해석하는 가장 쉬운 방법이 있는데, 바로 변환하고자 하는 객체의 타입을 실제 객체의 타입으로 여기고 변환을 수행하면 된다는 것이나. 의미가 잘 파악되지 않을 수 있는데 소스 코드의 각각의 경우를 통해서 확인해보자!

(1), (2)에서 &c의 실제 타입은 CChild*이다. 따라서 부모 클래스 포인터 타입으로 변환하는 것은 항상 안전하다. 그러므로 변환은 성공한다.

(3), (4)에서 &a, &b의 실제 타입은 CParentA*와 CParentB*이다. 여기서 자식 클래스 포인터 타입인 CChild*로 변환하는 것은 메모리 접근 위반이 발생할 수 있으므로 위험하다. 따라서 변환은 실패한다. 보통 변환을 허용하지 않을 경우 컴파일러는 변환을 거부하면서 컴파일 타임에 에러를 발생시킨다. 그러나 dynamic_cast는 런타임 타입 변환 연산자이다. 즉, 실행시점에 변환 허용 여부가 결정된다. 그러므로 실행되기 전에는 성공과 실패 여부를 확인할 수가 없다. 따라서 실행시점에 변환 성공과 실패를 구분할 필요가 있으며, 변환이 실패할 경우 NULL을 반환하거나 예외를 던지도록 설계되어 있다. 예외를 던지는 경우는 나중에 살펴보기로 하고, 일단 변환이 실패할 경우는 NULL이 반환된다고 기억하자!

(5), (6)의 pA의 타입은 CParent*이지만 실제 타입은 CChild*이다. pA가 CChild 객체로부터 나온 것이기 때문이다. 따라서 (5)는 CChild*에서 CChild*로 타입 변환을 하라는 것이다. 이것은 당연히 성공할 수밖에 없다. (6)도 같은 방식으로 해석할 수 있다. CChild*에서 CParentB*로 타입 변환하라는 것이다. 당연히 자식 클래스 포인터에서 부모 클래스 포인터로 변환되는 것이므로 성공한다. 보통 (6)과 같은 상황을 부모 클래스 포인터에서 다른 부모 클래스 포인터로 변환된다고 해서 Cross Type Casting이라는 말로 부르기도 하는데, 엄밀히 말하면 자식 클래스 포인터에서 부모 클래스 포인터 타입으로 변환하는 것이기 때문에 Up Casting일 뿐이다. 이것은 static_cast에서는 되지 않는데, static_cast는 상속 관계의 클래스 사이에서만 가능하기 때문이다.

(7), (8)도 앞의 (5), (6)과 같은 이유로 타입 변환이 성공한다.

지금까지는 포인터 타입으로만 변환을 하였는데 클래스 참조 타입으로 변환을 해보자! 참고로 dynamic_cast에서 변환할 타입은 오직 타입 정보를 가질 수 있는 클래스의 포인터 타입 및 참조 타입만 가능하다.

(9), (10)에서 c의 실제 타입은 CChild이다. 따라서 부모 클래스 참조 타입인 CParentA&, CParentB&으로 변환하는 것은 성공한다.

(11), (12)에서 a, b의 실제 타입은 CParentA, CParentB이다. 이것을 자식 클래스 참조 타입인 CChild&로 변환하려고 한다. 여기서 중요한 사실을 기억해보자! 부모 클래스에서 자식 클래스로 변환하는 것은 메모리 접근 위반이 발생할 수 있으므로 위험하다고 했다. 따라서 자식 클래스 참조 타입으로 변환하는 것은 실패해야 한다. 그러나 변환 타입이 참조 타입이기 때문에 NULL을 반환할 수가 없다. 그래서 이런 경우는 어쩔 수 없이 bad_cast예외를 던지게 되어있다.

정리하자면 dynamic_cast는 런타임 타입 변환을 하는 것이므로 무조건 실행되어야 하고, 실행시점에 변환 성공과 실패 여부가 결정된다. 따라서 타입 변환이 실패할 경우에는 포인터 타입일 경우 NULL을 반환하고, 참조 타입일 경우 bad_cast 예외를 던지게 된다. 따라서 타입 변환 실패 처리를 하기 위해서는 NULL 검사를 수행해야 됨은 물론이고, bad_cast를 처리하기 위해서 try ~ catch로 예외 처리를 해야 한다.

dynamic_cast의 핵심은 변환하고자 하는 타입이 실제 어떤 타입인지를 알아내는 것에서 시작된다. 따라서 이런 원리라면 기존에 변환되지 않았던 것도 쉽게 변환할 수 있다.

[소스 6-82] 가상 상속 dynamic_cast

```cpp
class CParent
{
public:
    virtual ~CParent() {}            // (A)
    int m_Parent;
};
```

```cpp
class CChild : virtual public CParent
{
public:
    int m_Child;
};

void main()
{
    {
        CParent p;
        CParent* pP = &p;
        CChild* pC = dynamic_cast<CChild*>(pP);    // (1) NULL
    }
    {
        CChild c;
        CParent* pP = &c;
        CChild* pC = dynamic_cast<CChild*>(pP);    // (2) OK
    }
};
```

〈소스 6-82〉는 dynamic_cast를 이용하여 가상 상속 클래스 포인터 타입 변환을 보여준다. 기억나는가? 가상 상속에서는 부모 클래스 포인터에서 자식 클래스 포인터로 변환을 할 수 없다는 사실. 기억이 잘 나지 않는다면 관련 부분을 한 번 더 정독할 필요가 있다. 가상 상속에서는 부모 클래스와 자식 클래스 구조가 정적으로 정해지지 않기 때문에 변환을 결정할 수 없다고 하였다. 그러나 RTTI를 이용하면 이런 문제도 어느 정도 해결할 수 있다.

(1)에서 pP의 실제 타입은 CParent*이다. 당연히 자식 클래스 포인터로 변환되는 것은 위험하기 때문에 NULL을 반환하면서 실패처리 된다.

(2)를 보자! pP의 타입은 명시적으로는 CParent*이지만 실제 타입은 CChild*이라고 할 수 있다. 따라서 CChild*에서 CChild*로의 타입 변환은 당연히 성공할 것이다. 물론 가상 상속에서의 타입 변환 과정은 오프셋 테이블을 역참조하는 방식이므로 꽤 복잡한 과정을 따르게 된다.

여기서 정적 타입 변환과 간단 비교를 해보자! (1), (2)처럼 부모 클래스 포인터 타입에서
자식 클래스 포인터 타입으로 변환하는 것은 강제 타입 변환이나 static_cast와 같은 정적
타입 변환의 경우 두 가지 결과로 나누어진다. 일반 상속이라면 타입 변환이 허용되고,
가상 상속에서는 타입 변환이 거부된다. 그것에 비해서 동적 타입 변환인 dynamic_cast의
경우 실제 타입에 따라서 안전하게 타입 변환을 해준다는 점에서 의미가 있다.

이제 충분히 RTTI와 dynamic_cast를 이해했으니, 실제로 〈소스 6-78〉을 변경해보자!

[소스 6-83] RTTI & dynamic_cast 실습

```cpp
class CParent
{
public:
    virtual ~CParent() {}                              // (1)
};

class CChildA : public CParent
{
public:
    CChildA()
    {
        m_ChildA = 1;
    }

    int m_ChildA;
};

class CChildB : public CParent
{
public:
    CChildB()
    {
        m_ChildB = 2;
    }

    int m_ChildB;
```

```cpp
};

int GetValue(CParent* pParent)
{
    CChildA* pCA = dynamic_cast<CChildA*>(pParent);        // (2)
    if(pCA)
    {
        return pCA->m_ChildA;
    }

    CChildB* pCB = dynamic_cast<CChildB*>(pParent);        // (3)
    if(pCB)
    {
        return pCB->m_ChildB;
    }

    return 0;                                               // (4)
}

void main()
{
    CChildA ca;
    int VA = GetValue(&ca);

    CChildB cb;
    int VB = GetValue(&cb);

    CParent p;
    int VP = GetValue(&p);                                  // (4)
}
```

〈소스 6-83〉은 〈소스 6-78〉에서 몇 군데를 수정한 것이다. (1)을 보자! 먼저 CParent의
소멸자를 가상 함수로 선언하였다. RTTI를 이용하기 위한 것이다. 이제 CParent의 메모
리 시작위치에 vfptr이 생성된다. 물론 vpftr은 CParent를 상속하는 자식 클래스 CChildA,
CChildB에도 그대로 내려온다. 따라서 CChildA와 CChildB가 정의될 때 컴파일러는 실제
타입 정보 객체를 생성하여 vfptr와 연결시켜 놓을 것이다. 가장 많이 변한 부분은 (2), (3)

부분이다. 더 이상 강제 타입 변환이나 static_cast를 사용할 필요가 없다. 변환이 성공하면 변환된 포인터 값이 반환될 것이다. 따라서 반환된 포인터 값의 NULL 체크가 필요하다. (4)를 따라가보면 결국 GetValue 함수에서 NULL 체크에 걸려서 0을 반환하게 될 것이다.

이것으로 dynamic_cast & RTTI 설명을 끝마치겠다. 솔직히 필자는 10년 넘게 프로그래밍을 하면서 수많은 C++ 소스 코드를 보았지만 dynamic_cast를 사용하는 경우를 거의 보지 못한 것 같다. 그 원인을 생각하자면 RTTI를 사용하기 위해서는 컴파일러 옵션을 지정해야 되기 때문이다. 보통 사람들은 Default Option을 선호하는 경향을 보인다. 또 하나 원인을 찾는다면 C++이 주로 사용되는 Windows 프로그래밍에서는 MFC라는 뛰어난 프레임워크가 있기 때문이 아닐까 생각된다. C++에 RTTI 개념이 들어오기 전에 이미 MFC는 자체적으로 RTTI를 구현해놓았다. 그런데 자체적으로 구현한 RTTI가 효용성이나 사용면에서 훨씬 뛰어나기 때문에 굳이 C++ RTTI를 쓸 필요가 없었다. 그만큼 MFC가 잘 만들어졌고 선구적인 프레임워크라는 것이다. MFC를 들여다보면 프레임, 도큐먼트, 뷰 구조에서 직렬화(Serialize)까지 RTTI가 안 쓰이는 곳이 없다. 사실상 MFC가 RTTI를 제대로 사용하는 것이라고 할 수 있다. 지금이라도 MFC 내부에서 사용되는 RTTI를 상세하게 소개하고 싶지만, 이 책이 MFC 서적은 아니므로 여기까지만 얘기하겠다. 그러나 나중에 기회가 된다면 MFC의 내부 구조에 대해서도 설명하도록 하겠다.

6.11. 정리

클래스 설명을 끝마쳤다. 너무 길어서 지루했을지도 모르겠다. 그러나 사실 끝은 아니다. 클래스는 C++에서 핵심중의 핵심이라고 할 수 있다. 아직도 클래스와 연관되는 많은 개념과 구조에 대한 설명이 남아있다. 남은 부분은 너무나도 중요해서 다른 연관되는 장에서 소개할 것이다. 대표적으로 멤버 함수는 [함수]장에서 다룰 것이고, 멤버 함수 중에서도 가장 중요한 가상 함수에 대해서는 [가상 함수]장에서 다룰 것이다.

Chapter

07

~

함수

프로그램이 실행된다는 것은 결국 함수가 실행된다는 것과 같은 의미이다. 실행의 주체는 바로 스레드이다. 스레드가 함수를 호출하고 결과가 반환되는 과정을 거치면서 프로그램이 실행되는 것이라고 할 수 있다.

프로그램이 시작되면 최초에 스레드 하나가 생성된다. 이것을 보통 주 스레드라고 부르는데, 주 스레드는 컴파일러가 제공하는 CRT의 Startup 함수를 호출하면서 프로그램을 시작하게 된다. 일반적으로 최초 호출되는 함수를 main으로 알고 있지만, 사실 main도 Startup에 의해서 호출되는 함수일 뿐이다. main 함수가 종료되면 Startup 함수도 종료될 것이다. 그때가 바로 프로그램이 종료되는 순간이다.

개발자가 작업해야 할 영역은 바로 main 함수이다. main 안에서 새로운 함수들이 호출될 것이고 그러기 위해서는 새로운 함수들을 잘 정의해야 한다. 물론 main 안에서 새로운 스레드를 생성하고, 스레드간 동기화를 잘 처리하는 것도 역시 개발자의 몫일 것이다.

C++에서 제일 중요한 것을 고른다면 당연히 클래스일 것이다. 그러나 클래스가

없던 시절에도 프로그래밍은 존재했다. 다만 클래스 없이 프로그래밍을 하는 것은 무척 불편했을 것이다. 하지만 함수 없는 프로그래밍은 존재할 수 없다. 함수는 바로 프로그래밍 그 자체라고 할 수 있기 때문이다.

이번 장에서는 기초적인 함수의 내용에 대해서는 과감히 설명을 생략할 것이다. 이 책을 읽는 독자라면 프로그래밍 문외한은 아닐 거라고 생각하기 때문이다. 혹시라도 완전 초보라서 기초적인 내용이 알고 싶은 독자라면 먼저 다른 서적을 통해서 프로그래밍을 공부하길 추천한다.

7.1. 함수 타입

C/C++에서 [타입 or 형]이란 단어는 결코 낯설지 않다. C/C++의 모든 객체가 타입을 가지고 있다. 그러나 객체만 타입을 가지는 것은 아니다. 함수도 타입을 가진다. 그렇다면 함수의 타입이란 무엇인가? 바로 시그니처이다. 그렇다면 시그니처란 또 무엇인가? 지금부터 시그니처에 대하여 살펴보자!

함수의 시그니처만큼 정의가 애매모호한 것도 없다. 정말 좁게 정의하면 함수 인자들의 타입과 순서만을 나타낼 수도 있으나 보통은 반환 타입까지 포함하기도 한다. 그뿐 아니다. 함수 호출 규약과 함께 클래스의 멤버 함수를 위해서 클래스 타입까지도 포함할 수 있다. 그 외에 함수 이름 자체도 포함시키는 경우도 있는데, 정말 기준이 제각각이라고 할 수 있다. 그래서 이 책에서는 가장 일반적으로 많이 사용되는 시그니처의 정의를 그대로 따를 것이다. 그 기준은 다음과 같다. 인자의 타입 및 순서, 반환 타입, 클래스 타입 및 const, 함수 호출 규약을 포함하는 것이다. 그러나 함수 이름은 포함하지 않을 것이다.

이제 이와 같은 기준으로 했을 때 함수의 타입이란 곧 함수의 시그니처와 같다고 할 수 있다. 결국 함수 타입은 인자들의 타입 및 순서, 반환 타입, 함수 호출 규약, const, 함수가 속한 클래스 정보 등을 종합한다고 생각할 수 있다. 참고로 const가 무엇인지 궁금할 수 있는데, 클래스 멤버 함수가 const인지 아닌지를 나타낸다. const 멤버 함수에 대해서는 뒤에서 자세히 설명할 것이다.

함수 타입이 무엇인가는 이해했을 것이다. 함수 타입을 구성하는 요소 중에 대부분은 잘 알고 있겠지만 함수 호출 규약에 대해서는 모르는 개발자도 꽤 있는 듯 하다. 따라서 다음 절부터 함수 호출 규약에 대해서 알아볼 것이다.

7.2. 함수 호출 규약(Calling Convention)

함수 호출 규약은 보통 컴퓨터 구조 및 어셈블리를 공부할 때 주로 배우게 된다. 즉, C/C++과 같은 언어에 종속된 개념은 아니다. 그러나 C/C++의 기초적인 원리를 제대로 이해하기 위해서는 함수 호출 규약은 필수적으로 알고 있어야만 한다. 그래야만 C/C++의 함수가 어떤 방식으로 호출되고 처리되는지를 이해할 수 있기 때문이다.

함수 호출 규약은 파고들수록 내용이 한없이 방대해지는데, 이 책은 C/C++의 기본을 이해하기 위한 수준까지만 설명을 진행할 것이다.

➡ 7.2.1. cdecl

가장 기본적인 함수를 기준으로 함수 호출 규약을 파악해보자. 함수 호출 규약은 따지고 보면 함수가 호출되고 반환되는 과정이 어셈블리로 어떤 구조로 작성되는지를 나타낸다고 할 수 있다. 즉, 어셈블리의 작성 규칙과 같다고 할 수 있다. 먼저 소스부터 살펴보자. 참고로 VC++ 컴파일러로 작성된 x86 어셈블리부터 살펴보겠다.

[소스 7-1] 기본 함수 호출 (cdecl)

```
int Plus(int a, int b);

void main()
{
  /*
  push  ebp                    // (A-1)
  mov   ebp,esp                // (A-2)
  push  ecx                    // (A-3)
  */

  int Sum = Plus(1, 2);        // (1)
  /*
  push  2                      // (B-1)
```

```
    push  1                            // (B-2)
    call  Plus                         // (B-3)
    add   esp,8                        // (D-1)
    mov   dword ptr [ebp-4],eax        // (D-2)
    */
}


int Plus(int a, int b)                 // (2)
{
  return a + b;                        // (3)
  /*
  push  ebp                            // (C-1)
  mov   ebp,esp                        // (C-2)
  mov   eax,dword ptr [ebp+8]          // (C-3)
  add   eax,dword ptr [ebp+0Ch]        // (C-4)
  pop   ebp                            // (C-5)
  ret                                  // (C-6)
  */
}
```

〈소스 7-1〉은 무척 길지만 대부분이 주석으로 표기된 어셈블리이고, 실제 코드만 보면 몇 줄 되지 않는다. 내용은 무척 간단하다. main에서 단순 더하기 함수인 Plus를 호출해서 그 결과를 Sum이란 변수에 담는 것뿐이다. 이제부터 실제 어셈블리를 분석해보자!

어셈블리를 분석하기 위해서 먼저 스레드 스택에 대해서 알고 있어야 한다. 스레드 스택이란 스레드마다 생성되는 메모리 영역이다. 이 메모리는 스택 방식(LIFO -후입 선출)으로 입출력이 되기 때문에 보통 스레드 스택이라고 부른다. 스택에서 꼭 알아야 할 개념은 스택에서 현재 위치를 나타내는 지시자 - esp 레지스터, 스택에 입출력을 담당하는 명령어 - push, pop 이라고 할 수 있다.

스택에 삽입(Push)을 많이 하면 스택의 크기가 커질 것이고, 삭제(pop)를 많이 하면 스택의 크기가 작아질 것이다. 보통 스택의 크기가 커지는 것을 '스택이 자란다.'고 표현한다. 여기서 스택이 자라는 방향이 중요한데, 메모리 주소가 작은 쪽에서 큰 쪽으로 자랄 수도 있고, 반대로 큰 쪽에서 작은 쪽으로 자랄 수도 있다. 보통 대부분의 컴파일러들은 메모리 주소가 큰 쪽에서 작은 쪽으로 스택이 자라도록 설계를 한다. VC++이나 GCC 또한 마찬가지이다.

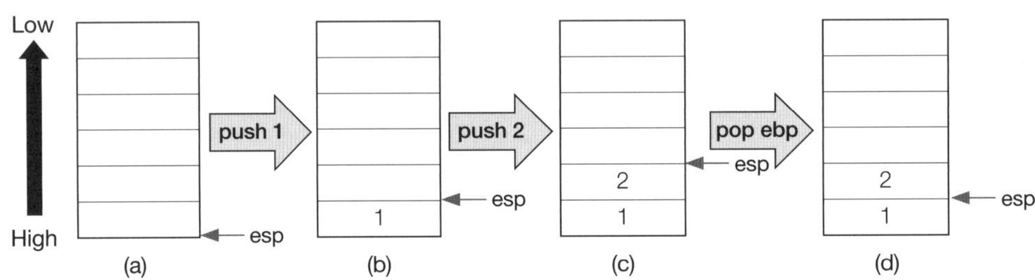

▲ 그림 7-1 스레드 스택

〈그림 7-1〉은 스택의 기본 동작을 보여준다. esp와 push, pop이 어떻게 동작하는지 살펴보자!

(a)는 스택의 최초 상태이다. High에서 Low로 화살표가 그려져 있는데, 바로 스택이 자라나는 방향을 표시한다. 각 사각형은 메모리 영역을 나타내는데, 아래쪽일수록 메모리 주소가 큰 것을 의미한다. esp는 스택에서 기준점을 나타낸다. esp를 기준으로 push와 pop이 일어난다.

(b)는 (a)상태에서 push 1이 일어났을 때의 변화된 상태를 보여준다. 정확한 동작은 다음과 같다. esp를 먼저 4만큼 감소시켜서 esp의 위치를 위쪽으로 이동시킨다. 그 이후 esp가 가리키는 메모리 영역에 1을 입력한다.push가 일어난 이후에는 esp가 가리키는 메모리 영역에서 4바이트를 읽게 되면 1이 나오게 되는 것이다. 여기서 중요한 것은 push 명령어가 실제로 수행하는 일이다. 사실 push라는 명령어가 하는 역할은 esp를 4만큼 감소시키고, esp가 가리키는 위치에 값을 입력하는 것이라고 할 수 있다. 즉, 두 개의 동작을 한 번에 수행할 수 있게 하는 것이 push 명령어인데, 몇몇 컴파일러들은 push 명령을 쓰는 것이 아니라 각각의 과정을 mov, sub 명령어를 사용하여 처리하기도 한다. 이것에 대해서는 나중에 다시 살펴볼 것이다.

(c)는 (b)상태에서 다시 한 번 push 2를 수행한 모습이다. 그 결과 esp는 다시 4만큼 감소하여 화살표 방향으로 이동하게 된다. (d)는 (c)상태에서 pop ebp를 수행한 모습이다. pop이란 것은 스택에서 삭제를 하겠다는 의미이다. 스택에서 삭제란 esp가 현재 가리키고 있는 메모리 영역의 값을 가져오면서 동시에 스택의 크기를 줄이겠다는 의미이다. 따라서 esp에 4를 더해서 esp는 아래쪽으로 이동하게 된다. 가져온 값은 pop 명령어의 목표 레지스터에 대입된다. 따라서 ebp는 2를 가지게 된다.

pop도 push와 마찬가지로 두 가지 동작을 수행하고 있다. esp가 가리키는 메모리 영역의 값을 읽어서 목적 레지스터에 대입하는 동작과, esp에 4를 더하는 것이다. 이것 또한 컴파일러에 따라서 다른 어셈블리 명령어로 대체될 수 있다. 즉, 다른 컴파일러가 생성해낸 어셈블리에는 push와 pop이 사용되지 않을 수도 있다는 의미이다.

이것으로 스택의 기본적인 개념 및 동작원리를 이해할 수 있을 것이다. 이제 배운 것을 기본으로 다시 소스코드를 분석할 것이다. 분석에 도움이 되도록 전체적인 스택의 변화 상태를 그림으로 보였다. 소스코드와 그림을 번갈아 가면서 살펴보면 이해하기가 한결 수월해질 것이다.

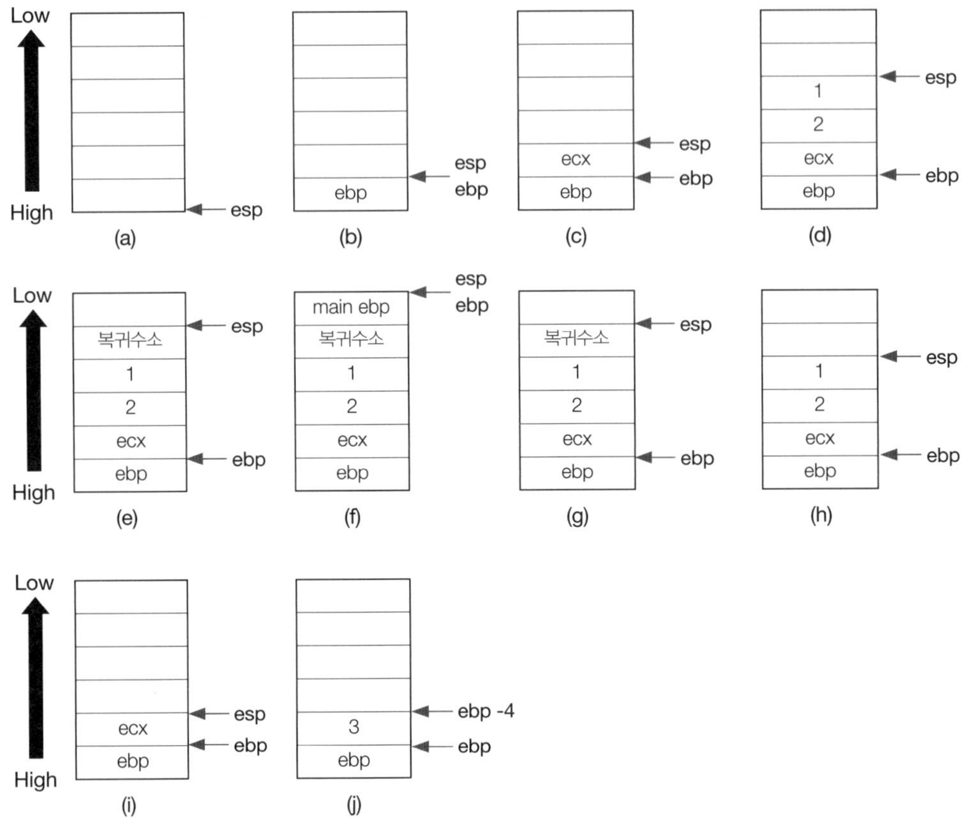

▲ **그림 7-2** 기본 함수 호출의 스레드 스택 변화

먼저 main의 시작 부분을 살펴보자! 어셈블리로 (A-1)~(A-3)에 해당한다.

(A-1), (A-2)에서 ebp 레지스터가 나오는데, 한마디로 고정된 기준점을 의미한다. 무슨 의미인가 하면 스택의 esp는 push나 pop이 수행될 때마다 변화한다. 즉, esp는 현재의 위치를 나타내며 언제든지 그 위치는 변할 수 있는 것이다. 따라서 특정한 위치를 esp를 기준으로 가리키는 것은 불가능하다. 그래서 고정된 위치를 가리키는 ebp 레지스터가 필요하며, 함수가 처음 시작하는 순간에 현재 스택의 위치를 나타내는 esp를 ebp에 대입한 이후 함수 안에서는 ebp를 기준으로 특정 위치에 접근할 수 있는 것이다. 즉, ebp는 각각의 함수가 시작되는 순간에 기준점으로 설정되는 것이다.

그런데 어셈블리에서 볼 수 있듯이, ebp에 esp를 대입하기 전에 먼저 push ebp를 하는 것을 알 수 있다. 이것의 의미는 이전에 설정된 ebp를 먼저 스택에 저장한 후에 지금 함수의 esp로 갱신하겠다는 의미이다. 그렇다면 왜 이전의 ebp를 저장하는 것일까?

이전의 ebp라는 것은 바로 현재 함수를 호출한 함수의 ebp이기 때문이다. 즉, 지금 함수가 종료된 이후에는 다시 ebp를 복원해야 하며 그러기 위하여 스택에 저장해 놓는 것이다. 이 과정은 그림에서 (a), (b)에 해당한다. 최초에 스택은 (a)상태에 있다가 ebp를 스택에 저장한 후에, ebp에 esp를 대입한 상태가 바로 (b)가 된다.

(A-3)을 살펴보자! push ecx를 수행한다. 여기서 ecx는 큰 의미가 없다. 중요한 것은 push가 일어나서 스택이 자라났다는 것이 중요하다. 그림으로 따지면 (c)가 된다. 그렇다면 새롭게 추가된 스택의 공간은 왜 마련된 것일까?

바로 (1)에서 함수 반환 결과를 저장하기 위한 int Sum 영역을 위한 것이다. 일반적인 경우 함수에서 선언되는 객체들을 지역 객체라고 하는데, 지역 객체의 특징은 함수가 시작될 때 스택에 잠깐 생성되고, 함수가 반환된 이후에는 스택에서 사라져 접근 자체가 무의미해지는 것이라고 할 수 있다.

결국 (c)에서 ecx가 차지하는 영역에 함수 반환 결과가 저장될 것이다.

이제 (1)을 살펴보자. 드디어 함수 Plus가 호출된다. C++ 코드로는 단 한 줄에 불과하지만 이것이 어셈블리로 얼마나 복잡한 과정을 거쳐서 변환되는지 잘 살펴보자.

먼저 (B-1), (B-2)이다. 함수에 전달할 인자 1, 2를 스택에 입력한다. 분명히 함수를 호출할 때는 1, 2 순으로 입력하는데, 막상 어셈블리에서는 역순으로 2, 1을 스택에 입력한다. 책 편집이 잘못되었다고 생각할 수 있겠지만 잘못되지 않았다. 왜 인자를 역순으로 집어넣는 것일까? 이것이 바로 함수 호출 규약의 특성 중 하나이다. 인자를 오른쪽에서 왼쪽으로 순서대로 입력하는 것이 바로 규약에 포함된 내용이다.

바꿔서 얘기하면 어떤 함수 호출 규약에서는 인자를 왼쪽에서 오른쪽으로 원래 함수 전달 순서대로 스택에 입력할 수도 있다는 것이다. 훨씬 상식적인 방식 같긴 하지만 대부분의 함수 호출 규약은 인자의 함수 전달 순서의 역순으로 스택에 입력한다. 이것은 역순으로 입력하는 방식이 훨씬 유리하기 때문인데, 그 이유에 대해서는 나중에 자세히 설명할 것이다. 일단은 알아두자. 인자는 함수 전달 순서의 역순으로, 즉 오른쪽에서 왼쪽으로 입력한다. (B-1), (B-2)가 수행되어서 스택의 상태는 그림에서 (d)가 될 것이다.

(B-3)을 살펴보자. call Plus가 수행된다. 의미가 너무 분명해서 참 쉬운 것 같다. 말 그대로 Plus를 호출하겠다는 의미이다. 실제로 call이 수행되면 스레드의 실행 흐름은 Plus가 정의된 메모리 영역으로 넘어가서 실행된다. 즉, (C-1)로 흐름이 넘어가게 된다.

실행 흐름을 변경하는 어셈블리 명령어는 몇 가지가 있다. jmp를 비롯하여 조건에 따라서 점프를 수행하는 je, jne 등등 많이 있다. call도 역시 마찬가지인데, call은 일반적인 점프에 비해서 다른 것이 있다. 바로 복귀 주소를 스택에 입력한다는 것이다.

복귀 주소? 이것은 무엇일까? (B-3)에서 call Plus가 수행된다. Plus가 수행된 이후에 스레드의 실행흐름은 어디로 돌아와야 할까? 바로 (D-1)이 된다. 즉, (D-1)이 나타내는 코드 메모리 주소가 복귀 주소가 되는 것이다. call은 함수가 반환된 이후에 실행되어야 할 복귀 주소를 스택에 입력한다. 정리하면 다음과 같다. call은 먼저 복귀 주소를 스택에 입력하고, 목적 함수의 주소로 점프를 수행하는 것이다. 그래서 스택의 상태는 그림에서 (e)가 된다.

이제 Plus 함수가 실행될 차례이다. 어셈블리로 따지면 (C-1)이 수행된다. 낯익은 구문이 보일 것이다. 바로 push ebp이다. 이미 설명했다시피 함수가 처음 시작되면 이전 함수의 ebp를 먼저 스택에 저장한 후에 새롭게 ebp를 갱신하게 된다. 그래서 (C-1), (C-2)와 같은 구문은 언제나 함수 제일 처음에 정형화되어서 나온다고 생각하면 된다. 이 과정을 통해서 스택의 상태는 그림에서 (f)가 된다. 여기서 스택의 맨 위에 저장된 ebp는 바로 main의 ebp가 된다.

(C-3)부터 갑자기 복잡해지는 느낌을 받을 수 있다. 그러나 사실 그리 어렵지 않다. 내용은 단순하다. ebp+8이 가리키는 메모리 영역의 값을 읽어서 eax에 대입하라는 의미이다. 난데없이 ebp+8이 나온다. 이것이 무엇일까? 코드만 보면 당황하겠지만 사실 쉽게 알 수 있다. 현재 스택의 상태를 생각해보자! 바로 그림에서 (f)이다. ebp는 현재 esp와 같은 위

치를 나타내고 있다. 그 상태에서 ebp+8을 한다는 것은 ebp를 아래쪽으로 두 칸 이동시키는 의미와 같다. 두 칸 이동하여 가리키는 값은 무엇인가? 바로 1이 된다. 즉, eax에는 1이 대입된다.

(C-4)는 이제 쉽게 해석할 수 있을 것이다. ebp+0Ch가 가리키는 메모리 영역의 값을 읽어서 eax에 더하라는 의미이다. 0Ch는 16진수이고 10진수로 따지면 12가 된다. 즉, ebp를 기준으로 세 칸 아래로 이동하라는 의미이다. 그곳에 쓰여있는 값은 2이다. 즉, eax에 2를 더하라는 의미이다. 이전에 eax는 1이 대입되어 있었으니까 eax에 2가 더해져서 eax는 3이 된다. 여기서 중요한 것은 eax는 보통 함수의 반환 결과를 담는 레지스터라는 것이다.

(C-3), (C-4)에서 알 수 있는 것은 스택의 특정한 위치를 접근할 때 ebp 레지스터가 사용되었다는 것이다. 이미 설명했듯이 ebp는 함수가 시작되면서 고정되기 때문에 ebp를 기준으로 원하는 스택의 영역을 쉽게 접근할 수 있다. 물론 ebp를 사용하지 않고, esp를 기준으로 스택 영역을 접근하는 경우도 있는데, 조금만 복잡해지면 어디가 어디인지 분간할 수 없을 정도로 이해하기 어려워지는 경향이 있다. 그래서 대부분의 컴파일러는 ebp를 사용한다.

이제 함수의 결과를 eax에 대입했으니 함수가 할 일은 끝난 셈이다. 이제 함수 호출 이전으로 돌아가면 될 것 같다. 돌아가기 전에 할 일이 있다. 이전 함수 즉, main이 사용하던 ebp를 돌려놓아야 한다. 그래서 (C-5)에서는 pop ebp를 수행한다. 그 결과 스택의 상태는 그림에서는 (g)가 된다. 잘 이해가 안가는 독자를 위하여 추가적으로 설명하면 pop ebp를 수행하기 전의 상태는 그림 (f)와 같다. 스택의 맨 위에는 이전 함수 즉 main의 ebp가 들어있다. 또한 현재 ebp는 Plus 함수의 것이다. Plus 함수가 종료되어 main으로 돌아가게 되면 ebp 역시 당연히 main의 것으로 되돌려져야 한다. 따라서 pop ebp를 수행하면 스택에 저장된 main의 ebp가 ebp에 대입되는 것이다. 그래서 그림 (g)에서 ebp가 가리키는 위치는 Plus 함수가 호출되기 직전의 ebp가 가리키던 위치로 돌아가게 되는 것이다. 그림으로 따진다면 (f)에서 이전 상태인 (e)로 돌아가는 것인데, (e)를 스택의 변화 흐름상

(g)로 표현한 것이다.

(C-6)에서 ret이 수행된다. 무척 단순하다. 바로 복귀 주소로 돌아가라는 명령이다. 복귀 주소는 어떻게 알 수 있을까? 바로 스택에 저장되어 있다.

ret이 하는 동작은 정확하게 얘기해서 현재 esp가 가리키는 메모리 영역의 값을 pop 하면서 복귀 주소를 구해내고 그곳으로 점프하는 것이다. 현재 스택 상태는 그림에서 (g)이다. (g)에서 esp가 가리키는 메모리 영역의 값은 바로 복귀주소이다. 이 상태에서 ret을 수행하면 pop이 수행되면서 esp는 아래쪽으로 한 칸 내려가고 pop된 주소로 실행 흐름이 이동하게 되는 것이다. 그 결과 스택의 상태는 그림에서 (h)가 된다.

드디어 복귀 주소로 돌아와서 (D-1)이 수행될 차례이다. 그림에서 (h)를 보자! 더 이상 불필요한 인자 1, 2가 스택에 들어있는 모습을 볼 수 있다. 함수가 반환되었으니 더 이상 스택에 인자가 들어있을 이유가 없다. 그래서 스택을 정리한다.

add esp,8은 esp에 8을 더한다는 의미이다. 그래서 esp는 아래쪽으로 두 칸 이동한다. esp가 아래로 이동했으니 스택의 크기는 줄어든 것이다. 그런데 궁금함이 생길 것이다. 왜 pop을 하지 않는지? 따지고 보면 pop을 두 번해야 한다. pop 한 번이 일어날 때마다 esp는 4만큼 증가하기 때문이다. 그러나 효율적으로 따져보자! pop을 두 번 하는 것보다 add 명령을 한 번만 쓰면 훨씬 효율적이다. 한 번이나 두 번이나 별 차이 없다고 느낄 수 있을지 모르지만 가령 스택에 인자로 크기가 큰 클래스 객체를 넘길 경우 pop이 많은 횟수로 반복될 수 있다. 그래서 크기가 큰 인자를 넘기고 스택을 정리할 때는 push, pop보다 add나 sub을 사용한다. (D-1)이 수행된 이후에 스택의 상태는 그림에서 (i)가 된다.

드디어 마지막 (D-2)이다. eax에 있는 값을 ebp-4가 가리키는 메모리 영역에 대입하라는 의미이다. 위에서 eax에는 어떤 값이 들어있었나? 바로 함수의 반환 결과인 3이 들어있었다. 그 3을 ebp-4가 가리키는 메모리 영역에 대입한다는 것이다.

그림에서 스택 (i)상태를 확인해보자! esp-4가 가리키는 위치는 main에서 Plus 함수의 반환 결과를 담기 위한 int Sum을 위해 할당한 공간이다. 즉, 그 위치에 Plus 결과를 저장하고 있는 eax를 대입하라는 의미이다. 그 결과 스택의 상태는 그림에서 (j)가 된다.

이것으로 함수가 어떻게 호출되고 반환되는지, 그 과정에서 스레드 스택의 상태는 어떻게 변화되는지를 파악할 수 있었다. 그런데 의문이 들 것이다. 도대체 함수 호출 규약은 무엇이냔 말이다. 먼저 쉽게 정리하면 함수 호출 규약은 함수가 호출되고 반환되는 일련의 과정에서 정형화된 부분이 바로 함수 호출 규약이라고 할 수 있다. 정형화된 부분이란 무엇인가?

첫째, 함수의 인자들이 역순으로 스택에 입력되어 전달된다는 점
둘째, 일반적으로 함수의 반환 값은 eax 레지스터에 대입된다는 점
셋째, 함수가 반환된 이후 사용되지 않는 인자의 스택 영역을 호출한 함수가 정리한다는 점

바로 이런 특징을 함수 호출 규약이라고 할 수 있다.
우리가 살펴본 Plus 함수는 바로 위의 원칙을 따르는 함수 호출 규약대로 컴파일러가 어셈블리를 작성한 것이다. 참고로 Plus 함수에 적용된 함수 호출 규약의 이름은 cdecl이다. 그렇다면 다른 함수 호출 규약도 있다는 것인데, 이제 그것을 살펴볼 차례이다.

함수를 선언 및 정의할 때는 함수 호출 규약을 지정해주어야 한다. 즉, 이 함수는 이런 함수 호출 규약을 따를 것이라고 알려주는 것이다. 그러나 일반적으로 Plus 함수에서 보듯이 함수 호출 규약은 생략되는데, 컴파일러에서 특정한 함수 호출 규약이 지정되어 있지 않을 경우 기본 함수 호출 규약을 지정하기 때문이다. 보통 컴파일러에서 기본으로 설정된 함수 호출 규약이 cdecl이기 때문에 Plus 함수는 cdecl이 되는 것이다.

VC++ 컴파일러의 경우 설정을 변경하면 기본 함수 호출 규약을 cdecl에서 다른 것으로 변경할 수 있는데, 사용 가능한 것은 stdcall과 fastcall이 있다. 그러나 이런 설정은 변경하지 않는 것이 좋은데, 만일 혼자만 사용하기 위하여 설정을 변경할 경우 아무 상관이 없겠지만 공동 개발을 할 경우에 다른 개발자는 설정이 변경된 사실을 전혀 알지 못하는 위험이 있기 때문이다. 사실 설정이 구석에 숨겨져 있고, 대부분이 지나치기 쉬운 것이라서 더더욱 모를 가능성이 크다. 참고로 함수 호출 규약이 맞지 않아서 에러가 발생하면 찾

는데 한참의 시간이 걸리는 경우도 있다. 가능하면 기본 설정은 함부로 바꾸지 않는 것이 좋다.

➔ 7.2.2. stdcall

이미 cdecl 함수 호출 규약에 대해서는 간단히 살펴보았으니 이번에는 stdcall에 대해서 살펴볼 차례이다. 소스 코드는 이전 것을 그대로 사용하겠지만 변화되는 부분이 있다. 바로 stdcall을 직접 함수의 선언 및 정의 부분에 지정하는 것이다.

[소스 7-2] 기본 함수 호출(stdcall)

```
int__stdcall Plus(int a, int b);              // (0)

void main()
{
  /*
  push ebp                                    // (A-1)
  mov   ebp,esp                               // (A-2)
  push ecx                                    // (A-3)
  */

  int Sum = Plus(1, 2);                       // (1)
  /*
  push 2                                      // (B-1)
  push 1                                      // (B-2)
  call Plus                                   // (B-3) *
  mov   dword ptr [ebp-4],eax  // (D-1) *
  */
}

int__stdcall Plus(int a, int b)               // (2)
{
  return a + b;                               // (3)
  /*
```

```
    push  ebp                                    // (C-1)
    mov   ebp,esp                                // (C-2)
    mov   eax,dword ptr [ebp+8]   // (C-3)
    add   eax,dword ptr [ebp+0Ch]                // (C-4)
    pop   ebp                                    // (C-5)
    ret   8                                      // (C-6) *
    */
}
```

〈소스 7-2〉는 〈소스 7-1〉에서 함수 호출 규약만 stdcall로 지정한 것이다. (0)에서 볼 수 있듯이 반환 타입과 함수 이름 사이에 함수 호출 규약을 지정해주면 된다. 참고로 GCC에서는 반환 타입과 함수 이름 사이에 __attribute__((stdcall))를 지정해주어야 한다. 컴파일러마다 조금씩 함수 호출 규약 지정 방식은 다를 수 있다. stdcall이 지정됨으로써 어셈블리 코드는 어떻게 변화되었을까? 눈을 크게 뜨고 찾아보길 바란다. 차이점이 드러나는 부분이 바로 stdcall의 특징이라고 할 수 있을 것이다.

지금 코드에서는 cdecl이나 stdcall에서 스택의 상태 변화가 크게 달라지지는 않는다. cdecl이나 stdcall의 차이가 그리 큰 것은 아니라서 스택의 상태 변화에 큰 영향을 주는 것은 아니지만, 다른 함수 호출 규약을 지정하게 될 경우 스택의 상태 변화 모습이 많이 달라지게 될 수도 있다. 일단 지금 코드에서는 스택의 상태 변화가 거의 일치하기 때문에 기존 스택 상태 변화 그림을 그대로 사용하면 된다.

cdecl에서 stdcall로 변하면서 달라진 부분은 주석 옆에 별표(*)를 표시하였다. 별표(*)된 부분이 달라진 경우도 있고, 별표(*)가 된 사이의 코드가 사라진 경우도 포함하였다. 먼저 main에서 Plus 함수가 호출되는 곳까지는 차이가 없다. 그래서 실행 흐름은 (C-1)로 넘어가게 된다. 역시 큰 차이 없이 실행되다가 드디어 (C-6)에서 차이가 발생한다. 이전 소스 코드를 살펴보자! cdecl에서는 (C-6)에 ret만 존재했다. 그런데 stdcall에서는 ret 8이 나오고 있다. ret 8의 의미는 무엇일까?

ret이 스택의 esp가 가리키는 복귀 주소를 pop하고 점프를 하는데 비해서, ret 8은 스택의 esp가 가리키는 복귀 주소를 pop하면서 esp에 다시 한 번 8을 더하고 점프하라는 의미이다. 즉, 중간에 esp를 두 칸 아래로 내리는 동작이 추가된 것이다. 그림에서 따진다면 (g)에서 바로 (i)로 상태 변화를 하는 것이다.

결국 함수가 반환되기 전에 인자들의 스택 부분을 먼저 정리하는 것이다. 함수가 복귀한 이후, 즉 실행 흐름은 (D-1)로 돌아오게 된다. 여기서 잘 살펴보자!

원래 cdecl에서 (D-1)은 add esp,8 이었다. 즉, 스택의 인자들을 정리하는 명령이었는데, 스택을 정리하는 것은 이미 완료되었으므로 더 이상 스택을 정리할 필요가 없어졌다. 그래서 cdecl의 (D-1) 코드는 빠져버리게 된다. 그래서 stdcall의 (D-1)에서는 바로 반환 값을 스택의 int Sum 영역에 대입하는 것이다.

stdcall을 한 번 정리해보자!

첫째, cdecl과 마찬가지로 인자를 오른쪽에서 왼쪽으로 스택에 입력하여 전달한다.

둘째, 결과는 마찬가지로 eax에 대입하여 반환한다.

셋째, 인자의 스택 영역을 호출된 함수가 정리한다.

결국 cdecl과 stdcall의 가장 큰 차이점은 함수로 전달된 인자의 스택 영역을 누가 정리하느냐이다. 즉, cdecl의 경우 Plus 함수를 호출한 main에서 인자의 스택 영역을 정리하지만, stdcall의 경우 호출된 Plus 함수에서 직접 인자의 스택 영역을 정리한다.

보통 프로그래밍 용어로는 main처럼 다른 함수를 호출하는 주체를 caller, Plus처럼 호출된 함수를 callee라고 부른다. 따라서 호출된 어떤 함수가 다른 함수를 호출한다면 어떤 함수는 caller이면서 callee도 될 수 있다. 용어가 중요한 것은 아니지만, 일반적으로 함수 호출 규약을 설명할 때 다음과 같이 말한다.

cdecl은 caller가 스택 영역을 정리하고, stdcall은 callee가 스택 영역을 정리한다.

도대체 왜 함수 호출 규약이 cdecl이나 stdcall처럼 여러 개 사용되는 것일까? 각 함수 호출 규약이 사용되는 이유는 각각의 장점이 있기 때문이다. 대표적으로 cdecl은 가변 인자 함수를 가능하게 할 수 있다. 즉, printf 같은 포맷 계열 함수들은 cdecl 방식을 사용해야 한다는 의미이다. stdcall 방식으로는 절대로 가변 인자 함수를 만들 수 없기 때문이다. 갑자기 궁금증이 밀려올 것인데, 어떤 이유로 stdcall 방식으로는 가변 인자 함수를 만들 수 없는지는 이후에 잘 설명할 것이다. 일단은 알아두자! cdecl의 장점은 가변 인자 함수를 만들 수 있다는 것이다.

그렇다면 stdcall은 장점이 없는 것일까? 그렇지 않다. 대표적인 장점이 있는데 바로 바이너리 코드의 양을 줄일 수 있는 이점이 있다. 가령 cdecl 방식의 Plus 함수가 while이나 for와 같은 반복 구문이 아닌 코드 상에서 1000번 정도 호출된다고 생각해보자! 그 의미는 인자의 스택 정리를 하는 어셈블리 코드도 1000번 바이너리에 들어가는 것을 말한다. 즉, 같은 코드가 중복되는 문제가 발생한다. 그에 비해서 stdcall 방식의 Plus 함수는 몇 번이 호출되건 상관없이 인자의 스택 정리 코드는 바이너리에 단 한 번만 들어갈 뿐이다. 사실 지금은 큰 문제가 아니지만 바이너리 크기에 민감하던 시절에는 나름 큰 장점으로 부각될 수 있었다.

객관적으로 따져볼 때, 어느 방식이 더 우위에 있는 것일까? 누가 뭐래도 cdecl이 훨씬 우위에 있을 수밖에 없다. stdcall을 쓰지 않으면 바이너리 크기가 조금 커지겠지만 그렇다고 그것이 큰 문제가 되는 것은 아니다. 그러나 cdecl을 쓰지 않는다면 C/C++에서 정의된 가변 인자 함수는 절대로 만들 수 없는 문제가 있다. 즉, cdecl이 제공되지 않는다면 무척 치명적이라고 할 수 있다. 그래서 컴파일러들은 기본 함수 호출 규약으로 cdecl을 지정해놓는 것이다.

지금까지 cdecl과 stdcall에 대해서 살펴보았다. 아직 하나가 더 남았다. 바로 fastcall이다. 그러나 여기서 fastcall에 대해서는 설명하지 않을 것이다. fastcall이 사실 C/C++에서 거의 사용되지 않고 있으며 cdecl과 stdcall만 알아도 C/C++의 원리를 이해하는 데는 충분하다고 생각하기 때문이다. 혹시라도 fastcall에 대해서 궁금한 독자는 전문 서적을 참고하길 바란다. 꼭 책이 아니어도 웹에는 여러 함수 호출 규약을 자세히 설명해 놓은 곳이 많이 있다.

여기서 독자들은 누구나 이런 생각을 할 수 있을 것이다. '왜 함수 호출 규약을 여러 개로 나눠놓고 귀찮게 하는지, 그냥 cdecl로 통합하면 얼마나 좋겠는가!' 실제로 이런 생각은 함수 호출 규약의 통일로 이어지고 있다. 무척 희소식이다. 비록 32비트 x86 시스템에서는 cdecl, stdcall, fastcall, thiscall 등등이 사용되고 있지만, 64비트 x64 시스템에서는 통일된 함수 호출 규약이 사용된다. 즉, 모든 PC가 x64 시스템을 사용하게 되는 날이면 더 이상 개발자가 여러 종류의 함수 호출 규약을 배울 필요가 없어진다는 의미이다. 그렇다면 x64의 함수 호출 규약을 살펴보자!

➡ 7.2.3. x64 Calling Convention

64비트 x64 시스템에 들어서면서 드디어 함수 호출 규약은 통일되었다. 그런데 상식적으로 생각해보자! 하나로 통합되어서 좋긴 한데, 그만큼 분석이 어려워지는 면이 있다. 기본적으로 스택 정리를 담당하는 주체는 cdecl처럼 호출자인 caller가 된다. 왜냐하면 x64에서도 가변 인자 함수는 지원해야 되기 때문에 통일된 함수 호출 규약은 당연히 cdecl과 같은 방식이다.

cdecl의 특징만 통합 규약에 포함된 것은 아니다. fastcall의 특징도 포함되어 있는데, 바로 인자 전달시 몇 개는 레지스터를 이용한다는 점이다. 그뿐 아니다. 나중에 설명할 클래스 멤버 함수를 위한 thiscall까지도 통합 규약에 포함되어 있다. 간단하게 요약하면 기존에 사용되던 모든 함수 호출 규약을 통합해서 하나로 만들었기 때문에 복잡해진 것이다. 복잡해진만큼 어려울 수 있으니 개념만 파악하는 수준으로 코드를 분석해보자!

참고로 x64 함수 호출 규약이 통합되었지만 통합의 의미는 기존의 cdecl, stdcall, fastcall, thiscall 등이 통합되었다는 의미이다. x64 함수 호출 규약은 컴파일러마다 조금씩 다를 수 있다. 즉, VC++와 GCC의 x64 함수 호출 규약은 큰 틀에서는 비슷하지만 조금은 다르다.

```c
int Plus(int a, int b);

void main()
{
    int Sum = Plus(1, 2);                    // (1)
    /*
    sub   rsp,38h                            // (A-1)
    mov   edx,2                              // (A-2)
    mov   ecx,1                              // (A-3)
    call  Plus                               // (A-4)
    mov   dword ptr [rsp+20h],eax            // (C-1)
    add   rsp,38h                            // (C-2)
    */
}


int Plus(int a, int b)                       // (2)
{
    return a + b;                            // (3)
    /*
    mov   dword ptr [rsp+10h],edx            // (B-1)
    mov   dword ptr [rsp+8],ecx              // (B-2)
    mov   eax,dword ptr [rsp+10h]            // (B-3)
    mov   ecx,dword ptr [rsp+8]              // (B-4)
    add   ecx,eax                            // (B-5)
    mov   eax,ecx                            // (B-6)
    ret                                      // (B-7)
    */
}
```

〈소스 7–3〉은 VC++ 컴파일러가 생성하는 x64 함수 호출 규약이 적용된 어셈블리를 보여준다. x86 시스템의 cdecl이나 stdcall과는 확실히 다른 코드를 보여준다.

먼저, 큰 변화가 있는데, 바로 레지스터의 이름이 변경되었다는 것이다. x86에서는 32비트 esp, eax, ecx 등을 사용했는데 x64에서는 64비트 rsp, rax, rcx 등을 사용한다. 일반적으로 레지스터 이름에 앞에 e가 붙으면 32비트고, r이 붙으면 64비트다(단 r8d, r9d와 같은 예외도 있긴 하다). x86에서는 스택의 현재 위치를 가리키는 레지스터가 esp였는데, x64에서는 rsp가 동일한 역할을 담당한다. 참고로 x86에서 그림상의 스택의 한 칸은 4바이트였지만, x64에서 그림상의 스택 한 칸의 크기는 8바이트가 된다는 것을 유의해야 한다.

제일 큰 변화는 함수마다 스택의 접근을 쉽게 하기 위하여 기준점이 되던 x86 ebp에 대응되는 x86 rbp 레지스터가 보이지 않는다는 것이다. 원래 x86에서는 ebp부터 스택에 저장한 후에 ebp를 esp로 갱신하였다. 그리고 ebp를 이용하여 스택의 특정 영역에 접근할 수 있었다. 그런데 x64에서는 그런 과정이 보이지 않는다는 점이다. 그렇다면 x64에서는 어떻게 스택의 특정 영역에 접근할까? 코드를 살펴보면 알 수 있겠지만, 그 역할을 rsp가 대신한다. 결국 x86으로 따진다면 ebp를 안 쓰고 esp로 스택을 접근한다는 것인데, 이전에 설명했듯이 esp를 기준으로 삼을 경우 코드 분석이 무척 어려워진다. 분명 그런 면으로 인해서 x64에서 스택 접근을 위하여 rsp를 사용하는 코드는 분석이 어렵긴 하다. 그러나 x64에서는 가능하면 함수 중간에서 rsp가 변경되지 않도록, push나 pop과 같은 명령은 최소화되어 사용된다. 그래서 막상 어셈블리 분석에 큰 어려움은 발생하지 않는다.

위와 같은 점을 참고하면서 이제부터 실제 소스를 분석해보자! 분석의 편의를 위하여 역시 스택의 상태 변화 그림을 준비하였다.

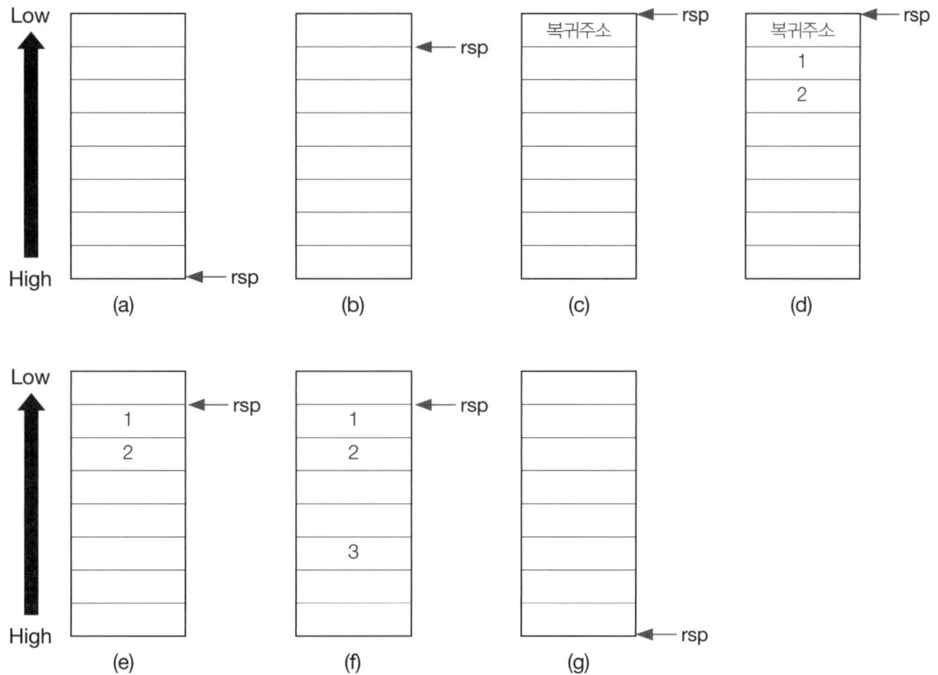

▲ **그림 7-3** x64 함수 호출 규약의 스레드 스택 변화

스레드 스택의 초기 상태는 그림에서 (a)이다. 이제 main이 실행된다.

(A-1)에서 sub rsp, 38h가 수행된다. 38h는 16진수인데, 10진수로는 56이다. 그림상의 스택 한 칸의 크기는 8바이트다. 따라서 rsp를 7칸 위쪽으로 이동시키라는 의미이다. 그 결과 스택의 상태는 그림에서 (b)가 된다.

(A-2), (A-3)을 살펴보자! x86이라면 스택에다가 인자를 push했을 것이다. 그러나 x64에서는 인자를 push하지 않고, 레지스터 ecx와 edx에 대입한다. 스택에 입력하는 과정이 사라졌으므로 그만큼 성능 향상이 있다. 여기서 의문이 생길 수 있다. 만일 인자가 많을 경우는 어떻게 되는 것일까? 레지스터를 이용해서 인자를 넘기는 방식은 분명 한계가 있다. 보통 VC++의 경우 정수 인자 4개까지는 rcx, rdx, r8, r9 레지스터를 이용하여 넘길 수 있다. 물론 4개가 넘어가는 인자에 대해서는 기존 방식처럼 스택에 입력을 하게 된다. 참고로 GCC의 경우는 정수 인자 6개까지 레지스터를 이용해서 전달한다. 이와 같은

설명을 듣게 되면 어딘가 코드가 이상하다는 것을 다시 한 번 느끼게 될 것이다. 아마 오타가 아닐까 생각할 수도 있다. 분명 어셈블리에서는 인자를 rcx나 rdx가 아닌 ecx와 edx를 통해서 넘겼기 때문이다. 그런데 신기하지 않은가? ecx나 edx는 32비트 레지스터인데, x64 시스템에서도 사용할 수 있다는 것 말이다. 그러나 ecx와 rcx, 그리고 edx와 rdx는 각각 같은 레지스터를 가리키고 있는 것이다.

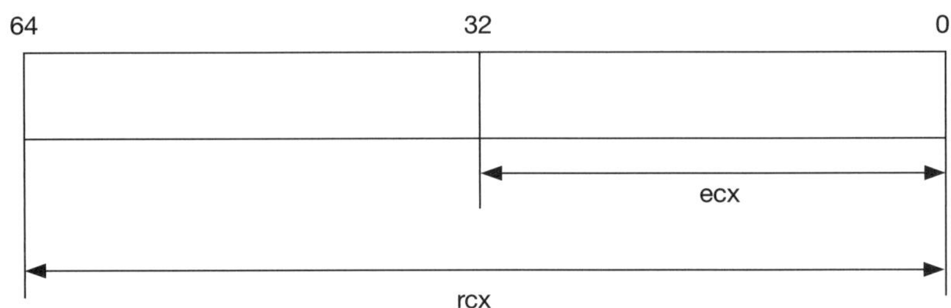

▲ 그림 7-4 x64 - rcx 레지스터 구조

〈그림 7-4〉는 x64의 rcx 레지스터 구조를 보여준다. 그림에서 알 수 있듯이 64비트 rcx 레지스터에서 하위 32비트를 ecx 레지스터라고 취급하는 것이다. 그래서 4바이트 정수 인자가 사용될 경우는 ecx가 사용되며, 8바이트 정수 인자가 사용될 때는 rcx가 사용되는 것이다. 참고로 지금까지 설명한 것은 정수 인자가 사용되는 경우이고, 만일 부동소수점 인자가 사용될 경우 rcx, rdx, r8, r9가 아닌 xmm0 ~ xmm3 4개의 레지스터가 사용된다.

다시 소스로 돌아와서 (A-4)에서 call Plus가 호출된다. call은 rsp에 8을 빼서 한 칸 위로 올리고, 그 위치에 복귀 주소를 입력한다. 그래서 스택의 상태는 그림상으로 (c)가 된다. 이제 실행 흐름은 (B-1)로 넘어간다. 그전에 VC++의 x64 함수 호출 규약의 또 다른 특징을 살펴볼 것이다. VC++ x64 함수 호출 규약에서는 함수 호출시 레지스터를 이용하여 전달되는 4개의 인자가 스택에 저장될 수 있도록 인자 영역을 미리 확보해놓는다. 즉, 그림상에서 (c)의 복귀 주소 아래 4칸은 전달되는 인자들이 저장될 수 있도록 미리 예약된 공간이란 의미이다. 왜 이렇게 공간을 마련해놓은 것일까? 바로 함수 안에서 다른 함수를 호출할 수 있기 때문이다. 만일 전달된 인자가 스택에 저장되지 않고 다른 함수가 호출된다면 다른 함수로 전달하는 인자들이 기존에 인자를 담고 있던 레지스터들에 대입될 것이고 그로 인해서 기존 인자들은 사라지는 문제가 발생하기 때문이다. 즉, 레지스터를 이용한 인자 전달은 어떤 경우건 스택에 저장될 필요가 있긴 하다. 물론 다른 함수가 호출되는 경우에 해당하는 것이지만 VC+의 경우에는 무조건 4개 인자를 위한 공간을 확보한다는 것이 특이점이라고 할 수 있다. 참고로 GCC에서는 무조건 인자를 위한 스택 영역을 확보하지는 않는다.

(B-1), (B-2)에서 레지스터로 넘어온 인자를 각각 예약된 스택 영역에 집어넣는다. push를 사용하지 않고 mov를 통해서 입력하기 때문에 rsp는 변화가 없다. 그 결과 스택의 상태는 그림에서 (d)가 된다.

(B-3)에서 (B-6)까지는 인자를 더해서 결과를 만들어내는 과정이다. 중요한 것은 결과는 x86에서 eax에 담긴 것처럼 x64에서는 rax에 대입되며, 이 코드에서는 반환 값이 32비트이기 때문에 rax의 하위 32비트인 eax가 사용되었다.
(B-7)에서 ret가 수행된다. rsp가 가리키는 위치에서 pop을 수행하고, 구해진 복귀 주소로 점프한다. 참고로 x64의 pop은 rsp가 가리키는 메모리 영역의 8바이트 값을 읽어오고, rsp에 8을 더해서 rsp의 위치를 한 칸 내리게 된다. 이것의 결과로 스택의 상태는 그림에서 (e)가 된다.

이제 실행 흐름은 (C-1)로 넘어왔다. (C-1)은 함수의 반환 값인 eax를 rsp+20h가 가리키는 스택의 영역에 대입하는 것이다. 20hs 10진수로 32이므로 rsp 기준으로 4칸 아래에 위치한다. 그 결과 스택의 상태는 그림에서 (f)가 된다. 마지막으로 main이 종료되는 순간이다. (C-2)에서 add rsp,38h가 수행되는데, main에서 할당했던 스택을 정리하는 코드이다. (A-1)에서 sub rsp,38h로 스택을 할당했기 때문에 그대로 반대의 과정을 거치게 된다. 그 결과 스택의 상태는 그림에서 (g)가 되는데, 이것은 바로 스택 최초의 상태인 (a)와 같은 것이다.

혹시라도 인자가 4개가 넘는 경우에는 스택의 상태나 어셈블리가 어떻게 변하는지 궁금해하는 독자를 위하여 간단히 살펴보겠다.

[소스 7-4] 인자가 4개가 넘는 함수 호출(x64 Calling Convention)

```cpp
int Plus(int a, int b, int c, int d, int e, int f);     // (1)

void main()
{
    int Sum = Plus(1, 2, 3, 4, 5, 6);
    /*
    sub    rsp,48h                                       // (A-1)
    mov    dword ptr [rsp+28h],6                         // (A-2)
    mov    dword ptr [rsp+20h],5                         // (A-3)
    mov    r9d,4                                         // (A-4)
    mov    r8d,3                                         // (A-5)
    mov    edx,2                                         // (A-6)
    mov    ecx,1                                         // (A-7)
    call   Plus                                          // (A-8)
    mov    dword ptr [rsp+30h],eax                       // (C-1)
    add    rsp,48h                                       // (C-2)
    */
}

int Plus(int a, int b, int c, int d, int e, int f)      // (2)
{
    return a + b + c + d + e + f;                        // (3)
    /*
    mov    dword ptr [rsp+20h],r9d                       // (B-1)
    mov    dword ptr [rsp+18h],r8d                       // (B-2)
    mov    dword ptr [rsp+10h],edx                       // (B-3)
    mov    dword ptr [rsp+8],ecx                         // (B-4)
    mov    eax,dword ptr [rsp+10h]                       // (B-5)
    mov    ecx,dword ptr [rsp+8]                         // (B-6)
    add    ecx,eax                                       // (B-7)
    mov    eax,ecx                                       // (B-8)
```

```
        add   eax,dword ptr [rsp+18h]              // (B-9)
        add   eax,dword ptr [rsp+20h]              // (B-10)
        add   eax,dword ptr [rsp+28h]              // (B-11)
        add   eax,dword ptr [rsp+30h]              // (B-12)
        ret                                        // (B-13)
    */
}
```

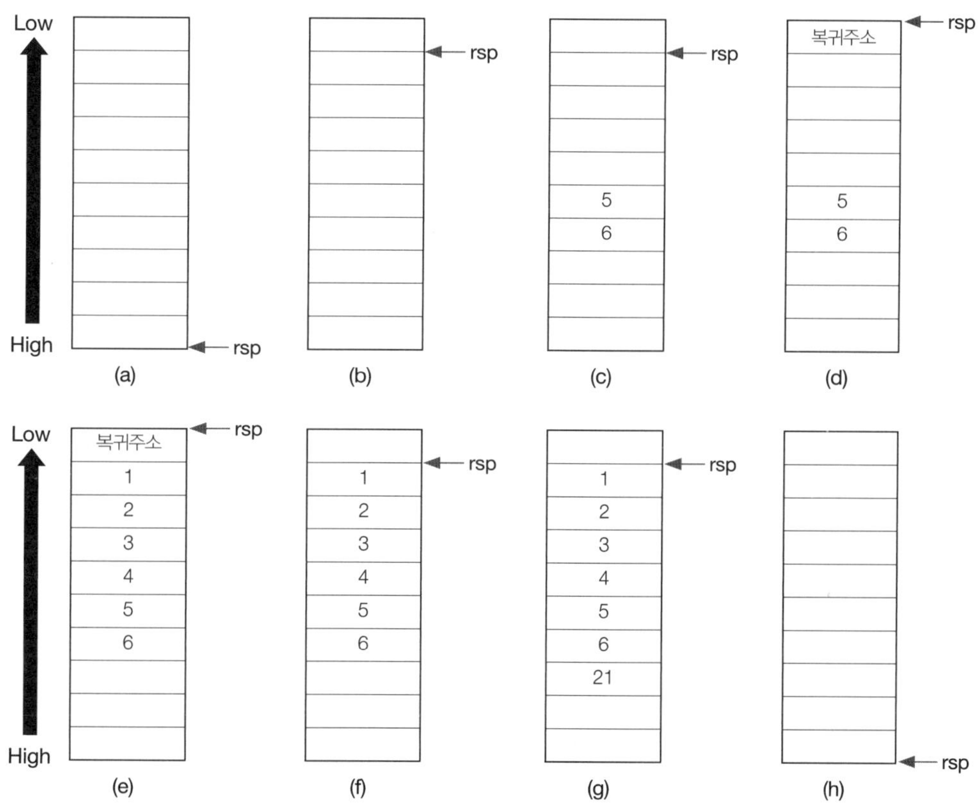

▲ **그림 7-5** 인자가 4개가 넘는 함수 호출의 x64 함수 호출 규약의 스레드 스택 변화

〈소스 7-4〉는 인자가 4개 넘는 경우를 위한 테스트 코드이다. 인자의 개수는 6개로 하였다. 이전 코드와 다른 차이점만을 살펴보자!

(A-1)에서 sub rsp, 48h를 수행한다. 48h는 10진수로 72이다. 따라서 rsp는 위로 9칸 이동한다. 이전보다 7칸 이동한 것에 비해서 2칸 더 이동했다. 바로 기본 인자 개수를 초과한 2개인자를 전달하기 위한 스택 영역이다. 스택의 상태는 그림상으로 (a)에서 (b)로 변화한다.

(A-2), (A-3)은 기본 인자 개수 4개를 넘어선 인자 5, 6을 스택을 이용하여 전달하는 코드이다. 그 결과 스택의 상태는 그림에서 (c)가 된다.

(A-4)부터 (A-7)까지는 기본 인자 4개를 전달하기 위하여 레지스터에 입력하는 과정이다. 코드로 볼 수 있듯이 ecx, edx, r8d, r9d가 사용되었다. 참고로 r8d와 r9d는 각각 64비트 r8, r9 레지스터의 하위 32비트를 나타내는 레지스터이다. 따라서 r로 시작한다고 해서 반드시 64비트 레지스터는 아니다. (A-8)에서 call Plus가 수행된다. 그 결과 스택의 상태는 그림에서 (d)가 된다.

(B-1)부터 (B-4)까지는 레지스터를 이용하여 전달된 인자를 예약된 스택 영역에 채우는 코드이며, 그 결과 스택의 상태는 (e)가 된다. (B-5)부터 (B-12)까지는 스택에 입력된 6개 인자들을 모두 더하는 과정이다. 그리고 (B-13)에서 ret를 수행한다. 그 결과 스택의 상태는 (f)가 된다.

(C-1)에서 eax에 반환된 값을 스택의 특정 영역에 기록하여 스택의 상태는 그림에서 (g)가 된다. (C-2)에서 add rsp,48h를 통해서 Caller인 main은 스택을 최종 정리한다. 그로 인하여 스택의 상태는 그림에서 (h)가 되는데, 이것은 스택의 최초 상태 (a)와 같다.

이것으로 x86의 cdecl, stdcall과 x64의 함수 호출 규약을 알아보았다. 간단하게 개념만 설명하기 위하여 정말 간단한 함수를 이용하여 분석해보았지만 그리 만만한 작업은 아니었을 것이다. 사실 실제 현업에서 사용되는 함수에 대한 어셈블리는 분석하기가 거의 불가능할 정도로 복잡하다. 물론 그것을 분석해내는 사람들도 있긴 하다. 함수 호출 규약으로 인해서 함수가 어떤 식으로 호출되고 반환되는지를 이해하게 되면, 앞으로 C/C++ 코드를 분석할 때 상당히 많은 도움이 된다. 그뿐 아니라 C++ 코드만으로는 절대 이해할 수 없는 현상이나 버그등도 쉽게 해결할 수 있는 실마리를 제공해주기도 한다.

이 책에서 설명한 함수 호출 규약은 정말 기초적인 개념만 설명한 것이고, 시간이 나거나 관심이 있는 독자라면 전문 서적을 통해서 좀 더 깊이있게 알아보길 추천한다. 알면 알수록 C/C++을 이해하는 과정은 쉬워진다고 할 수 있다.

7.3. Name Mangling(Name Decoration)

Name Mangling에 대해서는 적절하게 대응되는 우리말이 없는 것 같다. 굳이 번역하자면 '이름 장식' 정도가 어울릴 수 있겠다. 그러나 필자가 생각하기에는 '장식'이란 단어가 별로 마음에 들지는 않는다. 우리가 말하는 '장식'이란 본질적인 무엇인가에 부가적인 어떤 것을 덧대어서 보기 좋게 표현하는 것을 의미한다. 장식에 따라서 보이는 것이 달라지긴 하지만 본질 자체가 변하지는 않는다. 그러나 Name Mangling에서 말하는 이름 장식의 경우 본질 자체를 표현한다는 점에서 개념이 확실히 다르다고 할 수 있다. 즉, 단순히 이름을 조금 보기 좋게 꾸미는 것이 아니라 중요한 핵심 정보를 담기 위하여 이름을 변경한다고 생각해야 한다.

➡ 7.3.1. Name Mangling 포함 정보

[소스 7-5] C++ 함수 코드

```
int Func()                    // (1)
{
    return 0;
}

int Func(int arg)             // (2)
{
    return arg;
}

void main()
{
```

```
        Func();
        Func(1);
    }
```

〈소스 7-5〉는 아무 문제 없는 코드이지만, 이 소스를 만일 C 컴파일러로 컴파일 할 경우 에러가 발생하게 된다. 이제는 거의 사용하지 않는 C 컴파일러가 나와서 어리둥절할 수 있겠지만 C 컴파일러의 기본적인 특징에 대해서 알고 있어야만 Name Mangling을 조금 은 쉽게 이해할 수 있다.

참고적으로 C 컴파일러로 컴파일을 하는 방법은 그리 어렵지 않다. 소스 파일의 확장자 를 cpp가 아닌 c로 바꾸기만 하면 된다. 물론 이 방법은 VC++에서 사용하는 방법이고, GCC에서 C 컴파일러를 이용하기 위해서는 g++ 대신 gcc를 사용하면 된다.

C++는 C를 기반으로 하여 여러 가지 개념 및 문법을 새롭게 도입한 언어이다. 대표적인 개념은 당연히 클래스이다. 물론 그 외에도 새로운 많은 것들이 있지만, 함수에 있어서 결정적인 변화는 바로 중복정의를 사용할 수 있게 되었다는 것이다. 예제 코드에서는 중 복정의를 바로 확인할 수 있다. (1), (2)를 살펴보자! 분명히 다른 함수이지만 이름이 똑같 다. 이렇게 이름은 같지만 실제 다른 함수가 존재할 수 있는 중복정의가 C++에 새롭게 도입된 특징이라고 할 수 있다. 그렇기 때문에 중복정의가 없던 시절의 C 컴파일러는 예 제 코드와 같은 중복정의를 이해할 수 없기 때문에 에러처리를 하게 되는 것이다.

다시 C 컴파일러로 돌아가보자! C++이 나오기 전에는 함수의 중복정의는 단순한 에러 에 불과했다. 즉, 모든 함수는 절대로 이름이 중복되어서는 안 되는 것이었다. 결국 각 함 수마다 고유한 이름이 있다고 생각하면 된다.

Name Mangling은 사실 일상 생활에서 쉽게 접할 수 있다. 학창 시절을 생각해보자! 지금 은 학생수가 줄어서 한 반의 학생수가 20~30명 정도 되지만, 필자가 학교를 다니던 시절 에는 한 반의 학생수가 60명을 넘은 적도 있었다. 그럴 경우 한 반에 꼭 이름이 같은 학생 이 존재하곤 했다. 가령 김철수라는 이름을 가진 학생이 둘이라면 너무나도 자연스럽게 김철수A, 김철수B로 나누어서 불리게 되었다(출석부에도 공식적으로 기록되게 된다). C++의 Name Mangling도 비슷한 경우라고 할 수 있다. 물론 완벽하게 개념이 동일한 것은 아니지만 결국 함수의 중복정의를 해결하기 위하여 컴파일러가 자체적으로 각 함수를 구분하기 위하여 이름을 약간 변형하는 것이라고 생각하면 된다.

그렇다면 함수의 중복정의가 없는 C 컴파일러는 Name Mangling이 필요하지 않은 것일까? 대략 그렇게 생각해도 무리는 없지만 컴파일러마다 조금씩은 다르다. Name Mangling의 가장 큰 목적은 중복정의를 해결하기 위한 것도 있지만 함수에 관련된 정보를 담는 역할도 하기 때문이다. 보통 C 컴파일러는 아주 약간 이름을 변경하는 경향이 있긴 한데, 이것은 컴파일러마다 제각각 다르다.

이제 Name Mangling에 대해서 좀더 깊이 살펴보자! 한 반에 김철수가 두 명 있다. 그래서 선생님은 김철수A, 김철수B라고 별칭을 붙여주었다. 어느 날 새로 부임한 선생님이 수업을 맡게 되었다. 출석을 부르는 순간 '김철수'라는 이름만 부른다. 그 때 두 명의 철수가 동시에 대답을 한다. 그 순간 선생님은 출석부에 김철수A, 김철수B가 있다는 사실을 깨닫게 된다. 그러나 여기서 끝일까? 새로 온 선생님은 김철수가 두 명이란 사실은 알게 되었지만, 김철수A, 김철수B라는 이름만으로는 둘 중에 누가 A이고 B인지 가려낼 수 없다. 즉, 얼굴을 보면서 A인지 B인지 한 번은 확인해야 하고, 그것을 마음속에 각인시켜 놓아야만 다음에 정확히 원하는 학생을 호명할 수 있는 것이다(분명 한두 번 정도는 헷갈릴 것이다). 이 방식은 분명 번거로운 면이 있다. 새로운 선생님이나 전학생은 누구나 한 번쯤 실제 학생과 이름 여부의 일치를 확인하고 각인해야만 한다. 그래서 좀 더 나은 방식을 고안했는데, 바로 키(height)를 가지고 별칭을 정해주는 것이었다. '큰 김철수', '작은 김철수'처럼 키의 상대적인 비교를 별칭으로 사용하는 것이다. 이것의 장점은 두 명의 철수를 인지하는 순간 누가 큰 철수이고, 작은 철수인지를 알 수 있다는 것이다.

이제 큰 철수와 작은 철수와 같은 별칭으로 인하여 실제 학생과 이름을 매칭하기가 쉬워졌다. 더 이상 누가 A이고, B인지 각인할 필요도 없어졌다. 그런데 어느 날 정말 우연의 일치인지 모르겠으나 새로운 김철수가 전학을 온 것이다. 하필 키가 셋 중에서 제일 컸다. 이제 새로운 별칭을 다시 만들어야 할까? 이것 이외에도 또 다른 문제가 있다. 원래 김영희는 한 반에 한 명만 있었는데, 어느 날 새로운 김영희가 전학을 온 것이다. 그렇다면 그 동안 불러왔던 김영희를 이제 와서 '김영희A'나 '큰 김영희' 등으로 새롭게 불러야만 할까?

그래서 혁신적인 이름 짓기를 제안했는데, 모든 학생들에게 각자의 키(cm)와 같은 고유한 정보를 이름에 붙여서 사용하기 시작하는 것이다(물론 이름이 같아도 키는 절대로 같지 않다고 가정한다). 그래서 새로운 전학생이 오더라도 절대로 이름이 중복되지 않도록 말이다.

C++는 이제 모든 함수에 대해서 중복정의가 있건 없건 함수 이름을 변형하기 시작했다. 그리고 그런 이름 변형을 Name Mangling이라고 부르고 있는 것이다. 그렇다면 이름 장식을 위하여 각 함수마다 사용하는 고유한 정보란 무엇일까? 바로 인자들의 개수와 타입이다. 애초에 C++의 함수 중복정의는 함수 이름이 같아도 인자들의 개수와 타입이 다를 경우 다른 함수로 취급하므로 각 함수를 정확하게 구별할 수 있는 속성이라고 할 수 있다. 혹시 왜 함수의 반환 타입은 중복정의의 요건으로 들어가지 않는지 궁금한 독자도 있을 수 있다. 상식적으로 간단한데, 함수를 호출할 경우 꼭 반환 결과를 받아야만 하는 것은 아니기 때문이다.

[소스 7-6] 반환 타입이 다른 중복정의

```cpp
int Func()                    // (1)
{
    return 1;
}

double Func()                 // (2)
{
    return 1.2;
}
```

```
void main()
{
  Func();                       // (3)
}
```

〈소스 7-6〉을 살펴보자! (1), (2)에서 볼 수 있듯이 함수 Func는 인자가 없고, 반환 타입만 다른 함수이다. 그러나 main에서 (3)처럼 Func를 호출할 경우 이 Func가 (1)의 Func인지, (2)의 Func인지 구분을 할 수 없는 문제가 발생한다. 그래서 함수 중복정의에서 반환 타입은 함수를 구분하는 요건으로 취급되지 않는 것이다.

➤ 7.3.2. C 컴파일러 Name Mangling

이미 설명했지만 C 컴파일러도 함수 이름에 장식을 한다. 물론 장식을 위하여 추가되는 정보가 중복정의를 위한 것은 아니다. 이름 장식의 형식은 컴파일러마다 제각각이어서 특별하게 그 형식을 알아야 할 필요는 없다. 사실상 컴파일러 내부에서 사용하기 위한 형식이라고 할 수 있다.

[소스 7-7] C 컴파일러의 Name Mangling

```
void Func1() {}
void Func2(int arg) {}
void Func3() {}
void Func4(double arg) {}
void __stdcall Func5() {}
void __stdcall Func6(int arg) {}
void __stdcall Func7() {}
void __stdcall Func8(double arg) {}
}
```

〈소스 7-7〉은 C 컴파일러의 Name Mangling을 확인하기 위하여 여러 종류의 함수를 표현한 것이다. 각각 인자의 개수와 타입을 다르게 하였고, 함수 호출 규약에 따른 변화도 확인하기 위하여 cdecl과 stdcall을 절반씩 넣었다. Func1 ~ Func4는 cdecl 규약이며, Func5~ Func8은 stdcall 규약을 따른다.

위의 함수들은 VC++ x86 C 컴파일러에서 아래와 같이 Name Mangling이 일어난다.

결과를 확인하면 공통적으로 함수 이름 앞에 _(Under Bar)가 추가되었음을 확인할 수 있다. 이건 컴파일러에 따라 다른데, GCC 컴파일러의 경우 _(Under Bar)를 붙이지 않는다. 특이한 사항은 stdcall 규약의 함수에 대해서는 끝에 숫자가 붙는 것을 확인할 수 있다. 끝에 붙는 숫자의 의미는 실제 인자들의 타입 크기를 모두 더한 값이다. 그래서 인자가 없을 경우 0이 붙으며, int 타입 인자가 하나 있을 경우 4, double 타입 인자가 하나 있을 경우는 8이 붙게 된다.

왜 stdcall에서는 인자 타입의 전체 크기가 추가되는지 몇몇 설이 있긴 한데, 대표적인 주장을 살펴보면, stdcall 규약은 인자들의 스택 정리를 함수 자체적으로 처리하기 때문에 정리할 스택의 크기 정보를 Name Mangling을 통해서 알려주어야만 한다는 것이다. 그러나 잠시 뒤에 살펴보겠지만 GCC 컴파일러의 경우는 stdcall 함수의 경우에도 Name Mangling에 크기 정보가 붙지 않는다. 따라서 VC++ 컴파일러에서 왜 끝에 인자들의 타입 전체 크기를 덧붙이는지는 필자도 꽤 궁금한 사항이다.

<GCC Name Mangling 결과>

```
Func1

Func2

Func3

Func4

Func5

Func6

Func7

Func8
```

추가적으로 컴파일러의 차이를 보이기 위하여 같은 함수에 대한 GCC의 Name Mangling 결과를 살펴보자! 눈에 띄게 알 수 있듯이, GCC의 경우 사실상 Name Mangling 자체를 하지 않는 것을 확인할 수 있다.

간단히 정리하면, C 컴파일러도 Name Mangling을 통해서 함수 이름을 약간 변형하긴 한다. 또한 각 컴파일러의 용도에 따라서 부가적인 정보가 포함되기도 한다. 하지만 특별히 부가 정보가 없을 경우 아예 Name Mangling 자체를 하지 않을 수도 있다.

➔ 7.3.3. C++ 컴파일러 Name Mangling

이미 살펴보았지만, C 컴파일러에서 특이한 경우를 제외하면 Name Mangling이 크게 의미가 있는 것은 아니다. 그러나 C++ 컴파일러의 경우 Name Mangling은 큰 의미를 지닐 수밖에 없다. 바로 함수의 중복정의를 가능하게 하기 위하여 인자들의 개수 및 타입 정보를 추가하여 함수 이름을 변형해야 하기 때문이다.

```
int Func1() { return 0;}                                    // (1)
void Func2() {}                                             // (2)
void Func3(int arg1) {}                                     // (3)
void Func4(int arg1, int arg2) {}                          // (4)
void Func5(double arg1) {}                                  // (5)
void Func6(double arg1, double arg2) {}                    // (6)
void Func7(int arg1, double arg2) {}                       // (7)
void Func8(double arg1, int arg2) {}                       // (8)
```

```
〈VC++ Name Mangling 결과〉

  ?Func1@@YAHXZ                          // (1)

  ?Func2@@YAXXZ                          // (2)

  ?Func3@@YAXH@Z                         // (3)

  ?Func4@@YAXHH@Z                        // (4)

  ?Func5@@YAXN@Z                         // (5)

  ?Func6@@YAXNN@Z                        // (6)

  ?Func7@@YAXHN@Z                        // (7)

  ?Func8@@YAXNH@Z                        // (8)
```

〈소스 7-8〉은 x86 VC++의 Name Mangling을 보여준다. 특이한 사항은 Name Mangling
의 추가되는 정보에는 반환 타입도 포함된다는 것이다. (1), (2)를 비교해보면 뒤에 붙는
정보가 달라졌음을 확인할 수 있다. 눈썰미가 좋다면 어느 정도 덧붙는 정보의 의미를 파
악할 수 있을 것이다.

대략적으로 X는 void, H는 int, N은 double을 나타낸다는 것을 확인할 수 있다. 가장 끝
이 Z, @Z로 나누어지는 경우가 있는데, Z로 끝날 경우는 Procedure, @Z는 Function 이
라는 의미이다. 특별히 구분하지는 않지만, 인자가 있고 없느냐의 차이이다.

또한 VC++의 Name Mangling에는 함수 호출 규약 정보도 포함되는데, @@ 뒤의 YA는
cdecl을 나타내지만, stdcall의 경우 YG가 나타나게 된다. 참고로 x64의 VC++의 함수 호
출 규약은 하나로 통합되었기에 공통적으로 @@ 뒤에 YA가 붙는다.

```
〈GCC Name Mangling 결과〉

    _Z5Func1v

    _Z5Func2v

    _Z5Func3i

    _Z5Func4i

    _Z5Func5d

    _Z5Func6dd

    _Z5Func7id

    _Z5Func8di
```

같은 함수들에 대한 GCC의 Name Mangling을 살펴보자! 필자가 생각하기에는 VC++의
Name Mangling은 세부적인 규칙을 파악하지 않고서는 정말 분석하기 어려운 면이 있지
만 그에 비해서 GCC의 Name Mangling은 눈으로만 확인해도 함수가 어떤 형식인지를 쉽
게 확인할 수 있는 장점이 있다.

GCC의 Name Mangling에서는 반환 타입이 포함되지 않는다. 앞에 _Z5가 붙는 것을 확
인할 수 있는데, 저기서 5는 바로 함수 이름 길이이다. 함수 이름이 전부 다섯 글자라 5가
붙는 것일 뿐, 이름이 더 길면 숫자도 커지게 된다. 그리고 함수 이름 뒤에는 바로 인자들
의 타입이 순서대로 붙는데, v는 void, i는 int, d는 double을 나타낸다.

여기까지 봤을 때 독자들은 충분히 느낀 점이 있을 것이다. Name Mangling은 컴파일러마
다 추가되는 정보나 형식이 제각각이라는 사실이다. 따라서 절대로 이것을 외우거나 자
세히 알 필요는 없다. 단지 제일 중요한 것이라면 공통적으로 인자들의 타입 정보는 반드
시 들어가게 된다는 점이라고 할 수 있다.

➤ 7.3.4. extern "C"

extern "C"를 간단히 설명하면 함수에 대하여 Name Mangling을 할 때, C++ 방식이 아닌
C 방식으로 하라는 의미이다. 감이 빠른 독자라면 extern "C++"도 있지 않을까 생각할
수 있을 것이다. 사실 맞다. 기본적으로 C++ 컴파일러에서는 extern "C++"이 자동으로
지정된다고 할 수 있다. 혹시라도 extern이라는 키워드에 대해서 Name Mangling을 의미
하는 것이라고 생각할 수도 있는데, 그렇지는 않다. extern은 링크의 범위를 설정하는 키
워드이다. 뜻에서 알 수 있듯이 외부에서 링크를 할 수 있어야 한다는 의미이고, "C"가 붙
으면서 외부에서 링크를 하기 위하여 찾는 이름이 C 형식의 Name Mangling에 맞추어 작
성되어야 한다는 것이다.

설명만으로는 무슨 의미인지, 왜 필요한지 감이 오지 않을 수 있는데, extern "C"를 사용
하는 경우는 C 파일과 CPP 파일이 혼재되어 있는 경우에 사용된다. 직접 예제를 살펴보자!

[소스 7-9] C, CPP

```
// Test1.c                // (1)
void Func(int arg);
void main()
{
  Func(1);                // (3)
}


// Test2.cpp              // (2)
void Func(int arg)
{
}
```

〈소스 7-9〉는 각각 두 개의 파일을 나타낸다. (1), (2)에서 확인할 수 있듯이 Test1.c와 Test2.cpp이다. 즉, 하나는 C 파일이고, 또 하나는 CPP 파일이다. 요즘 들어서 저렇게 혼합해서 쓰는 일이 있을까 의문이 들겠지만, 의외로 혼합해서 사용하는 경우를 종종 발견할 수 있다. 그 이유는 C++이 나오기 전에 이미 C 파일로 작성된 코드가 상당히 많으며, 그런 C 코드들은 다시 C++ 형식으로 변환하여 사용하기 보다는 그대로 가져와서 C++ 프로젝트에 재활용하는 경우가 있기 때문이다. 특히 재활용을 하면서 기존 C 파일에서 CPP에 정의된 함수를 호출하도록 변경하는 경우도 발생한다. 바로 위의 예제 코드와 같은 경우이다.

(3)에서 볼 수 있듯이, Test1.c에서 Test2.cpp에 있는 Func 함수를 호출한다. 각 파일들은 컴파일은 잘 되겠지만, 링크는 실패하게 된다. 왜냐하면 Test1.c에서 Func 함수를 찾을 수 없기 때문이다.

Test1.c 파일에서 Func를 링크하기 위해서는 외부(즉, Test2.cpp)에서 Func를 찾아야만 한다. Func를 찾기 위해서 함수 이름을 사용하는데, 바로 Name Mangling된 이름을 사용해서 찾는다는데 문제가 있다. 즉, C 파일에서는 C 형식의 Name Mangling된 이름을 기준으로 함수를 검색하고, CPP 파일에서는 C++ 형식의 Name Mangling된 이름을 기준으로 함수를 검색하게 된다. 즉, Test1.c에서는 Func를 링크하기 위하여 C Name Mangling인 _Func이란 이름을 찾고 있지만, Test2.cpp에서는 Func를 오브젝트(obj) 파일에 기록할 때 C++ Name Mangling인 ?Func@@YAXH@Z라는 이름으로 기록하였기 때문에 링크를 성공적으로 수행할 수 없는 것이다. 따라서 C 파일과 CPP 파일이 혼재되어 있을 경우 제대로 링크가 수행되도록 하기 위해서는 Name Mangling을 맞추어야만 한다. 그렇다면 어느 쪽으로 Name Mangling을 맞추어야 할까? 바로 C 형식으로 맞추어야만 하는 것이다. 이왕이면 최신의 C++ 형식으로 맞추는 것이 맞을 것 같지만 아쉽게도 불가능하다.

C++ 컴파일러는 오브젝트(obj) 파일을 생성할 때, 기본적으로 C++ Name Mangling을 사용하지만 C Name Mangling도 사용할 수 있다. 나중에 나왔으니 당연히 이전에 사용하던 방식을 구사할 수 있는 것은 너무나도 당연한 것이다. 그러나 C 컴파일러는 오브젝트 파일을 생성할 때, 오직 C Name Mangling만 사용한다. C++ Name Mangling이 무엇인

지도 모르기 때문에 애초에 사용할 수가 없는 것이다. 그래서 C, CPP 파일이 혼재되었을 때는 컴파일러와 링커가 공통으로 사용할 수 있는 C Name Mangling을 사용해야만 하는 것이다. 그렇다면 어떻게 C Name Mangling을 사용할까? 바로 그것이 extern "C"인 것이다.

[소스 7-10] C, CPP – extern "C"

```
// Test1.c                              // (1)
void Func(int arg);
void main()
{
   Func(1);                             // (3)
}


// Test2.cpp                            // (2)
extern "C" void Func(int arg)           // (4)
{
}
```

〈소스 7-10〉을 살펴보자! 이전 코드에서 변한 부분은 (4)에서 볼 수 있듯이 함수 앞에 extern "C"를 붙여준 것이다. 이렇게 extern "C"를 붙여줄 경우, Test2.cpp를 컴파일하여 오브젝트(obj) 파일을 생성할 경우 함수 이름을 C Name Mangling인 _Func를 기록하게 되고, Test1.c에서 Func를 링크할 경우 역시 같은 방식으로 _Func를 찾게 되므로 정확하게 링크가 수행될 수 있는 것이다. extern "C"는 보통 함수 이름 앞에 사용되지만, 많은 함수들을 지정하기 위해서는 블록을 이용할 수도 있다.

[소스 7-11] extern "C" Block

```cpp
extern "C"
{
  void FuncA() {}
  void FuncB() {}
  void FuncC() {}
}
```

〈소스 7-11〉은 extern "C" 블록을 이용하여 한 번에 여러 함수들에 extern "C"를 지정하는 것을 보여준다. 블록을 사용하면 코드가 절약되어서 깔끔해지는 면이 있지만, 단지 코드를 절약하기 위하여 블록을 사용하는 것은 아니다. 더 요긴하게 사용되는 경우가 있는데 바로 헤더 파일을 작성할 때 사용될 수 있다.

[소스 7-12] extern "C" & Header

```cpp
// Test.h                    // (1)
extern "C" void Func1();
extern "C" void Func2();
extern "C" void Func3();

// Test.cpp                  // (2)
#include "Test.h"           // (A)
void Func1() {}
void Func2() {}
void Func3() {}
void main()
{
}

// Test.c                    // (3)
#include "Test.h"           // (A)
void Func1() {}
void Func2() {}
```

```
void Func3() {}
void main()
{

}
```

<소스 7-12>는 공통의 헤더 파일을 C와 CPP 파일에서 포함하는 것을 보여준다. 먼저 Test.cpp 파일에 대해서 컴파일을 수행해보자! 아무 문제없이 잘 될 것이다. 그렇다면 이번에는 Test.c 파일에 대해서 컴파일을 수행해보자! 바로 에러가 나는 것을 확인할 수 있다. 왜냐하면 C 컴파일러는 extern "C"라는 것을 이해하지 못하기 때문이다. extern "C"라는 것은 C++ 컴파일러가 나오면서 C 컴파일러의 Name Mangling을 사용하기 위해서 도입한 것이기 때문이다. 당연히 C 컴파일러는 애초에 기본이 C 형식이기 때문에 extern "C"와 같은 것이 필요하지 않았기 때문이다. 따라서 헤더 파일인 Test.h를 C와 C++ 컴파일러에서 공용으로 사용하기 위해서는 방법이 필요했고, 그것을 위하여 전처리 매크로인 __cplusplus를 사용하게 된다.

[소스 7-13] extern "C" & __cplusplus

```
// Test.c
#ifdef __cplusplus
extern "C" {
#endif
void Func1();
void Func2();
void Func3();

#ifdef __cplusplus
}
#endif
```

〈소스 7-13〉은 전처리 매크로 __cplusplus를 사용한 헤더 파일을 보여준다. __cplusplus는 C++ 컴파일러가 사용될 때 정의되는 매크로이다. 즉, C 컴파일러가 사용될 경우 __cplusplus는 정의되지 않게 된다.

위의 코드는 다음과 같이 해석될 수 있다. 만일 C++ 컴파일러가 사용될 경우 extern "C" 블록이 함수 Func1, Func2, Func3를 감싸게 되므로, 세 함수를 C Name Mangling을 하라는 의미이다. 그러나 C 컴파일러가 사용될 경우 자동적으로 C Name Mangling이 사용될 수밖에 없으므로 C 컴파일러가 이해할 수 없는 extern "C"는 제외하게 된다. 결국 __cplusplus 매크로를 사용하여 헤더 파일을 C, C++ 컴파일러에서 모두 이용할 수 있게 하는 것이다. 그렇다면 extern "C" 블록은 왜 중요한 것일까? 사실 위의 코드에서 꼭 블록을 사용하지 않아도 상관은 없다. 그러나 각 함수마다 C 혹은 C++ 컴파일러 여부에 따라서 extern "C"를 붙여줄지 말지를 결정하려면 각 함수 선언마다 #ifdef __cplusplus extern "C" #endif를 붙여야만 할 것이고, 이런 식으로 헤더 파일이 작성되면 가독성 면에서는 최악이 될 것이 분명하다. 따라서 extern "C" 블록은 공용 헤더 파일을 작성될 때 가장 요긴하게 사용될 수 있음을 이해하고 있어야 한다.

사실 C에서 C++로 급격하게 전환되면서 일부 업종을 제외한다면 더 이상 프로젝트에서 순수 C 파일을 사용하는 경우는 거의 없어지게 되었다. 즉, extern "C"를 사용할 필요성이 점점 사라진다고 할 수 있다. 그러나 extern "C"는 C 컴파일러에서 사용하기 위해서만 필요한 것은 아니다. 사실 더욱 많이 사용되는 경우가 있는데 바로 DLL(Dynamic Link Library)을 작성하는 경우이다. DLL은 동적 연결 라이브러리로서 Windows에서는 확장자로 dll을 사용하지만, Linux에서는 so를 사용한다. DLL을 제작할 때 extern "C"를 사용하는 이유는 사용의 편의성과 호환성 때문이다.

사용의 편의성이라면 DLL의 동적 로딩을 들 수 있다. DLL을 프로세스 실행 중간에 로드하여 함수의 이름을 통해서 DLL의 함수에 접근할 수 있다. 만일 DLL 작성시 C++ Name Mangling을 사용했다면 함수의 이름만으로 DLL 함수에 접근할 수 없다. 물론 동

적 로딩과 함수 이름을 통한 접근이 불가능한 것은 아니지만 모듈 정의 파일(.def)을 잘
작성해야 하는 번거로움이 발생할 수 있다.

호환성은 같은 C/C++ 언어로 작성된 바이너리(exe)라면 해당 DLL을 사용할 수 있어야
한다는 것을 의미한다. Windows를 기준으로 예를 들어보자! Windows에서 실행되는 exe
를 만들기 위하여 꼭 VC++을 사용할 필요는 없다. Visual Basic을 비롯하여 델파이나 파
워빌더를 이용하여도 exe를 만들 수 있다. 그러나 이미 살펴본 것처럼 VC++이나 GCC가
같은 C++ 컴파일러라고 해도 각각의 독자적인 기준으로 Name Mangling을 수행하듯이,
Visual Basic, 델파이, 파워빌더도 각각의 Name Mangling 기준이 있다. 따라서 특정 컴파
일러로 DLL을 작성할 경우 다른 컴파일러를 이용하여 작성된 exe에서는 Name Mangling
이 일치하지 않아서 DLL을 이용할 수 없는 문제가 있다. 결국 같은 컴파일러로 작성된
DLL과 EXE만 연결될 수 있는 것이다.
그러나 DLL을 만든 목적은 범용적인 것이다. 특정 컴파일러로 DLL을 생성해도, 다른 컴
파일러에 의해서 생성된 exe에서도 해당 DLL을 사용할 수 있는 것이 목적에 부합하는 것
이다. 따라서 모든 컴파일러에서 공통적으로 호환될 수 있는 C Name Mangling을 DLL을
제작할 때 사용하는 것이다. 물론 C Name Mangling을 사용해도 호환이 어려운 경우도
있다. 이미 살펴본 것처럼 C Name Mangling이 단순해서 거의 대부분의 컴파일러가 호환
되기 쉽지만, 형식이 조금은 다른 점으로 인해서 문제가 발생하기도 한다. 특히 stdcall 규
약의 함수가 사용될 경우는 호환 문제가 발생하기도 하는데, 이런 문제를 해결하기 위하
여 DLL 제작시 앞에서 소개한 def 파일을 이용하기도 한다.

DLL 제작을 위하여 extern "C"를 이용하는 것이 편의성이나 호환성 면에서는 유리하지
만 반드시 좋은 것만은 아니다. extern "C"를 사용한다는 것은 곧 C 형식의 함수만을 사용
하겠다는 의미이다. 무슨 의미인가 하면 바로 함수 중복정의를 사용할 수 없다는 것을 의
미한다. 그 뿐 아니다. C++의 상징인 클래스를 DLL에 사용할 수 없는 문제도 있다. 따
라서 최근에는 extern "C"를 사용하지 않고 DLL을 제작하는 경우도 많아지고 있다. 결정
적으로 Windows의 exe를 제작하는 컴파일러가 사실상 VC++로 통일되는 경향이 있기

때문이다. VC++이 거의 대부분 사용된다면 호환성을 위하여 꼭 extern "C"를 사용할 필요가 없어지기 때문이다. 한때 exe 제작의 편의성과 효율성으로 인하여 델파이나 파워빌더가 잘나가던 시절이 있긴 했지만, 요새는 확실히 점점 그 영향력을 잃고 있는 것 같아서 아쉬운 마음이 든다.(필자도 잠시나마 파워빌더를 이용하여 Client—Server 프로그래밍을 한 적이 있는데, DB 접속 및 처리의 편의성에 정말 감탄했던 기억이 있다. 그 뿐 아니라 Visual Basic은 초보자도 하루 정도면 간단한 exe를 만들 수 있다는 점에서 대단한 프로그래밍 언어라고 생각한다.)

DLL 제작과 관련된 내용은 C++의 주제라기보다는 Windows 프로그래밍과 밀접하게 관련되어 있다. 혹시라도 나중에 필자가 Windows 프로그래밍에 관련된 책을 쓰게 된다면 그때는 DLL 관련해서 자세히 설명을 할 것이지만 쓰게 될지 말지는 아직 모르겠다.

7.4. 인자(Parameter / Argument)

보통 함수의 인자를 영어로는 parameter나 argument로 표현한다. 물론 엄밀히 말해서 parameter와 argument는 차이가 있다. parameter의 경우 실제 함수를 선언하거나 정의할 때 사용하는 인자를 의미하며, 보통 매개변수로 해석될 수 있다. 그러나 argument는 함수를 호출할 때 실제로 넘어가는 인자를 의미하며 보통 실인자 정도로 해석될 수 있다.

[소스 7—14] Parameter & Argument

```
int Func(int arg)          // (1)
{
   return arg;
}


void main()
{
   Func(1);                // (2)
}
```

<소스 7-14>는 parameter와 argument의 차이를 보여주기 위한 것이다. (1)처럼 int arg가
바로 parameter라고 할 수 있으며, (2)처럼 함수를 호출하기 위하여 전달하는 실인자 1이
바로 argument라고 할 수 있다. 분명 엄밀히 따졌을 때나 차이가 있긴 하지만, 보통 둘을
구분해서 사용하지는 않는다. 둘을 구분하지 않는다고 해서 특별히 문제가 발생할 소지
도 거의 없다. 함수의 인자에 대하여 자세히 살펴보기 전에 머리를 식힌다는 차원에서 설
명한 것뿐이지 그리 큰 의미가 있어서 제시한 것은 아니다.

➜ 7.4.1. 인자의 전달

함수 호출 규약을 공부하면서 함수에 인자가 어떻게 전달되는지를 확실히 이해했을 것이
다. x86 시스템에서는 공통적으로 인자를 스택에 push하고, 함수 본체에서는 스택에 접
근하여 필요한 인자를 사용하였다. 물론 x64 시스템에서는 가능하면 레지스터를 이용하
여 인자를 전달하기도 하지만, 재귀호출을 비롯한 함수에서 함수를 호출하는 경우에는
어쩔 수 없이 인자를 스택에 임시적으로 저장해야만 한다. 결국 본질적으로 인자는 스택에
저장되고 함수 본체에서 스택을 통해서 인자가 사용되는 흐름이 일반적이라고 할 수 있다.

[소스 7-15] cdecl 인자 전달

```
int Sum(int a, int b)                 // (1)
{
   return a + b;
}

int main()
{
   int total = Sum(1, 2, 3, 4);       // (2)
   return 0;
}
```

〈소스 7-15〉를 살펴보자! 제대로 된 코드가 아니다. 바로 컴파일 에러가 발생할 것이다. 그러나 어떤 컴파일러에서는 멀쩡하게 컴파일이 성공한다. 어떤 컴파일러가 무엇인지 궁금한 독자를 위하여 공개하겠다. 바로 VC++의 C 컴파일러이다(C++가 아니다). C/C++을 가장 잘 지원하는 마이크로소프트의 VC++ 컴파일러가 저런 황당한 에러를 멀쩡하다고 통과시키는 것을 보면 정말 어처구니가 없을 수도 있겠지만, 사실 꼭 그런 것은 아니다. 비록 컴파일 에러를 발생시키지는 않지만 컴파일 경고는 발생시킨다. 대략 아래와 같은 메시지를 보여준다.

warning C4020: 'Sum' : 실제 매개 변수가 너무 많습니다.

결국 VC++의 C 컴파일러도 이런 말도 안 되는 상황을 잘 알고 있긴 한데, 왜 에러가 아닌 경고로만 처리했을까 생각해보면 바로 호환성을 위한 선택이 아니었을까라는 생각이 든다. 아주 오래 전에 사용되던 C 코드 중에는 원하는 만큼 인자를 전달하고, 함수 본체에서는 원하는 만큼 꺼내서 쓰는 구조도 가능했기 때문이다. 결국 예전의 C 함수는 컴파일러에 따라서 그 자체가 가변인자 함수처럼 사용되던 경우도 있다는 것이다. 물론 위의 코드는 GCC에서는 당연히 컴파일 에러가 발생한다.

그렇다면 어째서 이런 코드가 가능했을 것인가? cdecl 규약에서는 호출 측에서 인자를 넣고 싶은 만큼 넣고, 함수 호출이 종료되면 인자에 대한 스택 정리를 말끔히 할 수 있으며, 호출 받는 쪽에서는 스택에서 필요한 인자들을 꺼내서 쓰기만 하면 되는 구조이기 때문이다. 즉, 특별하게 함수의 인자 개수나 타입 체크를 하지만 않는다면 위와 같은 코드는 충분히 통용될 수도 있다는 것이다.

결국 C 형식의 cdecl 규약의 함수는 그 자체가 가변인자 함수일 수 있다는 의미인데, 그렇다면 왜 함수 정의의 인자(매개변수, parameter) int a, int b가 필요한지 궁금할 것이다. 바로 스택에 저장되어 전달된 인자를 쉽게 접근하기 위해서이다. 곧 가변인자 함수를 다루면서 어떻게 가변인자에 접근할 수 있는지 살펴보겠지만, 가변인자에 접근하는 것은 코드상으로 나름 복잡한 면이 있다. 따라서 함수 정의의 인자(매개변수, parameter)는 스택을 통해서 전달된 인자를 이름 기준으로 쉽게 접근할 수 있도록 사용된다.

➜ 7.4.2. 값에 의한 호출(Call by Value)

프로그래밍을 조금이라도 배운 사람이라면 많이 들어보았듯이 값에 의한 호출은 말 그대로 값 자체를 인자로 넘기는 것을 의미한다. 값에 의한 호출에서 제일 중요한 것은 바로 인자로 넘어가는 값에 대해서 스택에 인자에 대한 공간이 확보되고 값이 복사된다는 것이다. 그리고 매개변수(parameter)는 곧 스택에 전달된 인자가 차지하는 메모리 영역을 나타낸다.

[소스 7-16] 값에 의한 호출 1 – 기본 타입

```
void Func(int arg)
{
  /*
  push  ebp                         // (8)
  mov   ebp,esp                     // (9)
  */

  arg = 1;                          // (C)
  /*
  mov   dword ptr [ebp+8],1         // (10) a = 1;
  pop   ebp                         // (11)
  ret                               // (12)
  */
}

void main()
{
  /*
  push  ebp                         // (1)
  mov   ebp,esp                     // (2)
  */

  int a = 0;                        // (A)
  /*
  push  ecx                         // (3) a 영역 할당
  mov   dword ptr [ebp-4],0         // (4) a = 0;
```

```
                                */

    Func(a);                                // (B)
    /*
    mov     eax,dword ptr [ebp-4]           // (5)
    push    eax                             // (6) a 의 값 인자 전달
    call    Func                            // (7) 함수 호출
    add     esp,4                           // (13) 스택 인자 정리
    mov     esp,ebp                         // (14) a 영역 해제
    pop     ebp                             // (15)
    ret                                     // (16)
    */
}
```

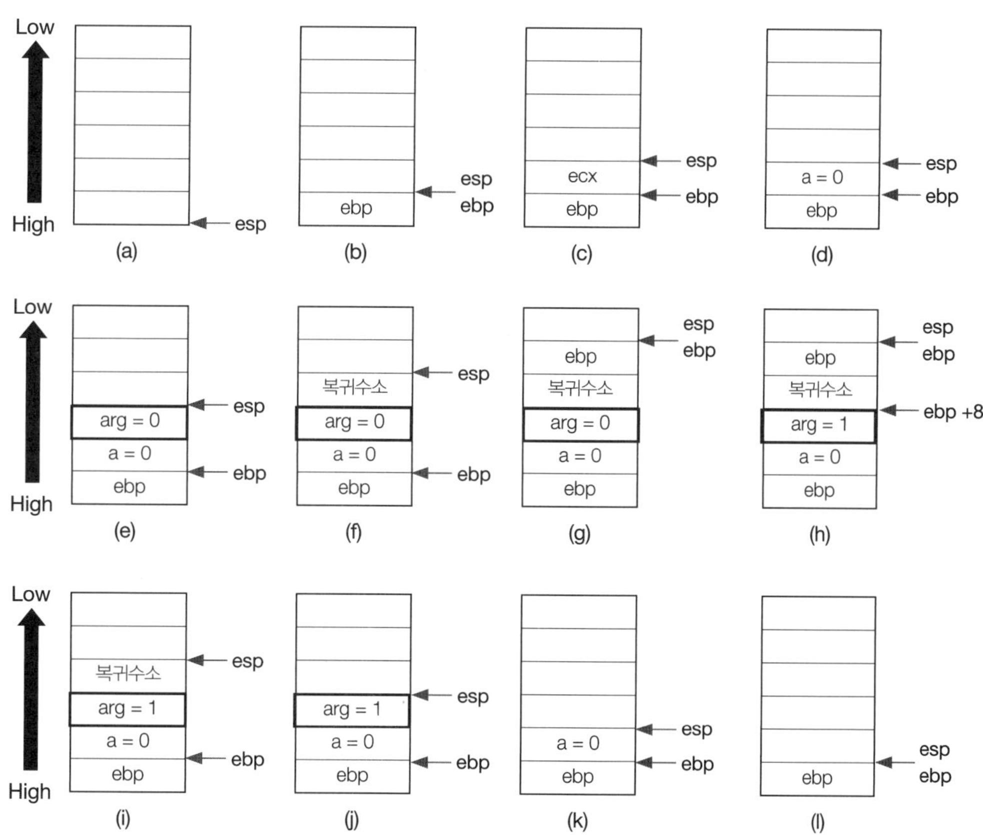

▲ 그림 7-6 x86 - 값에 의한 호출 1 - 기본 타입

<소스 7-16>은 가장 기본적인 int 타입을 인자로 해서 값에 의한 호출을 보여준다. 값에 의한 호출의 실체를 보이기 위하여 어셈블리 코드를 주석으로 추가하였다. 그리고 함수의 호출에 의한 스택의 상태 변화도 그림을 통해서 확인할 수 있다.

(1), (2)와 (8), (9)는 이미 함수 호출 규약에서 살펴보았듯이 함수가 시작될 때 기본적으로 스택프레임을 초기화하는 구문이다. 그림에서는 (b), (g)와 같다.

이제 (A)를 살펴보자! 전달할 인자 a를 생성하여 초기화한다. (3), (4)는 a를 위한 스택의 영역을 할당하고, 해당 영역에 0을 복사하는 것을 나타낸다. 그림에서는 (c), (d)와 같다.

(B)에서 실제 함수가 호출된다. 중요한 것은 a가 인자로 전달된다는 것이다. (5), (6)을 살펴보자! 이미 스택에 준비된 a영역을 읽어서 eax에 대입하고, eax를 스택에 push한다. 이것의 의미는 a가 가지고 있는 값 0을 직접 스택에 입력하여 인자로서 전달하는 것을 의미한다. 즉, 실제 값이 전달되는 것이다. 그림에서는 (e)를 나타내는데, 굵은 사각형은 바로 전달되는 실제 인자의 스택 영역을 나타낸다.

(7)에서 함수 Func로 점프가 일어나고 (8), (9)를 거치게 되어, 스택의 상태는 그림에서 (g)가 된다.

(C)를 살펴보자! 전달된 인자 arg에 1을 대입한다. arg는 매개변수(parameter)로써 값으로 전달된 인자의 영역을 접근하기 위하여 사용된다. (10)을 보면 알 수 있듯이, arg는 ebp+8로서 전달된 0이 채워진 스택의 영역을 나타낼 뿐이다. 이 결과 스택의 상태는 그림에서 (h)가 된다. (10) ~ (12)를 거쳐서 Func 함수는 종료되고, 다시 흐름은 main으로 돌아간다. 그림에서는 (j)가 된다.

(13)부터는 인자로 전달된 스택을 정리하고, 맨 처음 생성하였던 a의 영역도 스택에서 정리하는 과정을 거친다. 그림에서는 (l)이 되는 것이다. 실제 (16)까지 진행되면 스택의 상태는 최초 (a)상태로 돌아갈 것이다.

여기서 중요한 점이 있다. Func 함수 안에서 인자로 전달된 arg의 값을 변경하였으나 main에서 a 값은 그대로 0이라는 사실이다. 그림에서 따져보면 Func 함수의 인자(parameter)인 arg는 굵은 사각 영역을 나타내지만, main에서 전달된 a는 굵은 사각 영역 바로 아래 영역을 나타내고 있다. 즉, 영역 자체가 다르기 때문에 함수 호출 후에도 실인자 a의 값은 변경되지 않는다.

기본 타입인 char, int, float, double등은 스택에 값 자체가 직접 입력되는 방식으로 쉽게 인자로 전달될 수 있다. 그러나 주의할 점이 있는데, 배열에 대해서는 값에 의한 호출이 예상과 나르게 동작한다는 섬이다.

[소스 7-17] 값에 의한 호출 2 – 배열

```
typedef int TARR[1];                    // (B-1)

void Func(TARR arg)                     // (B-2)
{
    /*
    push ebp                            // (8)
    mov   ebp,esp                       // (9)
    */

    arg[0] = 1;                         // (C)
    /*
    mov   eax,dword ptr [ebp+8]         // (10)
    mov   dword ptr [eax],1             // (11)
    pop   ebp                           // (12)
    ret                                 // (13)
    */
}

void main()
{
    /*
    push ebp                            // (1)
    mov   ebp,esp                       // (2)
    */

    int arr[1] = {0};                   // (A)
    /*
    push ecx                            // (3)
    mov   dword ptr [ebp-4],0           // (4)
```

```
    */

    Func(arr);                          // (B-3)
    /*
    lea    eax,[ebp-4]                  // (5)
    push   eax                          // (6)
    call   Func                         // (7)
    add    esp,4                        // (14)
    mov    esp,ebp                      // (15)
    pop    ebp                          // (16)
    ret                                 // (17)
    */
}
```

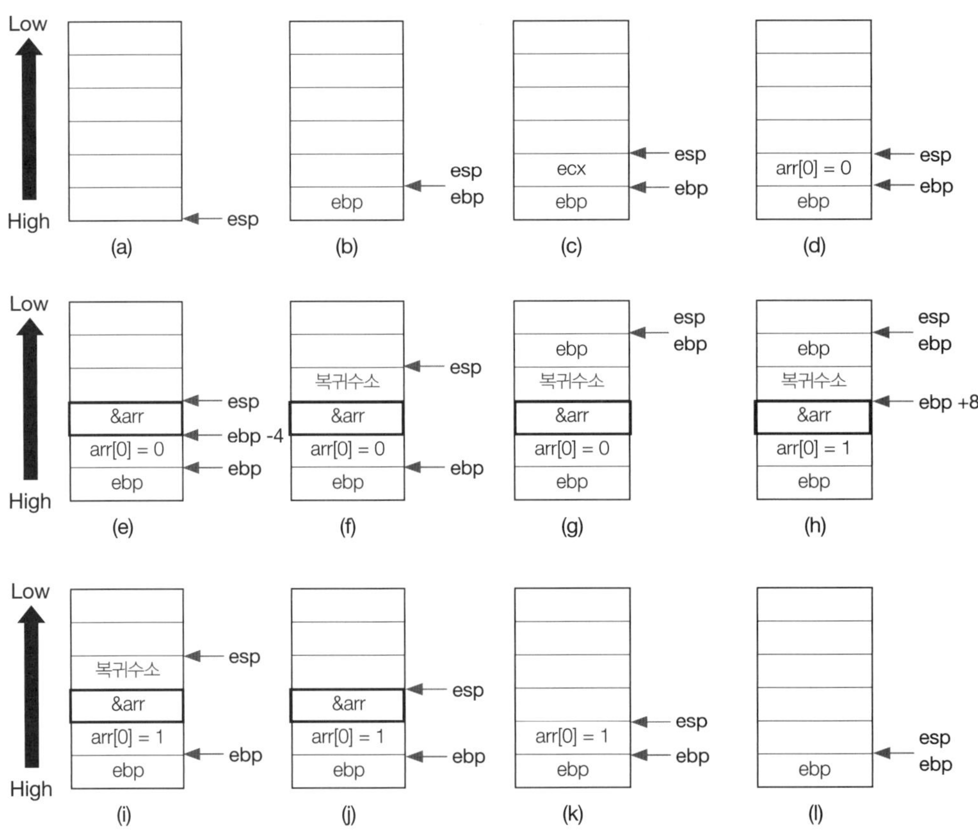

▲ 그림 7-7 x86 – 값에 의한 호출 2 – 배열

<소스 7-17>과 <그림 7-7>은 배열 객체를 값에 의한 호출로 넘기는 상황을 보여준다. 기본 타입과 배열 타입의 비교를 쉽게 하기 위하여 배열의 요소 개수는 1로 하였다. (A)에서 볼 수 있듯이 int arr[1]은 메모리 구조로 따지면, int a와 크게 다를 바 없다. arr을 값에 의한 호출에 의해서 인자로 넘기기 때문에 (B-1)과 같이 arr과 타입이 그대로 일치하는 배열 타입 TARR을 정의하였고, (B-2)와 같이 Func의 매개변수(parameter)는 TARR arg가 되도록 하였다. (B-3)에서 arr 객체는 Func의 인자로 전달된다.

배열 객체 arr이 int 객체 하나만을 가지기 때문에 메모리 구조상으로는 int 객체와 다를 바 없기 때문에 값의 의한 호출이 같은 동작을 할 것으로 예상하지만 그렇지 않다.

(1)~(4)까지는 이전 코드와 동일하다. 스택의 상태는 그림에서 (d)가 된다. (5), (6)이 중요한데, 바로 배열 객체인 arr의 주소를 스택에 push하는 것을 볼 수 있다. 그림상으로 (e)에 해당하는데, ebp-4는 곧 arr의 주소를 의미하고, 스택 최상위에 &arr이 들어있음을 확인할 수 있다. 이 부분이 이전 코드와 가장 큰 차이점이라고 할 수 있다. int 객체를 인자로 넘길 때는 인자의 값 자체를 스택에 추가하였지만, 배열 객체일 경우 인자로 배열 객체의 주소 자체를 넘기는 것이다.

함수 Func가 호출되고 매개변수(parameter)인 arg는 인자로 넘어온 배열 객체 자체를 나타내게 된다. (C)에서 배열의 요소 값을 1로 바꾸는데, 이 부분이 (10), (11)에 해당된다. 그림에서는 (h)에 해당하는데, ebp+8은 바로 arr의 주소를 의미하고, 해당 주소의 영역에 1을 복사하여 arr[0] = 1로 변경되는 것이다. 그 이후는 역시 이전 코드와 다를 바 없다.

중요한 점은 int 객체를 인자로 넘길 경우 함수 호출 후에도 int 객체 값의 변화가 없지만, 배열 객체를 인자로 넘길 경우 함수 호출 후에도 배열 요소 값의 변화가 유지된다는 사실이다. 바로 배열 객체를 값으로 넘길 경우에 배열의 값들이 줄줄이 넘어가는 것이 아니라 배열 객체의 주소가 값으로 넘어가기 때문이다.

상식적으로 생각하면 배열 객체를 값으로 넘길 때, 그대로 똑같은 배열을 하나 더 생성하고 복사하여 스택에 입력할 수도 있을 것이다. 그래서 함수 내부에서 배열 요소를 변경해도 함수 호출 전의 배열에는 전혀 영향이 가지 않게 구현하는 것이 더욱 일관성이 있지 않을까 생각할 수도 있다. 그러나 이런 식으로 배열에 대하여 구현할 경우 현실적인 문제가 발생할 수 있다. 바로 스택 오버플로우가 발생할 수도 있다는 것이다. 스택은 힙처럼 큰 용량을 사용할 수 없다. 시스템에 따라서 달라질 수는 있지만, 기본적으로 스레드당 스택의 크기는 기본이 1MB ~ 4MB 정도밖에 되지 않는다. 예제 코드에서는 요소가 단 하나라서 배열의 크기가 고작 4바이트에 불과했지만, 만일 대량의 요소를 가진 배열일 경우 충분히 스택 크기의 한계를 넘어설 수 있기 때문이다. 그뿐 아니다. 스택이 넘치지 않더라도 크기가 큰 배열의 경우 요소의 타입에 따라서 초기화에 많은 비용이 발생할 수도 있다. 요소의 타입이 int와 같은 기본 타입일 경우 고속으로 메모리 복사가 가능하겠지만, 요소의 타입이 클래스일 경우 생성자가 호출되어야 하는 오버헤드가 발생하게 된다.

그 외에도 또 다른 이유가 있다. 바로 배열 객체를 인자로 넘겨서 배열의 요소를 변경하는 경우는 실제로 배열이 변경된 채로 유지되는 것을 바라는 것이 일반적이라는 사실이다. 따라서 배열 객체가 값으로서 호출될 경우에는 배열 객체의 주소가 바로 값으로서 사용된다는 사실이다.

이번에는 클래스(구조체 포함) 객체를 값으로서 인자로 넘기는 경우를 살펴보자! 이미 배열 객체를 값 인자로 넘기는 경우를 살펴보았기에 배열 객체처럼 포인터를 넘길 것이라고 생각할 수도 있다. 배열이 같은 타입의 모임이라고 생각한다면 클래스는 다른 타입들의 모임일 뿐이기 때문에 충분히 그렇게 생각할 수도 있는데, 클래스는 기본 타입과 마찬가지로 순수하게 포인터가 아닌 객체 자체를 인자로 넘긴다. 실제로 예제를 살펴보자!

[소스 7-18] 값에 의한 호출 3 - 클래스

```cpp
class CArg
{
public:
    int m_E;                          // Empty Buffer
    int m_V;
};


void Func(CArg arg)
{
```

```
    /*
    push ebp                                 // (10)
    mov   ebp,esp                            // (11)
    */

    arg.m_V = 1;                             // (C)
    /*
    mov   dword ptr [ebp+0Ch],1              // (12) arg.m_V = 1;
    pop   ebp                                // (13)
    ret                                      // (14)
    */
}

void main()
{
    /*
    push ebp                                 // (1)
    mov   ebp,esp                            // (2)
    */

    CArg a;
    a.m_V = 0;                               // (A)
    /*
    sub   esp,8                              // (3) CArg a 영역 확보
    mov   dword ptr [ebp-4],0                // (4) a.m_V = 0;
    */

    Func(a);                                 // (B)
    /*
    mov   eax,dword ptr [ebp-4]  // (5)
    push eax                         // (6) a.m_V 복사
    mov   ecx,dword ptr [ebp-8]  // (7)
    push ecx                                 // (8) a.m_E 복사
    call  Func                               // (9) 함수 호출
    add   esp,8                              // (15) 스택 인자 정리
    mov   esp,ebp                            // (16) CArg a 영역 해제
    pop   ebp                                // (17)
    ret                                      // (18)
    */
}
```

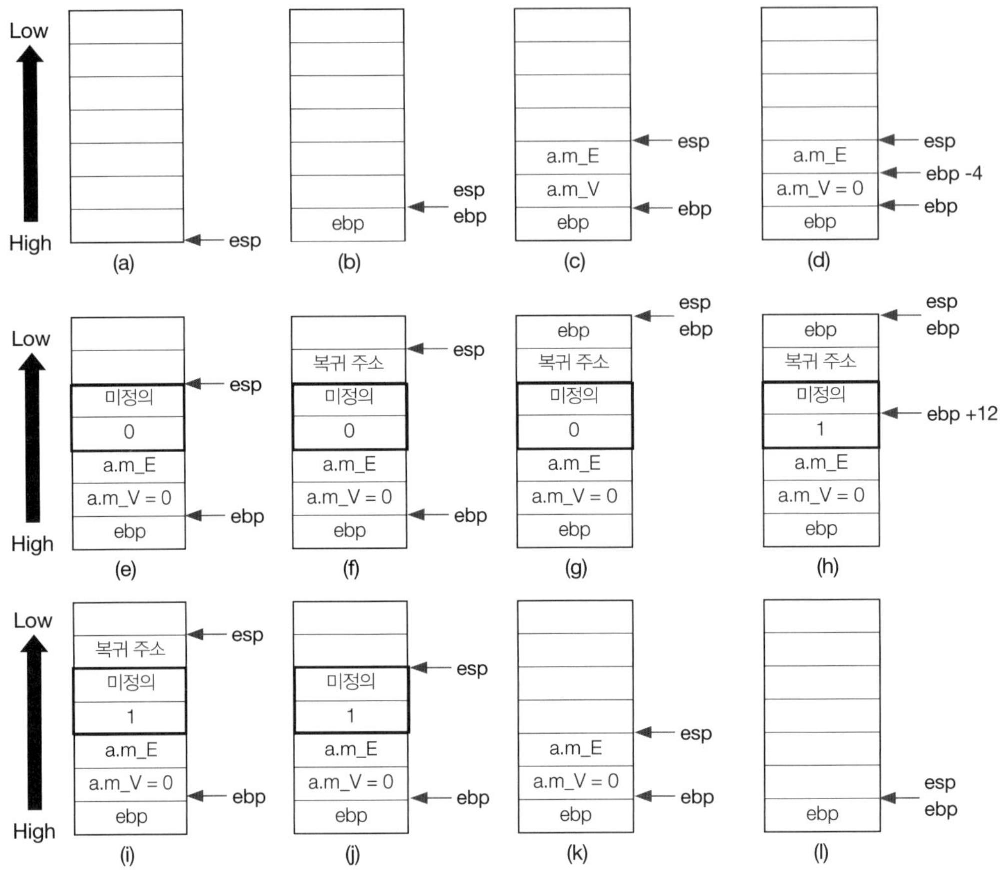

▲ 그림 7-8 x86 – 값에 의한 호출 3 – 클래스

〈소스 7-18〉과 〈그림 7-8〉은 클래스 객체를 값 인자로 넘기는 경우를 보여준다. 테스트에 적합하도록 8바이트의 크기를 가지는 CArg 클래스를 정의하였다. CArg의 메모리 구조는 너무 간단하기 때문에 그림에서는 생략하였다.

(3)을 살펴보자! 먼저 CArg 객체의 크기만큼 스택에 영역을 확보한다. CArg가 8바이트이므로 sub esp,8을 통해서 스택 크기를 늘린다. 기본 크기만큼 스택을 늘릴 경우는 push를 사용하는데, 기본 크기 이상을 스택으로 늘릴 경우는 sub을 사용한다. 스택의 상태는 그림에서 (c)가 된다. (4)를 통해서 확보된 CArg a 영역의 m_V 영역에 0을 복사한다. 그림에서 (d)가 된다.

이제 함수에 넘길 인자를 만들어야 한다. 기본 타입인 int를 인자로 넘기는 경우를 생각해 보자! 값 자체를 그대로 스택에 추가하여 인자로 넘겼다. 클래스도 마찬가지이다. 클래스 객체를 그대로 복사하여 스택에 추가하여 인자로 넘기면 된다. (5) ~ (8)은 함수에 넘길 인자를 생성하는 부분이다. 클래스 크기만큼 스택에 영역을 추가하고, 그대로 값들을 복사해놓는다. 그림에서 (e)에 해당한다. 굵은 사각 영역이 바로 함수에 넘어갈 인자 영역이다. 인자 영역의 맨 위는 미정의로 표시되는데, 바로 CArg의 m_E 영역을 나타내며, 아래는 0으로 표시되는데, 바로 CArg의 m_V 영역이다. 함수가 호출되고, (C)에서 넘어온 매개변수(parameter) arg의 값을 변경한다. 그림에서는 (h)에 해당한다. 그리고 함수가 종료된다. 이후 과정은 이미 예전에 본 예제들과 동일하다.

클래스 타입을 값 인자로 호출할 때 제일 중요한 점은 클래스 객체가 복사되어서 인자로 넘어간다는 사실이다. 그래서 기본 타입과 마찬가지로 함수 호출 전후에 클래스 객체의 상태가 변경되는 일은 없다. 사실 아주 간단한 경우만을 살펴보았지만 클래스가 값 인자로 호출되는 경우는 훨씬 복잡하다. 예제로 든 코드에서 클래스 CArg에는 특별히 생성자가 명시적으로 존재하지 않기 때문에 간단한 코드가 되었지만, 생성자가 정의되어 있을 경우 어셈블리 코드는 더욱 복잡해진다. 왜냐하면 클래스 객체가 복사되는 것을 정의하는 부분이 바로 생성자이기 때문이다.

생성자자가 정의된 클래스의 값 인자 전달이 어떤 과정을 거치는지 살펴보자!

[소스 7-19] 클래스 생성자와 값에 의한 호출

```cpp
class CArg
{
public:
  CArg()
  {
    cout << "CArg Constructor!" << endl;              // (A)
  }


  int m_E;     // Buffer
```

```cpp
    int m_V;
};

void Func(CArg arg)
{
    arg.m_V = 1;
}

void main()
{
    CArg a;                             // (1)
    a.m_V = 0;

    Func(a);                            // (2)
}
```

<소스 7-19>는 이전 코드에 생성자만 추가한 것이다. 생성자는 단지 자신이 호출되었다는 것을 나타내기 위하여 간단히 표준 출력을 할 뿐이다. 여기서 문제를 내보겠다. 과연 이 코드를 실행하였을 때 출력 결과는 어떻게 나올까?

많은 개발자들이 "CArg Constructor!"이 두 번 출력될 것이라고 생각한다. (1)에서 CArg a가 생성될 때 한 번, 그리고 (2)에서 값 인자로 복사될 때 또 한 번 생성자가 호출될 것으로 생각한다. 그러나 아쉽게도 실제 결과는 "CArg Constructor!"이 단 한 번만 출력된다. 바로 (1)에서 CArg a가 생성될 때만 생성자가 호출되는 것이다. 그렇다면 (2)에서는 어떤 일이 벌어지는 것일까? 생성자 호출 없이 객체가 생성된다는 점에서 신기할 수도 있지만, 꼭 그런 것은 아니다. 이미 [클래스]장에서 다 배운 내용이지만 다시 한 번 기억을 떠올려보자! 클래스의 생성자가 꼭 있을 필요는 없다. 만일 개발자가 생성자를 명시적으로 정의하지 않을 경우 컴파일러는 암시적으로 생성자를 추가하는데, 특별히 암시적 생성자가 하는 일이 없을 경우는 과감하게 생성자 자체를 만들지 않는다. 그래서 기본 타입들만 모아놓은 예전 C의 구조체 경우는 생성자 자체가 없는 경우도 많다.

또 하나 기억해야 할 것은 클래스 객체가 생성될 때는 생성자가 있을 경우 반드시 생성자를 호출한다는 점이다. 그러나 이번 코드에서는 원칙이 들어맞지 않는다고 느낄 것이다.

엄연히 생성자도 정의되어 있지만 인자로 넘길 객체가 생성되는 순간 생성자가 호출되지 않았기 때문이다. 그러나 이번에도 C++는 클래스 원칙을 제대로 지켰다. 클래스 객체가 값 인자로 전달될 때는 기본 생성자가 호출되는 것이 아니라 바로 복사 생성자가 호출되기 때문이다. 그러나 예제 코드에서 복사 생성자는 명시적으로 정의되어 있지 않기 때문에 암시적인 복사 생성자가 있는 것이고, 암시적인 복사 생성자가 하는 일은 이미 [클래스]장에서 살펴본 것처럼 멤버 객체가 기본 타입의 경우 메모리 복사만 수행하는 것뿐이다. 따라서 기본 생성자가 호출되는 일은 절대로 없는 것이다.

여기서 의문을 제기하는 독자도 있을 수 있는데, 만일 클래스 객체가 값 인자 호출시 암시적인 복사 생성자가 호출되는 것이라면 바로 이전 〈소스 7-18〉의 어셈블리에는 왜 암시적 생성자를 호출하는 부분이 없는지 궁금할 수도 있을 것이다. 이미 설명했다시피 특별하게 하는 일이 없는 암시적인 생성자는 컴파일러가 추가하지 않기 때문이다. 기본 타입 멤버 객체의 메모리 복사는 암시적인 생성자가 처리하지 않아도 될 정도로 간단한 일이기 때문이다.

[소스 7-20] 클래스 복사 생성자와 값에 의한 호출

```
class CArg
{
public:
  CArg()
  {
    cout << "CArg Constructor!" << endl;                    // (A)
  }

  CArg(const CArg& arg)
  {
    cout << "CArg Copy Constructor!" << endl;               // (B)
  }

  int m_E;
  int m_V;
};
```

```cpp
void Func(CArg arg)
{
  cout << "arg.m_V: " << arg.m_V << endl;                        // (C)
  arg.m_V = 1;
}

void main()
{
  CArg a;                                                         // (1)
  a.m_V = 0;                                                      // (2)

  Func(a);                                                        // (3)
}
```

〈소스 7-20〉은 복사 생성자가 추가된 CArg 클래스 객체를 값 인자로 호출 하는 경우를
보여준다. 이번에도 역시 출력 결과를 예상해보자! 출력 결과는 다음과 같다.

```
CArg Constructor!

CArg Copy Constructor!

arg.m_V: 16846942
```

예상대로 (1)에서 기본 생성자가 호출되고, (3)에서 값 인자가 복사되는 순간 복사 생성자
가 호출되는 것을 확인할 수 있다. 그런데 마지막 출력 결과가 약간 이상할 것이다. 이 값
은 각각의 테스트 PC마다 다르게 나타나는데, 중요한 것은 0은 아니라는 것이다. 바로 미
정의 값이 들어있다. 분명히 (2)에서 0을 대입하여 넘겼는데, Func로 넘어온 매개변수 arg
의 m_V는 미정의 값이 들어있다. 무엇인가 이상하지 않은가?

바로 복사 생성자가 정의되었기 때문이다. 복사 생성자가 하는 일이라곤 오직 표준 출력
뿐이기 때문이다. [클래스]장에서 살펴보았듯이, 명시적인 복사 생성자가 존재할 경우 컴
파일러는 기본적인 멤버 객체의 메모리 복사조차도 수행하지 않는다. 오직 명시적인 복

사 생성자에 전적으로 맡겨버리기 때문이다. 따라서 이번 예제 코드가 제대로 동작하기 위해서는 복사 생성자에 적절하게 m_V를 복사하는 코드를 추가하여야 한다. 물론 개발자의 몫이다.

➡ 7.4.3. 참조에 의한 호출(Call by Reference)

값에 의한 호출을 정리하면 배열을 제외하고 기본 타입이나 클래스일 경우 전달되는 인자가 복사되기 때문에 그만큼의 오버헤드가 발생하며, 함수 호출 전후로 값이 바뀌지 않는 것을 확인할 수 있었다. 더 정확히 얘기하면 함수 호출 전후로 값이 바뀌지 않도록 처리하기 위하여 인자 자체를 복사하는 것이고, 그래서 오버헤드가 발생한다고 할 수 있다. 그러나 프로그래밍에서 함수 호출 전후로 인자의 값이 바뀌지 말아야 하는 것이 절대적인 기준이 될 수는 없다. 오히려 함수 호출 후에 인자의 값이 변경되지 않는 것이 불필요한 경우도 있으며, 함수 호출 후에 반드시 인자의 값이 유지되어야 하는 경우도 있다. 이런 경우를 위하여 참조에 의한 호출이 생겨났으며, 이럴 경우 오버헤드도 줄일 수 있다.

[소스 7-21] 참조에 의한 호출 1 – 기본 타입

```
void Func(int& arg)
{
  /*
  push ebp                            // (8)
  mov   ebp,esp                       // (9)
  */

  arg = 1;                            // (C)
  /*
  mov   eax,dword ptr [ebp+8]         // (10) eax = &a
  mov   dword ptr [eax],1             // (11) a = 1
  pop   ebp                           // (12)
  ret                                 // (13)
  */
}
```

```cpp
void main()
{
    /*
    push  ebp                                   // (1)
    mov   ebp,esp                               // (2)
    */

    int  a = 0;                                 // (A)
    /*
    push  ecx                                   // (3) a영역 할당
    mov   dword ptr [ebp-4],0                   // (4) a = 0;
    */

    Func(a);                                    // (B)
    /*
    lea   eax,[ebp-4]                           // (5) eax = &a
    push  eax                                   // (6) a의 주소 전달
    call  Func                                  // (7) 함수 호출
    add   esp,4                                 // (14) 스택 인자 정리
    mov   esp,ebp                               // (15) a영역 해제
    pop   ebp                                   // (16)
    ret                                         // (17)
    */

}
```

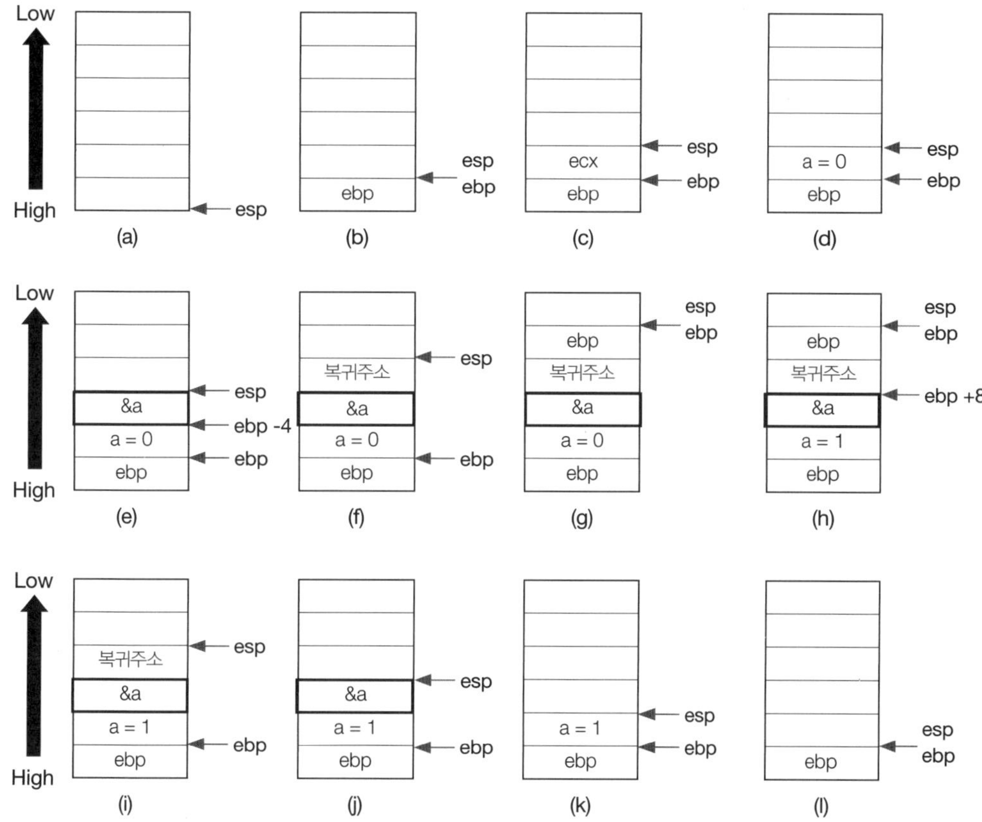

▲ **그림 7-9** x86 - 참조에 의한 호출 1 – 기본 타입

이제는 함수 호출 인자 전달 과정의 어셈블리와 스택 상태 변화에 익숙해졌다고 생각하므로 중요한 부분만 설명할 것이다.

Func 함수는 인자로 int& arg와 같은 참조 타입을 받는다. 참조 타입으로 인하여 특별히 변화되는 부분은 (5)이다. 값에 의한 호출시는 값 자체를 복사하여 스택에 push하였지만, 이번에는 a의 주소를 스택에 push한다. 동시에 (C)에 대응되는 어셈블리도 변하였다. (10), (11)을 살펴보자! 인자로 전달된 주소를 읽어서 해당 주소가 가리키는 영역에 1을 대입한다. 그래서 함수가 호출된 이후에도 a는 1을 유지하게 된다. 스택의 상태 변화는 그림을 참조하면 된다.

참조 타입에서 제일 중요한 점이라고 하면 바로 객체 자체가 복사되어서 전달되는 것이 아니라 객체의 주소가 전달된다는 점이다. 물론 스택의 상태 변화 그림에서 특별하게 효율성이 증대된 것처럼 보이지는 않을 것이다. 그러나 클래스 타입처럼 넘겨야 할 객체의 크기가 큰 경우는 효율성이 극대화되는 것을 확인할 수 있다. 이것은 잠시 후에 살펴보겠다.

[소스 7-22] 참조에 의한 호출 2 - 배열

```cpp
void Func(int (&arg)[1])        // (1)
{
   arg[0] = 1;
}

void main()
{
   int arr[1] = {0};

   Func(arr);
}
```

값의 의한 호출로 배열 객체를 인자로 넘길 경우 사실상 참조 타입으로 동작하는 것을 확인하였다. 굳이 참조에 의한 호출 방식으로 배열 객체를 넘겨도 동작 방식은 값에 의한 호출과 똑같이 일치한다. 단 인자의 형식에 주의를 기울여야 한다. (1)을 살펴보자!
일반적으로 생각할 경우 int& arg[1]로 쓰면 될 것 같지만, 형식 자체를 컴파일러가 받아들이지 않는다. 배열 객체의 참조 타입을 나타내기 위해서는 배열 이름 앞에 &를 붙이고 괄호로 감싸야 한다. 즉, int (&arg)[1]이 되어야 하는 것이다.

배열의 참조 타입 인자를 만드는 것은 까다로운 면이 있긴 하지만 값에 의한 호출을 위하여 typedef를 이용하여 같은 배열 타입을 정의하고 인자를 만드는 수고는 덜 수 있다. 그 뿐 아니라 형식 자체가 참조 타입이므로 누가 보아도 배열 객체의 주소가 넘어갈 것을 예상할 수 있다. 값에 의한 호출도 물론 참조에 의한 호출로 동작하긴 하지만 오해를 일으킬 수 있는 여지가 있는 것은 사실이다.

추가적으로 배열을 인자로 전달할 때 값에 의한 호출과 참조에 의한 호출 모두 참조 방식
으로 동작을 하는 것은 맞지만 미묘한 차이가 있긴 하다.

[소스 7-23] 배열 객체의 값, 참조 전달의 차이

```cpp
typedef int TARR[3];                                  // (A)

void FuncV(TARR arg)                                  // (1)
{
  cout << "V - arg address: " << arg << endl;
  cout << "V - &arg address: " << &arg << endl;
  cout << "V - sizeof(arg): " << sizeof(arg) << endl;
}

void FuncR(TARR& arg)                                 // (2)
{
  cout << "R - arg address: " << arg << endl;
  cout << "R - &arg address: " << &arg << endl;
  cout << "R - sizeof(arg): " << sizeof(arg) << endl;
}

void main()
{
  int arr[3] = {0};
  cout << "M - arr address:" << arr << endl;
  cout << "M - &arr address:" << &arr << endl;
  cout << "M - sizeof(arr):" << sizeof(arr) << endl;
  FuncV(arr);
  FuncR(arr);
}
```

비교를 위하여 먼저 (A)처럼 int 객체 3개를 가지는 배열 타입 TARR을 정의하였다.
TARR을 기준으로 값의 의한 호출 FuncV와 참조에 의한 호출 FuncR의 인자를 설정하였

다. 두 함수 모두 참조 방식으로 인자가 전달되므로 실제 arg는 main의 arr과 완전히 일치
한다. 그러나 분명히 차이가 있긴 하다. 그 차이를 보이기 위해서 각 함수가 출력하는 것
들을 비교해보자! 결과는 다음과 같다.

```
M - arr address: 0037FAD8                                    // (A-1)

M - &arr address: 0037FAD8                                   // (A-2)

M - sizeof(arr): 12                                          // (A-3)

V - arg address: 0037FAD8                                    // (B-1)

V - &arg address: 0037FAD4                                   // (B-2)

V - sizeof(arg): 4                                           // (B-3)

R - arg address: 0037FAD8                                    // (C-1)

R - &arg address: 0037FAD8                                   // (C-2)

R - sizeof(arg): 12                                          // (C-3)
```

먼저 arr과 arg가 나타내는 값을 확인해보자! (A-1), (B-1), (C-1)에서 볼 수 있듯이 모두
같은 값을 나타낸다. 왜냐하면 참조 방식으로 인자가 전달되었기에 arr과 arg는 그대로 일
치하기 때문이다. 그러나 배열 객체에 주소(&) 연산자를 사용하여 주소를 출력하는 경우
에는 차이가 발생하게 된다.

(A-2), (B-2), (C-2)를 살펴보자! (A-2), (C-2)의 경우는 여전히 배열의 주소를 그대로
나타낸다. 왜냐하면 배열 이름이 곧 주소이므로 주소(&) 연산자에 이름을 대입해도 같은
결과가 나오기 때문이다. 그러나 (B-2)의 경우는 배열의 메모리 주소보다 4만큼 작은 값
을 나타낸다. 이유가 무엇일까?

FuncV의 arg와 FuncR의 arg가 모두 main의 arr과 일치하는 것은 맞지만, 두 arg의 의미
는 확실히 다르다. 참조 타입 객체인 TARR& arg의 arg는 배열 그 자체를 의미하기 때문
에 &arg가 arg와 일치하겠으나, 값 타입 객체인 TARR arg의 arg는 메모리 영역을 나타내
고, 영역 안의 값이 바로 배열 arr의 주소라고 할 수 있다. 무슨 의미인가 하면 TARR arg
의 arg는 일종의 포인터로서 취급된다는 의미이다. 따라서 &arg의 경우 arg가 차지하는

메모리 영역의 주소를 나타내게 되므로, 실제 배열 arr의 주소와는 다른 값을 나타내게 되는 것이다. 특별하게 4만큼 차이가 난 이유는 배열 arr도 스택에 있으며 전달되는 인자도 스택에 있고 단지 4만큼 차이가 난 것이지, 항상 4만큼 차이가 나는 것은 아니다. 더 큰 차이가 날 수도 있다. 값 객체 TARR arg와 참조 객체 TARR& arg의 이런 차이로 인해서 sizeof(arg)도 다른 값을 나타내게 된다. 특히 (B−3)과 같이 arg가 값으로 취급될 경우 sizeof(arg)가 4가 나오는데, 바로 포인터로서 취급되기 때문이다.

이 부분에서 필자는 개인적으로 아쉬움을 느낀다. TARR arg에 대해서 sizeof(arg)는 당연히 12가 나오는 것이 맞을 것 같기 때문이다. 현재는 모르겠으나 나중이라도 C++ 표준 위원회에서 이 문제에 대해서는 한 번쯤 정리를 할 필요가 있지 않을까 생각이 든다. 이와 같은 미묘한 차이로 인해서 배열을 인자로 넘길 경우에는 값에 의한 호출과 참조에 의한 호출을 구분 없이 사용하면 낭패를 당할 수 있다. 그래서 필자의 경우는 배열을 인자로 넘길 경우에는 참조에 의한 호출 방식을 주로 사용하고 있다.

이번에는 참조에 의한 호출로 클래스(구조체 포함) 객체를 인자로 넘겨보자!

[소스 7−24] 참조에 의한 호출 3 − 클래스

```
class CArg
{
public:
    int m_E;                            // Empty Buffer
    int m_V;
};

void Func(CArg& arg)
{
    /*
    push  ebp                           // (8)
    mov   ebp,esp                       // (9)
    */
```

```cpp
    arg.m_V = 1;                                   // (C)
    /*
    mov   eax,dword ptr [ebp+8]                    // (10) eax = &a
    mov   dword ptr [eax+4],1                      // (11) a.m_V = 1;
    pop   ebp                                      // (12)
    ret                                            // (13)
    */
}
void main()
{
    /*
    push ebp                                       // (1)
    mov   ebp,esp                                  // (2)
    */

    CArg a;
    a.m_V = 0;                                      // (A)
    /*
    sub   esp,8                                     // (3) CArg a 영역확보
    mov   dword ptr [ebp-4],0   // (4) a.m_V = 0;
    */

    Func(a);                                        // (B)
    /*
    lea   eax,[ebp-8]                              // (5) eax = &a
    push eax                                        // (6) a 주소전달
    call Func                                       // (7) 함수호출
    add   esp,4                                     // (14) 스택인자정리
    mov   esp,ebp                                   // (15) CArg a 영역해제
    pop   ebp                                       // (16)
    ret                                            // (17)
    */
}
```

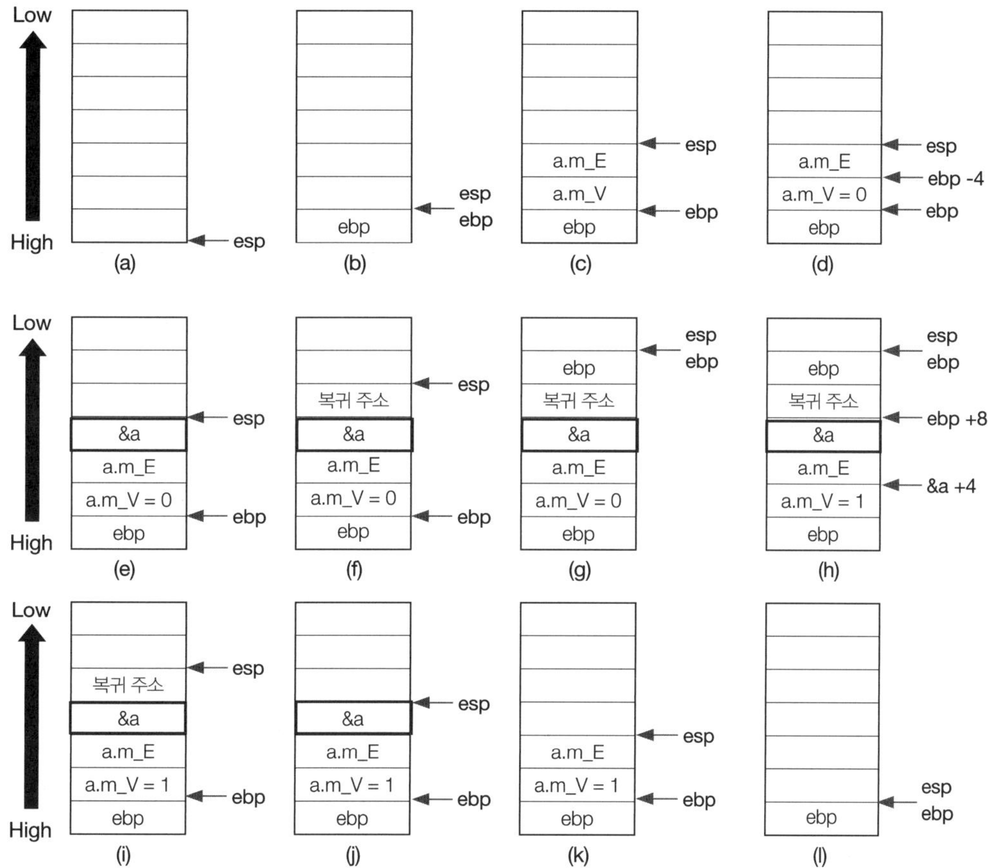

▲ 그림 7-10 x86 - 참조에 의한 호출 3 – 클래스

앞에서 살펴보았듯이 값에 의한 호출에서는 클래스 크기만큼 객체를 복사하여 스택에 추가하여 인자를 넘겼는데, 이번에는 클래스 객체의 주소를 스택에 추가하여 인자로 넘기는 것을 확인할 수 있다. 바로 (5), (6)에서 확인할 수 있을 것이다.

함수에서 매개변수(parameter)를 다루는 것도 특이하다. (C)에 대응되는 어셈블리 코드인 주석(10), (11)을 살펴보자! 먼저 인자로 넘어온 클래스 객체의 주소를 얻은 뒤에 해당 주소에 멤버 m_V의 오프셋인 4를 더하여 m_V 영역에 1을 쓴다. 스택의 상태는 그림에서 (h)에 해당한다. 따라서 함수 호출 이후에도 CArg 객체 a의 m_V는 1이 유지될 수 있다.

어셈블리와 스택 변화 그림만 봐서는 효율이 얼마나 좋아지는지 느끼기 어려울 수 있는데, 오버헤드가 극적으로 줄어드는 부분은 바로 (5) 부분이다. 만일 클래스의 멤버 객체가

100개 정도 된다면 값에 의한 호출에서는 인자를 복사하기 위하여 100번의 메모리 복사가 이루어질 것이다. 그러나 참조에 의한 호출에 의해서 오직 클래스 객체의 주소만이 인자로 넘어가게 되므로 클래스 크기가 크다고 오버헤드를 발생시키지는 않는다.

그뿐 아니다. 너무나도 당연하겠지만, 객체의 주소를 넘기는 것이기 때문에 새로운 객체가 생성될 필요가 없다. 즉, 복사 생성자가 아예 호출될 필요가 없는 것이다. 일체의 어떤 생성자도 호출되지 않기 때문에 얻는 이익은 상당히 많다. 바로 생성자 호출 오버헤드가 사라지는 장점뿐 아니라 '복사 손실'이라는 문제도 해결될 수 있다.

'복사 손실'이란 무엇일까? 적절한 비유를 들어보자! 엄마, 아빠, 아이 둘, 4인 가족이 살고 있었다. 방 3개짜리 집에 살아서 안방, 첫째 방, 둘째 방으로 나누어져 있었다. 그러다 집안 사정이 어려워져서 할 수 없이 방 두 개짜리 집으로 이사를 가야만 했다. 다행이 방 두 개는 이전 방과 크기가 똑같아서 안방과 첫째 방은 똑같은 구조로 가구들을 옮길 수 있었다. 하지만 둘째 방은 어떻게 되는 것일까? 옮길 곳이 없으니 가구들을 처분해야만 했다. 결국 손실이 발생하는 것이다. 그로 인해서 파생되는 문제도 생기게 되었다. 둘째에게 공부를 하라고 해도 자기 방의 책상이 없어져서 공부를 할 수 없게 된 것이다.

C++의 복사 손실도 개념적으로 따지면 이와 비슷하다. 어떤 클래스가 부모 클래스로 타입 변환되면서 손실이 발생하고, 그로 인해서 손실된 멤버에 접근할 수 없기 때문에 문제들이 발생하는 것이다. '복사 손실'이란 용어를 처음 알게 된 독자도 있을 것 같은데 실제 예제를 살펴보자!

[소스 7-25] 복사 손실

```cpp
class CParent
{
public:
  virtual void VFunc()
  {
    cout << "CParent::VFunc" << endl;
    cout << "m_Parent: " << m_Parent << endl;
```

```cpp
    }

    int m_Parent;
};

class CChild : public CParent
{
public:
    virtual void VFunc()
    {
        cout << "CChild::VFunc" << endl;
        cout << "m_Parent: " << m_Parent << endl;
        cout << "m_Child: " << m_Child << endl;
    }

    int m_Child;
};

void Func(CParent arg)                          // (2)
{
    arg.VFunc();                                // (3)
}

void main()
{
    CChild c;                                   // (1)
    c.m_Parent = 1;
    c.m_Child = 2;
    Func(c);
}
```

예제에서 CChild는 CParent를 상속받는다. 부모와 자식 클래스에는 가상 함수인 VFunc 가 정의되어있다. 각각의 가상 함수는 자신의 함수 이름을 출력한다. (1)에서 CChild 객체 c가 정의되었고, 함수 Func에 값에 의한 호출로 객체 c를 넘긴다. 주의할 점은 함수 Func의 인자 타입이 CChild가 아니라 CParent라는 사실이다. Func가 하는 일은 매개변수 (parameter) arg의 가상 함수인 VFunc를 호출하는 것이다. 출력 결과를 확인해보자!

```
CParent::VFunc

m_Parent: 1
```

아마도 출력 결과 첫 줄에 "CChild::VFunc"이 나온다고 예상했을지 모르지만, 그렇지 않다. 이 결과를 당연하게 여기는 사람도 많을 것이다. arg가 CParent 타입이니까 당연히 CParent의 함수가 호출될 것이라고 생각할 수도 있다. 그러나 그런 경우는 비가상 멤버 함수일 때이고, VFunc는 엄연히 가상 함수이다. 가상 함수가 호출되는 방식을 아직 제대로 배우지 않았기 때문에 이해할 수 없을지 모르지만, 가상 함수는 가상 함수 테이블을 통해서 호출된다. 그리고 가상 함수 테이블은 객체가 생성될 때 이미 정해지게 되는 것이다. 따라서 CChild 객체 c의 가상 함수 테이블에는 VFunc가 연결된 함수가 CChild::VFunc이므로 당연히 "CChild::VFunc"가 출력되어야만 한다고 생각할 수도 있는 것이다. 그렇다면 위의 결과를 가지고 유추할 때 가상 함수 테이블이 인자 전달 과정에서 변조라도 된 것일까?

그렇지는 않다. 이 상황을 이해하기 위하여 그림을 참조하자!

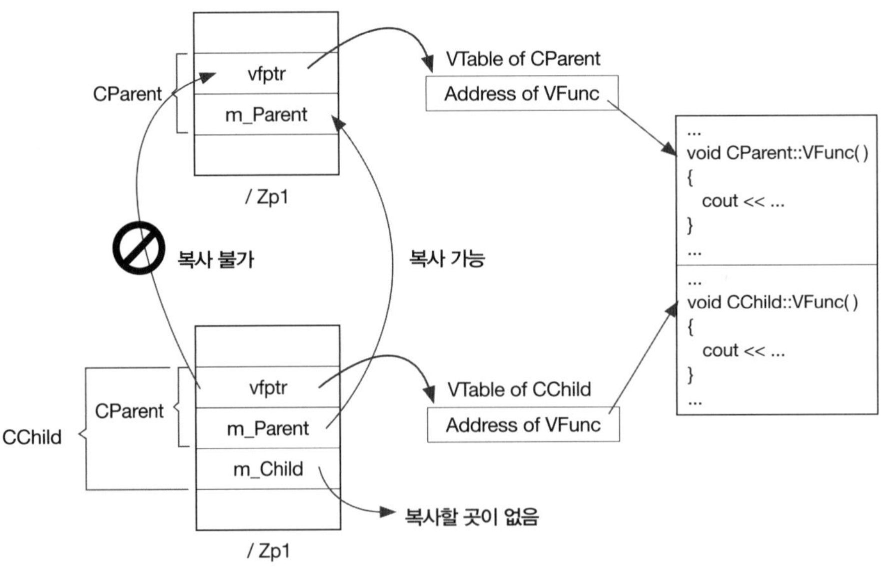

▲ 그림 7-11 복사 손실

<그림 7-11>은 복사 손실이 왜 발생하는지를 보여준다. 함수 Func는 값에 의한 호출 방식으로 인자가 전달된다. 즉, 객체가 복사되는 것이다. 그림에서 CChild 객체 c가 인자로 넘어가면서 새로운 CParent 객체가 생성된다. 동시에 복사 생성자가 호출될 것이다. 그림에서 위쪽의 CParent는 매개변수(parameter) 역할을 하는 arg 객체를 나타내고, 아래쪽은 실제 함수에 넘겨진 실인자(argument)인 객체 c를 나타낸다.

CChild에서 CParent로 객체 복사가 되면서 손실이 일어나게 된다. 바로 CChild에서 처음 선언된 m_Child는 애초에 복사가 될 수 없는 것이다. 사실 m_Child가 복사되지 않는 것은 현재 코드에서는 전혀 문제가 되지 않는다. 진짜 문제는 가상 함수 테이블 포인터인 vfptr이 복사되지 않는다는 것이다.

그림에서 m_Parent는 CChild에서 CParent로 복사가 잘 된다. 왜냐하면 두 클래스 모두 존재하는 멤버이기 때문이다. 그러나 vfptr은 절대로 복사되지 않는다. [가상 함수]장에서 자세히 설명되겠지만, 가상 함수 테이블 포인터는 암시적인 복사 생성자를 통해서 절대로 복사되지 않는다. 그 이유는 무척 단순한데 만약 가상 함수 테이블 포인터가 복사된다면 VFunc 호출시 CChild::VFunc가 호출될 것이고 함수 안에서는 복사될 수 없는 m_Child를 접근하게 되는 잘못된 참조가 발생할 수 있기 때문이다.

따라서 복사 손실을 피하기 위해서는 반드시 참조에 의한 호출 방식으로 인자를 전달해야만 하는 것이다. 참조에 의한 호출 방식을 사용할 경우 복사 생성자가 호출될 일이 없으며, VFunc 호출시 바로 객체 c의 가상 함수 테이블을 이용하기 때문에 CChild::VFunc가 안전하게 호출될 수 있기 때문이다.

아직 복사 손실과 관련해서 무슨 말인지 잘 이해되지 않을지도 모른다. 바로 가상 함수의 구조와 원리를 제대로 파악하지 못했기 때문이다. 그러나 걱정할 필요는 없다. 책 순서상 가상 함수는 [함수]장 뒤에서 자세히 다룰 것이기 때문이다. [가상 함수]장을 읽고 나서는 아마도 지금 내용이 완벽하게 이해될 것이다.

정리를 해보자. 클래스 객체를 함수의 인자로 넘길 때는 가능하면 참조에 의한 호출을 사용해야 한다. 물론 구조가 상당히 단순하고 기본 타입으로만 이루어진 구조체의 경우는

값 자체로 넘기는 경우도 있긴 하지만 기본적으로 클래스 객체는 참조에 의한 호출로 인
자를 넘기는 것이 성능이나 효율적인 면에서 유리하기 때문이다.

➔ 7.4.4. 상수 참조 타입 const TYPE&

기본 타입의 경우 값에 의한 호출이나 참조에 의한 호출이 효율성 면에서 그리 큰 차이가
발생하는 것은 아니다. 그러나 기본 타입임에도 불구하고 참조에 의한 호출을 반드시 사
용해야만 하는 경우도 있다. 바로 함수 호출로 인하여 인자 값이 변경되어도 변경된 값이
유지되어야만 하는 경우를 들 수 있다. 보통 다중 반환을 필요로 할 때 사용된다.
그러나 함수 안에서 인자가 변경되지 않음에도 참조에 의한 호출을 사용하는 경우도 있다.

[소스 7-26] const int& 인자

```
int Increase(int& arg)                    // (A)
{
    return arg + 1;
}

void main()
{
// int r1 = Increase(0);                  // (1) Error

    int a = 0;                            // (2)
    int r2 = Increase(a);                 // (3)
}
```

〈소스 7-26〉에서 함수 Increase는 참조에 의한 호출 방식으로 인자 arg를 받는다. 함수가
하는 일은 무척 단순하다. 인자로 전달된 값에 1을 증가시켜서 반환하는 것이다. 이 함
수는 단점이 하나 있는데 바로 (1)처럼 상수를 인자로 전달할 경우 컴파일 에러가 발생한
다. 이미 살펴보았듯이 참조 타입 인자는 객체의 주소를 넘기는 것이기 때문에 메모리를

차지하지 않는 상수는 절대로 인자로 넘길 수 없는 것이다. 그러나 사실 (1)과 같은 코드
도 사용 가능하면 좋을 것 같다. 왜냐하면 절대로 함수 Increase 안에서 arg를 변경하는 경
우는 발생하지 않기 때문이다. 그래서 나온 해결책이 바로 const int&인 것이다.

(A)의 인자 int& arg를 const int& arg로만 변경하면 (1) 코드도 무사히 컴파일이 될 수 있
다. 그렇다면 어떻게 const int&는 상수를 인자로 받을 수 있는지 궁금할 것이다.

[소스 7-27] const int& 인자

```
int Increase(const int& arg)
{
    return arg + 1;
}

void main()
{
    Increase(0);
    /*
    push  ecx                              // (1)
    mov   dword ptr [ebp-4],0              // (2)
    lea   eax,[ebp-4]                      // (3)
    push  eax                              // (4)
    call  Increase                         // (5)
    */
}
```

〈소스 7-27〉은 const int& arg가 어떻게 상수를 받을 수 있는지를 어셈블리로 확인하기
위한 코드이다.

먼저 (1)처럼 상수 0을 위한 영역을 스택에 마련한다. 그리고 (2)처럼 스택에 마련된 영역
에 0을 복사한다. 즉, 상수 0을 위하여 스택에 영역을 하나 생성한 것이다. 핵심은 바로
(3), (4)에 있다. 상수 0을 위한 스택 메모리 영역의 주소를 스택에 push하는 것이다. 즉,
상수 0이 있는 메모리 영역의 주소를 인자로서 전달하는 것이다. 따라서 상수를 인자로

넘겨도 아무 문제 없이 컴파일이 될 수 있는 것이다. 참조 타입에 const가 붙음으로 해서 컴파일러는 상수를 위한 메모리 영역을 만들게 된다. 동시에 해당 영역은 쓰기 금지를 지정해서 절대로 값이 바뀔 수 없도록 하는 것이다.

const int&이 주로 많이 쓰이기는 하지만 사실 이번 파트에서 설명하려고 한 것은 const TYPE&이다. 즉, 기본 타입인 int뿐 아니라 클래스를 비롯한 다양한 타입에 대하여 상수 참조를 사용할 수 있다는 의미이다. 그렇다면 어떤 경우에 사용할까?

[소스 7-28] const TYPE& 인자

```
class CTest
{
public:
    CTest(int arg) {}                              // (1)
};

void Func(const CTest& arg) {}                      // (2)

void main()
{
    Func(0);                                        // (3)
}
```

이미 설명했듯이 클래스 객체를 인자로 넘길 경우에는 참조에 의한 호출을 사용해야 한다고 했다. 여기서 (1)처럼 int를 인자로 가지는 생성자가 정의된 경우를 생각해보자. 그리고 (3)처럼 암시적 타입 변환을 유도하여 함수를 호출한다고 생각해보자.

(2)에서 인자 타입에 const 지정이 없었더라면 컴파일 자체가 불가능해진다. 왜냐하면 컴파일러는 상수에 대하여 비 const 참조 타입에 대해서는 일절 허용을 하지 않기 때문이다. 따라서 const를 붙여줌으로 해서 상수에 의한 암시적 타입 변환도 허용할 수 있도록 만들어준 것이다.

결론은 클래스 객체를 인자로 넘길 경우, 함수 안에서 객체의 값이 변하지 않는다면 상수 참조 타입으로 넘겨야 한다는 것이다. 즉, const TYPE&를 사용해야 한다.

7.5. 반환 타입(Return Type)

함수의 인자에 대해서 많은 것을 알아보았다. 의외로 많은 C/C++ 학습서에 함수의 인자에 대해서는 자세히 설명되어 있지만 함수의 반환에 대해서는 자세한 내용을 찾기 어려운 면이 있는 것 같다. 함수에서 인자가 어떻게 전달되는지를 알아보았듯이 함수에서 반환은 어떻게 이루어지는지 살펴보자.

➔ 7.5.1. 값에 의한 반환(Return by Value)

먼저 기본 타입인 int가 반환 타입인 경우를 생각해보자!

[소스 7-29] int 반환 함수

```
int Func()
{
  /*
  push ebp
  mov   ebp,esp
  */

  return 1;
  /*
  mov   eax,1                          // (3) eax = 1
  pop   ebp                            // (4)
  ret                                  // (5)
  */
}
```

```
void main()
{
    /*
    push ebp
    mov  ebp,esp
    */

    int r = Func();
    /*
    push ecx                                 // (1) r 영역 확보
    call Func                                // (2) 함수 호출
    mov  dword ptr [ebp-4],eax               // (6) r = 1
    mov  esp,ebp                             // (7)
    pop  ebp                                 // (8)
    ret
    */

}
```

<소스 7-29>는 1을 반환하는 아주 단순한 함수의 어셈블리를 보여준다. 가장 중요한 부분은 바로 (3)이다. eax에 반환 값인 1을 대입하는 것이다. 예상했겠지만 함수의 반환 값은 보통 eax 레지스터에 복사된 후에 함수가 반환된다.

(6)에서는 반환 값을 어떻게 처리하는지 보여준다. 바로 스택에 할당된 r 영역에 반환 값이 담긴 eax를 복사하는 것이다. 그래서 r = 1이 된다.

x86 시스템에서는 반환 값이 저장되는 용도로 eax 레지스터를 사용한다. 쉽게 유추할 수 있겠지만 x64 시스템에서는 rax 레지스터를 사용한다. 물론 반환 값이 4바이트라면 x64에서도 eax 레지스터를 사용하는데, 다시 한 번 주의할 점은 x64의 eax 레지스터는 rax 레지스터의 하위 32비트를 의미하는 것으로 결국 반환 값은 무조건 rax 레지스터를 사용하는 것이다.

여기서 잠깐! 독자의 긴급 질문이 있을 수 있다. 바로 x86 시스템에서 4바이트보다 크기

가 큰 8바이트 기본 타입 반환은 어떻게 처리되는지에 대한 것이다. 사실 기본 타입이지만 4바이트를 넘어가는 것은 얼마든지 있을 수 있다. 간단히 생각해볼 수 있는 것은 64비트 정수인 __int64(long long)도 있을 수 있으며, 가장 흔하게 사용하는 것 중에 하나인 부동소수점 double도 있다. 여기서는 먼저 __int64를 반환 타입으로 사용하는 경우를 살펴보겠다.

[소스 7-30] __int64 반환 함수

```
__int64 Func()
{
  /*
  push ebp
  mov   ebp,esp
  */

  return 1;
  /*
  mov   eax,1                        // (3) eax = 1
  xor   edx,edx                      // (4) edx = 0
  pop   ebp                          // (5)
  ret                                // (6)
  */
}

void main()
{
  /*
  push ebp
  mov   ebp,esp
  */
  __int64 r = Func();
  /*
  sub   esp,8                        // (1) r 영역 8바이트 확보
  call  Func                         // (2) 함수 호출
  mov   dword ptr [ebp-8],eax        // (7) r 하위 32비트 = 1
  mov   dword ptr [ebp-4],edx        // (8) r 상위 32비트 = 0
```

```
        mov     esp,ebp                                     // (9)
        pop     ebp                                         // (10)
        ret
    */
}
```

〈소스 7-30〉은 이전 예제 코드에서 반환 타입을 int에서 __int64로 바꾼 것이다. 물론 그로 인해서 어셈블리는 대폭 변하게 되었다. 변화된 부분을 중심으로 살펴보자!

먼저 반환 값을 담을 r에 대한 스택 영역 확보이다. (1)에서 볼 수 있듯이 8바이트를 확보하기 위하여 sub을 사용하여 스택을 늘리고 있다. 함수가 호출된 뒤 (3)에서 eax에 1이 복사된다. 특이한 점은 바로 (4)이다. edx를 0으로 설정하는 것이다. eax가 반환 값으로 사용되듯이, edx도 반환 값으로 사용된다. 여기서 왜 edx를 설정할 때 mov edx,0 대신 xor을 썼는지 의문이 들 수 있는데, xor을 사용하면 CPU 명령코드를 약간 줄여서 효율을 높여준다는 의견이 있다.

결론은 반환 타입이 8바이트일 경우 eax와 edx가 모두 반환 값으로 사용된다는 것이다. edx는 반환 값의 상위 32비트를 나타내고, eax는 반환 값의 하위 32비트를 나타내게 된다. 따라서 (7), (8)에서는 eax와 edx를 통해서 반환 값을 담을 스택의 r영역을 구성하게 된다.

그렇다면 반환 타입이 double일 때도 eax와 edx가 사용될까? 참고로 double이 반환 타입으로 사용될 경우는 꽤 복잡해지는데, 일단 x64 시스템에서는 부동소수점을 위하여 도입된 xmn0 레지스터를 반환 값으로 사용하게 된다. 그에 비해서 x86 시스템에서는 부동소수점 계산을 위한 특수한 어셈블리 명령을 사용하게 된다. 왜냐하면 double의 경우 상위, 하위 32비트가 구조적으로 분리되기 어려운 면이 있기 때문이다. x86의 부동소수점 관련 어셈블리 명령을 여기서는 소개하지 않을 것이다. 이 책의 범위를 넘어설 뿐 아니라, 이 책보다는 CPU 아키텍처에 관련된 책을 보는 편이 낫다.

반환 타입으로 기본 타입을 사용할 경우 반환 값은 eax(rax)와 edx(rdx) 레지스터에 대입
된다. 그렇다면 반환 타입이 기본 타입이 아닐 경우는 어떻게 될까? 궁금함을 해결하기
위하여 반환 타입을 한 번 확장해보자. 이미 인자 타입으로 기본 타입, 배열, 클래스를 적
용하였으므로 같은 식으로 반환 타입으로 배열을 생각해보자.

[소스 7-31] 배열 반환 함수

```
typedef int TARR[1];              // (1)

TARR Func()
{
    int arg[1] = {0};
    return arg;
}
```

배열 반환을 위하여 (1)처럼 TARR을 정의하였다. 그러나 예제 코드는 컴파일이 되지 않
는다. 에러 메시지는 '함수는 배열을 반환할 수 없다'는 것이다. 대신 배열에 대한 포인터
를 반환해야 한다고 친절하게 알려준다. 배열을 인자로 넘길 때 실제로 전달되는 것은 배
열 이름, 즉 배열 객체의 주소였다. 만일 컴파일러가 반환 타입으로 배열을 받을 수 있다
고 하여도 함수의 인자가 전달되는 것처럼 실제로 반환되는 것은 배열 객체의 주소일 것
이다. 따라서 배열을 반환하지 못하게 컴파일러가 막는 것은 무척 바람직한 일이라고 생
각한다. 초보 개발자라면 배열이 반환될 경우 배열 자체가 복사될 것이라고 착각할 수도
있기 때문이다. 그런 점에서 필자는 배열이 인자로 전달되는 경우도 명확하게 포인터 타
입만 가능하도록 제한하는 것이 좋지 않을까 생각한다. 왜냐하면 혼란의 여지없이 배열
은 포인터로서 동작하기 때문이다.

```
typedef int TARR[1];                              // (A-1)

TARR* Func()                                      // (A-2)
{
  int arg[1] = {0};
  return (TARR*)arg;
  /*
  push ebp
  mov   ebp,esp
  push ecx
  mov   dword ptr [ebp-4],0                       // (1)
  lea   eax,[ebp-4]                               // (2)
  */
}
```

배열을 반환할 수 있도록 (A-1), (A-2)와 같이 TARR을 정의하여 TARR* 타입을 반환하
도록 하는 경우도 역시 eax(rax) 레지스터를 이용하여 배열 객체의 주소를 반환하게 된다.
따라서 기본 타입이나 배열 타입의 경우 eax(rax) 레지스터를 이용하면 쉽게 반환 값을 얻
을 수 있다. 그러나 반환 타입이 클래스일 경우 전혀 다른 동작 방식이 필요해진다.

[소스 7-33] 클래스 반환 함수 1

```
class CTest
{
public:
  int m_E;                      // Empty Buffer
  int m_V;
};

CTest Func()
{
```

```
    /*
    push ebp
    mov   ebp,esp
    */

    CTest t;
    t.m_V = 1;
    /*
    sub   esp,8                              // (3) t 영역 8바이트 확보
    mov   dword ptr [ebp-4],1                // (4) t.m_V = 1
    */

    return t;
    /*
    mov   eax,dword ptr [ebp-8]              // (5) eax = t.m_E
    mov   edx,dword ptr [ebp-4]              // (6) edx = t.m_V
    mov   esp,ebp                            // (7)
    pop   ebp                                // (8)
    ret
    */
}

void main()
{
    /*
    push ebp
    mov   ebp,esp
    */

    Func();
    /*
    sub   esp,8                              // (1) 반환 임시 영역  8바이트 확보
    call  Func                               // (2) 함수 호출
    mov   dword ptr [ebp-8],eax              // (9) 반환 임시 영역 복사  t.m_E
    mov   dword ptr [ebp-4],edx              // (10) 반환 임시 영역 복사 t.m_V
    mov   esp,ebp                            // (11)
    pop   ebp                                // (12)
    ret                                      // (13)
    */
}
```

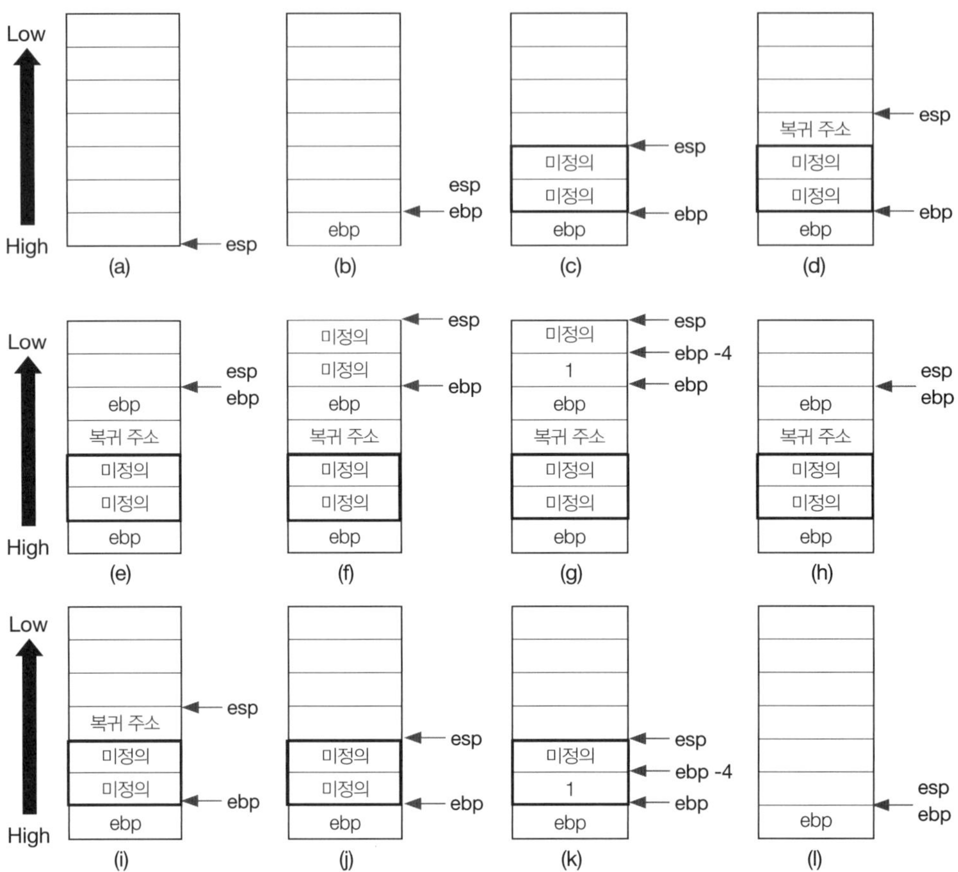

▲ 그림 7-12 클래스 반환 함수 1

〈소스 7-33〉과 〈그림 7-12〉는 반환 타입이 클래스인 경우를 보여준다. 눈여겨볼 점이 있는데 클래스 CTest는 크기가 8바이트라는 점이다. 반환 타입이 클래스일 경우 특이한 점이 있는데, 컴파일러는 반환된 값을 보존하기 위해서 스택에 임시로 클래스 크기만큼 의 영역을 확보한다는 것이다. 함수가 반환한 후에 임시 영역에 반환된 값을 담아서 반환 값을 사용해야 할 때 접근하게 된다.

(1)에서는 반환될 결과를 저장하기 위하여 스택에 8바이트만큼 임시 영역을 확보하는 것 을 보여준다. 그림에서는 (c)에 해당한다. 그리고 (2)에서 함수가 호출된다.

(3)에서 CTest t 객체에 대한 스택 영역을 확보한다. (4)에서는 t의 m_V 영역에 1을 복사

한다. 그림에서는 (f), (g)에 해당한다.

제일 중요한 부분은 (5), (6)이다. 바로 반환 값을 설정하기 때문이다. 주석에서 써있듯이 eax에는 t.m_E가 복사되고, edx에는 t.m_V가 복사된다. 결국 8바이트 크기의 클래스 CTest는 eax와 edx 레지스터만으로도 반환될 수 있는 것이다. 함수가 반환된 뒤에는 앞에서 얘기한 반환 임시 영역에 반환 결과를 저장해야 한다. 바로 (9), (10)에 해당하며, 그림에서는 (k)에 해당한다.

여기서 당연히 의문이 제기될 것이다. 크기가 8바이트보다 작거나 같은 클래스는 eax와 edx 레지스터를 사용하여 반환할 수 있다. 그러나 대부분의 클래스는 크기가 8바이트보다 크다. 즉, 크기가 8바이트를 넘어서는 클래스의 경우 어떤 방법으로 반환을 할 수 있는지가 문제가 된다. 이 문제는 상당히 어려운 것이었다. 그러나 역발상을 통해서 문제를 풀 수 있는 실마리를 찾을 수 있다.

함수가 반환을 한다는 것은 결국 함수(callee)가 자신을 호출한 함수(caller)에게 반환 값을 전달한다는 의미이다. 즉, callee가 caller에게 반환 값을 전달하는 것이다. caller가 callee에게 인자를 전달할 때 어떤 방법을 사용했는가? 바로 스택을 통해서 인자를 전달하였다. 마찬가지로 callee가 caller에게 반환 값을 전달할 때도 스택을 이용하면 가능할 것이다.

먼저 이런 방법을 생각해보자! 반환을 해야 하는 함수(callee) 본체에서 반환 타입 크기만큼 스택을 늘려서 반환 값을 채운 후에 함수를 종료하는것이다. 실제로 함수를 호출했던 함수(caller)는 해당 스택에 접근하여 반환 값을 구할 수 있다. 그러나 이 방법은 결정적인 문제가 있다. 바로 함수 스스로 자신이 사용한 스택을 정리하지 못한다는 것이다. 결국 최종적으로 스택을 정리할 책임은 함수를 호출한 함수, 즉 caller가 떠맡게 된다. 그러나 컴파일러 입장에서는 caller의 어셈블리를 제대로 작성할 수 없다. 왜냐하면 다른 오브젝트에 속하는 callee가 스택을 얼마나 사용하는지를 컴파일 타임에서는 알 수 없기 때문이다.

따라서 다시 한 번 역발상을 통해서 문제를 해결하는데, 바로 caller가 반환 타입 크기만큼 미리 스택을 확보한 후에 callee를 호출하는 것이다. 한마디로 반환 값을 저장할 영역을 미리 확보하여 인자처럼 넘기는 것을 의미한다. 그리고 호출 받은 함수, 즉 callee는 인자처럼 전달된 반환 영역에 반환 값을 설정하는 것이다. 필자는 이렇게 인자처럼 전달되는 반환 영역을 '반환 인자 영역'이라고 부르기로 하겠다. 당연히 글만 봐서는 과정 자체가 이해하기 어려울 것이다. 어렵기 때문에 직접 코드를 살펴보면서 이해해보자!

[소스 7-34] 클래스 반환 함수 2

```
  __declspec(align(1)) class CTest              // (A)
{
public:
  BYTE m_E[8];                                  // Empty Buffer
  int m_V;
};

CTest Func()
{
  /*
  push  ebp
  mov   ebp,esp
  */

  CTest t;
  t.m_V = 1;
  /*
  sub   esp,0Ch                                 // (5) t 영역 12바이트 확보
  mov   dword ptr [ebp-4],1                      // (6) t.m_V = 1
  */

  return t;
  /*
  mov   eax,dword ptr [ebp+8]                    // (7) eax = (1)의시작 주소
  mov   ecx,dword ptr [ebp-0Ch]                  // (8) t의 첫째 4바이트 구해서
  mov   dword ptr [eax],ecx                      // (9) eax 첫째 4바이트에 복사
  mov   edx,dword ptr [ebp-8]                    // (10) t의 둘째 4바이트 구해서
  mov   dword ptr [eax+4],edx                    // (11) eax 둘째 4바이트에 복사
  mov   ecx,dword ptr [ebp-4]                    // (12) t.m_V 구해서
```

```asm
    mov   dword ptr [eax+8],ecx          // (13) eax 셋째 4바이트에 복사
    mov   eax,dword ptr [ebp+8]          // (14) eax = (1)의 시작 주소
    mov   esp,ebp                        // (15)
    pop   ebp                            // (16)
    ret                                  // (17)
    */
}

void main()
{
    /*
    push ebp
    mov   ebp,esp
    */

    Func();
    /*
    sub   esp,18h                        // (1) 임시 영역 + 인자 영역 = 24바이트
    lea   eax,[ebp-18h]                  // (2) eax = (1)의 시작 주소
    push eax                             // (3) eax를 인자처럼 전달
    call Func                            // (4) 함수 호출
    add   esp,4                          // (18) 인자처럼 전달한 스택 정리
    mov   ecx,dword ptr [eax]            // (19) 인자 영역 첫째 4바이트 구해서
    mov   dword ptr [ebp-0Ch],ecx        // (20) 임시 영역 첫째 4바이트 복사
    mov   edx,dword ptr [eax+4]          // (21) 인자 영역 첫째 4바이트 구해서
    mov   dword ptr [ebp-8],edx          // (22) 임시 영역 첫째 4바이트 복사
    mov   eax,dword ptr [eax+8]          // (23) 인자 영역 첫째 4바이트 구해서
    mov   dword ptr [ebp-4],eax          // (24) 임시 영역 첫째 4바이트 복사
    mov   esp,ebp                        // (25)
    pop   ebp                            // (26)
    ret
    */
}
```

〈소스 7-34〉는 크기가 8바이트보다 큰 클래스를 반환 타입으로 가지는 함수의 호출을 보여준다. 예제가 상당히 긴데, 그만큼 클래스를 값으로서 반환하는 과정이 복잡하다는 것

을 보여주는 것이다.

본격적인 설명을 하기 전에 (A)를 살펴보자! 처음 보는 키워드가 눈에 띌 것이다. 바로 '__declspec(align(1))'이다. VC++의 예약 키워드인데, 스택의 상태 변화를 명확하게 보여주기 위하여 지정하였다. CPU마다 다르긴 하지만 클래스가 메모리에 놓일 때는 주소의 경계가 특정 정렬 값의 배수가 될 때 최적의 성능을 보이게 된다. 보통 경계의 정렬 값이 4 혹은 8이 되는데, CTest의 크기는 12바이트이므로 16에 정렬될 수 있다. 이럴 경우 스택 확보 공간의 크기도 달라져서 스택 상태 변화를 추적하는데 어려움이 발생할 수 있다. 따라서 아예 경계 정렬을 하지 않도록 정렬 값을 1로 지정한 것이다. 즉, 설명의 편의를 위하여 지정한 것이니 크게 신경 쓸 필요는 없다.

소스 코드에는 보이지 않지만 또 하나 옵션을 변경하였는데, 컴파일러 옵션중의 하나인 [버퍼 보안 검사]를 생략하도록 하였다. [버퍼 보안 검사]는 Stack Overflow 공격을 방지하기 위하여 스택에 추가되는 값인데 값의 변화를 체크해서 스택의 변조 여부를 확인하게 된다. VC++에는 항상 기본으로 설정되는 옵션인데, 이로 인해서 어셈블리 및 스택의 상태가 분석하기 복잡해지므로 과감하게 생략하였다.

예제 코드를 설명하기 전에 다시 한 번 기억해야 할 것이 있다. 클래스를 반환하는 함수를 호출하는 호출자, 즉 caller는 callee가 반환 값을 설정할 수 있는 반환 인자 영역과 함께 caller가 사용하기 위하여 반환 결과를 저장하는 반환 임시영역을 스택에 마련한다. 즉, 클래스 CTest의 크기가 12바이트라면 두 배 크기인 24바이트를 스택에 마련해놓는 것이다. 처음 12바이트 영역은 반환 인자 영역으로 호출되는 함수(callee)가 반환 값을 설정하는 영역이고 다음 12바이트 영역은 반환 임시 영역으로 호출하는 함수(caller)가 반환 값을 임시로 저장하기 위하여 설정하는 영역이다.

또 하나 중요한 점은 호출자인 caller는 반환영역을 callee에게 알려주기 위하여 반환 인자 영역의 주소를 함수의 인자처럼 넘긴다는 사실이다. 호출된 함수(callee)는 인자처럼 넘어온 반환 인자 영역의 주소를 이용하여 반환 인자 영역에 직접 반환 값을 복사할 수 있는 것이다.

결국 간단하게 요약하면 caller는 반환 인자 영역을 callee에게 전달하고, callee는 반환 인자 영역에 반환 값을 복사해놓고 종료된다. 그 후에 caller는 반환 인자 영역에서 반환 임시 영역으로 반환 결과를 옮기게 된다. 기본적인 흐름에 대해서는 설명이 끝났으므로, 이제 본격적으로 예제와 스택 상태 변화 그림을 통해서 클래스 반환의 과정을 살펴보자!

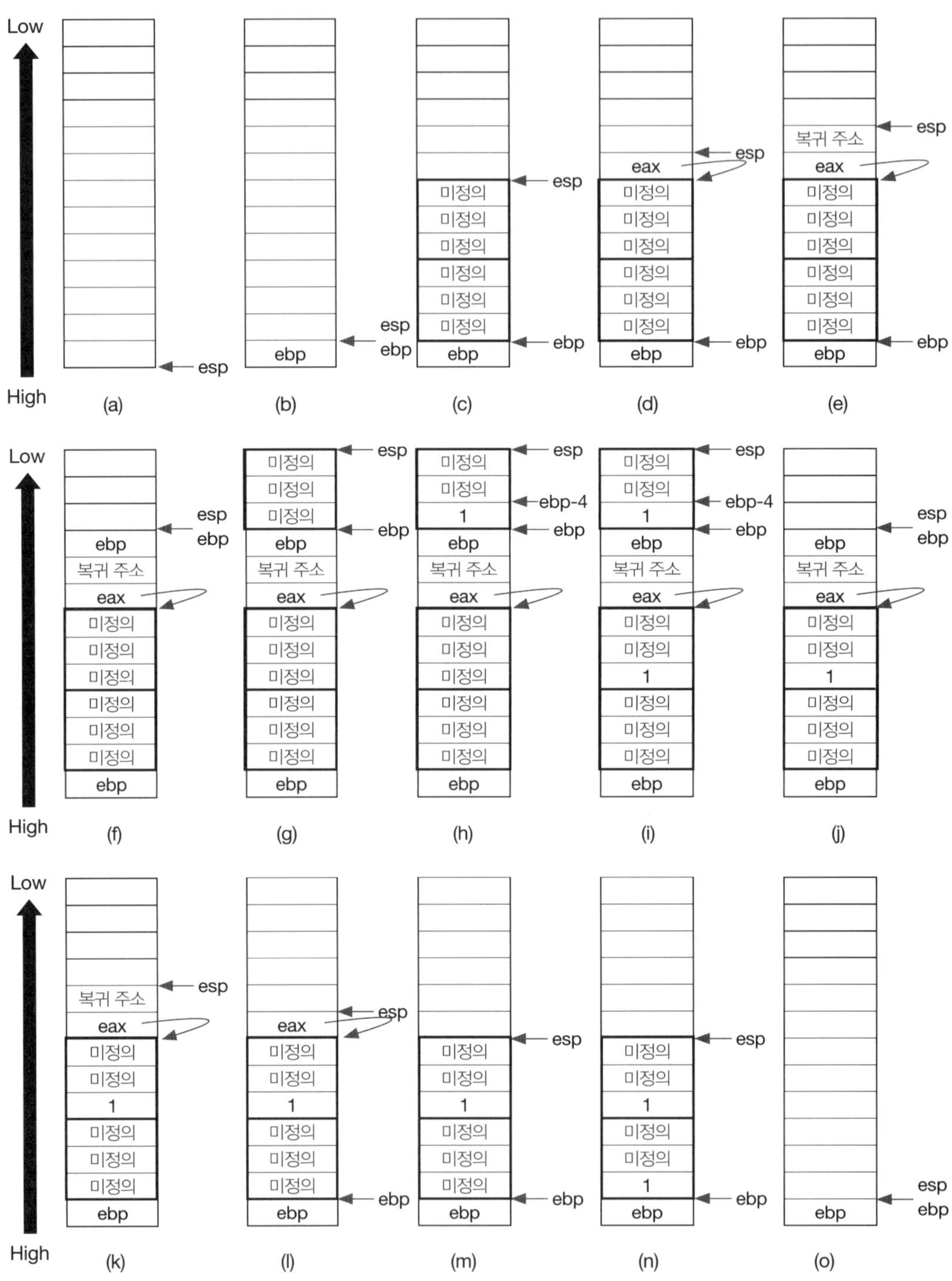

▲ 그림 7-13 클래스 반환 함수 2

〈소스 7-34〉에서 (1)을 살펴보자! 반환 인자 영역과 반환 임시 영역을 위해서 스택에 24 바이트를 마련한다.

(2), (3)은 무척 중요하다. 바로 반환 인자 영역의 시작 주소를 eax에 복사해서 스택에 추가하는 것이다. 그리고 함수를 호출한다. 그림에서 (c), (d), (e)에 해당한다. (5), (6)에서는 스택에 CTest t의 공간을 마련한 뒤, t.m_V 영역에 1을 복사한다. 그림에서는 (g), (h)에 해당한다. (7)~(13)까지는 t의 영역을 반환 인자 영역에 복사하는 과정이다. t의 영역을 4바이트 단위로 읽으면서 반환 인자 영역에 4바이트 단위로 복사를 한다. 그림에서는 (i)에 해당한다.

(14)는 반환 인자 영역의 주소를 eax에 다시 대입한다. 이미 처음에 eax는 반환 인자 영역의 주소를 가지고 있었지만, 혹시라도 중간에 다른 용도로 사용되었을 수도 있기 때문에 복원하는 것이다. eax 레지스터는 반환 값을 저장하기 위하여 주로 사용되는데, 반환 값이 8바이트보다 클 경우에는 반환 값의 주소를 가지게 된다. 이제 다시 호출자인 caller로 돌아온다. 그리고 (18)처럼 인자처럼 전달한 반환 인자 영역의 주소를 스택에서 정리한다. 그림에서는 (l), (m)에 해당한다. (19)~(24)는 반환 인자 영역에 저장된 결과를 caller의 반환 임시 영역에 복사하는 과정이다. 그림에서는 (n)에 해당한다. 마지막으로 caller가 종료한다.

독자들은 클래스를 반환하는 과정에서 강한 의문을 가질 수 있을 것이다. 왜 쓸데없이 반환 인자 영역과 반환 임시 영역이 동시에 존재하는지 이해할 수 없을 것이다. 한마디로 낭비이다. 어차피 반환 인자 영역을 callee에게 전달해서 반환 값을 채웠으면 그것을 그대로 caller는 반환 임시 영역으로 사용하면 될 것 같다. 즉, 애초에 반환 결과를 위한 영역이 두 개가 있을 필요가 없다는 생각이 들 것이다.

여기서 한 가지 부연설명을 해야겠다. 예제에서 보여주는 과정은 컴파일러의 원칙을 모두 드러내는 코드이다. 즉, 반환 결과를 저장하기 위하여 반환 임시 영역이 필요한 것도 하나의 원칙이고, 반환 결과의 크기가 8바이트 초과일 경우 callee에게 넘기기 위한 반환 인자 영역이 필요한 것도 또 하나의 원칙이다.

컴파일러는 어셈블리 생성시 최적화를 하지 않을 경우 모든 원칙을 그대로 따르게 된다. 그래서 반환 인자 영역과 반환 임시 영역이 모두 나타나게 되는 것이다.

상식적으로 생각해보자! 이미 살펴본 어셈블리 코드에는 복사할 필요가 전혀 없는 미정의 영역도 충실하게 복사하고 있다. 바로 그것도 원칙이기 때문이다. 기본 원칙들이 충실히 지켜지면 당연히 개선해야 할 부분이 쉽게 눈에 띌 수밖에 없다. 중복되거나 비효율적인 부분, 그리고 없어도 되는 부분들은 과감하게 삭제되거나 수정될 수 있다. 그런 과정이 바로 컴파일러의 주요 분야인 최적화이다. 즉, 군더더기 없는 최적의 코드를 만들어내는 것이다.

VC++나 GCC을 비롯하여 모든 컴파일러는 기본으로 최적화를 수행한다. 즉, 가장 효율적인 코드를 생성해내는 것이다. 그렇다면 애초에 최적화된 코드를 제시하지, 예제와 같이 최적화되지 않은 코드를 왜 보여주었는지 의문이 들 수 있다. 바로 함수의 동작을 정확하게 설명하기 위해서이다. 정말 최적화가 잘 된 어셈블리는 함수가 어떻게 돌아가는지 판별하기가 거의 불가능할 수도 있다. 단적으로 Func라는 함수를 호출하는 것은 어떤 의미도 존재하지 않는다. 어떤 출력도 없으며 호출자인 main 함수에게 어떤 영향도 끼치지 않는다. 따라서 Func 함수의 경우 최적화가 일어날 경우 아예 어셈블리가 생성되지 않을 수도 있다. 즉, 분석 자체가 불가능해지는 것이다.

참고로 이 책에서 제시하는 어셈블리는 모두 최적화를 수행하지 않은 코드이다. 이 책이 중점적으로 설명하고자 하는 것은 어셈블리 최적화가 아니라, 어셈블리를 통한 C++의 기본 동작 원리이기 때문이다.

주제가 잠시 벗어난 것 같은데 정리하면 다음과 같다.
반환 타입이 클래스인 함수가 호출될 때는 호출자인 caller가 반환 인자 영역을 스택에 생성하고, 반환 인자 영역의 주소를 함수의 인자처럼 넘긴다는 것이며, 호출되는 함수인 callee는 인자처럼 넘어온 반환 인자 영역의 주소를 이용하여 반환 인자 영역에 반환할 값들을 채워 넣는다는 것이다. 그 후에 반환 인자 영역을 반환 임시 영역에 옮길 수도 있고,

최적화가 되어있을 경우 반환 인자 영역을 그대로 반환 임시 영역으로 사용할 수도 있는 것이다.

➤ 7.5.2. 참조에 의한 반환(Return by Reference)

값에 의한 반환을 살펴보았기에, 이번에는 참조에 의한 반환을 살펴보자!

[소스 7-35] 참조에 의한 반환 – int&

```
int& Func()
{
   /*
   push ebp
   mov   ebp,esp
   */

   int ret = 1;
   return ret;
   /*
   push ecx                           // (3) ret 영역 스택 확보
   mov   dword ptr [ebp-4],1          // (4) ret = 1
   lea   eax,[ebp-4]                  // (5) eax = &ret
   mov   esp,ebp                      // (6)
   pop   ebp                          // (7)
   ret                                // (8)
   */
}

void main()
{
   /*
   push ebp
   mov   ebp,esp
   */
```

```
int r = Func();                       // (A)
/*
push ecx                              // (1) r 영역 스택 확보
call Func                             // (2) 함수 호출
mov  eax,dword ptr [eax]              // (9) eax = *(&ret)
mov  dword ptr [ebp-4],eax            // (10) r = eax = ret
mov  esp,ebp
pop  ebp
ret
*/
}
```

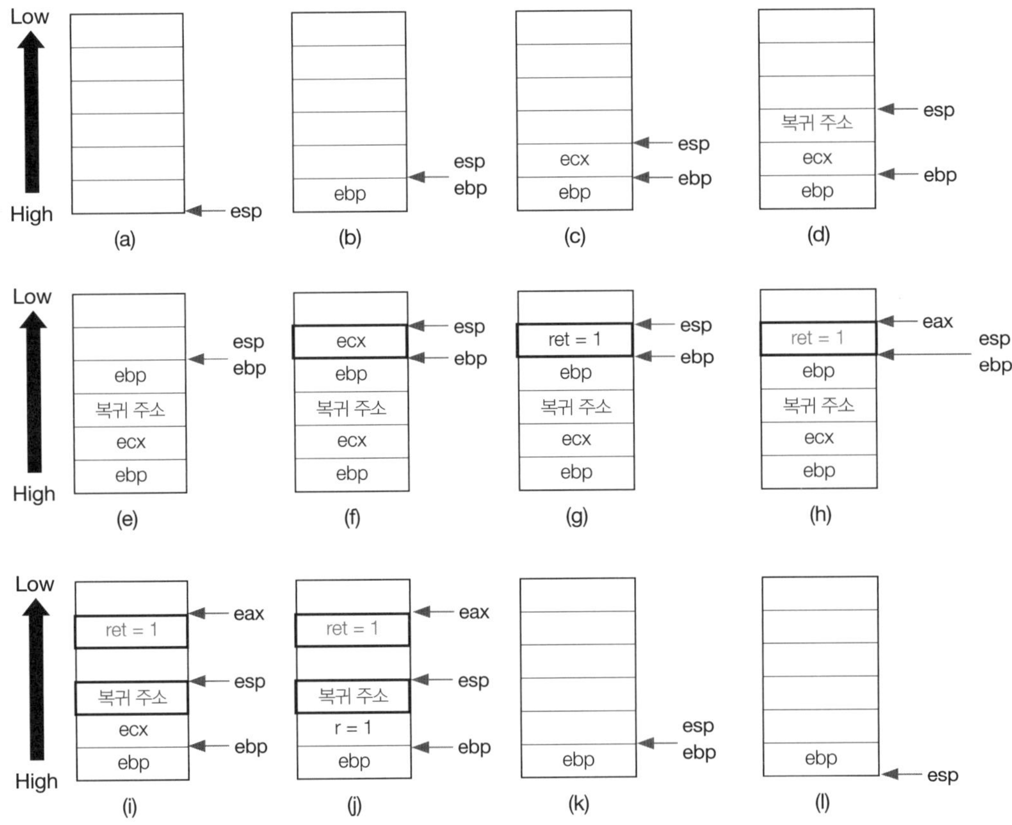

▲ 그림 7-14 참조에 의한 반환 – int&

〈소스 7–35〉는 참조에 의한 반환 타입이 int&인 함수를 보여준다.

(1)에서 r에 해당하는 영역을 스택에 확보한다. 그림에서는 (c)에 해당한다.

(2)에서 바로 함수를 호출한다. 그리고 (3)에 도달한다. 그림에서는 (e)에 해당한다.

(3)을 주의 깊게 살펴야 한다. 바로 반환 값이 저장될 영역을 확보하기 때문이다. 그리고 (4)에서는 확보된 영역에 1을 복사해둔다. 그림에서는 (f), (g)에 해당한다.

(5)가 바로 핵심이다. 반환 값이 저장된 영역의 주소를 eax에 대입하기 때문이다. 이미 설명했듯이 함수의 반환 결과는 eax에 저장된다. 그림에서 (h)를 보면 eax가 가리키는 곳이 바로 반환 값이 저장된 영역임을 확인할 수 있다.

(9), (10)은 함수가 종료되고, 실제 반환 결과가 어떻게 사용되는지 보여준다. eax를 통해서 반환 값에 접근하여, int r에 해당하는 영역에 복사하는 것이다. 그래서 r = 1이 된다. 그림에서는 (i), (j)에 해당한다.

굉장히 단순하다는 느낌을 받았을 것이다. 결국 eax를 통해서 반환되는 것은 실제 반환 결과가 저장되는 영역의 주소인 것이고, eax를 통해서 해당 반환 결과 영역에 접근할 수 있는 것이다. 여기서 잠깐! (A)를 살펴보자. 혹시라도 반환 타입이 int&이라고 해서 int r 대신에 int& r을 사용해서는 절대로 안된다. 만일 int& r로 변경할 경우, r은 그림 (j)에서 eax가 가리키는 영역을 나타내게 된다. 따로 영역을 잡을 필요도 없어서 공간 절약이 되니까 더 좋지 않냐고 생각할 수 있는데 반환 결과 영역은 임시적이라는데 함정이 있다. int& r을 통해서 결과를 받을 경우, 그 즉시 사용하면 모르겠지만 조금만 늦게 사용한다면 그 사이에 스택의 영역은 다른 값들로 채워져 있을 가능성이 굉장히 크다. 따라서 반환 결과가 스택에 저장되어 있는 경우에는 참조 타입 변수로 결과를 받아서는 절대로 안된다.

이번에는 간단히 응용을 해보자! 방금 예제에서는 int r에다가 결과를 저장해서 그 주소를 반환했는데, 이번에는 int r이 아니라 직접 상수를 반환해보는 것이다. 테스트를 위해서 코드를 수정해보자.

```cpp
const int& Func()                          // (A)
{
    /*
    push  ebp
    mov   ebp,esp
    */

    return 1;                              // (B)
    /*
    push  ecx                              // (3) 상수 1을 위한 반환 영역 확보
    mov   dword ptr [ebp-4],1              // (4) 반환 영역에 1 복사
    lea   eax,[ebp-4]                      // (5) eax = 반환 영역 주소
    mov   esp,ebp                          // (6)
    pop   ebp                              // (7)
    ret                                    // (8)
    */
}

void main()
{
    /*
    push  ebp
    mov   ebp,esp
    */

    int r = Func();
    /*
    push  ecx                              // (1) r 영역 스택 확보
    call  Func                             // (2) 함수 호출
    mov   eax,dword ptr [eax]              // (9) eax = 반환 영역 값
    mov   dword ptr [ebp-4],eax            // (10) r = eax
    mov   esp,ebp
    pop   ebp
    ret
    */
}
```

〈소스 7-36〉의 가장 큰 특징은 반환 타입이 const int&라는 사실이다. 따라서 (B)와 같이 상수를 직접 반환할 수 있다. 어셈블리에 변화가 있을 것 같지만 사실 변화가 전혀 없다는 것이 가장 큰 특징이다. 이미 앞 파트에서 const TYPE&에 대하여 설명했듯이, 상수 참조 객체가 상수로 초기화될 때, 임시로 TYPE 객체를 생성한 뒤에 상수를 대입하고, 임시 객체의 주소가 바로 상수 참조 객체에 의해 사용되는 것이다.

이번에는 참조에 의한 배열 반환 함수를 살펴보려고 하였으나 그럴 필요가 없다. 왜냐하면 이미 설명했듯이 배열은 포인터로서 반환되기 때문이다. 앞에서 살펴보았지만 참조에 의한 반환은 결국 반환 결과 영역의 주소를 반환하는 것이었다. 따라서 배열은 포인터밖에 반환하지 못하므로, 이미 참조에 의한 반환밖에 되지 않는 셈이다. 즉, 이미 충분히 살펴보았다는 의미이다.

마지막으로 참조에 의한 반환으로 클래스를 반환하는 경우를 살펴보자!

[소스 7-37] 참조에 의한 반환 −클래스

```cpp
class CTest
{
public:
    BYTE m_E[8];                        // Empty Buffer
    int m_V;
};

CTest&Func()
{
    /*
    push ebp
    mov  ebp,esp
    */

    CTest t;
    t.m_V = 1;
```

```cpp
    /*
    sub   esp,0Ch                          // (2) t 영역 12바이트 스택 확보
    mov   dword ptr [ebp-4],1              // (3) t.m_V = 1
    */

    return t;
    /*
    lea   eax,[ebp-0Ch]                    // (4) eax = &t
    mov   esp,ebp
    pop   ebp
    ret
    */
}

void main()
{
    /*
    push ebp
    mov  ebp,esp
    */

    Func();
    /*
    call  Func                             // (1)
    pop   ebp
    ret
    */
}
```

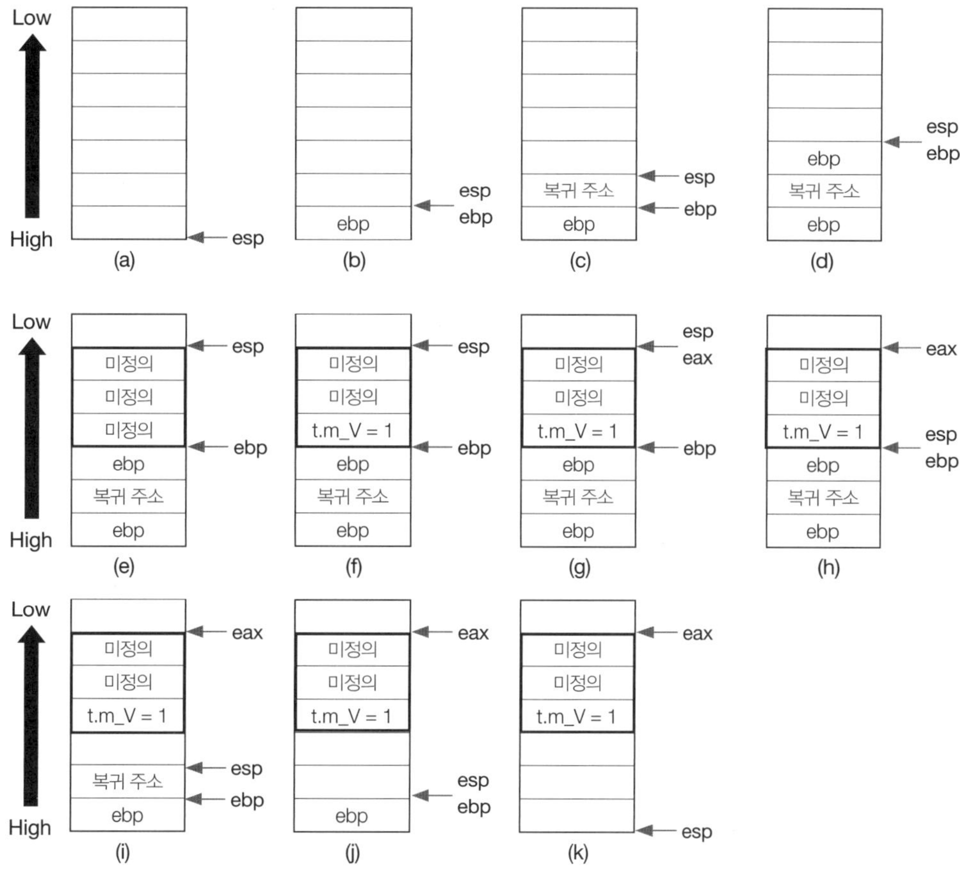

▲ 그림 7-15 참조에 의한 반환 - 클래스

예제 코드만 봐도 느낄 수 있을 것이다. 참조 타입을 반환할 경우 어셈블리가 굉장히 단순해진다. 결국 성능이 월등히 좋아진다는 의미이다.

(1)을 살펴보자! 예전 값에 의한 반환에서는 반환 임시 영역을 스택에 생성해야만 했지만, 더 이상 그럴 필요가 없다. 바로 함수를 호출하면 된다.

(2), (3)에서 CTest t에 대한 12바이트 영역을 스택에 마련한다. 그리고 t의 m_V 영역에 1을 복사한다. 그림에서는 (e), (f)에 해당한다.

(4)가 핵심이자 마지막이다. t 영역의 주소를 eax에 대입하는 것이다. 그리고 반환한다. caller인 main 함수는 언제든지 eax를 통해서 반환 값에 접근할 수 있는 것이다.

클래스를 반환할 때 참조 타입을 사용할 경우 코드도 간결해지면서 효율도 무척 좋아진다. 따라서 클래스를 반환할 때는 거의 대부분 참조 타입으로 반환을 해야만 한다. 물론 아닌 경우도 있긴 하다. 이미 살펴본 것처럼 크기가 8바이트 이하이거나 단순한 구조체라면 별 차이가 없을 것이다. 한 가지 주의할 것이 있다. 이미 살펴본 것처럼 CTest t 역시 스택에 생성되어 있다. 따라서 언제든지 소멸될 수 있다. 따라서 반환 결과를 받은 후에는 그 즉시 사용하거나, 다른 CTest 객체를 생성해서 복사해놓아야 한다. 물론 예제는 설명을 위해서 만들어진 코드일 뿐이고, 실제로 스택에 생성된 객체를 참조 타입으로 반환하는 경우는 극히 드문 일이다.

이것으로 인자의 전달에 이어서 반환에 대해서도 충분히 살펴본 것 같다. 거의 주된 내용은 인자의 전달 및 반환이 스택 구조에서 어떻게 처리되는가를 파악하는 것이었다고 볼 수 있다. 사실 프로그래밍을 하는 입장에서 내부 스택 상태 변화 과정을 자세히 알 필요는 없다. 그러나 내부 동작을 잘 이해하고 있다면, 잘 풀리지 않는 문제를 쉽게 해결할 수 있을지도 모른다. 그런 점이 초.중급과 고급의 차이이며 고급 개발자가 되기 위해서는 깊이 있게 알아야 된다는 것이 필자의 생각이다.

7.6. 가변 인자 함수

이전 파트에서 인자 전달의 과정을 상세하게 살펴보았으므로, 가변 인자 함수를 이미 절반은 알고 있다고 봐야 한다. 가변 인자 함수에서 제일 중요한 내용이 바로 인자가 전달된 스택을 다루는 것이기 때문이다. 추가적으로 가변 인자 함수에서 알아볼 것은 C++에서 직접 스택을 다루는 부분과 함수 사용시 주의할 점 정도라고 할 수 있다.

➤ 7.6.1. sprintf

먼저 가변 인자 함수를 사용해보자! 대표적인 가변 인자 함수는 포맷 관련 함수이다. 이미 많이들 사용해봤을 printf, sprintf 등이다.

```
void main()
{
   char buf[128];
   sprintf(buf, "%d %.2f %s", 1, 2.0, "Three");              // (1)

   cout << buf << endl;
}
```

예제의 출력 결과는 다음과 같다.

```
1 2.00 Three
```

sprintf의 사용 방법을 설명하려는 것은 아니고, 가변 인자 함수에서 중요하게 보아야 할 곳이 있어서 소개했다. (1)을 살펴보자! 두 번째 인자가 바로 format이다. format 인자는 포맷 류의 함수에서 형식을 지정하는 역할을 하며, 가변 인자 함수에서 볼 때는 기준 인자가 된다. 기준 인자란 무엇인가? 보통 기준 인자는 가변 인자의 바로 이전 인자를 말한다. 기준 인자를 스택에서 찾고, 스택을 순차적으로 검색하면서 가변 인자들을 각각 얻을 수 있다.

가변 인자란 말 그대로 인자 수가 정해지지 않은 것을 말한다. 그래도 함수 본체에서는 몇 개의 가변 인자를 처리할 것인지 결정이 되어야 한다. 예제에서는 format을 통해서 인자의 개수를 알 수가 있다. "%d, %.2f, %s"를 통해서 입력된 가변 인자들 중에서 순서대로 3개를 얻어서 처리하면 되는 것이다. 물론 가변 인자의 수를 예제와 같은 방식으로 전달할 필요는 없다. 경우에 따라서 인자 수를 직접 인자로 넘기거나, 함수 본체에서 무한 반복으로 가변 인자들을 처리하다가 특정 조건이 있을 경우 인자 처리를 중단해도 상관은 없다. 결국 가변 인자 함수 본체를 어떻게 구현하느냐에 따라서 달라질 수 있다.

가변 인자 함수 사용법은 너무나도 잘 알 것이고, 이번에는 가변 인자 함수를 직접 만들어볼 것이다. 실제 프로젝트에서 가변 인자 함수를 만들 일은 거의 없다. 그래서 많은 개발자들이 가변 인자 함수의 구현 방법을 모르는 경우가 꽤 있다. 가끔 프로젝트의 소스 코드를 살펴보면 중복 정의를 이용하여 같은 이름의 함수를 열 개 이상 만들어놓는 경우도 있는데, 각각 인자가 하나일 때, 둘일 때, 이런 식으로 열 개 이상 처리한 것이었다. 초보자의 시험용 코드가 아닌 대형 IT 기업의 핵심 라이브러리 코드에서 발견한 것이다. 결국 가변 인자 함수를 잘 배워놓으면 언젠가 쓸모있을 것이라고 생각한다.

먼저 가변 인자 함수의 형식을 살펴보자!

```
RETURN_TYPE FUNC_NAME(T1 arg1, T2 arg2, ---, TYPE vas, ...)
```

가변 인자 함수의 형식에서 제일 중요한 부분은 바로 TYPE vas와 그 다음 이어지는 [...]이다. vas는 variable argument standard의 약자로 필자가 이름을 지어보았다. 즉, 가변 인자가 시작되기 바로 전의 기준 인자라고 할 수 있다. vas의 TYPE은 어떤 타입이어도 상관은 없다. vas 이전의 arg1, arg2, --- 등은 보통의 고정된 인자일 뿐이다. 앞에서 살펴본 sprintf에서 첫 번째 인자인 buf와 같은 것이라고 생각하면 된다.

vas 다음의 [...] 이 형식은 바로 이 함수가 가변 인자 함수라는 것을 지시하는 역할을 한다. 기억이 날지 모르겠으나, VC++의 순수 C 컴파일러의 경우 함수 정의에 정해진 인자 수를 초과하는 인자를 전달해도 경고만 발생시켰다. GCC에서는 에러처리 되었다. 그에 비해서 [...] 지시가 있을 경우 컴파일러는 해당 함수가 가변 인자 함수임을 파악하고, 가변 인자가 들어와도 컴파일 에러나 경고를 발생시키지 않는다.

이제 가변 인자 함수의 형식을 살펴보았으니 실제 본체는 어떻게 구현해야 하는지 살펴보자! 설명의 편의를 위하여 x86 시스템의 VC++ 컴파일러를 기준으로 코드를 작성하였다.

```cpp
void Func(int vas, ...)                       // (B)
{
    char* arg_ptr;                            // (1)
    arg_ptr = (char*)&vas;                     // (2)
    arg_ptr += sizeof(void*);                  // (3)

    char a1 = *(char*)arg_ptr;                 // (4)
    arg_ptr += sizeof(void*);                  // (5)

    int a2 = *(int*)arg_ptr;                   // (6)
    arg_ptr += sizeof(void*);                  // (7)

    double a3 = *(double*)arg_ptr;             // (8)
    arg_ptr += sizeof(double);                 // (9)

    char* a4 = *(char**)arg_ptr;               // (10)
    arg_ptr += sizeof(char*);                  // (11)

    arg_ptr = NULL;                            // (12)

    cout << a1 << a2 << a3 << a4 << endl;
}

void main()
{
    char a1 = '1';
    int a2 = 2;
    double a3 = 3.0;
    char* a4 = "four";

    Func(0, a1, a2, a3, a4);                   // (A)
}
```

〈소스 7-39〉는 가변 인자 함수 만드는 법을 알고 있는 개발자라면 약간 생소함을 느낄 수 있는 코드이다. 왜냐하면 가변 인자 함수 제작시 사용되는 매크로가 보이지 않기 때문이다. 이 예제는 함수 안에서 가변 인자들을 어떻게 접근할 수 있는가를 보이기 위한 것이다.

먼저 (A)를 살펴보자! 총 다섯 개의 인자를 넘기고 있다. 먼저 알아야 할 것이 있는데, 가변 인자는 무조건 메모리 복사에 의해서만 가변 인자 함수로 전달된다는 것이다. 즉, 예제에서 넘기는 모든 인자는 값 자체가 스택에 복사되면서 넘겨진다. 그렇다면 main이 시작되고 가변 인자 함수인 Func가 호출되는 순간의 스택 상태 변화를 살펴보자! 예제 자체는 x86, x64 모두 호환이 되지만, 스택 그림은 x86 기준으로 그렸다.

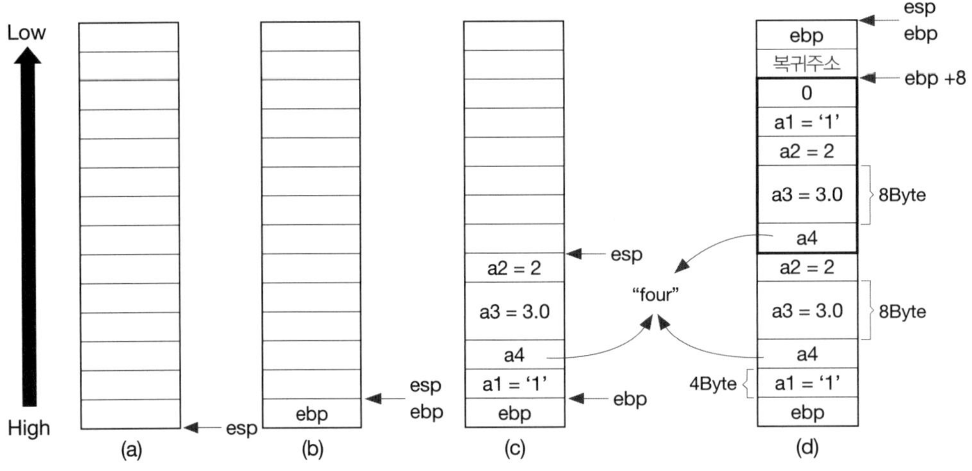

▲ 그림 7-16 x86 - 가변 인자 함수의 스택 상태

먼저 main 함수의 지역 변수 a1, a2, a3, a4에 대한 영역이 스택에 마련된다. 그림에서 (b)에서 (c)로 변화한다. 여기서 특이점은 char a1이 1바이트 임에도 스택에서는 4바이트를 차지한다는 것이다. 스택은 push, pop의 기본 단위가 바로 32비트(x86), 혹은 64비트(x64)이기 때문이다. 또 하나 주의할 점은 double a3 경우는 8바이트이므로 스택 한 단위에 채울 수 없기 때문에 두 단위를 차지한다는 것이다. 마지막으로 char* a4의 경우 스택에 들

어가는 것은 "four"라는 문자열 자체가 아니라 문자열이 저장된 전역 메모리의 주소, 즉 포인터이다.

(c)에서 살펴볼 것은 인자들이 순서대로 되어있지 않다는 것이다. 함수 안에서 사용되는 지역 변수들에 대하여 스택 영역을 반드시 선언 순서대로 할당할 필요는 없다. 즉, 컴파일러의 상황에 따라서 달라질 수 있다.

(d)를 살펴보자! 실제로 전달된 인자들의 스택 구조이다. 굵은 사각 박스가 바로 가변 인자 함수 Func에 넘겨진 인자들의 스택 영역이다. 여기서 중요한 점이 있는데, 바로 인자들의 순서대로 스택 영역이 할당된다는 사실이다. 이것은 함수 호출 규약의 필수 사항이므로 반드시 지켜져야만 한다. 인자 영역 위쪽에는 Func가 호출된 이후 복귀 주소와 기존 ebp가 쌓여있다.

함수 호출 규약을 잠시 기억해보자! cdecl, stdcall을 비롯하여 x64 Calling Convention까지 공통점은 모두 인자를 오른쪽에서부터 왼쪽으로 순서대로 스택에 추가한다는 것이었다. 즉, 예제에서는 a4, a3, a2, a1, 0 순서대로 스택을 키우면서 입력을 하게 된다. 스택이 자라나는 방향은 주소가 작아지는 것이므로 (d)와 같이 되는 것이고, 결국 위에서 아래로 보게 되면 인자의 입력 순서인 0, a1, a2, a3, a4가 그대로 나타나게 되는 것이다.

그렇다면 왜 대부분의 함수 호출 규약은 거꾸로 인자들을 스택에 넣는 것일까? 바로 함수 본체에서 첫 번째 인자를 쉽게 찾기 위해서이다. 호출된 함수의 본체에서는 ebp + 8이 항상 첫 번째 인자를 가리키고 있기 때문이다. 물론 스택프레임 구조가 잘 쓰이지 않는 x64 경우에는 rsp + 8이 첫 번째 인자를 가리키게 된다.

스택 구조를 보면 슬슬 느낌이 올 지도 모르겠다. vas(variable argument standard) 인자를 기준으로 인자의 크기만큼 메모리를 이동하면 가변 인자 모두를 접근할 수 있기 때문이다. 다시 예제 소스로 돌아가보자.

(1)을 살펴보자! arg_ptr은 가변 인자들을 가리키기 위한 포인터이다. arg_ptr은 포인터 값을 변화시키면서 각 인자들의 위치를 순회할 것이다.

(2)는 arg_ptr을 기준 인자인 vas의 주소로 설정하는 것이다.

(3)에서 vas의 크기만큼 arg_ptr을 이동시켜 가변 인자의 첫 번째 인자 a1을 가리키게 되었다. x86 시스템에서는 int와 void* 모두 4바이트로 크기가 같다.

(4)는 무척 중요하다. 첫 번째 가변 인자 a1의 타입은 char이다. 그리고 arg_ptr은 a1을 가리키고 있다. 따라서 arg_ptr로부터 char를 읽기 위해서는 arg_ptr을 먼저 char*로 타입 변환을 한 후에 그 값을 읽어야만 한다. 그래서 *(char*)arg_ptr 이란 구문이 나오는 것이다.

(5)는 조금 특별하다. arg_ptr은 이제 두 번째 가변 인자인 a2를 가리켜야만 한다. a1이 1바이트이므로 arg_ptr도 1만 이동시키면 될 것 같다. 하지만 그렇지 않다. 그림 (d)에서 볼 수 있듯이 1바이트 char라도 스택 한 단위, 즉 4바이트(x86) 혹은 8바이트(x64)를 차지하기 때문이다. 따라서 스택의 기본 단위보다 작은 타입에 대해서는 arg_ptr을 최소 기본 포인터 크기만큼 이동시켜야 한다. 따라서 sizeof(void*)만큼 크기를 더해준 것이다.

(6)은 (4)와 같은 방식으로 a2를 얻을 수 있다.

(7)은 int가 4바이트이므로 x86 시스템에서 sizeof(int)를 할 수도 있다. 그러나 x64 시스템이라면 잘못된 메모리 참조를 일으킬 수 있다. x64 시스템에서는 스택 한 단위가 8바이트이므로, 8바이트 보다 작은 int의 경우 sizeof(void*)를 사용해야만 한다.

(8), (9)는 같은 방식으로 충분히 이해할 수 있을 것이다.

(10)은 약간 특이한데, *(char**)arg_ptr처럼 포인터의 포인터가 사용되었다. 애초에 인자로 char*를 전달했으니 값을 가져올 때는 char*의 포인터를 사용해야만 한다.

마지막으로 (12)에서 arg_ptr을 NULL로 초기화시킨다.

정리를 하면 다음과 같다. 함수 호출 규약에 의해서 인자들은 차례대로 스택에 정렬되어서 전달된다. 따라서 첫 번째 인자의 주소를 구하면 순차적으로 각각의 인자들을 구할 수 있다. 그렇다면 이것으로 끝일까? 그렇지 않다. 이미 예제 코드를 보면서 느꼈겠지만 의외로 신경 쓸 것이 많다. 그래서 C++는 가변 인자를 쉽게 다룰 수 있도록 몇몇 매크로를 지원한다. 그래서 좀더 쉽게 가변 인자 함수를 작성할 수 있게 되었다.

```cpp
#include<stdarg.h>                            // (C)

void Func(int vas, ...)                       // (B)
{
   va_list arg_ptr;                           // (1)
   va_start(arg_ptr, vas);                    // (2)
   char a1 = va_arg(arg_ptr, char);           // (3)
   int a2 = va_arg(arg_ptr, int);
   double a3 = va_arg(arg_ptr, double);
   char* a4 = va_arg(arg_ptr, char*);
   va_end(arg_ptr);                           // (4)

   cout << a1 << a2 << a3 << a4 << endl;
}

void main()
{
   char a1 = '1';
   int a2 = 2;
   double a3 = 3.0;
   char* a4 = "four";

   Func(0, a1, a2, a3, a4);                   // (A)
}
```

〈소스 7-40〉은 C++가 제공하는 매크로를 이용하여 바로 앞의 예제 소스를 전환한 것
이다. 몇몇 독자들에게는 처음 보는 키워드가 있을지도 모르겠다. 이 코드에서 핵심적
인 키워드는 바로 va_list, va_start, va_arg, va_end이다. C++에서 특별히 가변 인자를 다
루기 위하여 스택을 제어하는 마법의 키워드처럼 느껴질 수도 있겠지만, 잘 따라가보면
typedef나 define일 뿐이며, 가변 인자 접근 코드를 간소화할 수 있도록 미리 제공되는 것
들이다. 중요한 것이 있는데, 바로 맨 윗줄의 (C)이다. 이 키워드들을 사용하기 위해서는
stdarg.h를 포함해야만 한다.

(1)의 va_list 이것은 사실 char*의 재정의일 뿐이다. 왜 하필 많고 많은 포인터 타입 중 char*인지 궁금할 수 있는데, char*는 1바이트 단위로 메모리 주소를 가감할 수 있기 때문이다.

(2)의 va_start를 살펴보자! 이것이 하는 역할은 arg_ptr을 첫 번째 가변 인자의 주소로 설정하는 것이다. 주의할 점은 두 번째 인자로 반드시 기준 인자를 넣어야 한다는 것이다.

(3)의 va_arg도 무척 중요하다. 가장 핵심적인 사항은 두 번째 인자로 타입 자체를 넣어야 한다는 것이다. 타입 자체를 넘긴다는 것이 생소할 것 같은데, 이것은 함수가 아니라 전처리 매크로이기 때문에 가능하다. 결국 하는 일은 명확하다. arg_ptr이 가리키는 스택 주소를 입력된 타입으로 변환하여 값을 얻고, 동시에 arg_ptr을 다음 가변 인자를 가리키도록 변경한다. 물론 여기서 타입의 크기에 따라서 적절히 스택 기본 단위로 맞추는 역할을 수행한다.무슨 말인가 하면 입력이 char나 short일 경우 arg_ptr에는 4를 더해줘야 하고, 만일 크기가 6바이트인 타입이 입력될 경우 arg_ptr에 8을 더해준다는 의미이다. 즉, 스택 기본 단위의 배수가 되도록 더해준다는 의미이다. 이런 코드를 작성하는 것이 그리 어렵지는 않겠지만 몇 줄 정도의 코드가 필요할 것이다. 그런데 이것을 단 한 줄에 해결해주는 매크로가 제공되며 va_arg가 바로 해당 매크로를 사용한다.

```
#define _INTSIZEOF(n)    ( (sizeof(n) + sizeof(int) - 1) & ~(sizeof(int) - 1) )
```

이 매크로를 사용할 경우 매크로 인자 n에 char, short, int와 같이 크기가 4바이트 이하인 타입을 대입하면 4가 나오고, double을 대입하면 8이 나오게 된다. 만일 6바이트 크기의 클래스를 정의해서 클래스를 대입할 경우에는 8이 나온다. 이 매크로는 비트 배열을 적절히 변형함으로써 원하는 결과를 얻을 수 있는데, 궁금한 독자는 직접 원리를 파악해보길 추천한다. (혹시 정말 모르겠다고 좌절할지 모르는 독자를 위하여 힌트를 준다면, 일단 3을 더하고, 4로 나눌 때 나머지가 0이 되도록 정리하는 매크로이다.)

다시 코드로 돌아와서 (6)을 살펴보자! va_end는 무척 단순하다. arg_ptr에 NULL(0)을 대입할 뿐이다.

결국 정리하면 가변 인자에 접근하는 원리는 함수 호출 규약에 기반을 두고 있으며, C++

는 적절한 매크로를 제공하여 사용자가 쉽게 가변 인자를 제어할 수 있는 것이다.

➡ 7.6.3. 문자열 클래스

앞에서도 소개했지만 가변 인자 함수는 대부분 포맷 문자열 관련 함수이다. 따라서 문자열 클래스와 밀접한 관계가 생겨날 수밖에 없었다. 더 정확히 말하면 포맷 함수가 문자열 클래스 구조와 설계에 영향을 끼치기도 하였다.

C++에서 대표적으로 사용되는 문자열 클래스라면 당연히 C++ 표준 라이브러리에서 제공되는 string이 있다. 엄밀히 따지면 표준 템플릿 라이브러리인 STL에 속하지는 않지만, STL의 컨테이너처럼 취급되므로 STL string이라고도 한다(사실 이런 구분은 무의미한 것 같다). 그리고 VC++ 개발에서 주로 사용되는 ATL의 CString이 있다. Windows 개발에서만 사용할 수 있다는 단점이 있긴 하지만, 필자가 생각할 때, 가장 뛰어난 문자열 클래스이다. 개인적으로는 CString의 설계 및 인터페이스가 std::string에 적용되었으면 좋겠다고 생각한다.

두 개의 대표적인 문자열 클래스를 기준으로 대표적인 가변 인자 함수인 printf와의 관계를 살펴볼 것이다. 예제 코드에는 당연히 CString이 사용되므로 GCC에서는 테스트할 수 없으며, 일단 VC++ 기준으로 설명할 것이다.

[소스 7-41] printf와 문자열 클래스

```
void main()
{
  CString cstr = "CString";
  std::string stdstr= "string";

  printf("CString - %s", cstr);          // (1) OK
  printf("std::string - %s", stdstr);    // (2) Runtime Error
}
```

CString과 std::string 객체를 각각 printf에 인자로 넘겼다. (1)의 CString은 아무 일도 발생하지 않지만, (2)의 std::string에서는 런타임 에러가 발생한다. 어느 정도 경험이 있는 개발자라면 std::string을 안전하게 사용하는 방법을 잘 알고 있을 것이다. 바로 stdstr 대신에 stdstr.c_str( )을 사용하면 된다. 그렇다면 왜 std::string은 c_str을 사용하는 반면 CString은 그 자체를 사용해도 문제가 없는 것일까? 지금부터 궁금증을 해소해보자!

[소스 7-42] 가변 인자 함수와 문자열 클래스

```
void Func(int vas, ...)
{
  va_list arg_ptr;
  va_start(arg_ptr, vas);
  char* str = va_arg(arg_ptr, char*);          // (3)
  va_end(arg_ptr);

  cout << str << endl;                          // (4)
}

void main()
{
  CString cstr = "CString";
  std::string stdstr = "string";

  Func(0, cstr);                                // (1) OK
  Func(0, stdstr);                              // (2) Runtime Error
}
```

설명의 편의를 위하여 printf와 비슷한 가변 인자 함수 Func를 만들어보았다. printf의 format에서 %s가 있을 경우 내부적으로 (3)과 같은 구문이 사용된다. 즉, 스택에 있는 인자를*(char**)로 타입 변환을 하여 사용하는 것이다. 문제는 타입 변환된 인자가 실제로 char*가 아닐 수도 있다.

(3)의 매크로 일부를 풀면 다음과 같다.

```
char* str = *(char**)arg_ptr;
```

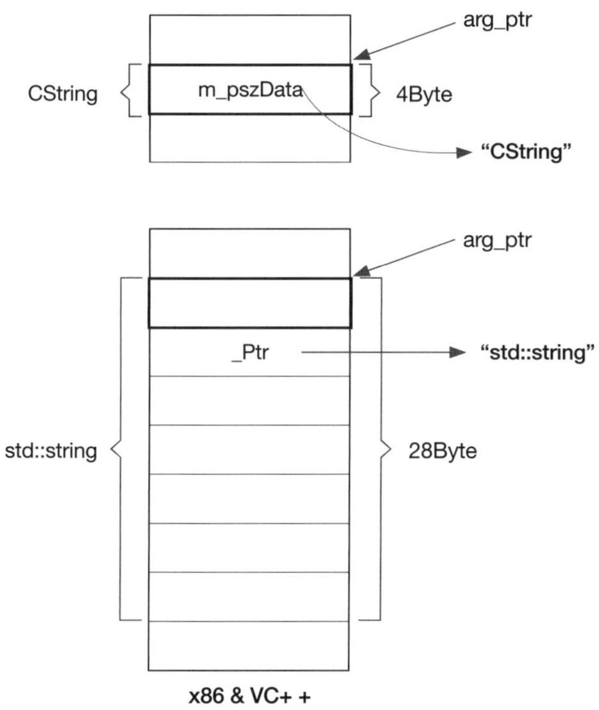

▲ 그림 7-17 x86 & VC++ - CString & std::string 구조

먼저 그림 위쪽의 CString 구조를 살펴보자! x86 VC++에서 CString의 크기는 4바이트
며, 멤버로 실제 문자열을 가리키는 포인터인 m_pszData가 있다. CString 객체의 주소를
*(char**)로 타입 변환한다는 것은 결국 객체의 첫 4바이트 영역의 값을 가져오기 위한
것이다. 그림에서는 굵은 사각 영역의 값을 가져오는 것이다. 즉, str은 문자열 "CString"
을 가리킬 수 있다.

이번에는 아래쪽의 std::string 구조를 살펴보자! std::string은 시스템이나 컴파일러의 버전에 따라서 구조가 변할 수 있지만 현재 x86 VC++에서는 28바이트의 크기를 가진다. 그리고 실제 문자열을 가리키는 멤버 포인터인 _Ptr은 std::string의 시작 주소에서 오프셋 4바이트만큼 아래에 위치한다. 여기서 std::string 객체의 주소를 *(char**)로 타입 변환하는 것은 마찬가지로 객체의 첫 4바이트 영역의 값을 가져오기 위한 것이다. 즉, 그림에서 굵은 사각 영역의 값을 가져오는 것인데, 굵은 사각 영역에는 보다시피 _Ptr이 들어 있지 않고 std::string의 다른 멤버가 위치하고 있다. 따라서 엉뚱한 값을 가져오게 되고, 결국 잘못된 메모리 참조로 인해서 런타임 에러가 발생한다.

따라서 std::string을 printf에 전달할 경우 c_str() 함수를 사용해야 한다. c_str() 함수는 바로 _Ptr이 가리키는 실제 문자열의 주소를 반환하기 때문이다. 그래서 std::string이 실제 문자열을 나타내는 주소가 넘어가게 되고 %s를 대체하게 된다.

많은 개발자들이 (2)와 같은 실수를 저지른다. 컴파일 에러가 발생하면 실행 전에 고칠 기회가 있겠지만, 런타임 에러가 발생해서 문제이다. 그래서 마이크로소프트는 CString 클래스를 설계할 때부터 이런 문제점을 피하기 위해서 그림과 같은 구조를 반영한 것이다.

참고로 GCC도 VC++과 같은 방향으로 발전하고 있다. 필자가 GCC의 버전별 구조를 전부 확인하지는 못했으나, 최신 버전인 GCC 4.9.0에서는 std::string의크기가 4바이트며 문자열 데이터를 가리키는 포인터만 멤버로 가지고 있다. 즉, VC++의 CString과 비슷한 구조로 가기 시작한 것이다. 아마도 개발자의 실수로 인한 런타임 오류를 최대한 피하기 위한 조치였을 것이라고 생각한다.

그렇다면 GCC에서는 printf에 std::string 객체를 c_str( )을 사용하지 않고 그대로 인자로 넘겨도 상관이 없을까? 절대 그렇지 않다. 예전 버전 GCC에서는 string 구조가 지금과 같지 않아서 런타임 에러가 발생했으며, 근래 버전인 GCC 4.4.7에서는 컴파일 경고가 발생하고, 최신 버전인 GCC 4.9.0에서는 컴파일 에러가 발생한다. 즉, c_str( )을 사용하지 않는 한 아예 컴파일조차 되지 않도록 제한을 강화하고 있다. 참고로 컴파일 에러는 다음과 같다.

```
cannot pass objects of non-trivially-copyable type!
```

대략적인 의미는 메모리 복사로 객체를 복사할 수 없는 타입일 경우 가변 인자로 넘기지 않겠다는 것이다. 지금 당장 정확히 이해하기 어려운데 다음 파트에서 알아볼 것이다.

➜ 7.6.4. 클래스 타입

지금까지 가변 인자로 char, int, double과 같은 기본 타입을 넘겨보았다. 물론 문자열 클래스도 넘겨보았으나 컴파일러에 의존성이 있음을 알 수 있었다. 과연 클래스 타입은 온전하게 가변 인자로 넘길 수 있는 것일까?

[소스 7-43] 가변 인자와 클래스 타입

```cpp
class CTest
{
public:
  CTest()
  {
    m_V = 0;
  }

  CTest(const CTest& obj)                    // (A)
  {
    m_V = obj.m_V + 1;
  }

  int m_V;
};

void CFunc(CTest arg)                        // 고정 인자 함수
{
  CTest t = arg;                             // (2)
  cout << "CFunc:" << t.m_V << endl;
}
```

```cpp
void VAFunc(int vas, ...)                              // 가변 인자 함수
{
  va_list arg_ptr;
  va_start(arg_ptr, vas);
  CTest t = va_arg(arg_ptr, CTest);                    // (4)
  va_end(arg_ptr);

  cout << "VAFunc:" << t.m_V << endl;
}

int main()
{
  CTest t;

  CFunc(t);                                            // (1)
  VAFunc(0, t);                                        // (3)

  return 0;
}
```

〈소스 7-43〉은 클래스 CTest 객체를 일반적인 함수인 CFunc와 가변 인자 함수인 VAFunc에 각각 인자로 넘기고, 각 함수에서는 인자로 넘어온 CTest 객체를 제대로 복원해내는지를 보여주는 코드이다.

(2), (4)는 각 함수에서 넘어온 인자를 CTest t로 받아내는 부분이다. 따라서 (A)의 복사 생성자가 호출될 것이다. 복사 생성자가 하는 일은 단순하다. 원본(source) 객체의 m_V에 1을 더한 값을 목적(target) 객체의 m_V에 대입하는 것이다. 이런 점을 고려하면서 출력 결과가 어떻게 나올지 생각해보자! 출력 결과는 다음과 같다.

```
CFunc:2

VAFunc:1
```

결과가 의외일 것이다. 특히 VAFunc에서 왜 1이 나왔는지는 잘 이해가 되지 않을 것이다. 먼저 CFunc부터 따져보자! 클래스 객체가 값에 의한 호출에 의해서 인자로 넘어갈 때는 복사 생성자가 호출된다. 이것은 이미 배운 내용인데 만일 기억이 나지 않는다면 [인자]절의 클래스 타입의 값에 의한 호출 부분을 다시 한 번 읽어보길 바란다.

(1)에서 복사 생성자가 한 번 호출되고, (2)에서 복사 생성자가 다시 한 번 호출된다. 복사 생성자가 두 번 호출되므로 최종적으로 출력되는 결과는 2가 되는 것이다.

이번에는 가변 인자 함수인 VAFunc의 경우를 살펴보자! 반드시 기억해야만 할 것이 있는데, 클래스 객체가 가변 인자로 전달될 때는 복사 생성자가 호출되지 않는다는 사실이다. 가변 인자로 전달될 때는 항상 메모리 복사만이 이루어진다. 따라서 (3)에서는 복사 생성자가 호출되지 않고, (4)에서만 복사 생성자가 호출되는 것이다. 따라서 출력 결과는 1이 된다.

왜 가변 인자에 대해서는 클래스의 복사 생성자를 호출하지 않는 것일까? 가변 인자의 경우 함수 선언 자체에 각 인자들에 대한 타입이 정의되지 않았기에 컴파일러는 인자를 전달할 때 어떤 클래스 타입에 대한 복사 생성자를 호출해야 할 지 알 수 없기 때문이다. 그래서 컴파일러는 전달되는 가변 인자에 대해서는 오직 메모리 복사만을 수행하는 것이다.

정리하면 다음과 같다. 가변 인자는 값에 의한 호출 방식으로 전달되는데, 복사 생성자가 호출되지는 않으며, 오직 메모리 복사만 일어난다는 것이다. 따라서 클래스의 정의에 따라서 가변 인자로 전달할 경우 애초에 의도했던 대로 객체를 전달하지 못할 수도 있다. 그래서 최신 GCC 컴파일러는 순수하게 메모리 복사로만 객체를 복사할 수 있는 경우에 한해서만 가변 인자 전달을 허용한다. 참고로 VC++는 GCC와 같은 제한을 두고 있지는 않다. 그래서 이런 점에 대해서 GCC가 훨씬 뛰어난 컴파일러라는 의견을 보이는 개발자도 있는데, 필자 생각에는 전혀 그렇지 않다. 다음의 예제를 살펴보자!

[소스 7-44] 가변 인자와 클래스 타입

```cpp
class CTest
{
public:
    CTest()
    {
        m_V = 0;
    }

    CTest(const CTest& obj)                 // (1)
    {
        m_V = obj.m_V;
    }

    int m_V;
};

void VAFunc(int vas, ...)                   // 가변 인자 함수
{
}

int main()
{
    CTest t;
    VAFunc(0, t);                           // (2)
    return 0;
}
```

〈소스 7-44〉는 VC++에서는 무사히 컴파일 되지만, GCC에서는 컴파일 에러가 발생한다. GCC에서 판단하는 근거는 클래스 CTest에 (1)과 같은 복사 생성자가 명시적으로 정의되어 있기 때문이다. 그러나 현재 코드에서 (1)의 복사 생성자는 없어도 상관이 없다.

어차피 복사 생성자가 하는 일이 메모리 복사와 완전히 일치하기 때문이다.

만일 (1)의 복사 생성자를 제거한 후에 GCC에서 컴파일을 하게 되면 이번에는 아무 에러도 없이 깨끗하게 성공한다.

복사 생성자의 유무만으로 GCC 컴파일러가 가변 인자 전달을 강제하는 것은 아니다. 사실 하나하나 따지면 무척 복잡해진다. 복사 생성자가 명시적으로 없더라도, 복사 생성자를 가진 클래스 타입의 멤버가 존재할 때도 가변 인자 전달은 금지된다. 결국 순수하게 기본 타입만으로 이루어진 C 형식의 구조체가 아니고서는 웬만한 클래스 타입은 GCC에서 가변 인자로 전달될 수가 없는 것이다. 그래서 GCC에서는 std::string 객체를 printf에 넘기지 못하는 것이다(std::string은 사실 상당히 복잡한 클래스이다).

제한이 많으면 많을수록 그에 따른 불편함도 비례해서 증가한다. 원칙대로만 따진다면 VC++에서도 CString 객체를 printf에 넘길 수 없다. 마치 '구더기 무서워서 장 못 담근다.'는 말처럼 잃는 것이 많을 수도 있다. 그래서 VC++는 가변 인자 전달에 있어서 클래스 타입에 대하여 특별한 제한을 두고 있지 않는 것이다.

➔ 7.6.5. 스택 정리

함수 호출 규약에서 cdecl과 stdcall의 가장 큰 차이점은 바로 전달된 인자의 스택 정리를 누가 담당하느냐였다. cdecl의 경우 호출하는 함수(caller)가 스택을 정리하고, stdcall의 경우 호출된 함수(callee)가 스택을 정리하였다. 그리고 cdecl의 특징으로 소개한 것이 바로 가변 인자 함수를 만들 수 있다는 것이었다.

cdecl이나 x64 calling convention처럼 호출하는 함수(caller)가 스택을 정리하는 함수 호출 규약에서는 가변 인자 함수가 가능하다. 반면 stdcall처럼 호출된 함수(callee)가 스택을 정리하는 함수 호출 규약에서는 절대로 가변 인자 함수를 만들 수 없다.

이번 파트에서는 간단하게 그 이유를 살펴볼 것이다.

```
void main()
{
  printf("%d", 1);                    // (1)
  printf("%d", 1, 2);                 // (2)
  printf("%d", 1, 2, 3);             // (3)

}
```

printf의 내부는 반복문 형태로 구성되어있다. 인자의 개수를 알 수 있는 방법은 format을
해석하여 %d, %f, %s, … 과 같은 포맷 항목이 몇 개 있는지 세는 것이다. 포맷 항목의
개수를 알아내서 해당 회수만큼 반복문을 돌면서 가변 인자 처리를 하는 것이다. 또한 포
맷 항목은 인자의 개수뿐 아니라 인자의 크기 정보도 알려준다. %d의 경우 4바이트를 의
미하며, %I64d는 8바이트를 의미한다. 따라서 예제 코드의 printf("%d", …)는 포맷 항목
이 %d이므로 4바이트의 가변 인자 하나만 처리하면 된다. 동시에 생각을 조금만 더 발전
시킨다면 스스로 인자에 대한 스택을 정리할 수도 있을 것만 같다. 그러나 그것은 불가능
한 일이다.

(2), (3)을 보자! 잘못된 코드 같지만 전혀 컴파일 에러는 발생하지 않는다. 가변 인자 함
수에는 인자를 마음껏 전달해도 아무 상관이 없기 때문이다. 만일 printf가 format만을 판
단해서 스택을 정리한다면 (2), (3)의 경우 시스템 자체가 멈추게 될 것이다. 그러나 printf
를 호출하는 caller인 main 함수는 충분히 전달 인자 스택을 정리할 수 있다. 왜냐하면 (1),
(2), (3)처럼 몇개의 인자를 넣고 있는지 알기 때문이다.

(1)에 대해서는 4바이트, (2)에 대해서는 8바이트, (3)에 대해서는 12바이트만 정리하면
된다는 사실을 알 수 있다. 즉, 가변 인자 함수의 스택 정리는 오직 호출 함수인 caller만
이 할 수 있다. 따라서 가변 인자 함수는 스택 정리를 caller가 담당하는 함수 호출 규약을
사용해야만 한다.

이것으로 가변 인자 함수에 대해서 자세히 알아보았다. 포맷 관련 함수를 제외하고는 거

의 쓰이지 않음에도 불구하고 내용은 꽤 어려운 편이다. 그러나 충분한 소득도 있었다. 가변 인자를 통해서 함수 인자 전달의 전반적인 동작원리 및 구조를 가장 잘 이해할 수 있기 때문이다. 혹시 아는가? 언젠가 가변 인자 함수를 멋지게 만들어야만 하는 날이 올지도 모른다.

7.7. 클래스 멤버 함수

 C++의 클래스 멤버 함수는 말 그대로 클래스의 멤버이자 함수이다. 즉, 클래스 멤버로서의 속성과 함께 일반 함수의 성질도 그대로 가지고 있는 것이다. 두 가지가 어떻게 조화를 이루게 되는지 살펴보는 것이 이번 절의 목표가 될 것이다.

➤ 7.7.1. 멤버 함수 위치

이미 [클래스]장에서 충분한 설명이 있었지만, 다시 한 번 떠올린다면 멤버 함수는 클래스 멤버 객체의 메모리 영역에 포함되는 것이 아니다. 멤버 함수는 다른 전역 함수와 마찬가지로 함수 코드 영역에 있을 뿐이다. 그렇다면 차이는 무엇일까? 위치에 관련된 차이는 전혀 없다고 보아야 한다. 다만 클래스 멤버 함수이기 때문에 전역 함수처럼 언제 어디서건 호출 가능한 것이 아니라 지정된 범위 안에서만 호출될 수 있다는 차이가 있다.

➤ 7.7.2. thiscall

64비트 x64 시스템에서는 통합된 함수 호출 규약이 사용되지만, 32비트 x86에서는 각각 함수 호출 규약이 나누어져 있었다. 이미 살펴본 것처럼 cdecl, stdcall 등이 있는데, 추가적으로 멤버 함수를 위한 호출 규약이 따로 있다. 바로 thiscall이다. 이름에서 느낌이 오겠지만 바로 멤버 함수의 필수 인자인 this를 넘기는 규칙이 포함된 함수 호출 규약이다. 물론 x64의 통합 함수 호출 규약에는 thiscall의 내용도 이미 포함되어 있다.

기본적으로 함수 선언시에 특별히 함수 호출 규약을 지정하지 않으면 기본 함수 호출 규약이 적용된다고 하였다. 컴파일러 설정에 따라서 다를 수는 있는데, 보통 x86에서는 cdecl이 기본 함수 호출 규약으로 지정된다. 마찬가지로 비정적 멤버 함수에 대해서는 기본적으로 thiscall이 지정된다. 보통 당연히 멤버 함수의 경우 thiscall이 적용되지만 다른 함수 호출 규약을 지정할 수도 있다. 과연 그럴 필요가 조금이라도 있는지는 잘 모르겠지만 가능한 것은 사실이다.

[소스 7-46] thiscall

```
class CTest
{
public:
    void Func_thiscall() {}                     // (A)
    void __cdecl Func_cdecl() {}                // (B)
    void __stdcall Func_stdcall() {}            // (C)
};

void main()
{
    CTest t;

    t.Func_thiscall();
    /*
    lea     ecx,[t]                             // (1) ecx = &t
    call    CTest::Func_thiscall
    */

    t.Func_cdecl();
    /*
    lea     eax,[t]
    push    eax                                 // (2) push &t
    call    CTest::Func_cdecl
    add     esp,4                               // (3)
    */
```

```
    t.Func_stdcall();
    /*
    lea     eax,[t]
    push    eax                                    // (4) push &t
    call    CTest::Func_stdcall
    */
}
```

〈소스 7-46〉은 비정적 멤버 함수에 대해서 각각의 함수 호출 규약을 강제로 지정해본 것이다. 당연히 해당 코드는 x86에서만 의미가 있으며, x64에서는 함수 호출 규약 지정자가 모두 무시되어 버린다.

(A)와 같이 특별한 지정이 없을 경우 기본적으로 thiscall이 적용된다. 그에 반해서 (B), (C)와 같이 비정적 멤버 함수에도 cdecl과 stdcall이 지정될 수 있다. 함수 호출 규약의 지정여부로 인한 차이를 판단하기는 사실 쉽지 않다. 차이를 확인하기 위하여 실제 함수가 호출될 때의 어셈블리를 살펴보자!

(1)을 살펴보자! ecx에 CTest의 객체 t의 주소가 대입된다. 그것으로 끝이다. thiscall에서는 x86 ecx, x64 rcx 레지스터에 실제 클래스 객체의 주소가 대입되어 함수가 호출되면 그만이다. 참고로 thiscall도 stdcall과 마찬가지로 호출된 함수(callee)가 인자 스택을 정리할 책임을 가진다.

(2)는 비정적 멤버 함수를 cdecl로 지정했을 때의 어셈블리를 보여준다. thiscall에서 ecx를 이용해서 this를 전달했다면, cdecl에서는 레지스터가 아닌 스택을 이용하여 this를 전달한다. 실제로 eax에 객체 t의 주소를 대입한 후, 스택에 push하는 것을 확인할 수 있다.

cdecl은 호출하는 함수(caller)가 인자 스택을 정리할 책임이 있으므로 (3)과 같이 스택 위치 레지스터인 esp에 4를 더해서 스택을 줄이는 것을 확인할 수 있다.

(4)는 비정적 멤버 함수를 stdcall로 지정했을 때의 어셈블리를 보여준다. cdecl과 마찬가지로 역시 객체 t의 주소를 스택을 이용하여 전달한다. 다만 차이점이 있다면 스택 정리 주체가 호출된 함수(callee)이기 때문에 스택을 정리하는 코드가 없는 것이다.

결국 비정적 멤버 함수도 여러 가지 함수 호출 규약을 사용할 수 있는 것은 확인하였는데, 사실상 멤버 함수 호출 규약은 ecx 혹은 rcx 레지스터를 이용하여 this를 넘기는 것이 일반적이다. 스택을 이용하는 것은 상대적으로 느릴 수밖에 없기 때문이다. 기억해야 할 것은 멤버 함수 호출시에는 객체의 주소를 전달해야 하며, 보통 ecx(rcx) 레지스터를 사용하며, 스택을 이용할 수도 있지만 거의 사용되지 않는다는 사실이다.

➜ 7.7.3. this

this는 비정적 멤버 함수 자신이 어떤 객체로부터 호출되었는지 알려주는 지시자 역할을 한다. this는 바로 해당 객체의 주소를 나타내는 일종의 포인터이기 때문이다. 그러나 대부분의 코드를 살펴보면 멤버 함수 안에서 this 키워드를 사용하는 경우는 흔하지 않다. this 키워드가 보이지 않는다고 해서 컴파일러가 ecx(rcx) 레지스터를 통해서 객체의 주소를 전달하지 않아도 되는 것은 아니다. 컴파일러가 전달한 ecx(rcx) 레지스터를 통해서 멤버 함수에서 클래스의 다른 멤버에 접근할 수 있기 때문이다. 따라서 컴파일러는 항상 비정적 멤버 함수를 호출하는 코드에 대하여 ecx(rcx)에 객체의 주소를 넘기게 되어있다.

반대로 얘기할 수도 있다. 만일 비정적 멤버 함수에서 클래스의 다른 멤버에 접근하지 않는다면 객체의 주소 자체가 불필요하다는 것이다. 더 정확히 얘기하면 객체의 주소가 잘못되어도 아무 문제가 없다는 의미이다.

[소스 7-47] 잘못된 this

```cpp
class CTest
{
public:
  void Func0() {}

  void Func1()
  {
    Func0();
    cout << this << endl;                    // (A)
  }
```

```cpp
    void Func2()
    {
      Func0();
      cout << this << m_Value << endl;          // (B)
    }

    int m_Value;
};

void main()
{
  CTest* pT = NULL;                             // (1)

  pT->Func1();                                  // (2) OK
  pT->Func2();                                  // (3) Runtime Error
}
```

클래스 CTest는 세 개의 멤버 함수 Func0, Func1과 Func2를 가지고 있다. 각각의 특징이라고 한다면 Func0은 빈 함수이고, Func1은 오직 this만을 출력하고, Func2는 CTest의 멤버 변수인 m_Value를 접근하는 부분이 추가적으로 들어가 있다는 것이다.

(1)을 살펴보자! CTest* pT에 NULL을 대입한다. 그리고 pT를 기준으로 Func1과 Func2를 호출한다. 과연 어떤 일이 벌어질 것인가?

의외로 많은 개발자들이 잘못된 객체에 대해서 멤버 함수를 호출할 경우 그 즉시 런타임 에러가 발생한다고 생각하고 있었다. 사실 대부분의 코드가 그런 식으로 작성되어 있기 때문에 그렇게 착각할 수는 있겠으나 꼭 그런 것은 아니다. 정확히 얘기해서 런타임 에러는 오직 잘못된 객체의 멤버 객체에 접근할 때 발생하는 것이다. 실제로 이번 예제도 런타임 에러가 발생하긴 하는데, 그 이유는 잘못된 객체의 멤버인 (B)의 m_Value에 접근하기 때문이다.

멤버 함수 Func1을 살펴보자! 빈 함수 Func0을 호출하고, this를 출력한다. 이때 this는 NULL이므로 0이 출력될 뿐이다. 절대로 어떤 런타임 에러도 발생하지 않는다. 그에 비해서 Func2는 마지막에 m_Value에 접근을 해야 하는데, 기준이 되는 주소, 즉 this가

NULL이므로 m_Value의 오프셋 위치의 메모리에 접근하게 되는 것이고, 해당 메모리 영역은 보호 영역이므로 접근 자체만으로 예외가 발생하게 되는 것이다.

운이 좋다면 this가 잘못된 객체의 주소를 나타내고 있더라도, m_Value의 오프셋 위치가 접근 가능한 메모리라면 예외가 발생하지 않고 넘어갈 수도 있다. 물론 그로 인해서 버그를 찾기는 정말 어려워질 것이다.

[소스 7-48] 잘못된 this와 가상 함수

```
class CTest
{
public:
    virtual void Func() {}              // (A)
};

void main()
{
    CTest* pT = NULL;                   // (1)
    pT->Func();                         // (2) Runtime Error
}
```

〈소스 7-48〉을 실행하면 어떤 결과가 나올까? (A)의 멤버 함수 Func를 살펴보자! 아무 일도 하지 않는다. 즉, 멤버 객체에 접근하지 않는다. 애초에 접근할 멤버도 정의되지 않은 상태이다. 그럼에도 불구하고 (2)에서 런타임 에러가 발생한다. 그 이유는 바로 (A)의 함수 정의 앞에 있는 virtual 키워드로 인하여 Func가 가상 함수가 되었기 때문이다.

사실 CTest에는 멤버 함수를 제외하고는 멤버 객체가 전혀 존재하지 않는 것처럼 보이지만, virtual 키워드로 인해서 vfptr이라는 가상 함수 테이블을 가리키는 포인터를 멤버로 갖게 된다. 그리고 가상 함수가 호출될 때는 무조건 vfptr을 참조하게 되어있으므로 this가 잘못되었을 경우 잘못된 접근에 의한 예외가 발생하게 되는 것이다.

여기서 가상 함수에 대해서 자세히 설명하지는 않을 것이다. '가상 함수는 너무 어렵고 방
대해서 이 책에서 설명하긴 어렵기 때문이다.'라고 말하면서 슬쩍 넘어가고 싶었지만, 차
마 그럴 수는 없었다. 분명히 가상 함수는 무척 어렵고 방대하다. 하지만 뒤에 이어질 [가
상 함수]장에서 상세히 설명했으므로 그때 머리를 싸매고 고생해도 충분하다고 생각한
다. 일단 이번 장에서는 함수 자체의 구조와 원리에 대해서 집중할 것이다. 그래야만 가
상 함수도 쉽게 이해할 수 있는 기반이 마련되기 때문이다.

[소스 7-49] 정적 멤버 함수와 this

```cpp
class CTest
{
public:
  static void Func()           // (A)
  {
    cout << this << endl;      // (1) Compile Error
  }
};
```

〈소스 7-49〉는 애초에 컴파일 자체가 되지 않는다. 이유는 this 자체를 사용하지 못하기
때문이다. (A)를 살펴보면 함수 정의 앞에 static이 지정되어 있음을 알 수 있다. static은
해당 함수를 정적 함수로 만들겠다는 의미이다. 간단하게 전역 함수라고 생각해도 된다.
단, 전역 함수와 다른 점은 전역 함수의 경우 언제 어디서건 호출할 수 있겠지만, 정적 멤
버 함수의 경우 클래스 범위 내에서만 호출할 수 있다는 차이점이 있다.
호출할 때 클래스 객체 자체가 필요하지 않기 때문에 this 자체도 무의미할 수밖에 없다.
따라서 정적 멤버 함수에서는 this를 사용할 수 없는 것이다.

여기서 잠깐 쉬어가는 코너를 마련해보겠다. 아주 가끔씩 정적 멤버 함수는 가상 함수가
될 수 없는지 물어보는 경우가 있다. 지금까지 내용을 파악했더라면 답을 쉽게 알 수 있

을 것이다. 가상 함수는 클래스 객체마다 멤버로 존재하는 vfptr을 참조해야만 호출될 수 있다. 즉, 반드시 비정적 멤버 함수이어야만 하는 것이다. 결국 static과 virtual 키워드는 절대로 양립할 수 없는 것이다.

➔ 7.7.4. 이름 탐색 규칙

C++ 함수에서 제일 중요한 특징은 바로 중복 정의와 재정의라고 할 수 있다. 특히 재정의는 클래스 멤버 함수의 주요 특징이기도 하다. 중복 정의나 재정의 모두 같은 함수 이름으로 여러 가지 함수를 표현할 수 있다는 것이 핵심이다. 컴파일러는 과연 어떤 기준에 의해서 함수를 검색하여 연결시키는 것일까?

도형이는 경기도 성남에 살고 있다. 명절에 도형이는 경기도 하남에 있는 외할머니 댁에 갔다. 만일 도형이를 찾으려면 어떻게 해야 할까? 먼저 도형이를 탐색할 지역(범위)부터 정해야 한다. 일단 성남을 탐색 범위로 잡을 수도 있을 것이고, 경기도를 탐색 범위로 잡을 수도 있을 것이다. 탐색 범위는 작을수록 탐색 시간이 짧아진다. 그래서 탐색을 시작할 때는 작은 범위부터 시작해서 점점 큰 범위로 거슬러 올라가야 한다. 도형이가 원래 경기도 성남에 살고 있으니 먼저 성남부터 탐색을 시작한다. 도형이는 현재 하남에 있으므로 당연히 찾을 수 없을 것이다. 이번에는 탐색 범위를 경기도로 확대했다. 드디어 도형이를 찾을 수 있었다.

컴파일러도 비슷한 방식으로 함수를 탐색한다. 당연히 함수는 각각 자신이 속한 유효 범위를 가지게 된다. 전역 함수의 경우 유효 범위는 전체이다. 그에 비해서 멤버 함수의 경우 해당 클래스가 유효 범위가 된다. 각각의 클래스는 그 자체로서 유효 범위가 된다. 여기서 반드시 알아야 할 것이 있다. 부모 클래스와 자식 클래스가 있을 경우, 부모 클래스의 유효 범위는 자식 클래스의 유효 범위를 포함한다는 것이다. 즉, 자식 클래스의 유효 범위는 부모 클래스의 유효 범위 중 일부이다. 메모리를 점유하는 크기만을 따진다면 당연히 자식 클래스 객체가 부모 클래스 객체보다 더 많은 영역을 차지할 것이다. 그러나

이것은 물리적인 영역의 크기를 의미하는 것이고, 클래스의 유효 범위라는 개념은 가상
의 논리적인 것이기에 부모가 자식보다 더 큰 범위를 가진다는 사실을 꼭 기억해야 한다.

[소스 7-50] 멤버 함수 탐색 규칙 1

```cpp
class CParent                            // (B)
{
public:
   void Func1() {}
};

class CChild : public CParent            // (A)
{
public:
   void Func2() {}
};

void main()
{
   CChild c;
   c.Func1();                            // (1) OK
   c.Func2();                            // (2) OK
   c.Func3();                            // (3) Compile Error
}
```

〈소스 7-50〉은 부모 클래스 CParent와 자식 클래스 CChild를 보여준다. 각각은 멤버 함
수를 가지고 있다. 멤버 함수들의 유효 범위를 그림으로 표현하면 다음과 같다.

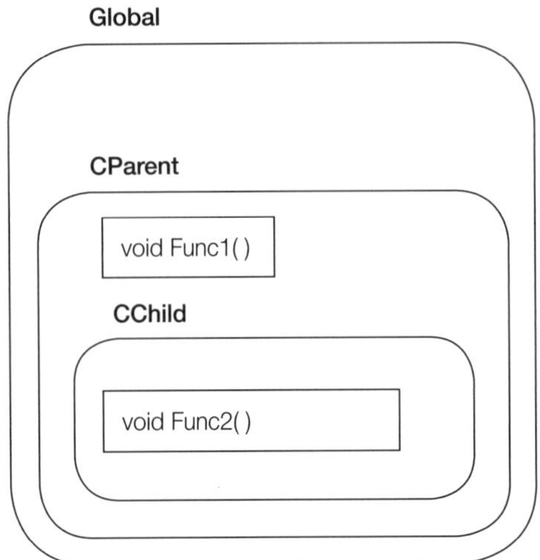

▲ 그림 7-18 멤버 함수의 유효 범위 1

그림에서 알 수 있듯이, 전체 유효 범위인 Global이 존재하며, 그 안에 CParent의 유효 범위, 그리고 또 다시 그 안에 CChild의 유효 범위가 존재한다. 각각의 멤버 함수는 적절한 유효 범위 안에 위치하고 있다.

(1)을 보자! CChild 객체 c를 기준으로 Func1을 호출한다. 컴파일러는 첫 탐색 범위로서 CChild를 선택한다. 그러나 Func1을 해당 범위에서 찾을 수가 없다. 따라서 탐색 범위를 확장하여 CParent의 유효 범위에서 Func1을 찾기 시작한다. 결국 Func1을 찾아낼 수 있다.

(2)를 보자! CChild 객체 c를 기준으로 Func2를 호출한다. 컴파일러는 탐색 범위로서 클래스 CChild를 선택한다. 그리고 Func2를 쉽게 찾을 수 있다.

(3)을 살펴보자! 역시 같은 과정을 거치면서 탐색 범위는 전역 유효 범위인 Global까지 확장될 것이다. 그러나 Func3은 어디에서도 찾을 수가 없다. 최종적으로 전역 유효 범위에서도 탐색하지 못할 경우 컴파일러는 에러를 발생시키게 된다.

이름 탐색 규칙을 예제와 그림까지 동원해서 설명했지만, 사실 이와 같은 탐색 규칙은 명확해서 누구나 쉽게 이해할 수 있다. 그러나 지금 설명한 규칙은 굉장히 일반적인 것이기 때문에 쉬운 것이지, 실제 탐색 규칙 중에는 이해하기 어려운 부분도 있다.

[소스 7-51] 멤버 함수 탐색 규칙 2

```cpp
class CParent
{
public:
    void Func() {}                          // (A)
};

class CChild : public CParent
{
public:
    void Func(int arg) {}                   // (B)
};

void main()
{
    CChild c;
    c.Func(1);                              // (1) OK
    c.Func();                               // (2) Compile Error
}
```

이번 예제는 조금 특이하다. 부모 클래스 CParent는 멤버 함수로 Func를 가지고 있다. 자식 클래스 CChild는 (B)에서 볼 수 있듯이 인자를 다르게 하여서 Func를 중복 정의하고 있는 것이다. 함수 유효 범위를 그림으로 표현하면 다음과 같다.

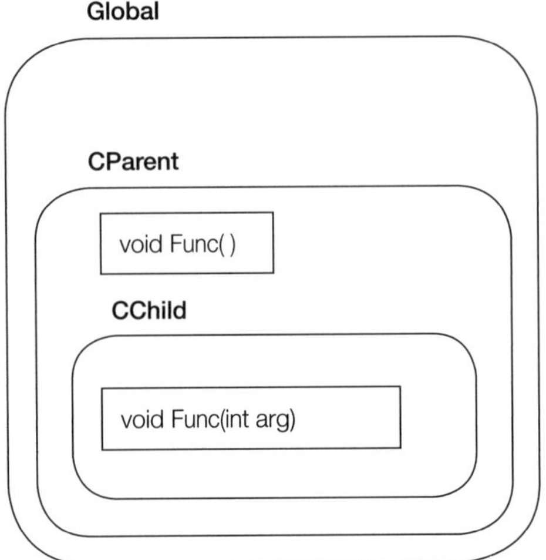

▲ 그림 7-19 멤버 함수의 유효 범위 2

(1)을 살펴보자! CChild 객체 c를 기준으로 함수가 호출되므로, 컴파일러는 최초 탐색 범위를 CChild의 유효 범위로 한정한다. Func가 검색되고, 전달하는 인자의 개수와 타입이 맞는지 확인한다. 특별한 문제가 없으므로 CChild::Func가 호출된다.

(2)를 살펴보자! 컴파일러는 역시 최초 탐색 범위를 CChild로 한정한다. 그리고 Func를 찾아낸다. 찾아낸 것까지는 좋았는데, 문제는 인자의 개수가 맞지 않는 것이다. 여기서 중요한 점은 컴파일러가 에러를 발생시키고 더 이상 진행하지 않는다는 것이다. 물론 에러 발생을 유보하고 탐색 범위를 확장하는 것이 더 나은 선택처럼 생각될 수도 있다. 그러나 그럴 경우 혼란이 발생할 수 있다.

[소스 7-52] 멤버 함수 탐색 규칙 3

```cpp
class CParent
{
public:
  void Func(int arg)                              // (A)
  {
    cout << "int" << endl;
```

```cpp
    }
};

class CChild : public CParent
{
public:
    void Func(double arg)                      // (B)
    {
        cout << "double" << endl;
    }
};

void main()
{
    CChild c;
    c.Func(1);                                 // (1)
}
```

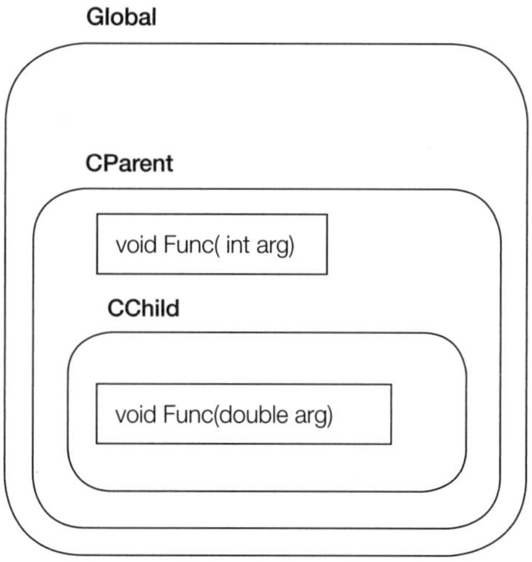

▲ 그림 7-20 멤버 함수의 유효 범위 3

CParent와 CChild는 모두 멤버 함수로 Func를 가지고 있다. 중요한 점은 둘 다 인자가 하나이지만 CParent::Func는 int 타입을 인자로 취하고, CChild::Func는 double 타입을 인자로 취한다는 것이다. (1)을 살펴보면 CChild 객체 c를 기준으로 Func를 호출하는데, 인자로 상수 1을 넘긴다. 자! 이때 어떤 결과가 나와야 하는 것일까? 상수 1은 정수이므로 탐색 범위를 CParent까지 확장하여 CParent::Func가 호출되는 것이 어울릴 수도 있다. 그러나 상수 1은 부동소수 1.0으로 볼 수도 있다. 그런 점에서 기왕이면 가까운 범위에서 찾을 수 있는 CChild::Func를 호출하는 것이 나을 수도 있다.

실제 결과는 CChild::Func가 호출되어서 "double"이 출력된다. 즉, 인자의 개수나 타입이 잘 맞는 호환성 보다는 가까운 범위에서 찾을 수 있는 함수가 선택되는 것이다.

이름 탐색 규칙을 좀 더 잘 정리하면 다음과 같다. 최초 탐색 범위부터 함수 이름을 찾기 시작한다. 만일 함수 이름을 찾을 수 없을 경우 탐색 범위를 상위 범위로 확장하여 다시 탐색을 시작한다. 만일 탐색 범위에서 함수를 찾게 될 경우 범위 확장은 더 이상 하지 않는다. 찾은 함수들 중에서 인자의 개수와 타입 등 호환성 여부를 확인한다. 제일 잘 호환되는 함수가 선택되고, 만일 호환될 수 있는 함수가 존재하지 않을 경우 컴파일 에러를 발생시킨다.

만일 멤버 함수의 중복 정의로 인해서 부모 클래스의 멤버 함수를 호출할 수 없으면 그냥 받아들여야만 하는 것일까? 그렇다면 C++을 너무 얕보는 것이다. 다음과 같은 방법으로 문제를 해결할 수 있다.

[소스 7-53] 멤버 함수 탐색 규칙 4

```cpp
class CParent
{
public:
  void Func(int arg)                        // (A)
  {
    cout << "int" << endl;
  }
};
```

```cpp
class CChild : public CParent
{
public:
    void Func(double arg)                   // (B)
    {
        cout << "double" << endl;
    }
};


void main()
{
    CChild c;
    c.CParent::Func(1.0);                    // (1) OK
}
```

(1)을 살펴보자! 범위 연산자를 사용하면 이름 탐색 범위를 처음부터 CParent로 지정하게
된다. 그럴 경우 CParent::Func만 찾아질 것이다. (1)에서 1.0이라는 부동소수점을 인자
로 넘겼더라도 CParent::Func의 인자인 int로 변환되어 호출된다.

➡ 7.7.5. const 멤버 함수

const가 지정된 객체(변수)는 변경될 수 없다. 컴파일러는 const 객체에 대해서 상태를 변
경시키는 코드에 대해서 컴파일을 거부한다. 객체의 타입이 간단한 기본 타입일 경우는
이해하기가 쉬운데 클래스일 경우는 얘기가 꽤 복잡해진다.

[소스 7-54] const 클래스 객체

```cpp
class CTest
{
public:
    CTest()
    {
```

```cpp
        m_Val = 0;
    }

    void Set(int arg)            // (3)
    {
        m_Val = arg;
    }

    void Func() {}               // (5)

    int m_Val;
};

void main()
{
    const CTest t;               // (1)
    t.Set(1);                    // (2) Error
    t.Func();                    // (4) Error
}
```

예제 소스의 (1)에서 볼 수 있듯이 CTest t는 const가 지정되어 있다. 즉, 객체 t는 더 이상 변경될 수 없다. (2)를 살펴보자! t에 대하여 멤버 함수 Set을 호출한다. (3)의 Set 본체를 확인해보면 멤버 m_Val을 변경하는 것을 확인할 수 있다. 즉, (2)가 실행된다면 const 지정이 무시되므로 컴파일러는 (2)에 대해서 컴파일 에러를 발생시키게 된다. 그런데 여기서 끝이 아니다. (4), (5)를 살펴보자! 아무것도 수행하지 않는 함수 Func를 호출하는 것에 대해서도 컴파일러는 컴파일 에러를 발생시킨다. 결국 기준이 무엇일까? 기준은 무척 간단하다. const 객체는 멤버 함수를 호출할 수 없다는 것이다. 여기서 의문이 들 것이다. const 객체는 어떤 멤버 함수도 호출할 수 없으므로 무용지물이 아닌가 말이다. 그래서 const 객체가 호출할 수 있는 멤버 함수를 제공하는데, 그것이 바로 const 멤버 함수이다.

const 멤버 함수를 만드는 것은 간단하다. 멤버 함수를 선언 및 정의할 경우 함수 인자 정의가 끝나는 곳에 const를 붙여주면 된다.

```cpp
class CTest
{
public:
  CTest()
  {
    m_Val = 0;
  }

  void Set(int arg) const          // (4)
  {
    m_Val = arg;                   // (5) Error
  }

  void Func() const                // (4)
  {
  }

  int m_Val;
};

void main()
{
  const CTest ct;                  // (1)
  ct.Func();                       // (2) OK

  CTest t;
  t.Func();                        // (3) OK
}
```

예제 소스에서 const 멤버 함수를 구경해보자! (4)에서 볼 수 있듯이 const를 붙여서 Set
과 Func는 const 멤버 함수가 된 것이다. (2)를 살펴보자! 더 이상 컴파일 에러가 발생하
지 않는다. 한가지 더! ct가 const 객체이기 때문에 const 함수 Func를 호출할 수 있듯이,
const 객체가 아닌 t도 (3)과 같이 const 함수 Func를 호출할 수 있다. 즉, const 멤버 함수

는 어떤 객체라도 자유롭게 호출할 수 있는 것이고, 비 const 멤버 함수는 비 const 객체만이 호출할 수 있는 것이다.

그런데 이 코드에는 약간의 문제가 있다. 바로 (5)에서 컴파일 에러가 발생하는 것이다. 이유는 명확하다. Set 함수가 const로 지정되었지만 막상 함수 본체 안에서는 멤버 m_Val을 변경하고 있기 때문이다. 기껏 const 객체가 const 함수를 호출하였는데, 함수 안에서 멤버를 변경시킨다면 const의 의미가 사라진다. 따라서 컴파일러는 객체의 상태가 변경될 소지가 있는 코드에 대해서는 컴파일 에러를 발생시킨다.

[소스 7-56] const 멤버 함수 - 허용되지 않는 구문

```cpp
class CTest
{
public:
  CTest()
  {
    m_Val = 0;
  }

  void Func() {}

  void Func1() const
  {
    Func();                     // (1) Error
  }

  CTest& Func2() const
  {
    return *this;               // (2) Error
  }

  CTest* Func3() const
  {
    return this;                // (3) Error
  }
```

```cpp
    const CTest& Func4() const
    {
      return *this;                      // (4) OK
    }

    const CTest* Func5() const
    {
      return this;                       // (5) OK
    }

    int m_Val;
  };
```

이미 살펴본 것처럼 const 멤버 함수는 객체를 변경시키는 일체의 코드도 허용하지 않는다. 조금이라도 낌새가 보이면 여지없이 컴파일 에러를 발생시킨다. 어떤 경우가 있는지 살펴보자!

(1)은 비 const 함수 Func를 호출한다. 이미 살펴본 것처럼 const 객체는 비 const 멤버 함수를 호출할 수 없듯이 const 멤버 함수는 내부에서 비 const 멤버 함수를 호출할 수 없다. (2), (3)이 중요하다. 바로 객체 자신 혹은 객체의 포인터를 반환하는 경우이다. 함수 자체에서 객체를 변경시키지는 않지만, 해당 함수를 호출하여 반환받은 함수에서 객체를 변경할 소지가 있으므로 이와 같은 함수 또한 금지된다. 따라서 객체 자신 혹은 포인터를 반환하려면 (4), (5)와 같이 const 타입으로 변환하여 반환해야 한다. Func4, Func5의 반환 타입에 const가 지정되어 있으므로 아무 문제도 발생하지 않는다.

필자가 처음 const 멤버 함수에 대해서 알게 되었을 때 느낌 점이 있는데, 첫 번째는 멤버가 변경될 수 있는 코드를 탐지하여 컴파일 에러를 발생시키는 것이 무척 신기했으며, 두 번째는 이렇게 컴파일러가 멤버 변경 코드를 탐지할 수 있다면 굳이 const 지정자를 함수에 쓸 필요가 있을까라는 의문이 들었다. 즉, const 객체가 어떤 멤버 함수를 호출할 때, 해당 멤버 함수가 멤버를 변경하는지 아닌지를 알 수 있으므로, 함수의 내용에 따라서 컴파일을 허용하거나 막을 수 있지 않을까라는 생각이다. 가령 〈소스 7-54〉를 다시 한 번 살펴보자! 컴파일러는 함수 Set, Func가 각각 멤버를 변경하는 지 여부를 구분할 수 있다. 따라서 const 지정자 없이도 충분히 Set 호출은 금지하고, Func 호출은 허용할 수 있는 것이다. 결국 const 지정자가 불필요한 것이라고 판단할 수도 있지 않을까? 독자들도 한번 곰곰이 생각해보길 추천한다.

그러나 반드시 const 지정자는 필요할 수밖에 없었다. 바로 가상 함수를 사용하는 경우이다.

[소스 7-57] const 멤버 함수 - const 필요 이유

```cpp
class CParent
{
public:
  CParent()
  {
    m_Val = 0;
  }

  virtual void VFunc()                // (A)
  {
    m_Val = 1;
  }

  int m_Val;
};

class CChild : public CParent
{
  virtual void VFunc()                // (B)
  {
  }
};

void main()
{
  const CChild c;
```

```
    const CParent* pP = &c;
    pP->VFunc();                                // (1)
}
```

예제 소스는 (1)에서 컴파일 에러가 발생한다. 왜냐하면 (A), (B)에 const가 지정되지 않았기 때문이다. 그러나 지금 예제는 const가 필요한지를 이론적으로 따지는 경우이므로 아무 문제도 발생하지 않는다고 가정하자! 또한 const가 없어도 되는지를 따지는 것이므로 (A), (B)에는 const가 지정되지 않았다. 만일 컴파일러가 const 지정이 없어도 함수의 내용을 분석해서 const 객체에 대해서 적절하게 컴파일 허용 및 금지를 할 수 있다고 해보자! (1)에서 컴파일러는 어떤 결정을 해야만 하는 것일까? (A)는 분명히 멤버 m_Val을 변경하고 있고, (B)는 아무 일도 하지 않는다. 결국 컴파일러가 (1)이 수행될 때, 객체가 변경되는지를 확인하려면 (A)와 (B)중에 어떤 것이 실행되는지를 알아야만 한다. 그러나 VFunc는 가상함수로서 컴파일러는 컴파일 시점에 절대로 어떤 함수가 실행될지 알 수가 없다. 오직 실행 시점에서야 비로소 (B) 함수가 실행되도록 결정될 뿐이다. 즉, const 지정이 없을 경우 컴파일러가 함수를 분석하는 것만으로는 한계가 있으므로, 어쩔 수 없이 const 지정자를 쓸 수밖에 없는 것이다.

예제에서 왜 VFunc가 실행 시점에 결정되는 지 지금 잘 이해되지 않을 수도 있으나, 다음 장인 [가상 함수]를 살펴보면 충분히 쉽게 이해할 수 있을 것이다. 참고로 const 멤버 함수는 비 const 멤버 함수와 완전히 다른 함수로 취급된다. 즉, 인자 타입과 반환 타입, 함수 이름이 똑같아도 const의 유무로 서로 다른 함수로 구분된다. 결국 const가 함수의 시그니처에 포함된다.

```cpp
class CTest
{
public:
  void Func()                         // (A)
  {
     cout << "Non Const Function" << endl;
  }

  void Func() const                   // (B)
  {
     cout << "Const Function" << endl;
  }
};

void main()
{
  CTest t;
  t.Func();                           // (1)

  const CTest ct;
  ct.Func();                          // (2)
}
```

예제 소스에는 같은 이름의 Func가 비 const와 const로 함께 존재한다. 즉, const 여부로 중복 정의가 된다. (1)과 같이 Func를 호출할 경우는 우선 순위가 존재한다. 비 const 객체의 경우 비 const 함수인 (A)를 우선 선택한다. 만약 (A) 함수가 정의되지 않았다면 그때는 (1)에서 const 함수인 (B)를 선택한다. 그러나 (2)의 경우 const 객체이기 때문에 오직 const 함수인 (B)를 호출하게 된다.

사실 보통 프로젝트에서 const 멤버 함수를 구경하기가 쉬운 것은 아니다. 그만큼 많이 사용되지 않는다는 증거이다. 그래서 내용을 잘 모르는 경우도 많은 편인데, 그래도 const 멤버 함수를 알아야 할 필요가 있다. STL에서 의외로 많이 사용되기 때문이다. 간단한 예제를 통해서 const 멤버 함수가 어떻게 사용되는지 확인해보자!

STL의 컨테이너 중에서 map이 꽤 많이 사용된다. map은 〈Key, Value〉를 모아놓은 자료
구조이다. 보통 Key는 숫자나 문자열이 되는 경우가 일반적이다. 그러나 Key는 꼭 숫자
나 문자열만 되는 것은 아니다. 필요하면 원하는 타입을 지정할 수도 있다.

[소스 7-59] STL map – const Member Function 1

```cpp
class CTest
{
public:
    int m_Val;
};

void main()
{
    std::map<CTest, CTest*> test_map;            // (1)

    CTest t;
    test_map[t] = &t;                            // (2) Error
}
```

예제 소스에서는 (2)에서 에러가 발생한다. 에러 내용은 다음과 같다.

`bool std::operator <(const std::vector<_Ty,_Ax>&,const std::vector<_Ty,_Ax>&)' :
'const std::vector<_Ty,_Ax>&' 의 템플릿 인수를 'const CTest'에서 추론할 수 없습니다.

에러 내용만 봐서는 감을 잡기가 어렵다. 그래서 몇몇 개발자들은 STL map은 사용자 정
의 클래스 타입을 허용하지 않는다고 쉽게 판단해버리기도 한다. 그러나 그렇지 않다. 이
에러를 이해하기 위해서는 STL map에 대한 이해가 필요하다. 이 책이 자료 구조나 알고
리즘 책이 아니기에 자세한 설명을 하지 않겠으나, 간단히 설명하면 STL map은 트리 구

조를 사용한다. 트리가 구성될 때는 키의 대소 비교가 필요하다. 즉, 키 객체에 대해서 연산자 〈 가 정의되어야만 한다. 따라서 예제에서 CTest에 operator 〈 을 정의해주면 해결된다.

[소스 7–60] STL map – const Member Function 2

```
class CTest
{
public:
  BOOL operator < (const CTest& rhs) const              // (1)
  {
     return m_Val < rhs.m_Val;
  }

  int m_Val;
};
```

예제 소스는 CTest가 STL map의 Key가 될 수 있도록 수정된 것이다. 주의해야 할 부분이 있다. 바로 (1)에서 operator 〈 이 const로 지정된 것이다. 만일 const가 생략될 경우 다시 컴파일 에러가 발생할 것이다. 왜 const가 필요한 것일까? 바로 STL map에서 const 객체에 대해서 operator 〈 를 호출하기 때문이다. STL의 컨테이너는 대부분이 내부에서 const 객체를 기준으로 함수를 호출한다. 따라서 STL에 호환될 수 있는 클래스 작성시에는 const 멤버 함수가 필수이다.

간단히 const 멤버 함수를 정리해보자! const 클래스 객체는 절대로 멤버가 변경되어서 안 된다. 따라서 멤버를 변경하지 않는 const 멤버 함수만을 호출할 수 있으며, const 멤버 함수를 정의할 경우에는 멤버가 변경될 수 있는 코드가 사용될 경우 컴파일 에러가 발생한다. const 키워드는 가상 함수로 인해서 반드시 필요하며, STL 호환 클래스 작성시에는 const 멤버 함수를 필수적으로 구현해야 하는 경우도 있다.

7.8. 함수 객체(Functor)

함수는 아니지만 함수처럼 사용할 수 있는 클래스가 있다. 보통 함수 객체, 혹은 functor
라고 부른다. 함수 객체의 핵심은 operator( )를 재정의하는데 있다. operator( )을 재정의
하게 되면 마치 함수를 호출하는 모양처럼 보이기 때문이다.

➤ 7.8.1. 구현

함수 객체를 실제로 구현해보고 사용해보자!

[소스 7–61] 함수 객체

```cpp
class CFunctor
{
public:
  CFunctor()
  {
    m_Sum = 0;
  }

  int operator()(int arg)                 // (1) operator () 재정의
  {
    m_Sum += arg;
    return m_Sum;
  }

  int m_Sum;
};
void main()
{
  int array[] = {1, 2, 3, 4, 5, 6, 7, 8, 9, 10};

  CFunctor f;                             // (2) 함수 개체 f
  for(int i = 0; i < 10; i++)
```

```cpp
    {
        f(array[i]);                    // (3) 함수 개체 사용
    }

    cout << f.m_Sum << endl;             // (4)
}
```

클래스 CFunctor는 함수 객체를 만들기 위한 클래스이다. 함수 객체가 C++에서 새롭게 도입된 무엇인가는 절대로 아니다. 그저 클래스일 뿐이다. 하지만 일반 클래스와는 다른 점이 있긴 한데 바로 (1)과 같이 operator( )를 재정의한다는 것이다.

(2), (3)은 함수 객체를 만들고 사용하는 것을 보여준다. 특히 (3)을 보면 마치 실제 함수 f 를 호출하는 것처럼 보인다.

(4)는 함수 객체의 장점을 보여주기 위한 것이다. 함수 객체는 함수가 아니라 클래스 객체이기 때문에 자기 자신의 정보를 보관할 수 있다. 예제에서는 멤버 변수로 m_Sum을 가지고 있는데, 이것은 입력된 인자들의 총합을 의미한다. 즉, 함수 객체이기 때문에 쉽게 정보를 보관할 수 있고, 필요할 때 사용할 수 있는 것이다.

물론 함수라고 해서 정보를 보관할 수 없는 것은 아니다. 정적 지역 변수를 사용한다면 얼마든지 원하는 정보를 보관할 수 있을 것이다. 하지만 함수는 분명 한계가 있다. 가령 1~10까지 더한 결과와 11~20까지 더한 결과 두 개가 모두 필요하다면 어떻게 해야 할 까? 함수 객체라면 CFunctor 객체를 두 개 생성해서 사용하면 그만이다. 그러나 지역 정적 변수를 사용하는 함수라면 1~10까지 더한 합을 구한 뒤에 임시로 다른 곳에 저장을 해야만 할 것이다. 결국 객체 지향 프로그래밍이라는 관점에서 볼 때, 정보의 관리라는 측면에서 함수 객체가 함수보다 훨씬 우위에 있는 것이 사실이다.

➤ 7.8.2. for_each

for_each는 STL에 도입된 반복문이다. for, while, do while처럼 컴파일러가 직접 어셈블리로 반복문을 구성하는 것은 아니고, 템플릿 기반으로 내부에서는 for문을 사용하고 있다. 물론 for_each 구현은 컴파일러 제작사마다 다를 수 있기 때문에 for 이외의 다른 반복문이 사용될 수도 있긴 하다.

함수 객체를 설명하는 부분에서 for_each를 설명하는 이유는 함수 객체와 아주 잘 어울리기 때문이다. 물론 함수 객체는 STL의 여러 알고리즘과도 잘 어울리긴 하지만 대표적인 것을 꼽으라면 단연코 for_each라고 할 수 있다.

[소스 7-62] for_each 구현

```
template<type name Iterator, type name Functor> inline
Functor for_each(Iterator first, Iterator last, Functor func)
{
    for(; first != last; ++first)
    {
        func(*first);
    }

    return (func);
}
```

〈소스 7-62〉는 필자가 STL을 참조하여 for_each를 보기 쉽게 만들어본 것이다. STL 코드는 짧은 코드라도 표기법이나 코드 구성이 복잡해서 분석하기가 상당히 어려운데, 필자도 가끔 코드를 분석할 때마다 애를 먹는 경우가 많이 있다. 그래서 최대한 쉽게 for_each에 대해서 재구성해본 것인데, 얼마나 쉬워졌는지는 모르겠다.

코드를 보면 알 수 있겠지만, 내부에서는 역시 for 구문을 사용한다. 그리고 for문 안에서는 func를 호출하도록 되어있는데, 코드상으로는 Functor라고 썼지만, func는 실제로 함수 객체뿐 아니라 함수 포인터가 될 수도 있다.

마지막으로 중요한 곳이 있는데, 위에서는 for_each를 반복문이라고 했지만 엄밀히 말해서 반복문이 아니라 반복을 수행하는 함수이다. 따라서 반환을 하고 있으며 반환 값은 for문에서 사용된 함수 객체 혹은 함수 포인터인 func다. 이런 점을 이용해서 합계를 내는 예제를 for_each를 사용해서 변경해보자!

[소스 7-63] Functor & for_each

```cpp
class CFunctor
{
public:
  CFunctor()
  {
    m_Sum = 0;
  }

  int operator()(int arg)
  {
    m_Sum += arg;
    return m_Sum;
  }

  int m_Sum;
};

void main()
{
  int array[] = {1, 2, 3, 4, 5, 6, 7, 8, 9, 10};

  CFunctor f;                                          // (1) 함수 개체 f
  cout << for_each(&array[0], &array[10], f).m_Sum << endl;   // (2)
}
```

for_each를 사용하면서 for구문과 출력을 위한 cout이 한 줄로 해결되는 것을 확인할 수 있다. 특히 (2)처럼 for_each의 반환 값이 함수 객체이므로 바로 m_Sum을 접근할 수 있다.

for_each를 비롯한 STL의 구문들은 C++ 코드를 간소화하거나 프로그래밍을 쉽고 빠르게 작성하는데 많은 도움을 주고 있다. C++ 프로그래밍을 정복하기 위해서는 STL도 반드시 넘어야 할 산이라는 사실을 명심해야 한다.

7.9. 람다(Lambda)

람다를 간단히 말한다면 '이름 없는 함수'라고 할 수 있다. 람다는 함수형 언어에서 나온 개념인데, 끊임없이 진화하고 있는 C++에도 드디어 도입되었다. 최근에 C++에 도입이 되어서인지, 어느 정도 경험이 많은 C++ 개발자 중에도 람다를 낯설어하는 경우가 종종 있는 것 같다. 따라서 이번 절에서는 람다의 특징 및 사용법과더불어 람다의 구조와 원리를 알아볼 것이다. 동시에 람다와 단짝처럼 사용되는 STL의 std::function의 구현 원리도 살펴볼 것이다.

7.9.1. 람다 기본

[소스 7-64] 기본 람다

```
void main()
{
  int x = 1;
  cout << [x](int arg)->int{ return x + arg; }(10) << endl;            // (1)
}
```

(1)을 살펴보자! cout의 입력으로 들어가는 구문이 바로 람다이다. 분명 낯선 문법일 수 있다. 하지만 규칙 몇 개만 알게 되면 쉽게 이해할 수 있다.

먼저 람다는 대괄호[]로 시작된다. [x]처럼 main의 지역 변수 x가 쓰여있는데, 보통 '변수를 캡쳐한다.'고 말한다. 즉, 대괄호[ ]는 람다의 시작을 알리면서 람다에서 사용할 외부 변수를 캡쳐하는 기능을 수행한다. 그 다음에 이어지는 괄호( )는 일반 함수처럼 인자(parameter)를 정의한다. 화살표(-))와 더불어서 int가 나오는데 바로 반환 타입을 나타낸다. 마지막으로 블록{}이 나타나는데 바로 람다 함수의 본체가 정의되는 곳이다.

여기까지가 바로 람다이다. 그런데 블록 끝에 '(10)'이 붙은 것을 확인할 수 있다. 이것은 람다를 호출하는 것이다. arg에 10을 대입하여 인자로 넘기면서 람다를 호출한다는 의미이다. 람다의 실행 결과 11이 출력된다는 것을 쉽게 이해할 수 있을 것이다.

간단히 람다를 살펴보았는데, 왜 '이름 없는 함수'인지 이해가 갈 것이다. 기존의 함수와 형식이 다르긴 하지만, 가장 큰 차이점은 바로 함수 이름이 없다는 것이다. 왜 이름이 없는 것일까? 일회적인 성격이 강하기 때문이다.

[소스 7-65] 람다 정의

```
< Test.cpp >
[]()->void{ cout << "Lambda" << endl; };          // (1) Compile Error

void main()
{
    []()->void{ cout << "Lambda" << endl; };      // (2) OK
}
```

람다는 보통의 함수가 아니기에 함수처럼 정의할 수 없다. (1)처럼 cpp 파일에 전역적으로 람다를 정의하면 컴파일 에러가 발생하게 된다. 그에 비해서 (2)의 람다는 컴파일이 제대로 되는데, 바로 람다가 함수 안에서 정의되기 때문이다. 함수는 함수 안에서 정의될 수 없지만, 람다는 함수 안에서만 정의될 수 있다. 또한 람다 정의는 하나의 식이거나 식의 일부로 간주되기 때문에 식이 끝나는 곳에는 반드시 세미콜론(;)을 붙여주어야만 한다.

람다가 함수 안에서만 정의되고 사용될 수 있기에 일회적이라고 말한다. 함수 블록이 끝나는 순간 람다는 사라지기 때문이다. 함수 안에서 일회적으로 간단히 사용되기 때문에 굳이 이름을 붙일 필요가 없으며, 그로 인해서 '이름 없는 함수'로 알려지게 된 것이다. 그러나 람다의 저장이 가능해지면서 사용 방법에 큰 변화가 오게 되는데, 이 부분에 대해서는 곧 자세히 살펴볼 것이다.

➔ 7.9.2. 람다 문법

먼저 람다 문법에 대해서 자세히 알아보자! 람다는 다음과 같은 형식으로 나타낼 수 있다.

```
[Capture_Variables](Parameters)->Return_Type{ Body }
```

위의 식에서 가장 특이한 부분은 바로 Capture_Variables일 것이다. 나머지는 일반적인 함수에서도 사용되는 것이므로 설명은 생략하겠다.

일반적으로 함수의 본체에서 전역 변수와 지역 변수를 사용할 수 있다. 람다 본체도 함수처럼 전역 변수, 지역 변수를 사용할 수 있지만 그 외에 추가적으로 외부 변수를 사용할 수 있다. 외부 변수란 바로 람다가 정의된 함수의 지역 변수를 의미한다. 외부 변수를 사용할 수 있는 점이 바로 람다의 특징이라고 할 수 있다.

외부 변수를 그냥 사용할 수 있는 것은 아니다. 캡쳐를 통해서 외부 변수의 속성을 지정해야만 사용할 수 있다. 속성이란 외부 변수를 값 변수로 사용할 것인지, 참조 변수로서 사용할 것인지를 나타낸다. 결국 Capture_Variables은 외부 변수의 값, 참조 여부를 결정한다. Capture_Variables에 의해서 지정된 외부 변수는 람다 본체에 인자처럼 전달되어 지역 변수로서 사용된다.

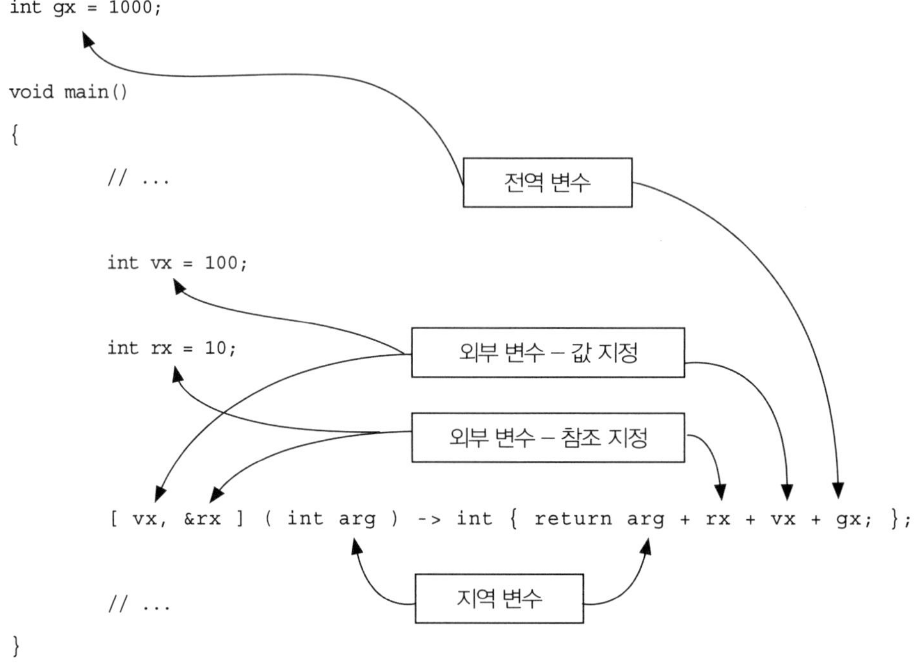

▲ 그림 7-21 람다 사용 변수

그림은 람다에서 사용할 수 있는 변수의 종류를 보여준다. 실제로 몇 가지 예제를 통해서 Capture_Variables을 살펴보는 것이 람다를 이해하는데 도움이 될 것이다.

[소스 7-66] 람다 정의

```
void main()
{
    int vx = 100;
    int rx = 0;

    int R = [vx, &rx](int arg)->int        // (1)
        {
            rx = 10;                        // (2)
            return arg + rx + vx;
        }(1);                               // (3)
```

```cpp
    cout << R << endl;
}
```

예제에서 Capture_Variables은 [vx, &rx]이다. 이 의미는 외부 변수 vx, rx에 대하여 vx는 값 변수로, rx는 참조 변수로 사용하겠다는 의미이다. 외부 변수를 값 변수로 지정할 때는 변수 이름만 써주면 된다. 값 변수가 지정될 경우 해당 변수는 상수처럼 취급되기 때문에 람다 본체에서 값을 바꿀 수 없다.

외부 변수를 참조 변수로 지정할 때는 변수 이름 앞에 참조 연산자 &를 붙인다. 참조 변수는 람다 본체에서 읽고 쓸 수 있다. 따라서 (2)와 같이 rx에 10을 대입할 수 있다.

예제의 결과로 111이 출력됨을 확인할 수 있다.

Capture_Variables에 외부 변수를 일일이 지정할 필요는 없다. =, & 기호를 사용하면 외부 변수를 일일이 나열하지 않도록 간소화할 수 있다.

[소스 7-67] Capture_Variables

```cpp
void main()
{
    int x1 = 100;
    int x2 = 10;
    int x3 = 1;

    int R1 = [=]()->int{ return x1 + x2 + x3; }();           // (1)
    int R2 = [&]()->int{ return x1 + x2 + x3; }();           // (2)
    int R3 = [=, &x1]()->int{ return x1 + x2 + x3; }();      // (3)
    int R4 = [&, x1]()->int{ return x1 + x2 + x3; }();       // (4)
}
```

(1)에서 Capture_Variables는 [=]이다. 이 의미는 람다 본체에서 사용되는 외부 변수를 모두 값 변수로 지정하라는 의미이다. 즉 [=] = [x1, x2, x3]이다.

(2)에서 Capture_Variables는 [&]이다. 이 의미는 람다 본체에서 사용되는 외부 변수를 모두 참조 변수로 지정하라는 의미이다. 즉 [&] = [&x1, &x2, &x3]이다.

(3), (4)는 특정 외부 변수만 속성을 다르게 지정하는 것을 보여준다. [=, &x1]의 의미는 x1만 참조 변수로 지정하고, 나머지는 값 변수로 지정하라는 의미이다. 반대로 [&, x1]의 의미는 x1만 값 변수로 지정하고, 나머지는 참조 변수로 지정하라는 의미이다. 따라서 다음과 같이 바꿀 수 있다. [=, &x1] = [&x1, x2, x3], [&, x1] = [x1, &x2, &x3]

➔ 7.9.3. 람다 중복

람다는 중복될 수도 있다. 람다 본체에서 또 다른 람다를 정의할 수 있다는 의미이다. 역시 예제를 통해서 확인해보자!

[소스 7-68] 람다 중복

```cpp
int main()
{
    int x = 100;

    return  [x](int arg1)->int                      // (A)
            {
                return [x, arg1](int arg2)->int      // (B)
                    {
                        return x + arg1 + arg2;
                    }(1);
            }(10);
}
```

람다 본체에 람다가 정의되고 있다. 가장 바깥쪽을 람다 A, 안쪽을 람다 B라고 하자! 람다 A의 본체에서 보았을 때, 외부 변수는 x, 지역 변수는 arg1이다. 이미 설명했듯이 외부 변수 x는 람다 본체로 전달되면서 지역 변수로 사용된다. 따라서 람다 B의 입장에서는 x, arg1이 외부 변수가 된다. 그러므로 람다B의 Capture_Variables는 [x, arg1]이 된다. 실행 결과 main은 111을 반환하게 된다.

참고로 위의 예제를 제대로 테스트하기 위해서는 윈도우에서는 VS2013, 리눅스에서는 gcc 4.9.0 등 최신 컴파일러를 사용해야 한다. 이전 컴파일러의 경우 람다 중복을 제대로 처리하지 못하기에 컴파일 에러가 발생할 수 있다(이전 컴파일러에서도 제대로 테스트를 하기 위해서는 (B)의 Capture_Variables를 [=]로 바꾸면 된다).

➔ 7.9.4. 멤버 함수와 람다

람다는 함수 안에서 정의되고 사용될 수 있다. 당연히 클래스의 멤버 함수에서도 람다를 정의하고 사용할 수 있다. 단, 사용상 약간 다른 점이 있을 수 있다. 사실 다른 점은 전혀 없으나 멤버 함수이기 때문에 다르게 느껴질 수 있는 것이다. 이제부터 차이라고 느껴질 수 있는 부분에 대해서 살펴보자!

[소스 7-69] 멤버 함수와 람다

```
class CTest
{
public:
    int m_Value;
    int Func()
    {
        return [=](int arg)->int              // (1)
            {
                return m_Value + arg;          // (2)
            }(1);
    }
```

```cpp
};

void main()
{
    CTest t;
    t.m_Value = 10;
    cout << t.Func() << endl;
}
```

예제는 일반적인 함수의 람다와 중요한 차이를 보여주는데, 바로 (2) 부분이다. 람다 본체에서 클래스의 멤버인 m_Value를 사용하고 있다. 람다 본체에서 사용할 수 있는 변수는 전역 변수, 지역 변수, 외부 변수뿐이다. 과연 m_Value는 무엇일까?

람다를 잠시 떠나서 클래스 멤버 함수에서 사용되는 멤버 변수의 정체는 무엇일까 생각해보자! 정답은 지역 변수의 일부 영역일 뿐이다. 여기서 말하는 지역 변수란 바로 this이다. this는 멤버 함수가 호출될 때 보이지 않는 인자로 전달되는 일종의 지역 변수이다. 더 정확히 얘기하면 지역 상수 포인터라고 할 수 있다. 결국 멤버 함수가 멤버 변수를 이용할 수 있는 이유는 멤버 함수가 시작될 때 인자로 전달되는 this를 기준으로 멤버의 오프셋을 이용하여 해당 변수 영역에 접근할 수 있기 때문이다.

다시 예제로 돌아가자! (1)의 Capture_Variables는 [=]로 되어있는데, 이것을 풀어서 쓰게 된다면 [m_Value]가 아니라 [this]가 되는 것이다. this가 멤버 함수 Func의 지역 변수이기 때문에 람다 입장에서는 외부 변수가 되는 것이다. 또한 this는 상수 포인터 변수이기 때문에 값 변수로만 지정될 수 있는 외부 변수이다. 따라서 [&]나 [&this]를 허용하지 않는다.

멤버 함수에서도 람다를 중복으로 사용할 수도 있다.

```cpp
class CTest
{
public:
    int m_Value;

    int Func()
    {
        return [this](int arg1)->int
            {
                return [this](int arg2)->int
                    {
                        return m_Value + arg1 + arg2;
                    }(1);
            }(10);
    }
};

void main()
{
    CTest t;
    t.m_Value = 100;
    cout << t.Func() << endl;
}
```

예제를 실행할 경우 111이 출력된다.

람다를 자세히 들여다보면 일종의 클래스라는 생각이 들 수도 있다. 엄밀히 말하자면 람다는 컴파일러에 의해서 처리되는 새로운 문법체계이지만, 람다가 처리되는 어셈블리를 살펴본다면 함수 객체(Functor)와 비슷한 면을 찾을 수 있기 때문이다. 실제 예제를 보면서 확인해보자!

[소스 7-71] 람다와 함수 객체(Functor)

```
class CLambda                                            // (B)
{
public:
  CLambda(int& vx, int& rx) : _vx(vx), _rx(rx) {}        // (B-3)

  int operator()(int arg)                                // (B-4)
  {
    _rx = 10;
    return _vx + _rx + arg;
  }

  const int _vx;                                         // (B-1)
  int& _rx;                                              // (B-2)
};

void main()
{
  int vx = 100;
  int rx = 0;

  int R1 =   [vx, &rx](int arg)->int                     // (A)
            {
               rx = 10;
               return vx + rx + arg;
            }(1);
```

```cpp
    CLambda lambda(vx, rx);                                    // (C)
    int R2 = lambda(1);

    cout << R1 << endl;
    cout << R2 << endl;
}
```

먼저 (A)를 살펴보자! 아주 간단한 람다이다. R1에는 111이 대입될 것이다. 이 구문은 분명 컴파일러가 작성한 어셈블리에 의해서 적절히 수행되겠지만, 그 과정은 사실상 바로 밑의 (C) 구문이 실행되는 것과 비슷하다고 할 수 있다. CLambda 클래스를 살펴보기 위하여 (B)의 CLambda 정의를 살펴보자! 이 클래스는 필자가 람다와 똑같은 기능을 수행하도록 만들어본 함수 객체(Functor)이다.

컴파일러는 람다 정의를 분석해서 임시로 CLambda 클래스를 새롭게 정의한다고 할 수 있다. Capture_Variables를 분석하여 적절히 클래스의 멤버 변수를 정의한다. 가령 다음과 같다. [vx, &rx]를 분석하여, (B-1), (B-2)와 같이 const int _vx와 int& _rx를 정의한다. 그리고 (B-3)과 같이 클래스 생성자의 초기화 리스트에서 외부 변수를 입력 받아서 _vx, _rx를 초기화시키는 것이다. 가장 중요한 부분은 바로 (B-4)이다. operator ( )를 재정의하여 람다 본체를 그대로 만드는 것이다.

결국 람다가 처리되는 것은 컴파일러가 (B), (C)를 임시적으로 생성하는 것이라고 할 수 있다. 실제로 람다는 하나의 함수 객체처럼 취급된다. 람다는 객체이기 때문에 저장할 수도 있고, 인자처럼 전송할 수도 있다.

↪ 7.9.6. 람다 저장

람다는 하나의 객체이다. 근접하게 표현한다면 operator ( )가 단 하나만 재정의된 이름 없는 함수 객체라고 할 수 있다. 객체라는 것은 큰 의미가 있다. 바로 변수에 저장할 수 있으며 복제도 가능하다는 것을 의미한다(함수는 함수 포인터에 저장할 수 있지만 복제는 어렵다).

먼저 간단하게 함수가 어떻게 변수에 저장되는지를 살펴보자!

[소스 7-72] 함수의 저장

```cpp
int Func(int arg)                         // (A)
{
    return arg;
}

void main()
{
    int (*pFunc1)(int);                   // (1-1)
    pFunc1 = &Func;                       // (1-2)
    int R1 = pFunc1(1);

    typedef int (*PFUNC)(int);            // (2-1)
    PFUNC pFunc2 = &Func;                 // (2-2)
    int R2 = pFunc2(1);

    auto pFunc3 = &Func;                  // (3)
    int R3 = pFunc3(1);
}
```

(A)에 함수 Func가 있다. Func를 저장하기 위한 변수를 만드는 방법은 크게 2가지가 있
다. (1-1),(1-2)처럼 Func와 같은 함수 포인터 타입 변수를 만드는 방법과 (2-1),(2-2)처
럼 typedef를 이용하여 함수 포인터 타입을 정의하고, 정의된 타입의 변수를 생성하는 방
법이다. 두 방법에는 공통점이 있는데, 바로 이름이 필요하다는 것이다. 좀 더 정확히 얘
기하면 이름이 들어갈 자리가 필요하다. 함수 이름 Func 대신에 변수 이름인 pFunc1을
넣거나, 타입 정의를 위해서 PFUNC를 넣기 때문이다. 그런데 결정적으로 람다에는 이
름이 없다. 즉, 위의 방식으로는 람다를 저장할 수 있는 람다 변수를 만들 수 없다. 그러
나 이런 문제를 해결할 방법이 C++11에서 도입되었는데, 바로 auto 키워드이다. auto는
알아서 대입될 객체의 타입으로 변신하므로, 함수를 저장하는 것도 (3)과 같이 아주 간단

하게 해결할 수 있다.이런 새로운 방식은 함수뿐 아니라 람다에도 적용될 수 있으며, 이로 인해서 auto를 사용하면 쉽게 람다를 저장할 수 있다.

[소스 7-73] 람다 저장 1

```
auto lambda = [](char* str){ cout << str << endl; };                  // (1)

void main()
{
   lambda("Hello World!");
}
```

(1)은 람다를 전역 변수 lambda에 저장하는 것을 보여준다. 여기서 의문을 품는 독자가 있을 수도 있다. 람다는 오직 함수 안에서만 정의될 수 있다고 했는데, 함수 밖에서 정의되고 있기 때문이다. 그러나 사실 (1)의 람다 저장은 함수 안에서 이루어진다.바로 프로세스 시작시 전역 변수를 초기화하기 위하여 CRT Startup이 호출하는 함수이다. 즉, 여전히 람다는 함수 안에서만 정의될 수 있는 것이다. 또 하나 (1)에는 반환 타입이 없다. 누락이 아니라 반환 타입이 void일 경우 ->void를 생략할 수 있기 때문이다.

예제의 람다가 auto 전역 변수에 저장되었으나 캡쳐할 외부 변수가 없다. 왜냐하면 람다가 정의되는 순간은 CRT Startup이 호출한 초기화 함수 본체인데, 그곳은 개발자가 볼 수 있는 영역도 아니며, 어떤 지역 변수가 사용되는지도 알 수 없는 곳이기 때문이다.

[소스 7-74] 람다 저장 2

```
void main()
{
   int x = 10;
   int y = 1;

   auto lambda =   [x, &y]()->int                     // (1)
```

```cpp
        {
            return x + y;
        };

    int R1 = lambda();                      // (2)

    x = 20;                                 // 적용 안됨
    y = 2;                                  // 적용됨

    int R2 = lambda();                      // (3)

    cout << R1 << endl;
    cout << R2 << endl;
}
```

람다를 auto를 이용하여 저장하면 (2), (3)처럼 여러 번 람다를 호출할 수 있다. 결과는 11 과 12가 출력된다. 혹시라도 두 번째 R2가 왜 12인지 궁금할 수도 있는데, x가 '값 지정 외부 변수'이기 때문이다. 람다 정의가 결정되는 순간은 바로 (1) 부분인데 x가 10일 때 람다 내부의 const int 멤버로 대입되고 다시는 변경될 수 없다. 즉, x를 20으로 변경해도 람다 내부의 멤버는 영향을 받지 않는 것이다. 그에 비해서 y는 참조 지정이 된 외부 변수 이기 때문에 y를 2로 변경하면 내부의 int& 멤버도 같이 변경된다. 따라서 R2는 12가 되 는 것이다.

위의 예제를 통해서 람다를 저장할 수는 있게 되었지만, 아직 미흡한 면이 있다. 외부 변 수를 캡쳐하는 람다의 경우 전역 변수나 멤버 변수에 저장할 수 없기 때문이다. 예제를 살펴보면서 어떤 경우인지 확인해보자!

```cpp
auto g_Lambda;                                    // (1) Compile Error

void Func()
{
  int x = 10;
  g_Lambda = [x]()->int{ return x; };             // (2)
}

void main()
{
  Func();
  cout << g_Lambda() << endl;                      // (3)
}
```

람다를 저장한다면 아마도 예제처럼 사용하고 싶을 것이다. 전역 변수 g_Lambda에 특정 함수 안에서 정의된 람다를 저장해놓고, 필요할 때마다 다른 함수에서 꺼내서 사용하는 것이다. 그러나 위와 같은 식을 컴파일러는 처리할 수가 없다. 왜냐하면 auto 키워드는 오직 초기화될 때 대입되는 객체의 타입으로 변경되기 때문이다. 따라서 초기화 없이 auto 변수를 사용할 수가 없다. 이것은 람다 저장의 목적에 완벽히 부합하지 못하는 것이다.

결국 함수 안에서 정의된 람다를 저장할 방법은 오직 해당 함수에서 선언된 auto 변수를 사용하는 것 밖에 없다. 그 의미는 저장된 람다는 오직 해당 함수 안에서만 사용할 수 있다는 것이고, 그렇게 사용할 바에는 굳이 저장을 할 필요가 없어진다. 한마디로 람다는 그저 임시 객체에 불과할 뿐이었다.

그러나 람다를 전역 변수에 영구적으로 저장하여 어떤 함수에서도 사용할 수 있는 방법이 제시되었는데, 그것이 바로 STL의 std::function인 것이다.

```cpp
#include <functional>                              // (A)

std::function<int(int)> g_Lambda;                  // (1)

void Func()
{
   int vx = 100;
   int rx = 10;

   g_Lambda = [vx, &rx](int arg)->int              // (2)
            {
                return vx + rx + arg;
            };
}

void main()
{
   Func();
   cout << g_Lambda(1) << endl;                     // (3)
}
```

STL의 std::function을 사용하기 위해서는 (A)처럼 functional 헤더를 포함해야 한다. (1)에서 볼 수 있듯이 std::function 객체를 생성할 때는 템플릿 인자로 람다 함수의 시그니처를 입력해야 한다. 람다 본체가 int 타입 인자를 하나 받아서 int 타입을 반환하므로, 시그니처는 int(int)가 된다.

갑자기 궁금증이 생겨난 독자도 있을 것 같다. STL의 std::function이 어떻게 구성되어 있길래 람다를 저장할 수 있는지 말이다. 궁금하면 찾아보면 된다. 어차피 STL이 템플릿 기반이기 때문에 충분히 구현 코드를 직접 눈으로 확인할 수 있기 때문이다. 따라서 궁금한 독자는 직접 STL의 코드를 참조하길 바란다.

실제로 독자들이 STL의 std::function 코드를 한 번쯤은 감상해 보기를 바란다. 얼마나 아이디어가 좋으면서 복잡한지 직접 느껴볼 수 있기 때문이다. 그런데 아마 웬만한 인내력을 가지고 있지 않은 이상 분석하기가 쉽지는 않을 것이다. 그래서 필자가 STL과 비슷한 방식을 사용하여 직접 람다를 저장할 수 있는 간단한 클래스를 만들어 보기로 하였다. 만드는 과정을 통해서 독자들은 std::function이 구현된 원리를 쉽게 파악할 수 있을 것이다.

➡ 7.9.7. 람다 저장 클래스

람다를 저장하기 위한 클래스를 CFunction이라고 이름 지었다. CFunction은 std::function과 비슷한 기능을 수행한다. 물론 std::function은 람다 이외에도 함수와 함수 객체를 저장할 수도 있다. 필자가 제시하는 CFunction 클래스는 람다 저장의 원리를 보이기 위한 시험적인 클래스이다. 물론 원한다면 프로젝트나 실무에서 사용해도 무방하지만, 혹시라도 발생할 수 있는 문제에 대한 책임은 전적으로 사용자의 몫이다. 이 책을 볼 독자라면 그 정도는 당연한 상식으로 받아들일 것이라고 믿고 있다.

람다 저장 클래스 CFunction을 만들기 위해서는 이것저것 알아야 할 것들이 몇 가지 있다. 먼저 기본적으로 템플릿을 사용할 수 있어야 하고, 가상 함수의 동작 원리도 잘 알고 있어야만 한다. 또한 최근에 도입된 템플릿 가변 인자도 알고 있으면 더욱 좋다(템플릿 가변 인자가 지원되기 전에는 인자 0개, 인자 1개, 인자 2개, … 각각 이런 식으로 CFunction 클래스를 인자 개수만큼 구현해야만 했다).

첫째, 람다를 저장하기 위해서는 람다의 타입을 반드시 구해내야만 한다. 그래야만 람다 객체를 해당 타입 변수에 저장할 수 있기 때문이다. 람다의 타입을 구할 방법이 하나 있는데, 바로 템플릿을 이용하는 것이다.

```cpp
template<typename LAMBDA>                              // (1)
void Func(LAMBDA arg)
{
   LAMBDA lambda = arg;                               // (2)
   lambda(1);
}


void main()
{
   Func([](int arg){ cout << arg << endl; });   // (3)
}
```

(1)은 템플릿 함수 Func를 보여준다. 템플릿 함수를 사용할 때 보통 typename에 해당하는 타입을 명시적으로 입력해주어야 한다. 그러나 명시적으로 입력하지 않고 사용할 경우, 마치 auto가 자동으로 객체 타입으로 변신하듯이, 템플릿 함수도 대입되는 객체의 타입으로 구체화된다. 따라서 (2)에서 LAMBDA 타입은 바로 (3)에서 실제 대입된 람다의 타입이 되는 것이다. 이와 같은 방법으로 람다의 타입을 구할 수 있으며, 이런 식으로 구해진 타입을 이용하여 람다 저장 클래스를 만들게 될 것이다.

둘째, 람다는 결국 함수와 같다. 즉, 인자가 있고, 반환을 해야 한다. 당연히 인자들의 타입과, 반환 타입이 먼저 정의되어야 한다. 기본적으로 반환 타입과 인자들의 타입까지 모아놓은 정보를 함수의 시그니처라고 하는데, 함수나 람다를 저장하기 위해서는 결국 시그니처까지 타입으로 받아들여서 처리해야만 한다. 시그니처 또한 템플릿을 이용하여 표현할 수 있는데, 보통 다음과 같이 나타낸다.

```
RETURN_TYPE(ARG_TYPE1, ARG_TYPE2, ... )
```

예를 들어서 double 타입 인자 둘을 받아들여서 int를 반환하는 함수의 시그니처는 다음과 같이 표현될 수 있다.

```
int(double, double)
```

셋째, 템플릿 가변 인자는 가변 인자 함수처럼 [...]을 이용하여 표현할 수 있다. 간단하게
예제를 통해서 템플릿 가변 인자를 사용하는 방법을 살펴보자!

[소스 7-78] 템플릿 가변 인자 함수

```
int Func(double a, double b)
{
    return (int)(a + b);
}


template<typename RT, typename ...ATs>          // (1)
RT TFunc(ATs... args)                            // (2)
{
    return Func(args...);                        // (3)
}


void main()
{
    int R = TFunc<int, double, double>(3.2, 3.8);
}
```

(1)은 템플릿에서 가변 인자를 사용하는 형식을 보여준다. ...ATs가 보이는데, typename
이 가변 개수만큼 있다는 것을 의미한다. 가변 인자를 사용하는 방법은 (2), (3)과 같다.
특별히 이해하기 어려운 부분은 없어 보인다. 그만큼 템플릿 문법을 직관적으로 만들
었기 때문이다. 참고로 템플릿 가변 인자는 최신 컴파일러가 아닐 경우 지원되지 않을
수 있다. 필자가 확인한 바에 의하면 GCC는 옵션 −std=c++0x를 지원하는 버전 이상,
VC++는 VS2013 이상이면 템플릿 가변 인자를 사용하는데 큰 문제가 없다.

이제 기본적으로 필요한 내용들은 알게 되었으니, 이것을 바탕으로 실제 람다를 저장하는 클래스를 만들어보자! 필자가 만든 람다 저장 클래스 CFunction의 소스를 제시하고, 내용을 설명하는 식으로 진행하겠다.

[소스 7-79] 람다 저장 클래스

```cpp
template<typename RT, typename... ATs>
class CLambdaInterface                                    // (C-1) 람다 인터페이스
{
public:
  RT Call(ATs... args)                                    // (D-3)
  {
     return _Call(args...);                               // (D-4)
  }

  virtual RT _Call(ATs... args) = 0;                      // (C-2) 내부 가상 함수
};

template<typename LAMBDA, typename RT, typename... ATs>
class CLambda : public CLambdaInterface<RT, ATs...>       // (B-1)
{
public:
  CLambda(const LAMBDA& lambda)                           // (B-3)
  {
    m_pLambda = new LAMBDA(lambda);                       // (B-4) 람다 객체 생성
  }

  ~CLambda()
  {
    if(m_pLambda)
    {
      delete m_pLambda;
    }
  }

  virtual RT _Call(ATs... args)                           // (D-5)
  {
```

```cpp
      return (*m_pLambda)(args...);                        // (D-6)
  }


  LAMBDA* m_pLambda;                                       // (B-2)
};


template<typename T>
class CFunction;                                           // (A-1) CFunction<T> 전방 선언


template<typename RT, typename... ATs>
class CFunction<RT(ATs...)>                                // (A-2)
{
public:
  CFunction()
  {
    m_pLambdaInterface = NULL;
  }


  template<typename LAMBDA>
  CFunction(const LAMBDA& lambda)                          // (A-4)
  {
                                                           // (A-6)
    m_pLambdaInterface = new CLambda<LAMBDA, RT, ATs...>(lambda);
  }


  template<typename LAMBDA>
  CFunction<RT(ATs...)>& operator = (const LAMBDA& lambda)      // (A-5)
  {
    if (m_pLambdaInterface)
    {
      delete m_pLambdaInterface;
    }


    // (A-6)
    m_pLambdaInterface = new CLambda<LAMBDA, RT, ATs...>(lambda);
    return *this;
  }


  RT operator()(ATs... args)                               // (D-1)
```

```cpp
    {
        return m_pLambdaInterface->Call(args...);                 // (D-2)
    }

    CLambdaInterface<RT, ATs...>* m_pLambdaInterface;             // (A-3)
};
```

소스가 너무 길다고 느낄 것이다. 그런데 std::function의 소스는 훨씬 길고 복잡하다. 예제 소스에는 람다를 저장하기 위해서 최소한으로 필요한 것만을 구현하였다. 그리고 최대한 설명을 자세히 하였기에 천천히 따라가면 그리 어렵지 않게 이해할 수 있을 것이다. 실제 소스는 클래스 하나가 아니라 세 개로 구성되어있다. 대표 클래스인 CFunction이 있으며, 실제 람다가 저장되는 CLambda, 그리고 CLambda의 부모인 CLambdaInterface가 있다.

(A-1)에서 클래스 CFunction⟨T⟩에 대한 전방 선언을 한다. 이것은 (A-2)에서 람다 시그니처가 템플릿 인자로 대입되는 CFunction⟨RT(ATs...)⟩클래스를 정의하기 위한 것이다. (A-3)에서 볼 수 있듯이 CFunction은 CLambdaInterface 포인터를 멤버로 가진다. 바로 람다를 저장하기 위해서이다. 왜 CLambda*가 아닌 CLambdaInterface*를 썼을까? 왜냐하면 CLambda를 직접 저장할 수 없기 때문이다. CLambda를 직접 저장하기 위해서는 람다 타입을 알고 있어야만 하는데, CFunction을 정의하는 시점에서 전달할 수 있는 템플릿 인자는 오직 함수의 시그니처 뿐이기 때문이다. 따라서 람다의 타입과는 무관한 CLambdaInterface*를 사용하는 것이다. CLambdaInterface는 CLambda의 부모 클래스이므로 자식 객체의 포인터를 대신할 수 있기 때문이다.

람다의 타입이 알려지는 순간은 바로 (A-4), (A-5)처럼 복사 생성자나 복사 대입 연산자를 통해서 CFunction 객체에 람다가 대입되는 순간이다. 이때 비로서 LAMBDA는 람다의 타입을 의미하게 되며, (A-6)에서 볼 수 있듯이 실제 CLambda 객체를 생성하고, 생성된 포인터를 부모 클래스 포인터인 m_pLambdaInterface에 대입하는 것이다.

이제 CLambda에 대해서 살펴보자! CLambda는 CLambdaInterface를 상속한다. 람다를 실제로 저장하는 클래스이기 때문에 템플릿 인자에는 LAMBDA 타입이 반드시 필요하다. (B-2)처럼 LAMBDA 포인터를 멤버로 갖고 있으며, (B-3)처럼 복사 생성자를 통해서 람다를 복사하게 된다. (B-4)에서 람다를 복사 생성하는 이유는 다음과 같다. 람다가 명시적으로는 클래스가 아니기 때문에 기본 생성자가 없고, 대신 암시적 복사 생성자는 사용할 수 있기 때문이다. 또한 입력된 람다는 어떤 함수 안에서 정의되었기 때문에 스택(Stack)에 생성된 임시 객체일 뿐이다. 따라서 입력된 람다를 그대로 저장한다면 함수가 끝나는 시점에 람다가 사라지게 된다. 그러므로 new를 통한 복사 생성을 통해서 동적 메모리 영역인 힙(Heap)에 새롭게 저장할 람다를 생성하는 것이다.

이것으로 CFunction에서 람다를 저장할 수 있게 되었다. 간략하게 요약하면 스택(Stack)에 존재하는 람다가 CFunction 객체에 대입되면 힙(Heap)에 똑같은 람다를 생성하여 보관하는 것이다. 그렇다면 람다가 저장된 CFunction 클래스는 어떻게 사용하는 것일까? (D-1)에서 operator ( )를 재정의한 것을 볼 수 있다. 결국 CFunction 클래스는 람다 객체를 내부에 저장하고 있는 함수 객체(Functor)인 것이다. 재정의된 operator ( )에 의해서 CFunction 객체가 호출되면, (D-2)와 같이 CLambdaInterface::Call이 호출된다. (D-3), (D-4)로 이어지면서 내부 함수 _Call이 호출되는데 이것은 순수 가상 함수이다. 즉, (D-5)와 같이 실제 객체인 CLambda::_Call이 호출된다. CLambda::_Call에서 하는 일은 단순하다. (D-6)과 같이 저장된 람다에 인자를 대입하여 호출하는 것이다.

결국 람다의 시그니처를 입력하여 CFunction 객체를 생성할 경우 람다를 저장할 수 있으며, 필요할 때 저장된 람다를 호출할 수 있다. CFunction 클래스가 람다의 저장 원리를 보이기 위한 것이지만, 템플릿을 이용하기 때문에 람다뿐 아니라 일반 함수 또한 저장할 수 있다. 실제로 예제를 살펴보자!

```cpp
CFunction<double(int, int)> lambda;                // (1) Lambda Object
CFunction<double(int, int)> func;                  // (2) Function Object

double Divide(int a, int b)
{
   if (b != 0)
   {
      return (double)a / b;
   }

   return 0;
}


void main()
{
   double vx = 0.3;
   double rx = 0;

   lambda = [vx, &rx](int a, int b)->double         // (3)
            {
                rx = 0.4;
                return vx + rx + a + b;
            };
   func = &Divide;                                  // (4)
   cout << lambda(1, 2) << endl;
   cout << func(1, 2) << endl;
};
```

(1), (2)처럼 람다와 함수 저장을 위한 CFunction 객체 두 개를 전역으로 생성했다. 둘 다 int 인자 두 개를 받아서 double을 반환하는 시그니처이다. (3), (4)와 같이 람다와 함수를 각각 대입 받은 뒤에 결과를 출력한다. 3.7과 0.5가 잘 출력될 것이다.

이것으로 람다에 대한 내용을 마무리 지었다. 람다의 기능을 완벽하게 사용하기 위해서는 VC++이나 GCC 모두 최신의 컴파일러를 사용해야만 한다. 현재 실무에서 최신의 컴파일러가 쓰이는 곳은 그리 많지 않은 것 같다.그 말은 람다가 아직 현장에서 제대로 사용되지 못하고 있다는 것이다. 그럼에도 람다를 알아야만 하는 이유가 있다면, 람다가 조금씩 사용 범위를 넓히고 있기 때문이다. 시간이 흐르면 결국 실무에서도 최신의 컴파일러를 사용하게 될 것이고, 응용 범위가 넓은 람다는 본격적으로 사용될 가능성이 높다고 할 수 있다.

점점 진화하고 있는 C++의 기능을 먼저 체험해보고, 사용할 준비를 하기 위해서는 람다는 한 번쯤 넘어야만 하는 산이라고 말할 수 있다.

7.10. 정리

[함수]장을 마치게 되었다. 함수를 제대로 이해하기 위해서 필요한 기본적인 개념들에 대해서 최대한 많이 소개하려고 하였으나, 모든 것을 다룰 수는 없었다. 분명 부족한 점도 많이 있을 것이다. 부족한 점이 많다고 느껴진다면 그것은 필자의 실력 부족이라고 너그럽게 이해해주시길 바란다.

함수를 설명하면서 어셈블리가 많이 사용되었는데, 불필요하다고 느낄 수도 있으나 어셈블리를 알게 되면 얻는 것이 많아진다는 것을 강조하고 싶다. 어셈블리를 통해서 객체가 함수에 어떻게 전달돼서 처리되는 지를 정확하게 파악할 수 있기 때문이다. 의외로 실무에서 원인을 알 수 없는 버그들 중에는 제대로 된 함수 호출을 하지 못해서 발생하는 경우가 많이 있다.

C++가 객체지향 프로그래밍 언어이듯이 함수도 객체화되기 시작하였다. 따라서 함수 객체를 비롯하여 람다까지 살펴보았다. 이미 살펴본 것처럼 람다도 일종의 함수 객체라고 할 수 있다. 함수 객체는 이미 STL의 알고리즘과 결합하여 보편적으로 사용되고 있다.

현재 개발 환경에서는 람다가 100% 완벽하게 지원되지 않을 지 모르지만, 조만간 람다를
사용한 STL의 기능들이 봇물 터지듯 쏟아질 것이라고 생각한다. 그런 의미에서 함수처럼
사용되는 객체에 대해서 많은 지면을 할애하였으며, 그만큼 많은 도움이 되었으면 좋겠다.

가상 함수

C++에서 제일 중요한 것을 고르라고 한다면 당연히 클래스일 것이다. 그렇다면 클래스에서 제일 중요한 것을 고른다면 과연 무엇일까? 당연히 가상 함수가 될 것이다. 즉, C++에서 핵심중의 핵심이 바로 가상 함수이며 이것을 제대로 모르고 C++를 정복하는 것은 불가능하다고 할 수 있다. 실제로 이름도 외우기 어려운 수많은 패턴들의 기반 원리로 가상 함수가 이용되고 있다. 그뿐 아니다. 자바 프로그래머라면 당연히 알고 있을 것이다. 자바 클래스의 일반 멤버 함수가 모두 가상 함수라는 사실을 말이다. 즉, 가상 함수는 객체지향 프로그래밍의 꽃 중의 꽃이라고 말할 수 있다.

8.1. 가상 함수 기본 동작

이미 클래스 장에서 설명했지만 가상 함수는 IT 회사의 면접 시험 단골 주제중의 하나이다. 특히 소멸자를 왜 가상 함수로 지정해야 하는지 묻는 질문은 이젠 너무나도 식상한 것이 된지 오래되었다. 이제 수준을 높여보자! 가상 함수의 동작이 어떻게 이루어지고 있는지를 살펴보자! 그 전에 가상 함수가 어떻게 이용되는지 준비 운동을 하는 마음으로 살펴보겠다.

[소스 8-1] 가상 함수 기본

```cpp
class CParent
{
public:
  void Func()                                        // (2)
  {
    cout << _T("CParent - Func") << endl;
  }

  virtual void VFunc()
  {
    cout << _T("CParent - VFunc") << endl;
  }

  int m_Parent;
};

class CChild : public CParent
{
public:
  void Func()
  {
    cout << _T("CChild - Func") << endl;
  }

  virtual void VFunc()                               // (3)
```

```cpp
    {
        cout << _T("CChild - VFunc") << endl;
    }

    int m_Child;
};

void main()
{
    CParent* pParent= new CChild;               // (1)

    pParent->Func();                            // (2)
    pParent->VFunc();                           // (3)

    delete pParent;

}
```

<소스 8-1>을 살펴보자! (1)에서 CChild 객체를 생성하여 CParent*로 타입 변환하였다. 앞으로 개념의 혼선을 피하기 위하여 용어 약속을 하자! pParent는 표면적으로는 CParent 객체를 가리키지만 실제로는 CChild 객체에서 비롯된 것이다. 따라서 pParent는 실제 객체인 CChild를 다루기 위한 일종의 접점인 인터페이스를 나타낸다고 할 수 있다. 그래서 이런 두가지 타입을 가리켜서 인터페이스 타입과 실제 타입으로 부르기로 하겠다. 혹시라도 오해를 할 수 있어서 추가 설명을 덧붙이면 인터페이스 타입이라고 해서 실제가 아닌 것은 아니다. pParent는 엄연히 CParent 객체를 가리키는 포인터이다. 즉, pParent를 통해서 CParent의 멤버에 접근할 수 있다. 그러나 pParent는 언제든지 실제 타입으로 다시 변환되어서 실제 객체인 CChild의 멤버도 접근할 수 있다. <그림 8-1>은 인터페이스와 실제 타입을 보여준다. 보통 실제 타입 객체가 생성되고, 생성된 실제 객체를 다루기 위하여 인터페이스 타입으로 변환하여 사용하는 것이 일반적이다.

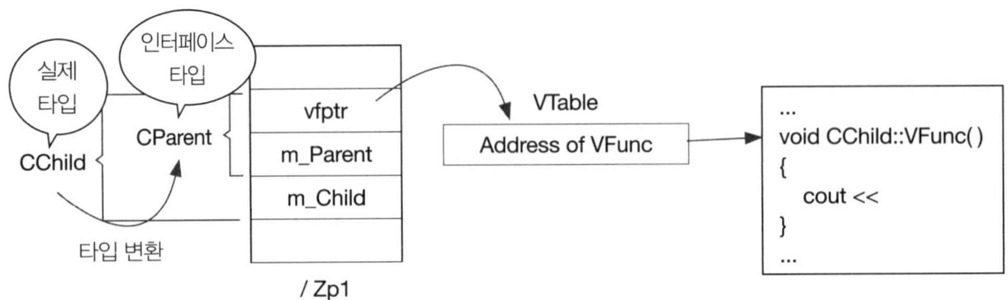

▲ 그림 8-1 구조 실제 타입과 인터페이스 타입

이제 (2), (3)을 살펴보자! pParent를 통해서 Func와 VFunc를 호출하였다. 여기서 Func는 가상 함수가 아니고, VFunc는 가상 함수이다. 물론 둘 다 멤버 함수이다. 결과를 살펴보기 전에 먼저 용어 정리를 하자. Func 함수처럼 가상 함수가 아닌 멤버 함수를 비가상 멤버 함수라고 하자. 이제 가상 함수와 비가상 멤버 함수의 출력 결과를 살펴보자!

```
CParent - Func

CChild - VFunc
```

결과를 통해서 알 수 있는 것은 비가상 멤버 함수는 인터페이스 타입 클래스인 CParent에 정의된 Func 함수가 호출되었으며, 가상 멤버 함수의 경우 실제 타입 클래스인 CChild에 정의된 VFunc 함수가 호출되었다는 것이다. 참고로 가상 멤버 함수라는 말은 더 이상 사용하지 않는다. 가상 함수는 당연히 멤버 함수일 수밖에 없기 때문이다. 참고로 정적 멤버 함수도 가상 함수가 될 수 없다. 그 이유는 이 장이 끝날 때쯤이면 너무나도 자연스럽게 이해하고 있을 것이다.

초급자를 위해서 기본적인 설명을 추가하자. CParent에서 처음으로 virtual 키워드를 VFunc앞에 사용하였다. 이렇게 하면 VFunc는 가상 함수가 된다. 이제 CChild의 VFunc를 살펴보자. 여기서도 virtual이 있으니 당연히 가상 함수이지만, virtual 키워드가 없어도 가상 함수가 된다. 한 번 가상 함수로 선언되면 자식 클래스에서 재정의되는 함수도 가상 함수가 된다는 사실은 꼭 기억해야 한다. 그러나 보통 혼란을 피하기 위하여 관용적으로 가상 함수를 선언할 때는 virtual을 써주는 것이 일반적이다. 개인적으로는 가상 함수에 virtual 키워드가 없을 경우 컴파일 에러가 났으면 좋겠다는 생각도 든다.

이제 기본적으로 가상 함수가 어떤 식으로 동작하는지를 알게 되었다. 그렇다면 이것이 왜 필요한 것일까? 어떤 것이 왜 있는지를 이해하는 가장 좋은 방법은 그것이 없을 때와 있을 때를 비교하는 것이다. 실제로 비교해보자!

[소스 8-2] 가상 함수 사용 전

```cpp
class CAnimal
{
public:
  void PlaySound()
  {
      // 구현 없음!
  }

  int m_Type;                                // (1)
};

class CDog : public CAnimal
{
public:
  void PlaySound()                           // (2)
  {
      // '멍멍!' 소리를 출력
  }
};

class CCat : public CAnimal
{
public:
  void PlaySound()                           // (3)
  {
```

```cpp
            // '야옹' 소리를 출력
    }
};


void PlayAnimalSound(CAnimal* pAnimal)              // (4)
{
    if(pAnimal->m_Type == 1)
    {
        CDog* pDog = (CDog*)pAnimal;                // (B)
        pDog->PlaySound();
    }
    else if(pAnimal->m_Type == 2)
    {
        CCat* pCat = (CCat*)pAnimal;                // (B)
        pCat->PlaySound();
    }
    /*
    동물 종류가 추가될 때마다 같이 추가                // (5)
    */
}


void main()
{
    CAnimal* pAnimal = NULL;

    int AnimalType = 0;
    cout << _T("Input Animal Type!") << endl;
    cin >> AnimalType;

    if(AnimalType == 1)
    {
        pAnimal = new CDog;                         // (A)
        pAnimal->m_Type = 1;                        // (1-1)
    }
    else if(AnimalType == 2)
    {
        pAnimal = new CCat;                         // (A)
        pAnimal->m_Type = 2;                        // (1-2)
    }
```

```
    PlayAnimalSound(pAnimal);                    // (4)

}
```

간단한 아동 교육용 소프트웨어를 제작하고 있다고 가정하자. 소프트웨어 이름은 '동물농장' 동작은 아주 간단하다. 원하는 동물을 고르면 동물의 정보를 알려주는 프로그램이다. 일단 초기 버전은 울음소리를 들려주는 기능만 넣었다. 〈소스 8-2〉는 초급을 막 벗어난 개발자의 코드이다.

각 동물은 클래스로 표현된다. 현재는 개(CDog), 고양이(CCat)만이 준비되어 있다. 코드 단순화를 위하여 인터페이스 타입인 CAnimal 클래스를 마련하였다. CDog, CCat 객체를 CAnimal 타입으로 변환하여 사용하겠다는 의도이다. 아주 좋은 선택이다. (1)을 보면 인터페이스 타입에서 실제 타입을 구별하기 위하여 m_Type이라는 멤버 변수를 선언하였다. 이것도 그리 나쁘지 않은 선택이다. 각 동물 클래스에는 PlaySound라는 함수가 재정의 되어있다. (2), (3)처럼 각 동물의 소리를 출력해주어야 한다.

드디어 main이 실행된다. 동물 타입을 입력 받고, 실제 동물 객체를 생성해서 인터페이스 타입으로 변환한다. (A)에서 인터페이스 타입 변환이 나오는데, 암시적인 타입 변환이 사용되었다. 인터페이스 타입은 결국 부모 클래스 타입이므로 암시적으로 안전하게 타입 변환이 허용된다는 것은 이미 클래스 장에서 충분히 설명하였다. (1-1), (1-2)처럼 실제 타입을 구분하기 위하여 m_Type에 적절한 코드를 입력한다.

이제 선택한 동물의 울음소리를 들려주기 위해서 (4)처럼 PlayAnimalSound 함수를 호출한다. 물론 여기엔 선택된 인터페이스 포인터를 인자로 넘겨주어야 한다. PlayAnimalSound가 하는 역할은 약간의 처리를 필요로 한다. 인자로 넘어온 pAnimal의 동물 타입을 검사하여 (B)처럼 해당 동물에 맞게 실제 객체 타입으로 변환을 해주어야 한다. 여기서는 강제 타입 변환이나 static_cast가 필요하다. 변환이 완료된 후에 실제 타입 클래스에 정의된 PlaySound를 호출한다. 이것으로 끝이다.

'동물농장'은 동물 울음소리를 너무나도 사실적으로 들려주는 것으로 유명해져서 사람들로부터 엄청난 호응을 받았고, 동물들을 추가한 '동물농장' 확장판을 만들어달라는 요구가 빗발치게 되었다. 당연히 확장판을 만들기로 하였고, 소, 돼지, 말, 토끼 등 대폭 동물을 추가하기로 결정하였다. 자! 이제 기존 코드에 추가되거나 수정되어야 할 부분을 생각해보자! 정말 당연히 추가되어야만 하는 것도 있다. 가령 각 동물 클래스는 반드시 추가되어야만 한다. 반드시 수정되어야 하는 부분도 있다. 사용자 입력을 받아서 동물 판별을 한 뒤에 해당 동물 객체를 생성하여 인터페이스 포인터로 변환해주는 부분이다. 이제 남은 것은 각 동물 소리를 출력해주는 PlayAnimalSound 함수이다.

(5)를 살펴보자! 추가된 동물에 따라서 해당 부분이 추가되어야 하는데, 형식이 상당히 비슷하다. 적절히 Copy & Paste 신공을 발휘하면 되는데, 이것은 상당히 위험한 방식이다. 꼼꼼한 개발자라면 아주 잘 처리하겠지만, 그렇지 않은 개발자가 Copy & Paste를 남발할 경우 돼지가 개소리를 내는 불상사가 발생할 수 있다. 그래서 이런 문제들을 한 번에 해결하는 방식이 대두되었는데, 그것이 바로 가상 함수인 것이다. 가상 함수를 이용해서 변화된 코드를 살펴보자! 편의상 추가된 동물은 돼지뿐이다.

[소스 8-3] 가상 함수 사용 후

```
class CAnimal
{
public:
    virtual void PlaySound()                // (1)
    {
        // 구현없음!
    }
};

class CDog : public CAnimal
{
public:
    virtual void PlaySound()                // (2)
    {
        // '멍멍!' 소리를 출력
    }
```

```cpp
};

class CCat : public CAnimal
{
public:
    virtual void PlaySound()              // (3)
    {
        // '야옹!' 소리를 출력
    }
};

class CPig : public CAnimal
{
public:
    virtual void PlaySound()              // (4)
    {
        // '꿀꿀!' 소리를 출력
    }
};

void PlayAnimalSound(CAnimal* pAnimal)
{
    pAnimal->PlaySound();                 // (5)
}

void main()
{
    CAnimal* pAnimal = NULL;

    int AnimalType = 0;
    cout << _T("Input Animal Type!") << endl;
    cin >> AnimalType;

    if(AnimalType == 1)
    {
        pAnimal = new CDog;
    }
    else if(AnimalType == 2)
    {
```

```cpp
        pAnimal = new CCat;
    }
    else if(AnimalType == 3)
    {
        pAnimal = new CPig;
    }

    PlayAnimalSound(pAnimal);              // (5)
}
```

〈소스 8-3〉의 (1)~(4)를 살펴보자! 주목할 변화는 PlaySound 함수를 virtual 키워드를 이용하여 가상 함수로 선언한 것이다. 동시에 CAnimal 클래스에 동물 타입을 나타내던 m_Type도 더 이상 필요하지 않게 되었다. 가장 큰 변화는 PlayAnimalSound 함수에서 나타난다. (5)를 살펴보자! 한 줄로 끝난다. 기존과 비교해보자! 엄청난 간소화가 이루어졌다. 여기서 중요한 점이 있는데, 앞으로 다른 동물 종류가 추가되어도 PlayAnimalSound 함수는 수정할 필요가 없다는 사실이다.

가상 함수를 사용함으로써 얻을 수 있는 이점에 대해서 정리해보자! 미래에 추가될 클래스 타입에 대해서도 큰 변화 없이 기존 코드로도 대응할 수 있다는 것이다. 또한 인터페이스 타입만을 사용하여 코드를 간소화할 수도 있다. 즉, 실제 타입으로 다시 변환할 필요가 없다는 의미이다. 가상 함수를 사용하지 않는다면 실제 타입으로 다시 변환해야만 하는데 그로 인하여 타입 정보를 추가로 기록해야 하는 비효율이 발생할 수밖에 없는 것이다. 따라서 이런 이점으로 인하여 가상 함수는 객체 지향 프로그래밍의 핵심 중의 핵심으로 자리잡을 수 있게 된 것이다.

8.2. 가상 함수 테이블

이제 대략적인 준비는 충분히 되었다고 생각한다. C++는 가상 함수를 어떤 구조로 처리하고 있는지 살펴보자! 비교를 위해서 비가상 멤버 함수의 구조도 살펴보겠다.

➜ 8.2.1. 가상 함수 호출 구조

[소스 8-4] 비가상 멤버 함수와 가상 함수 비교

```
class CTest
{
public:
    void Func1() {};
    void Func2() {};
    virtual void VFunc1() {};
    virtual void VFunc2() {};
};

void main()
{
    CTest t;
    CTest* pT = &t;

    pT->Func1();                 // (1)
    pT->VFunc1();                // (2)
}
```

〈소스 8-4〉의 CTest 클래스 정의를 살펴보자! 비가상 멤버 함수인 Func1, Func2와 가상 함수인 VFunc1, VFunc2가 정의되어 있다. 함수들이 정의된 메모리 구조는 〈그림 8-2〉와 같다. 그림을 잘 살펴보자. 비가상 멤버 함수나 가상 함수는 함수 그 자체로서는 큰 차이가 없다. 메모리 코드 영역의 어딘가에 위치할 뿐이다. 컴파일러는 당연히 모든 함수들의 메모리 시작 위치를 파악하고 있다. 비가상 멤버 함수가 호출될 때 컴파일러는 해당 함수의 시작 주소를 call 하도록 어셈블리 코드를 작성할 뿐이다.

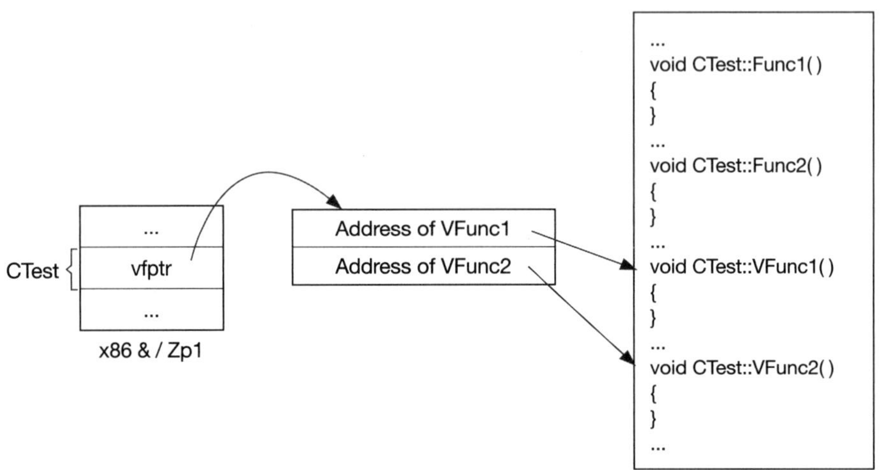

▲ **그림 8-2** 비가상 멤버 함수와 가상 함수 비교

가상 함수는 추가적인 구조가 필요하다. 일단 클래스 객체의 시작 위치에 vfptr 영역이 생성된다. 이것의 이름은 Virtual Function Table Pointer이고 우리말로 한다면 가상 함수 테이블 포인터 정도가 된다. 말 그대로 vfptr은 포인터로서 가상 함수 테이블을 가리키는 역할을 한다. 〈그림 8-2〉의 테이블을 살펴보자. 항목이 두 개 있는데, CTest에 가상 함수가 두 개 정의되어 있기 때문이다. 각 항목에는 실제 함수들의 메모리 시작 주소가 기록되어 있다. 즉, 테이블의 각 항목은 함수 본체를 가리키는 포인터가 되는 것이다.

이제 (1), (2)처럼 비가상 멤버 함수와 가상 함수를 각각 호출해보자. 정확하게 어떤 방식으로 호출되는지 컴파일러가 작성한 어셈블리 코드를 살펴보자.

```
pT->Func1();                    // (1)
mov   ecx,dword ptr [pT]
call CTest::Func1

pT->VFunc1();                   // (2)
mov   eax,dword ptr [pT]
mov   edx,dword ptr [eax]
mov   esi,esp
mov   ecx,dword ptr [pT]
mov   eax,dword ptr [edx]
call eax
```

<소스 8-5>는 함수 호출 부분의 어셈블리를 보여준다. 어셈블리에 익숙하지 않은 독자의 경우 보기 싫어질 수도 있는데, 그런 경우를 대비하여 필자가 가능한 한 아주 쉽게 설명할 것이니 조금만 참아보길 바란다. 이 기회에 어셈블리 코드를 볼 수 있는 기본적인 능력을 갖추어 놓는 것이 고급 개발자로 가는 필수 조건임을 강조하고 싶다.

각 호출마다 마지막 줄에 call이 보일 것이다. call의 의미는 실행 흐름을 call 다음에 기록된 주소로 옮기라는 것이다. 그래서 call CTest::Func1의 의미는 CTest::Func1 함수가 정의된 메모리 코드영역의 주소로 점프를 해서 해당 함수를 실행하라는 것이다. 물론 실행이 완료되면 call 다음 줄로 돌아오는 것은 기본이다. 즉, 비가상 멤버 함수의 경우 컴파일러는 직접 해당 함수의 메모리 주소로 call을 수행하게 어셈블리 코드를 작성하는 것이다.

이제 가상 함수의 호출을 살펴보자! call eax가 눈에 들어올 것이다. 즉, eax라는 레지스터에 기록된 메모리 주소로 점프하여 실행을 하라는 의미이다. 그렇다면 eax에는 무엇이 들어있는 것일까? 분석을 쉽게 할 수 있도록 중요 흐름만 편집해보겠다.

```
mov   eax,dword ptr [pT]        // (1)
mov   edx,dword ptr [eax]       // (2)
mov   eax,dword ptr [edx]       // (3)
call eax                        // (4)
```

〈소스 8-6〉의 (1)은 CTest* pT가 가리키는 메모리 주소를 eax에 넣으라는 명령이다. 즉, eax는 CTest t의 메모리 시작 주소를 나타낸다.

(2)를 잘 살펴보자! dword ptr [eax]의 의미는 eax가 가리키는 주소의 4바이트 값을 의미한다. 즉, eax가 가리키는 곳의 4바이트 값을 읽어서 edx에 넣으라는 명령이다. 여기서 중요한 사실은 eax는 현재 CTest t의 메모리 시작 주소를 나타내고 있다. 그런데 CTest의 메모리 구조를 살펴보면 가장 처음 시작 위치에 vfptr이 위치하고 있다. 즉, 4바이트 값은 vfptr의 값을 의미하게 된다. 따라서 edx는 vfptr의 값을 가지게 되는 것이다. 그러므로 edx는 가상 함수 테이블의 주소를 나타낸다.

(3)도 그리 어렵지 않을 것이다. edx가 가리키는 곳의 4바이트를 읽어서 eax에 넣으라는 의미이다. 가상 함수 테이블의 처음 4바이트 영역에는 무엇이 있을까? 바로 첫 번째 가상 함수 VFunc1의 주소가 기록되어 있다. 즉, VFunc1의 주소를 eax에 넣으라는 명령이다. 이제 (4)에서 call eax는 가상 함수 VFunc1을 실행하라는 것이 된다.

참고로 (1) 부분 해석이 잘못되었거나 오타가 났다고 생각할 수도 있다. 의미상으로 보면 pT가 가리키는 주소의 4바이트 값을 읽어서 eax에 넣어야 되는 코드 같은데, pT가 가리키는 주소를 eax에 넣기 때문이다. 필자도 처음엔 당황한 적이 있는데, 어셈블리에서 레지스터가 아닌 변수 이름이 직접 사용될 경우는 변수의 값 자체를 읽게 된다. 엄밀히 말하면 dword ptr [pT]라는 것은 dword ptr [ebp-44h]처럼 레지스터를 직접 사용하는 것으로 표현되지만 컴파일러는 개발자가 쉽게 이해할 수 있도록 변수 이름으로 변경해서 보여주는 것뿐이다. 여기서 ebp-44h가 가리키는 곳이 바로 pT의 주소가 된다.

혹시라도 두 번째 가상 함수인 VFunc2의 호출 코드는 어떻게 되는지 궁금한 독자를 위하여 편집된 코드를 실어놓았다.

[소스 8-7] 두 번째 가상 함수 호출 어셈블리 편집

```
pT->VFunc2();
mov   eax,dword ptr [pT]
mov   edx,dword ptr [eax]
mov   eax,dword ptr [edx+4]      // (1)
call eax
```

〈소스 8-7〉은 〈소스 8-6〉과 비교해서 단 한 줄만 바뀌었다. (1) 부분을 살펴보자. [edx+4]가 보일 것이다. edx는 가상 함수 테이블의 주소를 나타낸다. 테이블의 시작 주소는 첫 번째 항목을 나타낸다. 그렇다면 4를 더하면 어떻게 될까? 바로 두 번째 항목을 나타내게 된다. 두 번째 항목은 두 번째 가상 함수 VFunc2를 나타낸다.

하필 왜 4를 더하는 것일까? 필자가 32비트 x86 시스템을 기준으로 설명하기 때문이다. x86 시스템에서는 기본 포인터의 크기가 4바이트가 된다. 만일 64비트 x64 시스템이라면 8을 더해야 한다. 그뿐 아니라 사용되는 레지스터도 모두 변경되고, dword ptr 대신 qword ptr이 사용되어서 8바이트씩 값을 읽고 쓰도록 변경된다.

➦ 8.2.2. 가상 함수 테이블 생성

가상 함수 테이블의 항목에는 가상 함수의 주소가 들어있다는 것을 알게 되었다. 그렇다면 가상 함수 테이블은 언제 생성되는 것일까? 클래스 객체가 생성될 때마다 생성되는 것일까? 그렇지는 않다. 상식적으로 생각해보자! CTest 클래스의 객체 t1, t2가 있다고 가정해보자. t1, t2 모두 같은 클래스의 객체이므로 당연히 같은 가상 함수를 가지고 있다. 그러니 가상 함수 테이블의 내용도 그대로 일치할 것이다. 즉, 똑같은 테이블을 객체마다

만들 이유가 전혀 없다. 그래서 t1, t2은 가상 함수 테이블을 공유하며, 객체마다 존재하는 vfptr을 통해서 가상 함수 테이블에 접근할 수 있는 것이다.

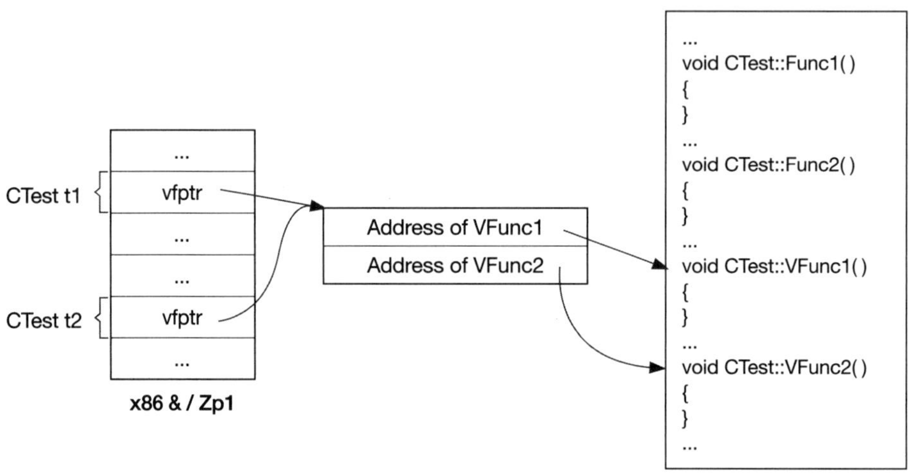

▲ 그림 8-3 가상 함수 테이블의 공유

결국 가상 함수 테이블은 클래스 객체가 아니라 클래스마다 하나씩만 존재한다는 것을 알 수 있다. 그렇다면 가상 함수 테이블은 언제 만들어지는 것일까? 컴파일러는 컴파일 시점에 소스 코드에 정의된 모든 클래스에 대해서 가상 함수가 하나라도 있을 경우 가상 함수 테이블을 생성한다. 그리고 각 클래스의 객체가 생성될 때는 객체의 vfptr에 해당 클래스의 가상 함수 테이블의 주소를 설정하는 것이다.

8.3. 상속 클래스의 가상 함수

가상 함수의 호출 구조를 살펴보았다. 그러나 어떻게 인터페이스 타입으로 실제 타입의 함수가 호출되는지는 아직 감이 잘 오지 않을 수 있다. 이번에는 실제 상속 관계 클래스를 통해서 실제 타입의 가상 함수가 호출되는 원리를 살펴보겠다.

[소스 8-8] 상속 클래스 vfptr 초기화

```
class CParent                              // (A)
{
public:
  CParent() {}                             // (2)
  virtual void VFunc()
  {
     cout << _T("CParent - VFunc") << endl;
  }

  int m_Parent;
};

class CChild : public CParent              // (B)
{
public:
  CChild() {}                              // (3)
  virtual void VFunc()
  {
     cout << _T("CChild - VFunc") << endl;
  }

  int m_Child;
};

void main()
{
  CChild c;                                // (1)
  CParent* pParent= &c;                    // (4)

  pParent->VFunc();                        // (5)
}
```

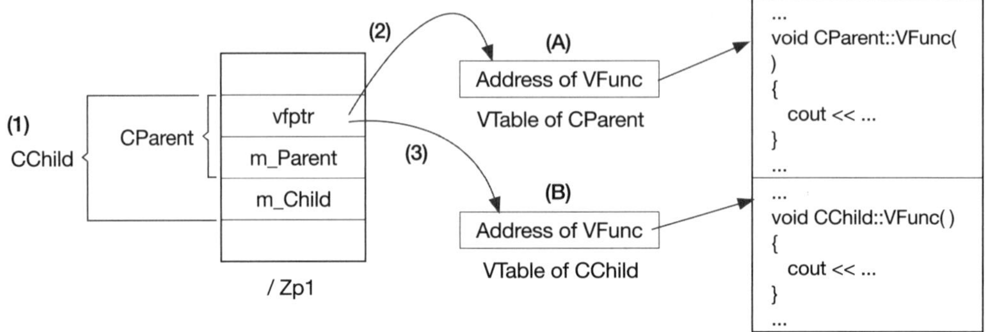

▲ 그림 8-4 vfptr 초기화 순서

〈소스 8-8〉을 통해서 컴파일러가 어떤 작업을 하는지 살펴보자. (A), (B)에서 클래스의 정의가 시작된다. 컴파일러는 각 클래스에 가상 함수가 있음을 확인한다. 따라서 각 클래스의 가상 함수 테이블을 구성한다.

〈그림 8-4〉를 참조하자. (A)에서 CParent의 가상 함수 테이블이 생성되며 테이블에는 항목 한 개가 있고 CParent::VFunc의 주소가 들어간다.

(B)에서 CChild의 가상 함수 테이블이 생성된다. CChild는 CParent를 상속받는다. 그러므로 가상 함수 또한 상속받게 된다. CChild::VFunc는 물려 받은 가상 함수를 재정의한 것 뿐이고 특별히 CChild에서 새롭게 정의한 가상 함수는 없기 때문에 테이블의 항목 역시 한 개이며 항목에는 재정의한 가상 함수 CChild::VFunc 주소가 들어간다. 만일 CChild에서 VFunc를 재정의하지 않았다면 CChild의 가상 함수 테이블에는 CParent::VFunc가 들어가게 된다.

main이 실행되고 (1)에서 CChild 객체 c가 생성된다. 객체가 생성된다는 의미는 정확하게 메모리에 객체의 영역이 생성된 후에 생성자가 호출되는 것을 말한다. 다시 그림을 참조하자! 그림에서 눈여겨볼 곳은 vfptr이 하나만 존재한다는 사실이다. 상식적으로 따진다면 CParent의 vfptr이 하나 있고, CChild의 vfptr이 따로 있어야 할 것 같다. 그러나 vfptr의 원칙이 있다. 클래스의 vfptr은 클래스 메모리 시작 위치에 있어야만 한다. 따라서 그림의 vfptr은 CParent와 CChild의 메모리 시작 위치에 있으므로 두 클래스에서 동시에 사용할 수 있는 공용 vfptr이 될 수 있는 것이다. 그렇다면 혼동이 생기지 않을까 걱정할 수 있는데 그것이 어떻게 해결되는지 살펴보자.

현재 vfptr은 미정의 상태이다. 즉, 아무것도 가리키고 있지 않다. (1)처럼 CChild c의 객체 메모리 영역이 생성된 후에는 CChild 생성자가 호출된다. 이미 클래스 장에서 생성자의 호출 순서에 대해서 이야기했듯이 CChild의 생성자의 선처리 영역에서는 CParent의 생성자를 호출한다. (2)처럼 CParent의 생성자에서 vfptr은 CParent의 가상 함수 테이블(이하 VTable)을 가리키도록 설정된다. 그리고 CParent의 생성자가 완료된 후 다시 CChild의 생성자가 진행되고 다시 vfptr은 CChild의 VTable을 가리키도록 설정된다. 즉, 2회에 걸쳐서 vfptr은 각 클래스의 VTable을 가리키도록 설정되며 최종적으로는 CChild의 가상 함수 테이블(VTable)을 가리키도록 설정되는 것이다.

이제 마지막으로 (4)를 보자. CChild 객체 c는 인터페이스 타입 포인터인 CParent* pParent로 변환되어있다. pParent는 비록 CParent* 타입이지만 pParent가 나타내는 객체의 vfptr은 CChild의 가상 함수 테이블을 가리키고 있다. 여기서 추가적으로 알아야 하는 사실이 있다. 컴파일러가 가상 함수 테이블을 생성할 때는 각 항목에 들어갈 함수 정보와 몇 번째 항목인지를 나타내는 인덱스를 함께 묶어서 기억한다는 사실이다. 즉, VFunc가 가상 함수 테이블의 첫 번째 항목에 들어가기 때문에 VFunc와 인덱스 0이 묶여서 (VFunc, 0)과 같은 정보가 컴파일러 내부에 기억된다. 그 후에는 컴파일러는 가상 함수를 인덱스로 치환하여 처리한다.

이제 (5)에서 pParent->VFunc( );가 어떻게 처리되는지 살펴보자. 컴파일러는 내부에 저장된 (VFunc, 0)을 통해서 VFunc의 인덱스가 0이라는 사실을 확인한다. VFunc는 가상 함수이기 때문에 pParent가 나타내는 객체 안의 vfptr을 찾아내고 vfptr이 가리키는 가상 함수 테이블의 0번 인덱스(첫 번째 항목) 함수를 호출하도록 어셈블리 코드를 작성한다. 즉, 가상 함수는 오직 vfptr이 가리키는 VTable과 가상 함수의 인덱스 정보만으로 주소를 찾아내서 호출될 수 있는 것이다.

➡ 8.3.2. VTable 알고리즘

기본적인 가상 함수 테이블 생성 및 처리 방식을 알아보았다. 확실한 이해를 위하여 좀 더 일반적인 클래스 상속 구조에서 VTable이 생성되는 방식을 살펴보자.

```cpp
class CGrandParent
{
public:
    virtual void VFunc1() {}
    virtual void VFunc2() {}
    virtual void VFunc3() {}
    virtual void VFunc4() {}
};

class CParent : public CGrandParent
{
public:
    virtual void VFunc2() {}
    virtual void VFunc4() {}
    virtual void VFunc5() {}
    virtual void VFunc6() {}
};

class CChild : public CParent
{
public:
    virtual void VFunc3() {}
    virtual void VFunc4() {}
    virtual void VFunc6() {}
    virtual void VFunc7() {}
};

void main()
{
    CChild c;
}
```

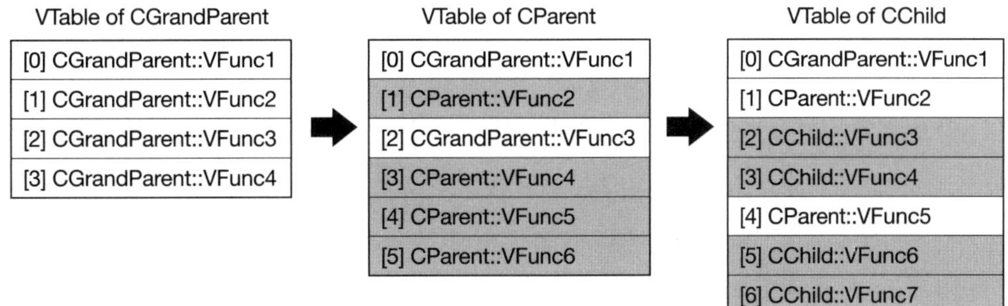

▲ 그림 8-5 VTable 생성 알고리즘

〈소스 8-9〉를 컴파일러가 어떻게 해석하는지 살펴보자! 〈그림 8-5〉처럼 컴파일러는 처음 CGrandParent의 VTable을 생성한다. VTable에는 VFunc1 ~ VFunc4가 들어간다. 이제 CParent의 VTable을 생성하는데, 이미 생성된 CGrandParent의 VTable을 이용하여 효율을 높일 수 있다. CGrandParent의 VTable에 CParent에서 처음 정의된 가상 함수 VFunc5, VFunc6을 추가한다. 그리고 재정의된 가상 함수 VFunc2, VFunc4를 덮어쓴다. 마지막으로 CChild의 VTable을 생성하자! 똑같은 방식으로 부모 클래스인 CParent의 VTable을 이용하여 CChild에서 새로 선언된 가상 함수 VFunc7을 추가하고, 재정의된 가상 함수인 VFunc3, VFunc4, VFunc6을 덮어쓴다.

위에서 제시된 VTable 생성 알고리즘은 필자가 생각한 알고리즘이다. 물론 각 컴파일러에 따라서 실제 구현 알고리즘은 다를 수 있겠으나 워낙 간단한 알고리즘이라 그리 큰 차이가 나지는 않을 것이라고 생각한다. 물론 서로 다른 알고리즘이 사용된다고 해서 만들어진 VTable이 다를 리는 없다.

8.4. 가상 함수의 호출 방식

가상 함수의 본질적인 특징에 대해서 어느 정도 알아보았기에 비가상 멤버 함수와는 확실히 다르다는 것을 충분히 알게 되었을 것이다. 그러나 엄밀히 말해서 가상 함수는 함수 자체로서만 따진다면 비가상 멤버 함수에 비해서 특별한 차이가 있는 것은 아니다. 엄연히 메모리 코드 영역에 보통의 함수처럼 똑같이 존재하기 때문이다. 단지 차이가 있다면 가상 함수와 비가상 멤버 함수는 호출하는 방식이 다르다는 것뿐이다. 즉, 가상 함수라는 것은 사실상 보통의 멤버 함수에 특별한 방식의 호출을 결합한 것이라고 볼 수 있다. 여기서 생각할 것이 있는데, 가상 함수가 늘 특별한 방식으로만 호출되는 것은 아니라는 사실이다. 이미 앞에서 말했듯이 가상 함수는 보통의 멤버 함수와 다를 것이 없다. 즉, 비가상 멤버 함수처럼 호출할 수도 있고 vfptr을 이용한 방식으로 호출할 수도 있다는 의미이다. 결론적으로 얘기하면 가상 함수는 호출 방식을 두 개나 가지는 함수인 것이다.

➦ 8.4.1. 직접 멤버(.) 연산자, 간접 멤버(–)) 연산자

클래스의 멤버에 접근하는 연산자는 두 가지가 있는데 바로 Dot(.) 연산자와 Arrow(–)) 연산자가 있다. 연산자가 문장 기호와 헷갈릴 수 있으므로 책 표기를 위하여 우리말로 직접 멤버(.) 연산자, 간접 멤버(–)) 연산자로 쓰도록 하겠다.

일반적으로 가상 함수는 인터페이스 타입에서 실제 타입의 함수를 호출하기 위하여 사용된다. 그리고 실제 타입에서 인터페이스 타입으로 변환될 때는 주로 포인터를 이용하여 변환이 이루어진다. 그래서 보통 대부분의 코드에서는 가상 함수가 인터페이스 포인터 타입에서 간접 멤버(–)) 연산자를 이용하여 호출된다. 그래서인지는 모르겠으나 몇몇 개발자들은 가상 함수가 간접 멤버(–))연산자를 통해서만 호출될 수 있다고 잘못 알고 있는 경우도 있다. 즉, 가상 함수가 직접 멤버(.) 연산자를 통해서 호출될 경우 비가상 함수로 호출된다고 잘못 알고 있는 것이다.

[소스 8–10] 가상 함수의 호출 방식 1

```
class CParent
{
public:
```

```cpp
    virtual void VFunc()

    {

        cout << _T("CParent::VFunc") << endl;

    }

};


class CChild : public CParent

{

public:

    virtual void VFunc()

    {

        cout << _T("CChild::VFunc") << endl;

    }

};


void main()

{

    CChild c;


    CParent p1 = c;                      // (1)

    p1.VFunc();


    CParent& p2 = c;                     // (2)

    p2.VFunc();

}
```

혹시라도 잘못 알고 있는 개발자라면 이 기회에 제대로 이해해보자! 〈소스 8-10〉에서는 가상 함수인 VFunc를 직접 멤버(.) 연산자를 통해서 호출하도록 하였다. 직접 멤버(.) 연산자를 사용하기 위하여 인터페이스 타입은 포인터가 아닌 객체 타입이 되도록 하였다. (1), (2)의 결과를 예상해보자! (1)의 경우 CParent::VFunc가 호출되며, (2)의 경우 CChild::VFunc가 호출된다. 즉, (2)에서만 실제 가상 함수 방식으로 호출이 되는 것을 확인할 수 있다. 그래서 (1)에서는 비가상 멤버 함수 방식으로 함수가 호출되었다고 생각할 수도 있으나 사실 직접 멤버(.) 연산자나 간접 멤버(->) 연산자에 상관없이 가상 함수는 가상 함수 방식으로만 호출된다. 그렇다면 무슨 차이가 있는지 확인해보자!

먼저 (2)의 경우 클래스 참조 타입으로 변환을 하였다. 즉, p2의 인터페이스 타입은 CParent 이지만, 실제 타입은 CChild가 된다. 따라서 가상 함수 방식에 의해서 CChild::VFunc가 호출되는 것이다.

이제 (1)을 살펴보자! 인터페이스 타입인 CParent로 변환되었다. 그러나 중요한 점이 있는데 p1의 실제 타입은 인터페이스 타입과 마찬가지로 CParent라는 사실이다. 왜 그럴까? 바로 일반 객체 타입으로 변환을 하였기 때문이다. p1은 스택에 새로 생성된 순수한 CParent 객체일 뿐이다. 그리고 암시적 복사 생성자에 의해서 객체 c의 일부 메모리 영역만이 복사된 것뿐이다. 그에 비해서 (2)의 p2 경우는 참조 타입인 CParent&이기 때문에 객체가 새로 생성되는 것이 아니라 c 객체의 CParent 부분을 가리키는 것뿐이다. 따라서 p2의 경우 실제 타입은 CChild가 되는 것이다. 결국 p1의 실제 타입은 CParent이기 때문에 가상 함수 VFunc가 실행될 때 CParent::VFunc가 호출되는 것이다.

필자는 사실 (1) 부분에서 CChild::VFunc가 호출될 수도 있다고 생각했다. 코드상으로는 명시적인 복사 생성자가 존재하지 않는다. 따라서 컴파일러의 의해서 암시적인 복사 생성자가 추가되며, 암시적인 복사 생성자의 동작은 기본 타입에 대해서 메모리 복사를 수행하기 때문이다. 따라서 CChild의 vfptr의 값이 CParent의 vfptr로 복사될 수도 있다고 생각하였다. 그렇다면 당연히 CParent p1의 vfptr은 CChild의 VTable을 가리키게 될 것이다. 그러나 C++는 그런 일이 발생할 수 없도록 기본 타입의 메모리 복사에서 vfptr은 제외시킨 것이다.

〈그림 8-6〉은 vfptr이 복사될 수 없음을 보여준다.

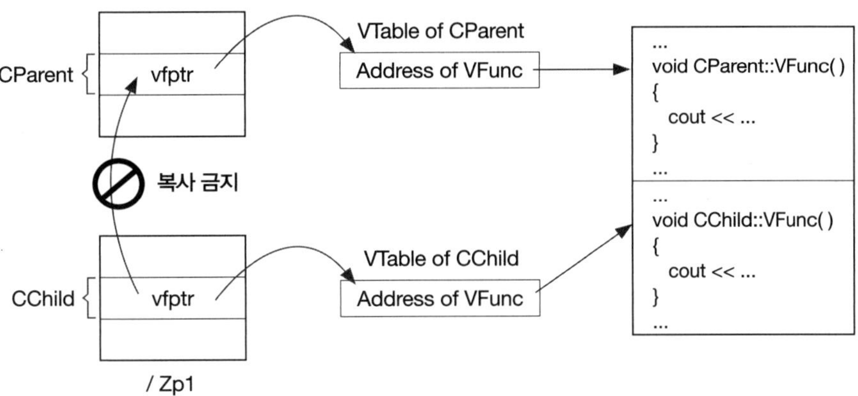

▲ 그림 8-6 vfptr의 복사 금지

왜 C++에서는 vfptr이 암시적인 복사 생성자에서 복사될 수 없도록 한 것일까? 이유는 무척 단순하다. 만일 vfptr이 복사된다면 (1)에서 새로 생성된 CParent 객체 p1에서 가상 함수 VFunc를 호출할 경우 CChild::VFunc가 호출되게 된다. 그런데 만약 CChild 클래스에 처음으로 선언된 멤버가 있으며, CChild::VFunc에서 그 멤버를 접근한다고 생각해보자! 과연 어떤 일이 벌어질까?

가령 CChild에 새로운 멤버 int m_Child가 있다고 생각해보자! CChild에서 CParent로 복사가 이루어질 때, m_Child는 절대로 복사가 될 수 없다. 왜냐하면 CParent에는 m_Child가 없기 때문이다. 그런 상황에서 CChild::VFunc가 m_Child를 접근한다면 어떻게 되겠는가? CParent 객체 p1을 기준으로 한다면 존재하지 않는 m_Child를 접근하려 할 것이고, 이것은 미정의 동작을 일으킬 수밖에 없다. 따라서 컴파일러는 암시적인 복사 생성자에서 vfptr을 절대로 복사하지 않는 것이다.

가끔 자식 클래스 객체에서 부모 클래스 객체로 단순 값 복사를 위하여 memcpy를 사용하는 경우도 있는데, memcpy는 강제적으로 vfptr을 복사하기 때문에 상당히 위험한 것이라고 할 수 있다. 따라서 memcpy는 기본 타입으로만 이루어진 단순한 구조체를 복사하는 정도로만 사용해야지 함부로 사용한다면 디버깅으로 며칠을 새야 하는 불상사가 발생할 수 있다.

이번에는 직접 멤버(.) 연산자나 간접 멤버(->) 연산자를 사용하지 않는 가상 함수 호출을 살펴보자!

```cpp
class CParent
{
public:
  void Func()                              // (1)
  {
    VFunc();                               // (2)
  }

  virtual void VFunc()
  {
    cout << _T("CParent::VFunc") << endl;
  }
};

class CChild : public CParent
{
public:
  virtual void VFunc()
  {
    cout << _T("CChild::VFunc") << endl;
  }
};

void main()
{
  CChild c;
  CParent* pParent= &c;
  pParent->Func();                         // (1)
}
```

〈소스 8-11〉은 (1)에서 비가상 멤버 함수인 Func를 호출한다. 그리고 Func는 안에서 (2)
처럼 가상 함수인 VFunc를 호출한다. VFunc가 호출 모양을 살펴보자! 간접 멤버(→)
연산자나 직접 멤버(.) 연산자도 아닌 함수 이름 자체만으로 호출되었다. 그러나 역시

VFunc는 가상 함수이기 때문에 가상 함수 호출방식을 따르게 된다. 즉, CChild::VFunc
가 호출되는 것이다.

위의 두 가지 경우를 통하여 알 수 있는 것은 가상 함수는 직접 멤버(.)나 간접 멤버(-))
연산자등과 전혀 상관 없이 가상 함수 방식으로만 호출된다는 사실이다. 그러나 문맥을
잘 이해하는 독자라면 무엇인가 이상한 느낌을 가질 것이다. 분명 이번 파트 첫 부분에서
가상 함수는 호출 방식이 두 가지인 함수라고 했기 때문이다. 그런데 지금까지의 결론은
가상 함수는 가상 함수 방식으로만 호출된다고 하니 이상하게 느끼는 것은 당연한 것이
다. 그러나 잠시 후면 이상한 느낌을 더 이상 느끼지 않아도 될 것이다. 지금부터 가상 함
수가 비가상 멤버 함수처럼 호출되는 경우를 살펴볼 것이기 때문이다.

➔ 8.4.2. 범위 연산자

[소스 8-12] 범위 연산자를 통한 가상 함수 호출

```cpp
class CParent
{
public:
  void Func()
  {
    VFunc();                                // (1)
    CParent::VFunc();                       // (2)
  }

  virtual void VFunc()
  {
    cout << _T("CParent::VFunc") << endl;
  }
};

class CChild : public CParent
{
public:
```

```cpp
    virtual void VFunc()
    {
        cout << _T("CChild::VFunc") << endl;
    }
};

void main()
{
    CChild c;
    CParent* pParent= &c;

    pParent->Func();

    pParent->VFunc();                        // (1)
    pParent->CParent::VFunc();               // (2)
}
```

〈소스 8–12〉의 비가상 멤버 함수인 Func 내부와 main 함수 내부의 (1), (2)를 잘 살펴보
자! 가상 함수인 VFunc를 두 가지 형태로 호출하고 있다. 특히 (2)에서 범위 연산자를 사
용하는 것을 눈여겨보자. 결과는 어떻게 나올까?

```
CChild::VFunc              // (1)

CParent::VFunc             // (2)

CChild::VFunc              // (1)

CParent::VFunc             // (2)
```

결과를 통해서 알 수 있는 것은 범위 연산자를 사용할 경우 가상 함수는 비가상 멤버 함
수처럼 호출된다는 사실이다. 실제로 범위 연산자를 사용하여 가상 함수를 호출하는 코
드의 어셈블리 코드를 보면 비가상 멤버 함수 호출 방식처럼 함수의 주소를 직접 call 하
는 것을 확인할 수 있다. 그렇다면 왜 이렇게 설계가 되어 있는 것일까? 사실 필요에 의
해서라고 할 수 있다. 프로그램 코드를 작성할 경우 가상 함수를 비가상 함수처럼 호출해

야만 하는 경우가 있기 때문이다. 대표적인 경우로 MFC의 프레임, 뷰, 다큐먼트 구조에서 사용되는 경우를 볼 수 있는데, 상속 관계인 클래스 구조에서 인터페이스 타입으로 사용되는 부모 클래스가 자기 자신에 대하여 가상 함수를 호출할 방법은 범위 연산자를 이용하는 것 밖에는 없기 때문이다.

8.5. 생성자와 소멸자

가상 함수가 생성자와 소멸자에서 사용될 경우 그 동안 배웠던 일반적인 가상 함수의 특징이 사라지는 경우가 있다. 그러나 그런 특이점을 특별하게 외울 필요는 없다. 오히려 특이점을 이해함으로써 가상 함수의 동작 원리를 더 깊게 이해할 수 있는 계기가 될 수 있기 때문이다.

➜ 8.5.1. virtual 소멸자

이미 7장 클래스에서 같은 주제를 다룬 적이 있다. 이전에는 소멸자의 입장에서 가상 함수를 다루었지만 이번에는 가상 함수의 입장에서 소멸자를 다루어보자.

[소스 8-13] virtual 소멸자

```
class CParent
{
public:
   virtual ~CParent() {}
};


class CChild : public CParent
{
public:
   virtual ~CChild() {}
};
```

```cpp
void main()
{
  CParent* pParent= new CChild;
  delete pParent;            // (1)
}
```

〈소스 8-13〉을 보면 바로 머리 속에 CChild의 VTable이 떠오를 것이다. 항목이 하나 있으며 그 항목은 CChild::~CChild( )를 가리키는 모습이 떠오르지 않는가? 그러나 실제로 그렇지 않다는 것이 이번 파트의 핵심 주제이다.

사실 VTable이 쉽게 떠오른다는 것 자체가 사실은 이상한 것이다. 엄연히 소멸자는 상속되지 않는다. 상속이 되지 않기 때문에 재정의도 불가능하다. 상식적으로 이름만 봐도 다르지 않은가? 즉, 부모 클래스의 소멸자와 자식 클래스의 소멸자는 별 상관 없는 멤버 함수라고 보는 것이 더 합당하다. 그러나 소멸자가 가상 함수로 지정될 때는 마치 소멸자가 상속되면서 재정의되는 함수처럼 여겨지는 이상한 현상이 발생하는 것이다. 정말 무엇인가 이상하다고 느껴지지 않는가? C++는 어떤 마술을 부리기에 이런 이상한 현상을 용인하는 것일까? 그전에 우리가 몰랐던 소멸자의 참 모습을 살펴보자.

[소스 8-14] 객체 소멸자

```cpp
void main()
{
  CParent* pParent= new CParent;      // (1)
  delete pParent;

  CParent p;                          // (2)
}
```

<소스 8-14>는 정말 간단한 코드이다. 소스에서 CParent 객체 두 개가 생성된다. (1)은 new를 사용하여 힙(Heap)에 객체를 생성하며, (2)는 스택(Stack)에 객체를 생성한다. 당연히 메모리 해제 방법도 다른데 힙에 생성한 객체는 delete를 통해서 메모리 해제를 하며 스택의 경우 특별히 메모리를 회수하거나 하는 것은 아니다. 물론 공통점은 있는데 모두 소멸자를 호출한다는 것이다. 그러나 사실 큰 차이가 있는데 소멸자를 호출하는 방법이 다르다는 것이다. 아래는 실제 소멸자를 호출하는 어셈블리 코드이다.

```
call          CParent::`scalar deleting destructor'      // (A) Heap 해제

call          CParent::~CParent                          // (B) Stack 해제
```

(A)에서 볼 수 있듯이, delete를 사용할 경우 destructor라는 함수가 호출되고, 그 함수 안에서 CParent::~CParent를 또다시 호출한다. 그러나 (B)처럼 스택에서 객체가 해제될 경우에는 바로 CParent::~CParent가 호출된다. 즉, delete 연산은 직접적으로 소멸자를 호출하는 것이 아니라 destructor이라는 매개함수를 간접 호출한다는 것이 큰 특징인 것이다. 그렇다면 destructor 함수의 역할은 무엇일까? 우리말로 하면 파괴자인데,파괴자는 클래스의 소멸자를 호출해준 뒤에 바로 Heap에 생성된 클래스 객체 메모리를 해제하는 역할을 한다.

여기서 헷갈리는 느낌을 받을 수 있는데, 우리가 알던 소멸자가 영어로 쓰면 destructor가 아니던가? 따라서 파괴자와 소멸자를 구분하는 데서 헷갈릴 수 있는 것이다. 그러나 객체의 소멸 과정을 명확하게 이해하기 위해서는 두 함수를 분리해서 이해할 필요가 있다. 실제 클래스에서 생성자의 반대 개념으로 사용되는 소멸자는 메모리 해제를 하지 않는다. 소멸자는 객체가 메모리에서 해제되기 직전에 정리할 것이 있다면 정리를 하는 것뿐이다. 그렇다면 파괴자는 무엇인가? 파괴자는 소멸자를 먼저 호출해 준 후에 실제 메모리 영역을 힙으로부터 반환해주는 역할을 수행한다. 그리고 delete라는 연산자는 바로 파괴자를 호출해주는 것이다. 즉, [delete → 파괴자 → 소멸자] 순서로 진행된다고 할 수 있다.

파괴자에 대해서는 조금 더 알아보자! 컴파일러는 모든 클래스에 대하여 파괴자를 멤버 함수로서 암시적으로 추가하며, 각 파괴자는 자신이 소속된 클래스의 소멸자를 호출하도록 정의된다. 따라서 상속된 클래스 관계에서 본다면 자식 클래스의 파괴자는 부모 클래스의 파괴자를 상속받은 후에 재정의한 것처럼 볼 수도 있다. 〈소스 8-15〉는 컴파일러에 의해서 추가된 암시적 파괴자의 의사 코드를 보여준다.

[소스 8-15] 암시적 파괴자

```
class CParent
{
public:
   ~CParent() {}
   void Destructor()            // (A) 암시적 파괴자
   {
        // Call ~CParent()
        // Retrieve Heap Memory
   }
};


class CChild : public CParent
{
public:
   ~CChild() {}
   void Destructor()            // (B) 암시적 파괴자
   {
        // Call ~CChild()
        // Retrieve Heap Memory
   }
}
```

이제 다시 가상 함수로 돌아가보자! 소멸자를 가상 함수로 지정할 때 C++는 약간의 트릭을 사용한다. 소멸자에 virtual 키워드를 붙일 때 실제로는 파괴자를 가상 함수로 지정하

는 것이다. 따라서 실제 VTable의 항목에 소멸자의 주소를 넣는 것이 아니라 소멸자를 부르는 파괴자의 주소를 대신 넣는 것이다. 그래서 부모 클래스 소멸자와 자식 클래스 소멸자의 이름이 다르더라도 실제 VTable에 들어가는 파괴자의 이름은 같기 때문에, 마치 소멸자들이 일반 멤버 함수처럼 가상 함수로 동작할 수 있는 것이다. 그렇다면 암시적으로 존재하는 파괴자를 실제 보이는 코드로 비슷하게 구현해보자! 즉, 〈소스 8-15〉가 실제로 어떤 식의 코드로 변하는지를 확인해보자.

[소스 8-16] 파괴자

```
class CParent
{
public:
  virtual void Destructor() { delete this; }
  ~CParent() {}                       // (2)
};

class CChild : public CParent
{
public:
  virtual void Destructor() { delete this; }
  ~CChild() {}                        // (2)
};

void main()
{
  CParent* pParent= new CChild;
  pParent->Destructor();              // (1)
}
```

〈소스 8-16〉은 소멸자가 가상 함수로 지정될 경우 컴파일러에 의해서 내부적으로 수행되는 과정을 개념적으로 보여주기 위하여 작성되었다. 이 소스에서 파괴자 역할을 하는 것은 Destructor라는 가상 함수이다. 파괴자가 하는 역할은 자기 자신이 포함된 클래스의 소멸자를 호출하는 것뿐이다. 실제로 소멸자를 명시적으로 호출할 수는 없기 때문에 같은 효과를 내기 위하여 delete this;를 대신 사용하였다. (1)은 delete 연산을 대신하여 직접 파괴자가 호출되도록 하였다. 실제 delete는 컴파일러에 의해서 암시적으로 추가된 파괴자를 호출하기 때문이다. 중요한 점은 (2)처럼 더 이상 소멸자를 가상 함수로 지정해선 안 된다는 것이다. 이 소스는 소멸자가 가상 함수로 지정될 경우 어떤 변화가 일어나는지를 의도적으로 보여주기 위한 것이기 때문이다.

이제 실제 main이 실행된다. Destructor 함수는 가상 함수로 지정되어 있다. 또한 pParent의 인터페이스 타입은 CParent 이지만 실제 타입은 CChild이다. 따라서 (1)처럼 Destructor 함수가 호출되면 실제 CChild::Destructor이 호출된다. 여기서 delete this;에 의해서 CChild의 소멸자가 호출된다. 물론 CChild의 소멸자는 후처리 영역에서 CParent의 소멸자도 호출할 것이다.

➡ 8.5.2. 생성자와 vfptr

이미 vfptr의 값이 생성자에서 초기화되는 것을 확인하였다. 그래서 상속 클래스 구조에서는 부모 클래스 생성자와 자식 클래스 생성자를 통해서 vfptr이 설정되는 것을 확인할 수 있다. 사실 vfptr이 설정되는 시점은 상당히 중요한데, 설정 시점 전후에 가상 함수의 호출 결과가 완전히 달라질 수 있기 때문이다. 이번에는 생성자에 vfptr이 초기화되고 변화되는 정확한 시점을 확인해보자!

아래는 7장 클래스에서 생성자의 선처리 영역에 대해서 기술한 부분이다. 이번 주제와 관련된 부분만을 정리하였다.

〈기본 생성자〉

```
CTest()

[ // 선처리 영역 시작

1. 부모 클래스 기본 생성자 호출
```

2. 멤버가 클래스 타입일 경우 기본 생성자 호출

3. ... 기타 선처리 ...

] // 선처리 영역 끝

{ // 생성자 블록 시작

} // 생성자 블록 끝

〈명시적인 복사 생성자〉

```
CTest(const CTest& Obj)
```

[// 선처리 영역 시작

1. 부모 클래스의 기본 생성자 호출

2. 멤버가 클래스 타입일 경우 기본 생성자 호출

3. ... 기타 선처리 ...

] // 선처리 영역 끝

{ // 생성자 블록 시작

} // 생성자 블록 끝

〈그 외 명시적인 다른 생성자〉

```
CTest(Type1 Arg1, Type2 Arg2, ...)
```

[// 선처리 영역 시작

1. 부모 클래스의 기본 생성자 호출

2. 멤버가 클래스 타입일 경우 기본 생성자 호출

3. ... 기타 선처리 ...

] // 선처리 영역 끝

{ // 생성자 블록 시작

} // 생성자 블록 끝

```
CTest(const CTest& Obj)

[  // 선처리 영역 시작

1. 부모 클래스의 복사 생성자 호출

2. 멤버가 클래스 타입일 경우 복사 생성자 호출

3. ... 기타 선처리

]  // 선처리 영역 끝

{  // 생성자 블록 시작

}  // 생성자 블록 끝
```

네 가지 형태의 생성자에 대한 선처리 영역이 기술되어 있다. 여기서 주의할 점은 암시적인 복사 생성자의 선처리 영역만 부모 클래스와 멤버 클래스의 복사 생성자를 호출한다는 것이다. 그 이외에는 사실상 동작의 틀은 일정하다. 자식 클래스의 선처리 영역에서 공통적으로 처리하는 작업은 다음과 같다.

첫째, 부모 클래스의 생성자를 호출하고, 둘째, 멤버 클래스의 생성자를 호출하는 것이다. 여기서 중요한 점은 둘 사이에 새로운 처리가 들어간다는 사실이다. 바로 가상 함수 테이블 포인터인 vfptr이 설정된다는 것이다. 여기서 vfptr은 당연히 해당 클래스의 가상 함수 테이블을 가리키는 것이다. 즉, 정리하면 클래스 생성자의 선처리 영역은 첫째, 부모 클래스의 생성자 호출, 둘째, vfptr 초기화, 셋째, 멤버 클래스 생성자 호출이 된다. 이제 생성자의 선처리 영역은 다음과 같은 일반형으로 도식화할 수 있다.

〈클래스 생성자 – 기본, 명시 복사, 암시 복사, 기타〉

```
CTest(...)

[  // 선처리 영역 시작

1. 부모 클래스의 생성자 호출

2. vfptr 설정 – Address of VTable of CTest
```

3. 멤버가 클래스 타입일 경우 생성자 호출

4. ... 기타 선처리

] // 선처리 영역 끝

{ // 생성자 블록 시작

} // 생성자 블록 끝

위에서 주의해야 할 점이 있다. 2번은 vfptr은 CTest의 VTable을 가리키게 되는 것이다. 그러나 1번을 살펴보자! 부모 클래스의 생성자를 호출한다. 당연히 부모 클래스의 생성자도 선처리 영역이 있을 것이고, 그곳에서는 부모 클래스의 VTable 주소가 vfptr에 설정될 것이다.

다시 한 번 기억해야 될 것은 메모리 구조에서 vfptr은 부모 클래스와 자식 클래스가 공유하게 되며 위의 도식에 의해서 vfptr이 먼저 부모 클래스의 VTable을 가리키게 설정된 후에, 바로 자식 클래스의 VTable을 가리키도록 재설정된다는 것이다. 어떤 과정을 거치던지 vfptr은 최종적으로 실제 타입 클래스인 자식 클래스의 VTable을 가리키게 된다. 그리고 이것은 가상 함수가 제대로 동작할 수 있는 핵심 원리이다.

그렇다면 과연 중간 과정은 무슨 의미가 있는 걸까? 사실 그리 중요하지 않을 수도 있다. 영화 트랜스포머에서 자동차에서 로봇으로 변신할 때 중간에 어떤 과정을 거치는지는 사실 제대로 보이지도 않고, 그리 중요하지 않은 것과 같다. 정말 중요한 것은 최종적으로 변신된 로봇의 모양인 것처럼 vfptr이 어떤 가상 함수 테이블을 가리키느냐가 핵심이긴 하다. 그러나 C++의 가상 함수의 경우 약간의 주의가 필요할 수도 있다. 변신의 중간 과정에서 무엇인가 하게 되면 의도하지 않은 결과를 맞이할 수 있기 때문이다. 이제 그런 경우를 살펴보자.

```cpp
class CParent
{
public:
  CParent()                                   // (3)
  {
    VFunc();                                   // (4)
  }

  virtual void VFunc()
  {
    cout << _T("CParent::VFunc") << endl;
  }
};


class CChild : public CParent
{
public:
  CChild() {}                                 // (2)

  virtual void VFunc()
  {
    cout << _T("CChild::VFunc") << endl;
  }
};

void main()
{
  CChild c;                                   // (1)
}
```

많은 책이나 블로그를 통해서 한 번쯤은 들어보았을 것이다. 생성자 안에서 가상 함수를
호출하지 말라는 것을 말이다. 무슨 금기처럼 여겨지는 면도 있는데 꼭 피할 것까진 없
다. 필요하면 호출하면 된다. 단지 어떤 의도를 가지고 호출할 것이며, 그 결과를 정확히

이해할 수 있는 수준이라면 마음껏 호출해도 된다. 그러나 제대로 모른다면 일단 피해야 한다.

〈소스 8-17〉의 실행 결과로 [CParent::VFunc]가 출력된다. 가상 함수의 성질에 의하면 가상 함수는 실제 타입 클래스의 함수가 호출되어야 한다. 따라서 (1)에서 실제 타입은 CChild이므로 CChild의 생성자에서 CParent의 생성자를 호출하고, CParent의 생성자에서 호출하는 가상 함수 VFunc는 CChild::VFunc가 되어야만 할 것 같다. 그러나 무척 아쉽지만 CParent 생성자 안에서 호출된 VFunc는 사실 CParent::VFunc인 것이다. 이렇게 의도와는 다르게 동작하니 무척 많은 주의가 필요하다고 할 수 있다.

그렇다면 이제부터 왜 생성자 안에서는 가상 함수가 제대로 동작하지 않는지 살펴보자! 이미 얘기했듯이 위의 클래스 상속 관계에서는 vfptr이 두 번 설정된다. 처음에는 CParent의 VTable이 설정된 후에 CChild의 VTable이 다시 설정된다. 이것을 생성자의 선처리 영역의 특징을 떠올리며 확인해보자!

```
CChild()                                    // ⑵

[   // CChild 선처리 영역 시작

1. 〈CParent의 생성자 호출〉

    CParent()                               // ⑶

    [   // CParent 선처리 영역 시작

    vfptr 설정- Address of VTable of CParent

    … 기타선처리

    ]   // CParent 선처리 영역 끝

    {   // 생성자 블록 시작

      VFunc();                              // ⑷

    }   // 생성자 블록 끝
```

2. vfptr 설정– Address of VTable of CChild

3. ... 기타 선처리

]   // CChild 선처리 영역 끝

{   // 생성자 블록 시작

}   // 생성자 블록 끝

〈소스 8–17〉을 다시 한 번 살펴보자. (1)에서 (2)의 CChild의 생성자가 호출된다. CChild의 생성자의 선처리 영역이 시작된다. 선처리 영역에서는 위의 도식처럼 CParent의 생성자를 호출하게 된다. CParent의 생성자 역시 선처리 영역이 시작된다. CParent의 경우 부모 클래스가 존재하지 않으므로 선처리 영역에서 처음으로 수행되는 것은 vfptr의 초기화이다. 당연히 CParent의 VTable 주소가 설정된다. CParent의 VTable에는 항목이 한 개 있으며 그 항목에는 CParent::VFunc의 주소가 들어있다.

다른 선처리 작업이 끝난 후에 드디어 CParent 생성자의 본체가 실행된다. 본체에서 VFunc를 호출하고 있다. VFunc는 가상 함수이기 때문에 당연히 vfptr을 이용하여 VTable에 접근하여 첫 번째 항목이 가리키는 함수를 호출하게 된다. 당연히 현재 vfptr은 CParent의 VTable을 가리키고 있으므로 CParent::VFunc가 호출되는 것이다. CParent의 생성자 본체가 끝나고 다시 CChild 생성자의 선처리 영역에서 나머지 부분이 실행된다. 이제 다시 vfptr이 설정되는데 비로서 CChild의 VTable이 설정된다. 또한 VTable의 첫 번째 항목에는 CChild::VFunc 주소가 들어가게 된다. 따라서 이후부터 VFunc에 대한 호출은 당연히 CChild::VFunc의 호출이 될 것이다.

결국 간단하게 생각해도 된다. 생성자 안에서 가상 함수의 호출은 비가상 멤버 함수를 호출하는 것처럼 동작한다. 즉, CParent 생성자 안에서 VFunc는 CParent::VFunc를 나타내고, CChild 생성자 안에서 VFunc는 CChild::VFunc를 나타낸다고 보면 된다. 이것을 정확히 이해하고 의도에 따라서 생성자 안에서 가상 함수를 호출한다면 문제될 것이 없다.

➡ 8.5.3. 소멸자와 vfptr

이미 충분한 감이 왔을 것이다. 소멸자에서도 vfptr은 변화한다. 생성자와는 반대의 순서로 동작한다고 생각해도 그리 큰 무리는 없을 것이다. 그러나 약간 다른 점도 있다. 이번 파트에서는 생성자와는 다른 점에 대해서 중점적으로 알아보겠다.

```
~CTest()

{ // 소멸자 블록 시작

} // 소멸자 블록 끝

[ // 후처리 영역 시작

1. 멤버가 클래스 타입일 경우 소멸자 호출

2. 부모 클래스 소멸자 호출

3. … 기타 후처리 …

] // 후처리 영역 끝
```

위의 도식은 일반적인 소멸자의 본체 블록과 후처리 영역을 보여준다. 소멸자에서도 vfptr은 새롭게 설정된다. 과연 어느 시점에 설정되는 것일까? 생성자에서는 vfptr이 선처리 영역에서 설정되는 것을 확인하였으므로 아마도 소멸자에서는 vfptr이 후처리 영역에서 설정될 것이라고 생각할 수도 있다. 그러나 실제로 vfptr이 설정되는 곳은 후처리 영역이 아니다. 다음 도식을 살펴보자!

```
~CTest()

{ // 소멸자 블록 시작

 vfptr 설정- Address of VTable of CTest

 … 기타 처리

} // 소멸자 블록 끝

[ // 후처리 영역 시작

1. 멤버가 클래스 타입일 경우 소멸자 호출
```

2. 부모 클래스 소멸자 호출

3. … 기타 후처리 …

} // 후처리 영역 끝

컴파일러는 소멸자 본체 블록 제일 처음에 vfptr을 자기 자신 클래스의 VTable 주소로 설
정한다. 따라서 소멸자에서 호출되는 가상 함수는 해당 클래스에서 정의된 함수로 호출
된다. 소멸자 본체 블록이 끝나고 후처리 영역에서는 부모 클래스의 소멸자를 호출하는
데, 역시 부모 클래스 소멸자 본체에서는 부모 클래스의 VTable 주소가 vfptr에 설정된다.
실제 예제를 살펴보자!

[소스 8-18] 소멸자 안에서 가상 함수 호출

```cpp
class CParent
{
public:
  ~CParent()
  {
    VFunc();                                    // (3)
  }

  virtual void VFunc()
  {
    cout << _T("CParent::VFunc") << endl;
  }
};

class CChild : public CParent
{
public:
  ~CChild() {}                                  // (2)

  virtual void VFunc()
  {
    cout << _T("CChild::VFunc") << endl;
```

```
   }
};

void main()
{
   CChild c;
}                                                  // (1)
```

〈소스 8-18〉은 소멸자 안에서 가상 함수를 호출하는 경우를 보여준다. 충분히 예상 가능하겠지만 결과로서 [CParent::VFunc]가 출력된다. 실제 실행 흐름을 살펴보면서 확인해보자.

```
~CChild()                                          // (2)
{ // 소멸자 블록 시작

  vfptr 설정- Address of VTable of CChild

} // 소멸자 블록 끝

[ // CChild 후처리 영역 시작

1. 멤버가 클래스 타입일 경우 소멸자 호출

2. <CParent 소멸자 호출>

   ~CParent()

   { // 소멸자 블록 시작

   vfptr 설정- Address of VTable of CParent

   VFunc();                                         // (3)

   } // 소멸자 블록 끝

   [ // CParent 후처리 영역 시작

      ...

   ]     // CParent 후처리 영역 끝

3. ... 기타 후처리 ...

]     // CChild 후처리 영역 끝
```

〈소스 8-18〉의 (1)은 main 함수 블록이 끝나는 시점이다. 이때 CChild 객체 c의 소멸자가 호출된다. (2) CChild 소멸자의 후처리 영역에서는 부모 클래스인 CParent의 소멸자가 호출된다. CParent 소멸자 본체가 시작될 때 vfptr은 CParent의 VTable 주소로 설정된다. 그리고 VFunc를 호출할 경우 실제로 CParent::VFunc가 호출되는 것이다.

결국 소멸자도 생성자와 마찬가지로 가상 함수는 마치 비가상 멤버 함수처럼 호출된다. 그렇다면 왜 소멸자도 이런 방식으로 동작하는 것일까? 안정성을 위해서이다. 부모 클래스의 소멸자가 호출되는 시점은 이미 자식 클래스의 소멸자 본체가 끝난 이후이다. 자식 클래스 소멸자 본체에서는 아마도 자식 클래스 멤버들에 대한 자원 반환 및 정리가 이루어져 있을 것이다. 그런 상태로 부모 클래스의 소멸자 안에서 호출된 가상 함수가 자식 클래스에서 정의된 가상 함수를 실행하게 될 경우 미정의 동작이 발생할 위험이 있다. 따라서 이런 위험을 방지하기 위하여 생성자와 마찬가지로 가상 함수에 대하여 자기 자신의 함수를 실행하는 것이다.

참고로 소멸자에서 자기 자신 클래스의 VTable을 설정하는 작업은 명시적 소멸자에서만 이루어 진다. 만일 소멸자가 명시적으로 존재하지 않을 경우 즉, 암시적인 소멸자만 존재할 경우 가상 함수가 호출될 수 없으므로, 컴파일러는 굳이 자기 자신 클래스의 VTable을 설정할 필요가 없어진다. 따라서 암시적 소멸자에서는 vfptr을 설정하는 부분이 나타나지 않게 된다.

마지막으로 정리를 하자. 생성자나 소멸자에서 호출하는 가상 함수는 비가상 멤버 함수처럼 호출된다고 기억하자. 이것을 정확히 이해하고 의도적으로 사용하는 것은 개발자의 책임이다. 그러나 대부분 생성자나 소멸자에서 호출하는 가상 함수는 오해의 소지를 충분히 줄 수 있다. 본인은 내용을 잘 알아도 소스 코드를 넘겨받을 후임 개발자는 내용을 잘 모를 수도 있다. 따라서 의도를 명확히 표현하기 위하여 주석을 충분히 써넣거나 범위 연산자를 사용하여 가상 함수를 호출하는 것을 추천한다. 의도를 정확히 전달하는 것은 무척 중요하다. 잘 작성된 소스 코드는 본인만 알아보는 코드가 아니라 누구나 쉽게 이해할 수 있는 코드이기 때문이다.

8.6. 순수 가상 함수 (Pure Virtual Function)

➥ 8.6.1. 가상 함수 선언과 정의

가상 함수의 목적은 인터페이스 타입을 통하여 실제 클래스 타입의 함수를 호출하는데 있다. 인터페이스 타입을 사용하기 때문에 코드는 간소화될 수 있다. 이미 이번 장 초반에 소개한 '동물농장' 소프트웨어를 통해서도 가상 함수의 유용성은 충분히 확인할 수 있었을 것이다.

[소스 8-19] 동물농장 클래스

```
class CAnimal
{
public:
    virtual void PlaySound()            // (1)
    {
        // 구현없음!
    }
};

class CDog : public CAnimal
{
public:
    virtual voidPlaySound()             // (2)
    {
        // '멍멍!' 소리를 출력
    }
};

class CCat : public CAnimal
{
public:
    virtual void PlaySound()            // (3)
    {
```

```
                // '야옹' 소리를 출력
    }
};
```

〈소스 8-19〉를 살펴보자. (1)의 CAnimal::PlaySound는 인터페이스 타입으로 가상 함수
로 사용되기 위하여 선언하였지만, 사실상 정의가 필요하지는 않다. 그래서 함수 본체는
아무 일도 하지 않도록 처리하였다. 또한 CAnimal 클래스는 인터페이스 타입으로만 사용
될 뿐이지 객체로 생성될 필요가 없다.

```
CAnimal a;              // 객체를 생성할 일도 없으며
a.PlaySound();          // 함수를 호출할 일은 더더욱 없다.
```

상식적으로 생각해보자. 위와 같은 코드는 사용될 일이 전혀 없다. 사용될 필요가 없는
코드는 혹시라도 사용되지 못하도록 쐐기를 박아놓는 것도 좋은 방법이다. 즉, 위와 같은
코드가 사용될 때 컴파일 에러나 링크 에러가 발생한다면 금상첨화일 것이다. 그래서 나
온 것이 바로 순수 가상 함수와 추상 클래스이다. 어떻게 C++는 순수 가상 함수와 추상
클래스 개념을 제공하게 되었는지 차근차근 살펴보자!

[소스 8-20] 선언만 있는 비가상 멤버 함수

```
class CTest
{
public:
    void Func();                    // (1)
};

void main()
{
    CTest t;
```

```cpp
//    t.Func();                    // (2)
}
```

〈소스 8-20〉의 (1)을 살펴보자! 비가상 멤버 함수인 Func가 선언되어 있다. 그런데 선언만 있고 정의는 없다. 이제 소스 빌드를 해보자! 어떤 에러도 발생하지 않는다.

이번에는 (2)의 주석을 해제한 뒤에 다시 빌드를 해보자! 컴파일은 성공하지만 링크 에러가 발생할 것이다. 이것은 Func를 호출하는 코드가 링크 타임에 실제 함수 주소로 변경되어야 하는데 실제 Func 함수 정의를 찾을 수 없어서 나타나는 에러이다. 정리하자면, 선언만 있는 함수는 실제로 호출되는 코드가 존재할 때만 링크 에러가 발생한다는 것을 알 수 있다. 이번에는 좀 더 다른 코드를 살펴보자.

[소스 8-21] 선언만 있는 가상 함수

```cpp
class CTest
{
public:
    virtual void VFunc();        // (1)
};

void main()
{
    CTest t;                     // (2)
}
```

〈소스 8-21〉의 (1)을 보면 가상 함수를 정의 없이 선언만 하였다. 그리고 main에서 선언된 함수 VFunc를 호출하는 코드는 아예 존재하지도 않는다. 이 소스를 빌드하면 어떻게 될까? 바로 전에 본 것처럼 함수를 호출하는 코드가 없으니 빌드가 잘 되어야 할 것 같다. 그러나 이번에도 역시 링크 에러가 발생한다. 왜 비가상 멤버 함수와 다르게 이런 차이가 발생하는 것일까? (1)처럼 가상 함수가 정의 없이 선언만 되어 있고, (2)처럼 가상 함수를 포함하는 객체를 생성하는 코드가 존재할 경우 링크 에러가 발생하게 된다. (2)

부분을 주석 처리하면 더 이상 링크 에러는 발생하지 않게 된다. 이제부터 그 이유를 살펴보자!

빌드를 하게 되면 컴파일러는 먼저 클래스 CTest를 분석한다. CTest에는 가상 함수가 존재하므로 가장 먼저 가상 함수 테이블을 생성한다. 가상 함수가 하나이므로 VTable에는 항목이 하나만 있을 것이며 그 항목은 바로 VFunc를 나타낸다. VFunc를 나타내기 위해서는 VFunc의 주소를 항목에 기록해야 하는데, 이 작업은 링크 타임에 처리된다. 즉, 컴파일 타임에는 VTable만 만들어지고, VTable의 항목 하나는 VFunc의 주소가 기록될 수 있도록 준비되는 것이다.만약 클래스 CTest의 객체가 생성되지 않는다면 객체 내부의 vfptr도 생성되지 않을 것이고, VTable을 연결할 필요도 없어진다. 그러므로 VTable을 완성할 이유가 없어진다.즉, VTable을 완성하기 위하여 링크를 할 필요가 없어진다.

그러나 (2)처럼 CTest 객체를 생성한다면 객체 안의 vfptr도 만들어야 하며, 당연히 vfptr은 완성된 VTable을 가리키고 있어야 한다. 따라서 VTable의 항목에는 제대로 된 VFunc의 주소가 기록되어야 하므로 링크 타임에 함수의 주소를 찾아야만 한다.그러나 현재 VFunc는 선언만 있고 정의가 없는 상태이다. 즉, 함수 본체가 존재하지 않으므로 함수의 시작 주소도 존재할 수가 없으며,그로 인해서 함수를 찾을 수 없다는 링크 에러가 발생하게 된다. 위의 상황은 간단하게 〈그림 8-7〉처럼 표현될 수 있다.

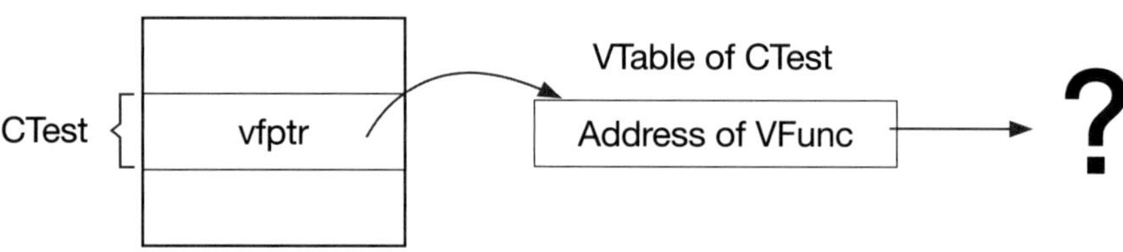

▲ 그림 8-7 찾을 수 없는 함수 정의

결국 정리하면 가상 함수가 있는 클래스의 객체가 생성되기 위해서는 vfptr이 VTable을 가리키고 있어야 하며, VTable에는 가상 함수가 정의된 실제 주소가 기록되어야 하기 때문에 반드시 함수 본체가 있어야 한다. 즉, 〈소스 8-21〉은 다음과 같이 고쳐져야 한다.

```
class CTest
{
public:
  virtual void VFunc() {};                // (1)
};


void main()
{
  CTest t;                                // (2)
}
```

〈소스 8-22〉에서 변경된 부분은 오직 한군데뿐이다. (1) 부분에서 VFunc( )의 끝부분에
{ }가 추가되어서 함수 본체를 만든 것이다.

위에서 본 것처럼 가상 함수의 원칙을 만족시키기 위하여 앞에서 제시된 동물농장의
CAnimal의 PlaySound 함수처럼 전혀 구현할 필요가 없는 경우에도 빈 껍데기 함수 본체
를 만들어야만 하는 비효율적인 문제가 발생한다. 그래서 C++는 이런 문제를 해결하기
위하여 순수 가상 함수라는 개념을 도입하게 된다. 함수 정의를 할 필요도 없고, 링크 에
러도 발생하지 않는 특별한 문법을 제공하는 것이다.

➡ 8.6.2. 순수 가상 함수 원리

〈소스 8-22〉는 C++ 설계자가 보았을 때 분명 비효율적인 코드임이 분명했다. 아무 일
도 하지 않는 빈 본체 함수 정의를 만들어야 하는 것은 C++의 간결함에 결코 어울리지
않기 때문이다. 그래서 일단 본체를 정의하지 않는 방법을 추가하였는데, 그게 바로 순수
가상 함수이다. 순수 가상 함수를 만드는 방법은 아주 간단하다. 기존 가상 함수 선언에
다가[= 0;] 만 붙여주면 된다.

```
class CTest
{
public:
  virtual void VFunc() = 0;            // (1)
};


void main()
{
  CTest t;                             // (2)
}
```

〈소스 8-23〉에서 달라진 부분은 (1)이다. 가상 함수에 빈 본체를 정의하는 대신 함수선언 끝에 = 0;을 붙였을 뿐이다. 이렇게 될 경우 컴파일러는 이 가상 함수를 순수 가상 함수라고 인지하게 된다. 이제 빌드를 해보자! 이전과는 다르게 잘 될 것 같은 느낌이 든다. 그러나 예상치 못한 에러를 만나게 될 것이다. 기껏 순수 가상 함수까지 썼는데 에러를 만나게 되니 무용지물이 아닌가 생각할 수도 있다. 그러나 여기엔 중대한 차이가 있다. 에러를 자세히 살펴보자! 링크 에러가 아니라 컴파일 에러가 났다.

컴파일 에러 메세지를 확인해보자.

Visual Studio 경우 컴파일 에러 메시지로 '추상 클래스를 인스턴스화할 수 없습니다.'라는 문구를 보여준다. 이것은 뒤에서 설명하겠지만 추상 클래스에 관한 컴파일 에러이다. 여기서 중요한 것은 바로 링크 에러가 발생하지 않는다는 점이다. 일단 추상 클래스에 관한 컴파일 에러는 다음에 고쳐보기로 하고, 링크 문제에 집중해보자.

링크 에러가 발생하지 않는다는 것은 말 그대로 링크가 제대로 수행되었다는 것이다. 앞에서 설명한 것에 따른다면 컴파일 타임에 CTest의 VTable이 생성될 것이고, 링크 타임에는 VTable의 항목에 VFunc의 실제 주소가 들어가야만 한다. 그렇다면 VFunc의 실제 주소는 어디 있다는 것일까? 충분히 상상할 수 있겠지만 링커는 모든 순수 가상 함수에 대해서 암시적인 공통의 특정 함수를 만들어 놓은 후에 그 함수의 주소를 VTable

의 항목에 대신 넣어주게 된다. 그렇다면 공통의 특정 함수는 무엇일까? 바로 C Runtime Library(CRT)의 _purecall이란 함수이다. 그렇다면 _purecall의 함수 정의는 어떤 식으로 되어있을까? 아마도 아무 일도 하지 않는 빈 본체로 이루어졌다고 생각할 수도 있으나 의외로 복잡한 구현을 가지고 있다. 이 부분에 대해서는 나중에 자세히 설명하겠다.

순수 가상 함수의 원리가 코드로만 설명되어 있어서 약간은 이해하기 어려울 수도 있겠다. 그래서 간단한 소스 코드와 함께 실제 메모리 구조를 살펴보자!

[소스 8-24] 순수 가상 함수 메모리 구조

```cpp
class CTest
{
public:
  virtual void VFunc1() = 0;          // (1)
  virtual void VFunc2() = 0;          // (2)
  virtual void VFunc3()               // (3)
  {
    cout << _T("VFunc3") << endl;
  }
};
```

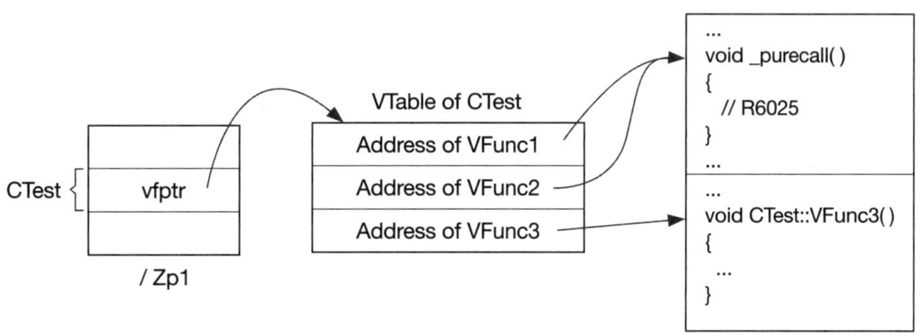

▲ 그림 8-8 순수 가상 함수 메모리 구조

〈소스 8-24〉는 순수 가상 함수 두 개와 가상 함수 한 개를 나타낸다. 그중에서 VFunc3만이 함수 정의가 있음을 눈여겨보자. CTest의 메모리 구조를 〈그림 8-8〉이 보여준다. 순수 가상 함수인 VFunc1과 VFunc2는 함수 정의가 없지만 VTable에는 링커에 의해서 이미 정의된 공통의 함수 _purecall의 주소가 항목으로 입력되어 있으며, VFunc3은 함수 정의가 있으므로 함수의 시작 주소가 VTable의 항목으로 들어가 있다.

➡ 8.6.3. 추상 클래스

이제 링크 에러는 처리되었으니 컴파일 에러에 대해서 살펴보자! 그 전에 〈소스 8-22〉와 〈소스 8-23〉을 다시 한 번 살펴보자! 과연 CTest의 객체 t를 생성하는 것이 의미가 있을까? CTest의 가상 멤버 함수인 VFunc는 아무 일도 하지 않도록 설계되었다. 왜 아무 일도 하지 않게 설계하였을까? 바로 CTest를 인터페이스 타입으로 사용하기 위해서이다. 즉, CTest를 상속받을지 모르는 미래의 실제 타입 클래스를 쉽게 다루기 위하여 사용한다. 즉, 보통 〈소스 8-25〉와 같이 사용할 것이다.

[소스 8-25] 인터페이스 타입을 사용하는 예

```cpp
class CTest
{
public:
    virtual void VFunc() = 0;
};

class CChildA : public CTest
{
public:
    virtual void VFunc()
    {
        cout << _T("CChildA") << endl;
    }
};
```

```cpp
class CChildB : public CTest
{
public:
  virtual void VFunc()
  {
    cout << _T("CChildB") << endl;
  }
};

void main()
{
  CTest* pInterface = NULL;

  pInterface = new CChildA;           // (1)
  pInterface->VFunc();

  pInterface = new CChildB;           // (2)
  pInterface->VFunc();
};
```

<소스 8-25>에서 CTest는 인터페이스 타입으로 사용되고, CTest를 상속받는 CChildA와 CChildB는 실제 타입 클래스이다. (1), (2)에서 보는 바와 같이 실제 타입 객체는 인터페이스 타입으로 변환되어서 쉽게 사용될 수 있다.

보통 인터페이스 타입은 이런 식으로 사용되는 것이 일반적이다. 즉, CTest의 객체를 생성할 필요가 없다. 그래서 C++ 설계자들은 인터페이스 타입으로만 사용되는 클래스에 대해서 객체를 생성할 수 없도록 제한을 두었다. 불필요하게 생성된 객체는 잘못된 코드를 양산할 수 있는 위험이 있기 때문이다. 그렇다면 어떤 원칙에 의해서 제한을 하고 있는 것일까? 기준은 바로 클래스에 순수 가상 함수가 선언되어 있느냐이다. 순수 가상 함수가 있다는 것은 바로 인터페이스 타입으로만 사용하겠다는 의도라고 판단한다. 그리고 이런 의도된 클래스에 이름을 붙여주었는데 그것이 바로 '추상 클래스'이다. 즉, 추상 클래스란 순수 가상 함수가 하나라도 선언된 클래스를 의미한다. 그리고 추상 클래스가 객체로 생성되는 코드에 대해서 컴파일러는 컴파일 에러를 발생시키도록 한 것이다.

➜ 8.6.4. 순수 가상 함수 호출

순수 가상 함수는 함수 정의인 본체가 없는 함수이다. 대신 공통으로 사용되는 _purecall 함수가 링크 타임에 가상 함수 테이블에 대신 입력된다는 것을 이전에 설명했다. 즉, 절대로 호출될 필요가 없는 함수이기 때문에 본체가 필요 없는데, 함수의 주소를 요구하기 때문에 대리로 _purecall 함수 주소를 넣어주는 것이다. 결론은 순수 가상 함수는 그 자체로서 절대로 호출되어서는 안 되는 함수이다.

이전 〈소스 8-25〉를 살펴보자! (1), (2)에서 인터페이스 타입으로 변환 후 VFunc를 호출한다. 실제 호출되는 함수는 실제 타입 클래스인 CChildA, CChildB에 본체가 정의되어 있다. 즉, CTest에 순수 가상 함수로 선언된 VFunc 자체가 호출되는 것은 아니다. 일반적인 경우에 과연 순수 가상 함수 자체가 호출될 수 있을까 궁금할 수 있을 것이다. 그러나 실제로 이런 일은 가능할 수 있고, 골치 아픈 버그를 만들어낸다. 지금부터 잘 살펴보자!

[소스 8-26] 생성자에서 가상 함수 호출

```
class CParent
{
public:
  CParent()                          // (2)
  {
    VFunc();                         // (3)
  }

  virtual void VFunc()               // (4)
  {
    cout << _T("CParent::VFunc") << endl;
  }
};

class CChild : public CParent
{
public:
  virtual void VFunc()
  {
```

```cpp
      cout << _T("CChild::VFunc") << endl;
    }
};

void main()
{
  CChild c;                              // (1)
}
```

이번 장의 [생성자와 소멸자]절의 내용을 기억하는가? 생성자와 소멸자에서는 가상 함수의 호출이 일반적인 가상 함수 호출과 달라진다는 것을 설명하였다. 간단히 한 줄로 요약한다면 생성자와 소멸자에서 가상 함수를 호출하는 것은 비가상 멤버 함수를 호출하는 것과 같다는 것이었다. 그래서 〈소스 8-26〉의 결과를 예상하는 것은 그리 어렵지 않을 것이다. 호출 순서는 (1), (2), (3), (4)를 따라갈 것이고 최종 결과는 "CParent::VFunc"가 출력될 것이다. 여기서 소스를 살짝 바꾸어보자!

[소스 8-27] 생성자에서 순수 가상 함수 호출 A

```cpp
class CParent
{
public:
  CParent()
  {
    VFunc();                             // (2) Link Error
  }

  virtual void VFunc() = 0;              // (3)
};

class CChild : public CParent
{
public:
  virtual void VFunc()
  {
```

```
      cout << _T("CChild::VFunc") << endl;
    }
};


void main()
{
   CChild c;                              // (1)
}
```

<소스 8-27>은 테스트를 위하여 (3)처럼 CParent의 VFunc를 순수 가상 함수로 변경하였
다. 따라서 (1), (2), (3)의 순서로 진행된다면 결국 CParent의 순수 가상 함수 자체가 호출
될 것이다. 그렇다면 _purecall 함수가 실행되는 광경을 목격할 수도 있을 것이다. 그러나
이런 불순한 시도가 쉽게 허용되지는 않는다. 보통 (2) 부분에서 링크 에러가 발생한다.
즉, 애초에 저런 잘못된 코드는 허용하지 않겠다는 의도이다. 그러나 늘 길이 막혀도 우
회하는 방법은 있는 것이다.

[소스 8-28] 생성자에서 순수 가상 함수 호출 B

```
class CParent
{
public:
   CParent()
   {
      Func();                            // (2)
   }

   void Func()                           // (3)
   {
      VFunc();                           // (4)
   }

   virtual void VFunc() = 0;             // (5)
};
```

```cpp
class CChild : public CParent
{
public:
  virtual void VFunc()
  {
    cout << _T("CChild::VFunc") << endl;
  }
};


void main()
{
  CChild c;                                    // (1)
}
```

〈소스 8-28〉의 (3)에서 비가상 멤버 함수 Func를 정의하였다. Func가 하는 일은 순수 가상 함수 VFunc를 호출하는 것뿐이다. 그리고 (2)처럼 생성자에서는 Func를 호출하도록 변경하였다. 즉, 논리 흐름상 달라진 것은 없다. 생성자에서는 결국 순수 가상 함수 자체를 호출하게 될 것이다. 그러나 이렇게 코드를 변경한 경우 링커는 이런 잘못된 호출을 알아챌 수 없다. 따라서 컴파일과 링크는 무사히 통과된다.

이제 (1), (2), (3), (4), (5) 순서대로 실행되면 어떤 결과가 나올 것인가? 바로 _purecall이 호출된다. _purecall이 호출된다는 것은 사실상 프로그램이 잘못된 동작을 한다는 것과 같다. 따라서 _purecall은 적절히 에러 메시지를 뿌려주면서 프로그램을 중지시키는 역할을 수행한다. 에러 메시지는 컴파일러마다 조금씩 다를 수 있는데 VC++ 경우 "pure virtual function call"이라고 나오고 에러 번호는 R6025로 표시된다. 여기서 R은 Runtime의 준말로서 런타임 에러가 발생했다는 것을 의미한다. 그렇다면 VC++ 이외의 다른 컴파일러는 어떻게 런타임 에러를 보여줄까?

GCC의 경우 "pure virtual method called"이라는 메시지를 노출한다. 결국 표현만 다를 뿐 의미상으로는 똑같다. 순수 가상 함수가 호출되었다는 것이고, 이런 호출은 잘못되었다는 것이다.

필자가 보았을 때, 〈소스 8-27〉과 〈소스 8-28〉은 사실상 같은 코드이다. 그럼에도 전자는 링크 에러를 발생시키고, 후자는 무사히 컴파일과 링크가 된다. 추측하기로는 아직 컴파일러와 링커의 기술 수준이 후자와 같은 경우를 판별하지 못하는 것은 아닐까 생각되지만, 또 다른 이유로 판별은 할 수 있으나 다른 이유에 의해서 의도적으로 에러를 발생시키지 않는 것은 아닐까 하는 생각도 든다. 그러나 중요한 것은 순수 가상 함수 호출 그 자체는 절대로 일어나서는 안된다는 것이다.

추가적으로 몇몇 개발자의 경우 _purecall의 동작 방식이 마음에 들지 않을 수도 있을 것이다. 별로 추천하고 싶지는 않으나 순수 가상 함수 자체가 호출되어도 프로그램이 멈추지 않고 그냥 아무일 없이 진행하길 바랄 수도 있으며, 문제가 발생했을 경우 메모리 덤프 파일을 만들어서 전송하는 기능을 넣고 싶을 수도 있을 것이다. 그런 특별한 경우를 위하여 CRT는 _set_purecall_handler라는 함수를 제공한다. 대략적으로 순수 가상 함수 호출이 일어날 경우 처리 핸들러를 등록하는 함수이다. 일반적으로 사용되지 않지만 혹시라도 사용할 일이 있으면 각자 MSDN이나 CRT 설명서를 참조하길 바란다.

8.7. 다중 상속과 가상 함수

이제는 가상 함수의 정체에 대해서 어느 정도 윤곽을 파악했을 것으로 본다. 상속 관계에서 가상 함수가 동작하는 원리가 확실히 복잡하긴 하지만 전혀 이해할 수 없을 정도로 어려운 것은 아니었다. 사실 여기서 끝났으면 좋겠지만 아직 가상 함수를 정복하기 위해 넘어야 할 큰 고비가 남아있긴 하다. 바로 다중 상속의 가상 함수 부분이 그렇다. 그러나 하나씩 하나씩 알아간다면 가상 함수의 큰 그림을 이해할 수 있을 것이다.

➔ 8.7.1. 다중 상속과 가상 함수 테이블

가상 함수 테이블(VTable)을 설명할 때, 클래스 객체의 메모리 시작 부분에 VTable을 가리키는 vfptr이라는 포인터가 있다고 했다. 기억을 되살리기 위해서 간단히 살펴보자!

```
class CParent
{
public:
  virtual void VFuncA() = 0;                 // (A)
  virtual void VFuncB() = 0;                 // (B)
};

class CChild : public CParent
{
public:
  virtual void VFuncA() {}                   // (1)
  virtual void VFuncB() {}                   // (2)
};
```

〈소스 8-29〉는 그 동안 살펴보았던 단일 상속 구조의 가상 함수를 나타낸다. 최대한 코드를 간단하게 표현하기 위하여 (A), (B)는 순수 가상 함수로 선언하였고, (1), (2)는 가상 함수를 빈 본체로 정의하였다. 이 클래스의 실제 메모리 구조를 살펴보자!

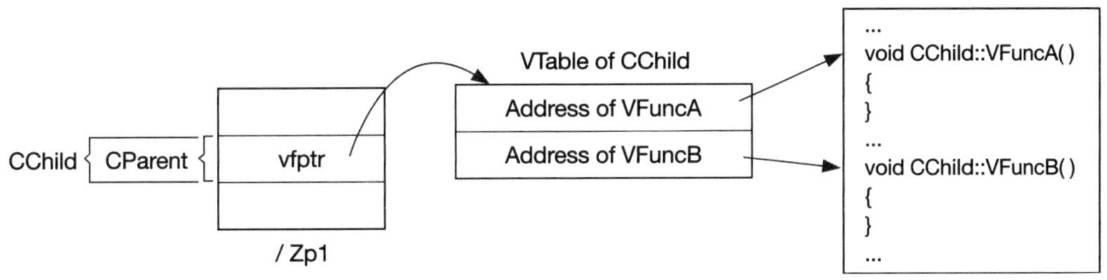

▲ 그림 8-9 단일 상속 가상 함수 메모리 구조

〈소스 8-29〉의 클래스 구조가 〈그림 8-9〉처럼 그려진다는 것을 어렵지 않게 이해할 수 있을 것이다. 보통 이런 식의 vfptr 및 VTable의 구조는 많은 책이나 사이트에서 접할 수 있다. 그렇다면 다음 코드를 살펴보고 그 구조를 생각해보자!

```cpp
class CParentA
{
public:
    virtual void VFuncA() = 0;
};

class CParentB
{
public:
    virtual void VFuncB() = 0;
};

class CChild : public CParentA, public CParentB
{
public:
    virtual void VFuncA() {}
    virtual void VFuncB() {}
};
```

〈소스 8-30〉에서 특이한 점은 부모 클래스가 두 개가 되었고 다중 상속이 이루어졌다는 것이다. 그러나 자식 클래스인 CChild의 논리적인 구성만을 보았을 때 이전 예제 소스에 비해서 변화는 사실상 없다고 할 수 있다. 〈소스 8-30〉에서도 동일하게 빈 본체로 정의된 가상 함수 VFuncA, VFuncB가 있을 뿐이다. 그렇다면 실제 클래스의 메모리 구조는 어떻게 그려질지 생각해보자!

의외로 많은 개발자가 〈그림 8-9〉와 별 반 다르지 않을 것이라고 생각하는 경향이 있다. 어차피 vfptr은 클래스 객체에 단 하나 있어야 할 것이고, vfptr은 CChild가 가진 가상 함수 VFuncA, VFuncB를 포함하는 VTable을 가리키고 있으면 될 것이라고 생각한다. 하지만 다중 상속에서 가상 함수 구조가 그리 간단한 것만은 아니다. 일단 잘못된 상식을 깨야 한다. 클래스 객체에는 vfptr이 꼭 하나만 있어야 한다는 규정은 없다. 즉, vfptr은 필요하면 하나 이상 여러 개 생성될 수 있다.그렇다면 실제 구조를 살펴보자!

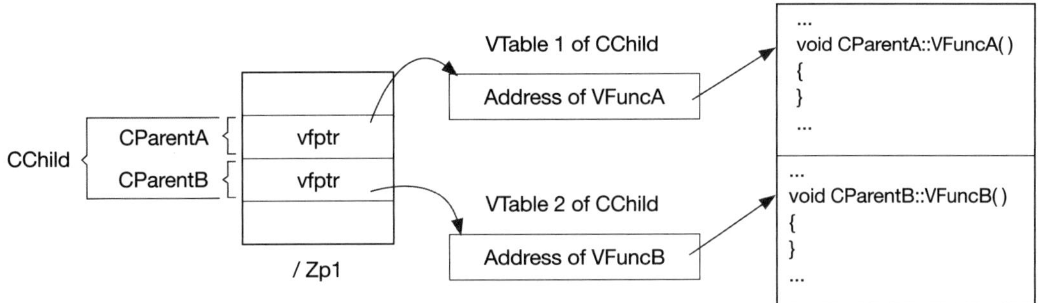

▲ **그림 8-10** 다중 상속 가상 함수 메모리 구조

〈그림 8-10〉을 살펴보자. 확실히 단일 상속에 비해서 다중 상속의 가상 함수 메모리 구조는 복잡해진다. 눈여겨볼 것은 vfptr이 두 개 있다는 것이다. 이것의 의미는 VTable도 두 개 있다는 것이다. 그렇다면 왜 이런 복잡한 구조가 만들어졌을까? 지금부터 하나씩 그 비밀을 파헤쳐보자.

vfptr의 메모리 구조는 주요한 몇 가지 원칙이 적용되어 만들어진다. 물론 이 원칙이란 것은 컴파일러에 따라서 조금씩 달라질 수도 있다. 그러나 항상 얘기해왔듯이 대부분의 컴파일러들의 설계 방식은 가장 뛰어난 성능을 보여주는 방식으로 수렴해간다. 여기서도 역시 C++를 가장 잘 지원하는 마이크로소프트의 Visual C++ 컴파일러를 기준으로 설명을 할 것이다. GNU GCC 컴파일러에서 약간의 차이가 있는데, 그 차이점도 알아볼 것이다.

아래는 vfptr의 주요 원칙이다.

1) 클래스가 최상위 클래스이고(부모 클래스가 없는 경우), 멤버 함수 중에 가상 함수가 없을 경우 vfptr을 가지지 않는다.

2) 클래스가 최상위 클래스이고(부모 클래스가 없는 경우), 멤버 함수 중에 가상 함수가 있을 경우 vfptr을 단 하나 가지게 된다.

3) 부모 클래스들이 모두 vfptr을 가지고 있지 않을 경우, 자식 클래스의 멤버 함수 중에 가상 함수가 없을 경우 vfptr을 가지지 않는다.

4) 부모 클래스들이 모두 vfptr을 가지고 있지 않을 경우, 자식 클래스의 멤버 함수 중에 가상 함수가 있을 경우

vfptr을 단 하나 가지게 된다.

5) 부모 클래스들 중 하나라도 vfptr을 가지고 있을 경우, 자식 클래스는 부모 클래스들의 전체 vfptr을 그대로 물려받는다. 즉, 부모 클래스들의 전체 vfptr 개수가 n개라면 자식 클래스는 n개의 vfptr을 가지게 된다. (가상 상속은 예외)

6) 클래스에 vfptr이 있을 경우 클래스의 메모리 시작 위치에 vfptr을 놓기 위하여 부모 클래스의 메모리 위치를 변경하기도 한다.

    a. 부모 클래스에 vfptr이 없을 경우 자식 클래스의 vfptr을 메모리 시작 위치로 이동시킨다.

    b. 자식 클래스는 vfptr을 가진 부모 클래스부터 메모리에 위치시킨다. 즉, 클래스 선언 시 지정된 상속 순서를 기준으로 vfptr을 가진 클래스에 우선 순위를 둔 뒤에 메모리에 위치를 지정한다. (가상 상속은 예외, GCC는 조금 다름)

1), 2) 항목은 특별히 이해하는데 어려움이 있진 않을 것이다. 나머지 항목은 문맥을 파악하는데 어려움이 있을 수 있는데 실제 코드를 보면서 설명하겠다.

[소스 8-31] 항목 1), 3)을 나타내는 클래스

```cpp
class CParent1
{
};

class CParent2
{
};

class CChild : public CParent1, public CParent2
{
};
```

〈소스 8-31〉을 살펴보자. 이 코드는 항목 1), 3)을 표현해준다. 클래스 CParent1, CParent2는 모두 최상위 클래스이면서 가상 함수를 가지지 않는다. 따라서 이 클래스들은 vfptr을 전혀 가지지 않는다.

CChild를 살펴보자! CParent1, CParent2를 상속한다. 또한 CChild도 가상 함수를 가지고 있지 않다. 따라서 CChild도 vfptr을 전혀 가지지 않게 된다.

[소스 8–32] 항목 1), 4)를 나타내는 클래스

```
class CParent1
{
};

class CParent2
{
};

class CChild : public CParent1, public CParent2
{
public:
    virtual void VFunc() {}                // (1)
};
```

〈소스 8–32〉를 살펴보자. 이전 소스에 비해서 추가된 부분이 있는데 바로 (1)이다. CChild에만 가상 함수 VFunc를 정의하였다. 보통 일반적으로 부모 클래스에서 가상 함수를 선언하고 자식 클래스가 가상 함수를 재정의하는 식으로 사용해서 이런 구조는 생소할 수도 있는데, 이런 식으로 부모 클래스는 가상 함수가 전혀 없고, 자식 클래스부터 가상 함수가 존재하는 구조도 가능하다. 여기서 CParent1, CParent2는 가상 함수가 없기 때문에 vfptr을 가지지 않는다. 그에 반해서 CChild는 가상 함수 VFunc를 가지고 있기에 vfptr을 단 하나 가지게 된다.

```
class CParent1
{
public:
    virtual void VFunc1() {}                    // (1)
};

class CParent2
{
public:
    virtual void VFunc2() {}                    // (2)
};

class CChild : public CParent1, public CParent2
{
};
```

〈소스 8-33〉을 살펴보자. 부모 클래스 CParent1, CParent2는 (1), (2)처럼 각각 가상 함수를 가지고 있다. 따라서 각 클래스는 vfptr을 하나씩 가지게 된다. 이제 CChild를 살펴보자! CChild는 스스로 선언한 가상 함수를 가지고 있지는 않다. 그러나 CChild가 가상 함수를 가지고 있지 않은 것은 아니다. 이미 부모 클래스인 CParent1, CParent2를 통해서 가상 함수 VFunc1, VFunc2를 물려받은 상태이다. 따라서 CChild도 vfptr을 가지게 된다. 그렇다면 CChild가 가진 vfptr은 몇 개가 될까? 어렵게 생각할 필요가 없다. 부모가 가진 vfptr을 그대로 물려받는다고 생각하면 된다. CParent1에서 vfptr이 하나 있고, CParent2에서도 vfptr이 하나 있다. 따라서 그 둘을 그대로 물려받아서 CChild는 두 개의 vfptr을 가지게 되는 것이다.

〈그림 8-11〉은 〈소스 8-33〉의 클래스 메모리 구조를 보여준다.

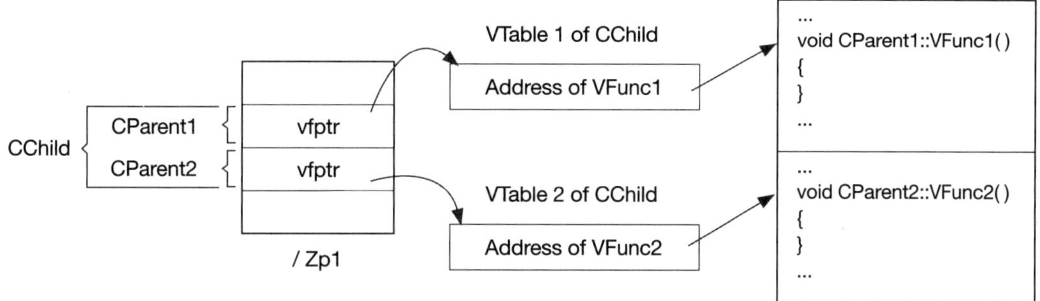

▲ 그림 8-11 항목 5)를 나타내는 클래스 1 메모리 구조

항목 5)의 원리는 사실 항목 4)에도 그대로 적용할 수 있다. 〈소스 8-32〉를 다시 한 번 살펴보자! 부모 클래스들은 모두 vfptr을 가지고 있지 않다. 따라서 자식 클래스가 물려받을 vfptr도 전혀 없다. 그런데 자식 클래스에서 처음으로 가상 함수를 선언한다. 따라서 vfptr을 처음으로 하나 만들게 되는 것이다. 따라서 이것을 일반화 시키면 다음과 같다. 자식 클래스는 부모 클래스의 vfptr을 그대로 물려받는데, 만일 물려받을 vfptr이 전혀 없을 경우, vfptr이 필요할 때(가상 함수를 선언했을 때)는 하나 생성해서 가지게 된다.

[소스 8-34] 항목 5)를 나타내는 클래스 2

```
class CParent1{
public:
    virtual void VFunc1() {}                    // (1)
};

class CParent2
{
public:
    virtual void VFunc2() {}                    // (2)
};

class CChild : public CParent1, public CParent2
{
public:
    virtual void VFuncC1() {}                    // (3)
```

```cpp
    virtual void VFuncC2() {}                    // (4)
};
```

〈소스 8-34〉를 살펴보자. 〈소스 8-33〉에서 변한 것은 (3),(4)에서 보듯이 CChild에서 가
상 함수 VFuncC1, VFuncC2가 추가되었다는 사실이다. 부모 클래스 CParent1, CParent2
은 (1), (2)에서 보듯이 가상 함수를 가지고 있기 때문에 vfptr을 각각 하나씩 가지고 있다.
CChild는 어떨까? CParent1, CParent2로부터 가상 함수 VFunc1, VFunc2를 물려 받았으
며, 스스로 선언한 VFuncC1, VFuncC2까지 가상 함수를 모두 네 개를 가지게 되었다. 이
제부터 CChild가 가진 vfptr의 개수를 따져보자. 혹시라도 부모로부터 물려받은 vfptr 두
개와 자기 자신의 vfptr 하나를 포함해서 총 3개를 가질 것이라고 생각해서는 안된다. 항
목 5)를 다시 한 번 살펴보자. 항목의 내용대로 부모 클래스의 vfptr을 그대로 물려받아서
오직 2개의 vfptr만 가지게 된다. 그렇다면 여기서 의문이 하나 들 것이다. CChild에서 선
언된 VFuncC1, VFuncC2는 어떤 vfptr이 가리키는 VTable에 속할 것인가? 클래스 메모
리 구조를 살펴보자.

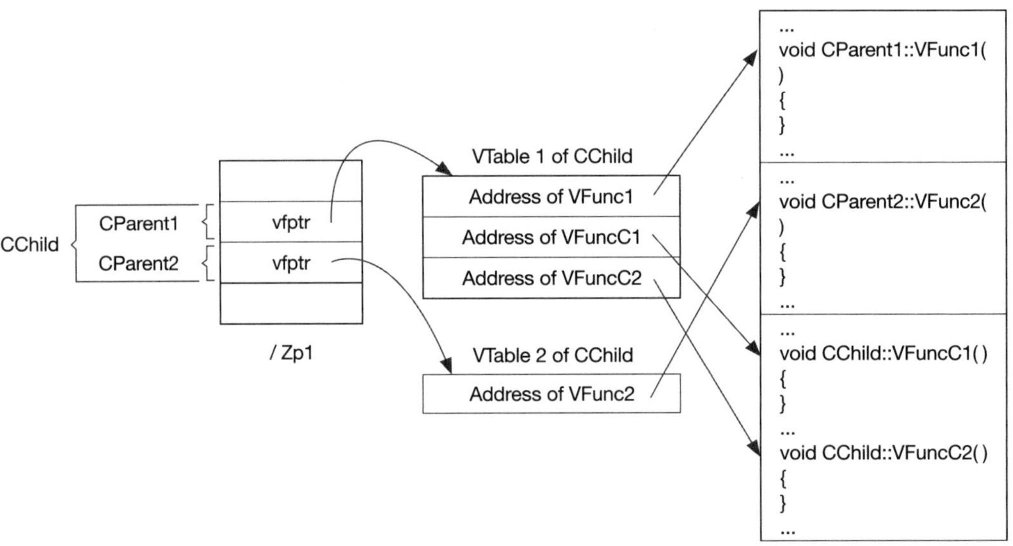

▲ **그림 8-12** 항목 5)를 나타내는 클래스 2 메모리 구조

〈그림 8-12〉는 〈소스 8-34〉의 클래스 메모리 구조를 나타낸다. 눈여겨보아야 할 점이 있다. 바로 vfptr이 2개라는 사실이다. vfptr은 각각의 VTable을 가리킨다. VTable1은 CParent1의 가상 함수 VFunc1을 포함한다. 마찬가지로 VTable2는 CParent2의 가상 함수 VFunc2를 포함한다. 그렇다면 CChild에서 처음으로 추가된 가상 함수인 VFuncC1, VFuncC2는 어디에 있을까? 그림을 살펴보면 바로 VTable1에 추가되어 있음을 확인할 수 있다. 왜 하필 VTable2가 아니라 VTable1에 추가되는 것일까?

사실 단순하게 생각하면 된다. VTable1을 가리키는 vfptr이 CChild 객체의 메모리 시작 위치에 있기 때문이다. 즉, 어떤 클래스에서 처음으로 선언되는 가상 함수에 대해서 그 가상 함수는 해당 클래스의 메모리 시작 위치에 있는 vfptr이 가리키는 VTable에 포함되는 것이다. 용어를 하나 도입하자! 어떤 클래스에 vfptr이 여러 개 있을 경우 클래스의 메모리 시작 위치에 있는 vfptr을 main vfptr이라고 하자! 이제 좀 더 간단하게 말할 수 있다. 어떤 클래스에서 처음으로 선언되는 가상 함수는 main vfptr이 가리키는 VTable에 포함된다.

혹시라도 헷갈릴 수 있을 것 같아서 좀 더 설명하는데, 가상 함수가 어떤 VTable에 포함되는지는 가상 함수가 어떤 클래스에서 처음으로 선언되었느냐에 달려있다. 사실 가상 함수가 정의 및 재정의되는 클래스 위치는 전혀 고려되지 않는다. 무슨 말인지 예제 코드를 살펴보자!

[소스 8-35] 항목 5)를 나타내는 클래스 3

```
class CParent1
{
public:
    virtual void VFunc1() = 0;          // (1)
};

class CParent2
{
public:
    virtual void VFunc2() {}            // (2)
```

```cpp
};

class CChild : public CParent1, public CParent2
{
public:
  virtual void VFunc1() {}                    // (A)
  virtual void VFunc2() {}                    // (B)
  virtual void VFuncC1() {}                   // (C)
  virtual void VFuncC2() {}                   // (D)
};
```

〈소스 8-35〉의 클래스를 살펴보자. (1)처럼 CParent1에서 VFunc1은 순수 가상 함수로 선언만 되어 있다. (2)에서 CParent2의 VFunc2는 선언 및 정의가 되어있다. CChild를 잘 살펴보자. (A)~(D)를 살펴보면 물려받은 가상 함수 VFunc1은 처음으로 정의되었고, VFunc2는 재정의되었다. 그리고 CChild에 새롭게 추가된 VFuncC1, VFuncC2는 처음으로 선언 및 정의가 되었다. 여기서 정의는 그리 중요하지 않다. 오직 가상 함수가 선언된 클래스만 따지면 된다. VFunc1은 CParent1에서 선언되었다. 그래서 CParent1은 vfptr을 가지게 된다.

그래서 이 vfptr이 가리키는 VTable에 VFucn1이 들어가게 된다. VFunc2도 CParent2에서 선언되었기 때문에 CParent2의 vfptr이 가리키는 VTable에 들어가게 된다. 이제 CChild 차례다. CChild는 부모 클래스의 vfptr을 그대로 물려받게 된다. 그 중에서 CParent1의 vfptr을 가장 처음으로 물려받는다. 즉, CParent1의 vfptr이 CChild의 main vfptr이 되는 것이다. 그래서 CChild에서 선언된 VFuncC1, VFuncC2는 main vfptr이 가리키는 VTable에 들어가게 된다. CChild의 클래스 메모리 구조는 어떻게 표현될까? 이미 살펴보았다. 〈그림 8-12〉와 그대로 일치한다.

새로운 용어 main vfptr에 대해서 부연 설명을 하겠다. 클래스에서 처음으로 선언된 가상 함수는 해당 클래스의 main vfptr이 가리키는 VTable에 포함된다. 또한 main vfptr은 해당 클래스 객체의 메모리 시작 위치에 있다. 반대로 말할 수도 있다. 어떤 클래스에 vfptr이 여러 개 있을 때, 메모리 시작 위치에 있는 vfptr이 main vfptr이 된다. 이것은 vfptr이 하나만 있을 때도 적용된다. 어떤 클래스에 vfptr이 단 하나 있을 경우 이 vfptr은 main vfptr이 되며, 해당 클래스 객체의 메모리 시작 위치에 있게 된다. 결국 쉽게 얘기하면 다음과 같다. 어떤 클래스가 가상 함수를 가질 경우(부모 클래스로부터 물려받은 것을 포함하여) 해당 클래스 객체의 메모리 시작 위치에는 반드시 vfptr이 존재하게 된다. 과연 정말 그럴까? 이것이 바로 항목 6)에 해당하는 것이다.

[소스 8-36] 항목 6)의 a를 나타내는 클래스

```cpp
class CParent
{
public:
    int m_Parent;
};

class CChild : public CParent
{
public:
    virtual void VFunc() {}              // (1)
    int m_Child;
};

void main()
{
    CChild c;
    CChild* pChild = &c;                 // (A)
    CParent* pParent = pChild;           // (B)
}
```

〈소스 8-36〉을 살펴보자. 주의할 점이 있다면 부모 클래스인 CParent는 가상 함수가 전혀 선언되어 있지 않다는 것이다. (1)에서 가상 함수 VFunc는 자식 클래스인 CChild에서 처음으로 선언된다. 이때 CChild 클래스 메모리 구조를 그리면 어떻게 될까? 잠시 시간을 내서 직접 메모리 구조를 그려보길 추천한다. 이 코드는 필자가 vfptr이 어떤 위치에 놓이게 되는지를 살펴보기 위하여 여러 가지 테스트용으로 고안한 구조 중 한 가지다.

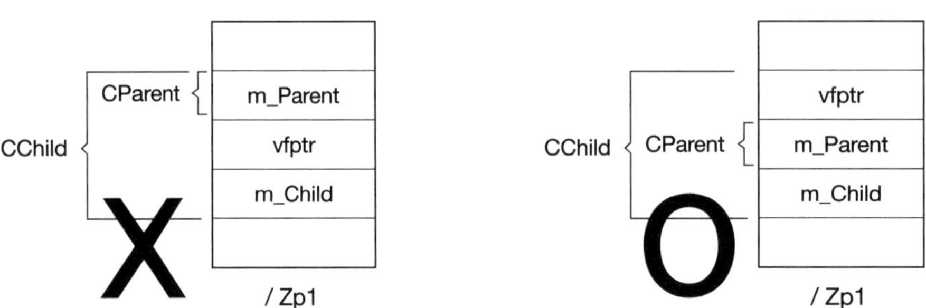

▲ **그림 8-13** 항목 6)의 a를 나타내는 클래스 메모리 구조

〈그림 8-13〉은 메모리 구조 두 개를 보여주는데, 왼쪽은 틀린 것이고, 오른쪽은 올바른 것이다. 필자가 처음 메모리 구조가 어떻게 나올까 궁금해서 테스트했을 때는 당연히 왼쪽 그림처럼 나올 것이라고 생각했다. 일반적으로 상속하는 순서대로 부모 클래스의 멤버들을 차례차례 놓은 뒤에 자식 클래스의 멤버들이 이어지는 구조를 많이 보아왔을 것이다. 따라서 왼쪽 그림처럼 구조가 생성될 것이라고 예상해도 큰 무리는 없다. 엄연히 왼쪽 그림에서 vfptr은 CChild만을 위한 가상 함수 테이블 포인터이기 때문이다. 그럼에도 컴파일러가 만들어내는 구조는 오른쪽 그림과 같다. 바로 main vfptr이 메모리 시작 위치에 있어야 한다는 원칙을 지키기 위해서 이런 변형을 하게 된 것이다.

혹시 기억할지 모르겠으나 이미 [클래스]장의 [클래스 타입 변환]에서는 맛보기로 가상 함수를 가진 클래스의 일반적이지 않은 메모리 상속 구조를 보여준 적이 있다. 다시 한 번 떠올려보자. 이런 구조에서 자식 클래스 포인터를 부모 클래스 포인터로 변환할 때 포인터의 값이 달라지게 된다. 〈소스 8-36〉 main 함수의 (A), (B)를 살펴보자. 많은 개발자들이 pChild와 pParent의 값이 서로 다른 것을 보고 적잖이 당황하는 모습을 보이기도 하는데, 이제는 확실히 이해했을 것이니 당황할 필요가 없을 것이다. 혹시라도 컴파일러에 버그가 있다느니 PC가 맛이 갔다느니 그런 말을 해서는 절대로 안된다.

```cpp
class CParent1
{
public:
   int m_Parent1;
};

class CParent2
{
public:
   int m_Parent2;
   virtual void VFunc2() = 0;                    // (1)
};

class CParent3
{
public:
   int m_Parent3;
};

class CParent4
{
public:
   virtual void VFunc4() = 0;                    // (2)
   int m_Parent4;
};

class CChild : public CParent1, public CParent2,
               public CParent3, public CParent4
{
public:
   virtual void VFunc2() {}
   virtual void VFunc4() {}
   virtual void VFuncC() {}                       // (3)
   int m_Child;
};
```

```cpp
void main()
{
  CChild c;
  CChild* pC = &c;                              // (4)
  CParent1* p1 = pC;
  CParent2* p2 = pC;
  CParent3* p3 = pC;
  CParent4* p4 = pC;

  cout << pC << endl;
  cout << p1 << endl;
  cout << p2 << endl;
  cout << p3 << endl;
  cout << p4 << endl;
}
```

이제 마무리에 접어들었다. 〈소스 8-37〉을 살펴보자. CChild는 각각 부모 클래스 CParent1부터 CParent4까지 순서대로 상속받고 있다. 주의할 부분은 (1), (2)처럼 부모 클래스들 중 CParent2, CParent4만이 오직 가상 함수 VFunc2, VFunc4를 선언하고 있다는 것이다. 따라서 CParent1, CParent3은 vfptr을 가지지 않게 되며, CParent2, CParent4는 각각 vfptr을 가지게 된다. CChild는 어떻게 될까? CParent2, CParent4가 가진 vfptr 두 개를 그대로 물려받게 된다. (3)을 보자. VFuncC는 처음으로 CChild에서 선언되었다. VFuncC는 물려받은 vfptr중에 어떤 vfptr이 가리키는 VTable에 추가되어야 할까? 이미 말했지만, main vfptr이 가리키는 VTable에 추가될 것이다. 그렇다면 CParent2, CParent4의 vfptr중에 어떤 것이 main vfptr이 될 것인가? 과연 main vfptr이 존재하긴 하는 것일까? 한 번 따져보자.

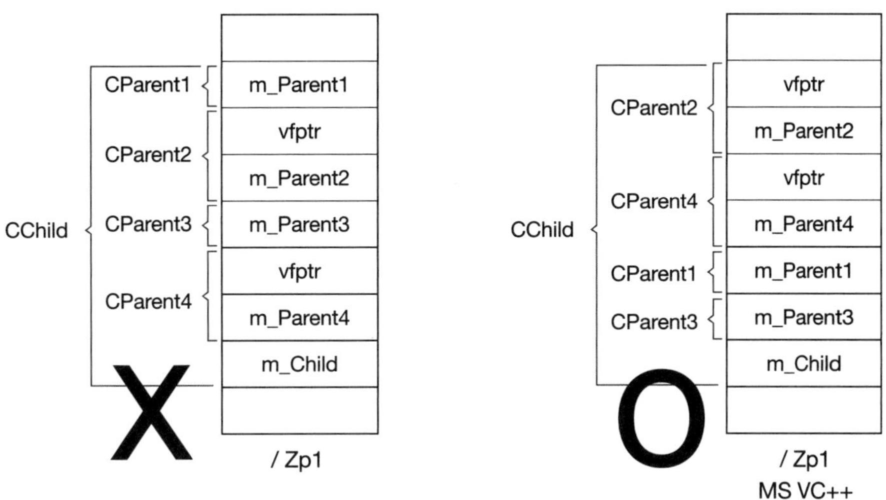

▲ **그림 8-14** 항목 6)의 b를 나타내는 클래스 메모리 구조

〈그림 8-14〉는 다시 한 번 상식을 깨는 클래스 메모리 구조를 보여준다. 분명히 CChild
는 부모 클래스를 CParent1, CParent2, CParent3, CParent4 순서대로 상속받기로 하였다.
일반적으로 클래스 정의 시에 지정된 상속 순서는 그대로 클래스 구조에 반영된다. 즉,
메모리 시작 위치부터 CParent1부터 순서대로 이어져야 한다는 의미이다. 따라서 당연히
왼쪽과 같은 클래스 메모리 구조를 생각할 수 있다. 그러나 역시 컴파일러는 오른쪽 그림
과 같은 구조를 만들어낸다. 그 이유는 무엇일까?

바로 main vfptr의 원칙을 지키기 위해서이다. 왼쪽 그림에서는 main vfptr을 만족할 수
가 없다. 왜냐하면 main vfptr은 클래스 객체의 메모리 시작 위치에 있어야 하기 때문이
다. 따라서 컴파일러는 main vfptr의 원칙을 만족시키기 위하여 부모 클래스의 상속 순서
를 무시하고 나름의 기준을 적용하여 부모 클래스의 메모리 위치를 조정하게 된다. 즉,
vfptr을 가진 클래스에게 우선 순위를 주는 것이다. 무슨 말인가 하면 CChild는 분명히
CParent1, CParent2, CParent3, CParent4 순서로 부모 클래스를 상속받기로 하였지만 컴
파일러는 vfptr을 가진 CParent2, CParent4에 우선 순위를 주어서 CChild의 객체가 메모
리에 구성될 때 시작 위치로부터 먼저 놓이도록 조정하는 것이다. 그래서 결과적으로 오
른쪽 그림과 같은 메모리 구조가 생성된다. 그냥 편하게 생각한다면 상속 순서가 뒤바뀌
는 것이라고 생각할 수도 있겠으나 엄연히 상속 순서와 메모리 위치는 상관관계는 있으

나 서로 일치하는 것은 아니다.

상속 순서는 일반적으로 메모리 위치의 순서에 영향을 주기도 하지만 실제적인 의미는 바로 객체 생성시 생성자가 불리는 순서를 의미한다. 즉, 현재 메모리 구조가 오른쪽 그림처럼 2, 4, 1, 3 순서로 놓여있지만, 생성자의 호출 순서는 여전히 1, 2, 3, 4 순서라는 의미이다.

혹시라도 부모 클래스가 메모리에 놓이는 순서를 눈으로 확인하고 싶은 개발자를 위하여 쉽게 확인할 수 있는 코드를 준비하였다. 〈소스 8-37〉의 (4)처럼 자식 클래스의 메모리 주소를 각 부모 클래스의 포인터로 변환한 뒤에 직접 값을 조사해보길 바란다. 귀찮은 개발자를 위하여 필자의 PC에서 실행한 결과는 다음과 같다(VC++ 결과).

```
pC:0035F4A4                      // pC

p1:0035F4B4                      // p1 = pC + 16

p2:0035F4A4                      // p2 = pC

p3:0035F4B8                      // p3 = pC + 20

p4:0035F4AC                      // p4 = pC + 8
```

참고로 결과는 VC++과 GCC에서 다르게 나타난다. 아래는 x86 GCC에서 실행한 결과이다.

```
pC:0xbfb700b0                    // pC

p1:0xbfb700b8                    // p1 = pC + 8

p2:0xbfb700b0                    // p2 = pC

p3:0xbfb700bc                    // p3 = pC + 12

p4:0xbfb700c0                    // p4 = pC + 16
```

어떤 차이가 있는 것일까? VC++에서 클래스의 메모리 위치 순서는 [2, 4, 1, 3]이었는데, GCC에서는 [2, 1, 3, 4]가 된다. 그림으로 살펴보자!

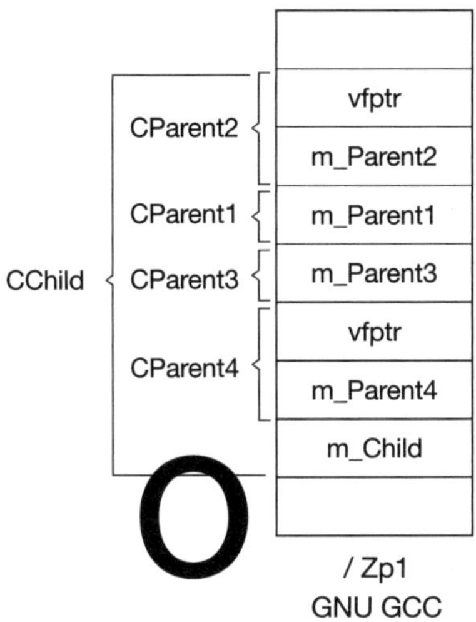

▲ **그림 8-15** 항목 6)의 b를 나타내는 클래스 메모리 구조 – GNU GCC

〈그림 8-15〉에서 알 수 있듯이 GCC에서도 vfptr이 있는 클래스가 메모리 위치가 정해질 때 우선순위를 가지긴 하지만, main vfptr이 되는 경우에 한해서만 적용된다는 것이다. VC++ 경우에는 vfptr이 있는 CParent2, CParent4에 대해서 모두 우선 순위가 적용되지만 GCC에서는 main vfptr을 가질 수 있는 CParent2에 대해서만 우선 순위가 적용된다. 이 차이는 사실 그리 중요한 것은 아니다. 정말 중요한 것은 바로 두 컴파일러의 공통점이다. 바로 main vfptr을 만들기 위하여 클래스의 위치를 조정한다는 사실이다.

이것으로 vfptr이 구성되는 원칙에 대해서 알아보았다. 그러나 이것도 완전히 절대적인 것은 아니다. 언제나 그렇듯이 늘 예외는 있는 법이다. 항목 부분에도 적어놨지만 가상 상속의 경우 이런 모든 원칙이 그대로 적용되는 것은 아니다. 가상 상속에서 vfptr의 원칙이 모두 적용될 수 없는 근본적인 이유는 가상 기저 클래스의 위치가 정해지는 원칙이 일반 부모 클래스의 위치가 정해지는 것과는 전혀 다르기 때문이다. 가상 상속과 가상 함수의 관계에 대해서는 다음 절에서 설명하겠다.

이 정도면 충분하게 vfptr의 메모리 구조에 대해서 전반적인 정리를 한 것 같다. 가장 중요한 것 몇 가지를 요약해 본다면 일반적인 다중 상속에서는 vfptr이 여러 개 있을 수 있다는 것과 여러 개의 vfptr 중에서도 항상 main vfptr이 정해진다는 사실 그리고 main vfptr은 어떤 경우에도 항상 클래스 메모리 구조의 시작 위치에 놓이게 되며 해당 클래스에서 선언되는 가상 함수가 추가되는 VTable을 가리키고 있다는 것이 핵심이 아닐까 생각된다.

근본적인 물음이 생길 수도 있을 것이다. 왜 컴파일러는 복잡함을 무릅쓰고 main vfptr을 메모리 시작 위치에 놓으려고 하는 것일까? 이 부분에 대해서는 뒤에서 자세히 설명하겠으나 간략하게 설명하면 그렇게 하는 것이 가상 함수를 호출하는 부분을 더욱 단순화할 수 있기 때문이다. 만일 main vfptr이 메모리 시작 위치에 있지 않다면 가상 함수를 호출하기 위하여 vfptr의 위치부터 찾아야 하는 오버헤드가 생길 수 있으며 이것은 성능의 하락을 가져올 수 있다. main vfptr 원칙을 적용하는 시점은 컴파일 타임이지만 가상 함수를 호출하는 시점은 런타임이기 때문이다. 컴퓨터공학에서 일반적으로 말하는 성능이라는 것은 바로 런타임을 기준으로 하고 있기 때문이다.

➔ 8.7.2. 포인터 this

[함수]장에서 클래스의 비가상 멤버 함수에 대한 숨은 인자 this에 대하여 많은 설명을 하였다. 잠깐 요약하자면 비가상 멤버 함수는 자신이 정의된 클래스의 멤버에 접근하기 위하여 해당 클래스의 객체를 나타내는 this를 필요로 하며, 그러기 위하여 함수 호출측(caller)에서는 호출 전 객체의 주소를 특별한 레지스터에 입력하여 넘기고 함수(callee)에서는 레지스터를 이용하여 this를 사용할 수 있다고 했다. 그러나 이런 동작 방식은 가상 함수에서는 약간 다르게 나타난다. 비가상 멤버 함수와 가상 함수의 호출 구조 자체가 다르기 때문이다. 지금부터 비가상 멤버 함수와 가상 함수와의 차이를 확실히 알아보자! 기존에 배운 내용이 다시 한 번 나오기 때문에 복습도 될 것이다.

```
class CParent1
{
public:
   void Func1() {}
   void Func1_N() {}

   virtual void VFunc1() {}
   virtual void VFunc1_N() {}
};


class CParent2
{
public:
   void Func2() {}
   void Func2_N() {}

   virtual void VFunc2() {}
   virtual void VFunc2_N() {}
};


class CChild : public CParent1, public CParent2
{
public:
   void Func1() {}
   void Func2() {}
   virtual void VFunc1() {}
   virtual void VFunc2() {}
};


void main()
{
   CChild c;

   c.Func1();          // (1) ecx = &c
   c.Func1_N();        // (2) ecx = &c
   c.Func2();          // (3) ecx = &c
   c.Func2_N();        // (4) ecx = &c + 4
```

```
    c.VFunc1();                 // (5) ecx = &c
    c.VFunc1_N();               // (6) ecx = &c
    c.VFunc2();                 // (7) ecx = &c + 4
    c.VFunc2_N();               // (8) ecx = &c + 4
}
```

〈소스 8-38〉은 멤버 함수 호출시 this가 어떻게 결정되는지를 테스트하기 위한 코드이다.
그래서 다중 상속을 이용하였으며, 함수들은 두 종류로 나눠지도록 하였다. 한 종류는 자
식 클래스인 CChild에 재정의가 이루어지는 것이고, 다른 한 종류는 함수 이름 끝에 _N
이 붙은 것으로 CChild에서 재정의되지 않아서 부모 클래스의 정의를 그대로 물려받는
것이다. 참고로 위의 코드는 x86 시스템에서 수행된다고 가정하자.

기억날지 모르겠으나 비가상 멤버 함수를 호출할 때 this가 정해지는 원칙이 있다. 바로
실제 호출되는 함수가 정의되어 있는 클래스 객체의 주소를 this로 넘긴다는 것이다. this
를 넘길 때는 x86에서는 ecx, x64에서는 rcx 레지스터에 클래스 객체 주소를 대입한다. 그
리고 각 함수에서는 넘겨받은 ecx나 rcx를 this로 사용하게 된다. 이런 점을 기억하면서
실제 코드는 어떻게 구성되는지 살펴보자. 그 전에 코드를 쉽게 이해할 수 있도록 클래스
메모리 구조도 함께 살펴보도록 하자.

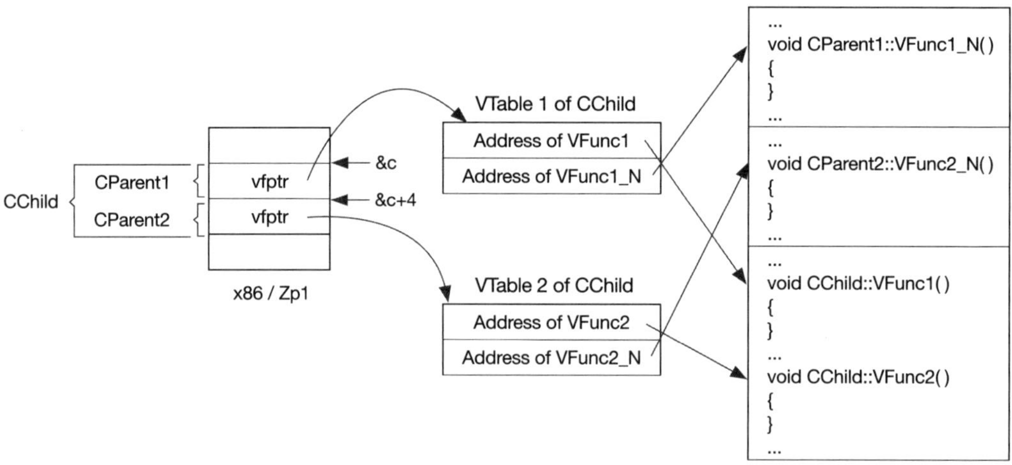

▲ **그림 8-16** 포인터 this를 위한 클래스 구조

(1)의 Func1은 CChild에 재정의되어 있다. 따라서 ecx에는 CChild의 객체 주소인 &c를 대입하여 넘긴다. 당연히 Func1에서는 ecx를 this로 사용하면 된다.

(2)의 Func1_N은 CParent1에 정의되어 있다. CParent1의 시작 주소는 &c와 같으므로 역시 ecx에 &c를 대입하여 넘긴다.

(3)의 Func2는 CChild에 재정의되어 있다. 따라서 ecx에 &c를 대입하여 넘긴다.

주의할 부분은 (4)이다. Func2_N 함수는 CParent2에 정의되어 있다. 즉, CParent2의 시작 주소를 ecx에 넘겨야 하는데, 그림을 통해서도 확인할 수 있지만 CParent2의 주소는 CParent1의 vfptr로 인하여 CParent1을 기준으로 4바이트만큼 떨어져 있다. 따라서 ecx에는 &c + 4를 대입하여 넘긴다(물론 x86이기 때문에 4바이트고, x64라면 8바이트가 된다). 일단 여기까지 비가상 멤버 함수에 대해서만 살펴보았다. 이제 가상 함수에 대해서 살펴볼 차례이다. 하나 기억할 게 있다. 총론은 같으나 각론은 다르다는 것이다.

비가상 멤버 함수의 경우 실제 호출되는 함수가 정의된 클래스 객체의 주소를 ecx나 rcx에 넘기고 그것이 함수 내부에서 this로 사용되었다. 그에 반해서 가상 함수의 경우 어떤 클래스에 정의가 되었는지는 this를 결정하는데 아무런 영향을 주지 못한다. 중요한 것은 가상 함수의 경우 호출되는 가상 함수 주소가 들어있는 VTable을 가리키는 vfptr을 가진 클래스 객체의 주소가 바로 ecx나 rcx에 대입된다는 사실이다. 문장이 길어져서 복잡할 수 있는데, 간단히 얘기해서 vfptr을 가진 클래스가 바로 기준이 된다는 것이다.

정리하면 비가상 멤버 함수는 실제 호출되는 함수가 정의된 클래스가 기준이고, 가상 함수는 실제 호출되는 함수가 연결되는 vfptr을 가진 클래스가 기준이 되는 것이다. 이런 점을 주의하면서 다시 코드를 살펴보자.

(5)에서 가상 함수 VFunc1은 실제 호출되면 CChild::VFunc1이 호출된다. 그림에서 따라가보면 결국 VTable1에 속해있고, 이것을 가리키는 vfptr은 CParent1에 속해있다. 따라서 ecx에 &c를 대입하여 넘기게 된다.

(6)도 마찬가지다. VFunc1_N은 실제 호출되면 CParent1::VFunc1_N이 호출되지만, 그림에서 따라가면 결국 CParent1의 vfptr로 연결된다. 역시 ecx에 &c를 대입한다.

(7)을 잘 살펴보자. VFunc2는 CChild::VFunc2를 호출하지만 그림에서 따라가면 결국 CParent2의 vfptr로 연결된다. 기준 클래스가 CParent2가 되므로 그림에서처럼 CParent2의 기준주소인 &c + 4를 ecx에 대입하여 넘기게 된다.

(8)의 VFunc2_N도 같은 방식으로 하면 ecx는 &c + 4가 되는 것을 쉽게 이해할 수 있을 것이다.

위의 결과를 살펴보았을 때 의문이 들 수 있다. 가상 함수 내부에서는 입력으로 넘어온 ecx나 rcx를 어떻게 해석하여 this로 사용할까? 이것을 자세히 확인해보기 위하여 소스와 함께 그림을 살펴보자.

[소스 8-39] 가상 함수에서 포인터 this

```cpp
class CParent1
{
public:
    virtual void VFunc1() {}
};

class CParent2
{
public:
    virtual void VFunc2() {}
};

class CChild : public CParent1, public CParent2
{
public:
    virtual void VFunc2()
    {
        void* p = this;                 // (C)
        /*
        mov     dword ptr [ebp-8],ecx       // (C-1)
        mov     eax,dword ptr [ebp-8]       // (C-2)
        sub     eax,4                       // (C-3)
        mov     dword ptr [p],eax           // (C-4)
```

```cpp
        */
    }
};

void main()
{
    CChild* pC = new CChild;
    CParent2* pP2 = pC;                    // (1)
    pP2->VFunc2();                         // (2)
    /*
    mov   eax,dword ptr [pP2]             // (B-1)
    mov   edx,dword ptr [eax]             // (B-2)
    mov   ecx,dword ptr [pP2]             // (A)
    mov   eax,dword ptr [edx]             // (B-3)
    call eax                              // (B-4)
    */
    delete pC;
}
```

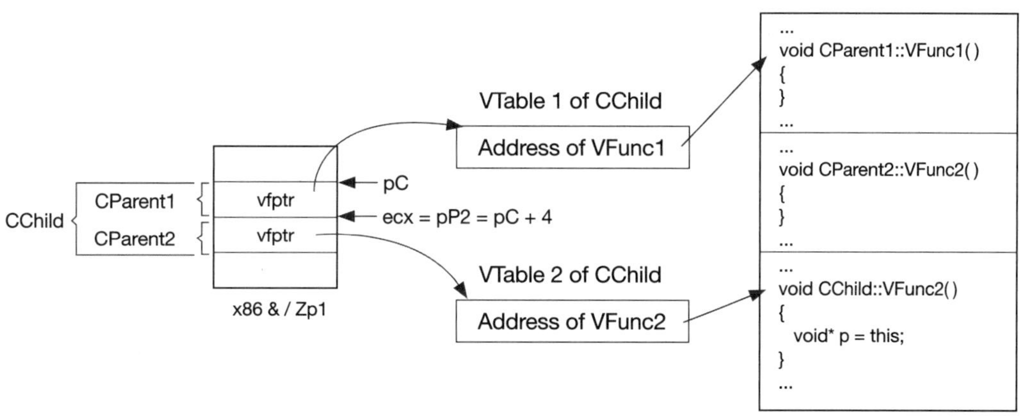

▲ 그림 8-17 가상 함수에서 포인터 this 클래스 구조

〈소스 8-39〉는 가상 함수에서 this 포인터가 어떻게 처리되는지를 보이기 위한 것이다. CChild는 두 개의 부모 클래스 CParent1, CParent2를 다중 상속한다. 가상 함수 VFunc2 는 CParent2에 처음으로 선언 및 정의되었고, CChild에서 재정의되었다. 이제 (1)을 살펴

보자! 먼저 CChild* pC를 CParent2* pP2로 타입 변환한다. 그리고 (2)에서는 pP2를 이용하여 VFunc2를 호출한다. 그 아래의 코드는 (2) 호출 부분이 실제로 변환된 어셈블리이며 두 부분 (A), (B)로 나누어진다. 〈그림 8-17〉은 어셈블리 코드의 실제 메모리 구조를 보여주고 있기 때문에 함께 살펴본다면 코드 분석에 도움이 될 것이다.

가장 중요한 부분은 (A)이다. ecx에 pP2가 대입된다. 즉, ecx는 CParent2의 시작 주소를 나타낸다. ecx에 CParent2의 시작 주소가 대입되는 이유는 가상 함수 VFunc2를 호출한 객체가 pP2이기 때문이 아니라 VFunc2가 처음으로 선언된 클래스가 바로 CParent2이기 때문이다. 다시 한 번 강조하지만 ecx에 CParent2 시작 주소가 대입되는 이유는 꼭 기억해야 한다. 처음으로 선언되었다는 것은 실제 호출된 함수인 VFunc2가 속한 테이블을 가리키는 vfptr이 CParent2 소속이라는 것을 의미한다. 실제 그림으로 살펴보면 CChild::VFunc2는 CParent2의 vfptr에 이어진다.

(B-1)에서 (B-4)까지는 실제 호출해야 할 가상 함수 주소를 구하는 부분이다. (B-1)에서 eax에 pP2가 대입된다. 즉, eax는 CParent2의 시작 주소를 나타낸다. (B-2)에서는 eax가 나타내는 주소에 있는 값을 가져오는데 바로 CParent2의 vfptr이다. 즉, edx에는 CParent2의 vfptr이 대입된다. VFunc2가 CParent2에 처음으로 선언되었기에 CParent2의 vfptr이 가리키는 VTable에 VFunc2의 실제 주소가 들어가 있는데, (B-3)에서 eax에 함수 주소를 대입한다. 즉, eax에는 CChild::VFunc의 실제 주소가 들어가게 된다. 이제 (B-4)에서 구해진 주소 eax를 call하게 된다. 그로 인해서 CChild::VFunc2의 (C)부분으로 실행 흐름이 옮겨간다.

(C)에서는 this를 어떻게 구하는지 확인하기 위하여 간단히 this를 void* p에 대입하는 코드를 추가하였다. 아래 부분은 바로 해당 코드의 어셈블리이다. (C-1)을 살펴보자! ecx를 임시 공간인 ebp - 8 위치에 복사한다. 그리고 다시 (C-2)에서 ebp - 8 위치의 값을 읽어서 eax에 대입한다. 즉, 두 과정을 통해서 eax = ecx가 수행된다. 중요한 부분은 (C-3)이다. eax에 4를 뺀다. 즉, eax = eax - 4가 되는 것이다. 그리고 이 값은 (C-4)에서 드디어 void* p에 대입되는 것이다. (C)의 과정을 식으로 표현하면 다음과 같다.

```
void* p = ecx - 4;
```

결국 함수 호출 전에는 ecx에 pP2(= pC + 4)를 대입하여 넘기면, 함수 안에서는 ecx - 4
를 통해서 this(= pC)를 복원하는 것이다.

이번에는 조금 다른 코드를 살펴보자.

[소스 8-40] 가상 함수에서 포인터 this

```
class CParent1
{
public:
  virtual void VFunc1() {}
};
class CParent2
{
public:
  virtual void VFunc2() {}
};

class CChild : public CParent1, public CParent2
{
public:
  virtual void VFunc2()
  {
    void* p = this;                          // (C)
    /*
    mov   dword ptr [ebp-8],ecx              // (C-1)
    mov   eax,dword ptr [ebp-8]              // (C-2)
    sub   eax,4                              // (C-3)
    mov   dword ptr [p],eax                  // (C-4)
    */
  }
};

void main()
{
```

```
        CChild* pC = new CChild;
        pC->VFunc2();                           // (2)
        /*
        mov   ecx,dword ptr [pC]                // (A-1)
        add   ecx,4                             // (A-2)
        mov   eax,dword ptr [pC]                // (B-1)
        mov   edx,dword ptr [eax+4]             // (B-2)
        mov   eax,dword ptr [edx]               // (B-3)
        call eax                                // (B-4)
        */
        delete pC;
    }
```

〈소스 8-40〉은 〈소스 8-39〉에서 main 함수 부분만 변경한 것이다. 변경 부분은 (1)을 삭제하고, (2)의 pP2를 pC로 바꾼 것이다. 즉, CChild* pC를 기준으로 VFunc2를 호출하였다. 그 아래는 (2)에 대한 어셈블리이다.

(A-1)에서 ecx에 pC를 대입한다. 그리고 (A-2)에서 ecx에 4를 더한다. 즉, ecx = pC + 4 가 된다. pC + 4는 무엇인가? 그림에서 볼 수 있듯이 바로 pP2가 된다. 결국 ecx에는 pP2 가 대입되어 넘어간다.

(B-1)에서 (B-4)까지는 실제 호출해야 할 가상 함수 주소를 구하는 부분이다. (B-1)에 서 eax에 pC가 대입된다. (B-2)에서는 eax + 4가 나타내는 주소에 있는 값을 가져오는데 바로 CParent2의 vfptr이다. 즉, edx에는 CParent2의 vfptr이 대입된다. 이후 과정은 이미 설명한 것과 동일하다. (B-3)에서 eax에는 CChild::VFunc의 실제 주소가 들어가게 된다. 이제 (B-4)에서 구해진 주소 eax를 call하게 된다. 그래서 CChild::VFunc2의 (C)로 실행 흐름이 옮겨간다.

(C)에서 하는 일은 이미 설명한 것처럼 ecx - 4를 통해서 this(= pC)를 복원하는 것이다.

결국 이 코드에서 중요한 점은 ecx에 넘어가는 값은 호출 객체의 주소가 아니라, 호출되 는 함수가 처음 선언된 클래스 객체의 주소라는 사실이다. 만일 함수가 선언된 클래스 객 체의 주소가 아니라 호출 객체의 주소가 ecx에 대입될 경우, 즉, ecx가 pP2가 되거나 pC

가 될 경우에는 그에 상응하도록 CChild::VFunc2에서 this를 구하기 위하여 ecx를 그대로 쓰거나 4를 빼야만 한다. 이것의 의미는 호출하는 객체에 따라서 어셈블리가 동적으로 변경되어야 한다는 것인데, 이것은 사실상 불가능한 일이다. 왜냐하면 어셈블리는 런타임이 아니라 컴파일 타임에 결정되기 때문이다. 따라서 가상 함수 호출시에 this를 처리하는 가장 확실한 방법을 생각해냈는데, 그것이 바로 가상 함수의 경우 실제 연결되는 vfptr을 가진 클래스 객체를 기준으로 포인터 값을 ecx에 넘기고, 실제 호출되는 함수 쪽에서는 ecx를 함수 자신이 정의된 실제 클래스 객체 포인터가 되도록 this를 계산하는 것이다.

실제로 비가상 멤버 함수와 가상 함수의 어셈블리 코드를 직접 비교해보면서 확실히 차이점을 이해해보자.

[소스 8–41] 비가상 멤버 함수와 가상 함수의 어셈블리 비교

```
class CParent1
{
public:
   virtual void VFunc1() {}
};

class CParent2
{
public:
   virtual void VFunc2() {}
};

class CChild : public CParent1, public CParent2
{
public:
void FuncC()
   {
     void* p = this;
     /*
     ...
     mov     dword ptr [ebp-8],ecx               // (C-1)
     mov     eax,dword ptr [ebp-8]               // (C-2) eax = ecx
```

```cpp
        mov     dword ptr [p],eax           // (C-3) p = eax
    */
    }

    virtual void VFunc2()
    {
        void* p = this;
        /*
        ...
        mov     dword ptr [ebp-8],ecx        // (D-1)
        mov     eax,dword ptr [ebp-8]        // (D-2) eax = ecx
        sub     eax,4                        // (D-3) eax = eax - 4
        mov     dword ptr [p],eax            // (D-4) p = eax
        */
    }
};

void main()
{
    CChild c;
    CChild* pC = &c;

    pC->FuncC();
    /*
    mov   ecx,dword ptr [pC]                 // (A) ecx = pC
    call CChild::FuncC                       // 일반 함수 호출
    */

    pC->VFunc2();
    /*
    mov   ecx,dword ptr [pC]                 // (B-1) ecx = pC
    add   ecx,4                              // (B-2) ecx = pC + 4
    mov   edx,dword ptr [pC]                 // 가상 함수 호출 1
    mov   eax,dword ptr [edx+4]              // 가상 함수 호출 2
    mov   edx,dword ptr [eax]                // 가상 함수 호출 3
    call edx                                 // 가상 함수 호출 4
    */
}
```

<소스 8-41>은 비가상 멤버 함수와 가상 함수의 어셈블리 차이를 보여주기 위한 코드이
다. 클래스 CChild는 CParent1, CParent2를 다중 상속한다. 그리고 CParent1, CParent2에
는 각각 가상 함수가 정의되어 있다. 또한 CChild에는 비가상 멤버 함수 FuncC가 처음으
로 정의되어 있다. CChild의 구조는 이미 몇 번 그림으로 나왔으므로 생략한다.

먼저 함수 호출 방식을 비교해보자. (A)에서 비가상 멤버 함수인 FuncC를 호출한다.
FuncC가 정의된 클래스는 CChild이므로 ecx에는 CChild의 주소를 넘겨야 한다. 따라서
ecx에 pC를 대입하는 것이다.

(B)에서는 가상 함수 VFunc2를 호출한다. 제일 중요한 차이가 있다면 (B-2)에서 보듯이
ecx에 4를 더하는 것이다. 즉, ecx = pC + 4가 된다. 이것은 바로 CParent2의 주소가 된
다. 이미 충분히 설명했듯이, VFunc2가 비록 CChild에서 재정의되었지만, 처음 선언된
클래스가 바로 CParent2이기 때문이다. 그래서 ecx를 CParent2의 주소로 바꾸어주는 것
이다.

이제 함수를 호출했으니 함수 내부를 살펴보자. 먼저 비가상 멤버 함수인 FuncC를 살펴
보자! (C-1) ~ (C-3)을 살펴보면 함수 호출 전 넘겨진 ecx를 그대로 p에 대입한다. 즉,
p = this = ecx가 된다. 비교대상인 가상 함수인 VFunc2를 살펴보자. 비가상 멤버 함수와
크게 다르지 않은데, 결정적으로 차이가 나는 부분이 바로 (D-3) 부분이다. 바로 eax에서
4를 빼는 것이다. 이유는 간단하다. 가상 함수에 넘어오는 ecx는 가상 함수가 선언된 클
래스 주소만이 넘어오기 때문이다. 실제 VFunc2가 선언된 클래스는 CParent2이지만 정
의된 클래스는 CChild이다. 따라서 CParent2*에서 CChild*로 타입 변환이 필요하며, 그
오프셋은 4가 되기 때문에 4만큼 빼준 것이다. 결국 p = this = ecx - 4가 된다.

이것으로 비가상 멤버 함수와 가상 함수의 차이를 깊이 있게 파악해보았다. 바로 그 차이
가 가상 함수의 특징이 되는 것이라고 할 수 있다. 가상 함수의 포인터 this의 원리는 다중
상속뿐 아니라 단일 상속에서도 그대로 적용된다. 그럼에도 다중 상속에서 포인터 this의
원리를 다룬 이유는 단일 상속에서는 포인터 this의 원리가 제대로 드러나지 않는 경우가
대부분이기 때문이다.

단일 상속에서는 함수를 호출하는 객체의 주소가 함수가 실제 선언 및 정의된 클래스 객체의 주소와 거의 대부분 일치한다. 따라서 호출하는 객체의 주소가 ecx에 넘어가고 함수 안에서는 ecx를 그대로 this로 치환한다고 잘못 알고 있는 경우도 종종 있다. 그에 비해서 다중 상속에서 특히 두 번째 이상 부모 클래스부터는 포인터 this의 원리가 아주 극명하게 드러나게 된다. 이런 점 때문에 다중 상속을 가능하면 사용하지 않는 것이 좋다는 말이 나오는 것일 수도 있지만, 어찌되었건 다중 상속의 예를 통해서 좀 더 깊이 있는 C++의 원리를 이해할 수 있는 것은 다행이 아닐까 하는 생각이 든다.

➤ 8.7.3. Thunk Code

"In computer programming, a thunk is a subroutine that is created,

often automatically, to assist a call to another subroutine."

위 구문은 위키피디아 영문판에 나와있는 Thunk에 대한 설명이다. 이 책이 쓰여지는 시점인 현재 위키피디아 한국어판에는 Thunk에 대한 설명 페이지가 존재하지 않는다. 아쉽지만 영어 설명을 그대로 옮겨왔다. 어렵지 않은 영어라서 충분히 뜻을 이해할 수 있겠으나 굳이 설명을 하자면 다른 서브루틴이나 함수 등을 호출하기 위하여 자동적으로 생성되어 추가되는 코드조각 정도라고 할 수 있다. 지금은 정확히 무엇을 말하는지 이해하기 어려울 수 있겠으나 실제 컴파일러가 생성하는 Thunk(이하 썽크) 코드를 살펴보면 쉽게 이해할 수 있을 것이다. 여기서는 다중 상속의 가상 함수에서 사용되는 썽크 코드를 살펴볼 것이다.

그 동안 가상 함수에 대해서 배운 내용을 잠깐 정리해보자! 가장 대표적으로 인터페이스 타입을 통한 실제 타입의 함수 호출, 그리고 포인터 this의 처리 과정 등, 많은 내용이 있었다. 여기서는 기본적인 내용들이 응용되는 사례를 살펴볼 것이다.

```
class CParent1
{
public:
    virtual void VFunc() {}             // Common Function
    virtual void VFunc1() {}            // Only for CParent1
};


class CParent2
{
public:
    virtual void VFunc() {}             // Common Function
    virtual void VFunc2() {}            // Only for CParent2
};


class CChild : public CParent1, public CParent2
{
public:
    virtual void VFunc()                // (1)
    {
        void* p = this;                 // (2)
        /*
        mov   dword ptr [ebp-8],ecx
        mov   eax,dword ptr [ebp-8]
        mov   dword ptr [p],eax
        */
    }

    virtual void VFunc1() {}
    virtual void VFunc2() {}
};


void main()
{
    CChild* pC = new CChild;

    CParent1* pP1 = pC;                 // (A)
```

```cpp
    pP1->VFunc();                      // (A-1)
    pP1->VFunc1();                     // (A-2)

    CParent2* pP2 = pC;                // (B)
    pP2->VFunc();                      // (B-1)
    pP2->VFunc2();                     // (B-2)

    delete pC;
}
```

〈소스 8-42〉는 가상 함수를 종합적으로 사용하는 코드이다. 눈여겨볼 점은 CChild가 두 개의 부모 클래스인 CParent1, CParent2를 다중 상속하였다는 것이며, 두 개의 부모 클래스 CParent1, CParent2는 공통으로 가상 함수인 VFunc를 선언하고 있으며, 개별적으로는 CParent1에서는 VFunc1, CParent2에서는 VFunc2를 각각 선언하고 있다. 그리고 CChild는 부모들의 모든 가상 함수를 상속받아서 재정의하고 있다.

이미 배운 것처럼 CChild는 실제 타입을 나타내는 클래스이며, CParent1, CParent2는 부모 클래스이므로 인터페이스 타입으로 사용될 수 있다. (A), (B)는 인터페이스 타입을 사용하여 일반적으로 가상 함수를 사용하는 방식을 나타내고 있다. CChild 객체를 가리키는 pC는 각각 인터페이스 타입인 CParent1*, CParent2*로 타입 변환하여 사용될 수 있다. 이때 주의할 점은 (A-2), (B-2)와 같이 인터페이스 타입에서 가상 함수를 호출할 때는 인터페이스 타입 클래스에 선언된 가상 함수만 호출할 수 있다는 것이다. 즉, CParent1에서는 VFunc, VFunc1만 호출 가능하고, CParent2에서는 VFunc, VFunc2만 호출 가능하다.

이제 본론으로 들어가보자. (A-1), (B-1)을 살펴보자. 각각 CParent1과 CParent2를 기준으로 공통의 가상 함수 VFunc를 호출한다. 가상 함수 호출 방식에 의해서 결국 실제 호출되는 함수는 (1)이 가리키는 CChild::VFunc이다. 편의를 위하여 (2) 부분의 어셈블리까지 실어놓았다. 당연히 잘 이해하고 있겠지만 그림으로 연결관계를 확인해보자!

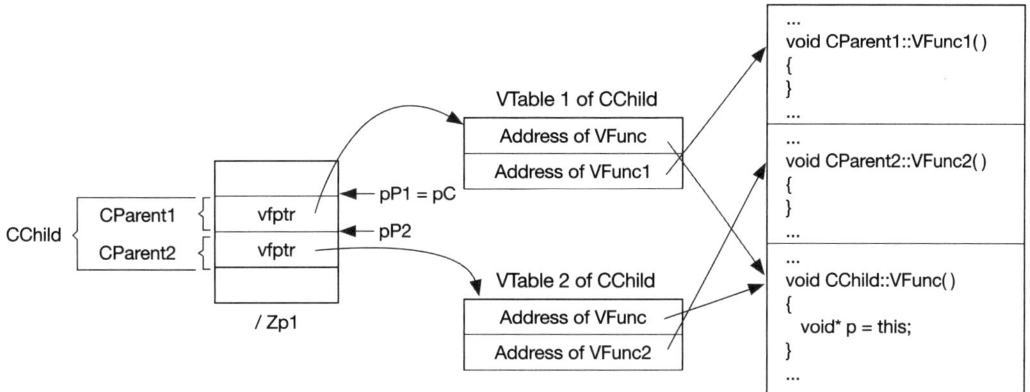

▲ **그림 8–18** 다중 상속 가상 함수 Thunk 1

〈그림 8–18〉에서 알 수 있듯이 CParent1, CParent2에는 각각 vfptr이 있으며 이것이 가리키는 VTable1, VTable 2에는 같은 이름으로 선언된 VFunc의 주소가 들어가게 된다. 그리고 CChild가 바로 실제 타입이므로 실제 타입에서 정의된 함수 CChild::VFunc의 주소가 VTable1, VTable2에 모두 들어가게 되는 것이다. 각각의 VTable 맨 위 항목의 VFunc에서 나온 화살표 두 개가 CChild::VFunc를 가리키고 있음을 확인할 수 있다. 여기까지는 사실 그리 어려운 것은 없다. 그러나 이 구조에는 중대한 문제가 하나 있다. 사실 〈그림 8–18〉은 정확한 구조를 나타내고 있는 것은 아니다. 무슨 뜬금없는 소리인지 당황스럽겠지만 실제 구조가 정말로 〈그림 8–18〉과 같다면 CChild::VFunc는 제대로 동작할 수가 없다. 무엇이 잘못되었는지 전혀 감이 오지 않는다면 바로 전에 나왔던 포인터 this의 원리와 함께 생각해보자.

지금부터 포인터 this의 원리를 〈그림 8–18〉에 적용해보자.

1) (A–1)의 pP1–>VFunc( );에서 ecx에는 어떤 값이 들어가게 될까? 바로 vfptr이 존재하는 클래스인 CParent1의 시작 주소가 들어가게 된다. 즉, ecx = pP1이다.

2) 실제로 호출된 함수 CChild::VFunc는 어떻게 this를 처리하는지 살펴보자! (2) 부분의 어셈블리를 확인하면 p = ecx이다. 즉, ecx를 this로 이용하는 것이다. pP1 = pC이므로 호출하는 쪽과 호출당하는 쪽 모두 정확히 this를 넘길 수 있게 되었다.

3) (B-1)의 pP2->VFunc();에서 ecx에는 어떤 값이 들어가게 될까? 바로 vfptr이 존재하는 클래스인 CParent2의 시작 주소가 들어가게 된다. 즉, ecx = pP2이다.

4) 실제로 호출된 함수 CChild::VFunc는 이미 정해져 있다. 2)에서 살펴본 것처럼 ecx를 this로 여기게 된다. CChild::VFunc에서 의미하는 this는 바로 pC이어야 하는데, ecx로 넘어온 값은 pP2이고 이것은 pC와는 다르다. 즉, 이 상태로는 CChild::VFunc가 제대로 동작하지 않을 것이다.

결국 〈그림 8-18〉과 같은 구조에서는 다중 상속에서 공통의 가상 함수를 제대로 처리할 수 없는 문제가 발생한다. 그러나 여기에서 무너질 수는 없지 않은가? 컴파일러와 링커에 적용된 포인터 this 원리를 비롯하여 많은 기술적인 구조들을 송두리째 폐기하고 새로운 설계를 적용하는 것은 어려운 일이다. 게다가 지금의 디자인보다 더 나은 혁신적인 디자인이 있는지도 의문이다. 그래서 나온 방법이 바로 썽크이다. 썽크는 적당한 우리말로 표현하면 땜빵 코드 정도가 어울리지 않을까 생각된다. 즉, 특별한 경우에 한해서 일부 코드를 추가하여 정상 동작하도록 코드를 보완하는 것이라고 할 수 있다.그럼 컴파일러는 어떻게 위와 같은 문제에 대해서 땜빵 처리를 하는지 살펴보자.

(A-1)과 같은 경우는 아무 문제가 없었다. 문제가 발생하는 경우는 바로 (B-1)과 같은 경우이다. 즉, (B-1)과 같은 경우에 한해서만 컴파일러는 썽크 코드를 추가한다. 코드 내용은 어떻게 될까? 굉장히 간단하다. pP2로 설정된 ecx에 대하여 적당히 가감하여 pP1으로 만드는 것이다. 그리고 함수를 호출하면 아무 문제도 발생하지 않을 것이다. 이제 실제 썽크 코드를 확인해보자.

[소스 8-43] Assembly Thunk Code

```
pP2->VFunc();
mov   eax,dword ptr [pP2]          // (1)
mov   edx,dword ptr [eax]          // (2)
mov   ecx,dword ptr [pP2]          // (A)
mov   eax,dword ptr [edx]          // (3)
call  eax                          // (4)
```

```
[thunk]:CChild::VFunc`adjustor{4}':
sub   ecx,4                           // (5)
jmp   CChild::VFunc                   // (6)
```

〈소스 8-43〉은 실제 어셈블리로 이루어진 썽크 및 관련 코드를 나타낸다. 실제 썽크 부분은 (5), (6)이다. (A)를 살펴보자. ecx에 pP2를 대입한다. (1)에서 (4)까지는 vfptr이 가리키는 VTable의 첫 번째 항목의 주소를 call하는 과정이다. 여기서 주의할 점이 있는데, (4)의 eax에 들어있는 주소가 바로 (5)에서 시작되는 썽크 코드라는 것이다. 즉, call eax 이후 (5)부터 실행이 이어진다.

썽크 코드의 역할은 굉장히 단순하다. (5)에서 보듯이 ecx를 4만큼 감소시킨다. 〈그림 8-18〉의 클래스 구조에서 보듯이 pC = pP1 = pP2 - 4 관계가 성립된다. 따라서 ecx에서 4를 감소시키면 ecx에는 pP2가 아닌 pC가 들어가게 된다. 그리고 (6)에서는 jmp 명령을 통해서 실제 CChild::VFunc를 호출하게 된다. 결국 어셈블리로 단 두줄 정도인 썽크 코드를 통해서 다중 상속에서 가상 함수가 원래의 방식대로 제대로 동작할 수 있게 되는 것이다.

썽크 코드와 관련되어 실제 추가적으로 이루어진 작업은 두 가지이다. 첫 번째로 썽크 코드의 생성이며, 두 번째로 VTable에 함수 주소가 아닌 썽크 코드의 주소를 대신 입력한 것이다. 이제 썽크 코드가 적용된 제대로 된 클래스 구조 그림을 그릴 수 있게 되었다.

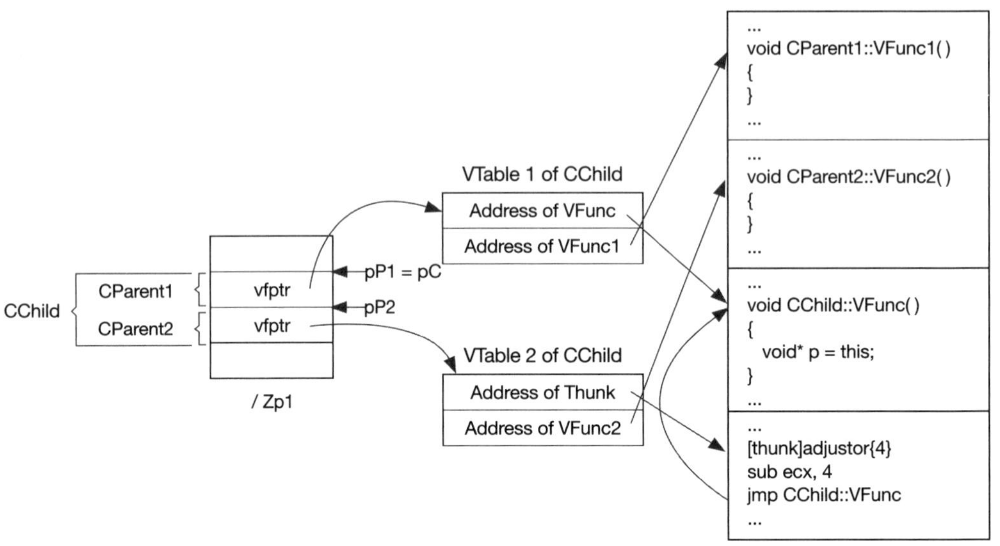

▲ 그림 8-19 다중 상속 가상 함수 Thunk 2

이제는 썽크 코드가 무엇인지 제대로 느꼈을 것이다. 아무리 생각해도 필자 느낌에는 어셈블리 땜빵 코드 정도가 제일 어울리는 것 같다. 썽크 코드는 다중 상속의 가상 함수뿐 아니라 꽤 많이 다양하게 쓰이고 있다. 각각 성격이 다르기 때문에 뭐라고 콕 집어서 얘기할 순 없지만 대략 '이런 것이 썽크구나!'라는 감은 익혔을 것이라고 생각한다.

8.8. 가상 상속과 가상 함수

이번 절은 가상 함수에서도 제일 까다로운 부분이다. 이미 앞 절에서 설명했듯이 가상 함수에 관한 원리들이 가상 상속에서는 제대로 통하지 않는 경우가 많이 있기 때문이다. 가상 상속과 일반 상속의 구조 자체가 다르기 때문에 어쩔 수 없이 나타나는 현상이다. 까다로운 것에 비해서 중요도는 그리 높지 않은 것 같다. 가상 상속 구조에서 가상 함수를 사용하는 경우가 무척 드물기 때문이다. 완벽하게 가상 상속 구조에서 가상 함수를 지원하기 위해서는 컴파일러의 설계가 복잡해질 수밖에 없다. 그래서 몇몇 컴파일러는 과감하게 제한을 두기도 한다. 따라서 이번 절은 가상 함수의 원리에서 예외적인 경우를 살펴본다는 마음으로 가볍게 읽으면 좋겠다.

➡ 8.8.1. 가상 상속과 vfptr

이전 절에서 vfptr의 생성 및 위치에 관한 주요 원칙들을 살펴보았다. 몇몇 항목들이 있었는데(기억이 나지 않는다면 다시 한 번 살펴보자), 그 중에서 항목 5)와 항목 6)-b의 경우 가상 상속에서는 유효하지 않을 수 있다고 하였다. 이번 파트는 유효하지 않은 경우를 다루어보면서 가상 상속과 가상 함수에 대한 이해를 좀 더 증진시키는 계기로 삼고자 한다.

[소스 8-44] 가상 상속의 vfptr 1

```
class CParent
{
public:
   virtual void VFuncP() = 0;
   int m_Parent;
};

class CChild : virtual public CParent                    // (1)
{
public:
   virtual void VFuncP() {}
   int m_Child;
};
```

〈소스 8-44〉에서 제일 중요한 부분은 (1)의 virtual이다. 클래스 CChild는 CParent를 가상 상속한다. 따라서 CParent는 가상 기저 클래스가 된다. 따라서 CChild에는 virtual base table을 가리키는 vbptr이 생성된다. 또한 가상 함수 VFuncP를 물려받았으므로 vfptr도 생성될 것이다. 그러나 여기서 vfptr의 위치가 일반 상속과는 조금 다르다.

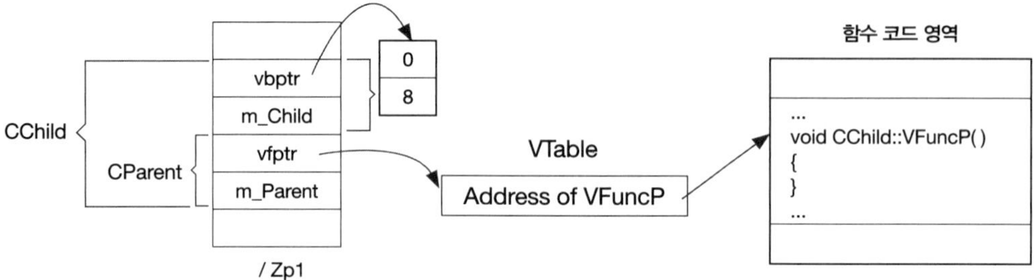

▲ **그림 8-20** 다중 상속 가상 함수 vfptr 1

〈그림 8-20〉은 가상 상속의 vfptr의 특징을 보여준다. 일반 상속이었다면 CParent가 메모리 가장 위쪽에 위치할 것이기에 vfptr은 CParent와 CChild가 공용으로 사용하는 main vfptr이 되었을 것이다. 그러나 가상 상속이기에 CParent는 메모리 가장 아래쪽에 위치하게 되며, 어쩔 수 없이 vfptr도 메모리 시작 위치에 있지 않은 경우가 발생하게 되는 것이다. 그림으로 보면 헷갈릴 수 있는데 현재 메모리 시작 위치에 있는 것은 vbptr로 가상 기저 클래스 오프셋 테이블 포인터이다. 따라서 이와 같은 경우는 vfptr이 항상 메모리 시작 위치에 있어야 한다는 원칙에 위배될 수 있다.

이번에는 새로운 경우를 살펴보자.

[소스 8-45] 가상 상속의 vfptr 2

```cpp
class CParent
{
public:
    virtual void VFuncP() = 0;
    int m_Parent;
};

class CChild : virtual public CParent
{
public:
    virtual void VFuncP() {}
```

```cpp
    virtual void VFuncC() {}                 // (1)
    int m_Child;
};
```

〈소스 8-45〉는 〈소스 8-44〉에 단 한 줄만 추가되었다. 바로 (1)에서 가상 함수 VFuncC 가 CChild에 처음으로 선언 및 정의되었다. 가상 함수가 새롭게 선언되면 보통 main vfptr 이 가리키는 VTable에 함수가 추가되는 것이 원칙이다. 그러나 이미 예제를 통해서 살펴 본 것처럼 가상 상속에서는 vfptr이 메모리 시작 위치에 있지 않을 수도 있다. 즉, main vfptr이 존재하지 않는 경우도 있는 것이다. 이런 경우에는 새롭게 main vfptr을 생성하게 된다. 그림으로 보면서 살펴보자!

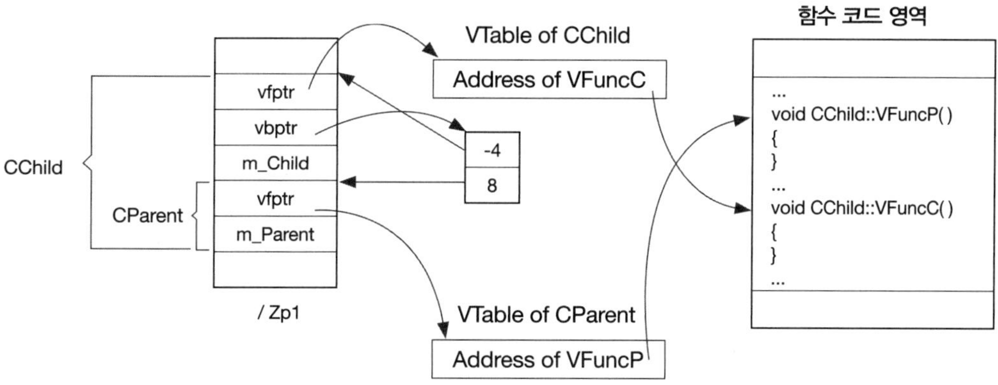

▲ 그림 8-21 다중 상속 가상 함수 vfptr 2

CChild에 가상 함수 하나가 새롭게 추가되었을 뿐인데, 메모리 구조는 확연하게 달라진 다. 일단 메모리 시작 위치에 vfptr이 생성되었다. 이것은 이제 main vfptr 역할을 수행한 다. 따라서 CChild::VFuncC는 main vfptr이 가리키는 테이블에 포함된다. 중요한 점은 이미 상속받은 CChild::VFuncP는 main vfptr이 가리키는 테이블에 포함되지 않는다는 것 이다.

main vfptr이 생성됨으로써 부가적인 변화가 따르게 된다. 바로 가상 기저 클래스의 오

프셋 테이블을 가리키는 vbptr이 아래쪽으로 밀린다는 것이다. 오프셋 테이블의 항목은 vbptr의 위치를 기준으로 하는 오프셋을 담고 있다. 따라서 vbptr이 밀림으로써 오프셋들도 전부 변하게 된다. 그림에서 볼 수 있듯이 [−4 | 8]을 나타낸다. −4는 vbptr을 기준으로 자기 자신 클래스인 CChild까지의 오프셋을 의미하고, 8은 vbptr을 기준으로 가상 부모 클래스 CParent까지의 오프셋을 의미한다.

여기까지의 내용을 바탕으로 가상 상속과 vfptr을 간단하게 정리하자! 가상 상속에서는 물려받은 vfptr이 메모리 시작 위치에 있지 않을 수도 있다는 것과 물려받은 vfptr이 main vfptr이 아닐 경우 main vfptr을 생성하기 위하여 추가적으로 vfptr이 생성될 수 있다는 것이다. 가상 상속의 이런 특이한 구조는 컴파일러 설계에 어려움을 주기도 한다. 그래서 몇몇 컴파일러들은 가상 상속의 특정 부분은 구현하지 않는 경우도 있다.

➤ 8.8.2. Thunk Code

이미 앞 절에서도 썽크 코드에 대하여 알아보았다. 여기서는 또 다른 용도의 썽크 코드에 대해서 알아볼 것이다. 썽크 코드가 사용된다는 것은 특정 구조에서는 설계 원리와 원칙이 지켜지기 어렵다는 것을 의미한다. 가상 상속은 이미 살펴본 것처럼 가상 함수의 원리 원칙이 지켜지기 어려운 구조임을 알 수 있었다. 그래서 실제로 썽크 코드가 곳곳에 사용되기도 한다. 가상 상속에서의 썽크 코드를 확인해보자!

[소스 8-46] 가상 상속 클래스의 가상 함수 Thunk Code

```
class CParent
{
public:
    virtual void VFunc() = 0;
    int m_Parent;
};

class CChild : virtual public CParent
{
```

```cpp
public:
  virtual void VFunc()
  {
    void* p = this;
    /*                              // (A) - Assembly
    ...
    mov   dword ptr [ebp-8],ecx     // (A-1)
    mov   eax,dword ptr [ebp-8]     // (A-2) eax = ecx
    sub   eax,8                     // (A-3) eax = eax - 8
    mov   dword ptr [p],eax         // (A-4) p = eax
    */
  }

  int m_Child;
};

class CGrandChild : public CChild
{
public:
  int m_GrandChild;
};

void main()
{
  CParent* pParent = NULL;

  CChild c;                         // (1)
  pParent = &c;
  pParent->VFunc();

  CGrandChild gc;                   // (2)
  pParent = &gc;
  pParent->VFunc();
  /*     // (B) - Thunk Code
  [thunk]:CChild::VFunc`adjustor{4}':
  sub   ecx,4
  jmp   CChild::VFunc
  */
}
```

〈소스 8-46〉은 가상 상속 구조에서 썽크 코드가 어떻게 사용되는지를 보여주는 예제이
다. 이미 몇몇 코드에는 어셈블리를 주석으로 달아놓았다. 최상위 클래스 CParent가 있
고, CChild는 CParent를 가상 상속한다. 그리고 CGrandChild는 CChild를 일반 상속한다.
먼저 클래스의 메모리 구조부터 살펴보자!

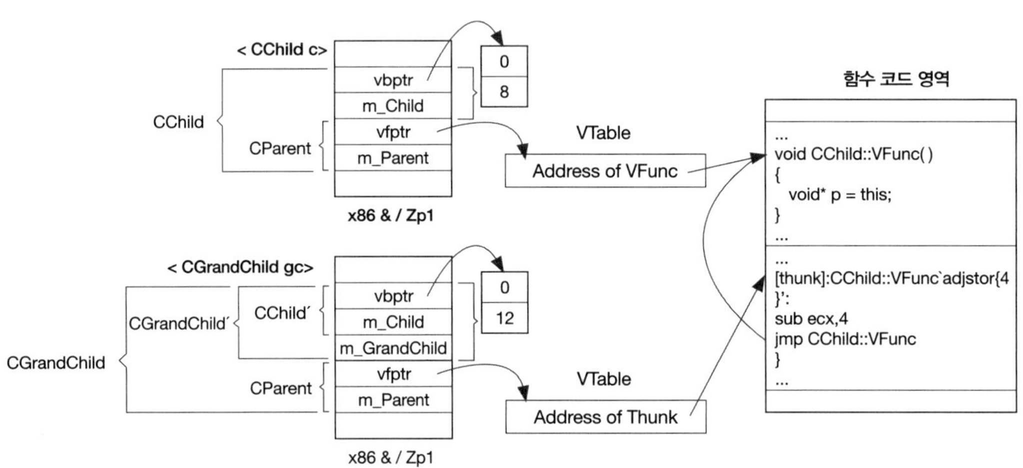

▲ 그림 8-22 가상 상속 클래스의 가상 함수 Thunk Code

가상 상속 클래스는 실제 객체에 따라서 내부 클래스들 간의 순서 및 오프셋이 변한다는
사실을 알고 있다. 즉, (1), (2)에서 객체 c와 gc의 메모리 구조를 살펴보면 그 안에서 클래
스 CParent와 CChild의 상대적인 순서 및 위치가 전혀 다름을 확인할 수 있다.

먼저 (1)을 살펴보자. CChild c가 선언 및 정의되어 있다. 객체 c의 메모리 구조는 〈그림
8-22〉의 위쪽이다. 가상 함수 VFunc는 CParent에 선언되어 있으며, CChild에 정의되어
있다. 따라서 VFunc를 호출하기 전에 ecx에는 VFunc가 선언된 클래스인 CParent의 주소
가 들어가게 된다.

이제 (A)의 VFunc 정의를 살펴보자! 어셈블리를 주석으로 남겨놓았다. this를 구하기 위
해서 ecx를 적절히 변경해야 한다. 〈그림 8-22〉에서 볼 수 있듯이 맨 위의 클래스 구조에
서 CParent를 CChild로 주소 변환하기 위해서는 오프셋 8만큼 빼줘야 한다. 그래서 (A-3)
에서 8을 빼주고 결국 p = ecx - 8이 되는 것이다.

여기까지는 사실 별 문제가 없다. 문제는 (2)에서부터 발생한다. CGrandChild gc가 선언 및 정의되어 있다. gc의 메모리 구조는 〈그림 8–22〉의 아래쪽이다. 마찬가지로 VFunc를 호출하기 전에 ecx에는 VFunc가 선언된 클래스인 CParent의 주소가 들어가야 한다. 그러나 그림에서 볼 수 있듯이, CParent에서 CChild로 주소 변환을 하기 위해서는 오프셋 12를 빼줘야 한다. 즉, (A)의 VFunc의 어셈블리도 바뀌어야 하는데, (A–3)에서 8을 빼는 것이 아니라 12를 빼도록 변경되어야만 한다. 그러나 이것은 가능하지 않다. 어셈블리는 컴파일 타임에 결정되기 때문이다. 즉, 이미 정해진 코드이기 때문에 이 상태로는 제대로 된 VFunc를 호출할 수 없는 것이다.

그래서 이때 썽크가 다시 등장하는 것이다. (B)는 썽크 코드를 보여준다. 별 내용은 없다. 단지 ecx에서 먼저 4를 빼주는 것이다. 그리고 CChild::VFunc로 점프하는 것이다. VFunc 에서 ecx에 8을 빼주기 때문에 전체적으로는 12를 빼주는 효과가 나타나게 된다. 그림 에서 살펴볼 수 있듯이 VTable에는 썽크 코드의 주소가 들어가며, 해당 썽크 코드에서 CChild::VFunc로 점프하는 것을 확인할 수 있다.

이런 식으로 가상 상속의 가상 함수에서 썽크 코드가 사용되는 것을 확인할 수 있었다. 앞으로도 계속 알게 되겠지만, 가상 상속은 정말 다양한 예외적인 경우를 만들어내고, 그 만큼 컴파일러 설계를 어렵게 만들고 있다.

8.9. 정리

가상 함수를 시작할 때도 언급했지만, 가상 함수는 C++ 프로그래밍의 꽃 중의 꽃이라고 할 수 있다. 가장 중요한 개념이며, 이것을 모르고 객체지향 프로그래밍을 정복한다는 것 은 불가능한 일이다. 아직 가상 함수에 대해서 모든 설명이 끝난 것은 아니다. 가장 험난 하다고 할 수 있는 가상 함수 포인터가 남아있다. 그러나 가상 함수 포인터가 험난한 이 유는 함수 포인터 자체가 어렵다는 점이 가장 크게 작용한다. 다음 장에서 함수 포인터에 대해서 잘 익히게 된다면, 지금까지 배운 가상 함수 개념을 통해서 쉽게 가상 함수 포인 터까지 정복할 수 있을 것이다.

함수 포인터

이미 포인터란 개념에 대해서 충분하게 알고 있을 것이다. 핵심은 포인터가 하나의 객체(변수)라는 것이고, 그 객체에 담긴 값(보통 메모리 주소)이 특정한 메모리 영역을 가리킨다는 것이다. 포인터가 가리키는 특정한 메모리 영역은 일반적으로 다른 객체가 점유하는 메모리 공간이다. 여기서 포인터가 가리키는 다른 객체란 흔히 사용하는 원시 타입 변수일 수도 있고, 구조체를 비롯한 클래스 객체 그리고 배열일 수도 있다. 그러나 여기서 끝이 아니다. 포인터가 가리키는 대상은 사실상 한계가 없다. 포인터가 가리키는 메모리 영역은 함수 영역일수도 있으며 네트워크 I/O가 일어나는 버퍼가 될 수도 있다. 즉, 포인터는 메모리를 점유하는 모든 것들을 가리키는 것이라고 할 수 있다.

이번 장의 주제는 포인터가 함수를 가리키는 경우에 대한 것이다. 어떻게 생각하면 어려울 수도 있지만 간단히 생각하면 쉽게 받아들일 수도 있다. 단지 포인터가 가리키는 것이 함수라는 사실만 잘 기억한다면 말이다.

9.1. 전역 함수 포인터

C++는 C에서 파생되었다. 가장 큰 변화는 바로 클래스가 추가되었다는 것이다. 이전에도 말했지만 C++에서 구조체와 클래스는 큰 차이가 없다. 그러나 C++가 나오기 전 구조체에는 멤버 함수가 존재하지 않았다. C++의 클래스가 도입되면서 비로소 구조체에도 멤버 함수를 사용할 수 있게 된 것이다. 이것의 의미는 C++ 이전에는 함수의 경우 오직 전역 함수만 존재했다는 것을 말해준다. 물론 여기서 말하는 전역 함수에는 정적 함수도 포함된다는 것을 기억하자.

전역 함수는 가장 기본적인 함수라고 할 수 있다. 그리고 함수 포인터도 당연히 전역 함수를 기준으로 탄생했다. 즉, C++ 이전에 함수 포인터가 가리키는 것은 전역 함수라고 할 수 있는 것이다. 이번 절에서 전역 함수 포인터에 대해서 상세히 알아볼 것이다. 가장 기초적인 내용이며 이것을 기반으로 좀 더 복잡한 멤버 함수 포인터에 대해서도 알아볼 것이다.

[소스 9-1] 기본 포인터 사용

```
void main()
{
  int a;
  int* pA = &a;

  a = 1;                    // (1)
  *pA = 1;                  // (2)
}
```

〈소스 9-1〉을 살펴보자. 간단한 int 포인터를 사용한 예를 보여준다. (1), (2)는 동치 코드이다. 변수 a를 사용해도 되고, 대신 포인터 변수인 pA를 사용해도 아무 문제 없다. 두 식은 동치이기 때문이다. 그러나 a가 단순한 원시 타입인 int가 아니라 복합식인 클래스였다면? 그리고 그 클래스는 다중 상속을 이용한 것이라면? 이미 이전 장들에서 살펴본 것처럼 포인터 사용은 만만해지지 않는다.

[소스 9-2] 전역 함수 포인터 사용

```
int Add(int a, int b)
{
   return a + b;
}


int (*pAdd)(int a, int b);              // (1)


void main()
{
   pAdd = &Add;                         // (2)
   int Sum = pAdd(1, 2);                // (3)
}
```

〈소스 9-2〉는 아주 기본적인 함수 포인터 사용 코드를 보여준다. (1)은 pAdd라는 함수 포인터를 선언하는 것을 보여주며 (2)에서 pAdd에 전역 함수 Add가 대입되는 것을 볼 수 있다. (3)은 실제 함수 포인터를 호출하는 과정을 보여준다. 사실 여기까지는 정말 쉽다. 그러나 앞에서와 마찬가지로 함수 포인터가 가리키는 대상이 복잡해지면 복잡해질수록 함수 포인터의 사용뿐 아니라 동작 원리도 복잡해지게 된다.

➔ 9.1.1. 함수 포인터 선언

포인터의 선언에 대해서 기억할 것이다. 어떤 객체에 대한 포인터를 선언할 때는 해당 객체를 선언하고, 선언된 이름 앞에 간접(*) 연산자를 붙여주면 된다. int 객체를 가리키는 포인터를 하나 선언하는 것을 살펴보자.

```
int  pA;                        // (1)

int *pA;                        // (2)

int* pA;                        // (3)

int * pA;                       // (4)
```

첫 번째 단계는 (1)처럼 int 객체 하나를 선언하는 것이다. pA라는 이름으로 int 객체를 선언하자. 두 번째 단계는 (2)처럼 선언된 이름 pA 앞에 간접(*) 연산자를 붙이라는 것이다. 그래서 pA는 포인터가 된 것이다. 여기서 잠깐 살펴보아야 할 것이 있는데 (3)이다. 이름 pA 앞에 간접(*) 연산자를 붙이지 않고, int 바로 뒤에 간접(*) 연산자를 붙였다. 사실 이것이 그리 중요한 것은 아니다.

물론 가끔 어떤 표기가 옳고 그른지를 가지고 논쟁하는 경우도 있긴 한데, (4)처럼 애매모호하게 쓰는 경우도 문제는 없다. 결국 취향 차이일 수 있는데, 필자의 경우 (3)과 같은 방식을 선호한다. 내용이 잠깐 다른 곳으로 샜는데, 함수 포인터 선언도 일반 변수 포인터 선언과 같은 원칙을 따른다는 것이다. 〈소스 9-2〉의 (1)을 다시 한 번 살펴보자. (1)의 선언이 어떤 과정을 거쳐서 나온 것인지 그림을 통해서 살펴보자.

1단계 `int pAdd (int a, in b);`

2단계 `int (*pAdd) (int a , int b);`

▲ 그림 9-1 함수 포인터 선언

먼저 전역 함수 Add를 가리키는 함수 포인터를 선언하고 싶다. 그리고 해당 함수 포인터의 이름은 pAdd라고 하자. 1단계로 전역 함수 Add와 시그니처가 동일한 함수 pAdd를 하나 선언하자. 여기까지는 단순히 pAdd라는 함수가 하나 선언될 뿐이다. 우리가 원하는 것은 pAdd가 함수 포인터가 되도록 만드는 것이다.

2단계로 pAdd 앞에 간접(*) 연산자를 붙이고 괄호로 감싸준다. 드디어 함수 포인터 pAdd

가 선언되었다. 여기서 왜 (*pAdd)와 같이 괄호를 감싸주었는지 의문이 들 수도 있다. 사실 이유는 단순한데, 괄호로 감싸주지 않으면 int*를 반환하는 함수를 선언한 것이 되기 때문이다. 따라서 pAdd가 함수 포인터임을 명확하게 전달하기 위하여 이름 앞에 간접(*) 연산자를 붙이고 괄호로 감싸주어야만 하는 것이다.

➡ 9.1.2. 함수 포인터 타입 정의 typedef

[소스 9-3] 함수 포인터 여러 개 선언

```
int Add(int a, int b)
{
   return a + b;
}


void main()
{
   int (*pAdd1)(int a, int b);                 // (1)
   int (*pAdd2)(int a, int b);                 // (2)
   int (*pAdd3)(int a, int b);                 // (3)

   pAdd1 = pAdd2 = pAdd3 = &Add;

   int Sum1 = pAdd1(1, 2);
   int Sum2 = pAdd2(1, 2);
   int Sum3 = pAdd3(1, 2);
}
```

〈소스 9-3〉은 함수 포인터 여러 개를 선언하는 것을 보여준다. 바로 눈에 띄겠지만 중복이 많아서 코드상으로 보기 좋지 않다. int 객체를 여러 개 선언할 때도 각각 int를 이름 앞에 붙여주는 대신 보통 int a, b, c 와 같은 표현으로 한 번에 선언할 수 있다. 그러나 함수 포인터에 이런 원칙을 그대로 적용하기는 어렵다.

```c
int (*pAdd1, *pAdd2, *pAdd3)(int a, int b);
```

위와 같은 식으로 중복되는 함수 포인터 선언을 간소화할 수는 없기 때문이다. 그래서 생각한 것이 함수 포인터 타입 정의이다. 이미 새로운 타입을 정의할 때 typedef를 많이 사용해봤을 것이다. typedef 원리는 함수 포인터 타입 정의에도 그대로 적용될 수 있다. 이미 충분히 이해하고 있겠지만 복습을 겸해서 다시 한 번 typedef 원리를 살펴보자.

[소스 9-4] typedef 원리

```c
typedef int USER_INT;                   // (1)
typedef int USER_INT_ARRAY[16];         // (2)

void main()
{
  USER_INT a = 1;                       // (3)
  USER_INT_ARRAY arr;                   // (4)

  for(int i = 0; i < 16; i++)
  {
    arr[i] = i;
  }
}
```

〈소스 9-4〉의 (1)을 살펴보자. 누구나 쉽게 이해할 수 있겠지만 USER_INT라는 새로운 타입을 int 타입과 똑같이 정의하였다. 그래서 (3)처럼 int 대신 USER_INT를 사용해도 아무 문제가 발생하지 않는 것이다. typedef 이후로 USER_INT는 곧 int와 동치 타입이 된 것이다. 보통 (1)과 같은 표현을 보고, 초급 개발자중에 typedef의 정의 원리를 잘못 이해하는 경우도 있다. 즉, typedef [원래 타입] [정의할 타입] 형식처럼 원래 타입은 왼쪽에 쓰고, 새로 정의할 타입은 오른쪽에 써야 하는 것으로 알고 있는 경우이다. 그러나 이것은 조금만 복잡한 타입을 정의할 때 문제를 일으킨다는 것을 바로 알 수 있다. 가령 원소가 16개인 int 배열 타입을 새로 정의한다고 생각해보자. 아마 제대로 typedef를 이해하지 못한 개발자는 위의 타입 정의에 당황스러움을 느끼게 될 것이다. 제대로 된 타입 정의는 (2) 부분에 나와있다. (2)처럼 새로운 타입을 정의하고 (4)처럼 사용하게 된다.

복습 삼아서 typedef 원리를 확인해보자.

1) 16개의 int 객체 요소를 가지는 배열 타입을 새롭게 정의하고 싶다. 새롭게 정의하고 싶은 타입의 이름은 USER_INT_ARRAY이라고 하자.

2) 16개의 int 객체 요소를 가진 배열을 하나 선언하자. 배열 이름은 USER_INT_ARRAY이다.

3) 여기서 멈춘다면 단순히 USER_INT_ARRAY라는 배열이 하나 선언될 뿐이다.

4) 선언문 가장 앞쪽에 typedef를 붙여주자. 이것으로 USER_INT_ARRAY라는 새로운 타입이 정의되었다.

typedef 적용 원리는 사실 별거 없다. 정의하고자 하는 타입을 특정 이름으로 잘 선언하고 맨 앞에 typedef만 붙여주면 되는 것이다. 그러면 특정 이름이 바로 새로운 타입의 이름이 된다. 이 원리는 함수 포인터 타입을 정의할 때도 그대로 적용된다. 이제 함수 포인터 타입 정의를 이용하여 〈소스 9-3〉을 깔끔하게 간소화해 보자.

[소스 9-5] typedef를 이용한 함수 포인터 여러 개 선언

```
int Add(int a, int b)
{
    return a + b;
}

typedef int (*PADD)(int a, int b);          // (1)

void main()
{
    PADD pAdd1, pAdd2, pAdd3;                // (2)
    pAdd1 = pAdd2 = pAdd3 = &Add;

    int Sum1 = pAdd1(1, 2);
```

```cpp
    int Sum2 = pAdd2(1, 2);
    int Sum3 = pAdd3(1, 2);
}
```

〈소스 9-5〉의 (1)은 함수 포인터 타입을 정의하는 것을 보여준다. 인자로 int 타입 두 개를 받고, int 타입을 반환하는 함수에 대한 포인터 타입을 PADD라는 이름으로 새로 정의하였다. 이제 (2)처럼 PADD 타입 객체인 pAdd1, pAdd2, pAdd3를 선언 및 정의할 수 있다. 이후 사용법은 이전 소스와 똑같다.

➡ 9.1.3. 함수 포인터 구조

간단하게 함수 포인터를 사용하는 법을 알아보았다. 내부적으로 함수 포인터가 어떻게 동작하는지 살펴보자. 포인터의 의미를 잘 이해한다면 머리 속에 어떤 식으로 어셈블리 코드가 구성될지 쉽게 떠오를 것이다. 실제로 살펴보자.

[소스 9-6] 함수 포인터 구조

```cpp
// C++ Code
int Add(int a, int b)
{
    return a + b;
}

typedef int (*PADD)(int a, int b);

void main()
{
    PADD pAdd = &Add;
    int Sum = pAdd(1, 2);
}

// Assembly Code
```

```
int Add(int a, int b)
{
  00AE1010   push    ebp                                              // (C)
  00AE1011   mov     ebp,esp
     return a + b;
  00AE1013   mov   eax,dword ptr [a]
  00AE1016   add   eax,dword ptr [b]
}

void main()
{
  00AE1020   push ebp
  00AE1021   mov  ebp,esp
  00AE1023   sub  esp,8
       PADD pAdd = &Add;                                    // (A)
  00AE1026   mov  dword ptr [pAdd],offset Add (0AE1010h)          // (A-1)
       int Sum = pAdd(1, 2);                            // (B)
  00AE102D   push 2                                      // (B-1)
  00AE102F   push 1                                      // (B-2)
  00AE1031   call dword ptr [pAdd]                       // (B-3)
  00AE1034   add  esp,8
  00AE1037   mov  dword ptr [Sum],eax
}
```

〈소스 9-6〉은 간단한 함수 포인터 사용 코드와 해당 코드의 어셈블리를 보여준다. (A)에
서 함수 포인터 pAdd에 실제 함수 Add의 주소를 집어넣는다. (A-1)은 해당 코드에 대한
어셈블리를 나타내는데 pAdd에 메모리 주소 (0x0AE1010)이 들어가는 것을 확인할 수 있
다(참고로 필자의 x86 PC에서 테스트를 하였으므로 독자의 실습 과정에서 해당 메모리
주소는 달라질 것이다).

이제 (B)를 살펴보자. 함수 포인터를 이용하여 함수를 호출한다. 인자로 1, 2를 넘기는데,
(B-1), (B-2)에 인자를 스택에 넣는 것을 확인할 수 있다. 이 부분은 x64에서 테스트할
경우 함수 호출 규약에 의해서 달라질 수 있는데, 여기서는 일단 x86 기준으로 설명하였
다. 그리고 (B-3)에서 포인터 pAdd에 담긴 메모리 주소를 읽어서 해당 주소를 call 하게

된다. call 이후 바로 (C)로 옮겨간다. 다른 건 별거 없고, (C) 부분의 맨 왼쪽 메모리 주소를 확인해보자. pAdd에 대입되었던 (0x00AE1010)이 똑같이 나오는 것을 확인할 수 있다. 이것을 통해서 확인할 수 있는 것은 함수 포인터에 담기는 값은 함수 본체의 시작 주소임을 확인할 수 있다. 이런 구조는 〈그림 9-2〉와 같이 간단히 나타낼 수 있다.

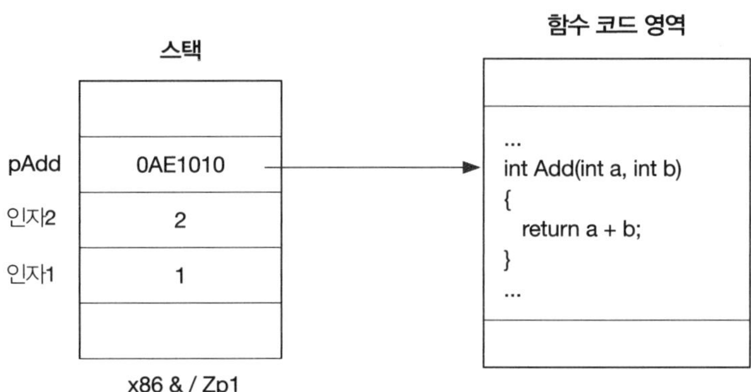

▲ 그림 9-2 전역 함수 포인터 구조

코드와 그림으로 살펴보았듯이 전역 함수 포인터는 말 그대로 함수의 주소를 담고 있는 포인터이다. 따라서 x86에서는 4바이트, x64에서는 8바이트의 크기를 가지게 된다. 또한 어셈블리 코드에서도 볼 수 있듯이, 단순히 함수를 호출하는 과정은 call 명령을 통해서 해당 함수 주소로 점프할 뿐이다. 그래서 함수 포인터에 대하여 가장 기본적인 포인터 타입인 void*를 사용하면 되지 않을까 생각할 수도 있다.

[소스 9-7] void* Compile Error

```
int g_I = 3;

int Add(int a, int b)
{
    return a + b;
}
```

```cpp
void main()
{
  void* pI = &g_I;              // (1) OK
  int i = *pI;                  // (2) Compile Error

  void* pAdd = &Add;            // (3) OK
  int Sum = pAdd(1, 2);         // (4) Compile Error
}
```

〈소스 9-7〉을 살펴보자. 이 소스는 빌드시 컴파일 에러가 발생한다. (1), (3)처럼 void* 객체에 변수나 함수의 주소를 대입하는 것은 전혀 문제가 되지 않는다. 컴파일 에러는 (2), (4)에서 발생한다. (2)에서 컴파일 에러가 발생하는 이유는 쉽게 이해할 수 있다. pI 는 단지 전역 변수 g_I의 주소만을 담고 있다. (2)처럼 해당 주소에 들어있는 int 값을 가져오기 위해서는 가져올 값의 메모리 크기(즉, sizeof(int), 4바이트)를 알아야만 한다. 그래야만 메모리 주소에서 4바이트만큼 읽어서 int 값으로 해석할 수 있는 것이다. 따라서 void* 만으로는 절대로 값을 가져올 수 없기에 컴파일 에러가 발생하는 것이다.

같은 논리를 (4)에도 적용할 수 있을까? 사실 적용하기가 애매한 면이 있다. 함수 호출 은 스택에 인자들을 순서대로 집어넣고(push), 함수 주소로 점프(call)하면 끝난다. 즉, 특별하게 함수 포인터가 가리키는 대상의 메모리 크기를 따질 필요가 없다. 그래서 (4)와 같은 코드가 허용돼도 괜찮을 것 같다. 그러나 (4)와 같은 코드가 허용될 수 없는 결정적 인 이유가 하나 있다. 바로 반환 타입을 컴파일 타임에 알아낼 수 없기 때문이다. void* pAdd에는 반환 타입이 int인 함수뿐 아니라 char*, 그 외 수많은 클래스 타입인 함수가 대입될 수 있다. 따라서 (4)처럼 int Sum에 반환 값을 대입 받는 코드에 대하여 타입 검사 를 할 수 없게 되는 것이다. 그뿐 아니라 void*가 함수 포인터로 호출되도록 허용하게 되 면 코드 자체가 어려워질 소지가 다분히 있고, 개발자의 실수로 의도하지 않은 함수의 실 행도 발생할 수 있는 위험이 생기게 된다. 그래서 함수 포인터는 반환 타입을 비롯한 인 자의 개수 및 인자의 타입까지 정확히 정의한 타입이 있어야만 한다. 보통 이런 반환 타 입을 비롯한 인자들의 타입 정보는 함수의 모양을 결정하게 되며, 이런 함수의 모양을 시그니처(Signature)라고 말한다.


```
int Add(int a, int b)
{
   return a + b;
}

int Subtract(int a, int b)
{
   return a - b;
}

double Divide(int a, int b)
{
   return (double)a / (double)b;
}

typedef int (*PASFUNC)(int a, int b);          // (1)
typedef double (*PDIVIDE)(int a, int b);       // (2)

void main()
{
   PASFUNC pAS;
   PDIVIDE pDivide;

   pAS = &Add;                                 // OK
   pAS = &Subtract;                            // OK
   pAS = &Divide;                              // Compile Error
   pDivide = &Divide;                          // OK
}
```

함수 포인터는 각각의 시그니처 정보를 가지고 있으며 정확히 일치하는 시그니처를 가
진 함수만 대입될 수 있다. 〈소스 9-8〉은 함수 포인터와 함수의 대입에서 시그니처가 일

치해야 함을 보여주는 예이다. 함수 Add, Subtract는 각각 반환 타입이 int이며 int 인자가 둘인 함수로서 시그니처가 정확히 일치한다.

(1)은 같은 시그니처로 타입 정의된 함수 포인터 타입 PASFUNC를 보여준다. 따라서 PASFUNC pAS에는 Add와 Subtract가 대입될 수 있다. 그러나 반환 타입이 double인 Divide는 Add나 Subtract와는 시그니처가 다르기 때문에 PASFUNC pAS에는 대입할 수 없는 것이다. 즉, 함수 포인터에 대입되는 함수는 함수 포인터와 서로 시그니처가 일치해야 한다.

참고적으로 함수의 시그니처는 프로그래밍 언어마다, 그리고 관점에 따라서 조금씩 정의가 다른 경우가 있다. 전통적으로는 단지 함수의 인자 타입들 정보만을 시그니처라고 정의하기도 하지만, 일반적으로는 반환 타입까지 시그니처에 포함시킨다. 그 외에도 함수 호출 규약(Calling Convention)까지도 시그니처에 포함시켜서 생각하기도 한다. C++의 경우는 클래스 멤버 함수를 구분하기 위하여 클래스 타입까지도 시그니처에 포함시킨다. 정확한 시그니처의 정의가 있는 것은 아니지만 필자의 경우 함수의 시그니처란 곧 함수 인자와 반환 타입, 함수 호출 규약, 클래스 타입까지 포함하는 종합적인 정의를 사용한다. 즉, 이 책에서 함수의 시그니처 의미는 곧 함수의 타입을 나타내는 것이라고 생각하면 된다.

이런 관점에서 함수 호출 규약이 일치하지 않는 함수를 함수 포인터에 대입할 수 없다. 왜냐하면 함수 포인터 타입을 정의할 때 시그니처에는 함수 호출 규약까지 들어가기 때문이다. 보통 함수 호출 규약은 생략되기도 하는데, 생략될 경우 컴파일러에서 기본으로 설정된 함수 호출규약이 사용된다. 일반적으로 x86에서는 __cdecl이 기본 설정되어 있다. 함수 호출 규약은 이미 설명했다시피 여러 가지가 있으나 x64로 들어서면서 하나로 통일되어있다. 함수 호출 규약과 함수 포인터의 관계는 뒤에서 자세히 설명하겠다.

전역 함수 포인터에 대하여 기본적인 것을 알아보았다. 간단히 요약하면 C++ 이전 C언어의 함수 포인터에 대하여 알아보았다고 생각하면 된다. 이제 C++로 넘어가면서 등장하는 클래스 멤버 함수 포인터에 대하여 알아보자.

9.2. (비가상) 멤버 함수 포인터

멤버 함수 포인터에 대하여 알아보기로 하였는데, 제목에는 (비가상)이라는 단어가 붙어 있다. 사실 같은 멤버 함수 포인터지만 가상 함수에 대해서는 다른 점이 존재한다. 따라서 이번 절에서는 멤버 함수 포인터로서 공통적인 구조 및 성질에 대하여 살펴봄과 동시에 비가상 멤버 함수 포인터의 특성에 대하여 알아볼 것이다. 가상 함수 포인터만의 특징적인 부분에 대해서는 이후에 자세히 살펴볼 것이다.

대부분의 개발자들은 멤버 함수 포인터가 전역 함수 포인터와 별반 다르지 않을 것이라고 생각한다. 물론 다른 점이 있다고 해도 전체적인 구조가 크게 다르지는 않을 것이라고 생각한다. 처음에는 필자도 그렇게 생각했다. 그러나 멤버 함수 포인터는 어떤 경우에는 전역 함수 포인터보다 훨씬 복잡한 구조를 가지게 된다. 그래서 멤버 함수 포인터를 제대로 이해하는 것은 전역 함수 포인터를 이해하는 것보다 열 배 이상 어렵다고 생각한다.

간단한 질문에 답해보자. 멤버 함수 포인터의 크기는 얼마인가? x86에서 4바이트, x64에서는 8바이트라고 알고 있다면 멤버 함수 포인터에 대해서는 전혀 모르고 있는 것이다. 물론 멤버 함수 포인터의 크기가 경우에 따라서 달라질 수 있다는 사실은 알고 있지만, 왜 크기가 달라지는지 정확한 이유를 모른다면 역시 멤버 함수 포인터에 대해서 아직 잘 모르고 있는 것이다. 이제부터 그동안 잘 알려지지 않았던 멤버 함수 포인터의 구조를 자세히 살펴보자.

➜ 9.2.1. 멤버 함수 포인터 사용

멤버 함수 포인터를 이해하기 전에 먼저 멤버 함수 포인터를 어떻게 사용하는지 간단히 확인해보자. 전역 함수 포인터에 비해서 조금 다른 점이 있긴 하지만 몇 가지 사항만 주의한다면 그리 어려운 것은 아니다.

```
class CTest
{
public:
   int Add(int a, int b)
   {
      return a + b;
   }

   int Subtract(int a, int b)
   {
      return a - b;
   }
};

typedef int (CTest::*PFUNC)(int a, int b);          // (1)

void main()
{
   PFUNC pFunc = &CTest::Add;                        // (2)

   CTest t;                                          // (3-1)
   CTest* pT = &t;                                   // (3-2)
   int Sum1 = (t.*pFunc)(1, 2);                      // (4-1)
   int Sum2 = (pT->*pFunc)(1, 2);                    // (4-2)

   int Size = sizeof(PFUNC);                         // (5)
}
```

〈소스 9-9〉는 멤버 함수 포인터의 기본적인 사용 방법을 보여준다. 먼저 (1)을 살펴보자. 이것은 멤버 함수 포인터 타입을 정의하는 방식을 나타낸다. 이미 설명했듯이 typedef의 원리를 그대로 따르기만 하면 된다.

```
1단계   int CTest::PFUNC (int a, in b);
```

```
2단계  int (CTest::*PFUNC) (int a , int b);
```

```
3단계 typedef int (CTest::*PFUNC) (int a, int b);
```

▲ 그림 9-3 멤버 함수 포인터 타입 정의하기

1단계에서 클래스 CTest의 멤버 함수 Add와 시그니처가 일치하는 PFUNC를 선언한다. 2단계에서 함수 포인터임을 정의하기 위하여 함수 이름 앞에 간접(*) 연산자를 붙여준다. 이때 우선 순위를 명확하게 하기 위해서 [CLASS_NAME::*FUNC_POINTER_NAME] 부분을 괄호로 감싸준다.

3단계에서 맨 앞쪽에 typedef를 붙여준다. 이것으로 클래스 CTest의 멤버 함수 포인터 타입을 정의하였다.

(2)를 살펴보자. PFUNC 객체 pFunc에 CTest의 멤버 함수인 Add를 대입하고 있다. 물론 Add뿐 아니라 시그니처가 일치하는 Subtract도 대입할 수 있다. 클래스 멤버 함수를 대입할 때는 지켜야 할 규칙이 있다. 멤버 함수는 [&CLASS_NAME::MEMBER_FUNCTION_NAME]과 같은 형식으로 대입 식의 우변을 작성해야 한다. 주의할 점은 맨 앞에 반드시 & 연산자가 있어야 한다는 것이다.

함수 이름은 곧 함수 주소로서 사용된다는 것을 기억하는 독자도 있을 것이다. 그래서 오래된 컴파일러의 경우 앞에 & 연산자를 생략해도 컴파일이 무사히 되는 경우도 있다. 그러나 클래스 멤버에 대한 포인터의 규칙이 강화되면서 엄격하게 주소를 나타내도록 & 연산자를 쓰도록 강제되었다. 개발자의 실수나 툴의 자동 완성 기능으로 인한 잘못된 코드를 방지하기 위한 것이다.하지만 전역 함수 포인터에 대해서는 아직 & 연산자를 쓰지 않아도 무사히 컴파일이 된다. 차후에 일관성 유지를 위하여 전역 함수 포인터 대입에도 & 연산자를 강제할 수도 있지 않을까 생각되지만, 이미 수많은 C 코드에서 사용되던 전역 함수 포인터의 호환성을 생각할 때 쉽게 바뀔 수 있을지는 모르겠다.

(3-1), (3-2)를 살펴보자. CTest의 객체 및 포인터까지 생성하였다. 이유는 무척 간단하다. 멤버 함수를 호출하기 위해서는 해당 클래스의 객체가 반드시 필요하기 때문이다. 객체 포인터를 생성한 이유는 객체 포인터로 멤버 함수 포인터를 호출하는 방법을 보여주기 위해서이다.

(4-1), (4-2)는 실제 멤버 함수 포인터를 호출하는 방법을 보여준다. 각각 CTest 객체인 t에서 호출하는 방법과 t의 포인터인 pT에서 호출하는 방법을 보여준다. 대략 정리하면 아래와 같이 일반화할 수 있다.

```
1) (OBJECT.*MEMBER_FUNCTION_POINTER) (TYPE1 ARG1, ...)

2) (OBJECT_POINTER->*MEMBER_FUNCTION_POINTER) (TYPE1 ARG1, ...)
```

주의할 점은 멤버 함수 포인터 앞에 간접(*) 연산자를 붙여서 호출한다는 것이다. 만일 간접(*) 연산자를 붙이지 않을 경우 컴파일러는 클래스의 멤버로 [MEMBER_FUNCTION_POINTER]가 존재한다고 잘못 인식하기 때문에 컴파일 에러를 발생시키게 된다. 따라서 반드시 간접(*) 연산자를 붙여주어야 한다. 사람이 볼 때는 정확히 어떤 의도인지 알지만 컴파일러는 기계적인 원칙을 따르기 때문에 조금의 융통성도 발휘하지 않는다.

이제 가장 중요한 (5)를 살펴보자. 함수 포인터 타입인 PFUNC의 크기를 계산하고 있다. sizeof 연산자는 인자로 입력된 타입이 실제 메모리를 어느 정도 차지하게 되는지를 반환한다. 과연 PFUNC의 크기는 얼마가 나올 것인가? 그림을 보면서 생각해보자.

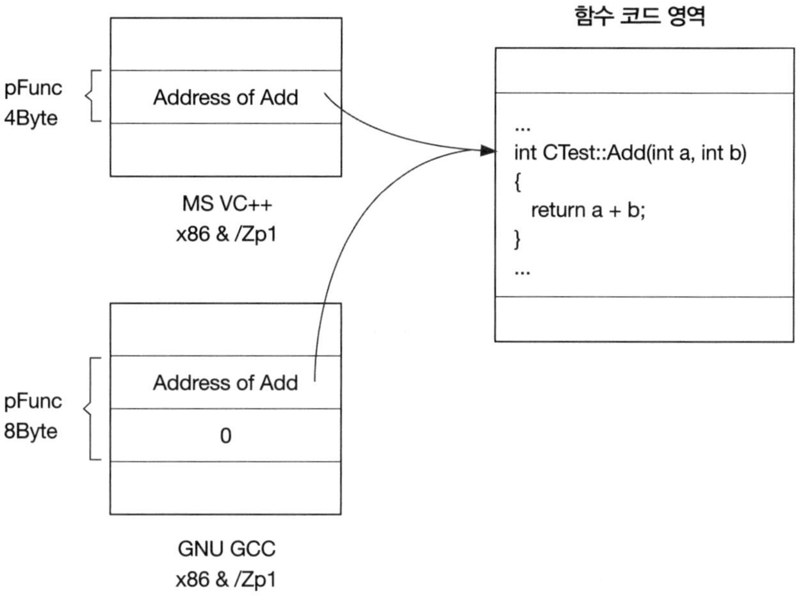

▲ 그림 9-4 멤버 함수 포인터 구조

〈그림 9-4〉는 멤버 함수 포인터의 구조를 보여준다. 멤버 함수 포인터의 구조는 컴파일러마다 조금씩 차이를 보이는데, 멤버 함수 포인터를 처리하는 방식이 조금씩 다르기 때문에 구조도 다른 면이 있는가 하면, 어떤 컴파일러는 멤버 함수 포인터의 다양한 용법을 모두 지원하지 못하기 때문에 구조가 단순한 경우도 있다. 여기서는 C++ 개발자들이 가장 많이 사용하고 접할 수 있는 컴파일러에 대해서만 다룰 것이다. C++을 가장 적극적으로 지원하고 성능도 제일 뛰어난 마이크로소프트의 Visual C++(이하 VC++) 컴파일러와 리눅스에 거의 기본으로 설치되어 있는 GNU GCC(이하 GCC) 컴파일러가 바로 주요 대상이다.

그림의 위쪽은 VC++ 멤버 함수 포인터 구조를 나타내며, 아래쪽은 GCC의 멤버 함수 포인터 구조를 나타낸다. 눈여겨볼 점은 32비트 x86 환경에서 〈소스 9-9〉의 VC++의 멤버 함수 포인터 크기는 4바이트고, GCC의 멤버 함수 포인터 크기는 8바이트라는 사실이다. 공통점이라고 한다면 첫 4바이트에는 실제 함수 주소가 들어있다는 것이다.

VC++의 경우 전역 함수 포인터와 구조가 완전히 일치하지만, GCC의 경우는 확실히 전역 함수 포인터 구조와 어느 정도 차이를 보이고 있다. VC++만을 따진다면 최상위 클래스나 단일 상속하는 자식 클래스의 멤버 함수 포인터의 크기는 대부분 전역 함수 포인터처럼 기본 포인터 크기이다. 그래서 전역 함수 포인터와 별 차이 없다고 느낄 수 있다. 그러나 계속 그런 것은 아니다. 이미 GCC가 전역 함수 포인터와는 다른 모습을 보여준 것처럼, VC++도 클래스의 구조가 복잡해질수록 멤버 함수 포인터의 구조는 전역 함수 포인터와는 전혀 다른 모습을 보이게 된다.

이제부터 그런 변화를 알아볼 것이다. 참고로 멤버 함수 포인터의 구조는 VC++ 컴파일러 기준으로 설명을 할 것이다. 가장 많은 지원을 하고 있으며 표준적이기 때문이다. GCC와의 차이점이 발생하는 부분에 대해서는 각각 설명을 추가할 것이다.

➤ 9.2.2. 멤버 함수 포인터 타입

이전 내용에서 전역 함수 포인터 타입을 정의할 때는 실제 대입할 함수와 시그니처를 일치시켜야 한다고 했다.마찬가지로 멤버 함수 포인터 타입을 정의할 때도 대입할 멤버 함수의 시그니처와 일치시켜야 한다. 이미 설명했듯이 멤버 함수 포인터의 경우 시그니처에 추가적인 정보가 들어가는데 바로 클래스 타입이다. 즉, 멤버 함수 포인터에는 특정 클래스의 멤버 함수만 대입될 수 있다는 제약이 있게 된다.

[소스 9-10] 멤버 함수 포인터 시그니처와 클래스 타입 1

```
class CTestA
{
public:
    int Add(int a, int b)
    {
        return a + b;
    }
};

class CTestB
{
```

```cpp
public:
   int Add(int a, int b)
   {
     return a + b;
   }

   /*// (C)-일단 주석 처리로 제외된 함수
   int Multiply(int a, int b)
   {
     return a * b;
   }
   */
};

typedef int (CTestA::*PAFUNC)(int a, int b);    // (A)
typedef int (CTestB::*PBFUNC)(int a, int b);    // (B)

void main()
{
   PAFUNC pAFunc = &CTestA::Add;                    // (1) OK
   PAFUNC pAFunc = &CTestB::Add;                    // (2) Compile Error

   PBFUNC pBFunc = &CTestA::Add;                    // (3) Compile Error
   PBFUNC pBFunc = &CTestB::Add;                    // (4) OK

// PAFUNC pAFunc = &CTestB::Multiply;               // (5) Compile Error
   }
```

〈소스 9-10〉은 멤버 함수 포인터 타입의 시그니처 제약 사항을 보여준다. 구조가 완전히 똑같은 클래스 CTestA, CTestB가 있다. 멤버 함수도 완전히 똑같다. 그리고 (A), (B)에서는 각 클래스의 멤버 함수 포인터 타입 PAFUNC, PBFUNC를 정의하였다. PAFUNC, PBFUNC의 시그니처에는 각각 클래스 타입 CTestA, CTestB가 포함된다. 이제 PAFUNC와 PBFUNC로 선언된 멤버 함수 포인터에 멤버 함수를 대입하였을 때 컴파일 성공과 실패를 확인해보자.

결론은 PAFUNC 타입의 멤버 함수 포인터에는 오직 CTestA의 멤버 함수만이 대입될 수 있고, PBFUNC 타입의 멤버 함수 포인터에는 오직 CTestB의 멤버 함수만이 대입될 수 있다. 그 이외의 서로 다른 클래스의 멤버 함수를 대입하는 것은 컴파일 에러를 발생시킨 다. 그러나 현재 CTestA와 CTestB는 구조적으로 완전히 똑같아서 같은 이름의 멤버 함수 를 대입할 수 있을 것 같다고 생각할 수 있다.

하지만 CTestB에는 언제든지 새로운 멤버 함수가 추가될 수 있다. 가령 (C)의 함수 본체 의 주석을 제거해서 멤버 함수 Multiply를 CTestB에 추가했다고 가정해보자. PBFUNC 타입의 pBFunc에는 당연히 Multiply 함수가 대입될 수 있다. 만일 시그니처에 클래스 타 입을 고려하지 않는다면 PAFUNC 타입의 pAFunc에도 Multiply 함수가 대입될 수 있을 것이다. pAFunc를 호출하는 대상은 바로 CTestA의 객체이다. 하지만 실제로 CTestA에 는 Multiply가 선언되어 있지 않다. CTestA에 선언도 되지 않은 멤버 함수를 CTestA 객체 가 호출하는 것은 말도 안되는 일이다.

즉, 멤버 함수 포인터의 시그니처에서 클래스 타입을 구분하지 않는다면 멤버 함수 포인 터 호출시 잘못된 호출이 발생할 수 있다. 따라서 멤버 함수 포인터의 시그니처에는 클래 스 타입이 들어가서 컴파일 타임에 엄격하게 체크를 하게 된 것이다.

[소스 9-11] 멤버 함수 포인터 시그니처와 클래스 타입 2

```cpp
class CParent
{
public:
    int Add(int a, int b)
    {
        return a + b;
    }
};


class CChild : public CParent
{
public:
    int Subtract(int a, int b)
    {
        return a - b;
```

```cpp
    }
};

typedef int (CParent::*PPFUNC)(int a, int b);          // (A)
typedef int (CChild::*PCFUNC)(int a, int b);           // (B)

void main()
{
    PPFUNC pPFunc1 = &CParent::Add;                    // (1) OK
    PPFUNC pPFunc2 = &CChild::Add;                     // (2) OK
    PPFUNC pPFunc3 = &CChild::Subtract;                // (3) Compile Error

    PCFUNC pCFunc1 = &CParent::Add;                    // (4) OK
    PCFUNC pCFunc2 = &CChild::Add;                     // (5) OK
    PCFUNC pCFunc3 = &CChild::Subtract;                // (6) OK
}
```

〈소스 9–11〉은 상속 클래스간의 멤버 함수 포인터 대입 테스트 결과를 보여준다. 이미 설명했듯이 멤버 함수 포인터의 시그니처에는 클래스 타입이 들어간다고 하였다. 따라서 멤버 함수 포인터에는 반드시 해당 클래스에 선언 및 정의된 멤버 함수만이 대입될 수 있다고 하였다. 이런 원칙은 엄격히 지켜지고 있지만, 겉으로 보기에는 원칙과 어울리지 않게 보이는 경우가 있다. 바로 상속 클래스간의 멤버 함수 대입의 경우가 그렇다.

(A)는 CParent의 멤버 함수 포인터 타입을 정의하고, (B)는 CChild의 멤버 함수 포인터 타입을 정의한다. 여기서 중요한 점은 멤버 함수 Add는 부모와 자식 클래스 모두의 멤버 함수라는 점이다. 즉, 함수의 본체는 하나이고 주소도 동일하지만, 각각 CParent::Add와 CChild::Add가 될 수 있다. 따라서 Add는 PPFUNC 타입이나 PCFUNC 타입 함수 포인터에 대입될 수 있다. 그러나 (3)의 Subtract는 CChild에서 처음으로 선언 및 정의되었기에 오직 CChild에만 소속되는 멤버 함수이다. 따라서 부모 클래스인 PPFUNC 타입 함수 포인터에는 대입될 수 없는 것이다.

```
void main()
{
    PPFUNC pPFunc1 = &CParent::Add;                      // OK
    PPFUNC pPFunc2 = &CChild::Add;                       // OK
//  PPFUNC pPFunc3 = &CChild::Subtract;                  // Compile Error

    PCFUNC pCFunc1 = &CParent::Add;                      // OK
    PCFUNC pCFunc2 = &CChild::Add;                       // OK
    PCFUNC pCFunc3 = &CChild::Subtract;                  // OK

    ///////// Call Member Function Pointer /////////
    CChild* pC = new CChild;                             // (A)
    CParent* pP = pC;                                    // (B)

    (pP->*pPFunc1)(1, 2);                                // (1) OK
    (pP->*pPFunc2)(1, 2);                                // (2) OK

    (pP->*pCFunc1)(1, 2);                                // (3) Compile Error
    (pP->*pCFunc2)(1, 2);                                // (4) Compile Error
    (pP->*pCFunc3)(1, 2);                                // (5) Compile Error

    (pC->*pPFunc1)(1, 2);                                // (6) OK
    (pC->*pPFunc2)(1, 2);                                // (7) OK

    (pC->*pCFunc1)(1, 2);                                // (8) OK
    (pC->*pCFunc2)(1, 2);                                // (9) OK
    (pC->*pCFunc3)(1, 2);                                // (10) OK

    delete pC;
}
```

〈소스 9-12〉는 〈소스 9-11〉의 main 부분만을 교체하였다. 바로 실제 멤버 함수 포인터
를 호출하는 것을 보이기 위해서이다. 멤버 함수 포인터 호출을 위해서는 당연히 객체가

필요하다. 그래서 (A), (B)에서는 CChild의 객체 포인터 pC를 생성하고, pP는 pC를 부모 클래스 포인터 타입으로 변환한 것이다.

각 객체에 대하여 멤버 함수 포인터를 호출하는 코드의 컴파일 결과를 살펴보자. (1), (2), (8), (9), (10)은 호출 객체 클래스와 멤버 함수 포인터의 소속 클래스가 일치하므로 아무 문제 없다. 주의할 곳은 바로 (3), (4), (5)이다. 일단 (5)부터 살펴보자. pCFunc3은 현재 CChild::Subtract를 가리킨다. 이것은 CParent에 정의되지 않았으므로 당연히 컴파일이 될 수 없다. 그러나 (3), (4)의 pCFunc1, pCFunc2의 경우 모두 CParent에 실제 정의된 Add를 나타낸다. 그래서 CParent의 객체로부터 호출하는 코드는 아무 문제가 없을 것 같다. 그러나 역시 컴파일 에러가 발생하는데, 그 이유는 pCFunc1, pCFunc2는 모두 CChild의 멤버 함수 포인터이기 때문이다. 비록 pCFunc1, pCFunc2가 현재 CParent의 멤버 함수인 Add를 가리키고 있지만 언제든지 CParent에는 정의되지 않고, 오직 CChild에만 정의된 다른 멤버 함수를 가리킬 수도 있다. 멤버 함수 포인터가 가리키는 함수는 언제든지 변경될 수 있기 때문에 오직 호출되는 순간에만 실제 가리키는 함수가 무엇인지를 알 수 있을 뿐 컴파일 타임에는 절대로 알 수가 없다. 따라서 런타임에 잘못된 호출을 방지하기 위하여 CParent의 객체로는 자식 클래스 CChild의 멤버 함수 포인터를 호출할 수 없는 것이다.

하지만 반대의 경우는 허용된다. (6), (7)을 살펴보자. CChild의 객체를 이용하여 CParent의 멤버 함수 포인터인 pPFunc1, pPFunc2를 호출한다. 이것은 사실 상식적으로 따져보면 당연한데, CParent의 멤버 함수들은 당연히 CChild의 멤버 함수이기 때문에, CParent의 멤버 함수 포인터를 CChild 객체가 호출하는 것은 너무나 자연스럽기 때문이다.

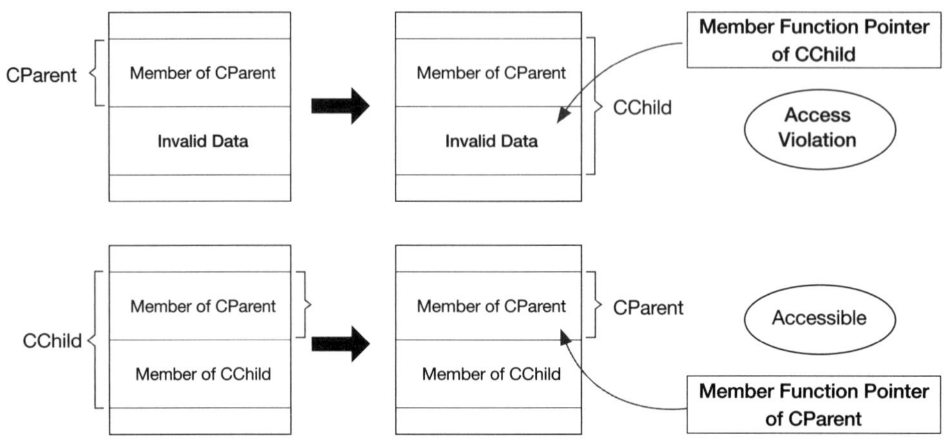

▲ 그림 9-5 멤버 함수 포인터 호출

〈그림 9-5〉는 멤버 함수 포인터 호출의 가능 여부를 보여준다. 위쪽의 그림을 살펴보자. CChild의 멤버 함수 포인터가 가리키는 함수는 언제든지 CParent 객체 영역에 속하지 않는 잘못된 데이터를 참조할 가능성이 있다. 따라서 CParent 객체로는 자식 클래스인 CChild의 멤버 함수 포인터를 호출할 수 없도록 막는 것이다.

아래쪽 그림은 상황이 반대다. CParent의 멤버 함수 포인터가 가리키는 함수는 언제나 CChild 객체 영역에 속하는 멤버만을 접근한다. 따라서 CChild 객체는 언제나 안전하게 부모 클래스의 멤버 함수 포인터를 호출할 수 있도록 허용되는 것이다.

여기서 간단히 정리를 하자. 멤버 함수 포인터 타입을 지정하는 시그니처에는 클래스 타입이 들어간다. 멤버 함수 포인터에 대입될 수 있는 것은 시그니처에 포함된 클래스의 멤버 함수만이 가능하다. 멤버 함수는 상속된 것도 포함된다. 마지막으로 시그니처에 포함된 클래스 객체와 자식 클래스 객체만이 해당 멤버 함수 포인터를 호출할 수 있다.

➡ 9.2.3. 멤버 함수 포인터와 this

[함수]장에서 살펴보았지만 전역 함수와 클래스 멤버 함수의 가장 큰 차이점은 this라고 할 수 있다. 멤버 함수는 this를 통해서 다른 멤버들을 참조할 수 있다. 물론 멤버 함수에

this가 사용되지 않을 수도 있다. 그러나 this를 사용하지 않을 것이라면 애초에 전역 함수로 만드는 것이 더 낫다고 할 수 있다. 결국 멤버 함수의 핵심은 this인데 당연히 멤버 함수 포인터에서도 this는 핵심이다. 이제 멤버 함수 포인터가 호출될 때 this는 어떻게 처리되는지 살펴보자.

[소스 9–13] 멤버 함수 포인터 호출에 의한 this

```cpp
class CParentA
{
public:
    int Add(int a, int b)
    {
        cout << _T("Add this: ") << this << endl;          // (3-2)
        return a + b;
    }

    int m_AVal;
};

class CParentB
{
public:
    int Subtract(int a, int b)
    {
        cout << _T("Subtract this: ") << this << endl;     // (3-3)
        return a - b;
    }

    int m_BVal;
};

class CChild : public CParentA, public CParentB
{
public:
    int m_CVal;
};
```

```cpp
typedef int (CChild::*PFUNC)(int a, int b);              // (1)

void main()
{
  PFUNC pFunc = NULL;                                    // (2)
  CChild* pC = new CChild;
  cout << _T("main pC: ") << pC << endl;                 // (3-1)

  pFunc = &CChild::Add;                                  // (A-1)
  int Sum = (pC->*pFunc)(3, 1);                          // (A-2)

  pFunc = &CChild::Subtract;                             // (B-1)
  int Gap = (pC->*pFunc)(3, 1);                          // (B-2)

  delete pC;
}
```

〈소스 9-13〉은 멤버 함수 포인터와 this의 관계를 가장 잘 보여줄 수 있도록 다중 상속을 사용하였다. 클래스 CChild는 두 개의 부모 클래스인 CParentA, CParentB를 상속한다. 각각의 부모 클래스는 구조가 완전히 똑같으며 멤버 함수로 CParentA는 Add를 그리고 CParentB는 Subtract를 가지고 있다.

(1)에서 CChild의 멤버 함수 포인터를 정의하였다. 이것을 이용하여 (2)에서 멤버 함수 포인터 pFunc를 선언하였다. Add와 Subtract는 부모 클래스에서 선언 및 정의된 함수지만 이미 상속되었으므로 CChild의 멤버 함수이기도 하다. 또한 두 함수는 CChild의 멤버 함수로 따질 경우 시그니처가 일치하므로 pFunc에 대입될 수 있다. 실제로 두 함수를 대입하여 사용하는 코드는 (A-1), (B-2)에 잘 나와있다.

(3-1), (3-2), (3-3)은 처음 생성된 CChild 객체의 포인터인 pC와 각 멤버 함수 Add와 Subtract의 this를 출력하도록 하였다. 여기서 pC가 멤버 함수로 넘어가면서 어떻게 this로 변환되는지를 살펴볼 것이다. 메모리 구조를 쉽게 확인하기 위하여 그림을 준비하였다. 다중 상속 메모리 구조는 그 동안 많이 봐왔기 때문에 지겨울 수도 있지만 확인 차원에서 살펴보자.

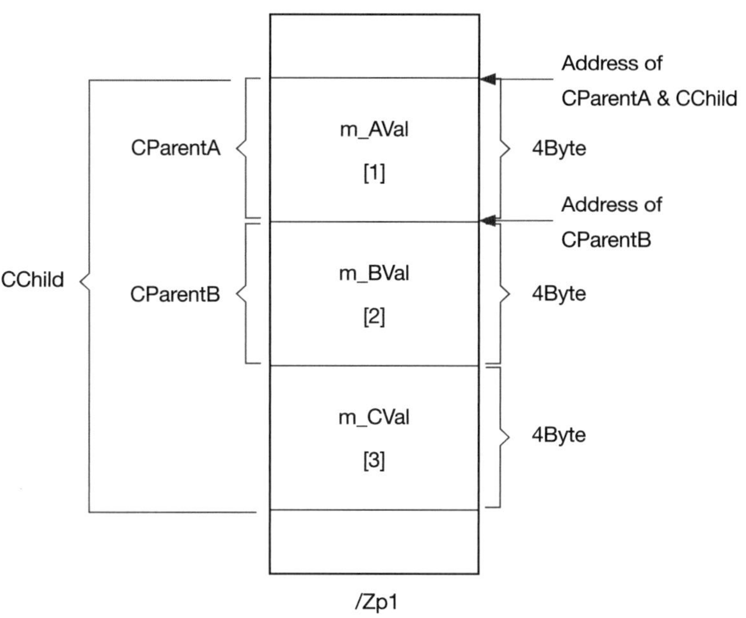

▲ **그림 9-6** 다중 상속 클래스 구조

〈그림 9-6〉을 통해서 알 수 있듯이, 다중 상속에서는 두 번째 부모부터 메모리 시작 주소가 실제 CChild의 메모리 시작 주소보다 4바이트 커지게 된다. 이제 실제 코드가 실행된 결과를 살펴보자.

```
main pC: 008B9358                          // pC

Add this: 008B9358                         // this = pC

Subtract this: 008B935C                    // this = pC + 4
```

결과를 통해서 알 수 있는 것은 Add의 this는 CChild 객체 포인터 pC와 같은 값이지만, Subtract의 this는 pC보다 4만큼 크다는 사실이다. 왜 이런 결과가 나왔을까? 일단 this가 결정되는 방식부터 살펴보자.

멤버 함수 안에서 사용되는 this는 해당 멤버 함수가 정의된 클래스의 메모리 시작 주소를 나타낸다. Add를 살펴보자. Add는 CParentA에 멤버 함수지만 상속을 통해서 CChild의 멤버 함수이기도 하다. 그러나 실제 함수 본체가 정의된 클래스는 CParentA이다. 따라서 Add의 this는 CParentA의 메모리 시작 주소가 되어야 한다. 마찬가지로 Subtract는 CParentB와 CChild의 멤버 함수이지만, 실제 함수 본체는 CParentB에 정의되어 있기 때문에 Subtract의 this는 CParentB의 메모리 시작 주소가 되어야 한다. 〈그림 9-6〉에서 CParentA의 시작 주소는 CChild의 시작 주소와 같지만 CParentB의 시작 주소는 CParentA의 시작 주소보다 4만큼 크다. 따라서 Add의 this와 Subtract의 this는 4바이트만큼 차이가 나는 것이다.

다시 〈소스 9-13〉으로 돌아가서 (A-2), (B-2)를 살펴보자. 본질적으로 두 코드는 pC를 기준으로 함수 포인터 pFunc를 호출하는 것으로 완전히 똑같다. 단지 다른 점이 있다면 pFunc에는 각각 Add와 Subtract이 들어있을 뿐이다. 즉, 컴파일러는 pC를 this로 변환할 때 pFunc에 들어있는 함수가 Add일때는 그대로 pC를 this로 만들고, pFunc에 들어있는 함수가 Subtract일때는 pC에 4를 더하여 this를 만들어야 한다. 그렇다면 pFunc 호출 어셈블리에는 pFunc에 들어있는 함수가 Add인지, Subtract인지를 구분하는 코드가 들어있을까? 절대 그렇지 않다. 단지 pFunc에는 함수의 시작 주소만이 들어있을 뿐이고, 주소만을 보고 그것이 어떤 함수인지는 실제로 점프(해당 함수로 진입)하기 전에는 알 수가 없다.

this를 어떻게 변환해야 하는지 결정되는 순간은 따로 있다. 바로 (A-1), (B-1)과 같이 멤버 함수 포인터에 실제 멤버 함수가 대입될 때가 this를 pC로부터 어떻게 변환해야 되는지가 결정되는 순간이다. 멤버 함수가 대입되는 시점에 해당 함수가 실제 정의된 클래스를 찾은 뒤 기준 클래스(여기서는 CChild) 주소와 어느 정도 차이가 나는지를 먼저 계산해놓는 것이다. 여기서 기준 클래스란 말이 나왔는데 pFunc의 타입이 바로 PFUNC이며 (1)에서 볼 수 있듯이 PFUNC의 시그니처에 포함된 클래스 타입인 CChild가 바로 기준 클래스가 되는 것이다. 즉, 정리하면 시그니처의 클래스 타입이 CChild인 멤버 함수 포인터 타입 pFunc에 멤버 함수가 대입되는 순간에 CChild의 주소를 기준으로 대입되는 멤버 함수가 정의된 실제 클래스의 상대 주소 차이(Add:0, Subtract:4)를 기억해놓고, 실제 멤버 함수 포인터가 호출되는 순간에 호출 기준이 되었던 객체 pC의 주소에 상대 주소 차이를 더하여 this로 변환하는 것이다.

그렇다면 기준 클래스와 실제 멤버 함수가 정의된 클래스의 상대 주소 차이는 어디에 기억되고 있는 것일까? 멤버 함수가 대입된 이후, 실제 호출이 언제 이루어질지는 알 수가 없다. 정확히 얘기해서 멤버 함수가 대입된 함수 포인터가 살아있는 동안 언제든지 호출될 수 있다. 따라서 상대 주소 차이도 함수 포인터가 살아있는 동안 같이 기억되고 있어야만 한다. 그렇다면 어디에 상대 주소 차이가 기억되어야 할까? 너무나도 간단하다. 바로 멤버 함수 포인터에 기억되면 되는 것이다. 그래서 멤버 함수 포인터는 실제 함수 주소를 저장함은 물론 상대 주소 차이까지 저장해야만 하는 것이다. 당연히 두 개 이상의 값을 저장하기 위해서는 저장 공간의 크기가 커질 수밖에 없으며 이로 인해서 멤버 함수 포인터의 크기는 기본 포인터 크기보다 커질 수 있는 것이다. 글로만 설명해서 복잡하게 느껴질 수 있다. 그림으로 확인해보자.

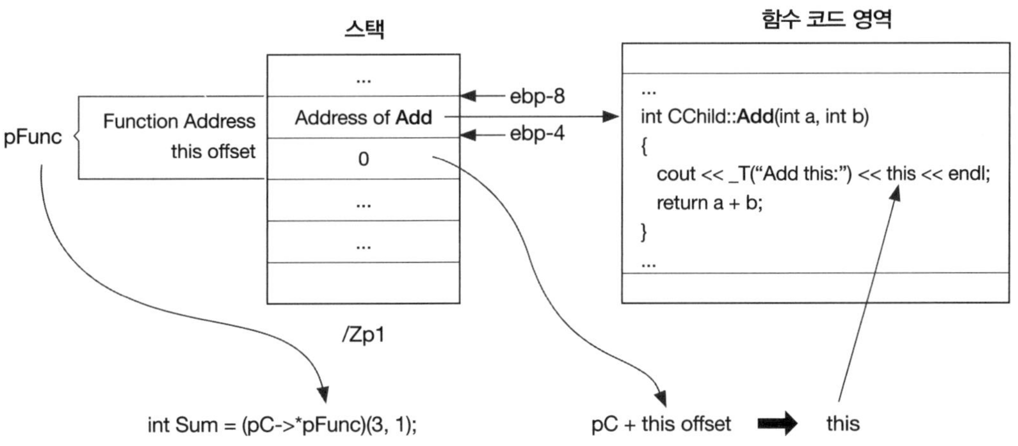

▲ 그림 9-7 pFunc = Add의 멤버 함수 포인터 구조

〈그림 9-7〉은 pFunc에 Add가 대입된 상태를 나타낸다. 눈여겨볼 곳은 스택 부분의 pFunc 부분이다. 두 칸을 차지하고 있다. x86이라면 함수 주소 4바이트와 클래스 상대 주소 차이를 저장하는 4바이트를 합해서 8바이트가 된다. 상대 주소 차이는 this를 변환할 때 오프셋으로 사용되므로 this offset으로 부르기로 하자. x64라면 pFunc의 크기가 조금 달라지는데 함수 주소 8바이트와 this offset 4바이트를 합쳐서 12바이트가 될 것 같지만,

64비트 시스템의 성능을 위하여 8바이트의 배수가 되도록 4바이트 패딩을 추가하여 16바이트가 된다. this offset은 멤버 함수 주소가 저장된 바로 다음 4바이트에 저장된다. 그림상에서는 this offset에 0이 저장되어 있다. pFunc에 Add가 대입되는 순간에 this offset에 0이 저장되는 것이다. 참고로 기존 메모리 구조 그림에서는 메모리를 표현할 때 위에서 아래로 갈수록 주소가 커지는 식으로 표현했다. 그런 방식이 클래스 메모리 구조를 보일 때는 적당하기 때문이다. 이 그림의 스택도 위에서 아래로 갈수록 주소가 커진다고 생각하자. 즉, pFunc의 Function Address 메모리 주소보다 this offset 메모리 주소가 더 크다. 이제 pFunc가 호출되는 과정을 살펴보자. 그림상에서 pFunc가 호출될 때 this offset의 값을 가져와서 pC에 더하여 그것으로 this를 만들게 된다. Add 함수 본체에서는 실제 해당 this를 이용한다.

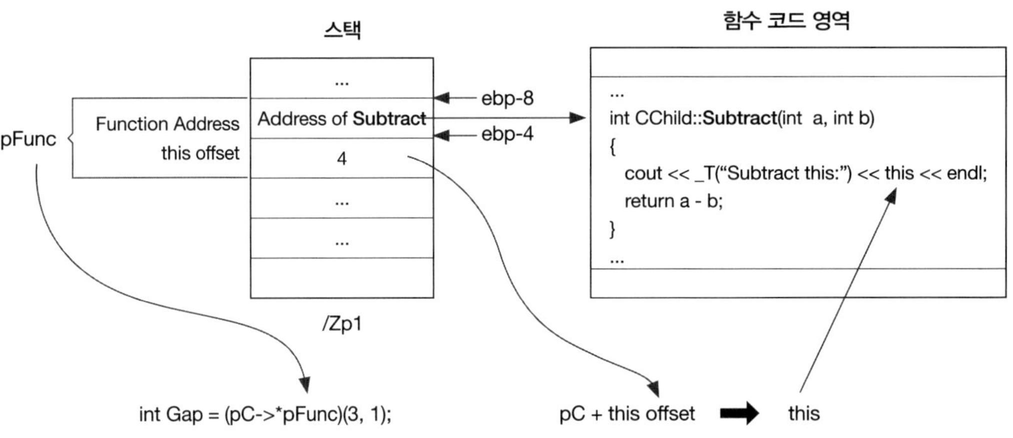

▲ 그림 9-8 pFunc = Subtract의 멤버 함수 포인터 구조

〈그림 9-8〉은 pFunc에 Subtract이 대입된 상태를 나타낸다. 역시나 pFunc는 기본 포인터(void*) 크기보다 크다. Subtract는 CParentB에 정의되어 있고 클래스 상대 주소 차이가 4바이트이므로 this offset에는 4가 저장된다. 이제 pFunc가 호출되는 과정을 살펴보자. this offset 4를 가져와서 pC에 더하여 this를 만들고 Subtract 함수 본체에서는 this를 이용하게 된다.

이제 개념적으로 멤버 함수 포인터에 멤버 함수가 대입되는 순간 어떤 일이 벌어지는지 알게 되었다. 명확하게 하기 위하여 실제 어셈블리를 통하여 확인해보자. 코드가 비슷하므로 Subtract이 대입되는 경우를 살펴보겠다(x86 기준 어셈블리 코드이다).

[소스 9-14] 멤버 함수 포인터 대입 및 호출 어셈블리

```
pFunc = &CChild::Subtract;
mov   dword ptr [ebp-30h],offset CParentB::Subtract      // (A-1)
mov   dword ptr [ebp-2Ch],4                              // (B-1)
mov   edx,dword ptr [ebp-30h]                            // (A-2)
mov   dword ptr [ebp-8],edx                              // (A-3)
mov   eax,dword ptr [ebp-2Ch]                            // (B-2)
mov   dword ptr [ebp-4],eax                             // (B-3)

int Gap = (pC->*pFunc)(3, 1);
push 1
push 3
mov   ecx,dword ptr [pC]                                 // (C-1)
add   ecx,dword ptr [ebp-4]                             // (C-2)
call dword ptr [ebp-8]                                   // (D-1)
```

〈소스 9-14〉는 멤버 함수 포인터 pFunc에 Subtract이 대입되고 호출되는 과정을 보여준다. 총 네 부분으로 나눌 수 있는데 (A)는 Subtract 주소가 저장되는 과정, (B)는 this offset이 저장되는 과정, (C)는 pC가 this로 변환되는 과정, (D)는 실제 호출되는 과정이다.

(A-1)을 살펴보자. CParentB::Subtract의 주소가 스택 메모리 ebp-30 위치에 저장된다. (A-2)에서 ebp-30 위치의 값을 다시 edx에 저장한다. 그리고 (A-3)에서 스택 메모리 위치 ebp-8에 edx를 대입한다. 결론적으로 세 과정을 통해서 ebp-8 위치에 CParentB::Subtract의 주소가 입력된다. 그렇다면 ebp-8은 무엇일까? 〈그림 9-8〉을 보자. 그림에서 알 수 있듯이 ebp-8은 바로 멤버 함수 포인터 pFunc가 위치하는 곳이다. 즉, pFunc에 CParentB::Subtract 주소가 대입되는 것이다.

(B-1)을 살펴보자. 스택 메모리 ebp-2C 위치에 4를 저장한다. 여기서 4는 무엇일까? 바로 CChild를 기준 클래스로 CParentB의 시작 위치 오프셋을 나타내는 this offset 4이다. Subtract이 대입되는 순간에 this offset 4를 계산해서 저장해놓는 것이다. (B-2)에서 ebp-2C에 저장된 값을 eax에 옮긴다. 그리고 (B-3)에서는 스택 메모리 ebp-4 위치에 eax를 저장한다. 결국 ebp-4 위치에 this offset 4가 저장되는 것이다. 여기서 ebp-4는 무엇일까? 〈그림 9-8〉에서 볼 수 있듯이 멤버 함수 포인터 pFunc의 this offset이 저장되는 위치이다. 즉, 멤버 함수 포인터의 함수 주소 바로 다음 영역에 this offset이 저장된다.

이제 멤버 함수 포인터 pFunc를 호출할 차례이다. CChild의 객체 pC를 기준으로 pFunc를 호출하게 된다. (C-1)을 살펴보자. 먼저 pC를 ecx에 대입한다. 그리고 (C-2)에서 스택 메모리 ebp-4에 저장된 값을 가져와서 ecx에 더하게 된다. 이 부분이 사실 제일 중요한데 바로 ebp-4는 this offset을 의미한다고 했고 현재 4가 저장되어 있다. 즉, ecx = ecx + 4가 실행되는 셈이다.

마지막으로 (D-1)을 살펴보자. ebp-8에 저장된 값을 call한다. ebp-8은 이미 말했듯이 멤버 함수 포인터 pFunc에서 함수 주소 영역을 나타낸다. 즉, CParentB::Subtract의 주소를 나타내며 call을 통해서 해당 주소로 점프하게 되는 것이다. 이미 수차례 얘기했듯이 멤버 함수 호출에서 this를 ecx나 rcx 레지스터에 저장해서 넘기게 된다. 즉, Subtract이 사용할 수 있는 this가 ecx에 대입되어 넘어가고, Subtract 안에서 ecx를 통해서 this를 사용할 수 있는 것이다.

간단한 정리를 하자면 멤버 함수 포인터를 호출할 때, this 변환이 일어나게 되고, this 변환을 위하여 offset이 필요하다면 offset은 멤버 함수 포인터에 저장된다. this offset은 멤버 함수 포인터를 호출하는 객체 주소에 더해져서 해당 함수 본체에서 this로 이용될 수 있다. 그런데 기억력이 좋은 독자라면 약간의 궁금증이 생길 수도 있다. 이전 파트에서 멤버 함수 포인터를 호출할 수 있는 객체는 시그니처에 포함된 클래스 타입의 객체이거나 자식 클래스 타입의 객체라고 했다. 즉, 멤버 함수 포인터 타입 typedef int (CChild::*PFUNC)(int a, int b) 에서 알 수 있듯이 PFUNC pFunc를 호출할 수 있는 객체는 CChild 객체 뿐 아니라 CChild를 상속받는 자식 클래스 객체일 수도 있다는 것이다.

그런데 만일 자식 클래스 객체가 부모 클래스 객체와 메모리 주소가 다르다면 어떻게 될까? 즉 이런 상황을 의미한다.

[소스 9-15] 자식 클래스 객체를 통한 멤버 함수 포인터 호출과 this

```cpp
class CParentA
{
public:
   int Add(int a, int b)
   {
      cout << _T("Add this: ") << this << endl;
      return a + b;
   }

   int m_AVal;
};

class CParentB
{
public:
   int Subtract(int a, int b)
   {
      cout << _T("Subtract this: ") << this << endl;
      return a - b;
   }

   int m_BVal;
};

class CChild : public CParentA, public CParentB
{
public:
   int m_CVal;
};

class COther
{
```

```cpp
public:
   int m_OVal;
};

class CGrandChild : public COther, public CChild
{
public:
};

typedef int (CChild::*PFUNC)(int a, int b);                 // (1)

void main()
{
   CGrandChild* pGC = new CGrandChild;

   PFUNC pFunc = &CChild::Subtract;                         // (2)
   int Gap = (pGC->*pFunc)(3, 1);                           // (3)

   delete pGC;
}
```

〈소스 9-15〉는 〈소스 9-13〉에 클래스 두 개를 더 추가한 것이다. 추가된 클래스는
COther와 CGrandChild이다. COther는 단순히 멤버 변수로서 int m_OVal을 가지게 된다.
이것은 COther가 메모리 영역을 최소 4바이트는 차지하도록 만들기 위한 것이다. 이제
CGrandChild의 메모리 구조를 살펴보자.

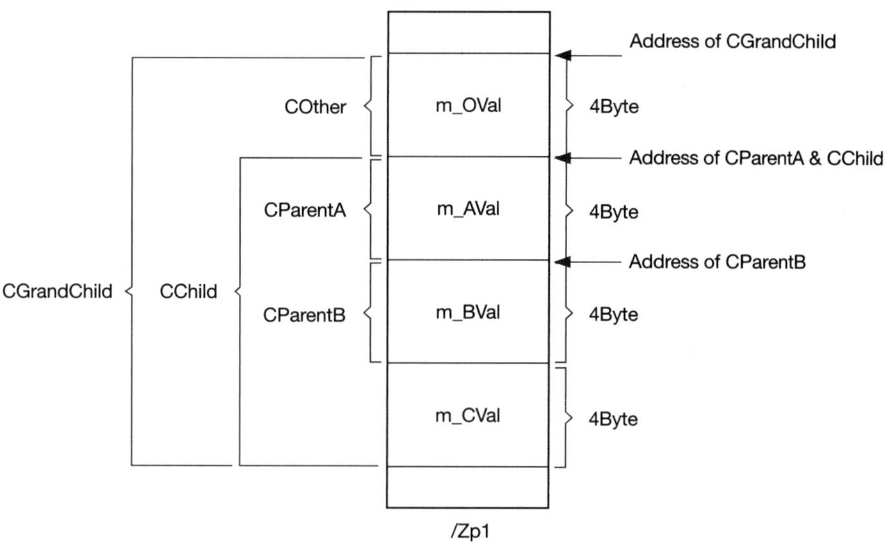

▲ 그림 9-9 자식 클래스 객체를 통한 멤버 함수 포인터 호출과 this

〈그림 9-9〉를 통해서 각 클래스의 메모리 시작 주소간의 차이를 쉽게 알 수 있다. CGrandChild를 기준으로 했을 때, CChild는 4바이트만큼 떨어져있으며, CParentB의 경우는 8바이트만큼 떨어져있다는 것을 쉽게 확인할 수 있다.

이제 〈소스 9-15〉의 (1)을 살펴보자. PFUNC는 CChild의 멤버 함수 포인터 타입이다. 그리고 (2)에서 멤버 함수 포인터 pFunc에는 Subtract을 대입하였다. 대입하는 순간에 pFunc의 메모리 영역 중 함수 주소는 Subtract의 시작 주소가 될 것이고, Subtract은 CParentB에 정의되어 있기에 CChild를 기준으로 한 this offset은 4가 기록될 것이다.

(3)을 살펴보자. pFunc를 호출하는데 호출 객체는 pGC로 CChild가 아닌 CGrandChild의 객체를 가리키는 포인터이다. CChild와 CParentB는 메모리 시작 주소가 4바이트만큼 차이가 나기 때문에 this offset 4를 더하면 this를 제대로 구할 수 있는데 CGrandChild와 CParentB는 메모리 시작 주소가 8바이트만큼 차이가 나기 때문에 멤버 함수 포인터에 기록된 this offset 4를 더하면 제대로 된 this를 구할 수 없다. 그렇다면 컴파일러는 이 문제를 어떻게 해결하는 것일까?

사실 무척 간단하다. pGC를 CChild 포인터로 변환시키는 어셈블리를 추가할 뿐이다. 실제로 어셈블리를 살펴보자.

[소스 9-16] 자식 클래스 객체를 통한 멤버 함수 포인터 호출 어셈블리

```
int Gap = (pGC->*pFunc)(3, 1);
mov   eax,dword ptr [pGC]              // (A-1)
add   eax,4                            // (A-2)
mov   dword ptr [ebp-24h],eax          // (A-3)
push 1
push 3
mov   ecx,dword ptr [ebp-24h]          // (B-1)
add   ecx,dword ptr [ebp-4]            // (B-2)
call dword ptr [pFunc]                 // (C)
```

〈소스 9-16〉은 두 부분으로 나누어진다. CGrandChild 주소를 CChild 주소로 변환시키는 부분과 CChild 주소에 this offset을 더하여 실제 CParentB 주소를 구하는 부분이다.

(A-1)에서 eax에 pGC를 대입한다. eax = pGC가 되었다. 중요한 부분은 바로 (A-2)이다. eax = eax + 4를 수행한다. 이것의 의미는 CGrandChild 주소를 CChild 주소로 변환하는 것을 의미한다. 이제 eax는 CChild 주소를 나타내게 되었다. (A-3)에서는 구해진 eax를 스택 영역인 ebp-24 위치에 임시로 저장한다.

(B-1)은 CChild 주소를 가져오는 부분이다. 위에서 임시로 저장한 ebp-24 위치의 CChild 주소를 ecx에 대입한다. 그리고 (B-2)에서 그 동안 보아왔던 this offset을 ecx에 더하여 실제 CParentB의 주소를 만든다. ecx에는 이제 CParentB의 제대로 된 주소가 대입되어 있으며 (C)에서 pFunc가 호출되면 Subtract 함수 내부에서 ecx를 this로 사용하게 될 것이다. 어셈블리만 보면 금새 좌절하게 되는 독자를 위하여 컴파일러가 변환하는 코드를 C++ 코드로 표현하면 다음과 같다.

```
int Gap = (pGC->*pFunc)(3, 1);              // (A)

CChild* pC = pGC;                           // (B)
int Gap = (pC->*pFunc)(3, 1);
```

(A)에서 (B)로 변환하는데, 일단 pGC를 CChild*인 pC로 변환한 후에 pC를 기준으로 멤버 함수 포인터를 호출한다고 생각하자.

이전에 살펴보았듯이 멤버 함수 포인터를 호출할 수 있는 객체는 멤버 함수 포인터의 시그니처에 포함된 클래스 타입이거나 자식 클래스 타입이어야 한다고 했다. 호출하는 객체가 시그니처 클래스의 자식 클래스 타입일 경우 컴파일러는 결국 시그니처의 클래스 타입으로 변환하는 코드를 추가하게 되는 것이다.

여기까지 내용을 살펴보았을 때 멤버 함수 포인터의 시그니처에 포함되는 클래스 타입이 얼마나 중요한 의미가 있는지 깨달을 수 있을 것이다. 멤버 함수 포인터의 this offset에 기록되는 값은 바로 시그니처의 클래스 타입을 기준으로 멤버 함수가 정의된 클래스의 메모리 주소 오프셋이다. 또한 바로 전에 살펴보았듯이 멤버 함수 포인터를 호출하는 객체의 기준 타입이 시그니처의 클래스 타입이기도 하다. 즉, 멤버 함수 포인터를 호출하는 객체가 시그니처의 클래스 타입이 아닐 경우 시그니처의 클래스 타입으로 변환한 후에 호출하게 된다는 것이다. 결국 핵심을 말하고자 한다면 멤버 함수 포인터 타입, 즉 시그니처에는 반드시 클래스 타입이 들어가야만 한다.

➛ 9.2.4. 멤버 함수 포인터 크기

멤버 함수 포인터가 전역 함수 포인터에 비해서 확실히 다르다는 것을 알 수 있었다. 그런데 약간 헷갈릴 것이다. x86 기준으로 전역 함수 포인터는 4바이트고, 멤버 함수 포인터는 8바이트일까? 전역 함수 포인터가 4바이트인 것은 맞지만, 멤버 함수 포인터가 꼭 8

바이트인 것은 아니다. 기억력이 좋은 독자라면 이미 〈소스 9-9〉의 (5)에서 멤버 함수 포인터의 크기가 어떻게 나왔는지 기억할 것이다. 기억이 나지 않는다면 다시 한 번 해당 부분을 잠시나마 읽어보길 추천한다.

x86기준으로 멤버 함수 포인터는 4바이트가 되기도 하고, 8바이트가 되기도 한다. 앞으로 배울 것이지만 12바이트 혹은 16바이트가 될 수도 있다. 물론 이 모든 것을 완벽하게 이해할 수 있다면 좋겠지만, 꼭 그렇게 다 알 필요는 없다. 이번 절의 제일 큰 목적이라고 한다면 왜 멤버 함수 포인터는 일반 포인터와는 크기가 달라질 수 있고, 그 이유는 무엇인지를 이해하는 것이라고 할 수 있다.

[소스 9-17] 멤버 함수 포인터 크기

```cpp
// (1) 최상위 클래스
class CParentA
{
public:
  void FuncPA()
  {
    void* p = this;
  }

  int m_AVal;
};

// (2) 최상위 클래스
class CParentB
{
public:
  void FuncPB()
  {
    void* p = this;
  }

  int m_BVal;
};
```

```cpp
// (3) 단일 상속 클래스
class CChildA : public CParentA
{
   void FuncCA()
   {
     void* p = this;
   }

   int m_CAVal;
};


// (4) 단일 상속 클래스
class CChildB : public CParentA
{
   virtual ~CChildB() {};                              // (A)
   void FuncCB()
   {
     void* p = this;
   }

   int m_CBVal;
};


// (5) 다중 상속 클래스
class CChildC : public CParentA, public CParentB
{
public:
   void FuncCC()
   {
     void* p = this;
   }

   int m_CCVal;
};


typedef void (CParentA::*PAFUNC)();                     // (1)
typedef void (CParentB::*PBFUNC)();                     // (2)
```

```cpp
typedef void (CChildA::*PCAFUNC)();                    // (3)
typedef void (CChildB::*PCBFUNC)();                    // (4)
typedef void (CChildC::*PCCFUNC)();                    // (5)

void main()
{
  int SizePA = sizeof(PAFUNC);                         // (1)
  int SizePB = sizeof(PBFUNC);                         // (2)
  int SizeCA = sizeof(PCAFUNC);                        // (3)
  int SizeCB = sizeof(PCBFUNC);                        // (4)
  int SizeCC = sizeof(PCCFUNC);                        // (5)

  cout << _T("PAFUNC Size: ") << SizePA << endl;
  cout << _T("PBFUNC Size: ") << SizePB << endl;
  cout << _T("PCAFUNC Size: ") << SizeCA << endl;
  cout << _T("PCBFUNC Size: ") << SizeCB << endl;
  cout << _T("PCCFUNC Size: ") << SizeCC << endl;
}
```

〈소스 9–17〉은 멤버 함수 포인터의 크기가 어떤 구조에서 기본 포인터 크기보다 커지는
지를 보여주기 위한 것이다. 실제 결과를 살펴보기 전에 어떤 값이 출력되는지 생각해보
자. 결과는 다음과 같다. 참고로 x86 VC++ 컴파일러를 기준으로 실행되었다.

```
PAFUNC Size: 4                    // (1)

PBFUNC Size: 4                    // (2)

PCAFUNC Size: 4                   // (3)

PCBFUNC Size: 8                   // (4)

PCCFUNC Size: 8                   // (5)
```

멤버 함수 포인터의 크기는 시그니처에 기록된 클래스의 구조에 의해서 결정된다. 여기
서 말하는 클래스 구조란 최상위 클래스, 단일 상속 클래스, 다중 상속 클래스와 같은 것

으로 한마디로 thisoffset이 필요한지 아닌지를 결정하는 구조를 의미한다.

(1), (2)는 최상위 클래스인 CParentA, CParentB의 멤버 함수 포인터의 크기를 나타낸다. 각 클래스에 정의된 멤버 함수 FuncPA와 FuncPB에서 this를 사용한다. 여기서 this를 구하기 위하여 변환을 위한 thisoffset이 전혀 필요하지 않다. 왜냐하면 호출하는 기준 객체도 CParentA나 CParentB이고 호출되는 멤버 함수도 CParentA나 CParentB에 정의되어 있어서 this를 구하기 위한 어떤 변환도 필요하지 않기 때문이다. 이렇게 thisoffset 자체가 항상 0인 경우, 즉 전혀 필요하지 않은 경우에는 두 가지 선택이 있을 수 있다.

첫 번째는 thisoffset을 위한 공간을 마련하지 않거나, 두 번째는 공간을 마련하되 항상 0을 넣는 것이다. VC++의 경우 첫 번째 방식을 따르기로 했다. 멤버 함수 포인터에 thisoffset을 위한 공간을 마련하지 않는다. 따라서 멤버 함수 포인터는 순수하게 함수의 주소만을 저장하면 되기 때문에 기본 포인터 크기인 4바이트가 나오는 것이다. 그에 비해서 GCC는 두 번째 방식을 따른다. 따라서 멤버 함수 포인터의 경우 8바이트가 나오게 된다. 두 방식은 각각 장단점이 존재한다. VC++의 경우 멤버 함수 포인터의 크기가 가변적이어서 메모리 절약을 할 수 있다는 장점이 있고, GCC의 경우 멤버 함수 포인터의 크기가 8바이트로 일정하기 때문에 안정적인 프로그래밍을 할 수 있다는 장점이 있다. 물론 어느 것이 더 좋고 나쁜지는 개개인에 따라서 다를 수 있지만, 필자의 경우 VC++가 선택한 방식이 훨씬 나은 선택이란 생각이 든다. 이후에 자세한 설명을 하겠지만 GCC가 8바이트 고정 방식을 취하는 대신 특수한 경우 멤버 함수 포인터의 사용이 제한되는 문제가 있기 때문이다. 일단은 이 정도만 알고 다음으로 넘어가자.

(3)을 살펴보자. 이번엔 단일 상속 클래스이다. CChildA는 CParentA를 단일 상속한다. 일반적인 단일 상속은 클래스간 메모리 시작 주소 차이가 발생하지 않는다. 즉, 최상위 클래스처럼 this를 구하기 위해서 thisoffset 자체가 필요 없다. 따라서 최상위 클래스와 마찬가지로 VC++에서는 기본 포인터 크기인 4바이트가 나오게 되고, GCC에서는 역시나 8바이트가 나온다.

(4)를 살펴보자. 이번에도 역시 단일 상속 클래스이긴 한데 결과가 전혀 다르게 나온다. 먼저 CChildB 클래스의 정의를 자세히 살펴보자. (A) 부분을 살펴보면 소멸자가 가상 함

수로 지정된 것을 볼 수 있다. 이미 [가상 함수]장에서 충분히 설명했듯이 가상 함수가 존재할 때 반드시 생성되는 가상 함수 테이블 포인터인 vfptr은 메모리 제일 시작 위치에 놓이게 된다. 보통 부모 클래스의 vfptr을 이용하기도 하는데, CChildB의 부모 클래스인 CParentA에는 vfptr이 존재하지 않는다. 따라서 CChildB의 vfptr이 생성되고, 이것이 메모리 시작 위치 제일 처음에 놓이게 되는 것이다. 그림으로 살펴보자.

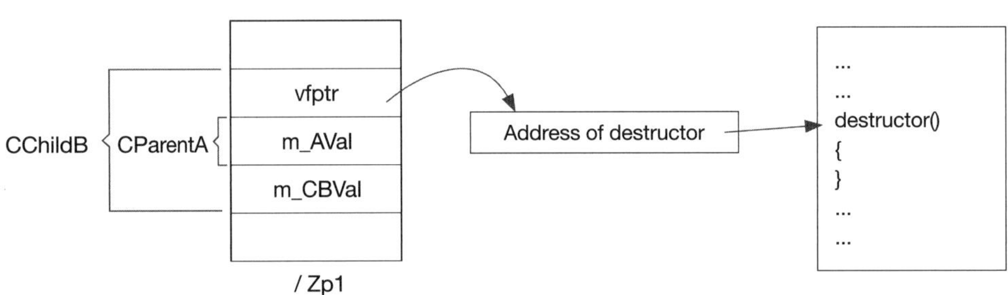

▲ 그림 9-10 단일 상속 가상 소멸자 클래스의 구조

〈그림 9-10〉을 보면 CParentA의 시작 주소가 CChildB보다 크다는 것을 확인할 수 있다. 바로 vfptr 때문이다. 이 상태에서 CChildB의 멤버 함수 포인터 타입의 크기는 VC++에서 왜 8바이트가 되는 것일까? 현재 CParentA와 CChildB에는 각각 멤버 함수 FuncPA와 FuncCB가 정의되어 있다. FuncPA에서 this를 계산하기 위해서는 그림에서처럼 thisoffset 4바이트가 필요하다.

그러나 FuncCB에서 this를 계산하기 위해서는 thisoffset 자체가 필요하지 않다. 왜냐하면 FuncCB는 CChildB에 정의되어 있고, CChildB를 기준으로 호출되기 때문이다. 즉, CChildB의 멤버 함수 포인터 타입은 경우에 따라서 thisoffset이 필요할 수도 있고, 필요하지 않을 수도 있다. 이렇게 확실하지 않을 경우에 컴파일러는 thisoffset 공간을 무조건 마련하게 된다. 만일 thisoffset이 필요하지 않다면 단지 해당 영역에 0을 기록하면 될 뿐이다.

그렇다면 VC++에서 이전의 경우인 최상위 클래스나 일반적인 단일 상속 클래스의 경우는 왜 thisoffset 공간이 마련되지 않은 것일까? 그 이유는 어떤 경우에도 thisoffset이 사용되지 않기 때문이다. 절대로 사용되지 않는 것이라면 굳이 공간을 마련할 필요가 없기 때문이다. 그것에 비해서 thisoffset이 사용되는 경우를 대비하여 무조건 공간을 마련하는 것은 어쩔 수 없는 측면이 있다. 멤버 함수 포인터를 선언하는 순간에 이미 컴파일러는 멤버 함수 포인터를 위한 공간을 마련해야 하는데, 어떤 멤버 함수가 들어올지를 미리 결정할 수는 없기 때문이다. 따라서 최대 크기로 미리 공간을 마련할 수밖에 없는 것이다. GCC의 경우 thisoffset이 아예 사용되지 않는 경우에도 항상 thisoffset을 위한 공간을 마련한다고 했다. 이미 설명했지만 이로 인해서 컴파일러 설계도 쉬워질 것이고, 멤버 함수 포인터의 크기가 일정하기 때문에 조금은 더 안정적인 프로그래밍을 할 수 있다. 극히 드문 경우이긴 하지만 멤버 함수 포인터의 크기가 가변적이라는 것을 고려하지 않은 코드에서 런타임 오류가 발생하는 경우도 존재하기 때문이다.

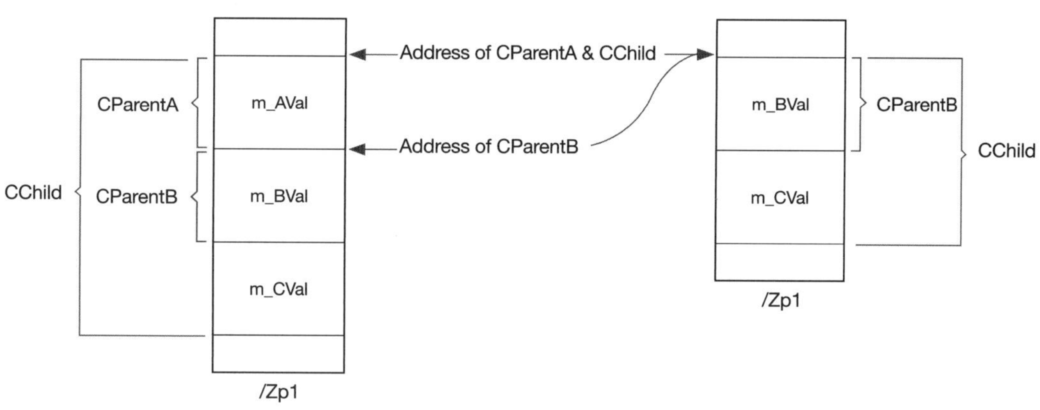

▲ 그림 9-11 다중 상속의 thisoffset

마지막으로 〈소스 9-17〉에서 (5)를 살펴보자. CChildC는 CParentA와 CParentB를 다중 상속한다. 〈그림 9-11〉의 왼쪽 그림은 다중 상속의 메모리 구조를 보여준다. 다중 상속의 경우 일반적으로 멤버 함수 포인터의 크기는 4바이트보다 크게 된다. 당연히 thisoffset을 저장할 공간이 필요하기 때문이다. 이미 위에서도 설명했지만 CChildC의 멤버 함수 포인터에 대입될 수 있는 함수는 CParentA나 CParentB에 정의된 함수이다. CParentA에 정의된 함수라면 thisoffset이 불필요하지만, CParentB에 정의된 함수는 반드시 thisoffset

이 필요할 수밖에 없다. 따라서 멤버 함수 포인터의 크기는 8바이트가 될 수밖에 없다. 참고적으로 다중 상속이라고 해서 항상 멤버 함수 포인터 크기가 4바이트보다 커지는 것은 아니다. VC++에서 어떤 경우에 다중 상속 클래스임에도 불구하고 멤버 함수 포인터 크기가 4바이트가 되는지 생각해보자. 힌트를 준다면 CParentA의 클래스 정의에서 멤버 변수 int m_AVal; 부분을 주석으로 처리한 후에 실행해보자. 멤버 함수 포인터의 크기는 4바이트가 될 것이다. 〈그림 9-11〉의 왼쪽 그림이 일반적인 다중 상속의 경우라면, 오른쪽 그림은 CParentA에서 멤버 변수 int m_AVal; 부분을 제거했을 때의 메모리 구조 모습이다. CParentA가 멤버 변수를 가지고 있지 않기 때문에 이론적으로 따지면 메모리에 차지하는 공간이 없어진다. 따라서 그림에서 볼 수 있듯이 CChild, CParentA, CParentB의 메모리 시작 주소는 모두 같게 된다. 따라서 CParentB에 정의된 함수를 위한 thisoffset 자체가 불필요해진다. 이럴 경우 역시 단일 상속 클래스처럼 멤버 함수 포인터의 크기는 4바이트가 되는 것이다.

[소스 9-18] 멤버 함수 포인터 thisoffset 확인

```cpp
class CParentA
{
public:
   int Add(int a, int b)
   {
      return a + b;
   }

   BYTE m_ArrayA[1024];                    // (1)
};

class CParentB
{
public:
   int Subtract(int a, int b)
   {
      return a - b;
   }
```

```cpp
    BYTE m_ArrayB[4];
};


class CChild : public CParentA, public CParentB
{
public:
    int m_CVal;
};


typedef int (CChild::*PCFUNC)(int a, int b);               // (2)


void main()
{
    int SizeC = sizeof(PCFUNC);                            // (3)


    PCFUNC pAdd = &CChild::Add;
    PCFUNC pSubtract = &CChild::Subtract;


#ifdef _M_IX86  // x86
    int offset1 = ((int*)&pAdd)[1];                        // (A)
    int offset2 = ((int*)&pSubtract)[1];                   // (B)
#else           // x64
    int offset1 = ((int*)&pAdd)[2];                        // (A)
    int offset2 = ((int*)&pSubtract)[2];                   // (B)
#endif


    cout << _T("PCFUNC Size: ") << SizeC << endl;
    cout << _T("Add thisoffset: ") << offset1 << endl;
    cout << _T("Subtract thisoffset: ") << offset2 << endl;
}
```

〈소스 9-18〉은 멤버 함수 포인터에 기록되는 thisoffset을 직접 확인하는 코드이다. 쉽게
확인할 수 있도록 CChild 클래스는 CParentA, CParentB를 다중 상속하고 있으며, 각 클
래스는 Add와 Subtract 멤버 함수를 정의하고 있다. (1)에서 this offset이 1024가 되도록
배열을 선언하였다. (2)에서는 CChild를 기준으로 멤버 함수 포인터 타입 PCFUNC를 정

의하였다. 잠깐 설명했듯이 (3)에서 PCFUNC의 크기를 구하는데 당연히 x86에서는 8바이트가 나오고, x64에서는 16바이트가 나온다.

이제 실제 PCFUNC 객체 pAdd에는 멤버 함수 Add를 pSubtract에는 멤버 함수 Subtract를 대입한다. 대입하는 순간 멤버 함수 포인터의 this offset 영역에도 멤버 함수를 위한 thisoffset이 기록될 것이다. 멤버 함수 포인터의 크기 및 구조는 x86과 x64가 다르게 표현되기 때문에 두 가지 모두를 테스트할 수 있도록 전처리 구문을 사용하였다. _M_IX86는 VC++에서 사용되는데, 이것이 정의되어 있을 경우 x86을 나타내며 그렇지 않을 경우 x64를 나타낸다. (A), (B)는 각 시스템에서 실제 기록된 thi soffset을 얻어내는 구문을 나타낸다. 구문 자체는 바로 이해하기 어려울 수 있지만 그림을 통해서 쉽게 이해할 수 있을 것이다. 먼저 x86부터 살펴보자.

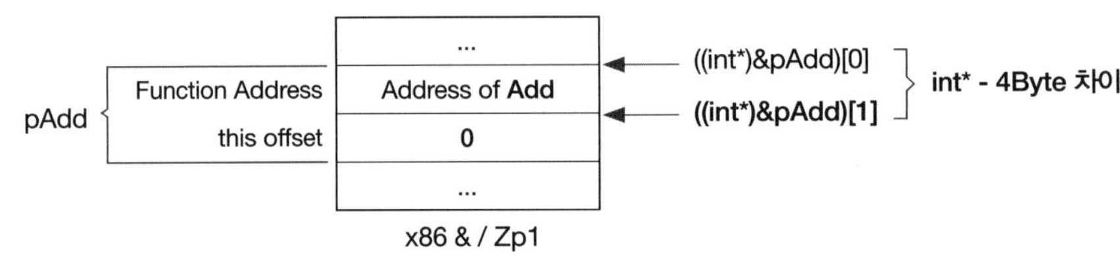

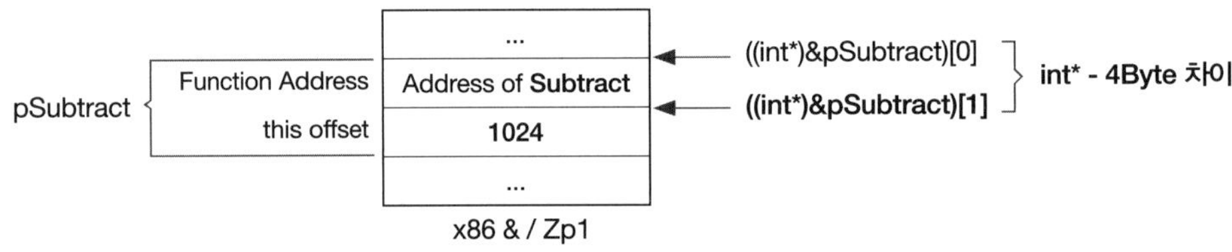

▲ 그림 9-12 x86 멤버 함수 포인터의 thisoffset 구하기

〈그림 9-12〉는 x86에서 this offset을 어떻게 구하는지를 보여주고 있다. 구문에서 (int*)로 타입 변환을 하는데 그 이유는 VC++과 GCC에서 int가 시스템에 상관없이 4바이트를 나타내며, this offset이 저장되는 메모리 영역의 크기도 시스템에 상관없이 4바이트이기 때문이다. 또한 x86에서는 기본 포인터가 int와 크기가 똑같다. 따라서 첨자[1]을 통해서 멤버 함수 포인터의 실제 함수 주소 부분인 4바이트를 지나서 다음에 위치한thisoffset을 구할 수 있는 것이다.

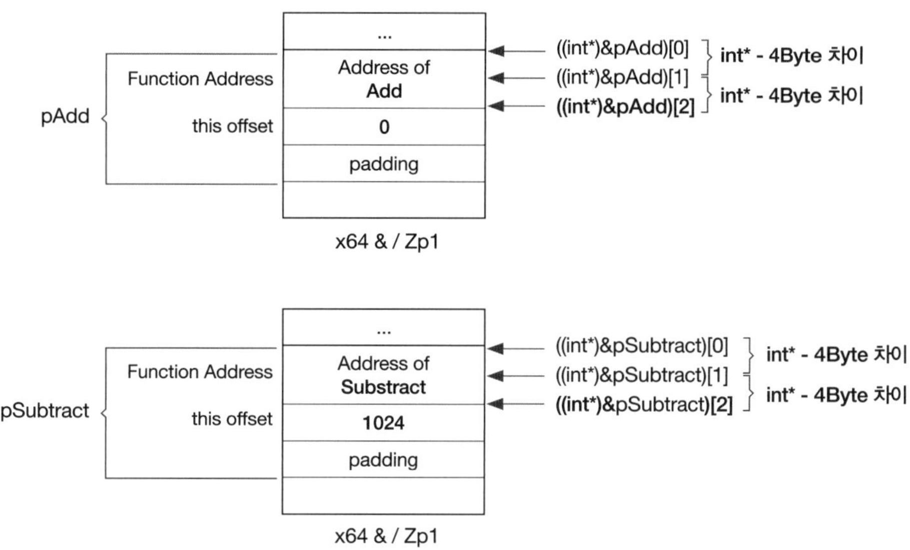

▲ 그림 9-13 x64 멤버 함수 포인터의 thisoffset 구하기

이제 x64에서 thisoffset을 구해보자. x64에서는 기본 포인터 크기가 8바이트다. 따라서 int 크기 두 개를 지나면 thisoffset에 접근할 수 있다. 따라서 첨자[2]를 통해서 멤버 함수 포인터의 실제 함수 주소 부분인 8바이트를 지나서 다음에 위치한 thisoffset을 구할 수 있는 것이다. 결과는 예상할 수 있듯이 다음과 같다.

```
PCFUNC Size: 8                          // x86

Add thisoffset: 0

Subtract thisoffset: 1024


PCFUNC Size: 16                         // x64

Add thisoffset: 0

Subtract thisoffset: 1024
```

9.3. 가상 상속 클래스 멤버 함수 포인터

[클래스]장에서 가상 상속의 구조에 대해서 설명했다. 구조 자체가 컴파일러에 의존적이고, 상세한 구조 자체를 알지 못해도 프로그래밍 하는데 큰 지장은 없으므로 건너뛰어도 상관 없다고 했다. 물론 내용을 이해하면서 컴파일러 설계자들의 고민과 노력의 흔적들을 살펴볼 수 있다는 점에서 프로그래밍을 하는데 있어서 많은 도움이 되는 것은 분명한 사실이다.

이번 절은 이전에 살펴보았던 가상 상속 구조에서 연결되는 이야기이다. 즉, 이번 절을 이해하기 위해서는 반드시 가상 상속의 구조를 먼저 정확히 파악하고 있어야만 한다. 마찬가지로 이번 절을 뛰어넘는다고 해서 C++ 프로그래밍을 하는데 지장이 있는 것은 아니다. 지금까지 배운 멤버 함수 포인터의 구조만 이해하고 있어도 사실 충분하다. 그러나 더욱 완벽한 멤버 함수 포인터를 이해하기 위해서, 그리고 컴파일러 설계자들의 더 큰 고민과 노력을 느끼기 위해서는 한 번쯤 살펴 볼만 하다는 것이 필자의 생각이다. 지금부터 가상 상속 클래스의 멤버 함수 포인터를 정복해보자.

➤ 9.3.1. 가상 상속 클래스 구조

기억을 떠올리기 위하여 간단한 가상 상속 클래스의 구조를 살펴보자.

[소스 9-19] 기본적인 가상 상속 클래스 구조 1

```
class CParent
{
public:
    void FuncP() {};
    BYTE m_ArrayP[8];
};

class CChild : virtual public CParent
{
public:
```

```cpp
  void FuncC() {};
  BYTE m_ArrayC[16];
};

typedef void (CChild::*CFUNC)();                    // Member Function Pointer

void main()
{
  CFUNC pFuncP = &CChild::FuncP;                    // (A)
  CFUNC pFuncC = &CChild::FuncC;                    // (B)
}
```

〈소스 9-19〉는 간단한 코드이지만 가상 상속에서 멤버 함수 포인터의 특징을 보여줄 수
있다. 제일 중요한 부분은 역시 CChild가 CParent를 virtual 키워드를 사용하여 가상 상속
하고 있다는 점이다. 각 클래스에는 구조를 명확히 보이기 위하여 멤버로서 각각 다른 크
기의 배열을 선언하였다. 먼저 클래스의 메모리 구조부터 살펴보자. 편의상 x86 시스템이
라고 가정하자.

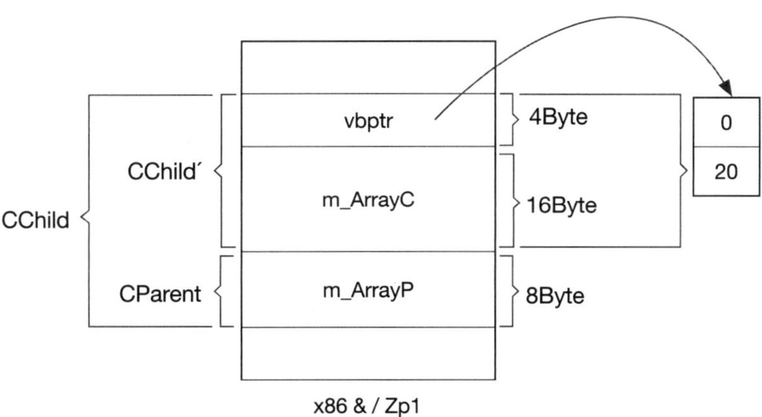

▲ 그림 9-14 가상 상속 클래스 구조도 1

〈그림 9-14〉는 〈소스 9-19〉의 클래스 구조를 보여준다. 기억나겠지만 가상 부모 클래스
인 CParent는 메모리 구조에서 아래쪽에 위치하게 된다. 위쪽에는 CChild의 멤버가 들어

가는데, 메모리 시작 위치에는 가상 기저 클래스의 오프셋 테이블을 가리키는 vbptr이 존재하며 그 다음에 16바이트 멤버 배열 m_ArrayC가 위치한다.

제일 중요한 부분은 바로 vbptr이 가리키는 오프셋 테이블이다. 현재 테이블에는 항목이 두 개 있다. 기억하겠지만 제일 첫 번째 항목은 CChild 자기 자신의 메모리 시작 오프셋을 의미한다. 여기서 오프셋이란 바로 vbptr의 위치를 기준으로 한 것이다. vbptr의 주소와 CChild의 주소가 일치하기 때문에 오프셋은 0이 된다. 따라서 첫 번째 항목에는 0이 기록된다. 보통 첫 번째 항목에 0이 기록되지만 꼭 0만 기록되는 것은 아니다. 이미 [클래스]장에서 가상 상속에 대해서 충분히 설명했으므로 기억이 나지 않는다면 관련 부분을 다시 한 번 읽어보기를 추천한다.

오프셋 테이블의 두 번째 항목을 살펴보자. 두 번째 항목부터는 바로 CChild의 조상 클래스 중에 가상 기저 클래스들의 오프셋 정보들이 차례대로 기록된다. 현재 소스에서 CChild의 가상 기저 클래스는 CParent밖에 없으므로 vbptr을 기준으로 CParent의 오프셋인 20이 기록된다.

본론으로 넘어가자. 현재 멤버 함수 포인터 타입 CFUNC가 정의되어 있다. (A)에서 CFUNC 객체 pFuncP에는 CParent에 정의된 FuncP를 대입하고, (B)에서 CFUNC 객체 pFuncC에는 CChild에 정의된 FuncC를 대입한다.

thisoffset의 관점에서 생각해보자. FuncP는 CParent에 정의되어 있으므로 pFuncP의 thisoffset은 CChild를 기준으로 CParent의 상대 오프셋이 되어야 한다. 따라서 thisoffset은 20이 된다. 마찬가지로 FuncC는 CChild에 정의되어 있으므로 pFuncC의 thisoffset은 0이 될 것이다. 따라서 기존 멤버 함수 포인터처럼 thisoffset 영역에 각각 20, 0만 설정하면 끝날 것 같다. 하지만 멤버 함수가 대입되는 순간 컴파일러가 thisoffset 20과 0을 알지 못한다는데 문제가 있다. 정확히 말하면 컴파일러가 알지 못하는 것이 아니라 결정할 수 없다는 데 문제가 있다. 결정할 수 없다는 것이 무슨 의미일까?

〈그림 9-14〉는 CChild 객체가 생성될 때의 메모리 구조를 보여주는 것뿐이다. 즉, CChild 객체를 기준으로 CChild와 CParent의 관계를 보여주는 것일 뿐이다. 가령 새로운 클래스를 추가한다고 생각해보자.

```cpp
class CParent
{
public:
    void FuncP() {};
    BYTE m_ArrayP[8];
};

class CChild : virtual public CParent
{
public:
    void FuncC() {};
    BYTE m_ArrayC[16];
};

class CGrandChild : public CChild            // (1)
{
public:
    BYTE m_ArrayG[4];
};

typedef void (CChild::*CFUNC)();             // Member Function Pointer

void main()
{
    CChild c;                                // (2)
    CGrandChild g;                           // (3)

    CFUNC pFuncP = &CChild::FuncP;           // (A)
    CFUNC pFuncC = &CChild::FuncC;           // (B)
}
```

〈소스 9-20〉을 살펴보자. 오직 (1) 부분의 새로운 클래스 CGrandChild가 추가되었을 뿐이다. CGrandChild는 CChild를 일반 상속한다. 이때 메모리 구조는 어떻게 그려질까?

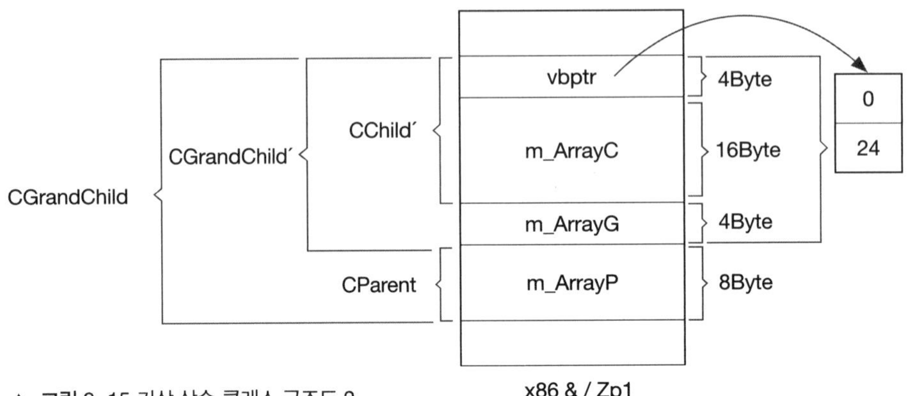

▲ **그림 9-15** 가상 상속 클래스 구조도 2

〈그림 9-15〉는 클래스 CGrandChild의 구조를 보여준다. 중요한 부분이라고 한다면 중간에 m_ArrayG가 추가된 것과 그로 인하여 오프셋 테이블의 항목이 변경되었다는 점이다. 이 그림은 분명히 CGrandChild의 구조를 보여주긴 하지만 이 안에는 CChild의 구조도 포함된다. 지금 중점적으로 따져야 하는 것은 CChild와 CParent의 관계이다. 왜냐하면 CChild의 멤버 함수 포인터에 CParent와 CChild에 정의된 멤버 함수를 대입하기 때문이다.

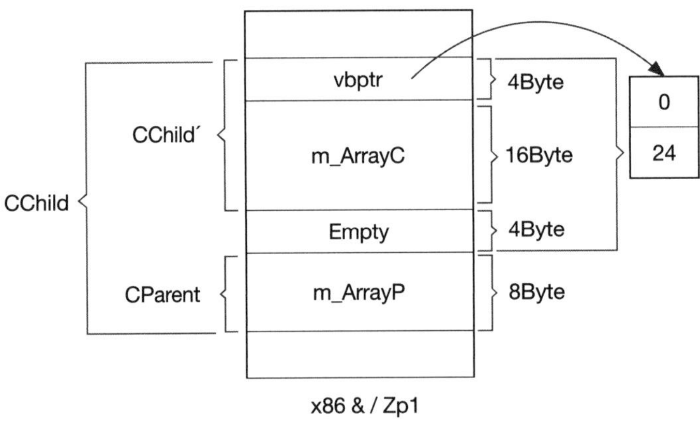

▲ **그림 9-16** 가상 상속 클래스 구조도 3

〈그림 9-16〉은 CGrandChild에서 CChild 구조만을 가져온 것이다. 즉, 〈그림 9-16〉은 〈그림 9-15〉의 일부분이다. 중간에 아무 의미 없는 Empty 영역이 포함되었지만 엄연히 제대로 된 클래스 구조를 나타낸다. 중요한 부분은 바로 오프셋 테이블이다. 〈그림 9-14〉의 CChild의 오프셋 테이블 항목은 [0 | 20]이었지만, 이제는 [0 | 24]로 바뀌었다. 즉, CChild 객체를 기준으로 했을 때의 오프셋 테이블과 CGrandChild 객체를 기준으로 할 때의 오프셋 테이블은 완전히 별개인 것이다.

〈소스 9-20〉에서 (2), (3)을 살펴보자. CChild c와 CGrandChild g객체가 선언되어 있다. 객체 c는 오프셋 테이블 [0 | 20]을 가지고 있지만, 객체 g는 오프셋 테이블 [0 | 24]를 가지게 된다. 이것의 의미는 CChild와 CParent간의 위치 관계는 어떻게 정해질 지 알 수 없다는 것이다. 즉, 컴파일러는 CChild를 기준으로 CParent로 타입 변환하기 위한 thisoffset을 절대로 결정할 수 없는 것이다. 그러나 다행히 컴파일러가 알 수 있는 것이 있다. 바로 CChild에서 CParent로 주소 변환하기 위해서 필요한 thisoffset이 들어있는 위치이다.

〈그림 9-14〉와 〈그림 9-16〉에서 공통적인 것이 있다면 CChild에서 CParent로 주소 변환하기 위해 필요한 thisoffset 정보가 오프셋 테이블의 두 번째 항목에 들어있다는 사실이다. 즉, 예를 들자면 친구의 휴대폰 번호가 번호 이동으로 계속 바뀌긴 하지만, 언제나 단축번호는 일정하게 유지하는 것과 비슷하다고 할 수 있다.그래서 컴파일러는 멤버 함수가 대입되는 순간 오프셋 테이블의 위치를 멤버 함수 포인터의 새로운 영역에 기록하기로 하였다.

➡ 9.3.2. Virtual Base Item Offset

필자는 가상 상속 클래스의 멤버 함수 포인터에 추가적으로 필요한 새로운 영역을 Virtual Base Item Offset이라고 이름 짓고, 줄여서 vbioffset이라고 부르기로 하였다. 따라서 CChild에서 CParent로 주소 변환하기 위해서는 멤버 함수 포인터에 vbioffset이 필요하며 여기서는 오프셋 테이블의 두 번째 항목이 필요하므로 vbioffset은 2라는 값이 들어가면 될 것 같다. 그러나 실제로 vbioffset에 들어가는 값은 2가 아니라 4가 된다. 실제로 VC++ 컴파일러는 오프셋 테이블에서 실제 오프셋 항목이 들어있는 메모리 위치를 상대

적인 오프셋으로 계산하여 그 값을 vbioffset에 대입한다. 글로 설명해서 제대로 이해가
안 갈 수 있으니 실제 그림과 식으로 따져보자.

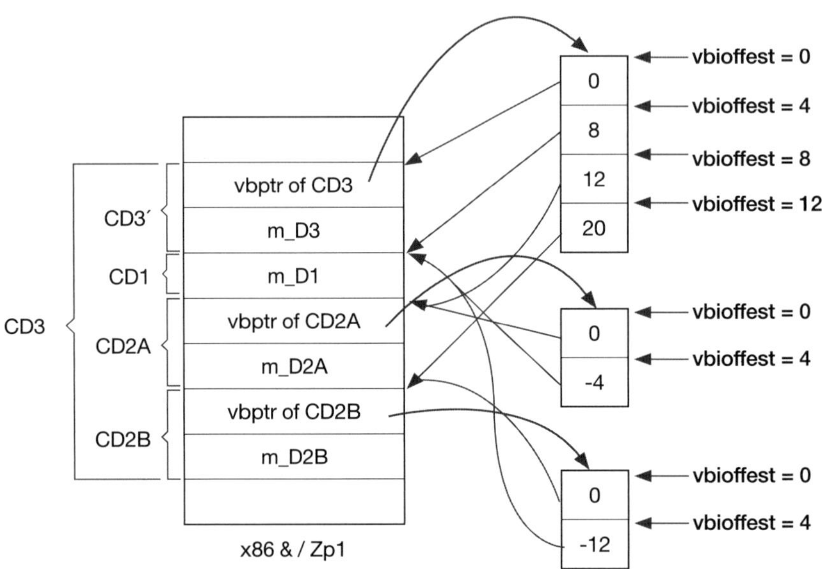

▲ 그림 9-17 vbioffset 계산

〈그림 9-17〉은 vbioffset이 어떻게 표현되는지를 보여준다. 클래스 CD3는 이전에 소개되
었던 가상 상속 클래스의 하나이며 vbioffset을 표현하기 위하여 그림을 재사용하였다.

오프셋 테이블의 항목 하나의 크기는 항상 4바이트 크기를 가진다. 이것은 x86/x64에 상
관없다. 왜냐하면 오프셋이 커 봤자 얼마나 크겠는가? 4바이트면 충분히 넘치고도 남기
때문이다. 사실 2바이트만 되어도 오프셋은 65536까지 쓸 수 있다. 그러나 x86이 처리하
기에 최적의 크기가 4바이트이므로 4바이트가 선택된 것이다. 그렇다고 x64에 맞추어서
8바이트를 쓰자니 그건 메모리 낭비일 수 있다. 아무튼 오프셋 테이블 항목 하나의 크기
는 항상 4바이트다.

vbioffset은 오프셋 테이블의 위치를 기준으로 계산한다. 그림에서 볼 수 있듯이 첫 번째

항목은 0이 되고, 두 번째 항목은 4, 세 번째 항목은 8, … 이것을 계산식으로 표현하면 vbioffset= (n번째 항목 – 1) * 4로 표현될 수 있다.

이제 가상 상속 클래스에서 멤버 함수 포인터의 새로운 요소인 vbioffset을 알게 되었으니, 이것이 실제로 어떻게 사용되는지 코드를 통해서 확인해보자.

[소스 9–21] 가상 상속 클래스 vbioffset

```cpp
class CParent
{
public:
  void FuncP() {};
  BYTE m_ArrayP[8];
};

class CChild : virtual public CParent
{
public:
  void FuncC() {};
  BYTE m_ArrayC[16];
};

typedef void (CChild::*CFUNC)();              // Member Function Pointer

void main()
{
  CChild* pC = new CChild;
  CParent* pP = pC;

  int offset1 = ((int*)(*(int*)pC))[0];       // (1)
  int offset2 = ((int*)(*(int*)pC))[1];       // (2)

  cout << "offset_1: " << offset1 << endl;    // Virtual Base Item 1
  cout << "offset_2: " << offset2 << endl;    // Virtual Base Item 2

  CFUNC pFuncP = &CChild::FuncP;              // (A)
  int P1 = ((int*)&pFuncP)[1];               // (A-1) thisoffset
```

```cpp
    int P2 = ((int*)&pFuncP)[2];                    // (A-2) vbioffset

    CFUNC pFuncC = &CChild::FuncC;                   // (B)
    int C1 = ((int*)&pFuncC)[1];                     // (B-1) thisoffset
    int C2 = ((int*)&pFuncC)[2];                     // (B-2) vbioffset

    cout << "pFuncP thisoffset: " << P1 << endl;
    cout << "pFuncP vbioffset: " << P2 << endl;
    cout << "pFuncC thisoffset: " << C1 << endl;
    cout << "pFuncC thisoffset: " << C2 << endl;

    (pP->*pFuncP)();                                 // (3) Compile Error
    (pP->*pFuncC)();                                 // (4) Compile Error
    (pC->*pFuncP)();                                 // (5) OK
    (pC->*pFuncC)();                                 // (6) OK

    delete pC;
}
```

〈소스 9-21〉은 가상 상속 구조에서 vbioffset을 확인하는 코드를 보여준다. 클래스 CChild는 CParent를 가상 상속한다. 그리고 이전과 마찬가지로 적절한 크기로 배열을 멤버로 가진다. 이 클래스 구조를 다시 한 번 그림으로 살펴보자.

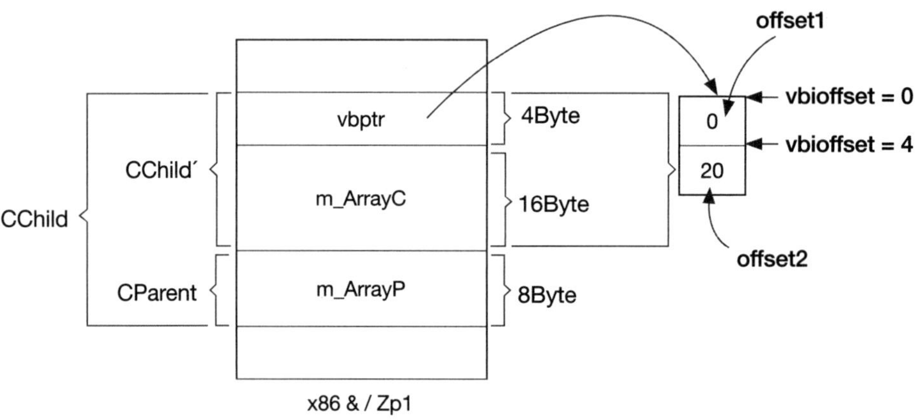

▲ 그림 9-18 가상 상속 클래스 vbioffset 1

〈그림 9-18〉은 이미 생성된 객체 CChild* pC의 메모리 구조이다.〈소스 9-21〉에서 (1),
(2)의 offset1, offset2는 각각 CChild의 vbptr이 가리키는 오프셋 테이블의 첫 번째 항목과
두 번째 항목을 나타낸다. 현재 오프셋 테이블에는 항목이 두 개 있다. 첫 번째 항목은 자
기 자신의 오프셋이고, 두 번째 항목은 가상 기저 클래스인 CParent의 오프셋을 나타낸
다. 그림에서 보듯이 offset1은 0이고, offset2는 20이 대입되어 출력된다.

(지금쯤이라면 (1), (2)가 왜 오프셋 테이블의 항목을 나타내는지를 충분히 이해할 수 있
어야 한다. 만일 잘 이해가 되지 않는다면 [포인터와 배열]장을 다시 한 번 살펴보자).

여기까지는 CChild* pC의 클래스 구조를 파악한 것이고, 지금부터 클래스의 구조를 기반
으로 멤버 함수 포인터의 구조를 살펴보자.

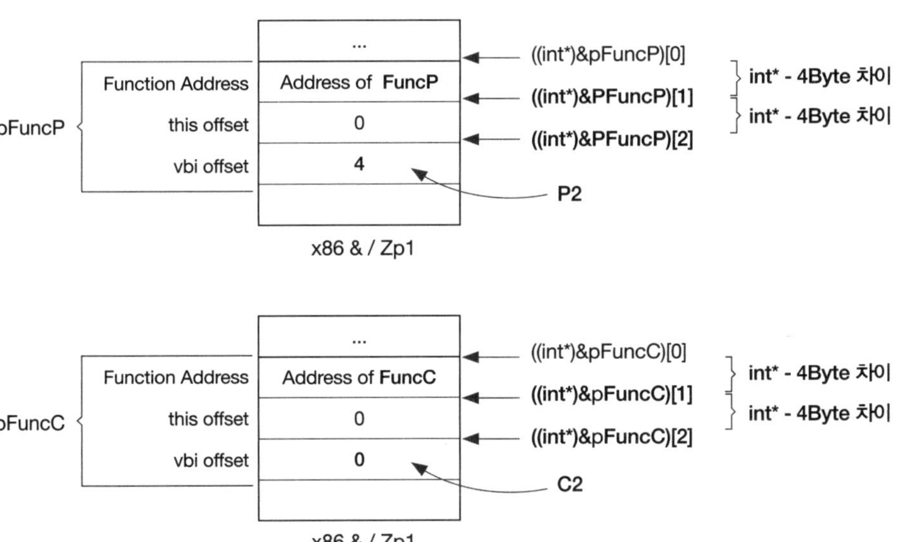

▲ **그림 9-19** 가상 상속 클래스 vbioffset 2

〈그림 9-19〉는 〈소스 9-21〉 (A), (B)에서 선언된 멤버 함수 포인터인 pFuncP, pFuncC
의 실제 메모리 구조를 보여준다. 일단 x86 환경에서의 구조를 그려놓았다. 그림에서 알
수 있듯이 가상 상속을 받은 클래스의 멤버 함수 포인터는 x86에서 12바이트를 차지한다.
첫 4바이트는 실제 함수의 주소를 나타내고, 두 번째 4바이트는 기존 멤버 함수 포인터의

thisoffset을 나타내며, 마지막 4바이트가 바로 가상 상속에서 사용되는 vbioffset을 나타낸다. (A-2), (B-2)에서는 vbioffset을 구하는 식을 보여준다. 일단 여기까지의 결과를 살펴보자.

```
offset_1: 0

offset_2: 20

pFuncP thisoffset: 0

pFuncP vbioffset: 4

pFuncC thisoffset: 0

pFuncC vbioffset: 0
```

결과에서 차이점을 볼 수 있다. pFuncP의 vbioffset은 4인 반면, pFuncC의 vbioffset은 0이다. pFuncP에는 CParent에서 정의된 FuncP가 대입되어 있으며, pFuncC에는 CChild에서 정의된 FuncC가 대입되어 있다. 〈소스 9-21〉에서 (3)을 살펴보자. CParent* pP를 기준으로 CParent의 멤버 함수 FuncP가 대입되어 있는 pFuncP를 호출하는 곳에서 컴파일 에러가 발생한다. 얼핏 보면 이해하기 어려울 수 있지만, pFuncP의 시그니처에 CChild가 지정되어 있기 때문이다. 마찬가지로 (4)에서 CParent* pP를 기준으로 pFuncC를 호출하는 것도 역시 컴파일 에러가 발생한다. 결국 다시 한 번 명심해야 할 것은 CChild의 멤버 함수 포인터는 오직 CChild나 그 자식 클래스 객체를 기준으로 호출될 수 있다는 것이다. 이제 (5)를 살펴보자. CChild* pC를 기준으로 pFuncP를 호출한다. pFuncP에는 CParent의 FuncP가 대입되어 있다. 결국 FuncP에서 제대로 된 this를 구하기 위해서는 CChild에서 CParent로의 주소 변환이 이루어져야 한다. 주소 변환을 위한 정보는 바로 멤버 함수 포인터인 pFuncP의 thisoffset과 vbioffset에 저장되어 있다. pFuncP의 vbioffset은 현재 4이다. 따라서 〈그림 9-18〉의 오프셋 테이블에서 vbioffset이 4인 항목의 값을 가져온다. 그림에서 알 수 있듯이 항목의 값은 20이다. 이제 기준 객체 pC에 20을 더하면 this로 사용할 수 있다. 실제로 가상 상속 멤버 함수 포인터가 호출되는 과정을 어셈블리를 통해서 살펴보자.

```
(pC->*pFuncP)();
mov   eax,dword ptr [pC]              // (A-1) eax = pC
mov   ecx,dword ptr [eax]             // (A-2) ecx = vbptr
mov   edx,dword ptr [ebp-4]           // (A-3) edx = vbioffset = 4
mov   eax,dword ptr [pC]              // (A-4) eax = pC
add   eax,dword ptr [ecx+edx]         // (A-5) eax = eax + 20
add   eax,dword ptr [ebp-8]           // (A-6) eax = eax + thisoffset
mov   ecx,eax                         // (A-7) ecx = eax
call  dword ptr [pFuncP]              // (B)

(pC->*pFuncC)();
mov   ecx,dword ptr [pC]              // (A-1) ecx = pC
mov   edx,dword ptr [ecx]             // (A-2) edx = vbptr
mov   eax,dword ptr [ebp-14h]         // (A-3) eax = vbioffset = 0
mov   ecx,dword ptr [pC]              // (A-4) ecx = pC
add   ecx,dword ptr [edx+eax]         // (A-5) ecx = ecx + 0
add   ecx,dword ptr [ebp-18h]         // (A-6) ecx = ecx + thisoffset
call  dword ptr [pFuncC]              // (B)
```

〈소스 9–22〉는 가상 상속 클래스의 멤버 함수 포인터가 호출되는 실제 어셈블리를 보여 준다. 여기서는 pFuncP와 pFuncC 두 포인터가 호출되는 것을 보이고 있다. 멤버 함수 포인터가 호출되는 과정은 크게 두 부분으로 나누어진다. ecx나 rcx에 함수에서 사용할 수 있는 this를 넘기는 부분과 실제 함수를 호출하는 부분이다. (A)는 this를 구하는 부분이고, (B)는 함수를 call하는 부분이다.

여기서는 pFuncP의 호출 과정만 살펴보자. (A–1), (A–2)를 통해서 pC에 있는 vbptr을 구해낸다. 현재 ecx가 vbptr을 나타낸다. (A–3)이 무척 중요한데 실제 vbioffset을 구하는 과정이다. 메모리 영역 ebp–4의 값을 그대로 가져오는데, 사실 ebp–4가 바로 pFuncP의 vbioffset 영역을 나타내고 있다. 그 결과 edx는 vbioffset인 4가 대입된다. (A–4)에서는 eax에 pC를 대입한다.

더 중요한 부분은 바로 (A-5)이다. 메모리 영역 [ecx + edx]의 값을 가져오는데, 여기서 ecx는 vbptr을 나타내고, edx는 vbioffset을 나타낸다. 따라서 [ecx + edx]는 vbptr이 가리 키는 오프셋 테이블의 두 번째 항목 위치를 나타낸다. 그러므로 해당 메모리 영역의 값은 20이 나오는 것이고, 이것을 eax에 그대로 더하는 것이다. 그리고 (A-6)을 살펴보자. eax 에 thisoffset을 더한다. thisoffset은 현재 0이다. 독자들은 이 코드가 왜 필요한지 아직은 이해하지 못할 수도 있지만, 반드시 필요한 코드이다.

마지막으로 (A-7)에서 계산된 eax를 ecx로 대입한다. 그리고 (B)에서 함수가 호출되면 함 수 안에서는 ecx를 this로 사용하게 될 것이다.

pFuncC도 마찬가지로 해석할 수 있을 것이다. 어셈블리가 약간 달라지는데, 사용되는 레 지스터가 pFuncP를 호출할 때와 달라져 있을 것이다. 이것은 컴파일러가 그때그때마다 사용 가능한 레지스터를 선택하기 때문에 발생하는 현상이다. 사용되는 레지스터는 다르 지만 결국 작동 방식은 일치한다.

가상 상속 클래스 멤버 함수 포인터의 호출 방식 중 this를 구하기 위한 오프셋은 다음과 같은 수식으로 표현할 수 있다.

```
Offset = Value(vbioffset) + thisoffset
```

여기서 Value 함수는 주어진 vbioffset에 해당하는 오프셋 테이블의 항목에 들어있는 값을 구한다고 생각하면 된다. 따라서 pFuncP, pFuncC 호출시 오프셋은 다음과 같이 구해진 다.

```
Offset of pFuncP = Value(4) + 0 = 20 + 0 = 20

Offset of pFuncC = Value(0) + 0 = 0 + 0 = 0
```

➡ 9.3.3. 가상 상속 멤버 함수 포인터 크기

기본적이지만 가상 상속 클래스의 멤버 함수 포인터의 구조 및 호출 방식을 살펴보았다.
눈에 띠는 점이라고 한다면 x86 환경에서 일반 멤버 함수 포인터의 크기는 8바이트인데
비해서, 가상 상속 클래스의 멤버 함수 포인터의 크기는 12바이트가 된다는 것이었다. 잠
시 뒤에 바로 자세히 설명하겠지만 x64 환경에서는 일반 멤버 함수 포인터의 크기는 16
바이트고, 가상 상속 클래스의 멤버 함수 포인터의 크기도 16바이트가 된다. 여기서 함수
포인터의 크기를 외우는 것은 사실 큰 의미가 없다. 가상 상속 클래스의 멤버 함수 포인
터는 [함수주소 | thisoffset | vbioffset]으로 이루어져있다는 사실이 가장 중요하다. 함수
포인터에 넣는 정보가 많기 때문에 자연스럽게 포인터의 크기가 커진 것뿐이다.

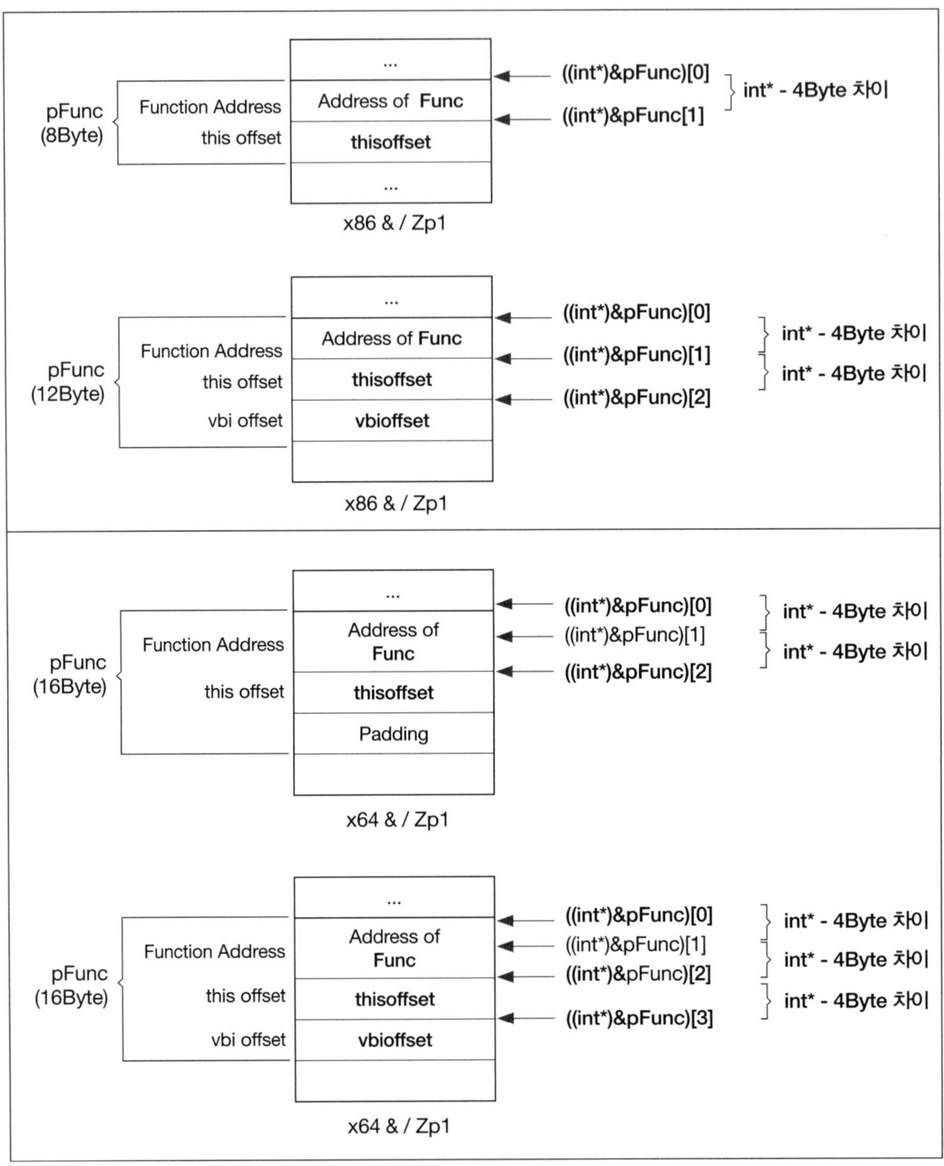

▲ **그림 9-20** 가상 상속 클래스 멤버 함수 포인터 크기 x86/x64

〈그림 9-20〉은 그동안 알아보았던 멤버 함수 포인터의 크기 및 구조에 대한 전체적인 모습을 보여준다. 그림에서 위쪽은 x86 환경이며 아래쪽은 x64 환경이다.

x86 환경부터 살펴보자. 첫 번째는 일반 상속 클래스 멤버 함수 포인터이고, 두 번째는 가상 상속 클래스 멤버 함수 포인터이다. 일반 상속 클래스의 멤버 함수 포인터는 크기가 8바이트다. 함수 주소를 나타내는 4바이트와 thisoffset 4Byte를 가지게 된다. 가상 상속 클래스의 멤버 함수 포인터는 크기가 12바이트다. 함수 주소를 나타내는 4바이트와 thisoffset 4바이트, 추가적으로 사용되는 vbioffset 4바이트를 가지게 된다.

x64 환경을 살펴보자. 두드러지는 특징은 일반 상속이건 가상 상속이건 클래스 멤버 함수 포인터는 16바이트라는 점이다. 먼저 그림의 세 번째를 살펴보자. 일반 상속 클래스의 멤버 함수 포인터는 함수 주소 8바이트와 thisoffset 4바이트를 가지게 된다. 왜 thisoffset은 8바이트가 아니고 4바이트일까? 이미 앞에서 설명했듯이 4바이트만 해도 충분히 쓰고도 남기 때문이다. 그렇다고 일반 상속 클래스의 멤버 함수 포인터를 12바이트로 고정하기도 애매한 점이 있다. x64(64비트) 시스템에서는 기본적으로 처리되는 데이터 단위가 8바이트이므로 8의 배수가 되는 편이 좋다. 즉, 12바이트 보다는 16바이트가 되는 것이 설계 측면이나 성능 향상에 더 유리하다. 그래서 일반 멤버 함수 포인터의 경우 추가로 사용하지 않는 Padding 4바이트를 붙여서 포인터의 크기를 16바이트로 만들어준다.
그렇다면 가상 상속 클래스의 멤버 함수 포인터는 어떻게 될까? 그림의 네 번째를 살펴보면 역시 16바이트다. 그러나 차이가 있다면 Padding이 필요 없다는 사실이다. 함수 주소를 위한 8바이트, thisoffset 4바이트, vbioffset 4바이트를 합쳐서 16바이트를 가득 채울 수 있다.

여기서 궁금한 점이 생긴 독자도 있을 것 같다. 가상 상속 클래스의 멤버 함수 포인터 호출 예제에서 thisoffset은 항상 0이었다. 즉, vbioffset만 있으면 this를 구하는데 아무 문제가 없지 않을까 하는 것이다. 만일 thisoffset이 항상 0이라면 굳이 this를 위한 오프셋을 구할 때 더할 필요도 없을뿐더러, 아예 포인터 크기를 줄일 수도 있을 것이다. 가령 x86 시스템에서 thisoffset 자리에 vbioffset을 사용한다면 가상 상속의 경우도 멤버 함수 포인터를 8바이트로 유지할 수 있을 것이다. 그러나 바램과 달리 thisoffset은 반드시 필요하다. 필자도 thisoffset이 과연 사용되는 경우(즉, 0이 아닌 경우)가 있을까 궁금하였다. 쉽게 떠오르진 않았지만 차분하게 생각해보면서 thisoffset괴 vbioffset이 모두 사용되는 클래스를 떠올릴 수 있었다.

[소스 9-23] 멤버 함수 포인터 – thisoffset, vbioffset 사용

```cpp
class CGrandParentA
{
public:
   BYTE m_ArrayGPA[32];
};

class CGrandParentB
{
public:
   void FuncGPB() {};
   BYTE m_ArrayGPB[16];
};

class CParent : public CGrandParentA, public CGrandParentB
{
public:
   BYTE m_ArrayP[8];
};

class CChild : virtual public CParent
{
public:
   BYTE m_ArrayC[4];
};

typedef void (CChild::*CFUNC)();

void main()
{
   CChild* pC = new CChild;
```

```cpp
    CFUNC pCFunc = &CGrandParentB::FuncGPB;              // (1)
    int thisoffset = ((int*)&pCFunc)[1];                 // (A)
    int vbioffset = ((int*)&pCFunc)[2];                  // (B)
    (pC->*pCFunc)();

    int offset1 = ((int*)(*(int*)pC))[0];                // (C-1)
    int offset2 = ((int*)(*(int*)pC))[1];                // (C-2)

    cout << "thisoffset: " << thisoffset << endl;
    cout << "vbioffset: " << vbioffset << endl;
    cout << "Offset1: " << offset1 << endl;
    cout << "Offset2: " << offset2 << endl;

    delete pC;
}
```

〈소스 9-23〉은 가상 상속 클래스 멤버 함수 포인터의 thisoffset과 vbioffset 모두를 사용하는 클래스를 보여주는 예제이다. 실제 구조를 확인하기 위하여 출력 코드도 포함되어 있다.

(1)은 CGrandParentB::FuncGPB 함수가 CChild의 멤버 함수 포인터 pCFunc에 대입되는 코드이다. 대입되는 순간 thisoffset과 vbioffset이 정해진다.

(A), (B)는 멤버 함수 포인터 pCFunc 내부의 thisoffset과 vbioffset을 구하는 코드이다.

(C)는 가상 클래스 오프셋 테이블의 항목을 구하는 코드이다. CChild는 CParent를 가상 상속하고 있으므로 CChild의 메모리 맨 위쪽에는 오프셋 테이블을 가리키는 vbptr이 생성될 것이다.

클래스 코드만을 보면서 종이에 직접 구조를 그려보고 출력 결과를 예상해보는 훈련을 한다면 함수 포인터를 익히는데 더 없이 좋은 방법이 될 것이다. 출력 결과는 다음과 같다.

```
thisoffset: 32

vbioffset: 4

Offset1: 0

Offset2: 8
```

결과에서 알 수 있듯이 thisoffset과 vbioffset 모두 사용되었다. 실제로 그림을 보면서 this
가 어떻게 구해지는지 살펴보자.

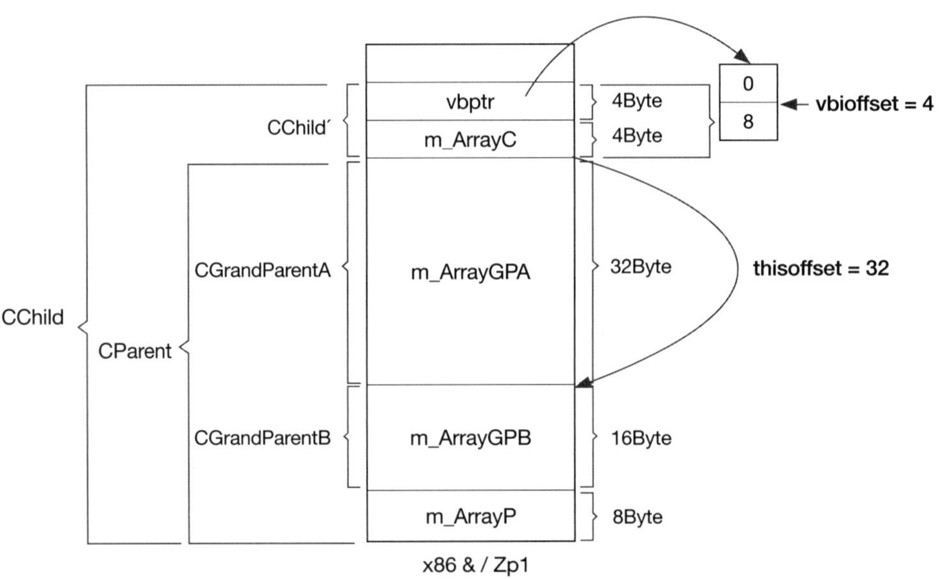

▲ 그림 9-21 멤버 함수 포인터 – thisoffset, vbioffset 사용

〈그림 9-21〉은 CChild의 클래스 구조를 보여준다. 여기서 중요한 점은 CChild는
CParent를 가상 상속하고 있으며, CParent는 두 개의 부모 클래스인 CGrandParentA,
CGrandParentB를 다중 상속하고 있다는 사실이다.

실제 멤버 함수 포인터 pFuncC에 대입되는 함수는 바로 CGrandParentB::FuncGPB이다.
즉, pFuncC를 호출할 경우 CChild에서 CGrandParentB로 주소 변환이 이루어져야 한다.

이미 배웠듯이 가상 기저 클래스 오프셋 테이블은 조상 클래스 중에서 가상 기저 클래스들의 오프셋만을 항목으로 저장한다. 즉, CChild를 기준으로 첫 번째 항목은 자기 자신의 오프셋인 0이 들어가고, 두 번째 항목은 유일한 가상 기저 클래스인 CParent의 오프셋이 들어가게 된다. 그림에서 보듯이 오프셋은 8이다. 즉, 항목은 단 두 개만 존재하고 있으며 이 항목만으로는 CChild에서 CParent로만 주소 변환이 가능할 뿐이다. 그러나 실제로 CParent에서 CGrandParentB로의 주소 변환이 추가로 필요하다. 따라서 thisoffset은 두 번째 주소 변환을 위한 정보를 제공하게 되는 것이다.

결국 vbioffset을 통하여 CChild에서 CParent로 1차 주소 변환을 수행하고, thisoffset을 통하여 CParent에서 CGrandParentB로 2차 주소 변환을 수행하여 최종적인 변환을 완료할 수 있다.

이것으로 가상 상속 클래스의 멤버 함수 포인터의 구조와 원리에 대해서 충분히 알아보았다. 그런데 하나 알아두어야 할 것이 있다. 지금까지 설명한 가상 상속 클래스의 멤버 함수 포인터 내용은 완전히 VC++ 컴파일러 기준으로만 설명된 것이라는 사실이다. 그렇다면 GCC는 전혀 다른 구조와 원리를 가지고 있다는 말인가? 지금부터 GCC 기준으로 가상 상속 클래스의 멤버 함수 포인터에 대해서 알아볼 것이다. 그러나 크게 걱정할 필요는 없다. 굉장히 짧게 끝날 정도로 설명할게 많지 않기 때문이다.

[소스 9-24] GCC 가상 상속 클래스 멤버 함수 포인터 크기

```
class CParent
{
public:
};

class CChild : virtual public CParent          // (1)
{
public:
};

typedef void (CChild::*CFUNC)();               // (2)

int main()
```

```
{
    int Size = sizeof(CFUNC);
    cout << "Size: " << Size << endl;
    return 0;
}
```

〈소스 9-24〉는 GCC 컴파일러 테스트를 위한 코드이다. VC++과 GCC는 조금씩 다른 차이를 보이긴 하는데, 대표적으로 GCC에서는 main 함수의 경우 반환 타입으로 void를 사용할 수가 없다. 그래서 평소의 예제 소스와는 조금 다르게 main의 반환 타입이 int이고 함수 종료 시점에 return 0;이 추가되었다. (1)처럼 클래스 CChild는 CParent를 가상 상속하고 있으며, (2)에서는 CChild의 멤버 함수 포인터 타입 CFUNC가 정의되었다.

예제 코드는 VC++, GCC 모두 잘 돌아가긴 하지만 결과가 다르게 나온다. x86 시스템에서 VC++의 경우는 지금까지 배웠듯이 12바이트가 나오지만 GCC에서는 8바이트가 나온다. x64 시스템에서는 둘 다 16바이트가 나오긴 하지만 구조 자체는 완전히 다르다. 간단히 두 컴파일러의 차이점에 대해서는 x86 기준으로 설명하겠다.

필자가 처음 GCC 컴파일러에서 이런 결과가 나왔을 때 상당히 당황한 적이 있다. VC++에서는 간신히 12바이트를 사용하여 가상 상속을 처리하는데 GCC에서는 단지 8바이트만으로 가상 상속을 처리할 수 있다는 것은 굉장히 신선한 충격이었다. 결국 GCC가 훨씬 뛰어난 컴파일러라는 것을 증명하기 때문이다. 궁금함과 더불어서 호기심이 밀려왔다. 어떻게 8바이트 만으로 가상 상속을 처리하는지 최신 설계의 묘미를 느껴보고 싶었다. 그러나 그런 기대가 아쉽게도 그리 오래 가진 못했다.

[소스 9-25] GCC 가상 상속 클래스 멤버 함수 포인터

```
class CParent
{
public:
```

```cpp
        void FuncP() {};
};

class CChild : virtual public CParent
{
public:
        void FuncC() {};
};

typedef void (CChild::*CFUNC)();

int main()
{
    CFUNC pCFunc1 = &CChild::FuncC;                    // (1) OK

    /*
    MS VC++ - OK
    GNU GCC - Compile Error
    pointer to member conversion via virtual base 'CParent'
    */
    CFUNC pCFunc2 = &CChild::FuncP;                    // (2)

    return 0;
}
```

〈소스 9-25〉는 VC++과 GCC 컴파일러의 극명한 차이를 보여주는 코드라고 할 수 있다. 먼저 기존 방식으로 VC++에서 컴파일을 해보자. 아무 문제 없이 컴파일이 완료된다. 그러나 GCC에서 컴파일을 할 경우는 (2)에서 컴파일 에러가 발생한다. 이미 주석에도 쓰여 있지만 에러 메시지는 다음과 같다.

```
pointer to member conversion via virtual base 'CParent'
```

바로 CParent라는 가상 기저 클래스를 통한 멤버 포인터 변환이 문제라는 것이다. 간단히 요약하자면 GCC 컴파일러는 가상 상속 클래스의 멤버 함수 포인터를 지원하지 않는다.

그렇다면 (1) 부분은 왜 아무 문제가 발생하지 않는 것일까? FuncC는 CChild에 정의되어 있기 때문이다. 그에 비해서 FuncP는 가상 기저 클래스인 CParent에 정의되어 있기에 문제가 발생한다.

결론을 얘기하자면 GCC는 가상 상속 클래스의 멤버 함수 포인터를 완벽하게 지원하지 않으며, 이를 사용하려 할 경우 컴파일 에러를 발생시킨다. 완벽하게 지원하지 않기 때문에 멤버 함수 포인터는 12바이트가 될 필요가 전혀 없으며 오직 8바이트만으로 충분하다. 그에 비해서 VC++ 컴파일러는 가상 상속 클래스의 멤버 함수 포인터를 완벽하게 지원하고 있다.

사실 GCC에서 가상 기저 클래스 컴파일 에러를 맞이하는 경우는 굉장히 드물 것으로 예상한다. 프로그래밍에서 가상 상속 자체를 쓰는 경우가 굉장히 드물며 거기에 멤버 함수 포인터까지 사용하는 경우는 더더욱 드물 것으로 생각되기 때문이다. 솔직히 가상 상속과 멤버 함수 포인터 두 가지를 동시에 사용하지 않고는 절대로 구현할 수 없는 프로그래밍 설계가 존재하는지는 더더욱 의심스럽다. 따라서 GCC 설계자들은 나름 괜찮은 선택을 하였다고 생각할 수 있다. 거의 사용되지 않는 경우는 아예 사용할 수 없도록 제약을 두는 대신 멤버 함수 포인터의 설계는 극히 단순하게 가져갈 수 있기 때문이다. 그에 비해서 VC++는 모든 경우를 다 소화할 수는 있으나 그로 인하여 설계 자체가 복잡해지는 문제를 피할 수는 없다.

어느 방향이 옳고 그른지를 따지는 것은 큰 의미가 없다. VC++가 훨씬 뛰어난 컴파일러이고, GCC는 성능이 떨어지는 컴파일러라고 단정지을 필요도 없다. GCC도 선택의 방향을 다르게 가져갔다면 VC++과 같은 구조를 취했을 것이다. CPU 설계도 CISC, RISC 두 가지가 서로 장단점을 가지듯이 컴파일러도 각각 장단점을 가지는 것뿐이다. 옳고 그름을 따지는 것은 전혀 의미가 없지만 개개인의 선호도는 다를 수 있다. 필자의 경우는 앞에서 살펴본 이유 때문에 VC++을 더욱 좋아한다. C++의 상세를 최대한 구현할 수 있다는 것은 분명 멋진 일이라고 생각하기 때문이다.

9.4. 가상 함수 포인터

가상 함수 포인터는 클래스 멤버 함수 포인터이다. 너무나 당연한 말이지만 가상 함수는
클래스 멤버 함수이기 때문이다. 단지 비가상 멤버 함수 포인터와 다른 점이 있다면 포인
터가 가리키는 함수가 가상 함수라고 할 수 있다. 쉽게 생각하면 단지 멤버 함수 포인터
로 여길 수도 있지만 이미 [가상 함수]장에서 알아보았듯이 가상 함수의 구조로 인한 호
출 방식을 고려한다면 가상 함수를 위한 멤버 함수 포인터는 확실히기존과는 다른 특성
을 가지고 있어야만 한다. 대부분의 책들이 멤버 함수 포인터를 뭉뚱그려서 설명하는 경
향이 있지만 C++ 설계적인 측면을 고려하면 당연히 가상 함수 포인터는 독립적으로 다
루어져야 한다는 것이 필자의 생각이다. 이번 절을 통해서 가상 함수를 더욱 완벽하게 이
해할 수 있는 계기도 될 수 있을 것이다.

➔ 9.4.1. vcall{N} 1

가상 함수 포인터라고 해서 꼭 특별해야 할 필요는 없다. 사실 목적은 단순하다. 일반 멤
버 함수 포인터처럼 호출시 제대로 함수가 호출되고 해당 함수 안에서 this를 제대로 계산
할 수 있으면 된다. 가상 함수는 실제 호출되어야 할 함수 주소가 가상 함수 테이블에 저
장되어 있다. 그래서 가상 함수 포인터를 호출할 때는 분명히 다른 방식이 필요하다. 그
중에서 핵심이 바로 지금부터 설명할 vcall{N}이라는 코드이다. vcall{N}을 이해하기 위한
좋은 방법이 있다. 바로 일반 비가상 멤버 함수 포인터와 비교해보면 된다. 여기서는 비
교의 방식으로 가상 함수 포인터의 구조 및 성질을 알아볼 것이다.

[소스 9-26] 가상 함수 포인터 대입

```
class CTest
{
public:
  void Func()
  {
```

```cpp
        void* p = this;
    }

    virtual void VFunc()
    {
        void* p = this;
    }

    int m_Test;
};

typedef void (CTest::*PFUNC)();                        // (1)

void main()
{
    PFUNC pFunc = &CTest::Func;                        // (A)
// mov    dword ptr [pFunc],offset CTest::Func (9A1180h)

    PFUNC pVFunc = &CTest::VFunc;                      // (B)
// mov    dword ptr [pVFunc],offset CTest::`vcall'{0}' (9A1B20h)
}
```

〈소스 9–26〉은 비가상 멤버 함수인 Func와 가상 함수인 VFunc를 비교하는 코드이다. 클래스 CTest는 최상위 클래스이다. 즉, 특별하게 thisoffset을 가질 필요는 없다. 그리고 (1)에 CTest의 멤버 함수 포인터 타입 PFUNC가 정의되어 있다. 다시 한 번 기억을 떠올려 보자. 이런 경우에 VC++ 컴파일러에서는 PFUNC의 구조가 전역 함수 포인터와 그대로 일치한다. 물론 GCC 컴파일러에서는 thisoffset 영역이 있는 대신 0으로 설정되어 있다. 여기서는 사실 thisoffset은 어떤 의미도 가지지 않는다. 정말 중요한 부분은 바로 멤버 함수 포인터의 가장 핵심적인 영역인 함수 주소이다.

PFUNC 객체 pFunc와 pVFunc를 정의하였다. (A)에서 pFunc에는 비가상 멤버 함수인 Func를 대입하고 (B)에서 pVFunc에는 가상 함수인 VFunc를 대입한다. 차이를 느낄 수 있도록 각 대입 코드의 아래에는 주석으로 어셈블리를 실어 놓았다.

(A), (B) 어셈블리를 비교해보자. 무엇인가 다른 점이 눈에 띌 것이다. (A)에서는 CTest::Fun의 주소를 직접 pFunc에 대입하는데 비해서 (B)에서는 pVFunc에 CTest::VFunc의 주소를 대입하는 것이 아니라 CTest::vcall{0}의 주소를 대입하고 있다. 나중에 설명하겠지만 [CTest::vcall{0}]에서 앞의 키워드인 CTest는 사실상 별 의미가 없다. 정말 중요한 부분은 바로 vcall{0}이다. 이것의 형식은 [vcall{N}]으로 표현할 수 있는데 vcall이 나타내는 것은 쉽게 유추할 수 있듯이 가상 함수 호출이라는 의미이며 {N}은 호출되는 함수가 가상 함수 테이블의 시작 주소를 기준으로 N 바이트 오프셋만큼의 차이가 있음을 의미한다. 쉽게 얘기하면 x86에서 N이 0이면 첫 번째 함수, 4이면 두 번째 함수, 8이면 세 번째 함수, … 라는 것이고, x64에서는 N이 0이면 첫 번째 함수, 8이면 두 번째 함수, 16이면 세 번째 함수, … 인 것이다.

아직도 vcall{N}이 정확히 무엇인지 감이 잘 안 올 것인데 한마디로 vcall{N}은 컴파일러가 가상 함수 포인터를 위하여 미리 만들어놓은 코드이다. 쉽게 얘기하자면 일종의 함수라고 생각해도 된다. 즉, vcall{0}, vall{4}가 각각 개별적인 함수로서 미리 만들어져서 존재한다고 알고 있으면 된다. 즉, (B) 대입 식을 다시 한 번 풀어본다면 멤버 함수 포인터 pVFunc의 함수 주소 영역에 컴파일러가 미리 만들어놓은 vcall{0}이라는 함수의 주소를 대입한다는 의미이다.
지금쯤 궁금함이 밀려올 것이다. 과연 vcall{0}이 하는 역할은 무엇일까? 그래서 vcall{N}의 본체를 실어놓았다. 당연히 컴파일러가 만들어 놓은 코드라서 어셈블리이다. 확실한 이해를 도모하기 위하여 N={0, 4, 8}에 해당하는 코드를 살펴보자.

[소스 9-27] vcall{N}

```
vcall'{0}':
mov   eax,dword ptr [ecx]
jmp   dword ptr [eax]          // (1)

vcall'{4}':
mov   eax,dword ptr [ecx]
jmp   dword ptr [eax+4]        // (2)
```

```
vcall'{8}':
mov   eax,dword ptr [ecx]
jmp   dword ptr [eax+8]              // (3)
```

정말 간단한 코드이다. vcall{N}에 대해서 일종의 함수라고 생각하라고 했는데, 엄밀히 말해서 함수는 아니다. 함수가 되기 위해서는 함수를 호출한 부분으로 되돌아가는 어셈블리 부분이 있어야만 한다. 주로 ret 명령어를 사용하는데 여기서는 ret가 전혀 보이지 않는다. 그래서 함수는 아니고 썽크 코드처럼 특정 목적을 수행하는 간단한 코드 정도로 이해하면 될 것 같다.

세 코드의 공통적인 부분을 살펴보자. 바로 eax에 ecx가 가리키는 영역의 값을 대입하는 것이다. 여기서 ecx가 가리키는 값이란 무엇일까? 눈치 빠른 사람은 알겠지만 바로 가상 함수 테이블의 주소이다. 즉, eax에는 가상 함수 테이블 주소가 대입된다. 이제 다른 부분을 살펴보자. (1), (2), (3)을 보면 다른 부분을 쉽게 찾을 수 있을 것이다. 바로 vcall{N}의 N이 eax에 더해진다는 것을 알 수 있다. (1)에서 N은 0이기 때문에 그냥 eax로 표현되지만 (2)에서 N은 4이기 때문에 eax+4로 표현된다. 마찬가지로 (3)에서 N은 8이라서 eax+8이 된다.

정말 중요한 부분이 남아있다. 바로 점프를 한다는 점이다. 어셈블리에서 jmp를 수행하는 것을 알 수 있다. 결국 공통적으로 표현한다면 다음과 같다.

jmp   dword ptr [eax+N]

이것의 의미는 무엇일까? eax는 이미 가상 함수 테이블 주소를 나타내고 있다. 결국 점프를 하라는 것은 가상 함수 테이블의 항목들, 즉 각각의 가상 함수로 점프하는 것이다. 그래서 (1)의 경우는 가상 함수 테이블에 들어있는 첫 번째 가상 함수로 점프하라는 것이며, (2)의 경우는 두 번째 가상 함수, 마찬가지로 (3)에서는 세 번째 가상 함수로 점프하라는 의미이다.

↳ 9.4.2. 가상 함수 포인터 호출 방식

앞에서는 vcall{N}이라는 코드를 알게 되었다. 이제는 왜 vcall{N}이 필요한지를 알아야 할 차례이다. 그 전에 가상 함수 포인터가 어떤 방식으로 호출되는지 이해해야 한다. 지금부터 비가상 멤버 함수와 가상 함수를 멤버 함수 포인터로 호출하는 코드를 비교할 것이다. 어떤 차이가 있는지 잘 살펴보자.

[소스 9-28] 가상 함수 포인터 호출

```
class CTest
{
public:
  void Func()
  {
    void* p = this;
  }

  virtual void VFunc()
  {
    void* p = this;
  }

  int m_Test;
};

typedef void (CTest::*PFUNC)();

void main()
{
  CTest t;                          // (1)

  PFUNC pFunc = &CTest::Func;
  (t.*pFunc)();                     // (A)
  /*
  lea      ecx,[t]
```

```
        call  dword ptr [pFunc]
        */


    PFUNC pVFunc = &CTest::VFunc;
    (t.*pVFunc)();                              // (B)
    /*
    lea   ecx,[t]
    call  dword ptr [pVFunc]
    */
    }
```

〈소스 9-28〉은 멤버 함수 포인터를 호출하는 어셈블리 코드를 보여준다. 이전 소스와 main 부분만 바뀌었는데 제일 중요한 부분은 (1)처럼 멤버 함수 포인터를 호출하기 위하여 CTest 객체 t를 선언하였다는 점이다. t를 통해서 (A), (B)처럼 pFunc와 pVFunc를 호출할 수 있다. 그 아래는 어셈블리이다.

(A), (B)의 어셈블리를 살펴보자. 먼저 lea라는 명령어가 보일 것이다. 처음 보는 독자도 있을 것이다. 일단은 mov와 동일한 역할을 한다고 생각하자. 분명 다른 점이 있긴 한데, 이 책에서 설명할 주제는 아닌 것 같다. (A), (B)의 두 어셈블리 모두 호출 객체 t의 주소를 ecx에 대입한 뒤에 각각의 멤버 함수 포인터를 호출한다. 따라서 비가상 멤버 함수나 가상 함수나 호출하는 면에서는 특별한 차이가 있는 것은 아닌 것 같다. 하지만 큰 차이가 있긴 하다. 단지 여기서 차이를 찾기 어려운 이유는 CTest가 최상위 클래스이기 때문이다.

(A)에서 t의 주소를 ecx에 대입한 이유는 호출 객체의 주소이기 때문이 아니다. 바로 pFunc에 담겨있는 비가상 멤버 함수 Func가 바로 CTest에 정의되어 있기 때문이다. 그에 비해서 (B)에서 t의 주소를 ecx에 대입한 이유는 확연히 다르다. 가상 함수 VFunc가 처음으로 선언된 클래스가 바로 CTest이기 때문이다. 즉, 전자에서는 함수가 정의된 클래스를 기준으로 했고, 후자에서는 함수가 선언된 클래스를 기준으로 했다. 이 차이를 극명하게 확인하기 위해서는 다중 상속 클래스를 살펴보면 된다.

```cpp
class CParentA
{
public:
   void FuncA() {}
   virtual void VFuncA() {}

   int m_AVal;
};

class CParentB
{
public:
   void FuncB() {}
   virtual void VFuncB() {}

   int m_BVal;
};

class CChild : public CParentA, public CParentB
{
public:
   void FuncA()                        // 비가상 멤버 함수 재정의
   {
      void* p = this;
   }

   void FuncB()                        // 비가상 멤버 함수 재정의
   {
      void* p = this;                  // (1)
      /*
      mov   eax,dword ptr [this]
      mov   dword ptr [p],eax
      */
   }

   virtual void VFuncA()               // 가상 함수 재정의
```

```cpp
    {
        void* p = this;
    }

    virtual void VFuncB()                          // 가상 함수 재정의
    {
        void* p = this;                            // (2)
        /*
        mov     eax,dword ptr [this]
        sub     eax,8
        mov     dword ptr [p],eax
        */
    }

    int m_CVal;
};

typedef void (CChild::*PFUNC)();

void main()
{
    CChild c;

    PFUNC pFunc = &CChild::FuncB;
    /*
    mov   dword ptr [ebp-2Ch],offset CChild::VFuncA (0C01240h)
    mov   dword ptr [ebp-28h],0                     // (A-1)
    mov   eax,dword ptr [ebp-2Ch]
    mov   dword ptr [pFunc],eax
    mov   ecx,dword ptr [ebp-28h]                   // (A-2)
    mov   dword ptr [ebp-4],ecx                     // (A-3)
    */

    (c.*pFunc)();
    /*
    mov   edx,dword ptr [ebp-4]                     // (A-4)
    lea   ecx,c[edx]                                // (A-5)
    call  dword ptr [pFunc]
    */
```

```
PFUNC pVFunc = &CChild::VFuncB;
/*
mov   dword ptr [ebp-34h],offset CChild::`vcall'{0}' (0C01A20h)
mov   dword ptr [ebp-30h],8                // (B-1)
mov   eax,dword ptr [ebp-34h]
mov   dword ptr [pVFunc],eax
mov   ecx,dword ptr [ebp-30h]             // (B-2)
mov   dword ptr [ebp-0Ch],ecx             // (B-3)
*/


(c.*pVFunc)();
/*
mov   edx,dword ptr [ebp-0Ch]             // (B-4)
lea   ecx,c[edx]                          // (B-5)
call  dword ptr [pVFunc]
*/
}
```

<소스 9-29>는 다중 상속 클래스에서 비가상 멤버 함수와 가상 함수의 호출 차이를 보여 주는 코드이다. 클래스 CChild는 클래스 CParentA, CParentB를 다중 상속한다. 코드에서 확인할 수 있듯이 CParentA에는 비가상 멤버 함수 FuncA와 가상 함수 VFuncA가 선언 및 정의되어 있고, CParentB에는 비가상 멤버 함수 FuncB와 가상 함수 VFuncB가 선언 및 정의되어있다. 중요한 것은 CChild에서 함수 4개 모두를 재정의하고 있다는 사실이다. 이 예제가 다중 상속인 이유는 비가상 멤버 함수와 가상 함수 호출 방식의 극명한 차 이를 보여주기 위해서라고 했다. 따라서 main에서는 가장 큰 차이가 나타날 수 있도록 CParentB에 정의된 FuncB와 VFuncB에 대해서만 멤버 함수 포인터 호출을 수행한다.

먼저 멤버 함수 포인터 호출의 어셈블리 부분을 살펴보자. 특히 중점적으로 살펴보아야 할 부분은 바로 ecx에 어떤 값을 넣느냐이다. 위치로 따진다면 (A-5)와 (B-5)가 되겠다. 어셈블리를 살펴보면 (A-5)와 (B-5)가 모두 lea ecx, c[edx] 구문으로 완전히 일치하는 것 을 확인할 수 있다. 그러나 잘 살펴보면 전혀 다르다는 것을 알 수 있다. 바로 c[edx] 때문

이다. c[edx]는 객체 c의 주소를 기준으로 오프셋 edx를 더한 것을 의미한다. 즉, (A-5), (B-5)는 edx가 다르다는 의미이다. 실제로 각각 edx가 구해지는 과정을 살펴보자.

(A-1)부터 (A-4)는 pFunc를 호출하기 위한 edx를 구하는 과정이다. 결국 edx가 0이 됨을 쉽게 알 수 있다. 여기서 왜 edx가 0이 되는지를 알아보자. 멤버 함수 포인터 pFunc는 CChild::FuncB를 가리키게 된다. FuncB는 CParentB에도 정의되어 있으나 여기서 말하는 FuncB란 바로 CChild에 정의된 함수를 의미한다. 기억할지 모르겠지만 멤버 함수 포인터 pFunc의 thisoffset 영역에는 바로 함수 포인터 타입 시그니처에 기록된 기준 클래스인 CChild로부터 FuncB가 실제 정의된 클래스의 오프셋이 들어간다고 했다. 즉, 여기서는 CChild를 기준으로 CChild로의 주소 오프셋인 0이 들어가서 edx는 0이 된다.

(B-1)부터 (B-4)는 pVFunc를 호출하기 위한 edx를 구하는 과정이다. 여기서 edx는 8이 된다. 위의 과정을 그대로 적용하면 pVFunc가 가리키는 것은 CChild::VFuncB이고, VFuncB는 당연히 CChild에 정의되어있다. 따라서 thisoffset도 0이 되어야 하고 그래서 edx도 0이 되어야 할 것 같지만 가상 함수에서는 그렇지 않다는 것이 핵심이다.

비가상 멤버 함수가 멤버 함수 포인터에 대입될 때 thisoffset은 기준 클래스를 기준으로 실제 함수가 정의된 클래스의 주소 오프셋이 된다고 하였다. 그에 비해서 가상 함수가 멤버 함수 포인터에 대입될 때 thisoffset은 기준 클래스를 기준으로 함수가 처음으로 선언된 클래스의 주소 오프셋이 된다. 처음으로 선언된 클래스란 바로 가상 함수 테이블을 가진 클래스를 의미한다. 이 부분은 헷갈릴 수 있으므로 그림을 통해서 살펴보자.

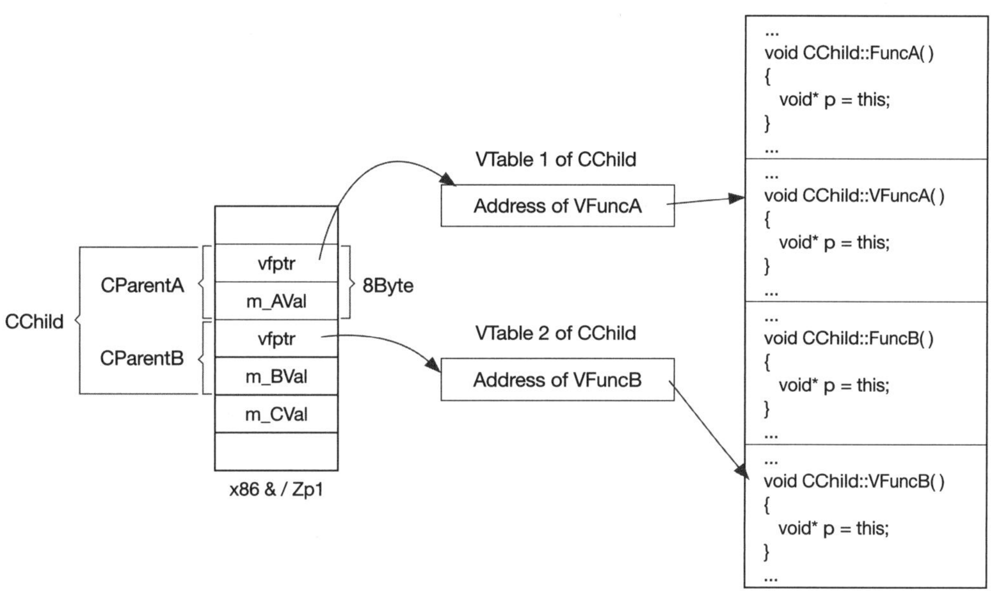

▲ **그림 9-22** 다중 상속 가상 함수 클래스 구조

〈그림 9-22〉는 클래스 CChild의 구조를 보여준다. 오른쪽은 CChild에 정의된 함수 본체가 기록된 함수 코드 메모리 영역을 나타낸다. CChild::VFuncB의 정의는 CChild 클래스에 되어있으나 처음 선언된 곳은 바로 CParentB이다. CParentB는 그림에서 볼 수 있듯이 가상 함수가 선언되었으므로 자체적으로 vfptr을 가지게 된다. 해당 vfptr이 가리키는 가상 함수 테이블에는 당연히 CChild::VFuncB가 들어가게 된다. 결국 그림에서 알 수 있듯이 CChild를 기준으로 CParentB의 주소 오프셋은 8이 되므로 멤버 함수 포인터 pVFunc의 thisoffset에는 8이 들어가서 edx는 8이 된다.

결론은 무엇인가? 멤버 함수 포인터의 thisoffset 영역에 들어있는 오프셋 값은 기준 클래스의 주소에 더해져서 함수 호출시 ecx에 대입된다는 의미이다. 비가상 멤버 함수의 경우 thisoffset이 실제 함수가 정의된 클래스의 주소 오프셋이 되기 때문에 ecx에는 실제 함수가 정의된 클래스 객체의 시작 주소가 들어간 채로 함수가 호출되며, 함수 안에서는 ecx를 바로 this로 사용할 수 있다.

가상 함수의 경우 thisoffset이 함수가 처음 선언된 클래스의 주소 오프셋이 되기 때문에 ecx에는 함수가 처음 선언된 클래스 객체의 주소가 들어가게 된다. 이것의 의미는 실제

함수 주소를 포함하는 가상 함수 테이블을 가리키는 vfptr을 가진 클래스 객체의 주소가
바로 ecx에 대입된다는 것을 의미한다.

그렇다면 왜 가상 함수를 가리키는 멤버 함수 포인터를 호출할 경우에는 ecx에 실제 vfptr
을 가진 클래스 객체의 주소를 넘기는 것일까? 이미 우리는 그 이유를 알고 있다. 다시
가상 함수 포인터 첫 부분으로 돌아가보자. 가상 함수 포인터에서 함수 주소 영역에 대입
되는 것은 실제 함수 주소가 아니라 컴파일러가 미리 작성한 vcall{N} 코드라는 것을 기억
하는가? 그리고 vcall{N}의 어셈블리가 떠오르는가? 기억나지 않는다면 다시 한 번 첫 부
분을 정독해보자.

[소스 9-30] vcall{N} 의사 코드

```
vcall'{N}':
mov        eax,dword ptr [ecx]              // (1)
jmp        dword ptr [eax+N]               // (2)
```

〈소스 9-30〉은 필자가 vcall{N}을 개념적으로 어셈블리로 표현해 본 것이다. 실제 컴파일
러는 N에 0, 4, 8, … 과 같은 값을 직접 넣어서 각각의 어셈블리를 생성해낸다. vcall{N}
을 보면 왜 멤버 함수 포인터로 가상 함수를 호출할 때 ecx에 vfptr을 가진 클래스 객체의
주소를 넘기는지 이해할 수 있다. 바로 (1), (2)때문이다. vfptr은 아주 특수한 경우가 아니
라면 클래스 객체 메모리의 시작 위치에 존재한다. 따라서 (1)은 eax에 vfptr을 대입하는
것과 같다. 즉, eax는 가상 함수 테이블을 가리키게 되었다. 그리고 (2)에서 오프셋 N만큼
을 더해서 점프한다. 이미 살펴보았듯이 N이 0일때는 첫 번째 가상 함수를, 4일 때는 두
번째 가상 함수를 호출하게 된다.

즉, 정리하자면 멤버 함수 포인터로 가상 함수를 호출할 때 ecx에 vfptr을 가진 클래스 객
체의 주소를 넘기는 이유는 바로 vcall{N}에서 가상 함수 테이블에 접근하여 가상 함수를

호출하기 위한 것이다. 그렇다면 실제 가상 함수 본체에서 this는 어떻게 구할 수 있을까? 다시 돌아가서 이전 코드인 〈소스 9-29〉의 (2)를 살펴보자. 가상 함수인 VFuncB의 어셈블리를 볼 수 있다. 제일 중요한 부분은 세 번째 줄인데 바로 eax에서 8을 뺀다. ecx는 CParentB의 주소를 나타내고 CChild 주소보다 8만큼 크기 때문에 eax에서 8을 뺀다는 것은 곧 CChild의 주소를 나타내겠다는 의미이다. 결국 가상 함수는 정의될 때 vfptr을 가진 클래스를 기준으로 실제 함수가 정의된 클래스로 주소 변환이 되도록 this를 변경하는 코드가 작성된다.

참고적으로 〈소스 9-29〉의 (1)도 살펴보자. 비가상 멤버 함수는 이미 충분히 설명했듯이 실제 함수가 정의된 클래스 객체 주소를 ecx에 넘긴다. 따라서 ecx를 그대로 this로 사용할 수 있는 것이다. 그래서 어셈블리도 특별할 것 없이 바로 ecx를 this로서 사용하고 있다.

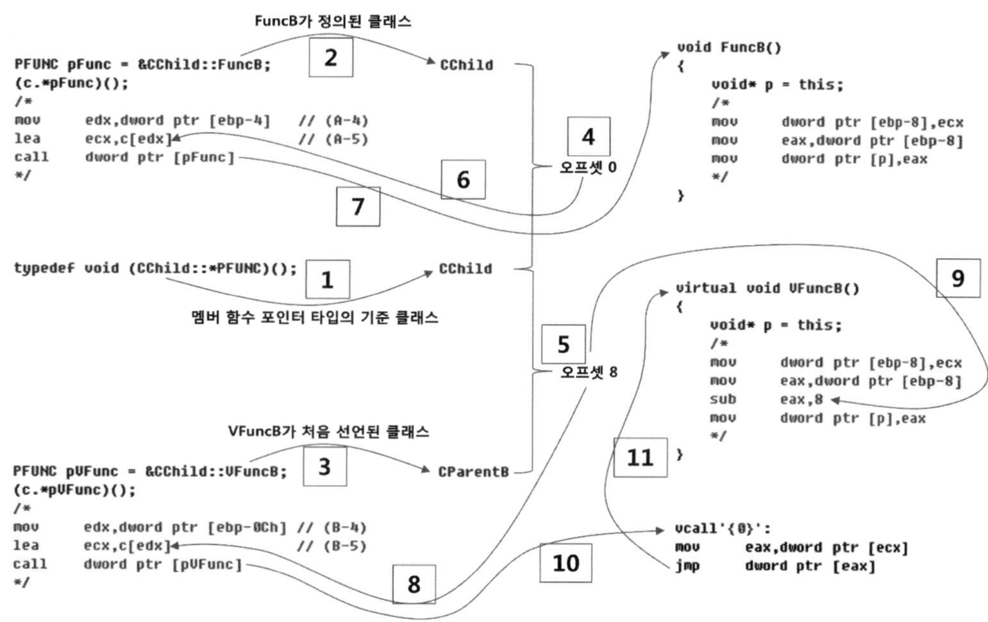

▲ 그림 9-23 다중 상속 가상 함수 포인터 호출 흐름

지금까지의 내용을 그림 하나로 정리해보았다. 번호를 통해서 대략적인 흐름을 파악할 수 있다. 제일 중요한 부분은 [1]의 멤버 함수 포인터 타입의 기준 클래스이다. 이것을 기

준으로 대입되는 함수가 비가상 멤버 함수인지 가상 함수인지에 따라서 [4], [5]처럼 오프셋이 정해지고 이것을 통해서 멤버 함수 포인터의 thisoffset이나 vbioffset이 확정된다. thisoffset이 정해지면 [6], [8], [9]처럼 실제 함수 호출 부분과 함수 정의의 어셈블리가 생성된다.

마지막으로 가상 함수 포인터가 호출될 경우 [10]처럼 vcall{N}이 호출되고, vcall{N}에서 실제 가상 함수 테이블에 속한 가상 함수를 호출한다는 것을 알 수 있다.

➔ 9.4.3. vcall{N} 2

vcall{N}에 대한 추가적인 설명이 필요할 것 같다. 처음에 설명했듯이 vcall{N}의 실제 형식은 다음과 같다.

```
CLASS_NAME::vcall{N}
```

앞에서 vcall과 N의 의미는 충분히 설명하였다. 그러나 CLASS_NAME에 대해서는 별 의미가 없다는 설명을 했는데 왜 별로 의미가 없는지 알아보자. 별로 의미가 없는 것을 꼭 설명해야 하는지 의심이 들기도 하였으나, 간단한 것을 통해서 아주 약간은 컴파일러의 코드 작성 방식을 이해하는데 도움이 될 것이란 생각이 들었다.

[소스 9-31] vcall{N}의 클래스 이름

```cpp
class CFirst
{
public:
    virtual void VFuncF() {}
};

typedef void (CFirst::*PFIRSTFUNC)();

class CSecond
```

```cpp
{
public:
  virtual void VFuncS1() {}
  virtual void VFuncS2() {}
};

typedef void (CSecond::*PSECONDFUNC)();

void main()
{
  PFIRSTFUNC pFirstFunc = &CFirst::VFuncF;
// mov    dword ptr [pFirstFunc],offset CFirst::`vcall'{0}'              // (1)

  PSECONDFUNC pSecondFunc1 = &CSecond::VFuncS1;
// mov    dword ptr [pSecondFunc1],offset CFirst::`vcall'{0}'            // (2)

  PSECONDFUNC pSecondFunc2 = &CSecond::VFuncS2;
// mov    dword ptr [pSecondFunc2],offset CSecond::`vcall'{4}'           // (3)
}
```

〈소스 9-31〉은 두 개의 클래스를 나타내고 있다. 둘 다 가상 함수를 가지고 있는데, 특히 두 번째 클래스인 CSecond는 가상 함수 두 개를 가지고 있다. main에서는 각각의 가상 함수를 가상 함수 포인터에 대입한다. 그리고 실제 대입되는 코드의 어셈블리를 실어놓았다.

눈을 크게 뜨고 보자. 어딘가 이상한 부분이 보이지 않는가? 어쩌면 오타가 아닌가 생각할 지도 모르겠다. 바로 (2) 부분에서 비정상적인 것이 보일 것이다. 바로 CFirst::vcall{0} 이 눈에 띌 것이다. 상식적으로 생각할 때 CSecond::VFuncS1을 대입하는 코드는 클래스 CFirst와는 전혀 상관이 없다. 그럼에도 컴파일러는 CFirst의 vcall{0}을 대입하고 있는 것이다. 사실 이유는 간단하다. 컴파일러가 코드를 재활용하기 때문이다. CFirst의 vcall{0} 이나 CSecond의 vcall{0}이나 그리고 그 외 어떤 클래스의 vcall{0}의 코드는 완전히 일치한다. 따라서 컴파일러 입장에서는 똑같은 코드에 대해서 클래스마다 중복 생성할 필요를 느끼지 못하는 것이다. 그래서 제일 처음에 생성된 코드를 그대로 재활용한다.

그렇다면 (3)을 살펴보자. 이번엔 제대로 CSecond::vcall{4}이 나왔다. 왜 이것은 CFirst가 아닌 것일까? 그 이유는 vcall{4}에 있다. N이 4이므로 두 번째 가상 함수 호출을 위한 코드이다. CFirst에는 가상 함수가 하나만 존재하기 때문에 vcall{4} 코드가 생성되지 않은 것이다. 즉, CSecond에서 처음으로 vcall{4}가 생성되었기에 제대로 CSecond::vcall{4}가 나올 수 있다.

위의 예제를 독자의 PC에서 그대로 실행한다고 해서 똑같은 어셈블리가 나오지 않을 수도 있다. 만일 프로그램 소스에 CFirst나 CSecond보다 먼저 정의된 클래스의 가상 함수 포인터가 사용되었다면 결과는 전혀 다르게 나올 수도 있다.

결론을 내리면 다음과 같다. 컴파일러는 필요할 때만 특정 코드를 생성해내고, 그것이 중복될 경우 기존 코드를 최대한 재활용한다. 물론 중요한 사실이 있다. 이런 원칙은 대부분의 컴파일러에 적용되는 것이지만, 반드시 그런 것은 아니다. 역시나 컴파일러에 따라서 구현은 다를 수 있다. vcall{N}에 대한 설명은 VC++을 기준으로 하였으며 다른 컴파일러에서는 확인하지 않았다.

➤ 9.4.4. 가상 상속과 가상 함수 포인터

가상 함수 포인터의 마지막 파트이다. 바로 가상 상속 클래스에서의 가상 함수 포인터의 동작에 대해서 살펴볼 것이다. 가장 복잡한 가상 상속과 가상 함수 포인터가 만났으니 무진장 복잡하다고 생각할 수도 있겠으나 그리 어려운 부분은 없다. 가상 함수 포인터의 원리 원칙은 그대로 적용되며, 오직 배경이 가상 상속 클래스일 뿐이다. 간단하게 예제를 살펴보면서 기존 원리와 원칙이 그대로 적용되고 있음을 확인해볼 것이다.

```cpp
class CGrandParentA
{
public:
  virtual void VFuncA() = 0;                              // (A)
  BYTE m_ArrayGPA[32];
};

class CGrandParentB
{
public:
  virtual void VFuncB() = 0;                              // (B)
  BYTE m_ArrayGPB[16];
};

class CParent : public CGrandParentA, public CGrandParentB     // (1)
{
public:
  BYTE m_ArrayP[8];
};

class CChild : virtual public CParent                          // (2)
{
public:
  virtual void VFuncA()
  {
    void* p = this;
  }

  virtual void VFuncB()
  {
    void* p = this;
  }

  BYTE m_ArrayC[4];
};
```

<소스 9-32>는 가상 함수 포인터를 테스트하기 위한 가상 상속 클래스를 보여준다. 최상위 클래스인 CGrandParentA와 CGrandParentB는 (A), (B)와 같이 가상 함수 VFuncA, VFuncB를 처음으로 선언했다. 클래스 CParent는 (1)처럼 CGrandParentA와 CGrandParentB를 일반 다중 상속한다. 중요한 것은 클래스 CChild이다. (2)처럼 CParent를 가상 상속하며, 가상 함수 VFuncA와 VFuncB를 정의한다. 다시 한 번 강조하지만 가상 함수 포인터에서 기준 클래스가 되는 곳은 바로 가상 함수가 처음으로 선언된 곳이다. 즉, vfptr이 존재하는 클래스인 CGrandParentA, CGrandParentB가 바로 기준 클래스가 된다.

구조를 명확히 파악하기 위하여 그림을 살펴보자.

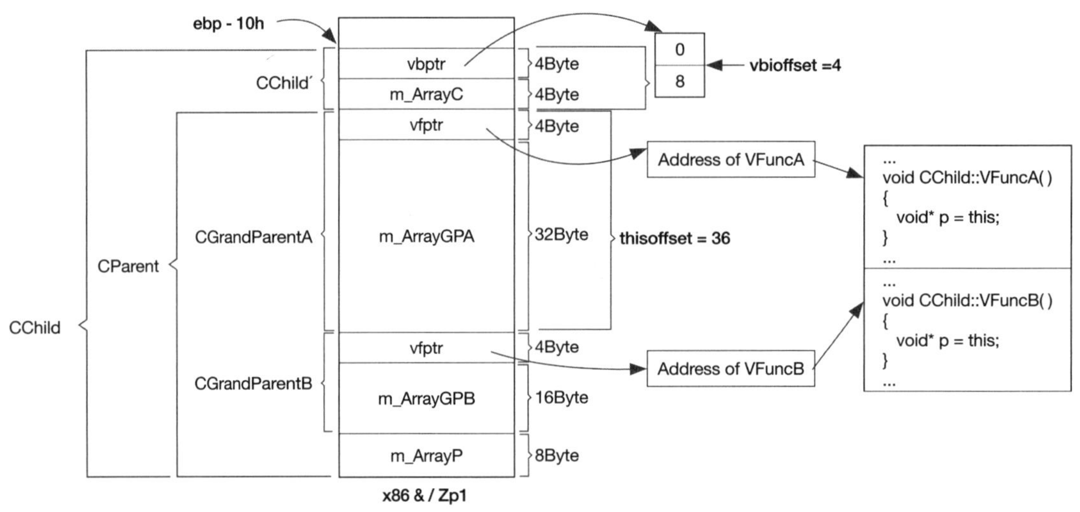

▲ 그림 9-24 가상 상속 클래스의 가상 함수 포인터

<그림 9-24>는 클래스 CChild의 구조를 나타낸다. CChild가 CParent를 가상 상속하기 때문에 CParent는 메모리 구조 아래 부분을 차지하게 된다. CParent는 CGrandParent와 CGrandParentB를 일반 다중 상속한다. 따라서 CParent 영역 안에서는 순서대로 위치하며, 각각 가상 함수를 가지고 있기 때문에 vfptr이 각각 존재한다. CChild의 가장 위쪽에는 가상 기저 클래스 오프셋 테이블을 가리키는 vbptr이 있다. 오프셋 테이블에는 두 개의 항목이 있는데, 첫 번째는 자기 자신 오프셋인 0이 들어있고, 두 번째는 vbptr 기준으

로 CParent의 오프셋인 8이 들어간다.

이제 이 구조를 기반으로 실제 가상 함수 포인터를 호출해보자.

[소스 9-33] 가상 함수 포인터 호출 1

```
typedef void (CChild::*CFUNC)();                                    // (1)

void main()
{
  CChild c;
  CChild* pC = &c;

  CFUNC pCFuncA = &CChild::VFuncA;                                  // (2)
  /*
  mov   dword ptr [ebp-74h],offset CChild::`vcall'{0}'             // (A-1)
  mov   dword ptr [ebp-70h],0                                       // (B-1)
  mov   dword ptr [ebp-6Ch],4                                       // (D-1)
  mov   ecx,dword ptr [ebp-74h]                                     // (A-2)
  mov   dword ptr [ebp-0Ch],ecx                                     // (A-3)
  mov   edx,dword ptr [ebp-70h]                                     // (B-2)
  mov   dword ptr [ebp-8],edx                                       // (B-3)
  mov   eax,dword ptr [ebp-6Ch]                                     // (D-2)
  mov   dword ptr [ebp-4],eax                                       // (D-3)
  */

  (pC->*pCFuncA)();                                                 // (3)
  /*
  mov   ecx,dword ptr [ebp-10h]                                     // (C-1)
  mov   edx,dword ptr [ecx]                                         // (C-2)
  mov   eax,dword ptr [ebp-4]                                       // (D-4)
  mov   ecx,dword ptr [ebp-10h]                                     // (E-1)
  add   ecx,dword ptr [edx+eax]                                     // (C-3), (D-5)
  add   ecx,dword ptr [ebp-8]                                       // (B-4)
  call dword ptr [ebp-0Ch]                                          // (A-4)
  */

}
```

<소스 9-33>은 바로 이전에 정의된 클래스 CChild의 가상 함수 포인터를 호출하는 예제이다. 먼저 (1)에서 CChild의 멤버 함수 포인터 타입 CFUNC를 정의한다. 그리고 (2)에서 CFUNC 타입 객체 pCFuncA에 가상 함수 VFuncA를 대입하고, (3)에서 호출한다. 각각의 코드에 대해서는 어셈블리를 주석으로 실어놓았다. 당연히 분석하면서 보고 싶지 않을 것이다. 그래서 간단히 요약하면서 설명할 것이다.

1) 가상 함수 포인터 객체인 pCFuncA는 세 가지 요소를 가져야 한다. 첫째는 바로 vcall{N}이다. VFuncA는 첫 번째 가상 함수이므로 함수 주소 영역에는 vcall{0}이 들어갈 것이다. 그 부분이 바로 (A-1)이다.

2) pCFuncA는 나머지 두 요소를 가지게 된다. 바로 thisoffset과 vbioffset이다. 클래스 구조에서 알 수 있듯이, VFuncA가 처음 선언된 곳은 바로 CGrandParentA이다. thisoffset은 CParent를 기준으로 한 CGrandParentA의 주소 오프셋을 나타낸다. 따라서 0이 된다. 그리고 vbioffset은 vbptr을 기준으로 CParent의 오프셋이 들어있는 항목의 위치를 나타낸다. 그림에서는 vbioffset이 4임을 알 수 있다. 이 과정이 바로 (B-1), (D-1)이다.

3) 실제 함수 포인터를 호출하는 부분을 생각해보자. ecx에 가상 함수가 처음 선언된 클래스 CGrandParentA의 주소를 대입한 뒤에 vcall{0}을 호출하면 된다. 그래서 CChild에서 CGrandParentA를 구하는 것이 어셈블리 대부분을 차지하게 된다. 구하는 순서를 생각해보자. CChild 주소를 기준으로 오프셋 테이블에 접근한다. 함수 포인터의 vbioffset을 읽어서 항목의 위치를 얻어서 실제 항목의 값을 가져온다. vbioffset이 4이므로 두 번째 항목이고, 그 값이 8이 된다. CChild 주소에 8을 더해서 CParent 주소를 구할 수 있다. 이제 CParent 주소에서 CGrandParentA의 주소를 구하기만 하면 된다. 이미 함수 포인터의 thisoffset에는 오프셋 0이 기록되어 있다. 따라서 0을 더해서 쉽게 CGrandParentA의 주소를 구할 수 있다.

4) (A)는 vcall{0}의 대입 및 호출 과정을 나타낸다. (B)는 thisoffset을 구해서 ecx에 더하는 과정이다. (C)와 (D)는 vbptr을 통해서 가상 기저 클래스 오프셋 테이블의 주소를 구하는 과정과 vbioffset을 통해서 가상 기저 클래스 CParent의 실제 오프셋을 구하여 ecx에 더하는 과정이다. (E)는 최초 ecx에 CChild의 주소를 대입한다. ebp-10h의 값을 대입하는데, 그림에서 알 수 있듯이 ebp-10h는 바로 CChild의 시작 주소를 나타낸다.

위의 과정을 통해서 가상 함수 포인터는 가상 상속 클래스에서도 안전하게 호출될 수 있다. 어셈블리가 너무 복잡할 것 같아서 개략적인 설명을 써보았지만 공부하는 셈치고 직접 어셈블리를 따라가면서 분석해보길 추천한다.

보너스로 가상 함수 VFuncB의 호출 과정도 살펴보자. 완전히 똑같은 과정을 거치고 있지만 실제 함수 포인터의 thisoffset 값이 0이 아니라는 것을 주의하면서 살펴보자.

[소스 9-34] 가상 함수 포인터 호출 2

```
typedef void (CChild::*CFUNC)();                                    // (1)

  void main()
  {
      CChild c;
      CChild* pC = &c;

      CFUNC pCFuncB = &CChild::VFuncB;
      /*
      mov      dword ptr [ebp-80h],offset CChild::`vcall'{0}'
                                                    //(A-1)
      mov      dword ptr [ebp-7Ch],24h        // (B-1)
      mov      dword ptr [ebp-78h],4          // (D-1)
      mov      ecx,dword ptr [ebp-80h]        // (A-2)
      mov      dword ptr [ebp-1Ch],ecx        // (A-3)
      mov      edx,dword ptr [ebp-7Ch]        // (B-2)
      mov      dword ptr [ebp-18h],edx        // (B-3)
      mov      eax,dword ptr [ebp-78h]        // (D-2)
      mov      dword ptr [ebp-14h],eax        // (D-3)
      */

      (pC->*pCFuncB)();
      /*
      mov      ecx,dword ptr [ebp-10h]        // (C-1)
      mov      edx,dword ptr [ecx]            // (C-2)
      mov      eax,dword ptr [ebp-14h]        // (D-4)
      mov      ecx,dword ptr [ebp-10h]        // (E-1)
      add      ecx,dwordptr [edx+eax]         // (C-3, (D-5)
      add      ecx,dword ptr [ebp-18h]        // (B-4)
      call     dword ptr [ebp-1Ch]            // (A-4)
      */

  }
```

〈소스 9-34〉는 이전 코드와 구조가 완전히 똑같지만 가상 함수 VFuncB를 대입한다는 것이 다르다. 이것은 VFuncB가 처음으로 선언된 클래스가 바로 CGrandParentB임을 의미한다. 따라서 가상 함수 포인터의 thisoffset과 vbioffset은 CGrandParentB를 기준으로 정해지게 된다. CChild 구조에서 알 수 있듯이 CParent를 기준으로 CGrandParentB의 주소 오프셋은 36이다. 따라서 thisoffset은 36이 되며 이것은 16진수로 24h가 된다. 바로 (B-1)에서 확인할 수 있다. vbioffset은 어떻게 구할까? CGrandParentA나 CGrandParentB는 모두 가상 기저 클래스 CParent에 포함되기 때문에 CParent에 대한 vbioffset은 이전과 같으며 4가 된다.

마지막으로 가상 함수 VFuncB는 CChild 입장에서 보면 두 번째 가상 함수이지만 CGrandParentB를 기준으로 하면 첫 번째 가상 함수이다. 즉, 가상 함수 테이블에 첫째로 들어있다는 의미이다. 따라서 가상 함수 포인터의 함수 주소 영역에는 첫 번째 가상 함수에 대한 코드인 vcall{0}이 들어가게 된다. 그 외의 나머지 과정은 이전 코드와 완전히 일치한다.

지금 제시된 어셈블리 역시 복습 삼아서 직접 분석해보길 추천한다.

9.5. 함수 호출 규약과 함수 포인터

함수의 타입을 의미하는 시그니처에는 함수 호출 규약이 포함된다는 것을 설명하였다. 여기서는 함수 포인터 타입과 함수 호출 규약의 관계에 대해서 자세히 살펴보자.

함수 F의 타입을 T라고 하면 함수 F에 대한 포인터 타입은 T*로 표기할 수 있을 것이다. 여기서 타입 T는 함수의 시그니처를 의미한다. 그리고 시그니처에는 함수 호출 규약이 포함된다. 함수 포인터에는 타입이 일치하는 함수만이 대입될 수 있다. 즉, 함수 호출 규약이 일치하는 함수만이 대입된다고 할 수 있다.

➜ 9.5.1. 전역 함수 포인터와 함수 호출 규약

함수 포인터와 함수 호출 규약의 관계에 대해서 알아보기 전에 함수 호출 규약에 대해서
간단히 살펴보자. 일반적으로 x86에서 사용되는 함수 호출 규약은 cdecl, stdcall, fastcall,
thiscall 등이 있다. 따라서 함수를 선언할 때는 반드시 함수 호출 규약을 지정해주어야만
한다. 그러나 함수를 선언할 때마다 호출 규약을 일일이 지정해주어야 한다면 상당히 성
가신 일이 될 것이다. 그래서 기본적으로 사용되는 호출 규약은 과감히 지정을 생략할 수
있으며 대표적으로 전역 함수나 클래스의 정적(static) 함수의 경우 cdecl이, 클래스 멤버
함수의 경우 thiscall이 기본 설정이 된다. 그러므로 함수 호출 규약이 지정되어있지 않은
경우는 알아서 기본 옵션이 설정되어 있음을 주의해야 한다. 참고로 전역 함수에 대한 기
본 함수 호출 규약 설정은 컴파일러 옵션에서 설정할 수 있다.

함수 호출 규약이 여러 종류가 있다는 것을 배웠지만 x64에 가면 의미가 없어진다. 왜
냐하면 x64에서는 하나의 함수 호출 규약으로 통일되어 있기 때문이다. 즉, x64에서는
cdecl, stdcall, fastcall, thiscall 등이 나누어질 필요가 없는 것이다. 따라서 함수 호출 규약
에 따른 함수 포인터의 테스트 결과는 x86과 x64가 다르게 나타날 수 있다. 먼저 x86에
대해서 살펴보자.

[소스 9-35] 전역 함수 포인터와 Calling Convention – x86

```
void (__cdecl *pFunc_cdecl)();                        // (A)
void (__stdcall *pFunc_stdcall)();                    // (B)
void (__fastcall *pFunc_fastcall)();                  // (C)
void (__thiscall *pFunc_thiscall)();                  // (D)

void __cdecl Func_cdecl()                             // (1) cdecl
{
}

void __stdcall Func_stdcall()                         // (2) stdcall
{
}
```

```cpp
void __fastcall Func_fastcall()                              // (3) fastcall
{
}

void __thiscall Func_thiscall()                              // (4) thiscall - Error
{
}

void main()
{
  pFunc_cdecl = &Func_cdecl;                                 // (A-1)
  pFunc_cdecl = &Func_stdcall;                               // (A-2) Error
  pFunc_cdecl = &Func_fastcall;                              // (A-3) Error

  pFunc_stdcall = &Func_cdecl;                               // (B-1) Error
  pFunc_stdcall = &Func_stdcall;                             // (B-2)
  pFunc_stdcall = &Func_fastcall;                            // (B-3) Error

  pFunc_fastcall = &Func_cdecl;                              // (C-1) Error
  pFunc_fastcall = &Func_stdcall;                            // (C-2) Error
  pFunc_fastcall = &Func_fastcall;                           // (C-3)

  pFunc_thiscall = &Func_cdecl;                              // (D-1) Error
  pFunc_thiscall = &Func_stdcall;                            // (D-2) Error
  pFunc_thiscall = &Func_fastcall;                           // (D-3) Error
}
```

⟨소스 9-35⟩는 무사히 컴파일 되지 않을 것이다. 왜냐하면 몇 군데 문제가 있기 때문이다. 컴파일 에러가 발생하는 부분은 Error 표기를 하였다. (A) ~ (D)는 각각의 함수 호출 규약이 지정된 전역 함수 포인터를 선언하였다. 즉, 모두 전역 함수를 가리키는 포인터인데, 각각 cdecl, stdcall, fastcall, thiscall이라는 의미이다. 여기서 의문이 생길 수 있는데, (D)의 경우 전역 함수에 대하여 thiscall이 가능한지가 의아할 수 있다. 이 부분은 필자도 의문이긴 하지만 현재로서는 함수 포인터가 잘 선언된다. (1) ~ (4)는 각각의 호출 규약을 가

지는 전역 함수를 선언 및 정의한 것이다. 여기서 주의할 점은 (4)처럼 thiscall인 전역 함수를 선언 및 정의할 수 없다는 것이다. thiscall은 오직 클래스의 비정적 멤버 함수에 대해서만 선언 및 정의할 수 있다.

각각의 함수 포인터에 대하여 각각의 함수들을 대입하는 코드를 제시하였다. 결과에서 알 수 있듯이 오직 함수 포인터의 호출 규약과 함수의 호출 규약이 일치하는 경우만 무사히 대입될 수 있다는 것을 알 수 있다. 각각 컴파일 에러가 발생하는 부분을 주의 깊게 살펴보자. 모두 함수 호출 규약이 일치하지 않음을 알 수 있다.

[소스 9-36] 전역 함수 포인터와 Calling Convention - x64

```cpp
void (__cdecl *pFunc_cdecl)();                        // (A)
void (__stdcall *pFunc_stdcall)();                    // (B)
void (__fastcall *pFunc_fastcall)();                  // (C)
void (__thiscall *pFunc_thiscall)();                  // (D)

void __cdecl Func_cdecl()                             // (1) cdecl
{
}

void __stdcall Func_stdcall()                         // (2) stdcall
{
}

void __fastcall Func_fastcall()                       // (3) fastcall
{
}

void __thiscall Func_thiscall()                       // (4) thiscall
{
}

void main()
{
  pFunc_cdecl = &Func_cdecl;                          // (A-1)
```

```cpp
    pFunc_cdecl = &Func_stdcall;                    // (A-2)
    pFunc_cdecl = &Func_fastcall;                   // (A-3)

    pFunc_stdcall = &Func_cdecl;                     // (B-1)
    pFunc_stdcall = &Func_stdcall;                   // (B-2)
    pFunc_stdcall = &Func_fastcall;                  // (B-3)

    pFunc_fastcall = &Func_cdecl;                    // (C-1)
    pFunc_fastcall = &Func_stdcall;                  // (C-2)
    pFunc_fastcall = &Func_fastcall;                 // (C-3)

    pFunc_thiscall = &Func_cdecl;                    // (D-1)
    pFunc_thiscall = &Func_stdcall;                  // (D-2)
    pFunc_thiscall = &Func_fastcall;                 // (D-3)
}
```

〈소스 9-36〉은 이전 소스와 완전히 일치하는 소스이다. 그러나 환경이 다르다. 바로 x64
에서 컴파일을 한 것이다. 놀랍게도 어떤 컴파일 에러도 발생하지 않는다. 이유는 간단하
다. x64에서 cdecl, stdcall, fastcall, thiscall 키워드는 모두 무시되어 버린다. 오직 통일된
x64의 함수 호출 규약이 적용될 뿐이다. x64의 함수 호출 규약은 이름이 무엇일까 궁금할
수도 있는데, 특별한 이름이 있는 것은 아니고 x64 calling convention이라고 불린다. 참고
로 x64 calling convention은 VC++과 GCC 컴파일러에 따라서 조금 다르게 동작한다.

➜ 9.5.2. 멤버 함수 포인터와 함수 호출 규약

x86에서 비정적 멤버 함수는 일반적으로 thiscall 호출 규약을 사용한다. 컴파일러가 기본
으로 그렇게 지정해놓는다. 그러나 꼭 멤버 함수에 대해서 thiscall만 가능한 것은 아니다.
결국 thiscall이 다른 함수 호출 규약과 다른 점이 있다면 this로 변환될 수 있는 포인터를
넘겨야 하는 것인데, 함수 호출 규약에 따라서 포인터를 넘길 때 레지스터를 이용하느냐
스택을 이용하느냐의 차이만 발생할 뿐이다. 즉, 멤버 함수는 반드시 thiscall만 허용되는
것은 아니라는 것이다. 역시나 x64에서는 통일된 x64 calling convention이 사용될 뿐이다.

```cpp
class CTest
{
public:
    void __cdecl Func_cdecl()                        // (A)
    {
    }

    void __stdcall Func_stdcall()                    // (B)
    {
    }

    void __fastcall Func_fastcall()                  // (C)
    {
    }

    void __thiscall Func_thiscall()                  // (D)
    {
    }
};

void (__cdecl CTest::*pFunc_cdecl)();                // (1)
void (__stdcall CTest::*pFunc_stdcall)();            // (2)
void (__fastcall CTest::*pFunc_fastcall)();          // (3)
void (__thiscall CTest::*pFunc_thiscall)();          // (4)

void main()
{
    pFunc_cdecl = &CTest::Func_cdecl;                // (A-1)
    pFunc_cdecl = &CTest::Func_stdcall;              // (A-2) Error
    pFunc_cdecl = &CTest::Func_fastcall;             // (A-3) Error
    pFunc_cdecl = &CTest::Func_thiscall;             // (A-4) Error

    pFunc_stdcall = &CTest::Func_cdecl;              // (B-1) Error
    pFunc_stdcall = &CTest::Func_stdcall;            // (B-2)
    pFunc_stdcall = &CTest::Func_fastcall;           // (B-3) Error
    pFunc_stdcall = &CTest::Func_thiscall;           // (B-4) Error
```

```cpp
        pFunc_fastcall = &CTest::Func_cdecl;               // (C-1) Error
        pFunc_fastcall = &CTest::Func_stdcall;             // (C-2) Error
        pFunc_fastcall = &CTest::Func_fastcall;            // (C-3)
        pFunc_fastcall = &CTest::Func_thiscall;            // (C-4) Error

        pFunc_thiscall = &CTest::Func_cdecl;               // (D-1) Error
        pFunc_thiscall = &CTest::Func_stdcall;             // (D-2) Error
        pFunc_thiscall = &CTest::Func_fastcall;            // (D-3) Error
        pFunc_thiscall = &CTest::Func_thiscall;            // (D-4)
    }
```

〈소스 9-37〉은 멤버 함수 포인터와 함수 호출 규약의 관계를 보여준다. (A)~(D)에서 볼 수 있듯이 멤버 함수도 cdecl, stdcall, fastcall 등이 가능하다. 물론 호출 규약을 지정하지 않는다면 컴파일러는 기본적으로 thiscall을 지정하게 된다. (1)~(4)는 각각 멤버 함수 포인터를 선언하였다. 그리고 각각의 포인터에 멤버 함수를 대입하는데, 그 결과는 옆의 주석을 보면 확인할 수 있다. 너무나도 간단하지만 멤버 함수 포인터도 함수 호출 규약이 일치하는 멤버 함수만을 대입할 수 있다.

추가적으로 소스를 제시할 필요 없이 〈소스 9-37〉을 x64 환경에서 컴파일 해보길 바란다. 어떤 에러도 발생하지 않을 것이다. 이유는 위에서 설명한 것과 똑같은데, x64에서는 오직 x64 calling convention만이 사용되기 때문이다.

9.6. 전방 선언 함수 포인터

드디어 함수 포인터의 막바지에 도달한 듯하다. 전방 선언 함수 포인터가 정말 끝이다. 사실 함수 포인터 부분을 쓰기 시작할 당시까지만 해도 가상 함수 포인터에서 마무리를 지을 생각이었다. 가상 함수 포인터 정도까지만 제대로 알고 있다면 C++ 구조는 충분히 이해할 수 있기 때문이다. 또한 수많은 컴파일러 중에서도 가상 함수 포인터까지는 지원을 하는 경우가 꽤 있지만, 전방 선언 함수 포인터를 지원하는 경우는 극히 드물기 때문이기도 하다. 물론 전방 선언 함수 포인터를 지원하는 것이 꼭 뛰어난 컴파일러라고 할 수는 없지만 사실상 모든 경우의 함수 포인터를 지원하는 컴파일러라고 인정할 수는 있을 것이다. 당연히 마이크로소프트의 VC++ 컴파일러는 전방 선언 함수 포인터를 지원한다. 따라서 이번 절은 VC++에 특화된 내용이라고 할 수 있다. 어디까지나 필자의 예상이지만, 미래의 컴파일러들은 VC++처럼 모든 경우의 함수 포인터를 지원하도록 발전하지 않을까 조심스러운 생각도 든다. 아무튼 알아두면 좋지 않을까 생각이 드는데, 굳이 별로 알고 싶지 않다면 이번 절은 뛰어넘어도 큰 상관은 없다.

그럼 지금부터 유종의 미를 거둔다는 생각으로 전방 선언 함수 포인터에 대해서 알아보겠다.

➡ 9.6.1. 전방 선언 함수 포인터의 크기

먼저 클래스의 전방 선언에 대해서 알아보자. 클래스를 정의한다는 의미는 컴파일러에게 클래스의 구조를 알려준다는 것이다. 컴파일러는 클래스의 메모리 구조를 참조하여 클래스 객체를 메모리에 생성한다. 그렇다면 전방 선언이란 무엇인가?

전방 선언이란 컴파일러에게 해당 클래스의 구조를 알려주지는 않지만, 그런 클래스가 존재한다는 사실은 알려주는 것을 의미한다. 쉽게 얘기하자면 컴파일러에게 구조는 모르지만 이런 클래스가 있다는 것만 알려주는 것이다. 그렇다면 컴파일러는 전방 선언을 통해서 무엇을 할 수 있을까? 구조를 모르기 때문에 당연히 객체 생성은 불가능하다. 객체 생성이란 바로 해당 클래스의 구조대로 메모리를 할당하는 것이기 때문이다. 그렇다면 전방 선언은 언제 사용되는 것일까? 보통 클래스 포인터를 선언할 때 사용된다. 포인터는 크기가 일정하고 해당 클래스의 구조를 알 필요가 없기 때문이다. 그 외에도 전방 선언이 사용되는 경우가 있는데 그 중에 한 가지가 바로 전방 선언 함수 포인터인 것이다.

```
class CTest;                                // (1)

typedef void (CTest::*PFUNC)();             // (2)

void main()
{
    int size = sizeof(PFUNC);               // (3)
}
```

〈소스 9-38〉이 바로 전방 선언 함수 포인터의 대표적인 예이다. (1)이 바로 클래스 전방 선언을 나타낸다. 컴파일러 입장에서는 현재 클래스 CTest라는 것이 존재한다는 것만 알 수 있을 뿐, CTest의 크기는 얼마나 되는지, 멤버 객체는 어떻게 구성되어있는지 전혀 알 수 없다. (2)가 무척 중요하다. 그동안 많이 보아왔던 멤버 함수 포인터 타입 정의이다. 그런데 타입 정의의 기준 클래스가 바로 CTest이다. 즉, 전방 선언이 사용되고 있는 것이다. 이것의 의미는 다음과 같다.

'PFUNC는 전방 선언 클래스 CTest의 멤버 함수 포인터 타입이다.'

이제 (3)을 살펴보자. PFUNC의 크기를 재려고 한다. 과연 얼마가 나올까? 일단 x86 기준으로 생각해보자. 쉽게 알 수 있을 것 같지만 막상 생각해보면 쉽지 않다는 것을 깨달을 수 있을 것이다. 바로 CTest의 실체를 알 수 없기 때문에 CTest의 멤버 함수 포인터 크기도 제대로 결정할 수 없는 것이다.

그동안 함수 포인터에 대해서 배워왔는데, 사실상 주된 내용은 함수 포인터의 구조에 대한 것이었다. 당연히 구조가 달라지면 그 크기도 자연스레 달라질 수밖에 없다. 다시 한 번 기억을 되살려보자. x86 시스템에서 함수 포인터의 크기는 전역 함수나 일반 클래스(최상위나 단일 상속)의 멤버 함수의 경우 4바이트고, 다중 상속 클래스의 멤버 함수는 8

바이트, 그리고 가상 상속 클래스의 멤버 함수는 12바이트가 되었다.

전방 선언 클래스의 멤버 함수 포인터의 크기는 얼마가 되어야 할까? 상식적으로 생각하면 가능한 크게 잡아야 할 것 같다. 말 그대로 전방 선언 클래스의 실체가 드러나는 순간 일반적인 클래스도 될 수 있고, 가상 상속 클래스도 될 수 있기 때문이다. 상식적으로 전방 선언 클래스의 멤버 함수 포인터의 크기는 쉽게 알 수 있을 것 같다. 바로 12바이트면 충분하지 않을까? 그러나 실제 코드를 실행하여 값을 확인해보면 16바이트가 나오는 것을 알 수 있다. 참고로 전방 선언 클래스의 함수 포인터 크기는 x86에서는 16바이트고, x64에서는 24바이트가 된다.

지금부터 왜 전방 선언 함수 포인터의 크기가 가상 상속 함수 포인터보다 클 수밖에 없는지 그 이유를 살펴보자.

➜ 9.6.2. 전방 선언 함수 포인터 사용

전방 선언 포인터의 모습은 살펴보았는데 독자들은 분명 의문이 들 것이다. 사실 필자도 처음엔 이것을 어디다 써먹는지 통 알 수 없었던 시절이 있었다. 그래서 먼저 어떻게 사용하는지 예제를 통해서 확인해보려고 한다.

[소스 9-39] 전방 선언 함수 포인터 사용

```
class CAdd;
typedef int (CAdd::*PADD)(int a, int b);                 // (1)

class CSubtract;
typedef int (CSubtract::*PSUBTRACT)(int a, int b);       // (2)

class CCalculate
{
public:
    PADD m_pAdd;                                          // (3)
    PSUBTRACT m_pSubtract;                                // (4)
```

```cpp
    int Calc(CAdd* pA, int a, int b)
    {
       return (pA->*m_pAdd)(a, b);
    }

    int Calc(CSubtract* pS, int a, int b)
    {
       return (pS->*m_pSubtract)(a, b);
    }
};

class CAdd
{
public:
   int Func(int a, int b)
   {
      return a + b;
   }
};

class CSubtract
{
public:
   int Func(int a, int b)
   {
      return a - b;
   }
};

void main()
{
   CCalculate c;
   c.m_pAdd = &CAdd::Func;                        // (5)
   c.m_pSubtract = &CSubtract::Func;              // (6)

   CAdd a;                                        // (7)
   int Sum1 = c.Calc(&a, 1, 2);                   // (A-1)
   int Sum2 = (a.*c.m_pAdd)(1, 2);                // (B-1)
```

```cpp
    CSubtract s;                               // (8)
    int Gab1 = c.Calc(&s, 2, 1);               // (A-2)
    int Gab2 = (s.*c.m_pSubtract)(2, 1);       // (B-2)
}
```

〈소스 9-39〉는 전방 선언 함수 포인터를 사용하는 적절한 예제를 보여준다. 주 클래스는 바로 계산을 담당하는 CCalculate이다. 먼저 (1), (2)를 살펴보자. 각각 구조가 알려지지 않은 클래스 CAdd와 CSubtract이 전방 선언되어 있으며, 각 클래스의 멤버 함수 포인터 타입도 정의되었다.

(3), (4)에서 CCalculate는 전방 선언 함수 포인터 객체인 m_pAdd와 m_pSubtract를 가지고 있다. 느낌이 오듯이 여기에 각 클래스의 함수가 대입되어 사용될 것이다.

(5), (6)을 살펴보자. 전방 선언된 클래스 CAdd와 CSubtract이 드디어 정의되었고, 멤버 함수인 Func(각각 더하기, 빼기)가 Subtract이 전방 선언 함수 포인터에 대입된다.

이제 함수 포인터에 대입도 했으니 호출을 해야 한다. 어떻게 호출을 해야 할까? 당연히 멤버 함수 포인터이기 때문에 호출을 위하여 실제 객체가 필요하다. 그래서 (7), (8)은 객체 CAdd a, CSubtract s를 선언하고 그것을 기반으로 멤버 함수 포인터를 호출한다. 호출하는 방식은 다양한데 주로 (A), (B)처럼 사용할 수 있다. 사용 방식에서 알 수 있듯이 전방 선언 함수 포인터를 잘 응용하면 클래스 멤버 함수를 콜백 함수로 사용할 수 있도록 설계할 수 있다.

➔ 9.6.3. 전방 선언 함수 포인터 구조

이제 충분히 전방 선언 함수 포인터에 익숙해졌다고 할 수 있다. 본격적으로 전방 선언 함수 포인터의 구조에 대해서 알아보자.

```cpp
class CChild;
typedef void (CChild::*PFUNC)();

class CTest
{
public:
  PFUNC m_pFunc;                              // (1)

  void Func(CChild* pC)                       // (A)
  {
     (pC->*m_pFunc)();
  }

};

class CParent
{
public:
  BYTE m_ArrayP[4];

  virtual void VFuncP() = 0;                  // (2)
};

class CChild : virtual public CParent
{
public:
  BYTE m_ArrayC[8];

  virtual void VFuncP() {}                     // (2)
  virtual void VFuncC() {}                     // (3)
};

void main()
{
  CTest t;
  int size = sizeof(PFUNC);                    // (4)
```

```cpp
    t.m_pFunc = &CChild::VFuncP;                          // (5)

    int offset1 = ((int*)&t.m_pFunc)[1];                  // (6)
    int offset2 = ((int*)&t.m_pFunc)[2];                  // (7)
    int offset3 = ((int*)&t.m_pFunc)[3];                  // (8)

    cout << "thisoffset: " << offset1 << endl;
    cout << "vbptroffset: " << offset2 << endl;
    cout << "vbioffset: " << offset3 << endl;
}
```

<소스 9-40>은 전방 선언 함수 포인터의 구조가 잘 드러나도록 설계된 클래스 CChild를
보여준다. 잘 드러난다는 것이 무슨 의미인지 아직 잘 이해가 가지 않겠지만, 전방 선언
함수 포인터는 해당 클래스의 구조에 상당히 민감하게 반응한다. 민감하게 반응한다는
말은 무엇일까? 바로 클래스 구조에 따라서 함수 포인터가 구성되는 원칙도 같이 바뀐다
는 의미이다. 즉, 일정한 규칙이 있는 것이 아니라 경우에 따라서 규칙이 변한다고 할 수
있다. 대표적으로 가상 상속에 민감하게 반응하게 되는데 이것은 몇몇 예제를 통해서 충
분히 살펴볼 것이다.

먼저 클래스 CChild의 구조부터 살펴보아야 한다. 전방 선언 함수 포인터는 클래스 구조
에 민감하기 때문에 구조를 잘 살펴두어야 한다.

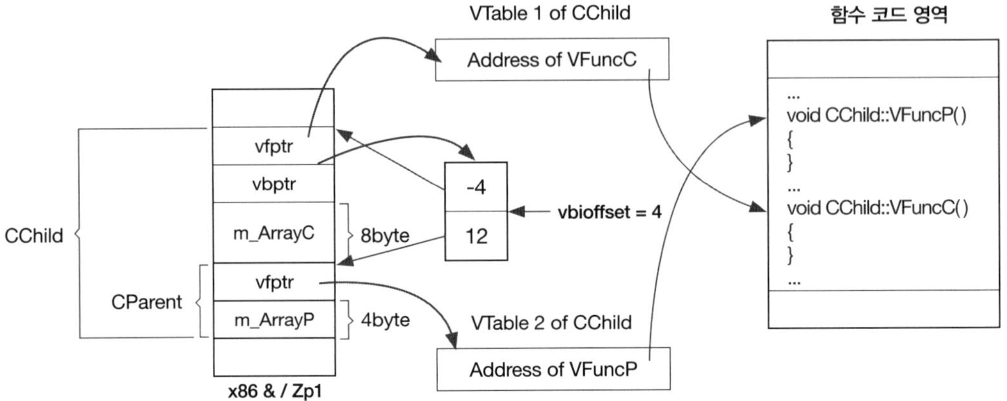

▲ 그림 9-25 전방 선언 클래스 CChild 구조

〈그림 9-25〉는 전방 선언 클래스 CChild의 실제 구조를 보여준다. 많이 본 가상 상속 클래스의 구조이지만 정말 눈여겨보아야 할 곳이 있다. 바로 CChild의 가상 기저 클래스 오프셋 테이블을 가리키는 vbptr의 위치이다. 보통 vbptr은 가상 상속 클래스의 시작 주소 처음에 위치하는 것이 일반적이지만 CChild에 처음으로 선언된 가상 함수 VFuncC가 존재할 경우 가상 함수 테이블 포인터인 vfptr에 우선 순위가 밀리게 된다. 왜 이것이 중요한 것일까? 전방 선언 클래스의 경우 컴파일러가 vbptr의 위치를 알 수 없기 때문이다. 만일 CChild가 전방 선언이 아닌 일반 정의가 먼저 되었더라면 컴파일러 입장에서는 vbptr의 위치를 바로 알 수가 있다. 그러나 전방 선언의 경우 구조를 전혀 알 수 없기 때문에 vbptr이 존재하는지 여부조차 알 수가 없으며, vbptr이 존재하여도 그것이 클래스 시작 주소에 위치하는지, 아니면 vfptr에 밀려서 다음 위치에 존재하는지 전혀 알 수가 없다. 그래서 전방 선언 함수 포인터에는 vbptr을 위한 정보가 추가된다.

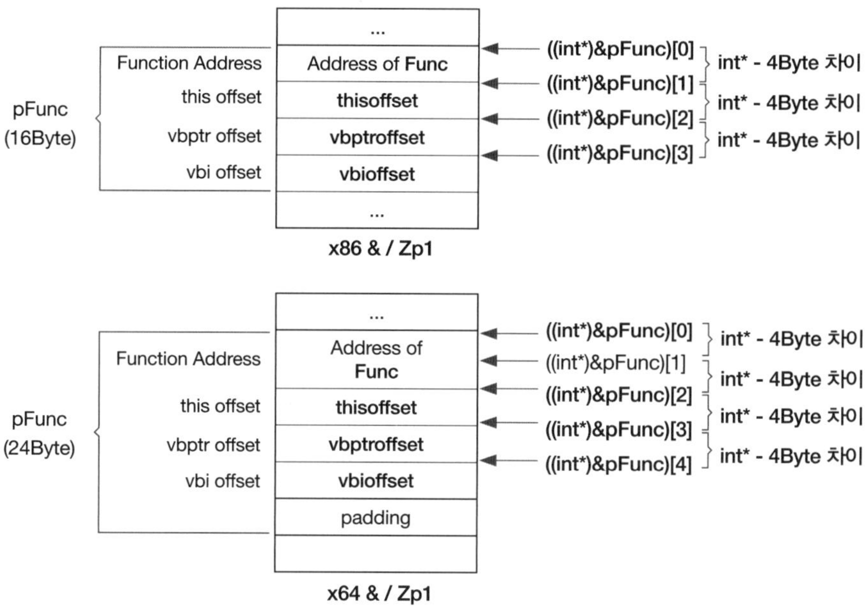

▲ 그림 9-26 전방 선언 함수 포인터 구조

〈그림 9-26〉은 전방 선언 함수 포인터의 구조를 보여준다. 위쪽은 x86 시스템이며, 아래는 x64 시스템을 기준으로 한다. 함수 포인터 안에 새로운 영역이 추가되었다. 바로 vbptroffset이다. 즉, 가상 기저 클래스 오프셋 테이블을 가리키는 vbptr의 오프셋을 의미한다. 필자가 생각했을 때는 vbptroffset이 vbioffset 다음에 있을 줄 알았다. 왜냐하면 가상 상속 클래스의 멤버 함수 포인터는 [함수 주소 | thisoffset | vbioffset]와 같은 순서로 구성되기 때문에 마지막에 추가되는 것이 자연스럽다고 생각하기 때문이다. 그래서 새로운 영역 vbptroffset은 thisoffset과 vbioffset의 사이에 끼어들었다는 것을 주의해야만 한다. vbptroffset 또한 단순한 오프셋이기에 4바이트면 충분하다. 따라서 가상 상속 클래스 멤버 함수 포인터의 크기보다 4바이트씩 커진다고 생각해도 좋다.

그러나 x64에서는 4바이트가 아니라 8바이트가 커졌다. 원래 x64에서 가상 상속 클래스 멤버 함수 포인터의 크기는 16바이트다. 따라서 전방 선언의 경우 20바이트가 되어야 맞을 것 같은데, 24바이트다. 이것은 컴퓨터의 성능을 고려하여 기본 포인터 크기의 배수가 되도록 조정하기 때문이다. x64의 기본 포인터 크기는 8바이트이므로 3배수인 24바이트가 가장 효율성이 좋다고 할 수 있다. 그래서 맨 마지막 4바이트는 padding이 붙으며 사용되지 않는다.

이제 정말로 전방 선언의 함수 포인터가 앞에서 설명한 내용처럼 구성되는지 직접 확인할 차례이다. 〈소스 9-40〉을 다시 살펴보자. (6) ~ (8)은 각각 thisoffset, vbptroffset, vbioffset을 나타낸다. 출력 결과는 어떻게 나올지 그림을 통해서 생각해보자.

```
size: 16

thisoffset: 0

vbptroffset: 4

vbioffset: 4
```

(5)에서 전방 선언 함수 포인터 m_pFunc에는 CChild의 가상 함수 VFuncP가 대입되었다. VFuncP가 CChild에 정의되어 있지만, CParent에 처음으로 선언되어있다. 즉, VFuncP의 기준 클래스는 CParent가 된다. 따라서 함수 포인터의 오프셋 영역들은 CChild 주소에서 CParent 주소로 변환할 수 있는 정보들로 채워져야 한다. 먼저 thisoffset을 살펴보자. CParent가 다중 상속 클래스가 아니므로 thisoffset은 0이 된다. CChild는 CParent를 가상 상속 하므로 CParent에 대한 오프셋을 구하기 위해서는 오프셋 테이블의 항목 위치도 알아야 한다. 그래서 그림에서 알 수 있듯이 vbioffset은 4가 된다. vbioffset이 4라는 의미는 두 번째 항목을 의미하며 해당 값은 12가 됨을 알 수 있다. 여기서 12는 vbptr 위치를 기준으로 12바이트만큼 CParent가 떨어져있다는 것을 의미한다.

기존 가상 상속 클래스 멤버 함수 포인터에서는 thisoffset과 vbioffset만 있으면 충분했다. 왜냐하면 컴파일러가 vbptr의 위치를 충분히 파악하고 있기 때문이다. 특히 vbptr의 위치를 아는 것은 무척 중요하다. 위치를 정확히 알고 있어야 vbptr이 가리키는 오프셋 테이블의 주소를 알아낼 수 있고, vbioffset을 더해서 가상 기저 클래스의 위치를 찾아낼 수 있기 때문이다.

그러나 전방 선언에서는 vbptr의 위치를 전혀 알 수가 없다. 그래서 (A)처럼 함수 포인터 m_pFunc를 호출하는 부분을 thisoffset과 vbioffset만을 이용하여 어셈블리로 만들어낼 수 없는 것이다.

(5)에서 CChild가 정의된 이후 실제 멤버 함수가 대입되는 순간에 이르러서 컴파일러는 드디어 vbptr의 위치를 알 수 있다. 그래서 컴파일러는 함수 포인터의 vbptroffset 영역에 vbptr의 오프셋을 기록해놓고, (A)에서 m_pFunc를 호출하는 부분을 어셈블리로 작성할 때는 thisoffset, vbioffset과 더불어 vbptroffset를 이용한다.

이제 새로운 예제 코드를 살펴보자. 〈소스 9-40〉에서 단어 하나만 바꿀 것이다. 바로 (5) 의 CChild::VFuncP를 CChild::VFuncC로 바꾸는 것이다. main 부분만 살펴보자.

[소스 9-41] 전방 선언 함수 포인터 구조 2

```cpp
void main()
{
  CTest t;
  int size = sizeof(PFUNC);

  t.m_pFunc = &CChild::VFuncC;                      // (1)

  int offset1 = ((int*)&t.m_pFunc)[1];
  int offset2 = ((int*)&t.m_pFunc)[2];
  int offset3 = ((int*)&t.m_pFunc)[3];

  cout << "size: " << size << endl;
  cout << "thisoffset: " << offset1 << endl;
  cout << "vbptroffset: " << offset2 << endl;
  cout << "vbioffset: " << offset3 << endl;

  CChild c;
  (c.*t.m_pFunc)();                                 // (2)
  /*
  cmp   dword ptr [ebp-34h],0                       // (A-1)if vbioffset == 0
  jne   main+131h (0F41591h)                        // (A-2) then (B-1) else (C-1)
```

```asm
    mov   ecx,dword ptr [ebp-3Ch]              // (B-1)
    lea   edx,[ebp+ecx-28h]                    // (B-2)
    mov   dword ptr [ebp-54h],edx              // (B-3)
    jmp   main+143h (0F415A3h)                 // (B-4)
    mov   eax,dword ptr [ebp-24h]              // (C-1)
    add   eax,dword ptr [ebp-34h]              // (C-2)
    mov   ecx,dword ptr [eax]                  // (C-3)
    lea   edx,[ebp+ecx-24h]                    // (C-4)
    add   edx,dword ptr [ebp-3Ch]              // (C-5)
    mov   dword ptr [ebp-54h],edx              // (C-6)
    mov   ecx,dword ptr [ebp-54h]              // (B-5), (C-7)
    call dword ptr [ebp-40h]                   // (B-6), (C-8)
    */
}
```

바뀐 부분은 (1)의 VFuncC와 (2)의 함수 포인터 호출 부분이 추가되었다. VFuncC가 CChild에 처음으로 선언된 가상 함수라는 사실을 유의하면서 다시 한 번 결과를 생각해 보자. 다중 상속이 아니므로 당연히 thisoffset은 0일 것이고, CChild가 기준 클래스가 되므로 오프셋 테이블 첫 번째 항목의 값만 필요할 것이다. 오프셋 테이블의 첫 번째 항목은 항상 자기 자신 클래스의 오프셋을 나타낸다. 따라서 vbioffset은 0이 된다. 마지막으로 vbptr 자체의 오프셋은 4이므로 결과는 [16 | 0 | 4 | 0]이 나올 것 같다. 앞의 16은 함수 포인터의 크기이다. 그러나 실제 결과는 조금 다르다.

```
size: 16

thisoffset: 0

vbptroffset: 0

vbioffset: 0
```

vbptroffset이 이상하다고 생각될 수 있다. 그러나 이것은 의도적으로 컴파일러에 의해서 쓰여진 값이다. 원칙을 따진다면 vbptroffset은 4가 되어야 한다. 그러나 이미 앞에서 전방 선언 함수 포인터는 클래스의 구조에 민감하다고 했던 것을 기억해야 한다. 바로 이런 경우를 의미한다. vbptroffset이 정해지는 부가적인 원칙이 하나 있는데, 바로 vbioffset이 0인 경우 vbptroffset도 0으로 설정된다.

왜 그런 부가적인 원칙이 있는지 궁금할 텐데, 사실 따져보면 별 것 없다. vbioffset이 0일때는 vbptroffset이 어떤 값을 나타내건 큰 의미가 없다. 왜냐하면 vbioffset이 0이라는 것은 오프셋 테이블의 첫 번째 항목을 의미하는 것인데, 첫 번째 항목의 값은 항상 −vbptroffset이기 때문이다. 즉, vbptroffset이 0이면 첫 번째 항목도 0이 되고, vbptroffset이 4이면 첫 번째 항목은 −4가 된다. 이것이 무슨 의미인가 하면 항상 제자리로 돌아온다는 것과 같다. 즉, CChild에서 vbptroffset을 계산하여 오프셋 테이블의 위치를 알아내고 그 첫 번째 항목만큼 vbptr 위치에 더하게 되면 결국 그 위치는 CChild가 된다. 즉, vbioffset이 0인 첫 번째 항목인 경우는 오프셋 테이블에 접근하여 계산하는 과정 자체가 낭비가 되는 것이다. 그래서 컴파일러는 vbioffset이 0일 경우에 한해서 vbptroffset도 0으로 설정하게 되며, 실제 함수 포인터 호출 과정도 대폭 간소화시키게 된다.

(2)의 함수 포인터 호출 부분에 대한 어셈블리를 살펴보자. 크게 (A), (B), (C) 부분으로 나누어져 있는데, (A) 부분은 함수 포인터의 vbioffset이 0인지를 확인해서 코드를 분기하는 역할을 한다. 어셈블리 명령어로 cmp와 jne가 사용되었는데 주로 분기문을 작성할 때 사용된다. 이 명령어를 잘 모르겠다면 인터넷이나 책을 통해서 한 번쯤 알아놓는 것이 좋다.

(B)부분은 vbioffset이 0일때 실행되는 코드이며 (C)부분은 vbioffset이 0이 아닐 때 실행되는 코드이다. (B)부분은 사실 간단하다. 가상 상속을 신경 쓸 필요가 없기 때문에 단순히 thisoffset만을 사용하여 ecx를 계산하면 된다. 단지 그것뿐이다.

(C)부분은 vbioffset이 0이 아닌 경우인데, 이것은 바로 함수 포인터에 대입된 멤버 함수의 기준 클래스가 가상 기저 클래스라는 의미이다. 따라서 오프셋 테이블에 접근해야만 하고, 그러기 위해서는 vbptroffset도 고려를 해야만 한다. 그래서 어셈블리가 상당히 복잡해지게 된다. 즉, thisoffset, vbptroffset, vbioffset 모두를 사용하여 ecx를 계산하는 과정이 필요하다. 실력 향상을 위하여 독자 스스로 어셈블리가 어떻게 동작하는지 직접 분석하길 추천한다.

9.7. 정리

　드디어 함수 포인터 장을 마무리하였다. 아마도 포인터의 순수한 의미(어떤 대상의 주소를 담고 있어서 그 대상을 가리킬 수 있는 객체)만을 알고 있던 독자라면 굉장히 신선한 느낌을 받았을 것이다. 필자도 처음 C++ 함수 포인터의 실체를 조금씩 알게 되면서 상당히 놀랐던 기억이 떠오른다. 엄밀히 말해서 함수 포인터는 포인터라기보다는 함수를 가리키기 위하여 필요한 부가 정보들을 포함하는 구조체로 보는 것이 옳을 수도 있겠다. 그럼에도 C++에서는 하위 호환을 비롯하여 여러 가지 이유로 함수 포인터를 포인터의 부류에 집어넣고 있다. 그러나 이것은 억지가 아니다. 반대로 생각해서 기존 C의 포인터 개념만을 살펴보면서 너무 좁게 포인터를 정의하고 있었을지도 모른다. 조금만 유연하게 생각한다면 고전적인 포인터의 정의를 새롭게 재해석할 수 있다. 필자가 생각하는 새로운 포인터의 정의는 다음과 같다.

[어떤 대상을 가리키기 위하여 필요한 모든 정보를 포함하는 객체]

이것은 엄연히 필자의 정의이지만 나름대로 괜찮은 것 같다. 더 좋은 정의가 있다면 필자에게 꼭 알려주시길 부탁드린다.

<h1 align="center">인 덱 스</h1>